Laturell · Volkskultur in München

Volker D. Laturell

Volkskultur in München

*Aufsätze zu Brauchtum, Musikalische Volkskultur,
Volkstanz, Trachten und Volkstheater
in einer Millionenstadt*

Herausgegeben vom
Kulturreferat der Landeshauptstadt München

1997
Buchendorfer Verlag

Umschlag:
Kirchweihauftakt der Stadt München
auf dem Marienplatz am 15. Oktober 1988

Die Deutsche Bibliothek – CIP-Einheitsaufnahme
Laturell, Volker D.:
Volkskultur in München : Aufsätze zu Brauchtum, Musikalische
Volkskultur, Volkstanz, Trachten und Volkstheater in einer
Millionenstadt / Volker D. Laturell. Hrsg. vom Kulturreferat der
Landeshauptstadt München. – München : Buchendorfer Verl., 1997
    ISBN 3-927984-63-9

© Buchendorfer Verlag, München 1997
Alle Rechte vorbehalten

Satz und Repro: SatzTeam Berger, Ellenberg
Papier: holzfrei, chlorfrei Werkdruck, Schleipen
Druck und Bindung: Huber, Dießen
Printed in Germany

ISBN 3-927984-63-9

Inhalt

Vorwort 7
von Kulturreferent Siegfried Hummel

Volkskultur in München 9
Versuch einer geschichtlichen Annäherung

München ist nicht nur München 37
Die Vielfalt der Volkskultur und die Probleme der Heimatpflege in der bayerischen Landeshauptstadt

Die Münchner Bier- und Wirtshauskultur 48
Geschichte und Geschichten von Münchner Brauereien und Bräuern, Bierkellern, Biergärten und Wirtshäusern in der Münchner Alltagskultur

Brauchtum

Brauchtum in und um München 165
Vom Neujahr bis Ende März

»Nun sehet das Kreuz« 178
Zwischen Palmsonntag und Weißem Sonntag

Der Maibaum 184

Vom Muttertag bis zur Gangwoch' 190
Über das Brauchtum im Mai

Pfingstl und Santrigl 196
Brauchtum in und um München im Juni

Erntebeginn, Magdalenenfest und Mariä Himmelfahrt 205
Was im Juli und im August in den Dörfern um München so alles Brauch war

Brauchtum in und um München im Herbst 210

Der Advent 219
Brauchtum vor Weihnachten

Vom hl. Stephan, Stephaniumritten, Stephanibrot und Stephansminne 228
Eine Betrachtung über das Brauchtum am 2. Weihnachtsfeiertag

Inhalt

Musikalische Volkskultur

Musikalische Volkskultur in München 234

Münchner Marienlieder aus vier Jahrhunderten 249

Johann Khuen 264

Der Münchner Militär-Obermusikmeister Peter Streck 271
*Sein Einfluß auf die Tanz- und Unterhaltungsmusik
sowie das Blasmusikwesen in Oberbayern im 19. Jahrhundert*

August Hartmann 288

Die »Gscheerten« im Couplet 291
Das Bild des Dachauer Bauern bei den Münchner Volkssängern

»Solang der alte Peter …« – ein Wiener Couplet! 314

»Heut geh'n ma hoagart'ln« 316
Der »Boarische Hoagart'n« des Kulturreferats

Das große Halleluja 323
Singen und Musizieren im Advent

Volkstanz

Volkstanz in München 328
Ein geschichtlicher Überblick

Redouten, Maskierte Akademien und Bals parés 341
*Blütezeit, Niedergang und Wiederaufleben Münchner Ballformen
im Fasching des 19. Jahrhunderts*

Um 6 Uhr früh zum Tanzen? 367
Die biedermeierliche Lust der Münchner, im Freien zu tanzen

Trachten

Trachten in einer Millionenstadt 374

Volkstheater

Fünf Jahrhunderte Laientheater in München 381

Hinweise und Quellen 421
Literaturhinweise und Anmerkungen 424

Vorwort

Volkskultur ist für viele ein sperriger Begriff. Sie wird auch nur ungern als Basis und Gegenpol der professionellen Hochkultur anerkannt. Die meisten Leute hängen außerdem noch dem bürgerlichen Kulturbegriff des 19. Jahrhunderts nach, der idealisierend auf die gehobenen ästhetisch-geistigen Werte beschränkt war. Dabei haben zahlreiche Schriftsteller, Komponisten, Maler und andere Künstler für ihre Meisterwerke aus der Volkskultur ihres Landes geschöpft oder waren gar ihr ganzes Leben lang fest in ihr verankert.

So wird beispielsweise häufig die Alltagskultur immer noch nicht als ein wesentlicher Teil unserer Kultur gesehen. Kultur umfaßt aber nicht nur die spektakulären Werke der Hochkultur, sondern auch die besondere und bestimmte Lebensweise einer Gruppe, eines Standes oder einer Klasse, also auch deren Werte, Ideen und Bedeutungen, wie sie in Sitten und Gebräuchen, in der Glaubenswelt, in den gesellschaftlichen Beziehungen und Institutionen verkörpert sind (Norbert Schindler). Auch der Münchner Prof. Karl Bosl hat darauf hingewiesen, daß Volkskultur nicht die Formen der Gesamtgesellschaft meint, sondern die der Unterschichten und der »Kleinen Leute«.

Trachten sind »exotisch«, aber – bitteschön – Kultur? Und überhaupt Trachten in einer Millionenstadt!? Trachten sind doch höchstens etwas für dörfliche Blaskapellen oder ländliche Fronleichnamsprozessionen! Auch das sind noch Nachwirkungen der bis über die Mitte unseres Jahrhunderts hinausreichenden starken Einengung der Volkskunde auf die bäuerliche Wohn- und Arbeitskultur und das ländliche Brauchtum. Erst spät erkannte man, daß auch das städtisch-bürgerliche Leben seine Traditionen hat und erforschenswert ist. Ja, daß viele bedeutende Einflüsse auf die ländliche Volkskultur von der Stadt ausgegangen sind.

Die publizistische Tätigkeit des seit 1979 im Kulturreferat als Volkskulturpfleger tätigen Volker D. Laturell in den vergangenen knapp zwei Jahrzehnten ist mit ein Beitrag dazu, daß sich das Verständnis für die Laienkultur in München gewandelt hat, ja auch dazu, daß der Begriff »Volkskultur« heute in unserer Stadt nicht mehr so unbekannt ist. Diesem Ziel dienten auch noch weitere Aktivitäten des Kulturreferats, wie z.B. 1986 die »Münchner Streitgespräche zur Volkskultur« und mehrere Ausstellungen mit entsprechenden Begleitveranstaltungen und -publikationen.

Inzwischen aber ist die tradierte Volkskultur, das »alte Leben«, zumal in der Millionenstadt, einem immer stärker werdenden »Modernisierungs«-Druck ausgesetzt. Ein Grund mehr, sich der Geschichte und den Veränderungen, die die Volkskultur in München im Lauf der Jahrhunderte durchgemacht hat, zu erinnern. Denn der Versuch mancher Brauchtumswahrer mit einer Gratwanderung zwischen Tradition und Moderne, scheitert nicht selten an der Unkenntnis eben jener Geschichte und Entwicklungen. Auch wird die Volkskultur leider allzu häufig (günstigstenfalls) nach ihrem rein ästhetischen Wert oder (im negativsten Fall) nach ihrem direkten Nutzwert für den Fremdenverkehr, für Volksfestumsätze oder gar nur dem damit verbundenen Umsatz des Hotel- und Gaststättengewerbes definiert. Der hohe Stellenwert der Volkskultur als wesentlicher Bestandteil der gesamten Kultur unserer Stadt ist aus derlei gewinnorientierten Statistiken nicht herauszulesen.

Andernseits kann die Volkskultur auch nicht mit den Maßstäben einer anspruchsvollen professionellen Hochkultur gemessen werden. Deshalb entziehen sich entsprechende Veranstaltungen der fast 1200 Münchner Laienmusik-, Amateurtheater-, Volkstanz-, Trachten-, Heimat- und Brauchtumsvereine und -gruppen sowie alle jene Ereignisse in dem Bereich, der weit weniger empirisch als emotional als Münchner Traditionen zusammenfaßbar ist, der in der Hochkultur üblichen Werk- oder Aufführungskritik. Denn die oft arg strapazierten Begriffe Amateur, Dilettant, Laie oder Liebhaber werden leider ihrer ursprünglich positiven Bedeutung beraubt und immer noch zu häufig negativiert und verächtlich gemacht. Dabei waren die Träger mancher Sparte unserer Kultur in deren Anfängen in unserer Stadt jahrhundertelang erst einmal Laien, ehe sich eine professionelle Hochkultur entwickeln konnte. Auch die Vertreter der »Neuen Volksmusik« sind, ehe sie sich der Professionalität zuwandten, aus dem fruchtbaren Nährboden unserer vielfältigen und traditionsreichen Musikalischen Volkskultur gewachsen.

München, März 1997

Siegfried Hummel
berufsm. Stadtrat
(Kulturreferent)

Volkskultur in München
Versuch einer geschichtlichen Annäherung

Volkskultur ist ein schwieriger und unhandlicher Begriff. Volk – das könnte sein: gens, natio, populus, vulgus, plebs ... »*Wer in unserer Zeit statt ›Volk‹ Bevölkerung ...sagt, unterstützt schon viele Lügen nicht*«, heißt es 1935 in Bert Brechts »Fünf Schwierigkeiten beim Schreiben der Wahrheit«. Städtische Volkskultur ist dann noch weit schwieriger zu definieren, denn worum dreht es sich denn? Um die Volkskultur der Kinder oder der Jugendlichen, der Erwachsenen welchen Ausbildungs- und Berufsstandes, welcher Herkunft und Nationalität, welcher Religion, oder der Senioren oder irgendeiner Minderheit? Und nur in der Gegenwart? Wie verhält es sich mit der historischen Überlieferung der Volkskultur, die Pflege all dessen, was man unter »Traditionen« subsummiert? »*Ist also dieser Singular ›Volkskultur‹*«, fragt uns Wilhelm Schepping[1] zurecht, »*vielleicht eine zu grobe Simplifizierung der vorhandenen extremen kulturellen Pluralität?*«

Was ist Volkskultur?

Wenn wir von Kultur sprechen, so umfaßt diese mehr als den traditionellen (bürgerlichen) Kulturbegriff des 19. Jahrhunderts, der idealisierend auf die gehobenen ästhetisch-geistigen Werte beschränkt war. »*Man verabschiedet sich nun bewußt und explizit vom idealistischen Kulturbegriff, der Kultur als Summe von positiven Wertsetzungen und in Reibung zum Bereich der Zivilisation gesehen hatte, und nimmt Bezug auf das angelsächsische Verständnis, das Kultur/culture sehr viel wertneutraler als Addition der menschlichen Leistungen in der Auseinandersetzung mit der Natur begreift. Etwa in dem Sinn, wie Clyde Kluckhohn sie verschiedentlich definiert hat: ›Kultur ist jenes komplexe Ganze, das Geräte, Glauben, Kunst und alle anderen Gewohnheiten umfaßt, die der Mensch sich als ein Mitglied der Gesellschaft aneignet, und alle Produkte menschlicher Aktivität, soweit sie von diesen Gewohnheiten bestimmt sind.*‹«[2] Oder wir gehen von der – zugegeben – sehr vereinfachten Kurzdefinition »*Kultur ist die Summe aller Lebensäußerungen des Menschen*« aus, so umfaßt Kultur hier allgemein sowohl die besondere und bestimmte Lebensweise einer Gruppe, eines Standes oder einer Klasse, also auch die Werte, Ideen und Bedeutungen, wie sie in Sitten und Gebräuchen, in der Glaubenswelt, in den gesellschaftlichen Beziehungen und Institutionen verkörpert sind[3].

Die Kultur ist Bestandteil der alltäglichen Selbstbehauptung der abhängigen Schichten und als solcher eine kollektive Leistung, die diese fortwährend von neuem zu erbringen und gegen vielerlei Widerstände durchzusetzen haben[4]. Aber Karl Bosl weist darauf hin[5]: »*Volkskultur meint nicht die Formen der Gesamtgesellschaft, sondern die der Unterschichten und der ›Kleinen Leute‹.*«

Der Tübinger Kulturwissenschaftler Wolfgang Kaschuba formulierte es auf der Tagung »Münchner Streitgespräche zur Volkskultur« des Münchner Kulturreferats 1986[6] so: »*Man könnte diesen Begriff der Volkskultur, wie er in den letzten zehn Jahren innerhalb der Volkskunde und der Geschichtswissenschaft wieder benutzt wird, als ein ›System kultureller Alltagsgrammatik‹ beschreiben. Die Mitglieder verschiedener Gruppen tun nicht dasselbe, sie besitzen jedoch bestimmte gemeinsame Erfahrungsregeln und Verhaltensmuster, nach denen sie ihre Lebensweise und Kultur organisieren.*«

Hans Moser, langjähriger Leiter der Bayerischen Landesstelle für Volkskunde und bedeutendster Vertreter dessen, was »Münchner Schule« der Volkskunde genannt wird[7], hat schon 1954 deutlich gemacht[8], daß die Volkskultur geschichtlich gesehen werden müsse, »*denn sie bedeutet nicht, ..., etwas Statisches, sondern zu jeder Zeit und in jeder ihrer Äußerungen die Summe von Ergebnissen geschichtlicher Entwicklung. Dabei dürfen wieder nicht die Kulturformen für sich interessieren, sondern nur in Verbindung mit den Volkssubstanzen, die ihre Träger stellen, mit den Menschen und ihre Reaktionen auf jede Art von historischen Entwicklungen, auf wirtschaftliche, staatsökonomische und geistige Wandlungen*«. Denn, so betont Walter Hartinger[9], »*Volkskultur...steht im Spannungsverhältnis der Lebensbedingungen der jeweiligen Zeit: des politischen Systems, der wirtschaftlichen Lage, der religiösen Überzeugungen, des technischen Standards. Darum ist sie in einer beständigen Weiterbildung und Entwicklung begriffen; ...*«

Aber die Geschichte der Volkskultur gehörte so gut wie nie zur »Geschichte der Sieger« (Walter Benjamin), die Bescheid zu wissen vorgibt, und kann es daher mit deren Selbstbewußtsein nicht aufnehmen. Volkskultur ist eine in vielerlei Hinsicht unterdrückte, verdrängte und beschädigte Dimension historischer Erfahrung. In den Bruchstücken und oft verschlüsselten Formen, in denen sie sich uns präsentiert, ist sie zwar nicht immer leicht zu verstehen, aber sie macht doch Rechnungen auf, die zum Nachdenken Anlaß geben könnten. Unterdrückung und Anpassung, Protest und Widerstand der abhängigen Schichten der Bevölkerung lassen sich nicht hinreichend mit den Parametern der bürgerlichen Fortschrittsideologie vermessen. Sie folgen ihren eigenen Gesetzmäßigkeiten, gehorchen anderen Überlebensimperativen, deren Rationalität wir uns heute erst wieder mühevoll zurechtlegen müssen[10]. So entziehen sich Ereignisse der Volkskultur beispielsweise auch den Maßstäben der in der Hochkultur üblichen Kunst-, Literatur-, Theater- oder sonstigen Werkkritik. Mit der in den letzten Jahren vollzogenen Hinwendung zu einer »Geschichte von unten«, die sich darum bemüht, die historischen Prozesse nicht mehr ausschließlich aus dem Blickwinkel der herrschenden Eliten zu betrachten oder als Folge mehr oder minder gut funktionierenden politisch-administrativen Handelns zu sehen, ist auch das Interesse an der Kultur des Volkes und am Alltag der einfachen Leute sprunghaft gewachsen. Im Zug dieses Perspektivwechsels, der viele ermutigt, andere aber beunruhigt, weil er in seinen Konsequenzen noch kaum abzuschätzen ist, hat die Beschäftigung mit der Volkskultur ein Stück jener wissenschaftlichen und politischen Dignität zurückerlangt, die sie unter den Fittichen museal gesinnter Brauchtumsliebhaber oder Heimatpfleger und dem harschen Verdikt einer elitenbewußten Massenkulturkritik eingebüßt zu haben schien.[11]

Hans Moser berichtet uns 1954[12]: »*Aus dem Munde eines im Dritten Reich hoch angesehenen Literaturhistorikers ist das Wort überliefert:* ›*Man weiß ja, worum es der Volkskunde geht: Hosenknöpfe im Böhmerwald und Faschingskrapfen im Erzgebirge.*‹ *Ähnliche Vorstellungen bestehen, von einer erschreckenden Unkenntnis zeugend, da und dort auch heute noch,* ...« Aber: Lang schon vor dem Dritten Reich hatte sich die Volkskunde »*auf Ethnologie und Soziologie hin erweitert, hatte der früheren Überbetonung der Bauernkunde entgegen auch die nichtbäuerlichen Volksschichten, einschließlich des großstädtischen Proletariats zu erfassen begonnen*«.[13] Trotzdem mußte auch Walter Wiora auf dem ersten großen deutschen Volkskundetag 1951 in Jugenheim in seinem Festvortrag »Die Stellung der Volkskunde im Kreise der Geisteswissenschaften« noch (oder wieder?) gegen den alten Vorwurf angehen, daß Volkskunde »*eine bloße Buchbindersynthese sei, eine Und-Summe von Märchen- und Haus- und Trachtenforschung und so fort*«. Das Untersuchungsgebiet der Volkskunde sei nicht ein arkadisches Idyll nach der Vorstellung Rousseaus oder der Romantik, sondern »*vielmehr der Strom der Geschichte, von Pflanzern und Hirten der Frühzeit bis zu den Flüchtlingsmassen der Gegenwart*«[14].

Der äußerst rührige und erfolgreiche schwäbische Bezirksheimatpfleger Alfred Weitnauer[15] schlug sich noch 1955 mit dem gleichen Problem herum: »›*Heimatkultur*‹ ... *sei bestenfalls eine Kultur zweiter Klasse: Bauernkirchen, alte Holzfiguren, Spinnräder, Zitherspieler und Schuhplattler.*« Aber er korrigiert selbst sofort: »*Was ist überhaupt Kultur? Vielleicht kann man sagen: Kultur ist der formgewordene Geist einer Gemeinschaft und Landschaft. Der ganze Lebensstil bestimmter Gemeinschaften und Landschaften war bei uns einst Kultur.*« Aber er klagt auch: »*Leider müssen wir sagen* ›*war*‹, *denn wir haben uns von der lebendigen, von der gelebten Kultur schon weit entfernt. Die Kultur steht bei uns nicht mehr wie einst mitten im Leben. Unsere Kultur steht heute größtenteils im Museum.*«

Das ist die Folge: Die historische Kulturforschung ist bis in die jüngste Gegenwart hinein weitgehend an der europäischen Hoch-Kultur und ihren künstlerischen, literarischen und wissenschaftlichen Eliteleistungen orientiert. Sie hat, weil sie ihre Untersuchungsgegenstände unabhängig vom sozialen Kontext und von den gesellschaftlichen Interessen ortet, lang die Historizität und den Klassencharakter der »hohen« (scheinbar allen sozialen Konflikten enthobenen) Kultur verkannt. Sie hat auch die Andersartigkeit und die Eigenständigkeit der Volkskultur nicht gesehen, die unter und neben der »offiziellen« Kultur lang ein unbemerktes Leben führte und unter den Bedingungen der Änderung der Produktionsverhältnisse der Neuzeit entweder zerstört wurde oder ihre Funktion völlig verändert hat. Auch Walter Hartinger[16] bestätigt: »*Wer Volkskultur definieren muß, tut dies meist dadurch, daß er sie abgrenzt gegenüber anderen Erscheinungsformen von Kultur: gegen die Kultur der Eliten, also gegenüber den selbstgeschaffenen Lebensformen von Adel, Geistlichkeit und Bürgertum, die sich auszeichneten durch ihre internationale Geltung, oder gegenüber dem Kulturverständnis der Völkerkundler, deren Forschungsinteresse gerichtet ist auf die Kultur als solche, wie sie sich niederschlägt in grundsätzlichen Äußerungen des Rechts, der ästhetischen Gestaltung, der religiösen Gesinnung oder der Ordnung des sozialen Zusammenlebens.*«

Und wenn wir schon von Lebensformen reden: Um nur zwei Beispiele wahllos herauszugreifen, auch die Landschaft[17] ist ebenso wie der »Pomp funèbre«, der Beerdigungskult, der Umgang mit den Toten, ein Spiegelbild der Volkskultur[18]. Sichtbare Zeugnisse wiederum für diese beiden Bereiche zusammen sind besonders deutlich die Friedhöfe[19], wie ebenso die auch im Raum um München brauchtümlich gewesenen Totenbretter (im Bezirk [Fürstenfeld-]Bruck z.B. noch bis 1890)[20]. Über das Leben der Münchner Kinder vor rund hundert Jahren erfährt man viel aus dem Buch von I. Braun »Spaß und Spiel. Münchner Kinder um die Jahrhundertwende« (München 1979).

Die Entdeckung der städtischen Volkskultur

Nachdem sich die verhältnismäßig engen Grenzen der alten Volkskunde weg von der Arbeitswelt, den Bräuchen, den Trachten und der Volkskunst der Bauern, hin zugunsten auch der anderen Bevölkerungsschichten, der Bürger, der Arbeiter, der ausländischen Mitbürger, der sozialen Randgruppen usw. geöffnet hatte, veränderte sich langsam auch der Kulturbegriff überhaupt. Volkskultur meint nicht Kultur des Volkes im bildungsbürgerlichen Sinn, also nur das Herausgehobene, wie Theater, Musik, Dichtkunst oder Malerei, sondern auch das, was der Mensch als Teil der Gesellschaft geschaffen hat, um damit zum Beispiel die Alltagsprobleme zu bewältigen und sich mit seinem Wissen und den ihm zur Verfügung stehenden Mitteln den Alltag zu verschönern.

Die folgenden Ausführungen beziehen sich nicht auf die noch lebendigen oder in musealen Schutz genommenen Denkmäler und Erscheinungen der Volkskultur in München, sondern sollen lediglich einen allgemeinen Überblick über einige Arten, Formen und orts- bzw. regional-typische Ausprägungen sowie deren historische Entwicklung (soweit erforscht) geben. Die Aufsätze in diesem Band können keinen Anspruch auf Vollständigkeit erheben. Es ist dies hier auch nicht der Ort und die Gelegenheit, Originalquellen eingehend zu zitieren und zu interpretieren. Zu diesen hier nicht zu behandelnden Quellen rechnen – von einigen wichtigen Ausnahmen abgesehen – auch jene literarischen Zeugnisse, deren Ort, Zeit oder Hintergund die volkstümliche Welt in München bildet, ohne daß sie eine Darstellung dieser Volkskultur um ihrer selbst willen beabsichtigen, und die in der Monacensia-Sammlung der Städtischen Bibliotheken überreichlich vorhanden sind. Ausgeschlossen müssen hier auch bleiben die ebenfalls erfreulich zahlreich vorhandenen bildlichen Darstellungen zur Münchner Volkskultur, obwohl sie von der literarischen Entdeckungsgeschichte oft nicht zu trennen sind: Ansichten von Stadt und Umland, die illustrierten Werke, die Portraits und die Folgen von Trachtenbildern aus der 2. Hälfte des 18. und aus dem 19. Jahrhundert.

Wenn heute von der Geschichte und der Volkskultur Münchens gesprochen wird, kann man nicht oft genug darauf aufmerksam machen, daß die im Verlauf des knappen Jahrhunderts zwischen 1854 und 1942 einverleibten 29 Städte und Gemeinden mit einer Vielzahl von Dörfern und Weilern ihre völlig eigenständige, um nicht zu sagen eigenwillige historische und kulturelle Entwicklung durchgemacht haben. Ihre politisch-administrative Führung ging von den Landgerichten aus, die bis an die Münchner

Burgfriedensgrenze heranreichten. Die Haupt- und Residenzstadt München hatte dabei auf die umliegenden Dörfer, die Hofmarken und schon gleich gar die Landgerichte keinerlei Einfluß. Diese Landgerichte waren im späten Mittelalter aus den Grafschaften entstanden. Allerdings überschnitten sich im Münchner Raum im 12./13. Jahrhundert die Herrschaftsrechte der Grafen von Dachau, von Andechs und von Wolfratshausen, wie es damals überhaupt wohl keine »linearen« Grenzen gab. Erst bei der Bildung des Landgerichts Starnberg in der 2. Hälfte des 14. Jahrhunderts wurden die endgültigen Grenzen der Landgerichte Dachau und Starnberg festgelegt. Seitdem umklammerte das Dachauer Gericht so auffällig den Münchner Burgfrieden, und der umfaßte bis zum Beginn des 19. Jahrhunderts ganze 5,2 Prozent des heutigen Stadtgebiets zwischen den beiden Isaruferhängen von der Hirschau im Norden bis zur heutigen Ruppertstraße (1460–1724) bzw. zum Flaucher (1724–1808) im Süden. Das Landgericht Wolfratshausen wiederum umschloß die Stadt im Osten merkwürdigerweise über den heutigen Speichersee nach Norden hinaus bis in das Erdinger Moos.

Immerhin hatten die Münchner von jeher ein wesentlich besseres Verhältnis zu den Bauern rund um ihre Stadt als jener bayerische Jurist names Anton Wilhelm Ertl, der sich in seinem 1682 veröffentlichten Buch über die Niedergerichtsbarkeit – ohne Widerspruch zu provozieren! – zu der Behauptung verstieg, der Bauer sei nicht viel mehr wert als das Vieh, er müsse aber als solches behandelt werden.

Die Entdeckung der altbairischen Volkskultur wird häufig mit den Schriften von Johann Thurmair, gen. Aventinus (1477–1534), angesetzt, der uns jedoch nichts speziell über die Volkskultur in der (seit 1530) »Fürstlichen Stadt« München berichtet. Allerdings ist Aventinus unbestritten nicht nur im Herzogtum Baiern der erste moderne Geschichtsschreiber mit kritischer Methode und humanistischer Gesinnung, sondern auch einer der frühesten Begründer einer Volkskunde und in gewisser Weise vielleicht auch einer Heimatpflege. Das Schrifttum über München, das sich nicht allein mit der Hochkultur, also den Bauten und den Kunstschätzen befaßt, oder reine Stadtgeschichte wiedergibt, setzt aber erst gegen Ende des 18. Jahrhunderts ein. Anfangs waren es allerdings nur Schilderungen besonders interessierter Reisender, wie z.B. des ruhelosen Schauspielers und Schriftstellers Johann Kaspar Riesbeck (1754–86)[21] und des Berliner Buchhändlers und Verlegers Friedrich Nicolai (1733–1811)[22]. Beide waren spöttisch-kritische Aufklärer. *»Unbestrittene Leistungen erbrachte Nicolai für die Soziologie und die Volkskunde, wozu auch seine Beobachtungen zu sprachlichen, insbesondere mundartlichen Phänomenen gehören ... Unbestreitbar ist Nicolais Reisebericht eine Fundgrube für volkskundlich interessierte Forschungen und wird hierfür auch reichlich genutzt. Neben seinen Charakterstudien berichtet er auch ausführlich über Sitten und Gebräuche und beschreibt Kleidung oder Tracht der einzelnen Volksstämme wie auch der verschiedenen Stände.«*[23]

Wissenschaftlichkeit begann aber erst mit dem Geistl. Rat Prof. Lorenz Westenrieder (1748–1829) und seiner Beschreibung der (seit 1638) »Kurfürstlichen Haupt- und Residenzstadt« von 1782[24], die wohl nicht zu unrecht als die erste Stadtvolkskunde Deutschlands gerühmt wird. Westenrieders Vorwort »An den Leser« zufolge wird *»vieles über unsre häuslichen Einrichtungen und Gewohnheiten, und vieles über das*

Uebliche in Dingen gesagt, welche vielleicht manchem beym ersten Anblick keiner Betrachtung würdig zu seyn scheinen möchten, und es doch vorzüglich sind«, weil daraus »*sich schon ziemlich zuversichtlich auf die Beschaffenheit und Verfassung und innere Einrichtung*« schließen lasse. In diesem Sinn berichtet Westenrieder bemerkenswert ausführlich auch über die Kleidung (wobei er zwischen der herkömmlichen Tracht des bürgerlichen Mittelstands und der rasch wechselnden modischen Gewandung der Oberschicht unterscheidet!), Nahrung, Sprache (mit einem Münchner Wörterbuch!) und Gestik. »*Ich habe vieles von Leibsübungen, Spielen, und Feyerlichkeiten gesagt. Diese Dinge waren noch jedem Staat wichtig; …*«

»*Das konkrete Material,*« schreibt dazu Hans Moser[25], »*das Westenrieder in dieser frühen Stadtvolkskunde bot, wurde zum eisernen Bestand für nicht wenige Darstellungen. Fast ganz unbeachtet blieb dagegen eine beachtliche Menge von selbständigen, sehr sorgfältigen Veröffentlichungen, die zwischen 1810 und 1830 Anton Baumgartner*[26]*, Josef Hazzi*[27] *und Felix Joseph Lipowsky*[28] *vorzugsweise zum Fest- und Brauchwesen Münchens lieferten.*« Der Kreisrat Anton Baumgartner (1761–1831) aus Ingolstadt wurde 1798 Oberkommissär und 1799 Polizeidirektor in München. Die Basis seiner leider nur vom Dezember 1804 bis April 1805 gedruckt erschienenen »Polizey-Uebersicht von München« bildeten die ihm täglich vorgelegten Polizeirapporte, die er in vielen Fällen durch persönliche Recherchen vor Ort ergänzte. Durch die Versetzung in den einstweiligen Ruhestand am 23. 4. 1805 verlor er die Möglichkeit zur Fortsetzung seiner Reihe, was von den interessierten Bürgern damals allgemein bedauert wurde. Baumgartners Berichte beschränkten sich nämlich nicht nur auf die Schilderung von Ereignissen und die von diesen ausgelöste Polizeiarbeit, vielmehr lieferte er gleichzeitig auch eine detaillierte Zustandsbeschreibung Münchens, wie sie exakter und objektiver kaum möglich war. Die dem Werk beigehefteten 52 Kupferstiche mit Darstellungen und entsprechender Beschreibung von Münchner Kirchen und Profanbauten, Volksbräuchen und Gewerbe gelten seither als eine der ausgezeichnetsten Quellen während einer Epoche, in der sich das geistige, gesellschaftliche, kulturelle und politische Klima Münchens innerhalb weniger Jahre gründlicher und nachhaltiger veränderte, als dies im Verlauf der vorangegangenen sechseinhalb Jahrhunderte seit seiner Gründung geschehen war. Selbstverständlich war 1805 lediglich Baumgartners Polizeikarriere beendet, keineswegs jedoch sein Wirken als Publizist und Heimatschriftsteller. In den Jahren bis zu seinem Tod erschienen von ihm noch zahlreiche Broschüren mit Schilderungen von Stadtereignissen und Lokalitäten, wobei er Sitten und Gebräuche ebenso unter die Lupe nahm wie Bürgertum und Handel, Stadtentwicklung und Statistik. Zusätzlich lieferte er Reportagen vom biedermeierlichen Münchner Fasching und von allen Oktoberfesten zwischen 1810 und 1829[29].

Lesen wir weiter bei Hans Moser[30]: »*Ein sehr geschlossenes Bild des Münchner Lebens in allen Volksschichten zur Biedermeierzeit gab dann 1840 Carl Fernau (Pseudonym für Sebastian Daxenberger) in zwei Heften ›München Hundert und Eins‹, mit guten Brauchschilderungen aus seiner Kinderzeit, mit einer ungewöhnlichen Beachtung auch ganz alltäglicher Dinge. Auch die Stadtsage ist berücksichtigt, und zwar noch ohne Zutaten eigener Erfindung und ohne phantastische Ausdeutungen, wie sie dann in den folgenden Jahrzehnten üblich wurden. Gegen Ende des Jahrhunderts erschienen wertvolle Arbeiten aus höfischen und städtischen Archivalienbeständen, im besonderen zur Geschichte des volkstümlichen Theaterwesens von Karl Trautmann[31] und danach von Paul Legband[32]. Zwischen den beiden Weltkriegen erschloß der große Quellenkenner Alois Mitterwieser in einer stattlichen Reihe von Aufsätzen zu den verschiedensten Gebieten der Volkskultur, vor allem zur Brauchgeschichte, kostbares Material für München, das zu mancher Korrektur gemeinläufig gewordener irriger Anschauungen hätte führen können, wenn es nicht an zu entlegenen Stellen erschienen wäre, so daß es außerhalb der Fachwissenschaft kaum bekannt wurde. Eine sehr solide, auf einen bestimmten Quellenbestand sich beschränkende Dissertation ›Münchens Brauchtum und Leben im 18. Jahrhundert‹ liegt von Ida Grassl vor[33]. Von der Kulturgeschichte her haben einige bedeutende Werke wie Fridolin Solleders ›München im Mittelalter‹[34] und die Sammlung zeitgenössischer Dokumente von Georg Jacob Wolf ›Das kurfürstliche München‹[35] und ›Ein Jahrhundert München‹[36] auch der Volkskunde hochschätzbare Dienste erwiesen.«*

»*Schon wenige Jahre später konnte Westenrieder in einer statistischen Abhandlung über die sozialen und wirtschaftlichen Zustände nicht verhehlen, daß die Anhänglichkeit an das gute Alte, die Einfachheit in Tracht und Lebenshaltung beim mittleren Bürgerstand und ebenso in den unteren Schichten den Einflüssen der sich wandelnden Zeit gegenüber vielfach nicht standhielt. Er fand damals auch schon die Struktur des Gemeinwesens gefährlich verändert. In den vergangenen hundert Jahren war die Zahl der Handwerker um die Hälfte gesunken, die der Krämer aber aufs Dreifache gestiegen. Die Handarbeit wurde verächtlich gemacht, das Handwerkertum als ›altfränkisch‹ verspottet. Der Handel fördere einen Luxus, indem er ›tausend erdichtete Bedürfnisse‹ schuf, die zu wachsender Begehrlichkeit reizen und einen Verfall der Moral begünstigen mußten. Die überlieferten Ordnungen, wie er sie vor allem im alten Zunftwesen gehütet sah, gingen im öffentlichen Leben dahin, nicht weniger aber auch im familiären Leben. Die Neigung, ›alle Moden nachzuäffen‹, so ›absurd und abentheuerlich‹ sie sein mochten, schien allgemein geworden zu sein. Die Kindererziehung ließ sehr zu wünschen übrig.*«[37]

Die barocke Volkskultur, so lebendig sie in traditionsgeleiteter Umwelt auch im 19. Jahrhundert weiterlebte, unterlag in der Tat seit dem späten 18. Jahrhundert einem starken Veränderungsdruck. »*Da sich die angestrebte Industrialisierung nur in sehr mäßigen Grenzen hielt, kam es nicht zu größeren sozialen Veränderungen. Gleichwohl war der Anfang des 19. Jahrhunderts in anderer Hinsicht voller Unruhe, und die bekam auch das Volk unmittelbar zu spüren. Die Aufklärungsperiode, die schon tief und schmerzlich genug viele Bereiche des volkstümlichen Lebens ergriffen hatte, erfuhr unter Graf Montgelas noch einen letzten Höhepunkt. Die brutal durchgeführten Maßnahmen der Säkularisation trafen nicht nur die Kirche, sondern auch die religiösen Gefühle und Bedürfnisse des Volkes schwer … Es ist nun sehr interessant zu beobachten, wie man in eben dieser Zeit um einen beschwichtigenden Ausgleich bemüht war, indem man als Ersatz für das abgewürgte traditionelle kirchlich-volkstümliche Andachts- und Brauchwesen eine bewußte Kultivierung profaner öffentlicher Brauchübungen und Festfeiern anstrebte. Eingedenk eines Wortes von Westenrieder ›Eine Nation kann nichts Schätzbareres verlieren als die innere Fröhlichkeit‹, proklamierte man nun eine neue Lebensfreude ...«*[38] So notierte z.B. Anton Baumgartner zum Oktoberfest im Hungerjahr 1816[39]: *»Bey solchen Zeitpunkten ist es die vorzügliche Pflicht der Väter des Vaterlandes, alle Gelegenheiten zu ergreifen, der ärmeren Volksklasse Arbeit und Nahrung zu verschaffen und das Volk überhaupt mit abwechselnden Vergnügungen zu belustigen, damit es sich von seinem Trübsinne leichter erhole und durch eine wechselseitige fröhliche Mitteilung seines Kummersein wenig vergesse, um des anderen Tags neu gestärkt wieder an seine Arbeit zu eilen.«*

Es sind dies auch die Jahre einer ganz besonderen Blüte des Münchner »Carnevals« im 19. Jahrhundert, über den in einem gesonderten Aufsatz in diesem Band berichtet wird. Eine andere Sonderform Münchner Volkskultur ist die im vorigen Jahrhundert enstandene »Bierkultur« mit ihren Bierfesten, den Bierkellern und Biergärten, auf die wir ebenfalls in einem nachfolgenden Aufsatz eingehen.

Die Entstehung des Folklorismus

Im 18./19. Jahrhundert entstand auch eine Volkskultur, die heute über die Heimatpflege und die Trachtenvereine allzusehr in den Vordergrund drängt oder gedrängt wird (und seit Jahrzehnten zur Einengung des Volkskulturbegriffs beigeträgt). Es ist eine gezähmte, »folkorisierte« Volkskultur, wie die schon im mittleren 19. Jahrhundert durch den Landesherrn geförderte und teilweise sogar subventionierte Trachtenwelt[40], die Volksfeste, die mitunter weniger für das Volk, als zur Huldigung an die Dynastie gedacht waren (Beispiel: das Oktoberfest[41]), und schließlich die heute teilweise zu einem nicht selten gewinnträchtigen Tourismus-Spektakel degenerierten Bräuche und Feste.

In der gleichen Zeit erhielt das Gesicht Münchens einen neuen Zug, nämlich durch die Entdeckung der Volkskultur des bayerischen Oberlands und des Gebirgs, die nicht nur vom Adel und dem gehobenen Bürgertum gepflegt wurde, sondern auch mit den vielen Zuzüglern aus diesen Regionen in die Stadt eindrang (was übrigens interessante Paralellen in Wien hat).

Dieser Folklorismus hat seine Vorgeschichte, und sie ist wiederum die Geschichte des Folklorismus überhaupt. Schon am kurfürstlichen Hof in München verstand man es im 18. Jahrhundert, folkloristische Feste zu feiern. Dazu bedurfte es keineswegs erst des in diesem Zusammenhang häufig zitierten vermeintlichen Aufrufs »Zurück zur Natur« des französischen Schriftstellers Jean-Jacques Rousseau (1712–78), eine Formel, die dieser so nie gebrauchte. Als die Akademie in Dijon die Preisfrage ausschrieb, ob der Fortschritt der Kultur die Menschen gebessert habe, antwortete Rousseau 1750 verneinend mit seiner Schrift »Discours sur les arts et les scienes« [Rede über die Kunst und die Wissenschaften], worin er einen glücklichen naturhaften Urzustand der Menschheit konstatierte, aus dem diese durch Vergesellschaftung und Wissenschaft ins Verderben gefallen sei. Diese vielgelesene und durch ihren Kulturhaß einflußreich gewordene preisgekrönte Schrift machte Rousseau zwar berühmt, will aber eigentlich gar kein »Zurück zur Natur«, sondern mündet in die Mahnung, durch Erinnerung an die jenem Urzustand zugeschriebenen Werte (Freiheit, Unschuld, Tugend) die gegenwärtigen Verhältnisse vor noch schlimmerem zu bewahren.

Schon Herzog Wilhelm V. (reg. 1579–97) dienten Einsiedeleien und Eremitenklausen rund um seine neue Schwaige Schleißheim im Norden Münchens der Flucht in die künstlich erzeugte Abgeschiedenheit der Natur, der Erholung von anstrengenden Staatsgeschäften sowie der Entspannung vom höfischen Zeremoniell. 1725 ließ Kurfürst Maximilian II. Emanuel (reg. 1680–1726) im Schloßpark Nymphenburg die Eremitage bzw. Magdalenenklause beginnen, die aber erst 1728, nach seinem Tod, vollendet worden ist. Sein Sohn, Kurfürst Karl Albrecht (reg. 1726–45, 1742–45 dt. Kaiser Karl VII.), genoß mit seiner jagdbegeisterten Gemahlin Amalie Maria (1701–56) die Natur lieber auf dem Umweg über häufige jagdliche Vergnügungen, von denen uns der Hofmaler Peter Jacob Horemans (1700–76) im Jagdzimmer der Amalienburg eine ganze Reihe von äußerst interessanten Gemälden überliefert hat[42]. Aus Anlaß der Geburt des Thronfolgers Maximilian Joseph am 28. März 1727 ließ Karl Albrecht zwei Monate später eine ganze Reihe von Festlichkeiten abhalten, die natürlich von verschiedenen Malern der Nachwelt überliefert wurden. Am 14. Mai 1727 führten die »*Durchleuchtigsten Chur- und Fürstlichen Personen*« samt den Höflingen als Bauern verkleidet eine »Bauernhochzeit« auf. Das einfache Essen wurde von Volkstänzen umrahmt, den Höhepunkt bildete ein »*Damencarroussel*«. »*So hat auch bey der Ankunfft in dem Churfl. Lust- und Jagdschloß Fürstenried, wobey eine ansehnliche Mayrschafft und Schäferey vorhanden, der durchl. Churfürst, als Mayr und Schäfer, seiner durchl. allergeliebtesten Schäferin, nicht allein einen inwendig mit reicher Summa Goldes angefüllten Butter-Weggen, ein dergleichen Käßlaib, Laib-Brod, und Küchlen, sondern auch das Lust-Schloß, Mayrschafft und Schäferey, in Summa alles, was dahin Gehörig, eigenthumblich geschencket ...*« Auch Kurfürst Ferdinand Maria (reg. 1651–79) hatte ja 1662 seiner Gemahlin Henriette Adelheid (1636–76) aus Anlaß der Geburt des Thronfolgers Max Emanuel die »villa suburbana« Nymphenburg übereignet, »*allda ist die Churfürstin eine Schweitzerin und Gärtnerin*«[43].

Kurfürst Maximilian III. Joseph (reg. 1745–77) ließ sogar um 1760 im Schloßpark Nymphenburg unweit der Amalienburg ein »Dörfchen« erbauen, gut zwei Jahrzehnte bevor die französische Königin Marie-Antoinette (1755–93), die Gemahlin Ludwigs XVI., sich im Park von Versailles rund 500 m nördlich des Petit Trianon das in diesem Zusammenhang oft zitierte fiktive Dörfchen »Hameau de la Reine« ersann (1783–85). Und wie sich dort Marie Antoinette als einfache Bäuerin gefiel, so ließ sich ihr Bruder, der deutsche Kaiser Joseph II. (reg. 1765–90), der den Bauernstand sehr schätzte, gern hinter einem Pflug abbilden, um sein besonderes Verständnis für die Landwirtschaft zu beweisen. So ackerte er z.B. am 19. August 1769 beim Dorf Slavíkovice bei Brünn mit einem Pflug sogar selbst einige Furchen, was mehrfach auf Stichen abgebildet wurde[44].

Die erste Folklore-Welle in der 2. Hälfte des 18. Jahrhunderts

Das Münchner Stadtmuseum ist im Besitz eines Kupferstichs von dem Augsburger Johann Martin Will über *»Die von Sr. Churfürstl. Durchlaucht in Bayern etc. etc. zur Faschings-Zeit Gnädigst angestellten Bauren-Hochzeit in München, so gehalten worden den 1o. Ienner 1765«*[45]. Auf ihm sieht man wie in einer langen Prozession Reiter und vierspännige Fuhrwerke, ähnlich den Leonhardi-Truhenwagen in Tölz. Und mitten darunter in einem geschmückten Wagen das allerhöchste Paar in Bauerntracht bei Würstl und Wein und dabei steht: »*Wirth Se Churfürstl. Durchl. in Baiern*« und »*Wirthin: Ihre Durchl. Churfürstin in Baiern*«. Auf den anderen Wagen die Damen und Herren der Hofgesellschaft als »Hochzeitsgäste« und viele Musikanten. Und alle tragen sie Tracht, Dachauer Tracht, oder vielleicht richtiger gesagt, jene Tracht, wie man sie entlang der Amper trug. Das hängt damit zusammen, daß sich das Leben am Hof, vor allem die sommerlichen Feste und die herbstlichen Jagden, in erster Linie in dem Schlösser-Dreieck Nymphenburg/Blutenburg, Dachau und Schleißheim abspielte. So kam die hohe Gesellschaft in Begegnung mit den Bauern im Westen und Norden von München, also im Landgericht Dachau, und ahmte deren Tracht nach. Das Bauernleben, losgelöst von seinem Traditionskreis und -anlaß, wurde zum kostspieligen Folkloreschauspiel.

Schon vor Will hat uns – wie schon erwähnt – der Hofmaler Peter Jakob Horemans mit seinen Gemälden Darstellungen von Trachten und Hinweise auf einige Bräuche im Raum München geliefert. Eine sehr frühe Darstellung der Tracht im Münchner Norden und Westen haben wir auf einem 1734 entstandenen Gemälde Horemans in der Amalienburg. Das darauf abgebildete »Turnierrennen auf Hirsche bei Allach am sog. Grünen Haus«[46] fand am 15. Mai 1727 aus Anlaß der schon erwähnten Geburt des Kurprinzen Max Joseph statt: »*Den 15. May, als der Löbl. Magistrat und Bürgerschafft der Churfl. Residenz-Stadt München die Huldigung ablegte, wurde zwischen Nymphenburg, Allach und Moosen* [= Moosach] *ein Turnier auf lebende Thier zwischen zweyen kleinen Wäldchen gehalten ...*« Damit waren die Angerlohe und der Allacher Forst gemeint. Die Ausläufer des Forstes sehen wir in der linken Bildhälfte; unter den Bäumen lagern Bauern, vermutlich aus der Umgebung. Bauernburschen sind auf die vorderen Bäume geklettert, um das Turnier besser sehen zu können.

Aus dem Jahr 1772 haben wir ein zweites, für uns interessantes Gemälde Horemans, dem wir eine Fülle volkskundlicher Informationen entnehmen können. Es handelt sich diesmal um »Kurfürst Karl Albrecht und Kurfürstin Maria Amalia mit der Hofgesellschaft bei der Falkenbeize am Vogelhaus«[47], die am 29. Juni 1741 stattgefunden hat. Hinter der hochfürstlichen Gesellschaft in hellblauer Jagdkleidung mit silbernem Zierat entfaltet sich lustiges Bauernleben. Ein junges Paar tanzt einen Ländler (womit wir hier zugleich das wohl älteste und ein sehr treffendes Abbild dieses Tanzes in Oberbayern haben) nach der Musik eines Schalmeien- und eines Dudelsackspielers. Vor dem grünen Pavillon stehen Bauern in kleinen Gruppen im Gespräch vertieft beieinander, dazwischen ein eng umschlungenes Liebespaar. Links hinten können wir ein Kinderpaar auf einem umlaufenden Rad erkennen, das seinerzeit auf den Dörfern um

München offensichtlich verbreitete »Hansel und Gretel«, denn es taucht auch noch auf einem anderen Gemälde von Peter Jakob Horemans aus dem Jahr 1732 mit dem Titel »Karussellrennen des Kurfürstlichen Hofes vor Schloß Fürstenried«[48] auf. Und auf der rechten Seite ist zwischen dem »Grünen Haus« und der mit hochbeladenen Fuhrwerken stark frequentierten Dachauer Landstraße eine zünftige Rauferei im Gang.

Um 1770 legte Johann Martin Will dann gleich eine ganze Serie mit Trachten »Bairischer Baurn« auf. Und wieder finden wir auf den kleinen Kupferstichen vor allem die Tracht aus der Gegend zwischen Augsburg und München entlang der Amper als die »bairische« schlechthin dargestellt, aber auch eine ganze Reihe Münchner Trachten[49]. So nimmt es wohl nicht wunder, daß schon 1765 ein Kartenspiel aufgelegt wurde, bei dem die »Ober« Kavaliere des Hofes zeigen, hoch zu Roß in der Bauerntracht, bei einem mit dem Spruch »*baurrn bildt euch etwas ein alles will iezt baurisch sein*«, bei einem andern »*bayrisch bayrisch mus es sein stimet alle mit mir ein*«[50]. Die erste erkennbare »Folklore-Welle« im Raum München hatte eingesetzt.

Die Wittelsbacher und die Volkskultur

Es waren die Wittelsbacher, es war der Hof, der vom Adel nachgeahmt wurde, und folglich in der Haupt- und Residenzstadt München außerordentliche Vorbildwirkung hatte. Unter Kurfürst Maximilian I. bestand der Hofstaat noch aus 600 bis 700 Personen, nach der Volkszählung von 1781 umfaßte er in den vier Hofstäben einschließlich der Hofjagd, der Hofmusik und der Theater fast 5 000 Personen bei einer Gesamteinwohnerzahl von 35 000. Es war eine buntgemischte eigene Welt, die vom Obersthofmeister als Inhaber des höchsten Hofamtes herunterreichte bis zum Hofnarren, den es bis zu König Max I. Joseph gab, oder bis zu den Heiduken, den livrierten Sänften- oder Sesselträgern, die immer noch nach ihrer ursprünglichen Herkunft unter Kurfürst Max Emanuel bezeichnet wurden[51]. Hofbeamte und »Hofdienstmenscher« ahmten viel ihrer Herrschaft nach und waren in den landesherrlichen Kleiderordnungen des 17. und 18. Jahrhunderts stets höher eingestuft als ihresgleichen in bürgerlichen Diensten[52]. Andernseits wurde der Adel wiederum vom gehobenen Bürgertum nachgeahmt und dieser schließlich anschließend vom mittleren Bürgertum usw. Ein Jahrhundert nach der ersten »Folklore-Welle« war das dann mit dem von der Jägerkleidung abstammenden neuen Trachtengwand, wie es die höfische Jagdgesellschaft trug und aus dem sich die »Miesbacher Tracht« entwickelte, nicht viel anders.

König Ludwig I. (reg. 1825–48)

Da war ein König, der nicht wie weiland Harun al Raschid verkleidete, sondern in abgetragenem und geflicktem Zivil ohne Begleitung in der Stadt spazieren ging und von jedermann angesprochen werden konnte, der im Hofgarten das Grüßen verbot, weil er des ständigen Hutlüftens überdrüssig wurde, dem jeder kranke Alleebaum auffiel und der überraschend in Läden, Ateliers oder auf seinen Baustellen auftauchte, wo er auf dem Gerüst herumkletterte und kritisierte (was ihm den Spitznamen »Oberpalier« eintrug).

Ludwig war kein Pazifist, fand aber, daß mit dem von ihm wenig geliebten Napoleon des Schlachtenruhms genug gewesen sei. Eine gleich nach dem Regierungsantritt eingesetzte »Militärersparniskommission« kürzte ein Siebtel des Etats (1 Mill. Gulden) weg, löste die Garderegimenter auf (zu klein für den Ernstfall meinte Ludwig, als Paradestück überflüssig). Die übrige Armee lief bald in geflickten Uniformen herum, ihre Bewaffnung veraltete, aber die Militärmusik wurde nachdrücklich gefördert, erreichte außerordentliche Popularität und beeinflußte nachhaltig (bis heute!) das Blasmusikwesen in den Städten und Dörfern (s. hierzu den Aufsatz über den Münchner Militär-Obermusikmeister Peter Streck in diesem Band). Schon die wohlwollende Förderung der Militärmusik durch Ludwigs Vater Kurfürst (ab 1799) bzw. König (ab 1806) Maximilian (IV.) I. Joseph ging so weit, daß die Militärmusiker sogar Privatengagements nachgehen durften, wobei unter bestimmten Bedingungen der Gebrauch der Uniformen und der offiziellen Bezeichnung der jeweiligen Regimentsmusik gestattet war. Man erreichte auf diese höchst einfache Weise, daß die Militärmusiken einerseits als »Sympathieträger« wirkten, ohne dabei die Staatskasse zu belasten, und andernseits als »Volksbildungsinstrument« optimal eingesetzt waren.

Am 9. September 1830 befahl der König in einem Erlaß an alle Kreisregierungen, bischöflichen Ordinariate und Schulbehörden *»zur Erhebung der Feier des Gottesdienstes den Chorgesang und die Chormusik in den Kirchen, vorzüglich in den Domkirchen, nach dem älteren guten Style wieder herzustellen«*[53]. Auf Veranlassung von Ludwig I. erließ das Staatsministerium des Innern am 3. April 1836 außerdem eine Verfügung, *»Die Belebung des allgemeinen Sinnes für die Musik durch angemessene Einwirkung auf die Landwehr-Musikcorps, auf den Gesang- und Musikunterricht in den Schulen betr.«*[54]: *»Lebhafter Wunsch Seiner Majestät des Königs ist es, ... daß der Sinn für Musik namentlich ab für Kirchen= und anständigen ächt nationalen Volksgesang möglichst erhalten und gefördert werde.«* Und dann folgen in sieben Abschnitten Anweisungen für die Landwehrmusiken, die »ununiformierten Musiken«, die Schullehrpläne, den »Unterricht in der Instrumentalmusik« für die »talentvollen Knaben« (von Mädchen ist nicht die Rede) und die »talentierten Feiertagsschüler« sowie die »tüchtige Ausbildung der Schulpräparanden, Schulseminaristen auch in der Musik«.

Für die weitere Entwicklung des Volkslebens in München nicht ohne Einfluß war 1826 die Verlegung der Universität von Landshut (wo Max I. die immer aufsässigen Studenten gern abgeschoben sah!) in die Haupt- und Residenzstadt. Ludwig I. (wißbegierig, sprachbegabt, mit einem ausgezeichneten Gedächtnis – deshalb auch nachtragend!) korrigierte außerdem die überzogene und hinsichtlich ihrer wirtschaftlichen, sozialen und sozio-kulturellen Folgen eher negative, weil falsch eingeschätzte Säkularisation von 1803 und die rigide Aufklärung unter seinem Vater und dessen übereifrigem Reformer Staatsminister Maximilian Joseph Graf von Montgelas (1759–1838). *»Seit 1769 hatten radikale Dekrete Stück für Stück des reichen, alteingewurzelten kirchlichen Brauchtums hinweggefegt. Erst unter König Ludwig mit seinem lebendigen Sinn für alles historisch Gewachsene und die emotional-religiösen Bedürfnisse des bayerischen*

Volkes wurden Prozessionen, Christmetten, Passionsspiele, Wallfahrten, die Gründonnerstagliturgie mit ihrer traditionellen Fußwaschung und vieles andere wieder offiziell zugelassen. Besonders am Herzen lag dem König die würdige Gestaltung der Fronleichnamsprozession ... Wie sehr diese Maßnahmen der Mentalität der Bevölkerung entsprachen, dokumentiert die Münchner Stadtchronik anläßlich der ersten Christmetten seit 23 Jahren am 24. Dezember 1825: ›Der Zulauf der Gläubigen war außerordentlich, jedoch mit aller Ruhe und Würde.‹«[55] Ludwig I. ließ natürlich auch wieder abgeschaffte weltliche Bräuche zu: »*Da wir Volksfeste lieben und unseren treuen Unterthanen mit wahrer Freude jede ehrbare Ergötzlichkeit gönnen: so sey von nun an wieder erlaubt, nach uraltem Brauch am 1. Mai eines Jahres in jeder Gemeinde auf dem Lande einen Maibaum aufzusetzen.*«[56] Ludwig besetzte auch aufgelöste Klöster wieder, ja gründete sogar neue (z.B. in München St. Bonifaz) und ließ zwischen 1826 und 1850 in der Hauptstadt fünf neue Kirchen bauen, wofür er aus seiner Privatschatulle Zuschüsse gab. Denn: »*Fromm sollen die Bayern sein, aber lebensfroh dabei, munter, keine Kopfhänger werden.*«

Es mag vielleicht sogar symptomatisch sein, daß sich ein völlig neuer religiöser Brauch in Deutschland ausgerechnet in der Regierungszeit von König Ludwig I. von München aus verbreitete: die Maiandacht. Sie hatte sich in der ersten Hälfte des 18. Jahrhunderts in Italien entwickelt, dann bald in Frankreich und Spanien und schließlich zu Beginn des 19. Jahrhunderts in Belgien und der Schweiz Nachahmung gefunden. Die früheste bekannte Maiandacht auf deutschem Boden wurde 1841 im Kloster der Frauen vom Guten Hirten in Haidhausen gefeiert; die dortigen Schwestern waren erst im Jahr zuvor aus dem französischen Mutterhaus Angers eingetroffen. Am Vorabend zum 1. Mai 1843 fand dann vor dem Gnadenbild der Schmerzhaften Muttergottes in der Herzogspital-Kirche die erste Maiandacht innerhalb Münchens statt. Die Gläubigen drängten so stark herbei, daß die Kirche nicht alle fassen konnte. Die (auf Veranlassung von Ludwig I. 1829–44 erbaute) Ludwigskirche folgte 1845, bei St. Peter lassen sich Maiandachten ab 1855 nachweisen und bis 1880 folgten alle anderen Münchner Pfarreien (über die Marienverehrung in München siehe den Aufsatz »Münchner Marienlieder aus vier Jahrhunderten« in diesem Band). Trotzdem, Ludwig I. verbot auch Bräuche: Als es beispielsweise beim Wasservogelfest 1828 vor Schloß Nymphenburg zu einer großen Rauferei kam, weil die Moosacher Bauernburschen mit ihrem Pfingstl vor den festlich herausgeputzten Neuhausern da waren, untersagte der König künftige Wasservogelspiele[57].

Ihre Bauwut und die Kunst- und Kulturförderung[58] mußten die Wittelsbacher fast ausschließlich aus der Privatschatulle (in Preußen nannte man's »Zivilliste«) finanzieren, da ihnen seit alters her der Zugriff auf die von den Landständen (Landschaft/Landtag) festgesetzten, eingehobenen und verwalteten Steuern verwehrt war. So war denn Ludwig I. sein Leben lang sparsam bis zum Geiz, um seine ausufernden Baupläne ohne Schulden verwirklichen zu können. Bis zum Thronverzicht 1848 investierte er 10 Mill. Gulden, bis zu seinem Tod 1864 waren es deren 30 Mill. Gulden. Durch eine in erstaunlich kurzer Zeit durchgeführte Verwaltungsvereinfachung und Sanierung des verschuldeten Staatshaushalts (die Ministerbesoldung wurde beispielsweise von 20 000 auf

12 000 fl. gekürzt) gewann er freie Mittel für die staatlichen Bauvorhaben. Sein Enkel Ludwig II. (reg. 1864–86), der nächste bauwütige Wittelsbacher, war am Ende zwar nicht völlig pleite, jedoch in beträchtlichen Geldnöten, denn die königliche Privatschatulle war nicht mehr kreditwürdig. Alle Schlösser Ludwig II. haben zusammen ganze 31,3 Mill. Mark gekostet, nicht viel, wenn man bedenkt, daß das bayerische Parlament 1866 nach dem zusammen mit Österreich verlorenen Krieg gegen Preußen ohne Probleme 30 Mill. Gulden als Reparationen locker machen konnte. Ludwigs Investitionsmaßnahmen auf dem Land werden jedoch hinsichtlich ihrer Wirkung als Arbeitsbeschaffungsmaßnahmen in den strukturschwachen Gebieten (ohne einen Pfennig aus dem Staatshaushalt) verkannt. Doch mit der 1848 erzwungenen Abdankung des mäzenatischen Königs Ludwig I. lief auch die so lang von den Wittelsbachern bestimmte Entwicklung Münchens aus. Ab der Mitte des vorigen Jahrhunderts bestimmten in zunehmendem Maß die sich politisch emanzipierenden Bürger die Geschicke der wachsenden Stadt.

König Maximilian II. (reg. 1848–64)

Ludwig I. Sohn Maximilian, »den man auch den Volkskundler auf dem Königsthron nannte«[59], hätte sicherlich im Zivilleben – wie mancher Wittelsbacher tatsächlich – eine erfolgreiche Karriere als Wissenschaftler einschlagen können. Er förderte nachdrücklich die Trachten und die Mundart, ließ die »Bavaria. Landes- und Volkskunde des Königreichs Bayern bearbeitet von einem Kreise bayerischer Gelehrter«[60] unter der Führung von Wilhelm Heinrich Riehl (1823–97) und Felix Dahn (1834–1912) herausbringen und von Johann Andreas Schmeller (1785–1852) ein »Bayerisches Wörterbuch«[61] erarbeiten. Schon als Kronprinz hatte Maximilian II. sich im Rahmen einer ethnographischen Bestandsaufnahme des Königreichs Bayern auf seine künftige Aufgabe als Regent vorbereitet. So beauftragte er 1846 Joseph Friedrich Lentner (1814–1852) mit einer »Darstellung des sozialen Zustandes der Angehörigen der verschiedenen Volksklassen Bayerns«. Lentner starb jedoch schon mit 39 Jahren. So mußte der Band über München von Eduard Fentsch (1814–77) übernommen werden. Die Bestandsaufnahme von Fentsch[62] gibt einen umfassenden Überblick über München in der Mitte des 19. Jahrhunderts mit einer umfangreichen »Skizze einer Cultur-Geschichte Münchens«, beschreibt dann die geographische Lage, Klima, Geschichte und Baugeschichte der Stadt, charakterisiert Mentalität, Bildung, Besitz- und Vermögensverhältnisse, berichtet über Religion, Tracht und Mode, schildert private und öffentliche Bräuche, Feste und Volksbelustigungen; er registrierte die historische Entwicklung von Gemeindeverfassung und Wehrwesen, analysierte ausführlich den Ortsdialekt und bietet aufschlußreiches statistisches Material zu bevölkerungspolitischen Themen.

Als Fentsch seine Arbeit schrieb, war gerade ein neues München im Werden; Au, Giesing und Haidhausen waren kurz zuvor eingemeindet worden, was soziale Probleme brachte. Bei allem Fortschrittsoptimismus sah Fentsch die Entwicklung nicht unkritisch: Viele Bauten wurden zu Spekulationsobjekten, kasernenähnliches Aussehen und Monotonie der Häuserreihen waren die Folgen. Ausführlich befaßte er sich mit den sozialen Veränderungen in Familie, Öffentlichkeit und Gewerbe. Den »Verfall der moralischen Ordnung« bei den Dienstboten, die Probleme des entstehenden städtischen Proletariats führte er auf das Schwinden der patriarchalischen Ordnung zurück, wodurch die Dienstboten aus dem Familienkreis gedrängt wurden und sich selbst überlassen waren.[63] Den Abschluß bildet eine ausführliche Beschreibung des Gewerbewesens in München. Sie ist deshalb so interessant, weil sich die Wirtschaft um die Mitte des 19. Jahrhunderts in einer Situation befand, die mit der heutigen durchaus vergleichbar ist: Überkommene Gewerbeformen lösten sich auf, das Zunftwesen mit seinen Schutz-, aber auch Zwangsbestimmungen, wurde verdrängt von einer Liberalisierung in Handel und Gewerbe, die Folgen des Eintritts Bayerns in den Deutschen Zollverein werden sichtbar.

Max II. hat weiterhin Anteil an der Stimulierung der volkskundlichen Forschung durch die Berufung von Wilhelm Heinrich Riehl 1854 nach München und seine weitere Förderung. 1859 wurde Riehl Professor für Kulturgeschichte und Statistik. In der Folgezeit ist Riehl aus dem geistigen Leben Münchens nicht mehr wegzudenken, sowohl aufgrund seiner beruflichen wie aufgrund einer Fülle anderer Aktivitäten. Er wurde Direktor des 1855 von Maximilian gegründeten »Bayerischen Nationalmuseums«, verfaßte eine Anzahl staatspolitischer Werke, zahlreiche kulturhistorische Novellen, unzählige Zeitungs- und Zeitschriftenartikel, komponierte Lieder und andere Musikstücke, hielt 487 öffentliche Vorträge usw.[64] »*Ganze Wissenschaften wie Volkskunde, Landeskunde, auch Musikgeschichte, können durch ihn München als ihre früheste akademische Pflegestätte bezeichnen, bevor sie von hier aus sich Heimatrecht in anderen Städten und Institutionen errungen haben.*«[65] Auch Walter Hartinger bestätigt[66], daß durch Riehls »Wirksamkeit als akademischer Lehrer und seine reiche literarische Tätigkeit das akademische Interesse an den bislang wenig beachteten Seiten des Alltagslebens der einfachen Bevölkerung in Bayern wirksame Förderung erfahren hat. Durch die Berufung von Riehl und durch die Etablierung volkskundlicher Universitätsforschung und -lehre hat Max auch Anteil an dieser Öffnung der gelehrten Welt gegenüber der Volkskultur. Von Riehl wiederum führen Verbindungslinien zu einem anderen Interessengebiet des Königs, das im Zusammenhang seines Verhältnisses zur Volkskultur nicht nur beiläufig genannt werden muß, die Volksmusik. 1854 mit einem Gutachten über die ›bayerischen Bauernverhältnisse‹ beauftragt, kommt Riehl auch auf diesen Aspekt zu sprechen und empfiehlt die »*Förderung und Läuterung des Volksgesanges, der so wesentlich beitragen kann zur Hebung des Nationalbewußtseins und der Aufrechterhaltung der Eigenthümlichkeiten der Bauern ...*«

Riehl erhielt vom König auch den Auftrag, Volksliedmelodien zusammenzustellen, die von den bayerischen Postillionen auf ihren einfachen Instrumenten zu spielen waren. Seine Sammlung von 30 Volksliedern, bearbeitet für das Posthorn, ist 1861 von der General-Direktion der kgl. Bayer. Verkehrsanstalten gedruckt worden. Das Posthorn diente dazu, durch festgelegte Signale »*die Annäherung postmäßiger Transporte anzuzeigen und solchen dadurch eine ungestörte und schleunige Beförderung zu sichern*«. Außerdem sollte es durch sein Erklingen »*die Annehmlichkeit des Postverkehrs*« erhöhen. Es war der Geschicklichkeit und der Musikalität des einzelnen Postillions überlassen, zur Freude der Reisenden neben den Postsignalen weitere Stücke in sein Repertoire aufzunehmen[67]. 1846 hatte schon der Militärmusikmeister Peter Streck (1797–1864) »zur Erleichterung und Aufmunterung« der Postillione im Selbstverlag ein Heft *»36 Musik Stücke für Ein- oder Zwey ordinare Posthorn«*, also klappenlose Posthörner, und ein weiteres mit 13 Stücken für ein bis zwei Posthörner mit einer Klappe und 19 Stücken für ein bis zwei chromatische Posthörner herausgebracht. Enthalten sind vor allem Ländler, Polkas, Walzer, aber auch neun »National Lieder«. In beiden Heften sind natürlich auch die offiziell vorgeschriebenen Posthorn-Signale von 1839 enthalten. Und 1869 veröffentlichte Herzog Maximilian in Bayern bei Braun und Schneider in München 20 Stücke für das chromatische Horn, die von Postillionen geblasen »*dem Volkslied entnommen oder auf offener Straße zum Volkslied geworden*« sind. Sie sollten auf diese Weise bewahrt werden, bevor sie »*im Lärm der Zeit verhallen*«[68]. Schließlich hatte die Eisenbahn inzwischen schon zahlreiche Postkutschenlinien verdrängt.

Max II. hat seine Tätigkeit, was die bayerische Musik, die Dichtung und das Schauspiel betraf, insgesamt mehr auf den privaten Umkreis beschränkt und keine umfassenden bürokratischen Aktionen gestartet wie beispielsweise bei der Tracht. Mitunter ging er bewußt mit gutem Beispiel voran, z.B. wenn er selbst dafür sorgte, daß ein Bücherl gedruckt wurde »Oberbayerische Lieder mit ihren Singweisen. Im Auftrage und mit Unterstützung seiner Majestät des Königs für das bayerische Gebirgsvolk gesammelt und herausgegeben von Franz von Kobell«. Dazu Walter Hartinger[69]: »*Man hat dieses Werk durchweg nur als das ›Königsbüchl‹ bezeichnet und damit treffend zum Ausdruck gebracht, daß dem König die Erhaltung von Volksmusik und Mundartdichtung ein originäres Anliegen war. Anzuführen an einschlägigen Maßnahmen des Monarchen wäre dann vor allem noch die Förderung von Dichtern, welche die bayerische Mundart pflegten und/oder ihre Novellen, Romane und Schauspiele vor allem in der bayerischen Geschichte oder Landschaft ansiedelten. Hierunter gehören u.a. Melchior Meyr aus dem Ries (1810–1871), Jos. Friedrich Lentner, Ludwig Steub (1812–1888), Hermann Lingg (1820–1905), Seb. Franz von Daxenberger (1809–1879), Karl von Gumppenberg (1830–1893), Karl Stieler (1842–1885) und vor allem Franz von Kobell (1803–1882).*«

»*Im Unterschied zu seinen Vorgängern im Königsamt zeichnet sich Max II. hinsichtlich der Wahrnehmung der Volkskultur gerade durch eine erstaunliche Vielseitigkeit aus. Er ist interessiert am gesamten Volksleben; die Instruktion für Jos. Friedrich Lentner und auch teilweise das Grundgerüst der ›Bavaria‹ lesen sich wie eine Kurzfassung des volkskundlichen Kanons. Förderung der Trachten steht neben derjenigen der Volksmusik, der Mundart und des ländlichen Bauwesens sowie der Sammlung von Gegenständen der ländlichen Sachkultur. Max mußte dabei nirgendwo neue Wege beschreiten. Eine Aufschließung des gelehrten Interesse und der stattlichen Administration ist auf jedem Feld schon vor seiner Thronbesteigung erfolgt. Deutlich über das Maß des bisher üblichen erhebt sich sein Engagement auf dem Gebiet der Trachtenpflege und dem der wissenschaftlichen Dokumentation und Erforschung des Volkslebens ... Was aber die bayerische Volkskultur angeht, das Interesse für sie und die Förderung für einzelne Bereiche, so hat Max eine Tradition begründet, die innerhalb des wittelsbachi-*

schen Hauses fortwirken sollte bis zur Gegenwart ... Gegenüber der älteren bayerischen Kulturpolitik zeichnet sich das Engagement von Max II., wenn es um Traditionen der einfachen bürgerlichen und bäuerlichen Bevölkerung geht, durchaus aus, daß er nicht dirigistisch eingreifen und aus der Sicherheit und Überlegenheit eigener Geistesbildung heraus das unwissende Volks belehren und erziehen will, sondern daß er zurücktritt gegenüber dem gewachsenen Bestand, den er vorfindet. Diese Haltung entspricht seinem eigenen Verständnis als Bürgerkönig; letztlich wird strukturell die allmähliche Demokratisierung der politischen Landschaft darin sichtbar. Damit korrespondiert, daß Max das Gewicht der sozialen Frage und der durch die ausgelösten ideologischen Konzepte durchaus gesehen hat und ihr durch die praktische Politik begegnen wollte.[70] Zwar wurde durch diese Politik die Ablösung der Monarchie auch in Bayern am Beginn des 20. Jahrhunderts nicht verhindert. Wohl aber darf unterstellt werden, daß die hierzulande nach wie vor kräftige Sympathie mit dem Hause Wittelsbach und die starke Anhänglichkeit an die Traditionen der bayerischen Volkskultur durch einen Regenten wie Max II. nachhaltig gefördert worden sind.«[71]

Maximilian Herzog in Bayern, der »Zithermaxl« (1808–88)

Wilhelm Heinrich Riehl hat in seinem Gutachten von 1854 als eine von mehreren Möglichkeiten der Volksmusikförderung die Aufzeichnung von Liedern und Melodien angesprochen. »Damit hat er den König allerdings auf keinen neuen Gedanken gebracht, denn das Sammeln von Volksliedern gehört bereits zu den Aufgaben, die der Kronprinz Max schon 1846 in seinen Instruktionen an Jos. Friedrich Lentner als dringlich hervorgehoben hatte. Ganz originell war die Idee weder 1846 noch 1854, denn mit der bayerischen, insbesondere der oberbayerischen Volksmusik hat man sich schon seit den 30er Jahren intensiv im Umkreis des Herzogs Max in Bayern beschäftigt. Herzog Max, ein Verwandter des Königs aus der Linie Birkenfeld-Gelnhausen, brachte es zu einer virtuosen Beherrschung des Zitherspiels; er notierte Volkslieder und -tänze, komponierte selber Polkas und Mazurken und sammelte einen Kreis von adeligen Freunden um sich, die eifrig im Stil von bayerischen Tanzböden sangen und musizierten[72]. Es steht zu vermuten, daß mehr aus dieser Richtung Anregungen an den König herangetragen wurden als von W.H.Riehl, der erst 1854 nach München kam und nie Anschluß fand an die Gesellschaft um den Herzog Max in Bayern. Jedenfalls hat Max II. die zeitgenössische Liebe zur bayerischen Volksmusik geteilt und versucht, auch in diesen Bereich fördernd einzugreifen.«

Dieser Herzog Max in Bayern (er war übrigens seit 1828 mit König Ludwig I. Schwester Ludovika, gen. Luise [1802–92], verheiratet) gehört unbestritten zu den volkstümlichsten Mitgliedern des Hauses Wittelsbach. »Er war beliebt bei seinen Zeitgenossen, weil er die fürstliche Abkunft mit Klugheit, Witz und gesundem Menschenverstand verband, weil seine Leutseligkeit nicht aus Berechnung, sondern aus Respekt vor seinen Mitmenschen kam.«[73] »Viele Anekdoten ranken sich um seine Volkstümlichkeit, kein Wunder, wenn man seinen Umgang und auch seinen Charakter betrachtet. Die bekannteste Erzählung handelt vom zitherspielenden Herzog Max, der in einem

Gasthaus inkognito für Bauern und Bürger zum Tanz aufspielte. Als er dann 24 Kreuzer Trinkgeld für sein Spiel von einem Bauern erhielt, soll er lachend dazu bemerkt haben: ›Das erste Geld das ich mit meiner Kunst verdient habe.‹«[74] Später zog er inkognito auch mit seiner Lieblingstochter Elisabeth, gen. Sissi (1837–98), zitherspielend durch die Wirthäuser, die dann mit dem Teller absammelte. Noch als Gemahlin (ab 1854) von Franz Joseph I. und damit Kaiserin von Österreich erzählte sie gern, dies sei ihr einziges durch echte Arbeit verdientes Geld gewesen.

So wurde der Herzog bald zum allseits beliebten »Zithermaxl«, war aber ebenso ein gemütvoller Komponist, kenntnisreicher Volksliedsammler, geschickter Dichter, wagemutiger Herrenreiter, passionierter Jäger und umschwärmter Gastgeber bei Gesellschaften und einfallreichen Bällen.

»*Ein offenes Ohr hatte Herzog Max für die bäuerlichen Melodien, er hielt viele davon auf Notenpapier fest, jedoch ging sein Interesse über das bloße Sammeln hinaus. Er spielte diese Melodien selbst, sang die gesammelten Lieder und verschaffte ihnen dadurch ungeahnte Ausbreitung, Zugang zu städtischen und bürgerlichen Kreisen und von dort traten sie ihren Weg in die ländliche Bevölkerung an, für die diese Art zu Singen und Musizieren, die man mancherorts als alt und selbstverständlich empfunden hatte, jetzt wieder einen neuen Anreiz hatte. Neben den unzähligen Melodien vor allem landlerischen Charakters, die Herzog Max sammelte, dürften aber die Lieder nicht vergessen werden, die er zusammentrug und schon 1846 in Auswahl unter dem Titel ›Oberbayerische Volkslieder mit ihren Singweisen‹ veröffentlichte*[75]. *1858 kamen sie nochmals in zweiter Auflage heraus. Dieses Büchlein mit seinen 28 Liedern – es waren dies vor allem Vierzeiler, sogenannte Schnaderhüpfel, aber auch Lieder von der Alm, der Liebe und vom Tanzen, wie sie teilweise heute noch oder wieder gesungen werden – die alle mit ein- oder zweistimmiger Melodie versehen waren und meistens auch noch mit einem fest angefügten instrumentalen Zwischenspiel, fand große Verbreitung vor allem in städtischen Kreisen, aber auch in Teilen der ländlichen Bevölkerung. Franz von Kobell übernahm für sein ›Königsbüchl‹, für seine Sammlung oberbayerischer Volkslieder, die er im Auftrag von König Max II. anfertigte, 27 der von Herzog Max veröffentlichten Lieder, womit diese eine noch weitere Verbreitung erlebten …*

Sein offenes Ohr für die Musik der bäuerlichen Bevölkerung und seine überdurchschnittliche Musikalität befähigten ihn, zu ›komponieren‹. Seine Stücke klingen meist unbeschwert und heiter, man erkennt fast überall zumindest die Anregung, die er sich für seine Kompositionen aus dem Melodienschatz des ländlichen Volkes holte. Walzer, Polkas, Quadrillen, Märsche, Mazurkas, vor allem aber Ländler (gemeint sind die achttaktigen, langsamer gespielten Landler) und auch vertonte Liedstrophen und Gedichte sind von ihrer Melodienführung her mehr der ländlichen Musik zugekehrt. Oft fühlt man sich direkt auf den bäuerlichen Tanzboden oder in die Wirtsstube versetzt. Meist sind diese Stücke der Zeit entsprechend für Klavier, aber auch für Zither oder Streichinstrumente geschrieben. Die meisten Kompositionen mit oft klangvollen Namen, insgesamt sind es mehr als 60 an der Zahl, widmete er befreundeten Personen aus fürstlichen, adeligen und bürgerlichen Kreisen. Die Vielzahl seiner Kompositionen, im Zeitraum von 1841–1852 waren es ungefähr 50 Stücke, – Pocci nennt ihn einen ›Schnell-

kompositeur‹ – ist wohl auch mit der nie versiegenden Quelle zu erklären, aus der Herzog Max meistens schöpfte: der Musik des Volkes.«

Das Beispiel von Herzog Max machte bald Schule. Als bereits 1839 der Historienmaler Ulrich Halbreiter (1812–77) seine »Sammlung auserlesener Gebirgslieder«[76] in drei Mappen mit je 12 Liedern herausbrachte, tat er dies »*Seiner Hoheit Herrn Herzog Maximilian in Bayern in tiefster Ehrfurcht gewiedmet*«.

Die Herzöge Ludwig Wilhelm und Albrecht

Herzog Max Sohn Karl Theodor (1839–1909) wurde einer der bedeutendsten Augenärzte in der bayerischen Medizingeschichte. Dessen Sohn Ludwig Wilhelm (1884–1968) wiederum setzte die vom Großvater begonnene Pflege der heimischen Volkskultur mit der gleichen Intensität fort und machte sich besonders um die Ausbreitung der bayerischen Trachtenkleidung verdient. Da er selbst kein produzierender Künstler wie sein Großvater war, setzte er sich umso tatkräftiger für die Förderung anderer ein. Mit beachtlichen Mitteln unterstützten Ludwig Wilhelm Herzog in Bayern und sein Neffe Albrecht Herzog von Bayern (1905–1996), dem Sohn seiner Schwester Marie Gabriele mit dem Kronprinzen Ruprecht, zum Beispiel die Arbeit des Münchner Volksliedforschers Emanuel Kiem, gen. Kiem Pauli (1882–1960)[77], dem sie in Kreuth eine von wirtschaftlichen Sorgen freie Suche nach alten Liedern, Gstanzln und Jodlern ermöglichten.

Auch Max Emanuel Herzog in Bayern (* 1937), der jüngste Sohn von Herzog Albrecht (der 1965 mangels eigener Nachkommen vom Großonkel Ludwig Wilhelm zur Fortsetzung der Linie der Herzöge in Bayern adoptiert wurde) widmet sich in seiner Freizeit dem Musizieren und der Pflege der Volksmusik. Er ist selbst als guter Klarinettist weit über das Tegernseer Tal hinaus bekannt[78].

Die zweite »Folklore-Welle«: Der Alpenfolklorismus

Nicht zuletzt auch unter dem Einfluß der Wittelsbacher wandte sich in der 1. Hälfte des 19. Jahrhunderts mit der zunehmenden privaten Mobilität, die weniger auf die Befriedigung von wissenschaftlichem Ehrgeiz ausgerichtet war, als auf Zerstreuung, Vergnügen und Erholung, das Interesse nach Süden, dem Oberland und den Alpen zu. Man entdeckte die Großartigkeit der Berge und die Harmonie der voralpinen Landschaft mit ihren lieblichen Seen und wilden Flüssen, die Natürlichkeit der Bauern, Hirten, Jäger und Fischer, die Romantik der Almhütten mit ihren Sennerinnen. Vor allem Reiseschriftsteller und Maler sowie die Vorbildwirkung ihrer teilweise gesellschaftlich hochstehenden Gönner trugen dazu bei, daß nun plötzlich in München das Interesse an oberlandlerischen bzw. alpenländischen Trachten, Bräuchen und Liedern stieg.

Doch dabei entstand nun plötzlich eine neue »Tracht« und die ging eigentlich von den Jägern aus. Das hing mit dem Wandel der Jagd im vorigen Jahrhundert zusammen. Die Parforcejagd rund um München hatte Kurfürst Karl Theodor (reg. 1777–99) schon

1778 abgeschafft, durch die Säkularisation 1803 waren riesige Klosterwälder im Oberland und im Gebirg an den Staat gefallen. Neue Hofjagdgebiete wurden eingerichtet und da das Rotwild wegen der zunehmend extensiven wie intensiven Landwirtschaft und dem Wachstum der Städte und Dörfer in die Alpen abwanderte, verlagerte sich die Hochwildjagd in die Berge[79]. Der König und der Adel nahmen dabei bald das praktische Lodengwand der Jäger als »Tracht« an[80]. Das war in unserem Nachbarland Österreich unter der Vorbildfunktion von Kaiser Franz II. (reg. 1792–1835) und nicht zuletzt auch seines Bruders, des volkstümlichen, der Steiermark besonders verbundenen Erzherzogs Johann (1782–1859), nicht anders. Unter Kaiser Franz Joseph (reg. 1848–1916), der sowieso höchst selten Zivil trug, erhielt die Lodenhose seitlich wenigstens zwei grüne »Generalsstreifen«, was bei »bürgerlichen« Trachtenanzügen bis in die Mitte unseres Jahrhunderts erhalten blieb. Sie alle, ob Wittelsbacher oder Habsburger, ob König oder Kaiser, machten aber auch die kurze Lederhose populär, wie zahlreiche Fotos und einzelne Museumsstücke beweisen, auch wenn das Erzbischöfliche Ordinariat in München noch 1913 die »Kurzhosenvereine« unter den nach 1883 immer zahlreicher entstandenen »Gebirgstrachten-Erhaltungsvereinen« als schlichtweg »sittenwidrig« erkärte[81].

Das erste Foto eines Wittelsbachers in Jagdkleidung zeigt König Max II., aufgenommen von dem berühmten Münchner Fotografen Franz Hanfstaengl (1804–77) um 1855: eine helle graue Joppe, ohne Zweifel mit grünem Auspuitz, nicht ganz oberbayerische »Tracht«, aber doch stark an sie angelehnt. Wohl wenig später hat sich auch des Königs Bruder Luitpold (1821–1912, ab 1886 Prinzregent) in Jagdkleidung fotografieren lassen. Er trug dabei eine kurze Lederhose *»und wenn man nicht wüßte, daß dies der spätere Regent ist, dann könnte man ihn in seiner graulodenen Joppe, dem dunkelgrünen Stopselhut und seiner grünen Weste für irgendeinen Jäger oder einen Bauern aus dem Tegernseer/Schlierseer Gebiet halten«* (Paul Ernst Rattelmüller). Die wohl schönste Darstellung »Prinzregent Luitpold als Jäger« dürfte das Gemälde von 1888 von Franz Defregger sein[82]. Zu Beginn der 1860er Jahre trugen dann die Söhne des Prinzen Luitpold, die Prinzen Ludwig (der spätere König Ludwig III., reg. 1912–18) und die Prinzen Leopold (1846–1930) und Arnulf (1852–1907) ebenfalls die landesübliche Tracht. Es ist die gleiche Kleidung wie beim Vater, nur der Hut war niedriger als der bisher gebräuchliche Stopselhut. Herzog Max in Bayern, die Prinzen Ludwig (der spätere König Ludwig II. und Otto (1848–1916), sie alle finden wir auf Abbildungen in dieser Tracht. Der Prinzregent war in der Tracht bald so selbstverständlich, daß er damit sogar auf bayerischen Briefmarken abgebildet wurde. Aber schließlich kannte jeder seine Jagdleidenschaft: Um die Jahrhundertwende gab es eine Ansichtskarte von der Münchner Residenz mit der Aufschrift: *»Hier regiert der Prinzregent – wenn Schonzeit ist!«*

Auch später ließen sich noch viele Prominente in der kurzen Lederhose fotografieren, wie z.B. so höchst unterschiedliche Leute wie Georg von Vollmar (1850–1922), Adolf Hitler (1889–1945) und Oskar Maria Graf (1894–1967), der damit sogar in New York herumlief und bei seinem ersten Besuch seit seiner Emigration in München 1958 bei manchen Leute beträchtliche Irritationen auslöste.

Solchermaßen also gesellschaftsfähig gemacht und nach der Gründung des ersten Trachtenvereins 1883 durch den Lehrer Josef Vogl in Bayrischzell (und noch im selben Jahr eines zweiten im benachbarten Fischbachau) verbreitete sich das bald »Miesbacher Tracht« genannte Gwand ungeheuer schnell nicht nur über ganz Bayern, sondern weit darüber hinaus in den »Gebirgstrachten-Erhaltungsvereinen« im Lauf der Jahrzehnte bis nach Amerika. Und es verdrängte allenthalben die bodenständige Tracht – auch in München, wo sogar die Konfektionsgeschäfte alpenländische Kleidung in großem Stil und mit viel Werbeaufwand verkauften. Der älteste Münchner »Gebirgstrachten-Erhaltungsverein« wurde schon 1884 gegründet, die heutigen »lustigen Wendlstoana«, erst 1893 folgten »Almrausch« und »Brünnstoana«. Von den 1997 in München bestehenden 55 Trachtenvereinen tragen nicht weniger als 30 Vereine die Miesbacher, 9 Werdenfelser, 3 Inntaler und je einer Berchtesgadener, Chiemgauer, Jachenauer oder Ruhpoldinger Tracht! Um 1900 blühte der Alpen-Folklorismus in München in einem heute kaum mehr vorstellbaren Ausmaß. So gab es z.B. in dem 1890 in Nymphenburg eröffneten Volksgarten eine »Alm«, vor der ständig Schuhplattler auftraten; Münchner Tanzschulen und sogar Turnvereine lehrten den Schuhplattler! München wurde von der zweiten »Folklore-Welle« überflutet.

Andernseits aber gab es Warner vor der sich entwickelnden Großstadtkultur, zu denen schon 1910 auch der spätere Hausforscher und Konservator im Bayer. Landesamt für Denkmalpflege Rudolf Hoferer (1892–1943) zählte[83]: »*Die Großstadt ist der Urquell des Verderbens von Sitte, Tracht, Haus und Wohnung, ja des Geistes unseres Volkes. Von der Großstadt verbreitet sich die Überkultur, deren Krankheit in der Verrohung des Gemütes und dadurch im Hinwenden zum Materiellen besteht.*«

Die Arbeiterkultur in München

Aber was waren das für Leute, die sich ab der Jahrhundertwende zunehmend in den Trachtenvereinen zusammen fanden? Es waren in erster Linie Arbeiter und Handwerker und die meisten Trachtenvereine verstanden sich in München eher als Zusammenschlüsse von Zuwanderern aus einem bestimmten Gebiet mit ihrer heimatlichen Tracht. Und da der Zuzug aus dem Oberland um die Jahrhundertwende weithin anhielt, lag das Anliegen deshalb nah, diese heimatliche Tracht in »Gebirgstrachten-Erhaltungsvereinen« zu pflegen. Auf diese Weise mischten sich in der Arbeiterkultur Münchens von den Zuzüglern mitgebrachte ländlich-volkstümliche Traditionen und Gewohnheiten mit städtisch-bürgerlichen, vor allem handwerklichen Überlieferungen und Bräuchen und neuen Elementen des von den besonderen Lebens- und Arbeitsumständen geprägten Milieus der Arbeiter. Besonders in den hauptsächlich von der arbeitenden Bevölkerung bewohnten Vorstädten verzahnten sich zum Beispiel der ländliche mit dem städtischen Volksgesang.

Aber wie steht es nun wirklich mit einer »Arbeiterkultur« in München? Solang die Arbeit sich noch nicht inhaltlich aus dem Gegensatz zur Freiheit bestimmte, war Volkskultur im weitesten Sinn sowohl eine Arbeits- als auch eine Alltagskultur. Vergessen wir nicht, daß der Fabrikarbeiter, dessen Wohl und Wehe ausschließlich vom Verkauf seiner Arbeitskraft abhängt, eine evolutionär späte Erscheinung darstellt. In den vorkapitalistischen Ökonomien ist der Produktionsprozeß noch wesentlich Arbeitsprozeß und erst in zweiter Linie Produktion für den Tausch. Wie der Gebrauchswert den Tauschwert noch dominiert, so bestimmt die Kultur der Arbeit noch die Produktion. Auf sie ist der soziale Zusammenhang bezogen, und durch sie unterscheidet sich die Kultur des Volkes essentiell von der der Eliten: »*Wird die Volkskultur durch die Kultur der Arbeit gesehen, stellt sie sich nicht länger als Nachahmung oder Ableitung der Kultur der Eliten dar.*«[84]

Die Kultur der Arbeiter und Unterschichten des Industriezeitalters[85] ist neben den erwähnten spezifischen Arbeits- und Produktionsformen sowie selbstverständlich den Lebens-, Wohn- und Siedlungsformen »*vor allem in den Weisen der Freizeitgestaltung und ihren Intentionen und Motivationen zu fassen, also in der Arbeitersportbewegung, in Fußballklubs, in dem intensiven Verein der Naturfreunde, in der Arbeitersängerbewegung, im Arbeiter-Samariterbund, in der sozialdemokratischen Jugendbewegung, in den monarchischen wie politischen Kulten und Loyalitäten der Arbeiter...*« stellt Karl Bosl fest[86].

Da München in einem rohstoffarmen und überwiegend agrarisch strukturierten Raum lag, setzt der Industrialisierungsvorgang hier erst spät ein und schritt nur langsam vorwärts. Um 1800 gab es in ganz Bayern nur etwa 70 Manufakturen, die nicht dem zünftigen Handwerk angehörten. Von 1760 bis 1815 wurden vom Landesherrn 180 Fabrikbewilligungen für ganz Bayern vergeben, aber nur 70 dieser Betriebe überlebten überhaupt die Gründungszeit[87]. Auch was Christian Müller über die Anfänge der Industrie in München berichtet[88], läßt hier zwar auf ein durchaus rühriges Gewerbe und viele fleißige Handwerker schließen, jedoch keineswegs auf eine Industriestadt. Die wenigen »Fabriken«, die uns Müller aufzählt (»*ein königlicher Kupferhammer und zwei königliche Eisenhämmer mit einer königlichen Eisenniederlage, eine königliche Kattun- und Zizfabrik, zwei leonische Spitzenfabriken, bedeutend, drei Möbelfabriken..., vier Orgelmacher, zwei Geigenmacher, ein Fabrikant von musikalischen Blasinstrumenten, ein Waldhornmacher, zwei Papierfabrikanten, zwei Siegellackfabriken, drei Tabakfabriken, wovon zwei bedeutend, sechs Lederfabriken...*«) haben mit einer Fabrik unseres heutigen Verständnisses überhaupt nichts zu tun. Erst zum Ende des Biedermeiers meldete sich auch in München – viel später als andernorts – das Zeitalter der Technik an. 1839 sah München die erste Eisenbahn, 1841 wurde hier die erste Lokomotive gebaut, in der Maschinenfabrik Maffei, die 1848 – groß bestaunt – schon 100 Arbeiter hatte, 1858 wurde die Technische Hochschule gegründet. Die Industrieansiedlung in München war also eher die Folge des Bevölkerungswachstums, nicht seine Ursache, und wurde eigentlich erst nach der Anbindung der Haupt- und Residenzstadt an das Eisenbahnnetz Mitte des 19. Jahrhunderts möglich.

Als 1854 König Max II. den 24-jährigen Berliner Paul Heyse zu seinem Symposien berief, wurde in dem modernen Wunderbau des Glaspalastes immerhin schon die erste Industrieausstellung eröffnet. Was Heyse später in seinen »Jugenderinnerungen und Bekenntnissen« über München in der zweiten Jahrhunderthälfte berichtet, zeigt keine wesentliche Veränderung der sozialen und wirtschaftlichen Zustände an. Die Stadt hatte, da es ihr noch »*fast gänzlich an Fabriken und jeder Art von Großindustrie*« fehlte, keine breite Arbeiterbevölkerung und »*durchaus keine Massenarmut, die in großen Städten dem Menschenfreund das Herz beklemmt*«. Heyse fand hier »*noch die gute alte, patriarchalische Zeit, deren Sitten und Unsitten im Gegensatz zu der stark sich aufschwingenden norddeutschen Industrie einen ›gemütlichen‹ anheimelnden Charakter trug...*«[89].

So nimmt es denn auch nicht wunder, daß Arbeiter im gesellschaftlichen Leben Münchens bis über die Mitte des vorigen Jahrhunderts hinaus fast nicht in Erscheinung traten. In diesem Zusammenhang sei auf zwei wichtige einschlägige Veröffentlichungen verwiesen: Da ist einmal die 1977 gedruckte Dissertation von Thea Braatz über »Das Kleinbürgertum in München und seine Öffentlichkeit von 1830–1870. Ein Beitrag zur Mentalitätsforschung« (MBM 68) und die im selben Jahr erschienene Dissertation von Ingo Tornow zum Thema »Das Münchner Vereinswesen in der ersten Hälfte des 19. Jahrhunderts, mit einem Ausblick auf die zweite Jahrhunderthälfte« (MBM 75). Thea Braatz kommt in ihrer Arbeit zu dem Schluß (163 f.): »*Als ein dem kleinbürgerlichen Verhalten grundsätzlich zugrundeliegendes kennzeichnendes Moment wurde seine Konformität mit dem von der Obrigkeit her gewünschten Verhalten gefunden. Das kleinbürgerliche Verhalten und die darin zum Ausdruck kommende Bewußtseinshaltung ließ sich deshalb erst im Zusammenhang mit der Analyse der Ideologie der Führungsschicht ergründen. Vielmehr zeigte sich gerade, daß kleinbürgerliches Verhalten und Denken geradezu durch sein konformes Verhältnis zur Ideologie der Führungsschicht definiert werden kann. Es zeigte sich nämlich, daß der Kleinbürger sich sowohl den Inhalt als auch die Form seines Denkens und Verhaltens prinzipiell von außen vorgeben läßt und keine autonom aus seiner Schicht erwachsene Lebensführung und lebensanschauung gewinnt... Eine Abgrenzung des Kleinbürgers vom – ökonomisch oft nicht anders gestellten Proletarier – ließ sich gerade durch diese Tatsache der Konformität gewinnen. Während das Proletariat, in wie rudimentären Ansätzen auch immer, bereits eigenständige Lebensform und eine eigentümliche Ideologie zu entwickeln anfängt, bleibt der Kleinbürger reines Produkt der postfeudalen Führungsschicht.*«

München war als Haupt- und Residenzstadt des Königreichs Bayern mehr Dienstleistungs- und Verkehrszentrum als Industriemetropole. Während in den 1830er Jahren in Augsburg von 37 000 Einwohnern bereits 4 000 Industriearbeiter waren, zählte man im mehr als doppelt so großen München die Fabrikarbeiter noch nach Hunderten. 1830 gab es in München zwar schon 35 Unternehmen, die sich »Fabriken« nannten, mit Industriebetrieben nach heutigen Begriffen aber waren immer noch die wenigsten vergleichbar. Zu dieser Zeit produzierten nur drei Betriebe maschinell: die Ludwigs-Walzmühle, die Stearin- und Kerzenfabrik und die Eichthalsche Lederfabrik in Giesing. Trotz der in den Unterschichten verbreiteten Armut galt München als durchaus wohlhabende Stadt. Allerdings wurde die Au, die Vorstadt, in der sich nach der bescheiden einsetzenden Industrialisierung viele der Menschen zusammenfanden, die ihre Existenz nur bedingt fristen konnten, erst 1854 nach München eingemeindet[90]. Wie jede Hauptstadt profitierte München von der umverteilenden Wirkung der Staatswirtschaft:

Im ganzen Land erhobene Steuern wurden in überdurchschnittlichem Umfang hier ausgegeben – für Hofhaltung, Verwaltung, Militär und Bauten. 1852 zählten bei 106 715 Einwohnern Industrie, Handel und Verkehr genau 48 801 Beschäftigte (= 45,7%). 14 976 Personen verdienten als Gesellen, Lehrlinge oder Dienstboten in dieser Sparte ihren Lebensunterhalt, weitere 10 551 waren Dienstboten von öffentlichen Angestellten, Freiberuflern und Militärangehörigen. Das heißt, daß das Reservoir, aus dem in München Kleinbürgertum und »Proletariat« hervorgingen, nicht einmal ein Viertel der Gesamtbevölkerung stellte (genau 23,9%). Dagegen gehörten von den 95 531 Einwohnern Münchens 1840 allein 12 795 (= 13,4%) dem Militär an, 1852 waren es von 106 715 Einwohnern sogar 18 835 (= 17,7%) und 1860 von 137 095 genau 22 361 (= 16,3%)[91] (mit dem Thema »München als Garnison im 19. Jahrhundert« befaßt sich übrigens Christian Lankes in seinem unfangreichen gleichnamigen Buch[92]). Der Bereich öffentlicher Dienst, Wissenschaft und Kunst, Rentner und Pensionäre umfaßte dagegen 1840 32 553 (= 34,1%) und 1852 37 144 Personen (= 34,8% der Einwohner). Diese Überrepräsentanz von etwas besser situierten Staats-, Bahn- und Postbediensteten, Rentnern und Pensionären hatte natürlich viele Auswirkungen auf die Alltagskultur in München.

Die großen Arbeitgeber bis zum 1. Weltkrieg blieben die Hofämter, die Ministerien und Behörden, die vielen Bildungsanstalten und sonstigen öffentlichen Einrichtungen, das Militär, die Kgl. Bayer. Staatseisenbahnen, die Kgl. Bayer. Staatspost, die Kgl. privilegierte Actiengesellschaft der bayer. Ostbahnen (1856–75) mit insgesamt 975 km Streckennetz und die Localbahn-AG (1897–1938), die 1905 ein Netz von 901 km in ganz Europa in Betrieb hatte, weshalb es in München immerhin mit den Firmen Maffei ab 1841 und Krauss & Comp. ab 1866 zwei bedeutende Lokomotivenfabriken (1931 vereint) sowie mit Jos. Rathgeber eine Waggonbaufirma von europäischem Rang gab (Orientexpreß!).

Eines der unbestritten größten sozialen Probleme Münchens um 1900 war die Wohnungssituation, vor allem der minderbemittelten Arbeiter und Kleinhandwerker. Hier versuchten die Wohnungsbaugenossenschaften Erleichterung zu verschaffen. 1862 war in Hamburg als Ausdruck des Selbsthilfewillens die erste derartige Genossenschaft entstanden. Neun Jahre danach wurde in München als erste die »Bau- und Spargenossenschaft Arbeiterheim« (später »Baugenossenschaft München«) noch mit *un*beschränkter Haftung gegründet, die als eine ihrer ersten Baumaßnahmen die »Rote Häuser« genannte Eisenbahnersiedlung mit 208 Wohnungen nördlich der 1872–75 an der Donnersbergerstraße entstandenen Staatsbahn-Zentralwerkstätte verwirklichte. Richtigen Auftrieb erhielten die Wohnungsgenossenschaften erst, als das »Reichsgesetz betr. die Erwerbs- und Wirtschaftsgenossenschaften« vom 1. 5. 1889 die Beschränkung der Haftpflicht ermöglichte. Die daraufhin noch im selben Jahr gegründete »Münchner Bau-Spar-Verein e.G.m.b.H.« errichtete in der folgenden Zeit kleinere Wohnhäuser an der Artillerie-, Fueterer-, Hübner- und Volkartstraße in Neuhausen, in die wiederum hauptsächlich Staatsbedienstete einzogen. Denn in Neuhausen betrug 1888, also nur zwei Jahre vor der Eingemeindung, bei einer Einwohnerzahl von 11 450 der Anteil der Militärpersonen etwa 3 200, das entspricht 28%!

So wundert es nicht, wenn schon vor dem Sozialistengesetz von 1878 nicht nur aus München, sondern auch aus Neuhausen (ausgehend von den Eisenbahnern) erste sozialdemokratische Aktivitäten bekannt sind. In der Zeit des Verbots politischer Betätigung bis 1890 trafen sich die Sozialdemokraten dann halt in kulturellen Vereinen, wie z.B. dem Eisenbahner-Gesangverein »Eintracht« (gegr. 1882), später auch dem Arbeitergesangverein, dem heutigen »Volkschor Neuhausen«, oder der »Freien Sängervereinigung der Lokomotivfabrik Krauss & Comp.« (beide gegr. 1894). Als älteste Arbeitergesangvereine in München gelten die »Sängerrunde des Arbeiterbildungsvereins« (gegr. vor 1870) und die »Gesellschaft Morgenroth« (gegr. 1874). *»Die Vorliebe für den Chorgesang ist ein Beispiel dafür, daß die Menschen sich im Kollektiv wohlfühlten und auch die Handlungsweisen vorwiegend kollektiv bestimmt waren. In der Gruppe fand der einzelne Anerkennung, die ihm vielleicht in seinem Wirkungskreis im Arbeits- oder Privatbereich fehlte.«*[93]

Überhaupt stand im Zentrum der Arbeiterkultur in der »Prinzregentenzeit« (1886–1912) ein weitgefächertes Vereinsleben, das vielfältige Formen unscheinbarer kultureller Betätigung einschloß. Nach der Revolution hatten die Monarchie und die Kirche erst einige Zeit gemeinsam darauf hin gearbeitet, die politischen und gesellschaftlichen Zustände der Zeit vor 1848 wieder herzustellen. Deshalb wurden die Arbeitervereine in dieser Zeit der Reaktion stark unterdrückt und kamen erst in den 70er Jahren zur vollen Blüte[94]. Ein Unterscheidungsmerkmal von Kleinbürger und Arbeiter besteht nach Thea Braatz in Übereinstimmung mit Karl Bosl[95] darin, *»daß in späteren Jahren sich der ›Arbeiter‹ der SPD zugehörig fühlte, während der Kleinbürger sich loyal zum König verhielt. Bis 1918 wollte der Kleinbürger kein Sozialdemokrat sein.«* Die meisten Vereine waren anspruchslose Freizeitvereine wie Rauch-, Stopsel- oder Schmalzlerklubs, in denen sich zunächst nur Geselligkeit entfaltete. Neben den erwähnten Arbeitergesangvereinen gab es aber auch dramatische Klubs, die auf Wirtshausbühnen ihre Theatervorstellungen gaben. Der erste »Arbeiter-Turnverein« in München wurde 1893 aus der Taufe gehoben. Später kamen dann noch der Arbeiter-Radfahrbund »Solidarität« (1896), die Krankenunterstützungsvereine, der Arbeiter-Samariterbund und der Touristenverein »Die Naturfreunde« (1896) hinzu.

Vor allem das Münchner Volkssängertum macht die enge Verbindung zwischen der Arbeiterkultur und der kleinbürgerlichen Welt deutlich. Die Darbietungen der bekannten und teilweise außerordentlich beliebten Volkssänger, die manchmal selbst aus dem Arbeiterstand oder dem Handwerk entstammten und sich in ihrer Freizeit mit ihrem Komiker- und Gesangstalent etwas Geld dazuverdienten, gehörten zum sonntäglichen Standardrepertoire der Wirtshäuser und Singspielhallen in den Arbeitervierteln. So gab es um 1900 allein in Giesing 11 Singspielhallen. Zu dieser Zeit zählte man in München bereits 400 Komiker und Volkssänger, eine Zahl, die sich bis 1914 noch verdoppelte. Besonders beliebt und deshalb recht zahlreich waren die Charaktercouplets, mit denen bestimmte Typen parodiert oder schlicht derbleckt wurden. Dazu gehörten auch Figuren aus dem typisch Münchnerischen Arbeitermilieu wie der Steinträger »Kare« oder der »Luke«, arbeitsscheue, aufschneiderische und etwas asoziale junge Vorstadtstenzen, aber ebenso die alte Jungfer, der ausgeschmierte Ehemann, der wichtigtuerische, tölpelhafte Soldat, der ewige Student und der »Gscheerte«, der derbe und einfältige Bauer aus dem benachbarten Dachauer Land (siehe hierzu den Aufsatz »Die ›Gscheerten‹ im Couplet« in diesem Band). Aus diesen meist dann auch gedruckten und häufig nachgesungenen Couplets trat eine populistische Gesellschaftskritik hervor, mit der sich sowohl die Arbeiter als auch die Kleinbürger identifizieren konnten.

Münchens Wirtschaft fügte sich in das besondere Kulturklima dieser Stadt. München wurde zwar gegen Ende des 19. Jahrhunderts doch noch zur Industriestadt, allerdings ohne ausgesprochene Fabrikviertel, ohne einen Wald rauchender Kamine und ohne Mammutbetriebe. 1895 gab es noch keinen Betrieb mit 1000 Beschäftigten[96]. So waren beispielsweise in der Zeit der quantitativen und qualitativen Aufrüstung der bayerischen Armee (die nie einen Eroberungskrieg geführt hat!) 1897/98 allein in den Artilleriewerkstätten auf dem Oberwiesenfeld bis zu 1.100 Arbeiter beschäftigt![97] Dagegen entlohnte die Lokomotivenfabrik Maffei je nach Konjunktur im ersten Jahrzehnt des 20. Jahrhunderts ebenfalls nur zwischen 1000 und 2000 Arbeiter, während der Marktführer Borsig in Berlin seine Belegschaft bis 1914 auf 13000 steigerte[98]. Der Mittel- und der Kleinbetrieb und eine mittelständische Struktur bestimmten das Bild der Münchner Wirtschaft. Noch Anfang dieses Jahrhunderts hatten Großbetriebe, wie sie sich vorwiegend an den Standorten der Schwerindustrie entwickelten, in München wenig Chancen. Man wollte sie auch nicht, die Stadtväter wachten ängstlich darüber, daß alle Neuerungen, die den Charakter als Residenz, Hauptstadt und Kulturmittelpunkt zuwider gewesen wären, ferngehalten wurden. Nach der gewerblichen Betriebszählung von 1907 gab es erst 14 Industriebetriebe mit über 500 und nur 1 mit über 1000 Beschäftigten. Bis zum 1. Weltkrieg ging die Aufwärtsentwicklung stetig weiter, die späteren Kriegsjahre brachten die Anfänge einer weitverzweigten Metallindustrie[99].

»Es scheint, als hätte eine eigenständige Arbeiterkultur im Rahmen der Gesellschaft und auch der Unter- und Mittelschichten ihren Höhepunkt vor 1914 gehabt und sei schon in der Weimarer Republik wieder abgefallen...« stellt Karl Bosl fest[100]. Tatsache ist, daß nach einem kurzzeitigen Aufschwung nach den Notjahren nach dem I. Weltkrieg und der Inflation bis 1923 mit der Weltwirtschaftskrise und dem »Schwarzen Freitag« im Oktober 1929 auch in München die Arbeitslosigkeit in erschreckendem Umfang zugenommen hatte. In einigen bedeutenden Gewerbzweigen, z.B. auf dem Bausektor, im Fremdenverkehr und in dem in München nach wie vor wichtigen Brauereigewerbe, führte die Rezession zu erheblichen wirtschaftlichen Einbußen und in der Folge zu Massenentlassungen. Auf dem Höhepunkt der Weltwirtschaftskrise 1932 mußte beinahe jeder dritte Münchner bzw. Münchnerin auf Unterstützungsleistungen des kommunalen Sozialhaushalts, dem letzten Auffangbecken für Arbeitslose, zurückgreifen[101]. In einer solchen Situation kann Kultur keine Hochblüte erreichen.

Auch wenn sich aufgrund des Fehlens einer breiten proletarischen Bevölkerungsschicht in München nicht wie in anderen, wesentlich industrialisierten Städten eine starke und vielfältige spezielle Arbeiterkultur entwickeln konnte, so sind die Veränderungen in den Bereichen der Volkskultur in der an Einwohnern durch Zuzug und durch Eingemeindungen stetig wachsenden Stadt ab der zweiten Hälfte des 19. Jahrhunderts beträchtlich. Hatte München 1800 noch rund 40 000 Einwohner, so stieg diese Zahl über 100 000 zur Jahrhundertmitte auf 500 000 im Jahr 1900. 1910 waren's dann schon knapp 600 000, 1925 rund 680 000 und 1933 bereits etwa 735 000 Einwohner. Die das Münchner Bürgertum erschütternde Revolution mitsamt der Vertreibung des Königs, die kommunistische Räterepublik und der Bürgerkrieg 1918/19 mündeten wieder in ein konservativ-reaktionäres »Ordnungssystem«.

Stephan Bleek resümierte im Ausstellungskatalog »Die Prinzregentenzeit«[102]: »*Der Versuch, neue Lebensformen zu entwickeln, ist letzten Endes gescheitert, die Arbeiterkultur war jedoch ein Zeugnis für den Selbstbehauptungswillen des auch kulturell an den Rand der Gesellschaft gedrängten Proletariats. Lokale und regionale Traditionen und Gebräuche verschmolzen mit universellen Motivationen und aufkeimenden modernen Lebensstilen. Durch den sozialen Wandel verlor sie allmählich an lokalem Kolorit und ging schließlich in einer städtischen Massenkultur auf.*«

Das »Dritte Reich« und seine Folgen

War es für viele Vereine und Musikgruppen schon schwierig, den I. Weltkrieg zu überstehen, so hatten sie und die nach dem Krieg vereinzelt neu gegründeten Gruppen und Ensembles noch größere Probleme, die Inflation 1923 zu überleben. Die wirtschaftliche Not der 20er Jahre war dann auch nicht gerade förderlich für ein Blühen der Volkskultur. Und schließlich brachte die 1933 unter den Nazis einsetzende Verbots- und Gleichschaltungswelle für die wirkliche Arbeiterkultur ein endgültiges Ende. Auf die Probleme jener Jahre am Beispiel der Amateurtheater wird in dem Aufsatz »Fünf Jahrhunderte Laientheater in München« näher eingegangen. Auch Gerald Engasser befaßte sich mit der seinerzeitigen Entwicklung im Zusammenhang mit den Arbeitergesangvereinen[103]. Auf die entsprechenden Auswirkungen bei den Münchner Zitherclubs wird in dem Buch »Zwei Jahrhunderte Zither in München« eingegangen[104].

In dem von oben aufgezwungenen engstirnigen und letztendlich kulturfeindlichen Bürokratengeflecht und Kontrollsystem des Reichsministeriums für Volksaufklärung und Propaganda und der ihm unterstellten, am 29.9.1933 ins Leben gerufenen Reichskulturkammer mit ihren Einzelkammern (Reichsmusikkammer, Reichstheaterkammer, Reichsschriftenkammer usw.) mitsamt den jeweils angegliederten Verbänden und Fachschaften, diese wiederum untergliedert in Fachgruppen, Landschaften, Gaue und Bezirksleiter, hatte die von unten aufgebaute Arbeiterkultur keine Chance mehr. Daß die Arbeit Bestandteil der Volkskultur ist, wurde jedoch nicht einmal von den Nazis verkannt. Weiteren starken Einfluß auf die Urlaubs- und Freizeitgestaltung der arbeitenden Bevölkerung nahm die nach der Zerschlagung der Gewerkschaften im November 1933 gegründete »Deutsche Arbeitsfront« mit ihrer »NS-Gemeinschaft Kraft durch Freude« (KdF), die ein vielfältiges kulturelles Programm zur Förderung der »Betriebsgemeinschaft« organisierte.

Eines der Lieblingsschlagwörter der Nazis war »Volkscharakter«. Doch dieser fragwürdige Begriff wurde schon lang vor 1933 geprägt, zumal die deutsche Volksunde schon im Kaiserreich und erst recht in den 1920er Jahren in den politischen Sog geriet. Andernseits löste das Neuerwachen des nationalen Bewußtseins in weiten Kreisen ein steigendes Interesse an der Pflege und Förderung der eigenen Volkskultur aus. Dazu gehört auch die Neubelebung der schon älteren »Wandervogel«-Bewegung, deren Intentionen von den Nazis aufgegriffen und für ihre Zwecke umgemünzt wurden. Auch beispielsweise eine Gegenüberstellung der Richtlinien für die bayerischen Volksschulen von 1927 und 1940 zeigt eine weitgehend wörtliche Übereinstimmung, aber auch einige Akzentuierungen (z.B. beim Kirchenlied), die nur auffällig werden, wenn man weiß, was sie im ideologischen Zusammenhang bedeuten[105]. In den Richtlinien von 1940 können wir übrigens folgenden dekuvrierenden Satz entdecken[106], der völlig konträr zu heutigen Zielen einer Volkskulturpflege ist: *»Musik ist nicht Sache des einzelnen, sondern der Gemeinschaft; Musikerziehung will nicht Entfaltung der Einzelpersönlichkeit, sondern will Gemeinschaft erleben lassen.«*

Die Deutsche Gesellschaft für Volkskunde und das Institut für deutsche und vergleichende Volkskunde München befaßten sich auf einer Arbeitstagung 1986 in München eingehend mit dem Problem »Volkskunde und Nationalsozialismus«. Wie problematisch aber schon eine Rückschau und dann auch noch eine Wertung der Ereignisse und Personen jener Zeit ist, das zeigte sich 1991, als die Landshuter Kulturwissenschaftlerin Maria Bruckbauer (die sich auch sonst intensiv mit der Situation der Volksmusik in der NS-Zeit auseinandergesetzt hat) ihr kritisches Buch über den Volksmusikforscher und -sammler Kurt Huber[107] vorlegte, den die Nazis am 13. Juli 1943 wegen seiner Beteiligung an der Münchner Widerstandsbewegung »Weiße Rose« hingerichtet hatten. Dieses Buch sorgte durch einen Zeitungsartikel[108] schon vor seinem Erscheinen für ein Rauschen im Blätterwald und löste eine Welle von Leserbriefen und Stellungnahmen aus[109].

Die demokratische, aber auch verbürgerlichte Kultur nach dem II. Weltkrieg ließ die alten Formen und Trägerschaften der Arbeiterkultur nicht mehr aufleben. Außerdem errichtete das Faschismustrauma, das – mehr beschworen als bewältigt – die politische Kultur der Bundesrepublik seit ihren Anfängen vor einem halben Jahrhundert bestimmte, auch um die Begriffe Volk, Volkstum und Volkskultur herum Tabuzonen und baute Berührungsängste auf, die noch immer nachwirken und die Arbeit im Rahmen einer sinnvollen und notwendigen Volkskulturpflege belasten. Das wird nur noch übertroffen von der ebenso unglücklichen wie nicht minder typisch deutschen, emotionsgeladenen und nicht enden wollende Diskussion über die Definition des Begriffes »Heimat«, für den andere Völker nicht einmal eine Übersetzung kennen. Aber ist nicht die Volkskultur, sind nicht unsere Traditionen schon wieder in Gefahr, von allzu regionalistischen oder am Ende gar nationalistischen Tendenzen überwuchert zu werden?

München ist nicht nur München
*Die Vielfalt der Volkskultur und die Probleme der Heimatpflege
in der bayerischen Landeshauptstadt*

In München ist die Heimatpflege zwischen einem ehrenamtlichen Stadtheimatpfleger, der sich um Stadtgestalt, Denkmalpflege usw. kümmert, und einem hauptamtlichen Volkskulturpfleger im Kulturreferat geteilt. Volkskultur ist allerdings für viele ein etwas schwieriger und unhandlicher Begriff; es ist jedenfalls ein sehr wichtiger und bis vor etwa einem Jahrzehnt ein von Wissenschaft und Kulturpflege gleichermaßen vernachlässigter vielfältiger Teil unserer Kultur.

Die Volkskultur[1] bildet seinsmäßig einen Hintergrund (teilweise auch die Grundlage) und verhaltensmäßig ein Gegenüber für die aus mancherlei Gründen innerhalb der kulturellen Existenz sich differenzierende und besonders eindrucksvoll formulierende (fast ausnahmslos professionelle) Hochkultur[2]. Die besondere Bedeutung der Volks(Laien)kultur liegt dabei in ihrer sozial-psychologischen Funktion und der Eigeninitiative der Bürger zu musischer Betätigung als Gegenpol zum passiven Kulturkonsum tradierter Form. Hauptaufgabe der Volkskulturpflege im Kulturreferat der Landeshauptstadt München seit 1979 war es daher, sowohl historische Grundlagenforschung als auch gegenwärtige Bestandsaufnahme (wer macht was, warum, wo, mit wem und womit) einerseits zu betreiben und andernseits Information, Beratung und praktische Hilfe zu eben dieser eigenen musischen Betätigung, zur Pflege entsprechender Traditionen oder zur Ausübung des Brauchtums zu geben.

Ziel der Arbeit ist es, auch in der schwierigen Situation einer Millionenstadt maßgeblich beizutragen, die regionalen Traditionen der Volkskultur zu bewahren, sich den ständigen Veränderungen innovativ zu stellen und der Vergangenheit sinnvoll die Zukunft zu öffnen.

Die Vielfalt der Volkskultur in München

In München gibt es [Stand Januar 1997] in den Bereichen Musikalische Volkskultur, Volkssprache und Volksschauspiel, Trachten, Volkskunst und Handwerkertraditionen, Religiöse Volkskultur, Brauchtum und Alltagskultur u. a. [rund]:

300 Laienchöre, Gesangvereine und Singkreise,
60 Kammer- und Symphonieorchester,
60 Bläsergruppen, Blaskapellen und Posaunenchöre, u.ä.
230 Volksmusik-Instrumental-Gruppen und -Solisten,
70 Volksmusik-Gesangs-Gruppen und -Solisten,
45 Volkstanz- und sonstige Amateurtanzgruppen,
45 internationale bzw. Ausländer-Folkloregruppen,

*150 Volkstheater, Amateurbühnen, Laienspielgruppen usw.,
55 Trachtenvereine und
50 Heimat- und Brauchtumsvereine.*

Wenn von der Geschichte und der Volkskultur Münchens gesprochen wird, gerät allerdings meist in Vergessenheit, daß die in der Zeit zwischen 1854 und 1942 einverleibten 29 Städte und Gemeinden[3] ihre völlig eigenständige historische Entwicklung durchgemacht haben. Die vom Hof, dem Adel und den Bürgern und Handwerkern geprägte Residenzstadt hatte dabei auf die ländlichbäuerlichen Dörfer im Umland vor dem 19. Jahrhundert keinen Einfluß. Ihre politisch-administrative Führung ging von fünf verschiedenen Landgerichten und einem selbständigen Staat aus. Der Burgfrieden selbst war auch nicht sehr bedeutend: Der originäre Anteil des alten München an der heutigen Landeshauptstadt beträgt nämlich schlichte 5,2 %.

Der gesamte Westen und Norden Münchens zwischen Untersendling, Lochhausen und Freimann und damit mehr als die Hälfte der heutigen Stadtfläche unterstand dem Landgericht Dachau. Der Südwesten zwischen Pasing und Solln war Teil des Landgerichts Starnberg. Die Orte Oberföhring, Englschalking und Daglfing gehörten zum Fürstbistum Freising, das bis zur Mediatisierung 1802 für die Münchner echtes »Ausland« war. Der ganze Münchner Osten zwischen Johanneskirchen, Trudering und (auf dem linken Isarufer!) Thalkirchen schließlich wurde vom Landgericht Wolfratshausen verwaltet. Die Au bildete zwischen 1612 und 1803 sowie 1831 und 1854 ein eigenes Landgericht. Und der Vollständigkeit halber sei auch noch erwähnt, daß als einziges Dorf auf heute Münchner Boden Fröttmaning zum Landgericht Kranzberg gehörte.

Bis in das 19. Jahrhundert hinein war die gesamte Volkskultur außerhalb des Burgfriedens nach den jeweiligen Landgerichten orientiert. Damit ging durch das heutige München eine unsichtbare Grenze, mal in Ost-West-Richtung (der Süden war oberlandlerisch, der Norden unterlandlerisch beeinflußt), mal in Nord-Süd-Richtung (mit schwäbischen Einflüssen im Westen und niederbayerischen im Osten). An den Bauernhäusern läßt sich diese Grenze noch heute sichtbar ablesen: Der Bauernhof im Norden und Westen, wie man beispielsweise in Feldmoching, Allach oder Aubing sehen kann, war der typische westbairische Dreiseithof in der Variante des Ampergebiets; der Bauernhof im Süden war alpenländisch, wie man in Forstenried an einem letztverbliebenen Beispiel, einem südbairisch-nordtirolischen Einfirsthof, feststellen kann. In der Mundart sind die einst keineswegs unbedeutenden Unterschiede längst verloren gegangen.

Die Bindung der Dörfer um München an die alten Landgerichte bzw. das Fürstbistum endete 1803, als das neue Landgericht München gegründet wurde. Neben verschiedenen Eingemeindungen von Teilflächen schluckte die Kgl. Haupt- und Residenzstadt 1854 mit Au, Giesing und Haidhausen erstmals ganze Gemeinden. Bis zum I. Weltkrieg folgten dann elf weitere Gemeinden und die Städte Schwabing und Milbertshofen. Die nächste Eingemeindungswelle zwischen 1930 und 1942 brachte München einen Zuwachs von noch einmal 12 Gemeinden und der Stadt Pasing.

Die Musikalische Volkskultur in München

Von den weit über 1 000 Volkskultur-Gruppen und -Vereinen in der bayerischen Landeshauptstadt gehören allein zwei Drittel zur Musikalischen Volkskultur. Neben der Trachtenerneuerung (s. hierzu den Aufsatz »Trachten in einer Millionenstadt«) verlangt deshalb dieser umfangreiche Teil der Münchner Volkskultur besondere Aufmerksamkeit. Und wie bei der Tracht, so galt es natürlich auch bei der Volksmusik, insbesondere beim Gesang, gegen die Überrepräsentation des Alpenländischen in München anzukämpfen. Es mußte auch hier erst bewußt gemacht werden, daß München in der Musikalischen Volkskultur durchaus seine eigene Tradition hat. Dabei ist München sogar *das* Zentrum der bairischen Volksmusik schlechthin, aus dem für das, was wir heute unter Volksmusik verstehen, außerordentlich wichtige und prägende Impulse ausgegangen sind. Und vor allem mußte wieder der Zusammenhang zwischen Lied und Landschaft hergestellt werden: Wo sind denn hier auf der flachen Hochebene die vielbesungenen Berge, die romantischen Almen und die dabei offensichtlich unvermeidbaren hübschen Sennerinnen, saubern Jagersbuam und wagemutigen Wildschützen? Und wo sind die alten Münchner Singformen, z.B. das gesellige Singen bei Bierfesten und die Couplets?

Besonders um und nach 1800 zeigt sich die Musik in München sehr vielfältig: Da waren die seit Jahrhunderten bestehenden Stadtmusikanten[4], die Volkssänger und Musikanten in den Wirtschaften, die kleineren und größeren »Musikbanden« und natürlich vor allem die außerordentlich beliebten Redouten[5] mit ihren fast jährlich wechselnden Modetänzen, die gedruckt wurden und so die Musik auf dem Land nachhaltig beeinflußten. Zwar orientierten sich die populären Militärmusikmeister, wie Wilhelm Legrand (1769–1845), Peter Streck (1797–1864), Johann Wilhelm Siebenkäs (1824–88) und Carl Hünn (1832–1906), bei ihren eigenen Kompositionen und Arrangements an den Melodien aus der ländlichen Musiktradition. Aber die vielen Musikanten, die beim Militär eine Musikausbildung erhalten hatten, brachten dann wiederum die bürgerliche Musizierweise und das städtische Notenmaterial in die ländlich-dörfliche Musik ein.

Aus den biedermeierlichen »Gesellschaften« gingen in München die ersten privaten Orchester und Chöre hervor, so 1840 die Bürgersängerzunft, die u.a. Konrad Max Kunz (1812–75), den Komponisten der Bayernhymne (1862), zu ihren Musikalischen Leitern zählen kann. Bei dem 1864 gegründeten Laienorchester »Wilde Gungl« dirigierte Franz Strauss die Uraufführung der Jugendwerke seines Sohnes Richard Strauss (1864–1949).

Nachdem vor allem Maler und Schriftsteller die Alpen und ihre Bewohner »entdeckt« hatten, wurden Gebirgslieder gesammelt und gesungen. In München wirkte besonders der Kreis um Herzog Max in Bayern als Vorreiter einer »Alpenhaftigkeit«, die bis heute nachwirkt. Franz von Kobell, Eugen Napoleon Neureuther (1806–82), Franz Graf von Pocci (1807–76) und Ulrich Halbreiter seien hier genannt. Durch die Berufung von Johann Petzmayer (1803–84) 1838 zum Kammervirtuosen durch Herzog Maximilian in Bayern[6] fand die technisch verbesserte Zither in weiten Kreisen Verbreitung. 1866 gründete Franz Xaver Steiner (1840–83) den ersten Münchner Zitherklub[7].

Mit August Hartmann (1846–1917) und Hyacinth Abele (1823–1916) setzte 1876 von München aus die wissenschaftliche Volksliedforschung in Bayern ein. Parallel zur Entdeckung der Gebirgslieder durch die Städter bildete sich in München die Mode der »Bockmusik«[8] mit eigenen Liedern und Musikstücken heraus, die in »Bockbierzeitungen« gedruckt populäre Verbreitung fanden[9]. Nach 1898 gab es dann auch auf dem Oktoberfest gedruckte »Liedertexte zu den Musikpiecen«[10]. Die Redouten erreichten in den neuen Sälen der Bierkeller und in anderen großen Vergnügungsetablissements um 1900 ihre zweite Blütezeit[11]. Und zwischen 1870 und 1930 hatten die Münchner Volkssänger regen Zulauf; ihre satirischen, witzigen oder kritischen Couplets wurden zu tausenden gedruckt und viele bald nachgesungen[12].

Nach dem I. Weltkrieg führten ausgedehnte Sammelunternehmen zur Veröffentlichung des überlieferten Liedguts, vor allem durch den gebürtigen Münchner Kiem Pauli und den in München tätigen Prof. Kurt Huber (1893–1943). Aber das neue Medium Rundfunk verdrängte das lebendige Singen und Musizieren durch eine sterile Festlegung. Das führte zur Nachahmung vorbildhafter Gruppen zu Lasten einer eigenen Entwicklung der Sänger und Musikanten. Eine weitere nachhaltige Veränderung beim Volksliedsingen ergab sich aus dem durch den Kiem Pauli geförderten, mitsamt den Liedern aus Österreich übernommenen drei- und vierstimmigen Gruppengesang. Die Volkslieder entwickelten sich in dieser Pflege vom allgemein geselligen Volksgesang hin zum Vortragsgesang, der im Lauf der Zeit durch Rundfunk und Schallplatten immer konzertanter wurde. Damit einher ging die Entwicklung neuer Singgelegenheiten: »Sänger- und Musikantentreffen« auf Bühnen mit allen Programmzwängen.

Die nächsten Veränderungen trafen die Instrumentalgruppen: Der Salzburger Tobi Reiser (1907–74) hatte um 1935 ein chromatisches Hackbrett bauen lassen. Der neue Klang der vielfältig erweiterbaren Saitenmusik Grundbesetzung mit Hackbrett, Zither und Gitarre faszinierte nach dem II. Weltkrieg die Volksmusikliebhaber. Während allenthalben nach Reiserschem Vorbild Tanzmelodien auf »Stubenmusik«-Besetzungen umgeschrieben wurden, kamen ab dem Ende der 50er Jahre auch in München zunehmend »Tanzmusiken« (in Bläserbesetzungen) auf. Gleichzeitig betrieb der in München geborene Georg von Kaufmann (1907–72) mit seinen »Chiemgauer Tänzen« in ganz Oberbayern eine Volkstanzpflege mit großer Breitenwirkung. Auch Erna Schützenberger und ihr 1927 gegründeter Volkstanzkreis Passau strahlten bis München aus. So erfreuten sich wieder ländliche Tänze aus den Alpen und aus Niederbayern großer Beliebtheit in München zum Nachteil unserer städtischen Tanztradition.

Die Rückbesinnung auf die Münchner Musiktraditionen

Als Ende der 70er Jahre die Zahl der Volksmusik-Instrumental- und -Gesangsgruppen in München stark anstieg[13], mußte diesen erst ein Bewußtsein für die regionale Musiktradition vermittelt werden. Außerdem wurde viel zu viel von den Münchnern auswärts »gastiert«, während alle möglichen auswärtigen Gruppen in München spielten.

Was ist ein Gstanzl?

Die einen werden jetzt aufbegehren ob der vermeintlichen Einfachheit der Frage, die anderen werden erst einmal an die Aussprache dieses Wortes hinbuchstabieren. Aber ich habe schon genug Altbaiern erlebt, die zwar Gstanzl kannten, aber bei der Definition dann ins Stottern kamen. Gstanzl (vom italienischen »stanza« = Vers oder Satz) sind lustige Vierzeiler, die aus dem Stegreif gesungen werden. Sie sind verwandt mit den Schnaderhüpfln, eine Bezeichnung, die ebenso von Schnitterhüpfeln als auch vom Schnattern hergeführt werden kann. Sie wurden von den Knechten und Mägden bei den eintönigen und gleichförmigen Bauernarbeiten wie beispielsweise beim Getreideschnitt oder beim Dreschen gesungen. Dabei zogen sich die jungen Leute mit spontanen lustigen Vier- oder Mehrzeilern zu bekannten Tanzmelodien gegenseitig auf.

Und dieses Aufziehen oder Derblecken, von dem man sagt, es sei dem altbairischen Volksstamm besonders eigen, ist geblieben. Auf dem Land sind Gstanzlsingen und gstanzlsingende Hochzeitslader immer noch oder heute wieder eine Selbstverständlichkeit. In München, wo nach dem II. Weltkrieg bis zu seinem Tod 1975 der Forstbeamte Jakob Roider aus Weihmichl bei Landshut (sein Denkmal steht auf dem Münchner Viktualienmarkt) das Gstanzlsingen bei Jubiläen, Firmenfeiern und beim Salvatoranstich populär machte, gab es dagegen in dieser Zeit kaum Sänger, die dem großen Vorbild nacheiferten.

Der 25jährige Roider Jackl hatte schon 1931 beim niederbayerischen Preissingen in Landshut den 1. Preis gewonnen. Später trat er dann auch häufig zusammen mit seinem nicht minder sangesbegabten Bruder Wastl auf. Vor allem die Politik und die Politiker waren vor dem scharfzüngigen Formulierer Roider Jackl nicht sicher. Vielleicht stammt auch die Feststellung von ihm, wer bei einem Gstanzlsingen nicht ausgesungen wird, der bedeutet nichts, mit anderen Worten: Lieber derbleckt, als nicht zur Kenntnis genommen.

Seit einigen Jahren bemüht sich nun das Kulturreferat der Stadt München mit entsprechenden Gstanzlsingen und sogar einmal einem Wochenendseminar das Gstanzlsingen auch wieder in der bayerischen Landeshauptstadt heimisch werden zu lassen. Der Erfolg blieb nicht aus, die Zahl der Gstanzlsänger stieg stetig an. Zu den seit 1983 stattfindenden »Münchner Gstanzlsingen« im Festsaal des Hofbräukellers in Haidhausen kommen neben den Münchner Gstanzlsängern nicht nur ober- und niederbayerische Sänger gern zu Gast, mittlerweile holen sich die Münchner sogar Preise auf ländlichen Gstanzlsänger-Wettbewerben.

Deshalb sollten die Veranstaltungen des Kulturreferats der Reihe »Musi und Gsangl aus ...« (... Neuhausen, Perlach, Aubing usw.) ab 1980 mit Gruppen ausschließlich aus dem jeweiligen Stadtviertel diese einerseits zusammenführen (manchmal kannte man sich so wenig, daß es gleich drei Gruppen mit demselben Namen gab!), während andernseits das Bewußtsein für ein bodenständiges Repertoire geschärft werden sollte. Und den Zuhörern in den fast immer überfüllten Sälen sollte gezeigt werden, in welcher Blüte die Musikalische Volkskultur in München steht. Wo es möglich war, saßen die Mitwirkenden nicht auf der Bühne, sondern an den Tischen im Saal mitten unter den Zuhörern.

»Der musikalische Herzog Max in Bayern (1808-88)« Sonderveranstaltung des Kulturreferats am 4. 11. 1988 im Alten Rathaussaal

Anni Graßl beim 6. Münchner Gstanzlsingen am 23. 9. 1989 im Hofbräukeller

Ein weiteres zur Stärkung eines regionalen Musikbewußtseins trugen auch die 1981–87 in Zusammenarbeit mit den Münchner Musikschulen abgehaltenen Seminare bei. 1982 erschien das erste Heft der Reihe »Volksmusik in München« (ViM) mit dem Titel »Volkslieder und Couplets aus München«. Insgesamt sind inzwischen 18 Hefte mit wissenschaftlichen Aufsätzen, dazugehörigen Abbildungen und vor allem vielen Seiten Noten, original wiedergegeben oder für heutige Besetzungen bzw. Spielweisen bearbeitet, erschienen. In zahllosen Einzel- oder Gruppengesprächen konnten Ratschläge zu Besetzungs-, Repertoire- und Interpretationsfragen gegeben und gezielt Noten verteilt werden. Da die Stubenmusiken die für sie bearbeiteten Volkstänze in der Regel viel zu schnell spielen, ja den Musikanten nicht selten überhaupt ein Gefühl für die Tänze fehlt, bietet das Kulturreferat seit 1983 eigene »Volkstanzkurse für Volksmusikanten« an. Zur Wiedererweckung und Förderung der alten Singformen finden ebenfalls seit 1983 Gstanzlsingen, seit 1985 Coupletsingen (anfänglich beide jährlich, seit 1988 abwechselnd im Zweijahresrhytmus) und seit 1991 in Zusammenarbeit mit dem Volksmusikarchiv des Bezirks Oberbayern dreimal jährlich »Geselliges Singen« statt. Zu letzteren erscheint jeweils ein »Münchner Liederbogen« kostenlos zum mitnehmen und zum nachsingen. Dem ungezwungenen Singen und Musizieren (ohne Bühne, ohne Programm, ohne Ansager, ohne Eintritt, ohne Honorar) dient seit 1981 mit anhaltendem Erfolg der »Boarische Hoagart'n«[14], das monatliche offene Sänger- und Musikantentreffen des Kulturreferats, in vier abwechselnden Wirtshäusern.

Von den vielen Sonderveranstaltungen seien hier kurz jene zu bestimmten Themen der Münchner Musiktradition erwähnt, wozu in der Regel ein Heft der Reihe »Volksmusik in München«, bei Gemeinschaftsveranstaltungen mit dem Obb. Volksmusikarchiv ein »Begleitheft für Veranstaltungen« erschienen ist. Da sind die Münchner Marienverehrung und die Marienlieder (6. 7. 84 u. 10. 7. 87)[15], die Jagdlieder (6. 11. 87 u. 19. 10. 89), zumal München von den bevorzugtesten Jagdrevieren der einstigen Landesherrn umgeben ist, »Das Weihnachtslied in München und Oberbayern« (29. 12. 87)[16],

Jürgen Kirner und Hans und Heini Wiesner beim 7. Münchner Gstanzlsingen am 11.10.1991 im Hofbräukeller

der musikalische Herzog Maximilian in Bayern (4.11.88)[17], »300 Jahre Pantaleon 1689–1989 – Hackbrettmusik vom Barock bis heute« (16.6.89)[18], der Obermusikmeister Peter Streck (14.7.89 u. 7.10.92)[19] und der »Müllner Peter« und sein Freund, der Münchner Stadtmusikant und Komponist Augustin Holler (3.11.93)[20]. Und im November 1993 wurde schließlich im Alten Rathaus eine Ausstellung des Volksmusikarchivs des Bezirks Oberbayern gezeigt, unter dem Textanfang eines 1927 vom Kiem Pauli aufgezeichneten Lieds »Immer gibt es Neuigkeiten auf dem Land und in der Stadt …« mit dem Untertitel »Eine Reise durch 200 Jahre Volksliedsammlung und -pflege in München und Oberbayern«[21].

Musikanten setzen sich nicht nur mit den Stückln, die sie spielen, intensiver auseinander als bloße Zuhörer, sie befassen sich auch näher mit der Geschichte und Entwicklung ihres Instruments. Ihnen sind die jährlich zwei Führungen zu jeweils einer bestimmten Instrumentenfamilie oder Entwicklungsreihe im Musikinstrumenten-Museum des Münchner Stadtmuseums gewidmet, natürlich mit entsprechender praktischer Vorführung.

Seit 1982 werden im Rahmen des »Cäcilienfests der Münchner Volksmusikanten« im Alten Rathaussaal Personen, die sich besondere Verdienste um die Volksmusik in München erworben haben, mit einer Ehrenmedaille ausgezeichnet. Zum Cäcilienfest gehören außerdem die »Münchner Musikantenmesse zu Ehren der hl. Cäcilie«[22] in der Hl. Geist-Kirche, ein Sänger- und Musikantentreffen und seit 1985 der Münchner Kathreintanz (seit 1991 im Löwenbräukeller). Seit 1992 werden im Rahmen eines Stadtempfangs im Alten Rathaussaal (anstelle des bisherigen Cäcilienkonzerts) alle Gruppen, Vereine, Musikensembles usw. aus dem Bereich der Volkskultur in München, die ein Jubiläum feiern, mit Urkunden der Stadt geehrt.

Und da die Musikalische Volkskultur nicht nur aus Volksmusik besteht, wurde 1983 das »Münchner Blaskapellenkonzert« (seit 1993 im Herkulessaal) und 1990 das »Münchner Chorkonzert« (in der Philharmonie) ins Leben gerufen. Sie bieten den betreffenden Sparten jährlich einmal die Möglichkeit, vor großem Publikum in repräsen-

Was ist ein »Hackbrett«?

Wer bei dieser Frage ausgehend vom »Hackfleisch« Assoziationen zu irgendeinem Metzgergerät hat, der geht absolut fehl. Volksmusikanten dagegen werden ob dieser Frage mitleidig lächeln. Denn das chromatische Hackbrett gehört heute in München neben der Zither und der Gitarre zu den zahlenmäßig am meisten verbreiteten Volksmusikinstrumenten. Und es ist eines der ältesten Musikinstrumente, das in mehr oder minder veränderter Form heute noch in Gebrauch ist.

Das Hackbrett (Tympanon, Cymbel, Salterio tedesco, Pantaleon usw.) gehört zu der Gruppe von Instrumenten mit einem hölzernen Resonanzkasten und abgestimmten Saiten. Das bekannteste Instrument aus dieser Gruppe ist die Zither, die sich aber erst in den letzten Jahrhunderten über mehrere Zwischenstufen aus dem Scheitholz entwickelt hat. Wurde das Scheitholz noch mit den Fingern gezupft, so konnte das gleichfalls schon im Mittelalter bekannte Psalterium mit seinem kleinen trapezförmigen Kasten sowohl mit den Fingern als auch mit einem Blättchen gezupft werden. Das Hackbrett war ähnlich wie ein Psalterium gebaut, wurde aber nicht gezupft, sondern mit kleinen Schlegeln geschlagen.

Seine erste Blütezeit muß das Hackbrett schon im 14./15. Jahrhundert gehabt haben. Mit der Erfindung einer neuen, größeren Form des Hackbretts mit zwei Resonanzböden und mehr Darm- und Drahtsaiten 1689 durch Pantaleon Hebenstreit (1668–1750) setzte die zweite Blütezeit dieses Instruments in Europa ein, die sich in das 18. Jahrhundert hineinzog. Im 19. Jahrhundert finden wir das Hackbrett fast nur mehr im Alpenraum als Volksmusikinstrument, mit dem hauptsächlich zum Tanz aufgespielt worden ist.

In den 30er Jahren unseres Jahrhunderts liegt der Beginn der dritten Blütezeit des Hackbretts. Sie wurde eingeleitet durch die intensive Förderung des Baus von chromatischen Hackbrettern ab 1935 im Salzburger Land durch Tobi Reiser und ab 1945 in der Steiermark. Der neue Klang der vielfältig erweiterbaren Saitenmusik-Grundbesetzung mit Hackbrett, Zither und Gitarre faszinierte nach dem II. Weltkrieg die Volksmusikliebhaber. Mit der Ausbreitung der Stubenmusik-Gruppen ab den 50er Jahren in Oberbayern nach Reiserschem Vorbild nahm auch die Zahl der Hackbretter in Oberbayern schlagartig zu. In den letzten Jahren fand das Hackbrett sogar Eingang in die moderne Unterhaltungsmusik. Gleichzeitig wurde auch die klassische Vergangenheit des Hackbretts wiederentdeckt.

Die Bedeutung des Hackbretts heute in Oberbayern ist zu einem großen Teil auch Karl-Heinz Schickhaus zu verdanken. Das liegt vor allem daran, daß viele Hackbrettspieler ihr Instrument nach seiner 1962 erschienenen Fibel erlernten. Von 1963 bis 1993 war er Leiter des Seminars für Volksmusik am Richard-Strauss-Konservatorium in München. Seit 1971 setzt sich Schickhaus wissenschaftlich mit der Geschichte des Hackbretts und seiner Literatur auseinander. In Heft 11 der Reihe »Volksmusik in München« befaßte er sich 1989 mit dem Thema »300 Jahre Pantaleon 1689–1989 Hackbrettmusik vom Barock bis heute«, wozu am 16. Juni 1989 auch eine große Sonderveranstaltung im Alten Rathaussaal stattfand.

Am 21. November 1986 erhielt Karl-Heinz Schickhaus von Oberbürgermeister Georg Kronawitter die »Ehrenmedaille der Landeshauptstadt München für Verdienste um die Volksmusik in München« überreicht.

2. Münchner Chorkonzert am 28. Juni 1991 in der Philharmonie am Gasteig

11. Münchner Bläserkonzert am 6. Oktober 1994 im Neuen Herkulessaal der Residenz

tativem Rahmen die Bandbreite und Leistungsfähigkeit der Laienmusik in München in allen Stilrichtungen von der Geistlichen Musik über die Klassische Musik bis hin zur modernen Gegenwartsmusik zu demonstrieren. Im Abstand vom mehreren Jahren seit 1982 jeweils neu erscheinende Adressenverzeichnisse aller dem Kulturreferat bekannter Volkskulturgruppen, getrennt nach Volksmusik, Volkstanz und Trachtenvereinen, dann Amateurtheater sowie Laienorchester und -chöre sollen diese einerseits der Öffentlichkeit besser bekannt gemacht werden und andererseits den Kontakt untereinander fördern.

Im Bereich der Volkstanzpflege in München wurde unter Beachtung des Subsidiaritätsprinzips angesichts des ausgezeichneten Angebots an Volkstanzkursen, Übungsabenden und Tanzveranstaltungen durch die Tanzkreise von seiten des Kulturreferats verstärktes Augenmerk auf die großen brauchtümlichen Tanztermine gelegt, z.B. den Maitanz (30. 4.) und den Kirchweihtanz (Kirta-Samstag), beide im Alten Rathaus, das 1470–80 ja eigentlich als Tanzhaus errichtet wurde und jahrhundertelang als solches diente. Anläßlich des Jubiläums »200 Jahre Englischer Garten« 1989 fand nach 85jähriger Pause wieder der im vorigen Jahrhundert beliebte »Kocherlball« am Sonntagmorgen am Chinesischen Turm statt. Inzwischen kommen hier um 6 Uhr in der Früh' einmal im Jahr am 3. Sonntag im Juli wieder bis zu 15 000 (1996) tanzfreudige Frühaufsteher zusammen.

Das echte Volkstheater blüht stärker denn je

Von den anderen Bereichen, denen sich die Volkskulturpflege im Kulturreferat der Landeshauptstadt München annimmt, sei hier noch das Laienspiel erwähnt. Es geht hier um das echte *Volks*-Theater, von dem München eine so reiche Tradition hat, von der mittelalterlichen Poetenschule über das barock-pompöse Jesuitentheater, das Kindertheater des 18. Jahrhunderts, die Passionsspiele der Münchner Stadtmusikanten und die Liebhaberbühnen des 19. Jahrhunderts bis heute. Das älteste Amateurtheater in München ist der 1922 gegründete Dramatische Club Almröserl. Die über 150 Volkstheater, Amateurbühnen, Laienspielgruppen usw. haben sich wie nirgends anderswo im Land nahezu aller Arten und Sparten der dramatischen Darstellungskunst angenommen: Theater mit und/oder für Kinder, Figuren- und Puppentheater, religiöse Stücke, Klassische Stücke und Dramen, Musiktheater, Krimis, fremdsprachige Stücke und Ausländer-Theatergruppen, kritische Stücke, Komödien und Lustspiele, bayerisches Bauerntheater, Tanz und Pantomime, Kabarett und Kleinkunst und natürlich auch der Münchner Volkssängerbühne.

Voraussetzung für die Betreuung der Laienspielgruppen war auch hier wieder eine fundierte Bestandsaufnahme, die auf vorbildliche Weise das Institut für deutsche und vergleichende Volkskunde der Universität München besorgte und die dann 1985 in Zusammenarbeit mit dem Kulturreferat in einer Ausstellung »So ein Theater?! Zum gegenwärtigen Spiel von Amateurbühnen in München« in der Rathaushalle gezeigt wurde, wozu ein ausführliches Begleitheft erschien. 1989 gelang es, erstmals auch über

Moritatensingen des Volksmusikarchivs des Bezirks Oberbayern am 30.7.1994 auf dem Viktualienmarkt

die Münchner Amateurtheater, Volkstheater, Laienspielgruppen usw. ein komplettes Adressenverzeichnis zu veröffentlichen, … [1995 neu erschienen]. 1990 folgte in Zusammenarbeit mit dem Landesverein für Heimatpflege das erste Seminar des Kulturreferats für Laienspielgruppen unter dem Titel »Ohne ordentliche Geschäftsführung geht nichts« mit Referaten und Diskussionen über das Vereinsrecht, Steuer- und Versicherungsfragen. Und vom 5. bis 10.10.93 veranstaltete die Theaterfabrik Pasing in Zusammenarbeit mit dem Kulturreferat erstmals »Amateurtheatertage«.

In den nächsten Jahren kommt der Volkskultur (vor allem in der Großstadt) mit ihren vielfältigen Möglichkeiten zur musischen Betätigung in der sich immer stärker entwickelnden »Freizeitgesellschaft« weiter steigende Bedeutung zu. Einer der nächsten Arbeitsschwerpunkte der Volkskulturpflege in München wird das Brauchtum sein: nicht die z.T. weltweit bekannten Bierfeste und die Dulten, sondern die vielen kleinen, liebevoll gepflegten Bräuche in den einzelnen Stadtvierteln. Ein zweiter Augenmerk wird auf die Münchner Küchentradition und die Wirtshauskultur gerichtet sein. Wichtig sind dabei vor allem auch die Abhängigkeiten zwischen Bräuchen, Musikalischer Volkskultur, Küchentradition, Tracht usw.

Die Münchner Bier- und Wirtshauskultur
*Geschichte und Geschichten von Brauereien und Bräuern,
Bierkellern, Biergärten und Wirtshäusern in der Münchner Alltagskultur*

> *Vom Ernst des Lebens halb verschont*
> *Ist der schon, der in München wohnt,*
> *Wo man mit Fasching, Starkbier, Dulten*
> *Und anderen fröhlichfeuchten Kulten*
> *Das Jahr noch immer weiß zu feiern.*
> Eugen Roth

München und Münchner Leben wird im In- und Ausland nur allzu häufig mit Bier in Verbindung gebracht. In der Tat ist sowohl die Wirtschaftsgeschichte Münchens von den einst zahlreichen Brauereien beeinflußt worden, wie ebenso die entsprechenden Gebäude (Brauereien, Bierkeller, Biergärten, Bierwirtschaften usw.) noch heute im Stadtbild unübersehbar sind und alte Namen von Brauern und Brauereien durch Gaststätten-, Straßen- und Brückennamen in Erinnerung gebracht werden, auch wenn sie mitunter auf den ersten Blick nicht als solche erkennbar sind. Hatte doch Adrian von Riedl schon 1796 in seinem »Reiseatlas von Baiern«[1] festgestellt: »*An Kaffeehäusern, Billards, Wirthshäusern, Tanzplätzen ec., ist Ueberfluß in allen Strassen, und vor allen Thoren.*« Abgesehen davon, daß für viele Touristengruppen ein Besuch in dem häufig besungenen und mittlerweile nahezu legendär gewordenen Hofbräuhaus am Platzl der wichtigste Bestandteil eines München-Besuchs ist, spielen Münchner Wirtshäuser, Biergärten und die verschiedenen Bierfeste, vor allem die Starkbierzeit und das Oktoberfest im Jahreskalender und im gesellschaftlichen Leben der Münchner selbst nach wie vor eine wichtige Rolle. Ein Sommer ohne Biergartenbesuch ist keiner. Es wurde auch schon behauptet, daß in keinem anderen vergleichbaren Gemeinwesen dessen Bürger eine auch nur annähernd so innige, schier transzendente Beziehung zum Bier haben, wie die Münchner[2]. Schon der kurf. Konferenzminister, Geheime Staatskanzler und Staatsrechtslehrer Wiguläus Freiherr von Kreittmayr (1705–90) bezeichnete 1751 in seinem großen Gesetzgebungswerk, das bis zur Einführung des Bürgerlichen Gesetzbuchs 1900 in Bayern Bestand hatte, das Volksgetränk Bier ausdrücklich als »Nahrung« und stellte 1756 in seinem Standardkommentar zum Bayerischen Landrecht fest: »*Wir Bayern leben in einem Lande, wo das Bier gleichsam das fünfte Element ausmacht.*«

Tatsächlich hat Bier heute in München im täglichen Leben immer noch eine andere Bedeutung als andernorts, trotz des Kampfes gegen Alkoholmißbrauch und eines Alkoholverbots in vielen Kantinen (wovon Bier jedoch mitunter ausdrücklich ausgenommen wird) und einer gewissen Bierabstinenz bzw. veränderter Konsumgewohnheiten der Jugend.

Über die Münchner Brauereien und das Bier gibt es bereits hinreichend Literatur, aber die entsprechende Geschichte ist reichlich kompliziert und die Publikationen sind nicht selten widersprüchlich. Wenn wir jedoch hier versuchen wollen, etwas der Wirtshauskultur in unserer Stadt und der Verbindung zwischen Bier und Alltagskultur (und somit der Volkskultur) nachzugehen, läßt es sich nicht vermeiden, auch vereinzelt kurz auf die Geschichte einiger Brauereien einzugehen. Allerdings ist hier weder der Platz noch die Gelegenheit, auf alle Braustätten, Bierkeller und -gärten, Wirtshäuser und die in ihrem Zusammenhang stehenden Ereignisse einzugehen.

»*Denn für den Münchener bedeutet Münchener Bier den Gipfel irdischer Glückseligkeit*«, hat der Pariser Journalist Jules Huret festgestellt[3], der um die Jahrhundertwende Deutschland bereiste und seine Eindrücke in einer Serie für den »Figaro« zusammenfaßte, aber seine Aussage ist heute noch nicht ganz außer Gültigkeit. »*Dieser Genuß läßt die Freuden des Familienlebens, die Reize des Theaters, der Konzerte, der freundschaftlichen Zusammenkünfte weit hinter sich. Das Bier hat seinen Geschmack, seine Gewohnheiten, seine Vergnügungen, sogar seine Bedürfnisse gemodelt. Das Bierhaus ersetzt ihm den Salon, den häuslichen Herd, ist der einzige Ort, wo man zusammenkommt, bildet das Band zwischen den verschiedenen Klassen. Es arbeitet dem Demokratismus in die Hände, denn um sein Bier in seiner ganzen Schmackhaftigkeit zu genießen, muß man in das Bierlokal selber gehen, vor das frisch angestochene Faß, und da man es nur in ganzen Litern erhält und zum Trinken die erforderliche Zeit benötigt, werden zwischen Arbeitern, Kutschern, Bürgern, Beamten vor der alles ausgleichenden Maß Unterhaltungen angeknüpft, Gedanken ausgetauscht.*« Aber der Münchner Bildhauer und Schriftsteller Ernst Penzolt (1892–1955) mahnte 1936[4]: »*Man lächle nicht über den feierlichen, fast kultischen Ernst, mit dem der Münchner sein Bier trinkt. Es gibt Bierexperten, die über die Güte und Herkunft des Stoffes ebensogut Bescheid wissen wie Pfälzer über ihren Wein oder Bremer Importeure über den Tee.*«

Die in Reiseberichten, Tagebüchern oder Biographien immer wieder geschilderte besondere gemütliche Münchner Atmosphäre hatte eine ganze Reihe von spezifischen örtlichen Ursachen. Die Münchner Kultur – zumal die Alltagskultur – war ja nie eine sonderlich intellektuelle Kultur, stattdessen vielmehr in erster Linie eine Lebenskultur, eine Kultur des Sich-Vergnügens, und das meist sehr stark gefühlsbetont. Zwar galt München lange Zeit als das »deutsche Rom«, was angesichts der vielen Klöster, Kirchen und Kleriker nicht ganz so falsch war, jedoch hatte das Katholische ja auch immer etwas sehr Sinnenfreudiges, was sich gerade in der Barockzeit auf vielfältige Weise offenbarte.

»*Das Jahr hat 365 Tage, ebensoviele zählt der Münchner als zum Genuß des Lebens gehörig und rechnet davon nur die gebotenen Fast- und Freitage, Quatember und einige wenige Tage religiöser Erinnerung ab*« schwärmt Felix von Schiller 1840 den Fremden in einem München-Führer vor[5], »*die übrigen sind einer ununterbrochenen Kette fröhlicher Veranlassungen geweiht. Mit dem Eintritt des Jahres beginnt der Karneval sein phantastisches Treiben; diesem folgen acht oder zehn Tage, in welchen die herrliche Quelle des ›Salvatorbieres‹ oder ›Zacherlöls‹ fließt; nach diesem eröffnet mit dem beliebten Maifeste der Bockkeller seine, mit magnetischer Anziehungskraft begabten Hallen und schließt sie nur mit der feierlichen Fronleichnamsprozession, um den vielen verführerischen Sehenswürdigkeiten auf der Jakobi-Dult und der Eröffnung der Sommerbierkeller seinen Platz einzuräumen; nach diesem kommen die verschiedenen*

Kirchweihen, das Oktoberfest, Scheibenschießen, Pferderennen und Tanzlustbarkeiten, bis endlich der heilige Christ das fröhlich verlebte Jahr mit seinen Gaben beschließt: ein treffliches recipe gegen die Melancholie und ihr trauriges Gefolge: probatum est!«

Mehr als ein Jahrhundert später schwärmte auch der Schriftsteller Wolfgang Koeppen (1906–96)[6]: »*München riecht nach Bier. Die weltberühmten Brauereien atmen. Der Dampf der Maische brodelt Tag und Nacht aus den Gärhäusern, steigt in die Luft, senkt sich schwer in die Straßen. Es ist ein kerniger, ein nahrhafter Geruch, im allgemeinen die Aura eines hausväterlichen, im besonderen eines dumpf raufhändlerischen Rausches, und erst wenn der Gärgeist sich in Föhnluft klärt, wenn er mit den Glocken aller Kirchen in einen hohen Himmel schwingt, wird er Rom-süchtig oder Rom-hörig, sucht er die christliche Ewigkeit oder den heidnischen Augenblick in einer frommen Verkleidung. Der Geruch läßt an die prallen Bäuche, die wohlbestellten geschmückten Pferde der Bräuwagen denken, an die Münchner Gemütlichkeit und Derbheit, an die Stadtwälder der Biergärten und die zeltgleichen, Gemeinschaft und Heerlager bildenden Bierkeller, an die Feiern und Opfer des Gambrinus.«*

Was sind diese Zitate wert, sind es aus einer bierseligen Laune heraus entsprungene Momentan-Schwärmereien oder vielleicht erst viel später zu Papier gebrachte, wohlgesetzte Formulierungen weitgereister und somit welt- und urteilserfahrener Leute. Nun, wenn wir hier das Beispiel Wolfgang Koeppen anschauen, so ist ihm die Welterfahrung gewiß nicht abzusprechen: Geboren in Greifswald in Pommern, verlebte er seine Kindheit in Ostpreußen und lief später aus dem Elternhaus davon, war u.a. Schiffskoch, studierte dann in Hamburg, Greifswald, Berlin und Würzburg, lebte und arbeitete anschließend als Journalist, Schauspieler und Dramaturg in Berlin. Nach dem II. Weltkrieg unternahm er Reisen nach Italien, Frankreich, Spanien, in die USA und in die UdSSR, hielt sich längere Zeit in den Niederlanden auf und lebte schließlich als freischaffender Schriftsteller – in München. Kein Wunder, daß Reiseberichte einen wichtigen Teil seines schriftstellerischen Schaffens bilden, wobei er sich um Verständnis zwischen den Völkern bemühte.

Weltgeltung des Münchner Biers seit gut einem Jahrhundert

Doch die Weltgeltung des Münchner Biers datiert erst aus der 2. Hälfte des 19. Jahrhunderts. Von lokaler Bedeutung für diese Stadt war das Bier freilich schon seit dem Mittelalter. Die bescheidene Industrie Münchens in der sowieso rohstoffarmen oberbayerischen Landschaft war lange Zeit auf die Verarbeitung und Veredelung der Landprodukte angewiesen. Dies galt vor allem für die Bierherstellung aus Hopfen und Malz, wobei den Brauern des Mittelalters – ganz auf ihre Erfahrung angewiesen und abhängig von Wind und Wetter – nicht immer ein guter Sud gelang. Das Bierbrauen verbreitete sich im Hochmittelalter vorwiegend von den Klöstern aus. Möglicherweise gab es aber 1264 unter Herzog Ludwig II. (1253–94) auch bereits eine eigene Bräustatt für den Hof. 1286 sprach der Herzog dem Heiliggeistspital die Brau- und Schankgerechtsame über den Hausbedarf zu[7]. Zwei Jahre vorher waren die Franziskanermönche, die möglicherweise ebenfalls bereits über eine Brauerei verfügten, in ein neues Kloster am heutigen Max-Joseph-Platz umgezogen (1802 abgebrochen). Ihr bisheriges Kloster am Anger überließen sie den Klarissinnen. Und 1306 erfahren wir von einem Braunbierbraurecht dieser Klarissinnen am Anger.

Ansonsten ist über die Frühzeit des Bieres in München nicht sehr viel bekannt, da fast alle entsprechenden Dokumente Opfer des großen Stadtbrandes von 1327 wurden. Jedenfalls muß der Ruf des Münchner Biers schon im Mittelalter fest gegründet gewesen sein, denn Eleonore Stuart von Schottland, die erste Gemahlin von Herzog Sigmund (reg. 1439–90), Graf von Tirol, ließ sich des öfteren ein Lagel [Faßl] Bier durch einen Sonderboten nach Innsbruck bringen und verehrte einmal auch dem Bischof von Trient ein Lagel[8].

Da die bisherigen Brauberechtigten anscheinend nicht in der Lage waren, den Bierbedarf der Münchner Bürger zu decken, stellte Herzog Stephan II. (reg. 1363–75) das Braugewerbe 1372 auf eine neue Basis, indem er festlegte, daß der Kreis derer, die brauen durften, nicht mehr auf eine eng begrenzte Gesellschaftsschicht der Stadt beschränkt war, sondern fortan allen Bürgern zugänglich war. Das hatte zur Folge, daß nunmehr eine neue Gruppe von Leuten das Brauhandwerk hauptberuflich übernahm, mit denen das Bierbrauerhandwerk entstand, wie wir es später kennen. Die Mitglieder der alten Brauverfassung, die allesamt einen anderen Beruf hatten, mit dem sie auch offensichtlich mehr verdienten als mit dem Bierbrauen, starb bis 1379 aus, ihre Braulehen wurden nicht mehr erneuert. Dadurch stieg die Zahl der Brauereien in München, die 1450 bei 16 lag, bis 1500 in dem nur rund 13500 Einwohner umfassenden München auf 39 Braustätten und bis 1600 bei knapp 20000 Bürgern auf nicht weniger als 74. Deshalb wurde auch seit dem 16. Jahrhundert in der Umgebung von München viel Hopfen angebaut, zum Teil direkt vor den Toren der Stadt, wie z.B. im Bereich des heutigen Alten Botanischen Gartens. 1487 erließ Herzog Albrecht IV. (reg. 1465–1508) ein Reinheitsgebot für München, 1493 zog Georg der Reiche (reg. 1479–1503) für Niederbayern nach und 1516 dehnte Wilhelm IV. (reg. 1508–50) die Vorschrift, wonach »*zu kainem Pier merer stuckh dann allain Gersten, Hopffen und Wasser genomen und gepraucht sölle werden*« auf ganz Bayern aus. Im 16. und 17. Jahrhundert tauchen erstmals viele Familiennamen auf, die sich als Brauereinamen bis zur großen Umstrukturierung des Brauwesens im 19. Jahrhundert erhalten haben.

Allerdings war in ganz Altbaiern bis zum Ende des 16. Jahrhunderts nicht Bier, sondern Wein (wer ihn sich leisten konnte) das Volksgetränk. München fungierte überdies als bedeutender Umschlagplatz für Tiroler und oberitalienische Weine. Dagegen war im späten Mittelalter und in der beginnenden Neuzeit Bier im niederdeutschen Raum das dominierende Getränk, wobei dort sogar mit einem durchschnittlichen Verbrauch von 300 Litern pro Jahr und Kopf gerechnet wird[9]. Dabei ist allerdings zu berücksichtigen, daß es sich vorwiegend um dünnes, alkoholarmes Bier handelte.

Daß das Bier in München früher nicht die Bedeutung hatte, lag in erster Linie daran, daß es bis zur Erfindung von Kühlmaschinen kaum möglich war, im Sommer Bier zu brauen. Deshalb war das Brauen des untergärigen braunen Gerstenbiers nach einer Bestimmung aus dem Jahr 1516 (die bis 1840 in Kraft blieb) auf die kühlere Jahreszeit zwischen Michaeli (29.9.) und Georgi (23.4.) beschränkt, während das obergärige weiße Gersten- und Weizenbier das ganze Jahr über unter landesherrlichem Monopol erzeugt wurde. Das im Winter zum Verkauf kommende frisch gebraute Braunbier war von geringerer Qualität und niedrigerem Preis als das für die warmen Sommermonate eingesottene und wegen der Gefahr des Sauerwerdens stärker gehopfte Bier, dessen Erzeugung bis März abgeschlossen sein mußte. Dieses Märzen- bzw. Sommerbier durfte nicht vor dem 1. Mai und im Gegensatz zum Winterbier nicht von allen Brauern gleichzeitig angeboten werden. Nur je ein Bräu aus der Frauen- und einer aus der Petersgfarrei durften in einer durch Losentscheid festgelegten Reihenfolge den Sommer hindurch in mehreren Ausschankperioden (»Biersätzen«) abwechselnd (jeweils 3–5 Tage) ihre Keller zum Bierabfüllen öffnen und ihr Bier ausschenken. Die übrigen Bräuer und Wirte mußten ihr Bier bei diesen Bräuern beziehen, die ihr Ausschankrecht durch einen ausgehängten grünen Kranz anzeigten. Diese Regelung bestand bis 1799.

Lorenz Westenrieder, der zuverlässige Chronist Münchner Verhältnisse am Ausgang des 18. Jahrhunderts, notierte 1782[10]: »*Allgemein gesagt, nimmt der Bürger und Handwerker noch kein Frühstück, und setzt sich um elf Uhr Vormittag zur ersten, und um sechs Uhr Nachmittag zur zwoten Mahlzeit. Rind- oder Kalbfleisch, Bier und Brod sind das gewöhnlichste, was er genießt, und Schweins- Kalbs- und Gänsebraten sind seine besten Gerichte, und Bier sein bester Trank.*« Die kurf. Haupt- und Residenzstadt beherbergte zu diesem Zeitpunkt bei insgesamt 37 840 Einwohnern 863 Handwerksmeister, darunter 52 Bierbräuer, 144 Bierwirte und 5 Bierführer, mit 1 006 Beschäftigten. An Weinwirten führt Westenrieder 20 auf, »*Branntweiner*« 19 und Kaffeesieder 18 (nicht unerwähnt bleiben soll an dieser Stelle, daß seine Statistik auch 107 Musikanten und 3 Tanzmeister ausweist!). Hierzu kamen noch »*Pfuscher, welche man letzthin hat kundbar machen können*«, und zwar 6 Bierzäpfler, 6 Kaffeesieder und 5 Weinwirte. »*Am braunen Bier, wurde von den hiesigen bürgerlichen Bräuern bloß am Merzen, oder Sommerbier in beyden Pfarren, eingesottten… Dazu kommt noch das weiße Hofbier, welches das ganze Jahr gesotten wird, das braune Hofbier, das Seefelber oder weiß Gerstenbier; zudem haben die Augustiner, Franziscaner, Carmeliter, Paulaner, das Kloster Anger, die Fundationsgüterdeputation eigne Bräuhäuser. Dazu kommt noch das beträchtliche Bier von verschiednen Orten des Lands.*«[11]

1821 besuchte der aus Frankfurt am Main stammende Schriftsteller und Publizist Ludwig Börne (1786–1837) die bayerische Haupt- und Residenzstadt. In einem Brief an seine Tochter schrieb er u.a.[12]: »*Der Wein ist hier sehr teuer; denn im Lande wächst keiner. Das würde mich nun nicht anhalten, welchen zu trinken, aber er ist auch schlecht. Ich trinke also Bier wie alle Welt, welches hier vortrefflich. Es ist komisch zu sehen, wie reiche Leute meinesgleichen Bier trinken. Ich fühle mich schon so schwer wie ein Elefant. Von Jean Paul habe ich erzählen hören, er könne Bayreuth nicht verlassen des dortigen Bieres wegen. Es ist wirklich das stärkste Band, welches die Bayern an ihr Vaterland knüpft, und wenn sie singen: ›Das glückliche Volk am Isarstrande unter Max Josephs mildem Szepter‹ – so meinen sie ihr Bier. Es haben mir Leute hier gesagt, daß sie auf Reisen in Weinländern krank würden, daß ihnen die Adern wie austrockneten und daß sie nach ihrer Rückkehr erst beim Bierkruge wieder auflebten.*«

Selbst sogar Ignaz von Rudhart (1790–1838), Professor für Rechtsgeschichte an der Universität München und später unter König Otto (reg. 1833–62) Ministerpräsident von Griechenland, betonte in seinem Werk »Über den Zustand des Königreiches Bayern« 1827[13] ausdrücklich: »*Das eigentliche Haupt- und Nationalgewerbe war die Bierbrauerei.*« Und nur acht Jahre später sekundierte Adolph von Schaden[14]: »*Die Hauptrolle unter den Lebensbedürfnissen spielt das Bier.*« Und gegen Ende des 19. Jahrhunderts können wir lesen[15]: »*Auf dem Gebiete der Brauindustrie nimmt München heute zweifelsohne den ersten Platz auf dem Kontinent ein. Nicht nur der Umfang der Biererzeugung, sondern auch die Beschaffenheit des Produkts haben der Münchner Brauindustrie den glänzenden Namen verschafft, dessen sie sich erfreut, und nicht blos das Inland, nicht blos Europa, sondern die ganze Welt erscheint heute als Absatzgebiet für das Münchener Bier.*«

In der »Münchener Löwenbräu-Zeitung« können wir 1933 lesen: »*Kein großes Ereignis im Leben des Münchners, das nicht durch das Brauhaus geht. Die Kindheit treibt sich auf den Vorplätzen, den Treppenhäusern des ›Bräus‹ herum, der Firmling erhält in ihm den ersten Unterricht im Weißwurstessen und dann zieht die sinnenfreudige Jugend ein zu Tanz und Liebe, zu Übermut und schäumender Lust des Karnevals und der Bockbierfeste. Ausgepicht sitzt die Kameradschaft um die Tische, die oberbayerische Necksucht geht reihum. Und hat man schließlich einem ›Spezl‹ die letzte Ehre gegeben, dann holt man sich wieder neuen Lebensmut im Brauhaus und die Cylinder hängen reihenweise über den Köpfen der Trauernden oder gar an einem Ast des Biergartens.*«

Wie es zu den großen Bierkellern kam

Der Wandel des Biers vom reinen Nahrungs- zum Genußmittel begann in der zweiten Hälfte des 18. Jahrhunderts, als man darüber nachdachte, wie man die Lagermöglichkeiten für das Sommerbier, als auch die Gärkühlung beim Brauen verbessern könnte. Zwar hatte es bisher schon kleine Bierlagerkeller unter den Bräustadeln vor den Stadtmauern gegeben, aber als nun Münchens Einwohnerzahl immer rascher wuchs und der Bierkonsum stieg, wurden diese Keller bald zu klein. So kam man darauf, in die Uferhänge der Isar neue, größere »Märzenkeller« (später »Sommerbierkeller«) vorzutreiben.

An einem Kellergebäude Ecke Rosenheimer/Hochstraße befand sich einst eine Tafel mit der Inschrift: »*Anno Dominie 1775 unter der Regierung des Churfürsten Maximilian III. von Bayern hat die churfürstliche Hofkammer diese drei von dem Bürger und Maurermeister Caspar Trisberger in den Jahren 1773 bis 1775 erbauten Märzenkeller für das churfürstliche Hofbräuhaus käuflich erworben.*« Es dürfte sich dabei wohl um die ältesten Münchner Bierkeller gehandelt haben. Die Mehrzahl der auf dem Gasteig angelegten Bierkeller wurden gegen Ende des 18. Jahrhunderts von dem Stadtmaurermeister Franz Xaver Widmann auf eigene Rechnung gebaut und an die Münchner Bräuer verkauft. Nach 1800 entstanden auch am westlichen Isarhang Bierkeller.

Der Bau solcher Bierkeller war sehr teuer. Der Kühlung wegen mußte man die Gewölbe tief in den Boden graben, wobei eine Seitenfassade des oberirdischen Baus nach

Norden, die andere nach Süden gelegt wurde, damit beim Öffnen der Luftzufuhrschächte im Winter die Sonne an der Südseite die ausströmende Kellerluft erwärmte und dadurch von Norden her einen Luftstrom hervorrief, der das Lager mit kalter Luft füllte. Zum Kühlhalten der Bierkeller pflanzten die Brauereien breitausladende, schattenspendende Bäume, bevorzugt Kastanien. Bis zum Einzug der Elektrizität in den Bierkellern mußten sich die Brauereien der Muskelkraft von »Bierochsen« bedienen, um die Fässer in die teilweise recht tiefen Gewölbe unter der Erde mit Hilfe eines Windensystems einzulagern bzw. wieder an die Oberfläche zu bringen. Vor allem für Kinder war es im vorigen Jahrhundert ungemein interessant, einem solchen Bierochsen bei der Arbeit zuzuschauen.

Nachdem man dann auch noch geeignete Lagermöglichkeiten für Natureis gefunden hatte (Eis-Oberkühlung, Stirn-Eiskühlung) nahm im Braujahr 1832/33 die Verwendung von Natureis ihren Anfang. Dieses Eis kam aus der ganzen Umgebung Münchens, wo geeignete natürliche Gewässer zur Verfügung standen oder der Grundwasserstand so hoch war, daß man eigene Eisweiher anlegen konnte. Deshalb kam das Eis hauptsächlich aus dem später danach benannten Eisbach in Schwabing, aus dem Nymphenburger Kanal, aus der Würm und dem Eiskanal bei Allach und aus dem Würmkanal bei Feldmoching. In Moosach und in Ludwigsfeld wurden entlang dem Reigersbach und zwischen der Dachauer Straße und dem Schwabenbachl im Zug der sowieso gerade einsetzenden Mooskultivierung unzählige künstliche Eisweiher angelegt. Soweit die Eisweiher auf gemeindeeigenem Grund lagen, wurden sie alljährlich zur Ausbeute versteigert. Die Natureiserzeugung und das Eisfahren für die Brauereien wurde für die Bauern im Münchner Norden zu einer nicht unbedeutenden Erwerbsquelle. Am Eis verdienten die Eigentümer der Eisweiher, die Eispächter und die Eisarbeiter.[16]

Natürlich blieb es nicht aus, daß man auch über die Konstruktion von Kältemaschinen nachdachte. Schon 1863 hatte man Interesse an der sogenannten Carre'schen Maschine, gab eine Weiterverfolgung jedoch wieder auf. Anfang der 70er Jahre versuchte sich Carl Linde an der Konstruktion einer Kältemaschine. Im November 1873 wurde die erste Kompressions-Kältemaschine von Linde in der Spatenbrauerei an der Marsstraße aufgestellt. Diese Maschine arbeitete mit Methyläther als Kältemittel, das seinerzeit noch problematisch zu beschaffen war. Erst eine zweite, mit Ammoniak betriebene Kältemaschine erfüllte 1874 die Erwartungen.[17]

Aber noch stellten diese ersten Kältemaschinen der Welt keine ernsthafte Konkurrenz für das Natureis dar. Zum einen erbrachten sie noch nicht die notwendige Massenkühlung, zum anderen stieg der Bierverbrauch laufend weiter. Erst nach der Jahrhundertwende reichte die Kunsteiserzeugung soweit aus, daß auf Natureis nach und nach verzichtet werden konnte. Die Löwenbrauerei z.B. entnahm aus ihrem Eisweiher in Moosach letztmals 1929 Natureis, später wurde er zugeschüttet.

Außerdem gingen von den 82 Brauereien Münchens zur Mitte des vorigen Jahrhunderts die Mehrzahl schon in der zweiten Hälfte des 19. Jahrhunderts wieder ein, vor allem jene, die hinten nicht viel mehr Bier herstellten, als sie vorn in der eigenen Wirtsstube und an der Gassenschänke verkauften. Die größeren Brauereien verließen die Enge der Altstadt und bauten sich, meist in der Nähe ihrer Sommerbierkeller, moderne

Mit solchen Schanzwagen wurde einst das Bier von den Brauereien in der Stadt zu den Bierkellern transportiert (Kupferstich von Ferdinand Bollinger 1805)

Braustätten zur industriellen Bierproduktion, zumal nun die maschinelle Kälteerzeugung einen ganzjährigen Brau- und Lagerbetrieb ermöglichte. Im Rahmen dieses Konzentrationsprozesses des Münchner Brauwesens gingen im Lauf des 19. Jahrhunderts unter anderem folgende Brauereien ein oder wurden von anderen Brauern aufgekauft: der Bichl-, Birnbaum-, Dürn-, Eberl-, Faber-, Fuchs-, Gilgen-, Haller-, Hallmair-, Hascher-, Hirsch-, Höger-, Kaltenegger-, Kappler-, Krapf-, Kreuz-, Loderer-, Mader-, Menter-, Metzger-, Ober- und Unterkandler-, Ober- und Unterottl-, Ober- und Unterpollinger-, Platzl-, Propst-, Prügel-, Schleibinger-, Schößl-, Schütz-, Singlspieler-, Soller-, Spöckmair-, Staudinger-, Sternecker-, Stubenvoll-, Thor- und Zengerbräu (wobei die Schreibweise der Namen häufig variiert).

»Wie sehr die Münchner Mentalität stets dem örtlichen Braugewerbe zugetan blieb, zeigt noch das merkwürdige Selbstbewußtsein der ›Industriestadt München‹ in der Prinzregentenzeit, das die vielseitigen und profilierten Veredelungsindustrien in der Stadt offiziell nicht zur Kenntnis nehmen wollte und allein der Bierbrauerei den Status einer repräsentativen Münchner Industrie zubilligte. Bierexport und allgegenwärtiges Biervergnügen wurden – nicht nur auf Postkarten – die wirkungsvollsten und noch immer nachwirkenden Bezugspunkte des München-Klischees. Weiter als der Ruf der Kunststadt drang die frohe Kunde von der Bierstadt München und die kritisch-nörglerische Grundhaltung der echten Münchner zum einheimischen Gerstensaft wandelte sich außerhalb der Burgfriedenssäulen, besonders aber jenseits der weiß-blauen Grenzpfähle, zum offen gezeigten Stolz auf Tradition und Güte ›ihres Bieres‹.«[18]

Bierkeller und Biergärten, Brauereien und Brauerdynastien
Die Entstehung der Biergärten auf den Bierkellern

Bis 1799 war es den Bräuern streng verboten, in ihren Lagerkellern Bier an Zecher auszugeben. Nur in der durch einen grünen Kranz anzuzeigenden Zeit des Sommerbierausschanks durften sie auch dort Bier »in minuto verschleißen«, also im Detail verkaufen. Manche Bräuer scheinen jedoch diese Vorschrift nicht beachtet zu haben. Aus zahlreichen Beschwerden und Eingaben der Wirte, die sich geschädigt fühlten, geht nämlich hervor, daß sich allmählich die Gewohnheit einbürgerte, daß die Kellerbesitzer (das waren meist die besser gestellten größeren Brauereien) dort sowohl im Sommer wie im Winter Leute bewirteten, daß sie maß- und halbmaßweise Bier abgaben (bis zur Neuordnung der Maße und Gewichte im Königreich Bayern 1869 umfaßte 1 bayer. Maßkanne [daher *die* Maß!] übrigens 1,06903 Liter), daß sie Kegelbahnen anlegten und Spieltische hielten und ganze Nächte das Tanzen und Musizieren duldeten. Am 4. Januar 1812 genehmigte schließlich eine allerhöchste (= königliche) Verfügung, »*daß es den hiesigen Bierbrauern gestattet sein soll, auf ihren eigenen Märzenbierkellern in den Monaten Juni, Juli, August und September selbstgebrautes Märzenbier in Minuto zu verschleißen und ihre Gäste dortselbst mit Bier und Brot zu bedienen. Das Abreichen von Speisen und anderen Getränken bleibt ihnen aber ausdrücklich verboten.*«[19] Die Gäste brachten sich ihre Brotzeit fortan selber mit, eine Tradition, die heute noch in einem echten Biergarten vom Wirt respektiert werden sollte.

Trotz dieser Regelung trat aber in den Auseinandersetzungen zwischen den Bräuern und Wirten noch kein Frieden ein. Bald setzten sich die Wirte dagegen zur Wehr, daß die Bräuer »*ihre Verwandten und guten Freunde*« schon im Mai in ihren Bierkellern bewirteten. Erst als die Brauereien nach der Jahrhundertmitte dazu übergingen, ihre Sudstätten zu den Lagerkellern zu verlegen, trat Ruhe ein. Im Lauf der Zeit wichen die Fässer im Hof, an denen man seine Maß im Stehen trinken mußte, richtigen Wirtsgartentischen, -bänken und -stühlen. Die schattenspendenden Bäume und ein frisches Bier ließen im warmen Sommer den Aufenthalt bei einem Bierkeller bald zu einem geselligen Ereignis werden. Mit der Errichtung der Bierpaläste über den Kellern ab der 80er Jahre trat sowieso eine bis dahin in München unbekannte Großgastronomie ins Leben.

In dem Kapitel »Volksbelustigungsorte in München« berichtet Vinzenz Müller 1845 in seinem »Universal-Handbuch von München«: »*Hierzu gehören die schönen Sommerkeller der hiesigen Bierbrauer, welche meistens der Stadt sehr nahe liegen und im Sommer des herrlichen Bieres wegen von Tausenden besucht werden.*« Und der Regierungs-Rath Eduard Fentsch, der nach dem frühen Tod von Joseph Lentner 1852 dessen von König Max II. erteilten Auftrag der »Darstellung des sozialen Zustandes der Angehörigen der verschiedenen Volksklassen Bayerns« mit der Beschreibung der kgl. Haupt- und Residenzstadt München fortsetzen mußte, schrieb[20]: »*Hat einmal der Sommer die letzten Spuren des Winters und kalten Frühlings, – oder besser gesagt – hat einmal das Sommerbier das Winterbier verdrängt, so beginnt ein reges Leben in den*

Sommerkellern der Bräuherrn, die so ziemlich nach allen Richtungen der Windrose einen Kranz um die Stadt bilden.«

1846 verraten uns Rudolph und Hermann Marggraf in ihrem Handbuch »München mit seinen Kunstschätzen und Merkwürdigkeiten«[21], welche Keller besonders eifrig besucht wurden: *»Großen Zuspruch finden die Bierkeller, die sich, wie besonders die von Pschorr (mit dreifachen Kellergewölben übereinander) und Knorr, beide am Marsfeld, wallartig erheben und daher auch wohl die Bierfestungen genannt werden. Auf der Abendseite liegen, außer den genannten, noch der Wagnerbräukeller (an der Theresienwiese), der Löwenbräukeller (an der Nymphenburger Straße), der Hirschbräukeller (in der Herbststraße), der Kreuz- und Spatenbräukeller (beide an der Bayerstraße). Mehrere derselben bieten durch gartenähnliche Anlagen und schattige Baumpflanzungen oder durch angenehme und weite Aussichten einen sehr freundlichen Aufenthalt, wie namentlich der Knorrsche Keller, dessen Abhänge nach dem Untergange der Sonne zu schauen und der seine Weihe durch das hier gefeierte Thorwaldsenfest im Jahre 1839 empfing. Nicht ganz so beliebt und besucht, trotz des oft sehr vorzüglichen Bieres, sind die Bierkeller, welche östlich von München auf dem Gasteig, in der Au und an der Rosenheimer Straße liegen, darunter der Sternecker-, der Stubenvoll-, der Franziskaner-, der Maderbräu- und der Zacherlkeller.«*

Bierkeller und -gärten am westlichen Isarhang

Tatsächlich sehr beliebt war beispielsweise der 1808–12 an der Herbststraße auf dem sog. Galgenberg auf der westlichen Isarhang-Terrasse errichtete Keller des beim Altheimer Eck (Hirschbräugaßl) beheimateten Hirschbräus. Der Biergarten des Hirschbräukellers war nämlich ab der Jahrhundertmitte vor allem von Kindern und Eisenbahnfreunden gern besucht, da man hervorragend auf den Bahnbetrieb hinunterschauen konnte. Der Brauereigasthof wurde in den 1870er Jahren eingestellt, die Wirtschaft bestand noch bis zur Zerstörung im II. Weltkrieg. Etwas weiter draußen, an der Landsberger Str. 70/72, hatte auch die 1883 in Betrieb gegangene Bavariabrauerei zur Bahnseite hin einen Biergarten, in dem am Wochenende zum Tanz aufgespielt wurde. Doch dieser Biergarten war nicht von langer Existenz, denn die Bavariabrauerei wurde schon 1895 in eine Dampfmolkerei umgewandelt.

Die Brauerdynastie Pschorr

Das Gelände des Hirschbräu an der Herbststr. 11 (seit 1877 in dem Teil südl. der Bahn in Zollstaße umbenannt) ging 1865 auf die Pschorrbrauerei über, der Hirschbräu stellte im Braujahr 1871/72 den Betrieb ein. Der aus Kleinhadern stammende Braumeister Joseph Pschorr (1770–1841)[22] hatte 1793 Maria Theresia Hacker geheiratet, die Tochter des Hackerbräus Peter Paul Hacker, Sendlinger Gasse 32. 1738 hatte dessen Vater Simon Hacker aus Großberghofen im Landgericht Dachau die Brauerei von Johann Jakob Kretzer gekauft und unter dem Namen Hacker-Bräu weitergeführt. 1794 kaufte

Pschorr dem Schwiegervater die Brauerei ab und erreichte es durch sein Können, daß die Hackerbrauerei schon 1806 mit dem Bierausstoß in München an der Spitze lag. 1825 zerstörte ein Großbrand das alte Hackerhaus und zwei Nachbarhäuser weitgehend. Wenigstens blieben die Kellergewölbe aus dem 15. Jahrhundert erhalten. Joseph Pschorr erwarb die beiden ruinösen Nachbarhäuser und ließ 1829/30 das heutige Alte Hackerhaus (Sendlinger Str. 75, jetzt 14) errichten. 1834 kaufte Matthias Pschorr von seinem Vater und 1884 wiederum dessen Sohn Matthias Michael (1834–1900) von seiner Mutter Anna Pschorr das Stammhaus. Letzterer ließ im Jahr darauf einige Räume im Alten Hackerhaus teils im deutschen Renaissancestil (Speisezimmer und Herrenzimmer) und teils im französischen Rokokostil (Salon und Boudoir) einrichten. Nur der Silbersalon im II. Stock blieb durch einen glücklichen Zufall erhalten: Verborgen hinter einer Holzverkleidung überstand er die Jahre und wurde erst bei der umfassenden Renovierung 1982/83 wiederentdeckt und restauriert. Anstelle der alten Brauerei im Rückgebäude ließ Matthias Pschorr 1887/88 einen Neubau errichten und dessen Fassade zur Hackenstraße mit Fresken versehen. In der dortigen prächtigen Bierhalle gab es an Sonn- und Feiertagen »*Bockausschank bei fideler Blechmusik*«. Im II. Weltkrieg brannte dieser Gebäudeteil aus, aber schon in den frühen 50er Jahren wurde im Erdgeschoß wieder eine Gaststätte in Betrieb genommen. Als der gesamte Block Ecke Sendlinger/Hackenstraße ab 1981 renoviert wurde, verschwanden leider die trotz der Kriegszerstörungen in großen Teilen erhalten gebliebenen Fassadenfresken.

1820 ersteigerte Joseph Pschorr den auf der Gant liegenden Bauernhanslbräu, Neuhauser Gasse 11, wo er zusammen mit zwei angrenzenden Grundstücken bis 1824 eine neue Brauerei, gewissermaßen die erste »Großbrauerei« Münchens, errichten ließ, die er »Brauerei zum Pschorr« nannte. In dem dazugehörigen Rückgebäude Altheimer Eck 2 wurde übrigens als Urenkel von Joseph Pschorr der später berühmte Komponist Richard Strauss geboren. Sein Vater, der Hof-Hornist Franz Strauss, war mit der Georg Pschorr-Tochter Josephine verheiratet. Richard Strauss hielt stets herzlichen Kontakt zu seinen Brauer-Verwandten und es war auch sein Onkel Georg Pschorr, der dem kränkelnden Strauss eine Reise nach Italien, Griechenland und Ägypten finanzierte, die zum Wendepunkt im künstlerischen Schaffen des Komponisten werden sollte. 1911 widmete Richard Strauss seinen »Rosenkavalier« »*meinen lieben Verwandten, der Familie Pschorr*«[23].

1809 hatte Joseph Pschorr ein großes Grundstück direkt westlich neben dem Hirschbräukeller am Galgenberg erworben, wo er 1813–24 einen 12 m tiefen Sommerkeller für 35 000 Hektoliter Bier errichten ließ, den damals modernsten Lagerkeller in München. Für bevorzugte Stammgäste gab es zwei »Lusthäuschen«. 1830 braute Pschorr in seinen beiden Brauereien die gleiche Menge Bier wie um 1800 alle 52 Münchner Brauereien zusammen.

Der zweimal verheiratete Joseph Pschorr hatte zwanzig Kinder. 1834 gab er sein Bierimperium an seine beiden ältesten Söhne Georg sen. (1798–1867) und Matthias weiter. Die Söhne teilten sich 1841 durch Losentscheid den Besitz: Georg erhielt die Pschorrbrauerei und die östliche Hälfte (heute Bayerstr. 30/32) und Matthias die Hackerbrauerei und den westlichen Teil des Kellerkomplexes (heute Bayerstr. 34).

1864, drei Jahre vor seinem Ableben, übergab Georg Pschorr die Pschorrbrauerei seinem einzigen Sohn Georg jun. (1830-94). Der erwarb noch im selben Jahr den Kreuzbräukeller an der Bayer-Str. 40/Ecke Herbst-Straße und verlegte ab dem Braujahr 1864/65 nach und nach die Pschorrbrauerei auf das Gelände an der heutigen Bayerstr. 30/32, in das auch der erwähnte Hirschbräukeller einverleibt worden war. Der seit 1598 nachweisbare Kreuzbräu, Brunnstr. 7, hatte den Braubetrieb schon 1853 eingestellt. Das Gasthaus zum Kreuzbräu wurde jedoch weiterbetrieben, auch in dem 1898 errichteten Neubau, in dem von 1978 bis zum Abbruch 1981 die erste »klassische Musikwirtschaft« in München bestand. Auf dem Hackerbräu-Gelände an der Bayerstraße entstanden ab 1857 die ersten Gebäude für eine neue Hacker-Brauerei, die bis 1865 von der Sendlinger Straße hierher verlegt wurde.

Die Brauerdynastie Sedlmayr

Zwischen der Straße nach Landsberg und dem Haderer Weg (seit 1877 Westendstraße) lag der 1804 vom Besitzer des Filserbräu in der Weinstr. 8, Joseph Wiedenbauer, errichtete Filserbräukeller (1850: Bayer-Str. 38), der damit der älteste Bierkeller an der westlichen Isarhangkante war (und damals noch auf Untersendlinger Gebiet lag). Der Filserbräu eröffnete unter den dort gepflanzten Kastanien mit seinem »sommerlichen Belustigungsort« einen der ersten Biergärten auf einem Bierkeller. Zwar ging der Filserbräukeller schon 1817 an Gabriel Sedlmayr über, doch der Name Spatenkeller sollte sich bei der Anhänglichkeit der Münchner gegenüber hergebrachten Namen erst im 20. Jahrhundert einbürgern. 1909 entstand an der nunmehrigen Bayerstr. 109 ein Neubau, der 1945 nach einem Luftangriff ausbrannte. Das 1969 in einem neuerbauten Geschäftshaus Landsberger Str. 1/Ecke Martin-Greif-Straße eingerichtete Wirtshaus ist nurmehr ein schwacher Abklatsch des alten betriebsamen Spatenkellers.

Gabriel Sedlmayr (1772-1839) war der Gründer einer weiteren bedeutenden Münchner Brauerdynastie. Er kam 1792 aus Ellingen als Braumeister nach Schleißheim, wo er 1805 die Försterstochter Maria Franzisca Heiß (1778-1828) heiratete, die ihm acht Kinder gebar. 1807 erwarb Gabriel Sedlmayr das schon 1397 erstmals erwähnte Brauhaus an der Neuhauser Str. 4, das 1622-1704 im Besitz der Familie Spät war und deshalb Oberspatenbräu genannt wurde, im Gegensatz zu dem bis 1837 bestehenden Unteren Spätbräu am Oberen Anger 24. Es war die kleinste der damals 52 Münchner Brauereien, die unter Sedlmayr bald zur Spitze aufrücken sollte (seit 1845 Spatenbrauerei genannt). Gabriel Sedlmayr starb 1839, das Erbe ging an seine Söhne Joseph (1808-86) und Gabriel jun. (1811-91). 1842 erwarb Joseph Sedlmayr die Leistbrauerei in der Sendlingergasse, woraufhin der jüngere Bruder Gabriel die Geschäfte des Stammhauses allein weiterführte. Erst 1922 vereinigten sich die beiden Betriebe samt den zwischenzeitlichen Zuerwerbungen zur Gabriel u. Joseph Sedlmayr Spaten-Franziskaner-Leistbräu A.G.

Der Oberspatenbräu hatte sich schon 1802 einen Sommerbierkeller an der Marsstr. 5 (heute 16) eingerichtet. 1851 erwarb Gabriel Sedlmayr jun. auch das gegenüberliegende Anwesen des Unterkandlerbräus (Marsstr. 4a, heute 17). Bis 1854 wurde der Braubetrieb auf diese beiden Grundstücke nördlich und südlich der Marsstraße verlegt. Die Spatenbrauerei war es übrigens, die 1873 die erste von Carl Linde hergestellte Kühlmaschine aufstellte, 1876 das erste Dampfsudwerk in Deutschland in Betrieb nahm und 1895 als erste Münchner Brauerei helles Bier verkaufte (was die Münchner Brauer heftig entzweite![24]). 1874 zog sich Gabriel Sedlmayr jun. aus gesundheitlichen Gründen zurück und übergab an seine Söhne Johann (1820-74), Carl (1837–1915) und Anton (1849–1920).

Ein Stückerl weiter am westlichen Isarhang nach Süden befand sich der 1826–33 erbaute Pollinger-Keller, der noch vor 1850 in das Eigentum des Hackerbräus Matthias Pschorr überging (daher später Hackerbräukeller, Theresienhöhe 2, heute 4), wo schon um 1830 der Sommerbierausschank begonnen hatte. Der große, im II. Weltkrieg zerstörte Saalbau wurde 1900/01 errichtet. Dann folgte der 1812, also schon kurz nach dem ersten Volksfest auf der Theresienwiese, entstandene Wagner-Keller (Theresienhöhe 3, heute 7). Von seinem Biergarten hatten die Gäste bei schönem Wetter im vorigen Jahrhundert noch einen unverbauten Blick nach Süden auf die Gebirgskette und beim Oktoberfest auf das Wies'ngeschehen, wobei zu bemerken ist, daß ja die Theresienwiese bis fast zur Jahrhundertwende noch bis zur Lerchen(heute Schwanthaler)-straße reichte. 1865 kaufte Georg Pschorr den Wagner-Keller und nannte ihn in Bavaria-Keller um. 1936 umfassend renoviert, wurde der Bavaria-Keller 1944 durch Brandbomben zerstört. Der 1961 fertiggestellte neue Festsaal wiederum mußte zehn Jahre später einem großen Geschäfts- und Wohngebäude weichen, wofür daneben ein neuer Pschorr-Keller entstand.

Als letzter Bierkeller auf der einstigen Sendlinger Höhe kam dann schließlich 1828 einen halben Kilometer vom ehemaligen Filserbräukeller stadtauswärts (ebenfalls zwischen der Straße nach Landsberg und dem Haderer Weg) gelegen noch jener des Härtlschen Bräuhauses, später Buttlerkeller genannt, hinzu (1829 schon erweitert). Der Buttlerbräu ging aus dem an der Bayerstr. 3/5 gelegenen Gasthaus »Zum kleiner Löwengarten« hervor, das 1778 Joseph Reschl ersteigerte. 1811 erhielt der Bierwirt und ehemalige Löwenbräu Georg Hartl die Konzession auf die Gartenwirtschaft und übertrug 1818 die Brau-Gerechtsame des von ihm gekauften Fuchsbräu (Theatinerstr. 46) dorthin. Ab 1829 im Eigentum von Max Borchart, dann ab 1832 des rührigen »Braugrafen« Theobald Graf von Buttler-Haimhausen (der 1837–39 auch die Brau-Gerechtsame des ehem. Angerklosters besaß) und ab 1844 von dessen Erben, der Hofbankier Joseph Baron von Hirsch, kam das Anwesen 1858 an Anna und Georg Mathäser, die aber den Braubetrieb ruhen ließen und nur die Gastwirtschaft weiterführten. 1872 heizte er aber dann die Braukessel unter der Firmierung »Mathäserbräu« wieder an und kehrte zwei Jahre später doch zu dem alten Namen »Zum Bayerischen Löwen« zurück. 1884 wurde das ganze Unternehmen in die Mathäserbräu AG umgewandelt, die ihrerseits 1907 in der Löwenbrauerei aufging.

Die Brauerdynastie Wagner

Den Buttlerkeller an der Landsberger Str. 17 pachtete ab 1845 die in der Neuhauser Gasse 16 (seit 1897 Augustiner Bierhallen, heute Neuhauser Str. 27) beheimatete Augustiner-Brauerei (gegr. 1328), bis Therese Wagner, die Witwe von Anton Wagner (1789–1844), der 1829 die Augustiner-Brauerei gekauft hatte, den Keller 1857 von Joseph von Hirsch erwarb. 1876 und 1884 wurden dort auf der Schwanthalerhöhe noch weitere Lagerbierkeller angebaut, aber ab 1884 entstanden auch schon die ersten Gebäude für die neue Augustiner-Brauerei, in der dann 1885 zum ersten Mal gesotten wurde (heute Landsberger Str. 31-35). 1886–88 wurden südlich des einstigen Buttlerkellers an der Westendstraße weitere Lagerbierkeller eingerichtet.

1862 erwarb der Augustiner-Bräu Joseph Wagner auch den zwischen 1803 und 1808 erbauten ehemaligen Büchlkeller nördlich der jetzigen Bahn an der Herbststr. 12 (heute Arnulfstr. 52), der 1842 in den Besitz von Georg Knorr übergegangen war. Dieser Sproß eines Dachauer Gerichtsschreibers war in den 30er Jahren vom Buchhalter eines großen einheimischen Handelshauses durch Einheirat zu dessen Erben aufgerückt. Schon 1842 zählte das Stadtadreßbuch den Knorrkeller *»zu den schönsten von München. Obgleich er sich unmittelbar gegenüber der Münchner Richtstätte befindet, ist er sehr gut besucht«*. Auf diesem Richtplatz wurde 1854 der 19-jährige Sattlergeselle Hussendorfer als letzter Mörder mit dem Schwert hingerichtet. Dann wurde das Fallbeil eingeführt, mit dem wiederum 1861 dort draußen die letzte öffentliche Hinrichtung vollzogen wurde. Im Jahr darauf kaufte – wie schon erwähnt – der Augustiner-Bräu Joseph Wagner den Knorrkeller, den ab 1848 zwischenzeitlich der Spaten-Bräu Gabriel Sedlmayr gepachtet hatte. Zu diesem Zeitpunkt beschränkte sich die Baumbepflanzung des Biergartens auf die unmittelbare Hügelumgebung, während der übrige, weitaus größere Grundstücksteil fast nur aus Wiese bestand, die Wagner kurz nach dem Kauf aufforsten ließ. Ihm verdanken wir also den heute noch 12 000 m² großen Biergarten mit etwa 100 unter Naturschutz stehenden Kastanien, der zu den ursprünglichsten und schönsten im Münchner Innenstadtbereich zählt, mit sage und schreibe 6 000 Plätzen. 1895 wurden die Gebäude und die Anlagen renoviert und modernisiert, wobei sich der Alpenverein im Westteil des Gartens ein berghüttenähnliches Blockhaus, die »Alm«, hinbaute; die Beziehung der Bergfreunde zu diesem Bierkeller ging noch auf die Knorrsöhne zurück, die als begeisterte Alpinisten auch die berühmte Knorrhütte auf dem Zugspitzplatt gestiftet haben. 1981/82 rauschte es in den Münchner Zeitungen, weil die Gefahr bestand, daß dieses Gelände mit Hochhäusern zugepflastert wird. Doch mittlerweile können die zahlreichen Stammtischler, die dort sogar über einen eigenen Tisch verfügen, ihr Möbel jedes Frühjahr unbesorgt aus dem Keller in den Garten transportieren.

Auf dem ehemaligen Richtplatz und dem Oberkandlerkeller (Salz-Str. 19/Ecke Herbst-Straße) errichtete das Oberbahnamt der Kgl. Bay. Staatseisenbahn 1900–02 ein Verwaltungsgebäude für die Eisenbahndirektion München (später Bundesbahn-Zentralamt, Arnulfstr. 19). Der Oberkandlerbräu befand sich im Haus Neuhauser Gasse 44, auf dem 1548 der erste Brauer genannt wird (der Unterkandlerbräu war in der Neuhauser Gasse 15, zwei Häuser rechts der Windenmacher Gasse, wo seit 1499 Brauer nachweisbar sind). Der Oberkandlerbräu löschte im Braujahr 1857/58 das Feuer unter seinen Sudpfannen. Auch das benachbarte Anwesen Neuhauser Gasse 42 (früher Kreuzviertel Hsnr. 5) stand seit 1556 im Eigentum von Brauern. 1584 erwarb es Christoph Pollinger, dessen Nachkommen bis 1667 dort brauten. Als ein anderer Christoph Pollinger 1666–72 eine seit mindestens 1390 bestehende Braustätte an der Sendlinger Gasse (Angerviertel Hsnr. 153, später Sendlinger Str. 5) besaß, wurde diese Unterpollingerbräu und die andere im Kreuzviertel Oberpollingerbräu genannt. 1819 ist der Unterpollingerbräu nicht mehr unter den Brauereien aufgeführt. Die Tafernwirtschaft gleichen Namens wurde 1903 abgebrochen. Im Braujahr 1835/36 ist dann auch der Oberpollingerbräu nicht mehr in den Malzverbrauchslisten aufgeführt. Das Adreßbuch 1842 verzeichnet eine Bierwirtschaft mit Beherbergungs-Betrieb. 1861 wurde die ganze Häuserzeile Neuhauser Gasse 41–44 zum »Hôtel & Restaurant Ober-Pollinger« umgebaut, in dem der Volkssänger Jakob Geis, volkstümlich »Papa Geis« (1840–1908) mit seinen feinsinnigen Couplets ab 1876 wahre Triumphe feierte. Als das Hotel 1891 einen Neubau bezog, betrieb Geis darin bis zu seinem Ruhestand 1897 noch selbständig eine »Singspielhalle«. Aber 1901 wurden die Gebäude sowieso an ein Textilunternehmen verkauft und schon 1903 wieder abgebrochen. In den folgenden zwei Jahren entstand das Kaufhaus Oberpollinger (heute zum Karstadt-Konzern gehörig).

Bierkeller und -gärten im Münchner Osten

Von den vielen Bierkellern »Auf der Lüften« oberhalb des Gasteigs hatten nur einzelne einen Biergarten und später einen Saalbau. Allein entlang der Nordseite der Rosenheimer Straße reihten sich laut Münchner Adreßbuch von 1833 sieben und an der Südseite 13 Bierkeller aneinander. An der Wiener Straße werden 20 ausgewiesen, in der Allee (ab 1856 Preysingstraße) drei, in der Berg(seit 1856 Keller)straße fünf und am Gasteig einer. Am Gasteig 1 stand 1833 gleich als erstes der Keller des Sterneckerbräu. Diese Brauerei im Tal 54/55 ist seit 1557 nachweisbar. Im Besitz der namensgebenden Familie Sternegger befand sie sich 1575–1667. 1793 erwarb die Familie Trappentreu das Anwesen, deren bedeutendster Vertreter Johann Baptist Trappentreu (1805–83) war, der als Stifter zahlreicher Kirchenglocken in die Stadtgeschichte einging und deswegen als »Glockenmann vom Sterneckerbräu« bezeichnet wurde.

Teile des Sterneckerkellers wurden 1934/35 wegen der Verbreiterung der Rosenheimer Straße zusammen mit der am Eck stehenden Gastwirtschaft »Salzburger Hof« abgebrochen. An seiner Stelle befand sich vorher der »Kreuzgießergarten«, der 1827 folgendermaßen beschrieben wird[25]: *»das Wirtshaus ein Neubau, ebener Erde 2 Gastzimmer, ein Keller auf 40 Banzen Bier, ein geschlossener Hofraum, Stallungen für 20 Pferde, im ersten Stock ein geschmackvoller Tanz-Saal mit drei Nebenzimmern«*, in dem gelegentlich auch Theater gespielt wurde. Um 1850 wurde aus der 1828 aufgestockten Gartenwirtschaft ein Gasthaus mit dem Namen »Salzburger Hof«, das 1901 in das Eigentum des Eberl-Faber-Bräu und 1920 in das der Stadt kam.

Programm der 1891–97 von »Papa Geis« geleiteten Singspielhalle im »Oberpollinger« 1891/92

Die Hofbräukeller

An den »Kreuzlgießergarten« bzw. nachmaligen »Salzburger Hof« schloß sich östlich einer der drei, dem Caspar Trisberger 1775 für das Hofbräuhaus abgekauften Sommerbierkeller an (Rosenheimer Str. 6). Ein zweiter Hofbräukeller befand sich gegenüber am Eck Rosenheimer Str. 31/Hochstraße (später Singlspielerbräu-, dann Münchner Kindl-Keller). Der dritte befand sich ebenfalls auf der Südseite, Rosenheimer Str. 21 etwas weiter stadtauswärts. Das westliche Eck Rosenheimer Str. 13/Hochstraße (gegenüber dem »Salzburger Hof«) war vom Keller des seit 1527 bestehenden Hallmairbräu, Tal 29, besetzt (1684–1744 im Besitz der Familie Hallmair), der 1835 nicht mehr braute.

Der Münchner Burgfrieden endete vor der Eingemeindung Haidhausens (1854) erst am heutigen Wiener Platz. An der somit zu München gehörigen Inneren Wiener Straße stand 1833 auf der rechten Straßenseite als erstes der Keller des Hallerbräu, Neuhausergasse 5, der nach seinem Besitzer auch Schützingerkeller genannt wurde (später Café Gasteig). Dann folgten auf dieser Seite Haus an Haus weitere 14 Bierkeller.

1865 erwarb das Hofbräuhaus noch einen weiteren Bierkeller, diesmal auf der Westseite der Inneren Wiener Straße zum Isarhang hin. 1875 wurde dort weiterer Grund hinzugekauft und im Jahr darauf erfolgte eine gründliche Erneuerung der Schankstätte dieses Kellers. 1879 wurde der Grundbesitz um das Gartenanwesen der Witwe Billmoser und das benachbarte Wirtschaftsgebäude des Gastwirts Haller vergrößert. 1881/82 entstand dort ein neues Malzhaus. Die Verteilung des Hofbräubetriebes auf drei Plätze, nämlich das Sudhaus und die Gärkeller am Platzl, die Lagerkeller am Gasteig und die Mälzerei sowie weitere Lagerkeller an der Inneren Wiener Straße, führte jedoch zu großen Betriebsstörungen und Kosten. Deshalb schritt man 1893 zum Erwerb auch noch des Leistbräukellers an der Inneren Wiener Straße und konnte dann 1894 mit dem Bau eines Sud- und Kühlhauses sowie eines Verwaltungsgebäudes die Verlegung des Braubetriebs von der Graggenau nach Haidhausen einleiten, der schließlich 1896 abgeschlossen war. Die Hofbräubauten zogen sich inzwischen an der Inneren Wiener Straße von Hausnummer 7 bis 19 hin. Am nordöstlichen Ende, am Wiener Platz, entstand 1882 der Gastronomiebau des neuen Hofbräukellers, wobei man den alten Biergarten der dort seit 1805 beheimateten Tafernwirtschaft »Zum Hutterer« übernehmen konnte, aus der 1863 der »Wiener Hof« wurde (abgebrochen 1880). Bis zu einer Million Maß Bier wurden hier Jahr für Jahr ausgeschenkt. Unter den Gästen sah man auch öfters den Historiker Karl Alexander von Müller (1882–1964), der in seinen Memoiren schrieb[26]: »*Den unveränderten Bestand der Heimat schienen die Stunden zu verbürgen, da Hofmiller* [gemeint ist der Schriftsteller Josef Hofmiller (1872–1933)] *mich zum erstenmal auf den Hofbräuhauskeller mitnahm. Es war ein lauer Spätfrühlingsabend im jungen Grün der Haidhauser Höhe, das ›Amixl‹* [die Amsel] *flötete aus den Zweigen, am ungedeckten runden Tisch saßen schon Adolf Dirr* [Professor, Hauptkonservator am Völkerkundemuseum (1867–1930)] *und zwei andere Freunde.*«

Von den einstigen Bierkellern auf der östlichen Isarhöhe hat sich bis heute außer dem Salvatorkeller nur der Hofbräukeller erhalten – und der wäre 1961, 1970 und 1987 beinahe abgebrannt! Auch der Gaststättenbereich des Hofbräukellers wurde nach dem II.

Weltkrieg (wie viele Großgaststätten seinerzeit) von den Amerikanern beschlagnahmt und diente in der Folge als Rot-Kreuz-Quartier, Snack-Bar und Clubhaus der »German Youth Activity«, deren Programm von Theater- und Schuhplattleraufführungen bis zu Boxkämpfen und Konzerten reichte. Nach einer direkten Intervention im Herbst 1949 beim amerikanischen Präsidenten Harry S. Truman wurde die Gaststätte ab 1950 wieder den Einheimischen überlassen. Allerdings haben die Brauereigebäude und die Lagerkeller durch die neuerliche Verlegung der Brauerei des Staatl. Hofbräuhauses nach Riem, Hofbräuallee 1 (eingeweiht 1992), ihre Funktion verloren. Der Baukomplex am Isarhang wurde mit Ausnahme des gastronomisch genutzten Eckhauses am Wiener Platz (Innere Wiener Str. 19) abgebrochen und an seiner Stelle moderne Wohn- und Geschäftshäuser errichtet. Seit Februar 1997 werden die Gewölbe unterhalb der Gaststätte als Jazzkeller genutzt. Von dem rund 1 800 Plätze umfassenden Biergarten in Haidhausen hätte man einen schönen Blick auf die Stadt, würden nicht immer schon die Büsche und heute erst recht die hohen Bäume der Gasteiganlagen die Sicht versperren.

Der Eberlbräu, der Faberbräu und das Faberbräutheater

Die Hofbräukeller oberhalb dem Gasteig wurden noch 1896 verkauft. Der nördlich der Rosenheimer Straße (Hsnr. 6, heute 17) neben dem bereits bestehenden Eberl-Bräu-Keller (Rosenheimer Str. 15), in dem seit 1889 ein Ausschank bestand, ging auf den Eberl-Faber-Bräu über. Die Eberl-Brauerei befand sich in der Sendlinger Gasse 79, in welchem Haus seit mindestens 1431 eine Brauerei nachweisbar ist, die 1593–1624 im Besitz der namensgebenden Familie Eberl war. 1812 wurden der Eberlbräu und der Faberbräu, Sendlinger Gasse 76 (wo ebenfalls schon seit mindestens 1462 ein Braubetrieb nachweisbar ist), zusammengelegt. Die hier namensgebende Familie Faber besaß die Brauerei 1647–1689. In die Münchner Geschichte ist der Faberbräu mit seiner von dem Bräu Johann Paul Reiz zu einem »Komödienstadl« ausgebauten Malztenne im Hof eingegangen und es dürfte wohl wieder typisch münchnerisch sein, daß ein Bräustadel maßgeblich Theatergeschichte machte. Das Faberbräutheater war bedeutend größer und schöner als z.B. die Bühne beim Soller im Tal, wo bis dahin die Theatertruppen eingekehrt waren. Jetzt zogen die reisenden Theatergesellschaften zum Faberbräu. So erhielt ein Stephan Mayer aus München schon 1721 das kurfürstliche Privileg, *»allhier vor andern sowohl itzt als künftig sowohl geistlich als weltliche Comödien spillen zu derffen«*. Hier gastierten u.a. ab 1749 der Theaterprinzipal Franz Gerwald von Wallerotti, ab 1764 Lorenz Lorenzoni, ab 1765 die Koberweinsche Gesellschaft des Johann Joseph Felix von Kurz, genannt Bernardon (1715–86), und seines Schwiegersohns Simon Friedrich Koberwein, sowie 1768/69 Johann Gottfried Sartori.

Ein Markstein auf dem Weg zu einem »deutschen Nationaltheater« in München war die von dem ehemaligen »Hofgerichts-Advokaten-Lizensiaten« Johann Baptist Joachim Niesser (1739–1811) im Faberbräutheater mit dem Stück »Die Wirthschafterin oder Der Tambour bezahlt alles« von Gottlieb Stephani d. J. eröffnete Bühne für deutsche Schauspiele. *»Der Erfolg blieb nicht aus, das bessere Publikum Münchens wandte* *sich immer mehr von dem welschen Opernspektakel dem deutschen Schauspiel zu und der unermüdliche thätige Direktor desselben erlebte schon nach dem ersten Jahre seiner reformatorischen Wirksamkeit die Genugthuung, daß bei manchen Vorstellungen das schmucklose, schlecht beleuchtete Parterre im Faberbräutheater die Zuschauer nicht fassen konnte, während die glänzenden Räume des italienischen Opernhauses* [womit das 1753 eröffnete, heutige Cuvilliés-Theater gemeint ist] *leer standen«* (Ferd. Kronegg). Bald schaltete sich auch der 1753 zum Hoftheaterintendanten ernannte Joseph Anton Graf von Seeau (1713–99) ein und übernahm mit Erlaubnis von Kurfürst Max III. Joseph das Theater von Niesser beim Faberbräu auf eigene Rechnung. Dort sahen die Münchner erstmals die Stücke von Gotthold Ephraim Lessing (1729–81), wie 1772 »Miß Sara Sampson«, 1773 »Emilia Galotti« und 1775 »Minna von Barnhelm«. Nachdem Niesser die künstlerische Leitung niedergelegt hatte, um sich auf seinen schauspielerischen Beruf zu konzentrieren, war 1776 die Gesamtleitung auf Seeau übergegangen, das Faberbräutheater also »Hoftheater« geworden. Als aber Kurfürst Karl Theodor die Marchand'sche Gesellschaft aus Mannheim mitbrachte, trat Niesser als Schauspieler in diese ein und löste seine eigene Truppe auf. 1778 gab die Niesser'sche Gesellschaft ihre letzte Vorstellung mit Christian Felix Weißes »Romeo und Julie«, womit zugleich auch die ersten Jahre der deutschen Nationalschaubühne in München abgeschlossen waren.

Überraschend früh kamen Stücke von Friedrich Schiller (1759–1805) in München zur Aufführung, freilich auch nicht auf der Hofbühne, sondern hier beim Faberbräu: 1784 (zwei Jahre nach der Uraufführung in Mannheim) »Die Räuber«, 1788 »Kabale und Liebe«, 1789 »Don Carlos« und »Die Verschwörung des Fiesco zu Genua«. 1782 berichtet uns Lorenz Westenrieder außerdem[27]: »*In der Fastenzeit werden bey dem Faberbräu von den Stadtmusikanten geistliche Stücke gegeben.*« Die Stadtmusikanten gerieten jedoch mit Niesser in Streit, weil er in der Fastenzeit weltliche Komödien aufführte. Schließlich mußte sich der Theaterprinzipal den Stadtmusikanten fügen.

Bis zum Ende des 18. Jahrhunderts gastierten noch eine Reihe von reisenden Truppen beim Faberbräu, bis sich durch die Kriegsjahre der Napoleonzeit das Interesse am Theater merklich abschwächte. Die Bühne im Faberbräu wurde wieder zu einer Malztenne umgewandelt und Niesser amtierte noch viele Jahre als Notar[28]. Natürlich gab es im 18. Jahrhundert außer den Theatern beim Sollerbräu und beim Faberbräu auch noch solche beim »Wieserbräu«, beim »Bögner« im Tal 72, im »Kreuzlgießergarten« am Gasteig, beim Weinwirt »Zum goldenen Storchen« (Neuhauser Gasse 3), den übrigens Lorenz Westenrieder 1782 zu den vornehmsten Weingasthäusern Münchens zählte[29], und bei dem schon 1656 erstmals erwähnten »Radlwirt« jenseits der Isar in der Au (Lilienstr. 66, heute 42).

1838 wurden der Eberl- und der Faber-Bräu noch einmal selbständig, um dann 1877 endgültig zum Eberl-Faber-Bräu zu verschmelzen. Nach einem gewaltigen Aufschwung als Aktiengesellschaft (ab 1888) ging die Brauerei ab 1920 an die Paulaner-Salvator-Brauerei, die im Jahr darauf das Haus Sendlinger Str. 79 an den Verlag Knorr und Hirth veräußerte, der jedoch die Wirtschaft bis zur Zerstörung des Anwesens im II. Weltkrieg im Haus beließ (heute Abendzeitung, Sendlinger Str. 10). Der Kellerkomplex am Gasteig wurde noch 1920 an die Stadt München verkauft, die dort einen Bierkeller »*als Gegenstück zum Ratskeller*« plante. Während die Brauereigebäude anderen Zwecken zugeführt wurden, blieb der Wirtschaftsbetrieb unter dem Namen »Stadtkeller« bis 1934 bestehen. Im Zusammenhang mit der Umgestaltung des Gasteigberges 1934/35 wurde die langgestreckte Faßhalle an der Rosenheimer Straße abgetragen. Die nach der Straßenerweiterung verbliebenen Grundstücke der Eberl-Faber-Brauerei und des Sternecker-Kellers bildeten zusammen mit dem des zuletzt als Altenheim genutzten Neubaus des Armenversorgungshauses am Gasteig von 1861 das Baugelände für das 1979–85 errichtete Gasteig-Kulturzentrum.

1791 entstand an der späteren Kellerstr. 6 der Zengerbräukeller. Schon 1842 liest man, daß der Zengerbräukeller ein beliebtes Feierabendziel sei. Als die Brauerei zum Zenger in diesem Jahr abbrannte, wurde sie auf dem Grund des ehemaligen Gasteig-Spitals und dem des damaligen Zengerbräu-Kellers neu errichtet. 1880 kamen der Zengerbräukeller und der Hallmairbräukeller in den Besitz der Bürgerlichen Brauhaus AG, die fortan an ihrer Stelle den Bürgerbräukeller (nunmehr Rosenheimer Str. 29) betrieb. Das Bürgerliche Brauhaus ging wiederum 1921 auf die Löwenbrauerei über – und der Bürgerbräukeller zwei Jahre später durch den Hitlerputsch in die Geschichte ein. Nach der Machtübernahme 1933 feierten die Nazis jedes Jahr in dem zur »Traditionsgaststätte der Bewegung« gewordenen Bürgerbräukeller den Jahrestag des Putsches, wobei am 8. November 1939 der Saalbau durch ein Sprengstoffattentat auf Adolf Hitler von Georg Elser, an den heute eine Gedenktafel im Boden des ehemaligen Grundstücks vor dem Gebäude der GEMA erinnert, schwer beschädigt wurde. Er wurde zwar 1941/42 wieder hergerichtet, aber dann bei Bombenangriffen erneut in Mitleidenschaft gezogen. Nach dem Einzug der US-Besatzungstruppen reparierte man die kriegsbeschädigten Räumlichkeiten provisorisch und nutzte sie bis 1958 als Clublokal für die Soldaten. 1979 wurde der gesamte Komplex schließlich abgebrochen.

Auf der gegenüberliegenden Straßenseite folgte nach dem Münchner Kindl-Keller zuerst der Keller der nur bis 1852 tätigen Stubenvoll-Brauerei (Unteranger 26) und dann an der Rosenheimer Str. 34/Ecke Schleibingerstraße der zwischen 1833 und 1849 erbaute Schleibinger-Keller. Er gehörte dem an der Hinteren Schwabinger Gasse (heute Theatinerstr. 3) gelegenen Schleibingerbräu, dessen Wirt Alois Fest dafür bekannt war, daß er ein Gebräu mit dem Namen »Halb und Halb« ausschenkte, eine Mischung aus Bier und Wermuth, das in der Cholerazeit 1854 gern als Vorbeugungsmittel getrunken wurde. Die Schankstätte galt als eine besondere Altmünchner Idylle und es ist überliefert, daß dort Messer und Gabeln mit Ketterln an den Tischen befestigt waren. Auf einem Teil des Areals des Schleibinger-Kellers zog 1865 eine Faßfabrik ein. Die dortige Wirtschaft mit dem Biergarten wurde noch bis 1922 weitergeführt.

Der Vollständigkeit halber sei hier noch der heute völlig in Vergessenheit geratene Maximilianskeller der Maximiliansbrauerei, Ismaninger Str. 2, erwähnt. Auf dem 8 Tgw. großen Areal gab es zwei getrennte Ausschankgärten, einen Festsaal und mehrere Bräustuben. Hier fanden 8000 Gäste Platz. Die Maximiliansbrauerei bestand allerdings nur kurz. Sie wird erstmals im Braujahr 1874/75 aufgeführt, wurde aber schon zur Jahrhundertwende abgebrochen; an ihrer Stelle entstanden 1903 Wohnhaus-Neubauten.

Bis zum II. Weltkrieg blieben oberhalb des Gasteigs noch mehrere Giebelbauten erhalten, die im vorigen Jahrhundert über den Bierkellern errichtet worden waren. Viele der Keller leisteten mit ihrer tiefen Lage und ihren gemauerten dicken Wänden und Decken als Luftschutzräume bei den Luftangriffen im Krieg wertvolle Dienste.

Die »Bierpaläste«

Bis zur Mitte des 19. Jahrhunderts galten die Bierkeller bereits als besonderes Charakteristikum Münchens. *»Ihnen reihen sich im Sommer die mit großen Kellerlokalen verbundenen Gärten an, die ... eine Spezialität Münchens bilden und in der ganzen Welt bekannt geworden sind. Sie stellen lediglich die ›Sommerlokale‹ der großen Kellerwirtschaften. Ihre Beziehungen zum Münchner Volksleben bilden einen interessanten Abschnitt in der Kulturgeschichte Münchens.«*[30]

Ab den 30er Jahren des vorigen Jahrhunderts begann sich auch die deutsche Presse mit diesem Münchner Phänomen zu beschäftigen. Viele Bierkeller-Reportagen erschienen als sogenannte Bilderbögen, einem damals sehr beliebten Vorläufer der heutigen Comics. Soweit sie sich mit den Münchner Sommerbierkellern befaßten, bedurfte fast jede gezeichnete Szene einer ausführlichen Erläuterung, da viele Keller-Charakteristika sich als zu spezifisch münchnerisch erwiesen, um ohne Begleittext von Nichtmünchnern verstanden zu werden[31].

Das veränderte gesellschaftliche Leben nach dem Deutsch-Französischen Krieg (1870/71) und das Wachstum Münchens führten in der Prinzregentenzeit zu den vermeintlich »Goldenen Jahren Münchens« – und zu ständig steigendem Bierkonsum. Immer größere Brauereien entstanden in den Vorstädten, ebenso neue Wirtschaften und Biergärten. Auf den Grundstücken der aufgelassenen Brauereien in der Innenstadt, aber auch bei den Bierkellern draußen wurden »Bierpaläste« mit teils prächtigen Sälen und Nebenräumen oft riesigen Ausmaßes für Großveranstaltungen, Konzerte, Redouten und Bälle (s. hierzu den Aufsatz »Redouten, Maskierte Akademien und Bals parés« in diesem Band) hochgezogen, wie z.B. der Arzberger Keller, der erste der großen modernen Bierkeller, der sogar schon über elektrische Beleuchtung verfügte, und der Löwenbräu-Keller, der lange Zeit als der »vornehmste« Münchner Bierkeller galt. Neben dem vielfältigen gesellschaftlichen Leben und den Vereinsaktivitäten fanden auch politische Versammlungen aller Couleur in den Bierhallen und in den Hinterzimmern statt. So hatte z.B. die NSDAP ihre erste Geschäftsstelle Anfang der 1920er Jahre im Sterneckerbräu im Tal.

»Wie man hört, sollen diese Bräuhallen in kürzester Zeit noch eine Vermehrung erhalten. Diese Lokale dürften ebenso wie die schon seit Jahren bestehenden großen Kellerhallen und Restaurationen, die gleichfalls im Besitze der Großbrauer sind, außerhalb Münchens mit Ausnahme Berlins kaum ihresgleichen finden. Sie stellen den intensivsten Großbetrieb im Wirtschaftsgewerbe dar und haben nirgends sonst erreichten Umsatz und Konsum aufzuweisen«, berichtet F. Trefz 1899 in seiner Studie über »Das Wirtsgewerbe in München«[32].

Der Arzberger- und der Löwenbräu-Keller

Der Name des Arzberger-Kellers geht auf eine Brauerfamilie am Unteranger zurück. 1827 erwarb Gabriel Sedlmayr den Keller an der Nymphenburger Str. 71 (heute 10/Ecke Sandstraße). Der imposante Bau von dem renommierten Architekten Gabriel von Seidl (1848–1913), einem Neffen von Sedlmayr, in dem seinerzeit modernen (und bei den Münchner Brauereien sehr beliebten) Neurenaissance-Stil wurde 1881/82 errichtet. Die Holzdecke im Festsaal im I. Stock bemalte kein geringerer als Otto Hupp (1859–1949), der auch viele bayerische Banknoten und Briefmarken, das Bayerische Staatswappen von 1923, unzählige Städte- und Gemeindewappen und 1884 das bis heute nur wenig abgewandelte Spatenbräu-Zeichen entworfen hatte (das damit zu den ältesten deutschen Warenzeichen gehört)[33]. An Sonn- und Feiertagen gastierten in diesem Festsaal Militärkapellen und Volkssänger-Gesellschaften. Leider wurde der Arzberger-Keller 1944 zerstört und nicht wieder aufgebaut; an seiner Stelle ragt heute ein moderner Bau der Justiz in die Höhe.

Nicht weit davon entfernt hatte 1861 der damalige Inhaber der Löwenbrauerei, Ludwig Brey (1821–97), das Anwesen des Bierwirts Nikolaus Naßl gekauft, der hier an der vielbefahrenen Landstraße nach Dachau und Augsburg eine stets gut besuchte Tafernwirtschaft »Wiesenfeldwirt« (auch »Unterwiesenfeldwirt« genannt) betrieb. Brey, eine weitere markante Brauerpersönlichkeit Münchens im 19. Jahrhundert, hatte 1851 die Löwenbrauerei übernommen. 1855–66 braute er außerdem auch im Filserbräu, im Buttlerbräu und im Eberlbräu, ab 1863 zusätzlich im Lodererbräu. 1872 verkaufte er den Löwenbräu an eine Aktiengesellschaft, die 1883 den Löwenbräu-Keller, Nymphenburger Str. 2, errichtete, der schon 1893/94 erweitert werden mußte. Dabei wurden der charakteristische Eckturm mit der Terrasse geschaffen, auf der ein von Wilhelm von Rümann (1850-1906) geschaffener Löwe ruht (von Rümann stammen auch die Löwen vor der Feldherrnhalle). 1906 wurde der Kellerbau der zu diesem Zeitpunkt größten Brauerei Deutschlands den Bedürfnissen entsprechend schon wieder erweitert. 1885 schrieb der »Bayerische Kurier«[34]: *»Wenn man die Einheimischen und namentlich die Fremden berathen hört, wo sie sich am Abend treffen wollen, so sollte man fast meinen, daß es in ganz München keinen einzigen Keller gibt, als den – Löwenbräu-Keller.«* Heute bietet der Biergarten entlang der Nymphenburger Straße etwa 1 000 Plätze an.

Die Löwenbrauerei besaß auch noch den 1862 erbauten Müller-Keller mit regem Wirtsgartenbetrieb auf dem 1855 erworbenen Grundstück Nymphenburger Str. 5, der seinen Namen von dem südlich davon gelegenen »Müllergarten« von Johann Müller an der Karlstr. 25 trug, zu dem das Gelände gehört hatte. Der Müller-Keller mußte 1929 dem neuen Löwenbräu-Gärkeller weichen.

Der Franziskaner-Keller

Dann wurde 1886 der neue Franziskaner-Keller (Hochstr. 7) eröffnet. Der Franziskanerbräu (Residenzstr. 9) hatte bis dahin schon einen kleineren Lagerkeller an der Kellerstr. 2. Dieser Franziskanerbräu war nicht die ehemalige Brauerei des gleichnamigen

Klosters, sondern eine Brauerei, die schon seit 1363 als bürgerliches Brauhaus bestanden hat und die erst später (erstmals belegt 1746/47) den Namen des gegenüber (auf dem heutigen Max-Joseph-Platz) gelegenen Klosters annahm. Die Klosterbrauerei selbst befand sich bis zur Demolierung des Klosters 1803 etwa an der Stelle des heutigen Residenztheaters. Das Anwesen Hochstr. 7 war seit 1836 im Besitz der Brauerfamilie Deiglmayr. Nachdem August Deiglmayr 1842 die Franziskanerbrauerei gekauft hatte, verlegte er den Braubetrieb auf sein Anwesen am Lilienberg, weil *»es zwischen den vier- oder sechsspännig fahrenden Postpassagierwagen* [in dem gegenüberliegenden Palais Törring-Jettenbach (Residenzstr. 2) befand sich seit 1834 die Hauptpost] *und den Bierfuhrwerken nicht selten zu bedenklichen Zusammenstößen kam ... und die unvermeidliche Rauch-, Dampf- und Lärmentwicklung des Braubetriebes gebieterisch seine Entfernung aus der Nähe der neuen königlichen Prachtbauten forderte.«*[35] Seitdem gibt es an der Residenzstraße nurmehr die Gaststätte »Franziskaner«, die 1888 von der Löwenbrauerei übernommen wurde. Sie baute 1913 den rückwärtigen Teil zur Perusastraße mit einer Verbindung zur Theatinerstraße aus. In diesem Neubau wurden zur Erinnerung an das ehemalige Fuchsbräu (Theatinerstr. 46), das von etwa 1455 bis 1818 bestand (benannt nach der Familie Fux 1684–1725), die »Fuchsenstuben« eingerichtet. 1861 erwarb Joseph Sedlmayr die Franziskanerbrauerei und ließ ein Jahr später auch die 1842 ebenfalls aufgekaufte Leistbrauerei aus der Sendlinger Str. 53/54 (stillgelegt 1864/65) in die Hochstr. 7 verlegen. 1886 nun wurde dort eine neue Kelleranlage mit Festsaal erbaut. Im II. Weltkrieg schwer beschädigt, fand der Saalbetrieb 1955 bis 1971 noch eine Fortsetzung, ehe der Franziskaner-Keller aufgrund seines schlechten Bauzustands abgebrochen wurde.

Der Münchner-Kindl-Keller mit dem »größten Festsaal Europas«

Zwei weitere Keller (1850: Rosenheimer Str. 27/28) gehörten dem Singlspielerbräu, der seine Sudstätte in der Sendlinger Gasse 29 hatte. 1863/64 wurde der Braubetrieb an die Rosenheimer/Ecke Hochstraße verlegt. Aber schon 1880 erwarb ein Finanzkonsortium die Singlspielerbrauerei und gründete dort die Münchner Kindl-Brauerei-AG. In dem Neubaukomplex gingen weitere ältere Bierkeller auf. Im Zug der Renovierungsarbeiten von 1883 entstand der mit einem Fassungsvermögen von 5000 Personen angeblich größte Festsaal Europas, der jedoch unter dem Problem unzulänglicher Zugänge litt. Nach einem weiteren Um- und teilweisen Neubau 1899 dauerte es aber nur ganze sechs Jahre, bis die Münchner Kindl-Brauerei-AG ihre Auflösung bekannt geben mußte. Sie fusionierte mit der Unionsbrauerei, Äußere Wiener (heute Einstein-) Str. 42/44, die ihrerseits 1921 von der Löwenbrauerei aufgekauft wurde. An der Westseite zur Hochstraße hin verfügte der Münchner Kindl-Keller über einen 1600 m2 großen Garten. Obwohl die Veranstaltungen im Münchner Kindl-Keller einen großen Zulauf hatten (z.B. die »Riesen-Zither-Konzerte« ab 1919[36]) wurde der Gaststättenbetrieb 1923 eingestellt. Mindestens so berühmt wie die legendäre »Schwabinger Bauernkirchweih« (ab 1895) in der Schwabinger Brauerei war im Fasching die »Haidhauser Bauernkirta« im Münchner Kindl-Keller. Schon 1915 hatte die Nährmittelfabrik Cenovis die Münchner-Kindl-Brauerei erworben, 1922 gelang ihr auch der Kauf des Saalbaus und 1923 zog sie dann selbst in den Bau am Rosenheimer Berg, der im II. Weltkrieg zerstört wurde. Die Ruinen wurden 1969 abgebrochen. Heute stehen dort ein Auto-Verkaufszentrum und ein Großhotel.

Die Schwabinger Salvatorbrauerei

Auch auf die erwähnte Schwabinger Brauerei müssen wir in diesem Zusammenhang hier kurz eingehen. 1735 hatte der kurf. Obristjägermeister Max Graf von Preysing im alten Schwabing einige Grundstücke zusammengekauft und sich im Bereich der heutigen Leopold-, Feilitzsch- und Franzstraße seinen Sitz »Mitterschwabing« eingerichtet. Preysing hatte 1728 dem Kurfürsten Karl Albrecht schon Grundstücke in der Obergiesinger Au, wo heute die Ausflugsgaststätte Siebenbrunn steht, abgebettelt, die er als gewiefter Grundstücksspekulant noch im selben Jahr günstig verkaufte! »Mittelschwabing« ging erst 1765 in das Eigentum seines Amtsnachfolgers als Obristjägermeister, Theodor Freiherr von Waldkirch, über. Der erhielt nicht nur 1773 sogar die Hofmarksgerechtigkeit, er erwarb sich auch als Viehzüchter einen guten Ruf. 1812 kaufte der bekannte Münchner Theologe und Philosoph Franz Xaver Baader (1765–1841) das landwirtschaftliche Gut, das bald im Volksmund die Bezeichnung »Baaderschlößl« oder »Philosophenhäusl« erhielt. Nach dem Tod Baaders wechselte das Schlößl mehrfach den Besitzer und verkam dabei zunehmend, bis es 1877 Ludwig Petuel kaufte.

Der Brauer Ludwig Petuel (1839–1911) war 1868 von Freising nach Milbertshofen gekommen, wo er eine Brauerei und eine Schnapsbrennerei errichtete, die 1885 abbrannten. In seiner Neuerwerbung in Schwabing richtete er im Schlößl eine Gaststätte und 1883 daneben eine Brauerei ein (Leopoldstr. 82), die er – wie auch einige andere Münchner Brauereien auf den großen Erfolg des Starkbiers aus der Au aufspringend – »Schwabinger Salvatorbrauerei« nannte. Der Schwiegersohn und Nachfolger von Petuel, Karl Grenzner, setzte den Erfolgskurs fort und ließ z.B. 1888 im Garten elektrisches Licht installieren, eine der Voraussetzungen für die großen Gartenkonzerte, bei denen u.a. die Musikkorps des Infanterie-Leib-Regiments und des 1. Bayer. Infanterie-Regiments »König« aufspielten. 1901 wurde an der Franzstraße nach dem Vorbild anderer Biergärten sogar ein eigener Musikpavillon errichtet. 1889 wurde das Schlößl abgebrochen, der Wirtschaftsbetrieb 1890 in einem Neubau fortgesetzt und 1892/93 entstand der Große Saal in einem eigenen Bau an der Feilitzschstraße. Aber schon 1895 kaufte Gabriel Sedlmayr d. J. die inzwischen zwölftgrößte Münchner Brauerei auf (Schwabing war 1890 nach München eingemeindet worden). Zu diesem Zeitpunkt aber kämpfte die seinerzeitige »Gebrüder Schmederer Aktienbrauerei« bereits vehement um das ausschließliche Recht an dem Namen »Salvator«, wovon im Nachfolgenden noch die Rede sein wird. Die Auer Brauerei gewann diesen Namensstreit 1899 endgültig und die »Schwabinger Salvatorbrauerei« firmierte fortan als »Schwabinger Brauerei«, eine Bezeichnung, die im Volksgebrauch sowieso längst üblich war.

Als sich im letzten Jahrzehnt des 19. Jahrhunderts der Fasching in München veränderte und die Redouten und Bals parés durch die persiflierenden großen Kostümfeste vor allem der Künstler Konkurrenz erhielten, spielten die Faschingsbälle in diesem Saal der Schwabinger Brauerei eine große Rolle. Das begann 1895 mit der vom »Verein der deutschen Kunststudierenden« veranstalteten »Schwabinger Bauernkirchweih«, das »als das wohl berühmteste Künstler- und Studentenfest des Münchner Faschings galt« (R. Bauer). Diese Tradition wurde nach dem I. Weltkrieg mit den Schwabylon-Festen fortgesetzt. Auch der »Gauklertag« fand 1895 erstmals statt. »*Immer scharen sich an sommerlichen Tagen die Kinder im Garten um das unsterbliche Kasperltheater*«, berichtet uns Karl Spengler[37], »*und beim Salvator-Umtrunk schmücken Künstler wie Rudolf Schiestl Saal und Garten mit ihren humorigen Einfällen. Das Lager- wie das Doppelbier der Schwabinger Bräuer gewinnt Weltruf. Es regnet goldene Medaillen und Grand Prix auf den Ausstellungen in Hamburg, London, Paris, Rom, Athen und Amsterdam, und die Schutztruppler Deutsch-Südwestafrikas löschen in Swakopmund ihren Wüstendurst mit dem Gebräu Schwabings...*«

Aber die Schwabinger Brauerei hörte schon 1910 mit dem Bierbrauen auf und 1917 verkaufte Ludwig Petuel jun. (1870-1951) die Gaststätte mit Biergarten an Ludwig Sedlmeier, den Eigentümer der Spaten-Franziskaner-Leist-Brauerei. 1923 wurde das Anwesen für industrielle Zwecke umgebaut, die Gaststätte im Saalbau an der Feilitzschstraße aber weiterbetrieben und sogar 1928 umfassend erneuert. »Seine Anziehungskraft wird durch den Besitzwechsel nicht geschmälert« berichtet uns Spengler weiter: »*Das ›Glückhafte Schiff‹ sticht nach den trüben Weltkriegsjahren zum ersten Mal in die Faschingswogen, der ›Stakkato-Ball‹ der Staatlichen Akademie der Tonkunst bringt Tango und Shimmy, bei der ›Iglfinger Hochzeit‹ mimt Professor Josef Futterer den dörflichen Bürgermeister, die Treppenaufgänge und Galeriewinkel wimmeln in diesem letzten der Trachtenbälle von lederbehosten Bauern mit Bschoadtüchln am Stecken, von Bäuerinnen mit Kopftüchern, von Gänseliesln, Hirten und Mitterdirnen, Gmoadienern, Nachtwächtern und Goaßbuam. Ein letzter Trachtenball, aber auch ein Faschingsereignis, das zum letzten Mal die Fähigkeit der Münchner erwies, durch die Vermummung einzugehen in die klassenlose Fröhlichkeit einer Gemeinsamkeit, in der jeder jeden als ›Herrn Nachbar‹ und als ›Frau Nachbarin‹ gelten ließ nach ihrer Art...*«

Diesem fröhlichen Treiben setzte der II. Weltkrieg ein Ende: Nach einem Luftangriff 1944 brannte die Gaststätte weitgehend aus. Die erhalten gebliebene Bausubstanz wurde 1946-48 renoviert, jedoch 1961-64 durch den Neubau einer Großgaststätte ersetzt. Das dabei ebenfalls entstandene hohe Kaufhaus, bei den Münchnern wenig beliebt und »Schwarzer Riese« genannt, wurde 1995/96 wieder auf eine für das Schwabinger Zentrum städtebaulich erträgliche Dimension gekürzt. Der Saalbetrieb der ansonsten noch bestehenden Gaststätte »Schwabingerbräu« mußte zwei Kinos weichen.

Der »Mathäser«, der »größte Bierausschank der Welt« – und die Erfindung des »Russen«

Als 1900 der 1891 begonnene neue Saalbau des Mathäsers am Stachus mit drei großen Bierhallen, dem Festsaal und einem Biergarten, alles in allem 4 000 Sitzplätze, endlich fertig war, warb der Mathäser als »größter Bierausschank der Welt«. 1910 schrieb allerdings ein Fremdenführer profaner von der »bedeutendsten Saufstätte«. Der Braubetrieb wurde noch bis zum Beginn des I. Weltkriegs 1914 fortgesetzt, bis Getreidemangel die Einstellung erzwang. Wegen seiner Lage nahe dem Münchner Hauptbahnhof benutzten 1919 die revolutionären Arbeiter- und Soldatenräte den Mathäser als Hauptquartier. Der Legende nach erfanden die von Andersdenkenden als Anhänger der Russischen Revolution, als »Russen« geschmähten »roten« Soldaten ein Gemisch aus Weißbier und Zitronenlimo, um sich damit wachzuhalten – und schon hatte das Getränk seinen Namen weg.

Nach der Zerstörung des Komplexes an der Bayerstr. 5 im II. Weltkrieg dauerte es bis 1957, bis ein Neubau mit Festsaal und Bierhalle wieder in Betrieb gehen konnte. Auf 8000 m² überdachter Grundfläche boten 15 verschiedene Lokalitäten rund 6000 Gästen Platz, die von sieben Schänken, fünf Küchen und zwei Metzgereien versorgt wurden. Diese großzügige Planung stützte sich auf Auflistungen um die Jahrhundertwende, was denn so in einem Jahr alles verzehrt wurde[38]: 160 Ochsen, 4200 Kälber, 600 Schafe, 200 Rehe, 40 Hirschen, mehr als 6000 Gänse und Hühner; ferner 150 Zentner Rauchfleisch, 900 Schinken, 1,2 Millionen Weißwürste. Während sich (ganz nach Münchner Art) der Verbrauch an Kartoffeln mit ganzen 150 Zentnern in Grenzen hielt, verblüfft der Bierkonsum: rund 10000 Maß pro Tag.

Die rauschenden Filmbälle und Faschingsfeste der 60er und 70er Jahre sind mittlerweile längst Vergangenheit. Inzwischen hat sich die Löwenbrauerei vom »Mathäser« getrennt, der Gaststättenbetrieb ist schon eingestellt, noch 1997 soll der Komplex abgebrochen werden und anstelle des »größten Bierausschanks der Welt« immerhin »das größte Kino Deutschlands« entstehen.

Die besondere Atmosphäre der Bierkeller

Der Münchner Schriftsteller Ludwig Steub schildert uns[39], wie Bierkeller 1841 ausgesehen haben: »*Wer sich unter dem Sommerkeller eines Münchner Bräuers etwa einen Keller vorstellen wollte, wie ihn die übrige Welt auch hat, der läge in einem großen Irrtum. Es sind dies keine von jenen kleinen Grüften, wo die Hausfrau ihre Weinfäßchen aufstapelt und ihr Flaschenbier, etwas Kartoffeln nebenher für den Winter und ein paar aromatische Käslaibe, sondern vielmehr ungeheure Gewölbe, in die man allenfalls vierspännig einfahren kann, und die auf ihrem Rücken mächtige Gebäude, wie Edelsitze und Schlösser tragen, welche weit rankende Arme ausstrecken, mit Sommerwohnungen für die Eigenthümer, kühlen Hallen für die Hundstage und netten, gemalten Zimmerchen für die ›Abonnierten‹ [Stammgäste]. Die Burgen stehen in einem weiten Gehöfte, das gar Mannigfaltiges aufzuweisen hat. So vor allem die vielen, vielen Ruhebänke für die labedurstigen Gäste, malerisch auf die schönsten Plätze hingestellt, unter das Dach alter Linden oder stolzer Kastanienbäume. Ferner gehört ein kleiner Wald dazu, durch welchen einsame Kiespfade ziehen oder auch die breite Heerstraße für die Bierwagen. Im Gehölze selbst aber finden sich Blumengärtchen, Rosenhecken, Stachelbeergebüsche, grünes Geländer, ländliches Treppenwerk, ein paar verliebte Lauben, ein paar ge-*

»*Münchner Volksleben – Der Sommerkeller*« (*Lithographie von Friedrich Kaiser um 1835*)

heimnisvolle Eremitagen, und endlich auch eine wundervolle Aussicht über die Münchner Heide ins Abendrot oder auf die blauen Züge der fernen Alpen.«

Mitte des vorigen Jahrhunderts notierte auch Eduard Fentsch[40]: »Hier werden die lauen Abende verbracht; man erquickt sich am kühlen Trunke, am frugalen Abendimbiß, der in kalter Küche, in Käse und den von dem originellen Geschlechte der ›Rettigweiber‹ kredenzten Rettigen besteht, am Klange der Musik – und München hat nicht wenig trefflich besetzte Privatorchester, welche einem sehr hörlustigen Publikum die Unterhaltung in den öffentlichen Gärten erhöhen. – wohl auch an der Aussicht in die ferne blauduftige Alpenkette, und kümmert sich einen Plunder um die qualitativen Bestandtheile der Gesellschaft.«

1906 brachte Jules Huret zu Papier[41]: »Wer mit richtigen Biertrinkern in Berührung kommen will, muß das Hofbräuhaus oder einen jener ›Keller‹, die sich die ganze Eigenart der alten Münchener Bierlokale bewahrt haben, aufsuchen.« Und an anderer Stelle[42] beschreibt er uns dann die Bierkeller, wobei seine Feststellungen in einigem die vorstehend zitierten, 65 Jahre früher von Ludwig Steub getroffenen bestätigen: »Alle diese Keller, die trotz dieser Benennung mit einem Keller nichts zu tun haben, liegen in den Vorstädten und sind auf großen, mit Bäumen bepflanzten Plätzen untergebracht. Über-

einanderliegende Terrassen, durch Gebüsch versteckt, geben ihnen bisweilen das Aussehen englischer Parks voll lauschiger Winkel. Im Hintergrund des Gartens erhebt sich das Restaurationsgebäude, das im Sommer meist leer steht, im Winter dagegen vollgepfropft ist. – Runde oder längliche Tische, von Bänken und Stühlen umgeben, sind aufs Geratewohl aufgestellt. Keine bunten Tischtücher wie sonst in den deutschen Restaurants, sondern grüner Anstrich, der dieser einfachen Ausstattung ein noch ländlicheres Gepräge gibt.«

Der aufmerksame und weitgereiste Beobachter Huret berichtet weiter: »*Im Sommer werden diese Gärten von mächtigen elektrischen Lampen beleuchtet; ein Militärorchester spielt Wagner, Carmen oder irgendeinen beliebten Walzer. Um die Tische herum sitzen ganze Familien, eine Menge Männer, die meisten mit bloßem Kopf, einige Einsiedler verzehren eine Portion Aufschnitt, in gelbes Papier gewickelt; kleine Beamte wahrscheinlich, die für zwanzig Pfennig Wurst und zwanzig Pfennig Bier bei Musik zu Abend essen. Viel graue Joppen und Tirolerhüte, viel Uniformen,... Fast in allen diesen Gärten ist ein Platz mit Schaukeln, Reck, Barren und Trapez für die Kinder vorbehalten. Manchmal gesellen sich die Eltern hinzu, um sich an ihren Spielen zu beteiligen.*«

Auch in Reiseführern und Stadtbeschreibungen über München wurden stets die Bierkeller mehr oder minder ausführlich beschrieben und ihr Besuch besonders empfohlen. Noch 1911 kann man in einem München-Reiseführer über Bierkeller lesen[43], »*den Besuch sollte kein Fremder unterlassen den die Münchener Sitten interessieren, und der den Stoff aus reinster Quelle genießen will*«.

Die Bierfeste

Georg Jacob Wolf hat einmal geschrieben[44]: »*Nirgends enthüllen sich Volkswesen und Volksbrauch so unverstellt und echt als in der Art, wie ein Volk seine Feste feiert und welche Feste es feiert.*« Das Bedürfnis nach Spektakel, Abwechslung und zum Feiern war im Biedermeier groß. Gelegenheiten boten sich zahlreich und so entwickelten sich die Volksfeste in der ersten Hälfte des 19. Jahrhunderts als derbe kommerzialisierte Form der Geselligkeit[45]. Das Frühjahrs-Starkbierfest, der Maibock und das Oktoberfest stehen hier als markanteste Münchner Beispiele. Es waren jene Formen öffentlicher Geselligkeit, auf die die Obrigkeit nicht direkt Einfluß nehmen, d.h. deren Inhalte sie nicht bestimmen konnte, sondern die sie nur polizeilich kontrollierte. Die primäre Funktion des Festes erstreckte sich auf Biergenuß und Kommunikation[46].

Vom »Ainpockhisch pir« zum Maibock

Bis um die Mitte des 16. Jahrhunderts kannte man in Altbaiern hauptsächlich nur obergäriges Bier, das mit unserem heutigen Weißbier nur eine sehr vage Ähnlichkeit hatte. Ganz anders die Situation in Norddeutschland, vor allem in der hannoverschen Stadt Einbeck, deren Bier einen hervorragenden Ruf genoß. Ein paar zur Hochzeit 1475 in Landshut geschenkte Eimer[47] Einbecker Bier hatten Herzog Albrecht IV. so gut geschmeckt, daß er sich fortan damit versorgen ließ. Als ihm dann aber die Transportkosten dafür zu hoch wurden, holte er sich einen Einbecker Braumeister nach Landshut. Doch nach dem Tod des Herzogs geriet die Herstellung des »Ainpockhisch pir« in Vergessenheit. Gleichzeitig wandelte sich der Konsumentengeschmack, denn aus Böhmen gelangte untergäriges Bier nach Bayern. Bei ihm setzte sich am Ende des Sudvorgangs die Hefe zu Boden und ließ eine wesentlich klarere Flüssigkeit zurück[48].

Im 16. Jahrhundert war vorgeschrieben, daß dem niederen Hofgesinde täglich (nur) eine Maß gewöhnliches Bier verabreicht werden dürfe. Das scheint aber – wie das so das Schicksal von Ge- und Verboten ist – nicht so richtig beachtet worden zu sein, denn als auch eine verschärfte Vorschrift nichts fruchtete, die am 29. Mai 1589 erlassen worden war und die besagte, daß die »*übermessig unzimbliche trunkenheit und zudrinken über den Tisch*« besonders streng verboten sei, machte die Hofkammer dem Landesherrn den Vorschlag, »*ain aigen pier zu brauen*«. Herzog Wilhelm V. stimmte zu, verlangte aber ein Gebäude, das zum Brauen geeignet sei und in der Nähe des Hofes liegen sollte. Noch am 27. September 1589 wurde deshalb »*das hennhaus und pad zu Altnhof*« (nördlich neben dem Zerwirkgewölbe) abgebrochen und dann ein Brauhaus errichtet, wo im Frühjahr 1591 das erste Braunbier gesotten werden konnte: das »Braune« Hofbräuhaus war gegründet. 1602 produzierte das Hofbräuhaus insgesamt 2256 Eimer [154350 l] Sommerbier. Davon behielt die Hofkammer 2000 Eimer [136853 l] für den herzoglichen Haushalt zurück und gab die restlichen 256 Eimer [17514 l] zum Verkauf frei. Dieser öffentliche Verkauf rief natürlich den Protest der bürgerlichen Bräuer hervor, worauf Maximilian I. verfügte, daß nur soviel eingesotten werden dürfe, als zur Notdurft des Hofstaates erforderlich sei.

Eine neue Situation trat dann ein, als es 1614 dem Braumeister im Hofbräuhaus gelang, ein Sommerbier zu brauen, das wesentlich stärker war als bisher. Gleichzeitig erinnerte man sich an den alten Namen »Ainpockh«, woraus im Volksmund bald der »Bock« wurde. Dieses dunkle Starkbier konnten sich auch die Münchner Bürger holen, allerdings nur in der kleinen Schankstube des Hofbräuhauses im Ostflügel des Alten Hofes. Ab der Mitte des 17. Jahrhunderts wurde das Bockbier dann in der benachbarten ehemaligen kurfürstlichen Wagenremise ausgeschenkt. Mit diesem Bier trug das Hofbräuhaus maßgeblich dazu bei, daß der Ruf des Münchner Biers die anderen Biere in Deutschland überrundete und schließlich zwei Jahrhunderte später zu Weltgeltung gelangte. Bis 1793 erfolgte der Ausschank des süffigen Bockbiers erst vom Fronleichnamstag an, dann wurde der Ausschanktermin auf Christi Himmelfahrt und abwechselnd auf den Pfingstsonntag vorgezogen. Anfang des 19. Jahrhunderts bürgerte sich die erste Maiwoche als Schanktermin ein.

Vom »Weißen« Hofbräubier zur Schneider-Weißen

Neben dem »Braunen« Hofbräuhaus gab es auch ein »Weißes« Hofbräuhaus, das zunächst 1586 im Gebäude der ehemaligen Kantorei, Hsnr. 42 am Platzl in der Graggenau (seit 1898 zusammen mit dem 1829 eingestellten Platzlbräu »Orlando-Haus«, Am Platzl 4), untergebracht war und 1607 auf die gegenüberliegende Seite des Platzls (heute Am Platzl 9) verlegt wurde. Die steigende Nachfrage nach Weißbier führte zum Ankauf von zusätzlichen Grundstücken und zur Erweiterung der Gebäude zwischen Platzl, Kosttor, Neuturm- und Bräuhausstraße. Die Aufwärtsentwicklung des Weißbiers dauerte bis etwa 1730, dann nahm die Nachfrage ab, während die nach Braunbier erheblich stieg. Das wiederum führte schließlich dazu, daß 1798 das Weißbiermonopol aufgegeben wurde. 1808 verlegte man auch die Braunbier-Herstellung vom Alten Hof in das Hofbräuhaus am Platzl.

1872 wurden das »Weiße« und das »Braune« Hofbräuhaus aus Rentabilitätsgründen vereint. Als der letzte Pächter des »Weißen« Hofbräuhauses (ab 1860), Georg Schneider, erkannte, daß das Brauen von obergärigem Weißbier unter dem kgl. Hofbrauamt keine Zukunft hatte, erwarb er noch im selben Jahr zusammen mit seinem Sohn Georg das Maderbräuanwesen im Tal/Ecke Maderbräugasse und das Weißbier-Regal, das er auf die bereits im Braujahr 1865/66 stillgelegte und auf die Gant geratene Maderbrauerei übertragen ließ. Im Haus Nr. 165 im Tal Mariä in der Graggenau (heute Tal 10) bestand möglicherweise bereits vor 1369 ein Braubetrieb, den die später namensgebende Familie Mader von 1642–1778 inne hatte. Es handelte sich dabei aber nicht um das Eckhaus zur heutigen Maderbräustraße, sondern umgriff dieses vielmehr, weil das hinter dem Eckhaus (Bachlbräu, Tal 9) gelegene Haus an der Seitengasse zum Tal 10 gehörte.

Wie das Hofbräuhaus nun für das Braunbier wurde das »Weiße Bräuhaus« im Tal bald zum Sammelplatz weißbierkundiger Bürger, Sudenten und trinkfroher Fremder.

Die Münchner Bier- und Wirtshauskultur

Weizenbierausschank im »Weißen Bräuhaus« 1899 (Autotypie n. einer Zeichng. v. Gustav Heine)

Aber 1890 starb nicht nur Georg Schneider, sondern im selben Jahr auch noch sein Sohn Georg. In der Erbfolge gingen neben der Brauerei und der Gaststätte im Tal auch die Grundstücke Aventinstr. 7/9, auf denen sich damals die Flaschenwäscherei und -füllerei befanden, auf den nächsten Schneider mit dem Vornamen Georg über. Ab 1898 firmierte man als »Brauerei Georg Schneider & Sohn«. Kaum war der 1902/03 erstellte Neubau im Tal richtig in Betrieb, starb 1905 Georg Schneider im Alter von nur 35 Jahren.

Die Witwe Mathilde Schneider und ihre Kinder Georg, Berta und Mathilde gelang es in den folgenden Jahren, den Betrieb zur größten Weißbierbrauerei Süddeutschlands auszubauen. Ab 1906 wurde während der Salvatorsaison ein Spezialbier mit dem Namen »St. Aventinus« ausgeschenkt. Namensgebend für diesen noch heute beliebten Weißbierbock war aber nicht ein Heiliger, sondern der bayerische Geschichtsschreiber Aventinus, der mit bürgerlichem Namen eigentlich Johann Thurmair hieß, und nach dem 1887 die neue Straße benannt worden war, an dem einige Betriebsteile lagen. Im Jahr darauf erwarb man noch ein Anwesen am Hauptbahnhof, wo ein weiterer Ausschank eingerichtet wurde. Dazu kamen noch die Genossenschaftsbrauerei der Gastwirte Münchens und 1913 schließlich die St. Michaels-Brauerei in Berg am Laim.

Folgen hatte der Erwerb 1928 der Weißbierbrauerei C.A. Lang in Kelheim, denn nachdem die Brauerei im Tal 1944 durch Bomben völlig zerstört worden war, verzichtete man nach dem II. Weltkrieg auf einen Wiederaufbau an dieser beengten Stelle und verlegte den Braubetrieb nach Kelheim. Aber wenigstens wurde die »nur« schwer beschädigte Gaststätte nach dem Krieg wieder hergerichtet. Zu einer umfassenden Renovierung der alten Traditionsgaststätte im Tal kam es dann 1987/88.[49]

Der berühmteste Bierausschank der Welt: Das Hofbräuhaus am Platzl

Bis 1828 durfte im Hofbräuhaus Bier nur an Begünstigte (Hofbedienstete, Hartschiere usw.) gegen Vorlage von Berechtigungsmarken abgegeben werden. Als dann König Ludwig I. im Hofbräuhaus den »Minuto-Verschleiß« und die »Gastung« erlaubte, also den öffentliche Bierausschank und die allgemeine Bewirtung, stieg die Nachfrage nach Hofbräubier erneut. Doch die Wirtsstuben dort waren anfangs noch recht primitiv. Aber gerade deshalb fanden viele am Platzl in den Bierdermeierjahren die richtige Alt-Münchner Atmosphäre, weshalb der kleine Hofbräuausschank bald bei Künstlern und Schriftstellern beliebt war. In den 30er Jahren errichtete man im Brauereihof zusätzlich eine offene, überdachte Veranda, das »Salettl«, stellte darunter Tische und Bänke auf und bewirtete dort im Sommer bei schönem Wetter die Gäste. Ihre Brotzeit brachten sie sich mit, Rettiche konnte man sich bei den ambulanten Radiweibern kaufen.

In seiner Broschüre »Geschichtliche Erinnerungen an das Kgl. Hofbräuhaus in München von 1589 bis 1864« berichtet H.B. Maler[50], daß man sich damals mit drei Gasträumen begnügen mußte. Da war zunächst der Blaue Saal, der seinen Namen nicht etwa vom Maueranstrich hatte, sondern von dem »blauen Dunst« der Raucher, der wie ein

Die Münchner Bier- und Wirtshauskultur

Hof des Hofbräuhauses mit dem »Salettl« (rechts) 1866

Schleier über den Tischen lastete, und von der *»diffusen Beleuchtung«*. Im Anschluß an den Blauen Saal kam man in den Turniersaal, der seinen Namen von dem dortigen Bier-Wettrinken trug. Bleibt noch die profanierte Kapelle, der einstige Andachtsraum der Bräuknechte, der nun Apollosaal hieß und als Billard-Zimmer diente. H.B. Maler verrät auch, daß jeden Vormittag in der Küche gute Weiß- und Bratwürste und am Samstag auch Blut- und Leberwürste zu haben waren. Ab 11 Uhr gab es dann Suppe und Tellerfleisch und mittags kamen noch Gemüse und Gebratenes dazu. Ab zwei Uhr nachmittags war das Gselchte an der Reihe, zwischen fünf und sechs Uhr gedünstete Koteletts und von sechs Uhr an konnte man nach einer Speisenkarte essen, die in Form einer Tafel gehalten war.

Von Manfred Pielmeier erfahren wir[51]: *»Der Winter brachte ein eigenes Problem mit sich: bei dichterem Andrang war es geradezu ein Kunststück, Speisen, zu denen es eine Soße gab und die man in der Küche holen mußte, ohne zu verschütten an seinen Platz zu bringen. Da war es dann schon günstiger, sie gleich in der Küche oder auf einem Platz vor der Küche zu verzehren. Im Sommer war alles scheinbar einfacher; am Eingang konnte man sich von der Radi-Nanne einen Rettich kaufen. Doch dann begann die Jagd nach einem Bierkrug. Die Anzahl der Krüge war nämlich begrenzt, entsprach der Zahl der Gäste, die in den Räumen untergebracht werden konnten, wobei die der Stammgä-*

ste, die einen eigenen Krug hatten, einbezogen waren. Waren alle Krüge ausgegeben, gab es zwei Möglichkeiten, einen zu ergattern: das war einmal nach einem Krug zu fragen, so lange bis man Glück hatte; half das nicht, konnte man sich an eine Kellnerin oder einen Schankkellner wenden, daß die einen besorgten. Auch wenn man dann einen hatte, war noch nicht alles gewonnen. Wer sich nämlich sein Bier selber holen wollte, nachdem er den Krug ausgespült hatte, mußte ihn beim Schankkellner abliefern und den Bierpreis sofort bezahlen. War er gefüllt, wurde die Nummer des Krugs, die auf dem Bierdeckel stand, aufgerufen. Pech war es dann, wenn einer die Nummer vergessen hatte oder auf den Aufruf nicht schnell genug reagierte, dann konnte es passieren, daß ihm ein Unberechtigter beim Abholen zuvorkam und so Geld und Krug verloren waren... Sicherer war es, wenn man die Bedienung das Bier gegen ein kleines Draufgeld bringen ließ. Bleibt schließlich nur noch die Platzfrage zu lösen; da konnte es einem im Winter schon passieren, daß man seine Maß stehend trinken mußte. Im Sommer konnte man wenigstens auf den Hof ausweichen und dort ein leeres Faß als Tisch oder Stuhl verwenden...«

Aufgrund der räumlichen Enge setzte 1882 die Verlegung von Brauereiteilen an die Innere Wiener Straße ein (wovon schon in anderem Zusammenhang die Rede war), die bis 1896 beendet war. Dann wurde der Komplex am Platzl umgebaut, aufgestockt, mit einer malerischen Fassade im damals für Wirtschaften modernen Neurenaissance-Stil samt doppelstöckigem Runderker und verspielten Volutengiebeln sowie arkadengeschmücktem Eingang versehen. Das mutet heute alles recht malerisch an, altertümlich und richtig gemütlich münchnerisch – »typisch« halt. Ursprünglich war vorgesehen, das gesamte alte Hofbräuhausareal mit der neuen Großgaststätte zu überbauen. Um aber die umliegenden Wirtshäuser in ihrer Existenz nicht zu bedrohen, hatte man sich entschlossen, nur zwei Drittel der vorhandenen Fläche zu verwenden.

Am 9. Februar 1897 zogen die ersten Gäste in die neuen Galerie ein. Besonders beliebt war bald die Schwemme, die sich mit zusammen 721 m² Fläche in eine vordere und eine hintere Halle gliedert und in der die alten, 7,50 m hohen Gewölbe erhalten geblieben sind (ca. 1500 Plätze). Ursprünglich nannte man sie »Bierhalle«, der Volksmund taufte sie jedoch bald in Schwemme um, ein Ausdruck, der sich seinerzeit auf einfach ausgestattete Räume in besseren Restaurants bezog, in denen nur Arbeiter, Fuhrknechte und Kutscher einkehrten und die deshalb von den vornehmeren Gaststuben abgesondert waren. Schwemme wohl auch deshalb, weil in den daneben liegenden Höfen die Pferde der Einkehrenden getränkt werden konnten. Ein paar Monate später wurde auch der 42 m lange, fast 18 m breite und 9 m hohe, von einem Tonnengewölbe überspannte Festsaal mit den anderen Nebenräumen der Öffentlichkeit übergeben. Der romantische Hof ist als quasi Münchens zentralster »Biergarten« mit seinen rund 700 Plätzen noch heute außerordentlich beliebt. In diesem Hof war zur Jahrhundertwende die Maß Bier um zwei Pfennig billiger, weil man sie sich selbst an der Schänke holen mußte und sich somit das Bedienungsgeld sparte. Ähnliches gilt heute noch in der Schwemme für die zahlreichen Inhaber eines persönlichen Maßkrugs (der in einem eigenen, absperrbaren Schließfach aufbewahrt werden kann), die sich ihr Bier an der Schänke verbilligt selbst abholen können. An die 5000 Stammgäste soll das Hofbräuhaus noch heute haben, »*von denen der Wirt mindestens die Hälfte mit Namen kennt*«![52] Was sich über die nur kurz verweilenden knapp 4 Millionen Touristen, die alljährlich hier durchgeschleust werden, nicht sagen läßt.

Schwärmte auch die »Frankfurter Zeitung« 1894[53]: »*Das Hofbräuhaus ist ein besuchter Hauptort für Fremde und Einheimische. Hier gibt es keine Rangunterschiede, keine Standesbevorzugung. Der General oder Oberst sitzt neben dem gewöhnlichen Schreiber, der Collegialdirektor oder Magistratsrath neben dem Packträger, der Geldaristokrat neben dem Proletarier, der Hochadel neben dem Plebejer. Hier allein ist echte Freiheit, Gleichheit, Brüderlichkeit. Hier allein ist das deutsche Volk einig, hier allein herrscht ungetheilte Harmonie!*« Daß solche Feststellungen nicht übertrieben sind, kann man in unzähligen Tagebüchern, Memoiren, Briefen, Berichten usw. nachlesen. Eine der Schilderungen, die um die Welt gingen, stammt von Nadeschda Krupskaja (1869–1939), die sich hier 1913 kurz mit ihrem Mann Wladimir Iljitsch Uljanow aufhielt, besser bekannt unter dem Namen Lenin (1870–1924), der in den Jahren 1900–02 bereits das Hofbräuhaus kennen und schätzen gelernt hat. »*Wir verbrachten die Zeit zwischen den Zügen im Hofbräuhaus, das durch sein ausgezeichnetes Bier berühmt ist*«, schrieb die Krupskaja später in ihren Erinnerungen. An den Höfen Europas sprachen sich auch die Besuche der Kaiserin Elisabeth von Österreich herum, einer Tochter (»Sissi«) von Max Herzog in Bayern, die ebenfalls bei ihren Aufenthalten in München gern auf eine Maß im Hofbräuhaus vorbeischaute. Mit seinem 1939 erschienenen Roman »The web and the rock« [dt. »Geweb und Fels«] schließlich machte der Schriftsteller Thomas Wolfe (1900–38) den Bierpalast am Platzl in ganz Amerika als einmaliges Vergnügungsparadies bekannt. Seine Titelfigur »*stürzte sich in das brüllende Toben des Hofbräuhauses, schwang mit im Rhythmus dieses lärmenden Lebens, atmete die Luft, badete sich in der Wärme, im Gedränge, in dieser mächtigen Gemeinschaft…*«.

Ja, und dann wäre da noch zu guter Letzt von dem Berliner Komponisten Gabriel Wiga zu berichten, der eines schönen Tages 1935 im Café am Zoo in Berlin saß und mit dem Bleistift ein Lied auf die Titelseite der »Berliner Illustrierten« kritzelte, aus dem ebenfalls der Rest der Welt immer und immer wieder aufdringlich erfahren sollte, daß da in München ein Hofbräuhaus stehe, in dem »oans, zwoa g'suffa« werde.

Bockbierfeste im »Bockstall«

In dem durch die Verlagerung des »Braunen« Hofbräuhauses 1808 frei gewordenen Gärkeller zwischen dem Alten Hof und dem einstigen Pfisterbach (seit 1907 Sparkassenstraße) sowie zwischen dem heutigen Zerwirkgewölbe und dem Hofkammergebäude Ecke Pfister-/Sparkassenstraße übernahm nun der »Bockkeller«, auch »Bockstall« genannt, den Bockbierausschank. Der schriftstellernde Münchner Polizeidirektor Anton Baumgartner beschrieb diesen Bockkeller folgendermaßen[54]: »*Das Lokal liegt rückwärts des Alten Hofes gegen den Pfisterbach hinaus, ist mit einer abgesonderten Retirade [Abort] versehen, und man kann von dem Münzgäßchen aus über eine kleine hölzerne Brücke dort eintreten. Das Gewölbe wird von vier kräftigen vierecki-*

Der Bockkeller um 1840 (Kol. Lithographie von Peter Ellmer)

gen Säulen getragen, ist angemessen hoch, von zwey Fenstern und einer Oberlichte an der Thüre beleuchtet, zählt 28 Schritte Länge und Breite, und hat einen Boden aus Ziegelsteinpflaster. Daneben befindet sich ein kleines Gewölbe für die Hofbräuhaus-Knechte, welchen der Detailleverkauf auf Abrechnung anvertraut ist… Im Eck befinden sich Bockfässer, aus welchen bey offenen Thüren in Jedermanns Gegenwart gezapft wird, so daß nicht der mindeste Unterschleif dabey Platz greifen kann. Dort sind Krüge und Gläser in ganzen Reihen, und gegenüber lange Wecken gesundes frischgebackenes Brod aufgestellt. Die Bräuknechte, welche hier die Kellner machen, sind reinlich gekleidet, mit weißgewaschenen Vortüchern [Schürzen] und Kappen nach neuester Mode bedeckt und bedienen die ankommenden Gäste eben so schnell als höflich. Das nicht so stark schäumende frische Einbockbier wird in Krügen und Gläsern ausgeschenkt und dazu ein Stück Brod auf ein sauber abgeriebenes und gewaschenes hölzernes Teller gelegt.

Wenn das zum Einbockkeller bestimmte Gewölbe ausgeweißt, ausgefrischt, gefegt und gereinigt ist, dann befindet man sich kühl und angemessen daselbst. Es sind darin eine Anzahl langer und fester Tische mit den erforderlichen Bänken mit Lehnen und Antritten angebracht, damit man die müden Füße aufstellen und ruhen lassen kann. Besonders angemessen ist die zwischen dem Bache und dem Gewölbe im Freyen befind-

Die Münchner Bier- und Wirtshauskultur

Erinnerungsblatt an den Bockkeller an der Münzgasse 7 (Lithographie 1844)

liche Terrasse, welche ebenfalls mit Bänken und Tischen bestellt ist. Dort hören die Gäste im Schatten der aufgestellten Fichtenbäume das Vorbeifließen des Baches. Zwischen der Thür und dem Fenster befindet sich das für ein solches Lokal angezeigte Büffet mit kleinen Rettigen, frischer Butter zwischen grünen Blättern, Käse und Ciggaros. Dort werden die warmen Häfen mit gesottenen Bock-, Brat- und geselchten Würsten aufgestellt. Dort giebt es Papier-Vorrath, wenn man eine Speise einwickeln will, riechendes Wasser, so Personen übel werden sollte, einige Messer im Vorrathe, ein Brett, die Messer zu putzen und ein saubere Handtuch zum Abtrocknen und unter dem Tische eine Spühlschüßel, und Hadern, um auf der Stelle alles reinigen zu können. Zwey

Frauen besorgen diese Geschäfte, wischen auf der Stelle die Tische ab, wenn zufällig ein Glas umfällt, füllen die Salzfässer wieder voll und holen, was man bedarf.«

Der Bockkeller wurde zur Ausschankzeit mit Birken geschmückt und die Münchner genossen die Sonnentage, indem sie nicht nur im Keller, sondern auch davor stehend das Bier zu sich nahmen. »...*aufgemacht wird um 8 Uhr«*, berichtet Baumgartner, »*die Musik beginnt um 7 Uhr* [abends], *wobei, wenn sie spielt, im Bockkeller eine Vermischung aller Stände stattfindet. Die Abschaffungspatrouille kommt wie überall das erste Mal um halbzehn und sagt, daß die Leute heimgehen sollen, zum zweiten Mal um 10 Uhr, und bleibt dann ruhig an der Thüre stehen, bis alle gegangen sind.«* Außerdem war man recht sozial: »*Damit die Armen auch einen ›Bock‹ genießen konnten, wurden die ›Neigerln‹ zusammengeschüttet und den Armen gereicht.«*

»*Im Mai erschließt sich hier das wahre Leben«*, schwärmte der spätere Pfälzische Heimatschriftsteller Georg Friedrich Blaul (1809–63)[55], der 1831 als Student in München war, wo er gern in den »Bockstall« ging, »*er ist der Wonnemond im vollen Sinne des Wortes – der Bockkeller tut sich auf. Maienlust und Bock sind dem Münchner von ganz gleicher Bedeutung. Bock heißt der Karneval des Frühlings; Bock ist der süße Name, der alles in sich schließt, was manches Münchner Herz Großes und Beseligendes kennt... In der großen Stube zu ebener Erde bewegte sich schon bei meiner Ankunft das Leben am wildesten durcheinander, und die Musik, die während der ganzen Maizeit diesen Platz nicht mehr verläßt, steigerte von Zeit zu Zeit die wilden Äußerungen der Freude bis zum Höllenjubel; während draußen in dem Hinterhofe mit dem reinlich ausgeweißten Schuppen, wohin sich die etwas gewähltere Gesellschaft zurückgezogen, eine Donna mit der alten Harfe auf einer aufgestellten Biertonne saß und ihre sentimentalen Lieder durch Geige und Klarinette begleiten ließ. Wo die Bockwürste gleich zu Dutzenden aus den großen dampfenden Töpfen herausgezogen wurden, wo die vollen Gläser windschnell wechselten, wo Finger und Fäuste auf allen Tischen den Takt zur Musik trommelten,...«*

1857 erinnerte sich Robert von Mohl, Badischer Gesandter in München[56]: »*Nur sehr ausnahmsweise besuchte ich ... bei besonderer Veranlassung einen der Biergärten, wenn abends die Gunglsche Kapelle spielte, oder zur Bockzeit im Frühjahr den Bockstall (einen schattenlosen offenen Hof, in welchem man sich stehend, bei brennender Mittagssonne, in der einen Hand das Bierglas, in der anderen ein Stück Brot haltend, in der buntesten Gesellschaft vom Fürsten bis zum gemeinen Soldaten des berühmten Getränkes erfreute).«* Gerade diese über alle Standesgrenzen hinweggehende Zwanglosigkeit in einem Münchner Biergarten oder beispielsweise auch beim Münchner Fasching hat Fremde in München immer schon fasziniert. So begeisterte sich auch Christian Müller 1816 in seinem Buch »München unter König Maximilian Joseph I«. (Teil I): »*Ganz zum Schluß muß der Bokkeller auch seine Stelle finden. In der That eine ganz originelle, eine ächt nationale Erscheinung! Hier wird in zwei ziemlich engen Kellern das starke Sommerbier – Bok genannt, ..., zwei Monate hindurch ausgeschenkt... Der Bokkeller bei der alten Münze – welcher der besuchteste ist – gewährt wirklich einen sehr sonderbaren Anblick, der etwas von einem Heldenpanorama hat, in dem alle Stände und Geschlechter bunt und gleich durch einander gemischt sind. Hätte Göthe den Bokkeller gekannt,*

Die Münchner Bier- und Wirtshauskultur

»Der Traum vom neuen Bockkeller« 9 Szenen auf die erwartete Bockkeller-Renovierung (Lith. 1845)

er hätte ihn gewiß in seinem Faust angebracht. Hier findet man Staatsdiener und Offiziere mit gestikten Uniformen neben Hökkerweibern [Hucklerinnen = Hausiererinnen mit Hucken = Kraxen], *Schauspieler neben öffentlichen Mädchen, Tonkünstler neben Sakflikkerinnen, Fleischerknechte neben elegant gekleideten Frauen, zerlumpte Bettler neben duftenden Süßlingen – die diesen Orkus [diese Unterwelt] nicht scheuen – in lustigen Gruppen an kleinen Tischen zusammengedrängt. Da spielt das dikke Geschlecht der ›Bräue, Bierwirthe, Schäfler und Bierzäpfler‹, das breite der ›Tandlerinnen‹ und Kramerinnen, das runde der Weinwirthe und ›Kaffeehäusler‹, das harte der ›Schrannenknechte‹, Soldaten, Kutscher und Gerber, das klebrige der Köche, ›Lebzelter, Obstler und Freibankknechte‹ seine durstige Rolle, jedes, nachdem ihm ... die Gurgel gewachsen ist. Starkriechende Fleischwürstel werden in rauchenden Töpfen als Würze der allgemeinen Boklust feilgeboten: vierschrötige Bräuknechte mit unverschämten Ellenbogen und Zentnerfüßen machen dabei die aufwartenden Garçons [Kellner]; ... Der freie, republikanische Sinn der Münchner nimmt an dieser orgischen Unterwelt und ihrer Ständemischung keinen Anstoß, und welcher Vorurtheilsfreie möchte sie darum Tadeln?«*

Auch der 24-jährige Neu-Münchner Paul Heyse war 1854 hingerissen: »*... die demokratisierende Macht des Bieres hatte doch eine Annäherung bewirkt. Der geringste Arbeiter war sich bewußt, daß der hochgeborene Fürst und Graf keinen besseren Trunk sich verschaffen konnte als er; die Gleichheit vor dem Nationalgetränk milderte den Druck der sozialen Gegensätze. Und wenn im Frühling noch der Bock dazu kam, konnte man in manchen Wirtsgärten eine so gemischte Gesellschaft zwanglos beisammen finden, wie sie in Berlin nirgends anzutreffen war.*« Und schon 1846 hieß es in einem Reiseführer kategorisch[57]: »*Jedenfalls kennt der Fremde, dem das Treiben im Bockkeller unbekannt blieb, das Münchner Volksleben nicht vollständig.*«

Die Bockzeit war Mitte des vorigen Jahrhunderts im gesellschaftlichen Leben der Stadt so bedeutsam, daß man eigene Bockfeste im privaten Kreis feierte. Ein Grund für den Rückzug ins Häusliche mag allerdings auch gewesen sein, daß nach den für manche Angehörigen der gehobenen Gesellschaftsschichten traumatischen Ereignissen der Revolution 1848 diese nicht mehr so gern selbst in den Bockkeller gingen, sondern sich das Bockbier nach Hause bringen ließen. Luise von Kobell (1828–1901), die Tochter des Dichters Franz von Kobell, berichtet[58]: »*Unter die Rubrik der damaligen Vereinigungen gehört auch die alljährlich im Mai stattfindende Bockpartie bei meinem Vater. Da stand in jeder Ecke seines Arbeitszimmers ein frischer Tannenbaum, Maiglocken und Wiesenblumen dufteten in großen Gläsern auf den Tischen. Das Faß, dessen Inhalt alle Gäste in frohe Laune versetzen sollte, war begränzt und manch seltsames Sträußlein aus farbigen Hobelspänen, das Sennerinnen dem Jäger verehrt hatten, steckte zwischen den Gemskrücken an den Wänden.*«

1831 mußte der Osttrakt des Alten Hofes mitsamt dem Bockkeller dem Neubau der »Kgl. Steuer-Cataster-Commission« weichen. Das Bockgeschehen verlagerte sich nun in ein Gebäude östlich des Pfisterbaches (Münz-Gässchen 7), das von der ehemaligen Münzschmiede übrig geblieben war. Dort fanden auch die legendären Wettrennen der Radiweiber statt. Dieses Gebäude wurde aber ebenfalls 1874 abgebrochen. Von da an wurde der Maibock im nahen Hofbräuhaus ausgeschenkt. Unter dem Wirt Karl Mittermüller (1906–19) wurde im Hofbräuhaus nach dem Vorbild des Salvator-Anstichs die Maibock-Probe für die »Großkopferten« eingeführt, die Ludwig Thoma (1867–1921) in »Josef Filsers Briefwexel« literarisch verewigt hat[59]: »*... Beträf den* *zweiten Regirungsakd, so war es der Mäubock, den mir brobieren haben miesen und mir hawen iem inserne barlamendarische Genämigung erdeild, indem er siffig und sieß isd. Die Pokwierschdeln waren deligad und der Sämbf war auch sehr erquiggend und die Schdimmung war under ins Barlamendarier ser gehoben. Das Minisderium war fohlzehlig und isd keine Enschuldigung wengen Infulenza eingelauffen, wie es sonzt der Fahl isd, und sogar die geschtierzden Minisder sind dagewesen und hawen sich an dem Freibier bedeiligd...«* Die Tradition der Maibock-Probe wurde zwar nach dem II. Weltkrieg wieder aufgenommen, schlief aber 1991 ein. Im April 1994 versprach dann der neue Finanzminister, der ja zugleich »Chef« des Hofbräuhauses ist, daß es künftig wieder einen Maibock-Anstich gegeben werde[60].

Die Legende vom Fastenbier: Die Paulanerbrauerei zu Neudeck

Man kann immer wieder lesen, der Fasching, die Frühjahrs-Starkbierzeit oder auch das Oktoberfest wären Münchens »fünfte Jahreszeit« – aber die Entstehung keiner dieser besonders münchnerischen Vergnügungswochen ist so legendenumwoben wie die Starkbierzeit. So soll das Starkbier, das »flüssige Brot«, angeblich von schlitzohrigen Mönchen nach dem Grundsatz »Liquida non frangunt iciuneum« [Was flüssig ist, bricht kein Fasten] erfunden worden sein, um sich das 40tägige Darben vor Ostern leichter zu machen. Doch dies ist wohl die hartnäckigste, nicht mehr auszurottende Legende um ein Münchner Bier. Die wirkliche Geschichte der Paulanermönche in Neudeck und die Entstehung des Salvatorbiers ist zwar in verschiedener seriöser Literatur ohne weiteres nachzulesen, trotzdem werden immer wieder die waghalsigsten Vermutungen über die Paulaner und die Herkunft des Namens Salvator angestellt.

Aufgrund eines Gelübdes von Herzog Albrecht V. (reg. 1550-79) ließ Wilhelm V. mit Unterstützung seines Sohnes Maximilian I. in den Jahren 1621–23 bei dem von dem leidenschaftlichen Jagdliebhaber Wilhelm IV. zu Neudeck in der Au errichteten Jagdschlößl eine Kirche zu Ehren des hl. Karl Borromäus errichten, die 1626 sogar zur Pfarrei erhoben wurde (1902 abgebrochen). In dem gleichfalls 1622/23 dazu entstandenen Klösterl saßen ab Mai 1624 erst einmal Basilianer zur Seelsorge. Da aber ihre Leistungen nicht den gehegten Erwartungen entsprachen, mußten sie im Oktober schon wieder abziehen. Nach einem kurzen Zwischenspiel mit einem weltlichen Pfarrer wurde das Klösterl 1628 dem Orden der minderen Brüder des hl. Franziskus von Paula übergeben. Gleich von Anfang an feierten die Paulaner am 2. April das Fest ihres 1519 heiliggesprochenen Ordensstifter Francesco de Paola (1436–1507) mit großem Pomp. Dem Hochamt, das stets ein hoher kirchlicher Würdenträger zelebrierte, wohnten regelmäßig der Kurfürst und der ganze Hofstaat bei.

Von entscheidender Bedeutung war es, daß die Bierbrauerswitwe Lerchl aus der Neuhauser Gasse in München 1633 die Paulaner als ihre Haupterben einsetzte. Zwar durften die Mönche nun ab 1634 mit kurfürstlicher Genehmigung nur ihren »Haustrunk« selbst brauen und nach alljährlich neu zu erholender Erlaubnis am Namenstag ihres Ordenspatrons den in ihr Kloster kommenden Leuten einen Trunk abgeben, *»allein es wurde dies nicht so genau genommen: die Paulaner schenkten das ganze Jahr hindurch aus purer Charitative und gratis Bier aus. Selbstverständlich auch an die die Religiosen besuchenden Verwandten und vielen Freunde ›aus Pflicht der Höflichkeit!‹«*[61]

Kein Wunder also, daß sich die Münchner Bräuer und die Auer Wirte schon 1634 erstmals über die Geschäftsbeeinträchtigung durch die Paulaner beschwerten. Denn in der Tat war der Haustrunkbedarf der Klöster einst überraschend hoch. So rechnete das Franziskanerkloster 1791 für 48 Klosterinsassen einschließlich der Bediensteten mit 1350 Eimern im Jahr [= 92 364 l], was pro Kopf und Tag schlichte 5 Maß bedeutete! Hinzu kamen 50 Eimer beim Aderlassen und bei der Rekreation, 200 Eimer für Primizen, Einkleidungen, Profeßablegungen und andere Hospitalitäten, 170 Eimer für den Braumeister und seine Helfer, also noch einmal insgesamt 2331 Eimer [= 159 482 l]![62]

Ein anschauliches Bild damaliger Zustände gibt uns eine Erwiderung der Paulaner 1715 auf eine Wirtsklage[63]: *»Täglich, ja stündlich ist ein großer Anlauf von solchen Leuten, denen wegen Mangel an Geldmitteln ein oder die andere Maß Bier nebst einem Stück Brot verabreicht wird. Zureisende Geistliche, abgedankte Offiziere, Pilgrime, Klausner, Studenten, Schreiber und Handwerksburschen, so in die Stadt nicht hineingelassen werden. Dazu kommen noch Taglöhner, Zimmerleute, Holzfuhrwerker, auch Kranke und Preßthafte, deren ob der Au bewußtermaßen keine geringe Zahl vorhanden... Daß die Wirte in der Au schlechte Geschäfte machten, komme daher, daß der gemeine Handwerksmann, Taglöhner und dergl. mit denen die Au angefüllt ist, bei diesen geldgewinns- und nahrungslosen Zeiten für sich und die seinigen kaum das liebe Brot erhalte und nicht den Wirtshäusern abwarten könne. – Die Au habe dermalen wenigstens 14 Bierzäpfler, während vordem nur 3 – 4 gewesen, welche meistens sowohl weißes als braunes Bier verzapften, was freilich den drei Tafernwirtschaften in ihrem Gewerb das ganze Jahr hindurch großen Abbruch tut...«*

Die vielen Eingaben der Brauer und der Wirte hatten zwar den Erfolg, daß den Paulanern hohe Geldstrafen und der Verlust der Braugerechtigkeit angedroht wurde, doch das kümmerte die Mönche ebensowenig wie das 1691 von Kurfürst Max II. Emanuel gegenüber den Klöstern und Landständen zum Schutz der kurfürstlichen Brauhäuser erlassene Verbot des Brauens von weißem bzw. obergärigem Bier. Sie stellten gleichwohl solche Biere her und gaben 1734 auf behördliche Anfrage, wer ihnen hierzu die Lizenz erteilt habe nur kurz zur Antwort, sie brauten in einem Kessel lediglich für Unpäßliche. Dabei blieb es.

Die Paulaner schenkten weiterhin ungeschoren Bier gegen Entgelt öffentlich aus, versorgten einen Hof und eine Schwaige [Viehzucht] damit. Sie schlugen die Konkurrenz auch noch empfindlich dadurch, daß sie ihr Bier um einen Pfennig billiger abgaben und dabei auch noch gut einschenkten: die Paulanermaß hatte 5 Quartl! Das glaubten sie sich trotz ansonsten schlechter Wirtschaftung leisten zu können, weil sie bis 1749 auch noch Befreiung vom Bieraufschlag erreicht hatten und danach nicht den vollen Satz entrichten mußten. Mit einem Mandat vom 31. März 1751 versuchte Kurfürst

Ausschank von Gratisbier an die Kranken und Armen im Franziskanerkloster (Zeichnung v. W. Grögler 1881)

Max III. Joseph die leidige Angelegenheit wieder einmal in den Griff zu bekommen: »Ihre Churf. Durchlaucht haben denen P.P. Paulanern zu Closter Neudeckh ob der Au gnädigst bewilligt, daß, ob ihnen schon das pier ausschenkhen in Kriegen und Flaschen verboten worden, selbe doch für heuer am Fest-Tag ihres heyl. Ordens Patrons St. Francisci, wie andere jahr ehedessen beschechen, denen zu ihrem Closter kommenden Leuthen in Flaschen und kleinen gschürln einen Drunckh braunes Bier abgeben mögen.«

Für den Ausschank des Bieres war im Neudecker Kloster eine eigene Zechstube eingerichtet worden, in der es oft bis in die späte Nacht hinein recht gemütlich und lustig zuging, bis 1777 der Ausschank im Kloster verboten wurde. Aber schon 1745 war dem Tannen-Wirt in der Au, Adam Vischauer, als erstem die Erlaubnis erteilt worden, bei den Paulanern Braunbier zu fassen und dies in seinem Wirtshaus auszuschenken, was 1777 bestätigt wurde. 1755 hatten die Paulaner außerdem das im Neudecker Garten entstandene Wirtshaus (von dem an anderer Stelle noch die Rede sein wird) übernommen. Formell erhielten die Mönche aber erst 1780 durch einen kurfürstlichen Erlaß das volle Ausschankrecht.

Das Salvator-Benefizium gab dem Starkbier den Namen

Sotten die Paulaner anfangs nur wenig Bier »*in einem Pfännl, so öftermalen mehres eine Knödel- als Bräupfanne verglichen worden, weil man an Schenkbier blos 15* [= 1 026 l], *Märzenbier aber gar nur höchsten 12 Eimer* [= 821 l] *gießen kann*«, so vergrößerte sich der Braubetrieb bald weit über diese bescheidene Menge hinaus auf 320 [= 21 894 l] und schließlich 1050 Eimer [= 71839 l]. Nach dem Brand 1714 entstand außerdem ein größeres, gut eingerichtetes Bräuhaus. Da aber der Faßkeller im Klostergebäude und im benachbarten Berg für die steigende einzulagernde Biermenge schon lang zu klein geworden war, hatten die Paulaner bereits 1679/80 vom Herzog Albrechtschen Benefizium der (1578 geweihten) St. Salvator-Kirche am äußeren Gottesacker (heute Südl. Friedhof, 1674–81 durch die St. Stephans-Kirche ersetzt) ein Grundstück und den Lambacherhof in Obergiesing erworben, um darunter einen neuen Märzenkeller anzulegen, der – ausgehend vom Benefizium – den Namen Salvatorkeller erhielt. Der Lambacher-Bauer betrieb auch eine Tafernwirtschaft, und weil die Einfahrt zum Keller durch den Hof des Tafernwirts ging, erhielt er von den Paulanern als Entschädigung jährlich zwei Eimer [129 l] Bier, die stets reißenden Absatz fanden. Und dieses Bier aus der Abgabeverpflichtung der Paulaner an den Inhaber der zum Salvator-Benefizium gehörigen Wirtschaft erhielt bald die Bezeichnung »Salvatorbier«[64].

Aber die Paulaner brauten offenbar erst in den letzten Jahren vor der Klosterauflösung an ihrem Ordensfest ein Starkbier. Kurfürst Karl Theodor pflegte am Hauptfesttag wie seine Vorfahren mit dem Hofstaat dem Hochamt in der Paulanerkirche St. Karl Borromäus beizuwohnen. Lorenz Westenrieder, Joseph Hazzi (1768–1845) und Lorenz Hübner (1751–1817) haben dieses Ordensfest jeweils beschrieben[65]. Bis der Kurfürst nach dem Ende der Messe in die Residenz zurückkam, standen 16 Maß des Starkbiers auf der Hoftafel. Auch die Hofbediensteten durften sich an dem guten Bier laben. An alle Dikasterien [Gerichtshöfe] und Hofstäbe in München wurde es durch die Bräuknechte als Geschenk gebracht, wofür der Kurfürst den Paulanern 300 Gulden entgegenspendete. Über die Gasse wurde das Starkbier anfangs nicht, später dann doch in der Woche des Festes des hl. Franz von Paula zu einem höheren Preis (5–6 Kr.) als der gewöhnliche Biersatz (4–4½ Kr.) abgegeben. Der Ausschank erfolgte sowohl in einer Stube des Klosters (in der sonst die Schneiderei war), als auch für vornehmere Gäste im Stüberl des Bräumeisters.

Die Mönche hatten das Kloster in der Au schließlich heruntergewirtschaftet und die Gebäude verkommen lassen, auch war der Orden in Mißkredit geraten und bekam kaum mehr Novizen, ebenso waren die Zeiten in den Napoleonischen Kriegen schlecht und Kontributionen und Einquartierungen standen an. So räumten die Paulaner am 23. Juli 1799 Neudeck freiwillig und der Staat entsprach nur zu gern der Auflösungsbitte des Ordens. Mit der erst 1802/03 anstehenden Säkularisation – wie meist zu lesen ist – hatte das alles nichts zu tun. Kaum war das Kloster verlassen, wurde aus demselben gestohlen, was nicht niet- und nagelfest war. Trotzdem legten die Franzosen 1800 ein Feldhospital hinein. Wechselvolle Nutzungen folgten.

Der einträglichste Besitz der Paulaner waren das Bräuhaus, die Klosterwirtschaft und der Ruf, das beste Bier zu brauen. Daß es die ersten drei Jahre des Staatsbetriebs so blieb, ist dem alten Paulaner-Braumeister (seit 1773) Barnabas Still zu verdanken, der an der Spitze des nunmehrigen »Auer Hofbräuhauses« stand. Bei der Versteigerung 1803 ging das Bräuhaus an das Malteser-Priorat, das bisher die Karmeliten-Brauerei betrieb. Deren Betrieb hatte die Professoren und die Studenten in der benachbarten Akademie (ehem. Jesuitenschule neben St. Michael) so sehr gestört, daß eine Verlegung des

Braubetriebs unabwendbar wurde. Das Fehlen geräumiger Keller und die Baufälligkeit der Gebäude in Neudeck schreckte jedoch die Malteser von einem Umzug ab, vielmehr glaubte man, die Aufwendung großer Mittel durch Verpachtung der Brauerei hinausschieben zu können, zumal ein Käufer nicht in Sicht war. So übernahm 1806 Franz Xaver Zacherl (1772–1849), seit fast einem Jahrzehnt schon Eigentümer des seit mindestens 1490 in der Neuhauser Gasse (später Neuhauser Str. 5) ansässigen Hallerbräus, die ehemalige Paulanerbrauerei auf neun Jahre, zumal er schon über weitläufige Keller verfügte. Aber bald ließ sich ein Neubau doch nicht mehr umgehen. Angesichts der Kosten riet die Zentraladministration der ehemaligen Johanniter-Malteser Ordensgüter zum Verkauf, der schließlich 1813 an Zacherl erfolgte *»mit allen übrigen Pertinenzien [Zugehörigkeiten], wie solches Alles verkaufseits bisher besessen worden«*.

Bis zum gerichtlichen Verbot 1899 brauten mehrere Münchner Brauereien »Salvator«-Bier

Und zu diesen Pertinenzien rechnete der geschäftstüchtige Zacherl auch den Ausschank des Salvator-Starkbiers (auch »Zacherl-Öl« genannt) zu einem höheren als dem üblichen Bierpreis. Darüber kam es aber bald zu einem Streit mit der Regierung. Denn nach der (übrigens noch bis 1865 gültigen) Verordnung über die Biersatz-Regulierung von 1811 durfte kein Bier höher als um den tarifmäßigen, von der Regierung festzusetzenden Satz verkauft werden. Allerdings war das Bockbier des Hofbräuhauses davon bereits ausgenommen. Die erste urkundliche Erwähnung eines Biers mit dem Namen »Salvator« dürfte wohl jene aus dem Jahr 1808 in einer Entschließung des Kgl. geh. Ministeriums des Innern sein[66]. Auf diesen Namen hingelenkt wurde Zacherl vermutlich durch einen Prozeß, den das Salvator-Benefizium gegen ihn auf Anerkennung des Abhängigkeitsverhältnisses und Zahlung einer Stiftsgebühr angestrengt hatte[67].

Die Auseinandersetzung Zacherls mit der Regierung eskalierte derart, daß diese 1836 sogar damit drohte, den Ausschank des Salvatorbiers zu verbieten. Schließlich wandte sich der Bräu direkt an König Ludwig I. In einer Stellungnahme schrieb der Präsident des Isarkreises (woraus ein Jahr später Oberbayern wurde), Graf von Seinsheim, interessanterweise wohlwollend[68]: *»Seit ich denke, und das ist schon eine geraume Zeit von Jahren, findet dieser Ausschank um das Fest des Hl. Franz von Paula statt. Das Publikum ist nicht nur daran gewöhnt, sondern hängt demselben wie beim Einbocke mit einer Art von Leidenschaftlichkeit an, ja manche Menschen erblicken in dem Genusse des*

Einbockbiers den Beginn einer Art Frühjahrskur. Das Volk von München, selbst der im ganzen genommene geringe Pöbel, ist das lenksamste und ruhigste der Welt, wie sich das auch während der Dauer der Brechruhr glänzend erwiesen hat, allein in seinen Vergnügungen läßt es sich nicht gerne stören, am wenigsten gern herkömmliche Freuden und Genüsse nehmen. Sollte auf dem Verbote des Ausschanks des Salvators bestanden werden, so bin ich überzeugt, daß, um selbes zu verwirklichen, die erstesten Maßregeln, ja sogar militärische Assistenz erforderlich werden.« Darauf bestimmte der König am 25. März 1837[69]: *»Auf solange Ich nichts anders verfüge, soll die Kreisregierung ermächtigt werden, jährlich zum Ausschenken des Salvatorbieres Erlaubnis zu ertheilen, die Schankzeit ist dabey festzusetzen, aber keine bestimmte Taxe, da dieses Bier als Luxusartikel zu betrachten ist.«*

Das Starkbier-Fest im Frühjahr: »Wenn der Berg ruft!«

Bis 1846 erfolgte der Salvator-Ausschank in der Brauerei, zuerst in der alten im ehemaligen Kloster, dann ab 1822 in der neuen, im früheren Paulanergarten an der heutigen Ohlmüllerstraße errichteten Zacherl-Brauerei, und schließlich bis 1860 im Neudecker Garten. 1861 verlegten die Erben des kinderlos gestorbenen Zacherl, die Neffen Gebrüder Ludwig und Heinrich Schmederer aus Tölz, den Salvator-Ausschank in den zwischen 1812 und 1826 eingerichteten Zacherlkeller auf dem Nockherberg, der deshalb fortan Salvator-Keller genannt wurde. 1877–81 entstand ein neuer größerer Lagerkeller (Hochstr. 49/51). Der heutige Biergarten beim Salvator-Keller zählt mit seinen rund 3 000 Plätzen zu den größeren in München.

Im weiteren Verlauf des 19. Jahrhunderts wurde der Ausschank des Salvatorbiers immer mehr zu einem Volksfest und langsam rückte auch der Anstichstermin immer weiter in die Fastenzeit hinein, bis am Nockherberg der erste Wechsel (wenn es der Ostertermin erlaubte) schon am Sonntag vor Josephi in den Banzen geschlagen wurde. Bald erfreuten sich die Spezialbiere, insbesondere die Doppel- und Starkbiere, in München besonderer Bevorzugung. 1840 heißt es in einer der seinerzeit beliebten Landesbeschreibungen[70]: *»Eine große Masse des Volkes, selbst aus der gewöhnlichsten Arbeiterklasse, läuft immer dem starken Biere nach, wie sich das beim Bock und beim Salvatorbier zeigt. Die sogenannten Doppelbiere würden deßhalb sehr bald das gewöhnliche Schenkbier verdrängen und auch der Genügsamere und Haushälterische, der sich bisher gerne mit demselben begnügte, wäre gezwungen, in der Folge Doppelbier zu trinken … Überdies haben die ächten bayerischen Biertrinker die Gewohnheit, nicht ihr Trinken nach der Stärke des Getränks einzurichten, sondern vom stärkeren Bier erst recht viel zu trinken.«*

Schon 1853 sprang auch Ludwig Brey auf den Trend auf und ließ sich einen »Löwenbräu-Bock« genehmigen. In den 80er Jahren des vorigen Jahrhunderts hatten sich ebenso die anderen Münchner Brauereien längst an den Erfolg des Zacherlbräu mit eigenem »Salvatorbier« angehängt, selbst gegen einen Salvator-Plagiator in Fürth mußte sich das Schmedersche Brauhaus zur Wehr setzen. Erst das Warenzeichengesetz von 1894 ermöglichte es endlich, 1896 den »Salvator« als Warenbezeichnung der nunmehrigen »Gebrüder Schmederer Aktienbrauerei« durch das Kaiserl. Patentamt in Berlin schützen zu lassen, womit die Rechtsstreitereien aber noch nicht beendet waren. Die anderen Brauereien versuchten nun, in Berlin die Löschung des Zeichens »Salvator« zu erwirken. Im März 1899 war die Angelegenheit endlich vom Tisch: *»Durch drei Tage berieth nun das Patentamt in dieser Frage; das Aktenmaterial war ein sehr umfangreiches, denn man hatte im Laufe des Vorjahres die Gutachten sämmtlicher deutscher Handelskammern in dieser Frage eingeholt. Die Brauerei Schmederer war durch nicht weniger als vier Anwälte vertreten, außerdem erschienen in juristischer Vertretung die Thomas-, Hacker-, Löwen-, Spaten- und die Salvatorbrauerei.«*[71] Deren Klage wurde abgewiesen, die Brauerei Schmederer war fortan allein und ausschließlich berechtigt, ihr Starkbier »Salvator« zu nennen. Die Brauerei wollte in Zukunft auch aller Welt kundtun, woher der wahre Salvator kommt und nannte sich ab 1899 »Aktiengesellschaft Paulaner Salvatorbrauerei« (1928 kam noch der Thomasbräu dazu). Die andere Salvatorbrauerei kehrte zu dem Namen Schwabinger Brauerei zurück.

Für die verschiedenen anderen »Salvatoren« mußten nun neue Namen gefunden werden. Der Hackerbräu hatte schon 1890 ein »Liebfrauenbier« ausgeschenkt, beim Löwenbräu gab's nun das »St. Benno-Bier« (heute »Triumphator«) und die Augustinerbrauerei pries ab 1900 ihr Starkbier als »St. Augustin« an (heute »Maximator«). Und beim Wagnerbräu in der Au gab's gar ein »Kraftbier«. Als erstes »-ator-Bier« nach dem »Salvator« wurde ab etwa 1900 der »Animator« von der Pschorr-Brauerei verzapft. Die Spaten-Franziskaner-Brauerei benannte ihren »Doppelspaten« erst nach dem II. Weltkrieg in »Optimator« um, ebenso die Hacker-Brauerei 1951 ihr »Liebfrauenbier« in »Patronator«, das aber nur bis zur Fusion mit der Pschorr-Brauerei eingesotten wurde. Die vereinte Hacker-Pschorr-Brauerei schenkt weiterhin den »Animator« aus. Und beim Hofbräuhaus gibt es seit dem Kriegsende den »Delicator«.

Im kleinsten Sudhaus innerhalb Münchens, der Forschungsbrauerei, und auch nur in dessen Perlacher Bräustüberl an der Unterhachinger Str. 76, fließt außerdem der »St. Jakobus«, der seine Bezeichnung vom Brauereibesitzer Heinrich Jakob ableitet. Und schließlich »importiert« die ehemals Münchner Weißbierbrauerei Schneider & Sohn aus Kehlheim noch den schon erwähnten »Aventinus«, einen obergärigen Weizen-Doppelbock. Ansonsten gibt es in Deutschland heute rund 160 Biernamen mit der Endung »-ator«. Sie müssen mindestens 18% Stammwürze enthalten, das ist der Malzextraktgehalt der Bierwürze vor der Vergärung. Der Alkoholgehalt liegt bei nur 4,5–6,0 Gew.%. Beim Bockbier genügen nach dem Biersteuergesetz mindestens 16% Stammwürze, der Doppelbock liegt bei 18%.

1891 eröffnete der populäre Volkssänger Jakob Geis erstmals vor einem *»äußerst gewählten Herrenpublikum«* (300 an der Zahl), darunter der Regierungspräsident und der Stadtkommandant, den Salvator-Anstich mit einer heiteren Ansprache. Der Saal des Salvatorkellers war mit hunderten von Lampions erleuchtet und *»prachtvoll assyrisch [!] dekorirt«*. Weitere humoristische Vorträge boten Peter Anzinger und Konrad Dreher, *»welche jedesmal stürmische Heiterkeit hervorriefen«*. Danach entpuppte sich sogar ein Fabrikant als brillanter Bierredner, die illustre Gesellschaft stimmte die beliebten Bierlieder an und zuletzt *»trotz der Verschiedenheit in der sozialen Stellung und*

Der Zustrom zum Salvatorkeller auf dem Nockherberg 1912

in den sonstigen Anschauungen in dem Lob mit ihr überein: ›Es war ein gar köstlicher Stoff.‹«[72]

Zu den Festrednern beim Salvator-Auftakt gehörte ab 1922 der Weiß Ferdl (1883–1949), der sich 1929 als Münchner Kindl gekleidet von mittelalterlichen Bräuknechten in den Saal schleppen ließ. 1926 wurde dann auch die Löwenbrauerei aktiv und lud ins Turmzimmer am Stiglmaierplatz ein, wo die Braumeister ihr St.-Benno-Bier in Prosa und Poesie lobten. Weitere Einlagen gab es von Karl Steinacker, Joseph Benno Sailer (der auch die Texte für den Weiß Ferdl beim Salvator-Auftakt schrieb) und Hermann Roth (1865–1950), der auch Jahrzehnte lang der Prologdichter der Stadt München war. Dazu musizierte ein Soloquartett der Münchner Bürgersängerzunft. Auch beim Wagnerbräu in der Au sorgten ein Schrammelquartett und der Komiker Ludwig Manetstötter (der sonst auch im Salvatorkeller auftrat) für Unterhaltung beim Gratisausschank für die Gwappelten.

1927 wurde der Starkbier-Anstich, den bis dahin die Sudhäuser nach eigenem Gutdünken zwischen Fasching und Fronleichnam festgesetzt hatten, auf Mitte März gelegt. Allerdings hat sich bis heute mit Rücksicht auf Wahltermine und andere Ereignisse kein einheitlicher Termin, auch nicht unter den Brauereien herausgebildet. 1938 geriet dann sogar auch das braune Starkbier ins braune Fahrwasser bis es im II. Weltkrieg ganz versiegte. Unter dem Salvator-Keller im Nockherberg wurde der sog. Gauleiter-Bunker eingerichtet, in dem sich die Zentrale Befehlsstelle des Luft- und Feuerschutzes befand, in der sich in der Regel der Gauleiter, der Polizeipräsident und der Feuerwehr-Kommandant während der Bombenangriffe aufhielten. In der Nacht vom 24. zum

25. April 1944 zerstörte ein Großbrand nach einem Luftangriff dann auch den Salvatorkeller.

Erst am 11. März 1950 konnte in einer neuen Festhalle wieder eine Salvator-Saison eröffnet werden. Im Jahr darauf wurde auch die Tradition der humorvollen Salvator-Anstiche wieder aufgenommen. Nun schlüpfte der Schauspieler Adolf Gondrell (1902–1954) in die Kutte des Bruder Barnabas. Dann derbleckte ab 1954 jahrelang der schlitzohrige Forstmann Roider Jakl (1906–75) die Großkopferten mit seinen Gstanzln[73] nicht nur beim Salvator-Anstich, sondern z.B. auch bei der Triumphatorprobe. Ihm folgte als brillianter Salvator-Prediger Emil Vierlinger. Auch Michl Ehbauer und Karl Peukert waren auf dem Nockherberg im Einsatz. Ab 1982 rieb der beliebte Schauspieler Walter Sedlmayr, der auch sonst für die Paulaner-Werbung posierte, mit seinem unnachahmlichen Münchner Grant den Politikern die Texte von Hannes Burger hin[74]. Sein Nachfolger von 1992 bis 1996, Max Grieser, schlüpfte wieder wie vor ihm Adolf Gondrell in eine Mönchskutte. In diesem Gewand übernahm 1997 der Schauspieler Erich Hallhuber die Rolle des »Derbleckers« beim Salvator-Anstich auf dem Nockherberg. Seit 1965 sich der Brauch entwickelt hat, dem Landesvater den ersten Humpen Salvator zum Trunk zu reichen, bestimmt allerdings der Terminkalender des Ministerpräsidenten den Zeitpunkt des Salvator-Anstichs maßgeblich mit.

Der »Bayerische National-Rausch«: Das Oktoberfest

Die großen Feste, voran vor allem das Oktoberfest, haben allerdings heute ihren ursprünglichen Fest-Charakter völlig verloren und sind zu einem Touristenspektakel mit beträchtlichem Marktwert für die Fremdenverkehrsstatistik und die Münchner Hotellerie und Gastronomie verkommen. Das Oktoberfest veränderte sich von einem Huldigungsfest für die Wittelsbacher mit Pferderennen und Tierprämierung zum »größten Volksfest der Welt«, zur »Bierolympiade« oder ganz einfach zum »Bayerischen National-Rausch«, wie das Münchner Stadtmuseum seine Ausstellung zum 175jährigen Jubiläum des Oktoberfestes hintersinnig nannte.

Das Oktoberfest[75] ging aus dem zur Hochzeit 1810 von Kronprinz Ludwig (1786–1861) mit Therese von Sachsen-Hildburghausen (1792–1854) auf einer großen Wiese unterhalb des westlichen Isarhangs (der heutigen Theresienhöhe) abgehaltenen Pferderennen und einem öffentlichen Preisschießen hervor. An zwei Tagen wurden damals an öffentlichen Plätzen in der Stadt kostenlos Speisen und Getränke an die Bevölkerung ausgeteilt. Das Rennen hatte seine Vorläufer in den von Herzog Albrecht III. (reg. 1438–60) zur Jakobidult ins Leben gerufenen, später sog. Scharlachrennen. Es war vor allem die von einigen Wirten arrangierte Verköstigung der Zuschauer bei dem Pferderennen am 17. Oktober 1810, die das Ereignis zu einem echten Familienerlebnis machten. Ein Jahr später fand man die Idee des zu einem Münchner Volksfest erweiterten Pferderennens immer noch so bestechend, daß man eine Wiederholung organisierte und den sportlichen Spektakel durch Viehausstellungen und Viehprämierungen ergänzte, wodurch nun auch das Landvolk aus der Umgebung in die Stadt gelockt wurde.

Aber im *»Jahre 1813 brach der große Völkerkrieg aus, um die französischen Heere in ihr Vaterland zurückzudrängen. Unter solchen Umständen unterblieben die Oktoberfeste. Im Jahre 1814 unterblieb aus den nämlichen Ursachen das Pferderennen. Doch wurde das Landwirthschaftliche Zentral-Fest und der Viehmarkt den 12. Oktober auf der Theresens-Wiese gehalten...«* berichtet uns der publikationswütige ehemalige Münchner Polizei-Direktor und nunmehrige kgl. Baurat Anton Baumgartner aus den Anfängen des Oktoberfestes[76]. *»Der Erfolg des Oktoberfestes für die Monarchie«*, kommentiert Thea Braatz[77], *»ist unbestreitbar insofern, als vorwiegend die unteren Volksklassen daran teilnahmen und der König eine hervorragende Möglichkeit zur Selbstdarstellung hatte. Der Monarch repräsentierte sich im königlichen Glanz und verteilte als Landesvater Auszeichnungen.«*

1815 tauchten auf dem Oktoberfest *»die ersten winzigen, an zusammengenagelte Bauhütten erinnernde Bretterbuden auf, keine größer als höchstens 25 oder 30 Quadratmeter, mit rohgezimmerten Tischen und Bänken davor und einer Stellage voll Maßkrüge aus Steingut oder mitunter sogar aus Holz, aber alle mit Zinndeckeln versehen«*, in denen Bier ausgeschenkt wurde. 1819 übernahm der Magistrat der Kgl. Haupt- und Residenzstadt München die organisatorische und finanzielle Verantwortung für das Fest und Baumgartner bestätigt[78]: *»Durch die wohlgeordneten Buden war dafür gesorgt, alle Bedürfnisse für Speise und Trank, sowohl von gewöhnlicher, als feinerer Gattung, befriedigen zu können.«* 1850 wurden 18 hiesige Bierwirte und Bräuer, dazu 3 für die Schützengesellschaften (von diesen selbst gewählt) und 4 Wirte aus dem Landgericht München zum Oktoberfest zugelassen[79]. 1895 berichtete schließlich der Wies'npolizeikommissar in seinem Oktoberfestbericht an seine vorgesetzte Dienststelle: *»Die Ausstattung der Wirtsbuden wird mit jedem Jahr großartiger und comfortabler und läßt genau erkennen, daß es sich eigentlich nicht mehr um eine Concurrenz der Wies'nwirthe, sondern der Bierbrauer handelt.«*[80] Im Lauf der Jahrzehnte wurden so aus den primitiven Bretterbuden immer gigantischere Sauf- und Freß-Paläste von temporärer Existenz. Rund 7 Millionen Wies'ngäste besuchten in den letzten Jahren jeweils das Oktoberfest und deren Bierkonsum und Verzehr an Ochsen, Hendln, Schweinsbraten, Würstln oder Fischsemmeln wird alljährlich werbewirksam und rekordverdächtig »hochgerechnet«.

Aber über all die Jahrzehnte hinweg sorgten immer wieder begeisterte Zeitungsberichte für einen nicht abreißenden Zustrom, wie jener eines B. Rauchenegger 1896 in der Zeitschrift »Illustrirte Welt«, der da schwärmte[81]: *»Wer das Oktoberfest in München noch nicht mitgemacht hat, der hat von den wirklichen Reizen des Daseins gar keinen Begriff. Was Herz, Magen und Sinne erfreuen kann, steht in Hülle und Fülle zu Gebote. Vor allem das Bier – eigentlich die Biere; in diesem Falle darf man schon in der Mehrzahl sprechen, denn die ganze Bierindustrie Münchens ist mit den auserlesensten Proben vertreten, und man kann selbst beim größten Regen im Freien den kellerfrischesten Trunk bekommen. Wer ein Glas Wein liebt, kann auch dieses haben und zwar vom kehlenzusammenschnürenden Säuerling bis zum prickelnden Sekt zu 70 Pfennigen das Glas; Kaffee fließt in Strömen, ebenso Punsch, Grog und Feuerwasser. Dazu gibt's dann alle bekannten Würste, die stadtüblichen vier Sorten Kalbsbraten; Hühner, Enten und*

Die Pferderennen bei den Oktoberfesten waren die Fortsetzung des seit dem 14. Jahrhundert stattfindenden jährlichen »Scharlachrennens«, das 1779 am Nymphenburger Kanal ausgetragen wurde (Gemälde von Joseph Stephan)

Gänse am Spieß gebraten, ferner Knödel, Nudeln, Lebkuchen, Obst aller Art und so weiter. Und das alles mit vielfacher, gleichzeitiger Musikbegleitung. Eine große Ansiedlung besteht nur aus Buden, in denen noch nie dagewesene Merkwürdigkeiten gezeigt werden, wie zum Beispiel große Menagerien, die Schrecken des Nils, die wildesten Völkerschaften, die man sich nur in irgendeiner Vorstadt denken kann, Leute ohne Füße, Arme und Köpfe, gelehrte Hunde, dressirte Flöhe, Zauberer und Gespenster der gräßlichsten Art – was halt der Mensch mit vollem Magen noch zu sehen begehrt! Leider wird in diesen Fällen überall Eintrittsgeld verlangt...«

Um 1900 entstanden in Bayern nach dem Vorbild des Münchner Oktoberfestes überall lokale Volksfeste mit Bierzelt, Schaustellern, Verkaufsbuden und meist auch Pferderennen. Das mit Eisenbahn und Straßenbahn um München immer dichter werdendende Netz öffentlicher Verkehrsmittel ermöglichte es der Bevölkerung, diese Volksfeste leicht zu erreichen. Zum ersten »Volks- und Frühlingsfest« in Perlach 1906 zogen nicht weniger als 79 Fieranten und Gewerbetreibende auf, darunter ein »Riesenbierzeltbesitzer«, der mit seinem 4 000 Personen fassenden Zelt in ganz Deutschland auf ähnlichen Festen vertreten war. Beim zweiten Perlacher Volksfest 1907 fanden sich sogar 80 Fieranten ein, doch der Organisationsaufwand war sehr hoch, so daß ein weiteres Fest 1910 nicht zustande kam, »*da sowieso 4 Volksfeste in nächster Nähe von München, wie Moosach, Grünwald, Siebenbrunn und Pasing*« stattfanden[82]. Heute hat inzwischen fast jedes Münchner Stadtviertel sein jährliches »Frühlings-«, »Bürger-« oder »Schützenfest«, dessen zentraler Bestandteil ein Bierzelt ist. Auch Vereinsjubiläen oder Gautrachtenfeste sind ohne ein »Festzelt« undenkbar.

Die Bier-Krawalle im 19. Jahrhundert

Durch die aufwendigen Bierkeller und die Kosten für den Transport des Biers von den Brauereien in der Stadt zu den Kellern und zurück in die Wirtshäuser hatte sich natürlich der Bierpreis erhöht. Dem Antrag der Brauer, das von den Außenkellern vor den Stadttoren hereingebrachte Bier teurer als das in der Stadt gelagerte Bier verkaufen zu dürfen, wurde bereits 1724 stattgegeben. Später allerdings gingen Bierpreiserhöhungen nicht immer so leicht über die Bühne. Allerdings waren Aufstände wegen Bierpreiserhöhungen auch stets ein Zeichen für soziale Not, niedrige Löhne und hohe Lebensmittelpreise. Schließlich war Bier in Bayern neben Brot ein Grundnahrungsmittel des kleinen Mannes und keineswegs Luxus, worin man sich von Norddeutschland nicht unterschied. Von teuren Starkbieren abgesehen galt Bier nicht als Genuß- oder gar Rauschmittel. Die Gegner des Branntweins und des Kaffees sahen Bier als das nahrhafte und gesunde Getränk an[83].

Vom Münchner Bierkrawall 1843 berichtet uns Friedrich Pecht in seinen Lebenserinnerungen[84]: »*Ganz charakteristisch für München hatten sie als Veranlassung eine unbedeutende Erhöhung des Bierpreises, welche aber die Massen sehr verbitterte. Am Vorabend derselben schlug ein Pöbelhaufen bei einer Anzahl Bräuer die Fenster ein und verübte anderen Unfug, ja das angesichts der Akademie liegende Pschorrbräuhaus wurde förmlich demoliert, trotz Polizei, Landwehr- und Kürassierabteilungen, die allen zu spät ankamen und, selber ärgerlich über die Bräuer, sehr wenig guten Willen zur Steuerung des Unfugs bezeugten. Ein paar Tage herrschte nun ein förmlicher Belagerungszustand, der freilich nicht verhinderte, daß das Krawallmachen in die Mode kam und alle Welt sich an den Gedanken bewaffneten Widerstandes gegen die Staatsgewalt gewöhnte.*«

Der nächste Bier-Krawall ließ nicht lang auf sich warten, und er brach wegen einer Bierpreiserhöhung von 6 auf 6½ Kreuzer pro Maß ausgerechnet am 1. Mai 1844 los, an dem Albrecht Erzherzog von Österreich (1817–95) und Hildegard Luise Prinzessin von Bayern (1825–64), eine Tochter König Ludwig I., getraut wurden. »*Während diese Feierlichkeiten noch nicht zu Ende waren*«, lesen wir darüber im Jahrbuch der Stadt München für 1844, »*brach in der Stadt ein Tumult aus, der zu den ernstesten Besorgnissen Veranlassung gab. Der Satz für das Sommerbier zu 6½ Kreuzer pro Maß hatte unter der arbeitenden Klasse und auch unter dem Militär eine äußerst ungünstige Stimmung hervorgebracht. Die Unzufriedenheit über die Teuerung aller Lebensmittel war von Tag zu Tag gestiegen. Beim Bierbräuer zum Mader im Tal saßen an diesem Abend mehrere Artilleristen und Fuhrwesens-Soldaten beim Bier beisammen,... sie weigerten sich, mehr als 6 Kreuzer für die Maß zu bezahlen. Auf die ihnen nun gemachten Gegenvorstellungen fingen sie an, einige steinerne Maßkrüge zu zerschlagen, und augenblicklich schlossen sich den Soldaten mehrere Individuen aus der arbeitenden Klasse an, und es verging keine Viertelstunde, so waren in genanntem Bräuhause alle Fenster und Krüge zerschlagen, Türen und Kreuzstöcke aus den Mauern gerissen und eine allgemeine Zerstörung aller Möbeln in den Gastzimmern angerichtet... Man zog, mit Steinen und Prügeln versehen, nach den anderen Bräuhäusern im Tal und auch hier wurde alles zerschlagen... Dem Tumulte, der unaufhaltsam sich fortwälzte, konnte nicht Einhalt getan werden. In Zeit von ein und einer halben Stunde waren in sämtlichen Bräuhäusern in und außer der Stadt alle Fenster eingeschlagen, Türen und Kreuzstöcke zertrümmert, Möbel und Gerätschaften zerschlagen... Nur zwei der hiesigen Bräuer wurden verschont; nämlich der Eberlbräu in der Sendlingergasse, welcher bisher immer das Bier unter dem Satz gegeben, und der Menterbräu in der Rosengasse.«* Militär und Landwehr rückten aus und stellten die Ordnung wieder her, wobei allerdings ein unbeteiligter Münchner Bürger durch einen Bajonettstich und ein Soldat ums Leben kamen. Die Zahl der vom 1. bis zum 3. Mai 1844 arretierten betrug 67. Am 6. Mai wurde das folgende vorläufige Friedens-Protokoll unterzeichnet: *»Die versammelten Bierbräuer beschließen durch Stimmen-Mehrheit, daß der gegenwärtige Biersatz von 6 Kreuzer 2 Pfennigen für den Zeitraum von heute bis zum 16. Juli ds. Js. auf 6 Kreuzer mit Einschluß des Lokal-Malzaufschlages und Schankpreises herabgesetzt werden solle...«* [85]

Die vermeintliche Ruhe dauerte nicht lang. Im Herbst 1844 berichtete die kgl. Gendarmeriekompanie für die Haupt- und Residenzstadt an die Regierung von Oberbayern[86]: *»Die arbeitende Klasse, nämlich Maurer, Zimmerleute und Taglöhner klagen in Wirtshäusern und öffentlichen Plätzen über große Teuerung der Viktualien... Diese Klasse Menschen beschweren sich auch über geringen Taglohn, da sie in früheren Jahren, wo die Viktualien billiger waren, viel besser als jetzt bezahlt wurden... Bei fortgesetzten hohen Viktualienpreisen dürfte noch zu besorgen sein, daß nun auch die arbeitende Klasse, die sich bis jetzt ruhig verhalten hat, mit dem unruhigen Volke gemeinsame Sache machen werde.«*

Ludwig I. entschärfte die gespannte Lage, indem er am 1. Oktober 1844 den Preis für eine Maß Hofbräubier sogar auf 5 Kreuzer herabsetzte, um *»der arbeitenden Classe und dem Militär einen gesunden und wohlfeilen Trunk zu bieten«*. Am 24. Oktober 1844 lesen wir daraufhin in der Münchner Stadtchronik[87]: *»Seit wohl das kgl. Hofbräuhaus besteht, ist in seinen Räumen kein größerer Jubel gehört worden als an diesem Tag. Es trat nemlich an demselben die durch Seine Majestät den König für sämtliche königliche Brauhäuser bestimmte Verminderung des Bierpreises ein, was durch öffentlichen Anschlag in dem kgl. Hofbräuhause bekannt gemacht wurde. Schnell waren alle Krüge der zahlreich anwesenden Gäste mit Wachskerzchen geschmückt, das Bild des Königs wurde herbeygeholt und mit Kränzen geziert, an den Pfeilern und Wänden Lichter angebracht, so daß das ganze Local auf das schönste erleuchtet war. Toaste auf Toaste folgten auf das Wohl des Königs. Es war ein Volksfest eigener Art, weder verabredet noch vorbereitet und hatte daher einen ebenso originellen als nationalen Anstrich.«* Der Bierabsatz stieg danach so sprunghaft an, daß das Hofbräuhaus mehrmals wegen Biermangel geschlossen werden mußte.

Trotz der Energie, mit der Ludwig I. die ökonomischen Verhältnisse zu normalisieren trachtete, kam Ministerpräsident Karl von Abel (1837–47) in einem Antrag an den König am 7. November 1845 doch zu besorgniserregenden Feststellungen[88]: *»Es ist eine nicht zu mißkennende Tatsache, daß die herrschende und bis jetzt in der Zunahme begriffene Teuerung eine große Aufregung und gereizte Stimmung unter einem großen Teil der Bewohner der Haupt- und Residenzstadt München erzeugt hat…«* Als sich im April 1846 die Möglichkeit einer Bierpreiserhöhung auf 7 Kreuzer abzeichnete, wurde München von Drohbriefen und Schmähschriften überschwemmt. Zwar kam es in den ersten Maitagen 1846 zu Ausschreitungen, doch wiederholten sich die Stürme von 1844 nicht. Der Bierpreis schwankte zwischen 5 und 6fl Kreuzern, und selbst als sich 9 von 29 Brauern doch zu einem Preis von 7 Kreuzern entschlossen, blieb alles weitgehend ruhig[89].

Jedenfalls zeigt sich daran, daß die letzten Jahre des bis dahin beschaulichen Biedermeiers auch in München nicht ganz so ruhig waren. Ab 1847 empörten sich die Münchner Bürger und Studenten dann nicht, weil Brot und Bier zu teuer oder soziale Zustände in Unordnung waren, sondern weil der Ruf König Ludwig I. dahin war; der schließlich dann auch am 20. März 1848 abdanken mußte. Aber noch im selben Jahr kulminierte neuer Unmut über die durch das Ansteigen des Preises für Gerste und Hopfen verursachte Verteuerungen des Biers in einem allgemeinen Aufruhr. Die Wut der Münchner explodierte am 17. Oktober 1848. Soldaten, Handwerksgesellen, halbwüchsige Burschen und *»Weibspersonen«* randalierten in Wirtshäusern und zertrümmerten Geschäfte. Als sich tags darauf in der Stadt plötzlich das Gerücht verbreitete, Bräuknechte beim Pschorr hätten drei Soldaten erschlagen, wurden das Bräuhaus in der Neuhausergasse gestürmt, das Schanklokal demoliert und die Bierfässer im Keller zertrümmert. Sogar das Wohnhaus der Familie Pschorr war bald nur noch ein Trümmerhaufen, Möbel, Bilder und Geschirr flogen aus dem Fenster und die Familienmitglieder zitterten unter der Treppe verborgen um ihr Leben.

Auch in den folgenden Jahren wurden die Preiserhöhungen nicht regungslos hingenommen. Immer wieder gab es Unmutsäußerungen, Schmähschriften und Spottlieder. Hanns Glöckle spricht gar gleich von einem »Sechzigjährigen Bayerischen Bierkrieg«[90]. 1859 setzte der Magistrat den Preis für eine Maß Braunbier vom Ganter auf 5 Kr. 2 Pf. und den Schankpreis auf 6 Kreuzer fest. Diesmal regte sich eine neue Form des Protests, nämlich ganz einfach passiver Widerstand, worüber uns die Chronik der Stadt München berichtet[91]: *»Bei dem Eintritt des erhöhten Bierpreises ließ, wie wenn es allgemein verabredet gewesen wäre, der Bierkonsum mit einem Male auffallend nach. Die sonst am zahlreichsten besuchten Gastlokalitäten blieben spärlich besucht und waren sehr lange vor der Polizeistunde gänzlich leer. Es bildeten sich förmlich Bierenthaltungsvereine …[unleserlich]… verpflichteten sich die Arbeiter der großen bei vierhundert Köpfe zählenden Maschinenfabrik von Maffei durch eigene Unterschriften, vor Eintritt des Feierabends kein Bier zu trinken, so lange die hohen Bierpreise bestünden. In den meisten Werkstätten hatten sich die Gesellen verbunden, nicht mehr als eine Halbe täglich zu trinken, wer mehr trinkt, soll einer Strafe verfallen, die keiner zu zahlen sich weigern durfte, das Bier mußte ins Haus geholt werden. Außer den Handwerks-*

tagen auf der Herberge war jeder Wirtshausbesuch verboten. Die Soldaten mußten sich ohnehin des Biertrinkens fast gänzlich enthalten. Diese Umstände veranlaßten nun ehrere Bräuer und Wirte, das Bier unter Tarif ... zu geben. Aber dem ohngeachtet blieb die Bierkonsumtion im heurigen Winter gegen frühere Jahre bedeutend zurück, denn viele Hunderte hatten sich bereits daran gewöhnt weniger Bier zu trinken...«

1871 brachten es die Münchner Maurer in einem »Bierstreik« immerhin so weit, daß sie sechs Wochen lang nur noch Milch tranken. Diesmal hatte sich der Unmut der Münchner zum einen an der damals recht unterschiedlichen Bierqualität und zum andern an offenen und versteckten Bierpreis-Treibereien entzündet. Als das Ganze wieder in einen Großkrawall mündete, brachten manche der betroffenen Bräuer ihre Ehefrauen und Kinder nach auswärts in Sicherheit, bis sich die Lage in der Hauptstadt wieder beruhigt hatte.

Nach einer Bierpreiserhöhung ausgerechnet zur Starkbierzeit im März 1888 um 1 Pfennig pro Maß staute sich bei den Leuten wieder einmal eine Wut auf, die sich an Mariä Verkündigung (25.3.) aus eigentlich nichtigem Anlaß auf dem Nockherberg in einer wüsten Massenschlägerei entlud, die als »Salvator-Schlacht« in die Stadtgeschichte eingegangen ist. Ein Trunkenbold hatte einem Gast den Zylinder mit einem Maßkrug tief in die Stirn bis zur Nase »eingetrieben«, worauf im Saal ein heftiger Tumult entbrannte. Bald flogen so viele Maßkrüge gegen die Köpfe, daß die Gäste unter die Tische flüchten mußten. Gendarmen zu Fuß und zu Pferd vermochten nichts gegen die Tobenden auszurichten, ebenso die eilends aus dem ehemaligen Paulanerkloster herbeigerufene Zuchthauswache. Erst 50 Schweren Reitern aus der Isarkaserne an der Zweibrückenstraße (heute steht dort das Deutsche Patentamt) gelang es, mit flachen Säbelhieben wieder Ruhe herzustellen, wobei es viele Verletzte und sogar mehrere Schwerverletzte gab. Schuld an der Eskalation war vor allem auch der Umstand, daß zur Überwachung der bis zu 2000 Salvatorzecher nur ein einziger Gendarm abgestellt war. Der Salvatorausschank für 1888 wurde vorsichtshalber polizeilich eingestellt, der Überwachungsdienst in den folgenden Jahren verstärkt und der Salvatorkeller mit elektrischen Lampen ausgestattet. Das mit dem Zylinder-Eintreiben [Zusammendrücken] muß übrigens seinerzeit offensichtlich sehr beliebt gewesen sein, denn schon 1885 sah sich der Löwenbräukeller veranlaßt, ein Plakat aufzuhängen: »*Zylinger-Eintreiben, Bierfilzlwerfen, Pfeifen durch die Finger, sowie Klopfen mit Spazierstöcken auf die Tischplatte ist polizeilich verboten!*« Ab 1889 wurde im Salvatorkeller niemand mehr mit einem Zylinder eingelassen; wer einen aufhatte, mußte ihn am Eingang gegen einen Papierhut tauschen!

Die lautstarken, aber ansonsten friedfertigen Demonstrationen gegen ein früheres abendliches Schließen der Biergärten 1995 kann man dagegen allerdings höchstens als ein medienwirksames Volksfest ansehen. Für die von der Presse in den Schlagzeilen so häufig hinausposaunte »Biergarten-Revolution« reichte es (Gott sei Dank) nicht einmal im Ansatz.

Und gar nicht selten heftige Kritik

Neben der zahlreichen bierseligen Schwärmerei von dem guten Münchner Gesöff, der alle verbrüdernden und alles egalisierenden Atmosphäre in den Bierlokalen unterschiedlicher Art in der bayerischen Hauptstadt, gab es auch nicht selten und mitunter recht heftige Kritik an den Verhältnissen, am Alkoholkonsum und am Zustand der Lokale. So schrieb z.B. am 24. März 1877 die »Süddeutsche Post« recht drastisch: »*Alle Jahre wiederholen sich zur Schande Münchens und zur Belästigung der Einwohner dieselben widerlichen Erscheinungen in Folge des Salvatorgenusses. Auf dem Keller selbst gibt es viele viehische Scenen, deren viele zu beschreiben der Anstand verbietet. Da wird gebrüllt, gerauft, gestochen, mit Maßkrügen geworfen u.s.w. Auf den Straßen pflanzt sich der Spektakel, besonders in den Feiertagen, bis in die tiefe Nacht hinein fort.*« Auch andere Zeitungen und Berichte echauffierten sich über grölende Zecher, Betrunkene, die in nicht immer versteckten Ecken ihre Notdurft verrichteten oder auf Straßen und Plätzen oder am Centralbahnhof schlicht nur ihren Rausch ausschliefen.

In einem »Führer durch die Isarstadt« geriet 1860 das vor 1897 – wie geschildert – tatsächlich äußerst unzulängliche Hofbräuhaus in die Kritik: »*Diese Münchner Berühmtheit ... wegen steten Besuchs nie recht zu reinigen, zu trocknen und zu lüften, die Geschirre aus demselben Grunde mehrentheils unrein, das Dienstpersonal trotz der anderweitig guten Haltung stets bis zur Erschöpfung fatiguirt* [ermüdet]. *Rechnet man hinzu die unsägliche Mühe, einen Krug Bier zu erlangen, wobei man durch das Waschen der Krüge nasse Hände, und vom Stehen und Getretenwerden schmutzige Hosen und Stiefel bekommt, so hat man die Reize desselben.*« Aber der Autor fügt sofort hinzu: »*Für alle diese Mühen entschädigt der eroberte herrliche Trunk.*« In einem »Münchner Stadtbuch« liest man acht Jahre später: »*Ein höchst widerlicher Geruch von verschüttetem Bier, von Rettigen und der Qualm vom schlechtesten Taback überfällt uns überall – wohin wir blicken, die größte Unreinlichkeit.*« Und natürlich auch hier sofort wieder der Zusatz: »*Aber der ›Stoff‹ ist gut, oft ausgezeichnet...*« Auch das Nebenher zum Bier fiel insbesondere während der Bockbierzeit deftig aus, wie wir erfahren: »*...kaum haben wir Platz genommen, so schreiten zur Thüre herein auffallende weibliche Gestalten, häßlich, schmutzig und zerlumpt, wir vermeinen die Grazien aus Shakespeares Macbeth aus der Theaterversenkung emporsteigen zu sehen! Diese sind die ›Radi- und Nußweiber‹, die ihre Waren an den höchst schmutzigen Tischen verkaufen.*«[92]

»*Die Münchner sind große Säufer*«, stellte reichlich ungalant der französische Schriftsteller Guillaume Apollinaire (1880–1918) in seinem Buch »Der gemordete Dichter« fest. Er hatte sich 1902 ein Vierteljahr lang in München aufgehalten und dabei wohl auch den Salvatorkeller besucht. »*Da saßen Kopf an Kopf die bereits betrunkenen Saufbolde, grölten aus vollem Hals, schunkelten und schlugen die leeren Maßkrüge in Scherben, Händler boten Brathendl feil, verkauften Steckerlfische, Brezeln, Semmeln, Wurstwaren, Zuckerzeug, Reiseandenken, Ansichtskarten...*« Sichtlich entrüstet beschreibt der Dichter, wie sich der Münchner Hannes Irlbeck, der zu den Starkbierzeiten täglich 40 Liter Bier vertilgte, auf eine Bank setzte, »*die schon rund zwanzig unmäßig dicke Männer und Weiber trug und deshalb auf der Stelle zusammenbrach*«[93].

Und der Münchner Bierhistoriker Hanns Glöckle berichtet noch von einem anderen Problem[94]: »*Die Unbefangenheit, mit der die Münchner, insbesondere jene der Unterschichten, damals ihren Kindern Bier zu trinken gaben, wurde erst in den siebziger Jahren des 19. Jahrhunderts von Medizinern gerügt und angeprangert. Ihr Wortführer war der Seuchenbekämpfer und Hygieniker Professor Max von Pettenkofer (1818–1901), der dagegen wetterte, daß in München die Kinder schon betrunken zur Welt kämen, weil sich deren Mütter als Schwangere ›um gesund und bei Kräften zu bleiben‹ täglich mit mehreren Maß stärkten. An den Gegebenheiten freilich änderte Pettenkofers Aufklärungsfeldzug lange nichts. Noch um die Jahrhundertwende bekamen viele Münchner Säuglinge ihr ›Schlafquartl‹ oder ihre gesüßte Biersuppe eingetrichtert, bis sie sanft entschlummerten. Noch erinnerten sich die Leute der jahrhundertealten Tradition des Osterbieres, mit dem die frommen Patres vom Franziskanerkloster im Lehel am Ostersonntag auch die sich an ihrer Pforte einfindenden kindlichen Bittsteller labten, soweit die Drei- oder Vierjährigen bereits über genügend Kraft und Geschicklichkeit verfügten, beidhändig einen Krug voll mit süffigem, schäumendem, hochprozentigem Sommerbier als Festgabe zu stemmen…*« Wer von uns älteren erinnert sich nicht an seine Kinder- und Jugendzeit, als wir nach dem II. Weltkrieg mit dem Deckelkrug zum nächsten Wirtshaus zum Bierholen geschickt worden sind, drei Quartel waren der Auftrag, an der Gassenschänke haben wir aber in der Regel dann fast eine Maß bekommen – nur, heimgebracht haben wir jedes Mal halt doch nur grad eben so drei Quartel!

Die Kellnerinnen und die Wirte

Felix von Schiller schreibt in seinem Büchlein über München 1843[95]: »*Eine eigentümliche Sitte Münchens ist auch, daß, außer in den wenigen Gasthäusern, die Bedienung durchgängig von jungen und meistens hübschen Mädchen besorgt wird, die sich in der Landestracht mit silbernem Schnürmieder und dem Riegelhäubchen schnell und anmutig unter den vielen Gästen bewegen und – was eine langjährige Erfahrung hier gelehrt hat – ihr Geschäft ungleich schneller, gewandter und umsichtiger vollführen, als es jemals von männlicher Aufwartung geschieht. Auch mag wohl ein wohlbegründeter Vorteil der Gastgeber in dieser Einrichtung liegen, da sich jeder Gast lieber von einem freundlichen Mädchen bedient sieht als von einem Ansprüche machenden Kellner.*« Daß die Kellnerinnen Tracht tragen, war schon 1781 dem Berliner Friedrich Nicolai aufgefallen[96]: »*Die Bürgersfrauen, aber auch die Kellnerinnen in den Wirtshäusern, tragen eine besondere bayerische Nationaltracht, die ihnen nicht übel steht.*« Und ein paar Seiten weiter hinten fügt er hinzu[97]: »*Die Wirte, so scheint es, achten sehr auf das Aussehen ihrer Kellnerinnen, und diese sehen in ihren zierlichen Miedern mit den Silberkettchen, im Vergleich zu denen anderer Länder, auch wirklich reizend aus. Überdies sind sie selbst Fremden gegenüber sehr gesprächig.*« Das ließ manche München-Besucher, so auch den Dichter Ernst Moritz Arndt (1769–1860), mehr auf das Mieder, als auf das Mittagessen achten: »*Oh, es ist unbeschreiblich, was ein schönes Weib vermag. Dieses macht uns die ungeheure Zeche, den Regen, Sturm und alles vergessen…!*«[98]

Die bescheidene Industrie Münchens im 19. Jahrhundert (s. hierzu »Die Arbeiterkultur in München« im Kapitel »Volkskultur in München« in diesem Band) bot nicht einmal für die Männer ausreichende Verdienstmöglichkeiten. Möglichkeiten der Fabrikarbeit für weibliche Arbeitskräfte gab es in beschränkter Zahl in der Schneiderei und der Wäschefabrikation, in der Nahrungs- und Genußmittelindustrie, in der Papier-, der chemischen und der Lederindustrie. Somit blieb neben der üblichen Dienstbotenstellung bei »Herrschaften« (Hausmädchen, Köchin, Kindermädchen, Gouvernante usw.)[99] oder einer Stellung als »Ladnerin« [Verkäuferin][100] die Beschäftigung im Gastwirtsgewerbe eine der wichtigsten Berufsalternativen. Auch Eduard Fentsch berichtet uns aus der Mitte des vorigen Jahrhunderts, daß *»die überwiegende Masse der Dienstboten aus Mädchen«* besteht[101]. *»Konnte sich doch der Münchner erst im Verlaufe der letzten Dezennien an den Culturfortschritt gewöhnen, sich in Wirths- und Gasthäusern von Kellnern bedient zu sehen. Bis dahin waren es die schmuckesten Mädchen, nicht selten Bürgerstöchter, – welche allenthalben die Heberollen spielten, und zwar mit nicht geringer Gewandtheit und Zierlichkeit, wobei ihnen die frühe feine Münchener Mädchentracht gar ausnehmend zu statten kam. Drum genoßen auch die Münchener Kellnerinnen eines weit verbreiteten Rufes, der ihnen gar oft über ihren sittlichen Ruf ging. Es lag aber auch für die Gäste und selbst für die eines ehrsameren Schlages – gar zu viel Verführerisches in den schlanken drallen Mädchengestalten mit dem glitzernden Riegelhäubchen und dem vielfach gewundenen Geschnür am Busen und diese hinwieder fanden denn auch da und dort etwas Liebenswerthes unter den Gästen!«* – »Und in der Tat«, schreibt dazu Hedi Heres[102], *»gingen um die Mitte des vorigen Jahrhunderts die Kellnerinnen ›reißend weg‹, waren nach der Kunstreiterin am meisten zur Ehe begehrt und auf je eine mit Ach und Krach unter die Haube gebrachte Beamtentochter gingen zehn Kellnerinnen. Das Entscheidende aber, was sie von den Schenkinnen norddeutscher Städte unterschied, war, daß sie bei aller Gesprächigkeit dennoch modest [bescheiden, sittsam] waren. Ludwig Steub meint, es mache ihnen geradezu Spaß, den Ruf ihrer vielgelobten Sittlichkeit zu erhalten: ›…als Schenkin sich graziös unter den zechenden Burschen zu tummeln und gegen alle schnippisch die immer gefährdete Jugend stets glücklich aus dem Feuer zu führen!‹«*

Der Münchner Stadtarchiv-Direktor Richard Bauer sieht das in seinem Aufsatz über die »Münchner Gastwirtschaften im 19. und 20. Jahrhundert«[103] freilich etwas nüchterner: *»In der Mehrzahl aus kleinen und kleinsten Verhältnissen stammend, mußten die Mädchen meist schon mit 14 Jahren als ›Bier- oder Wassermädchen‹ in die Kellnerinnen-Laufbahn eintreten und waren mit ihrem schmalen Verdienst oft genug wichtige Miternährer der jüngeren Geschwister. Es waren übrigens nicht immer nur die jungen und hübschen ›Madln‹, denen die Gunst des Publikums gehörte. Es waren häufig gerade die verheirateten, älteren Frauen und die Witwen mit starken Armen, flinken Beinen und einem geübten Gedächtnis, welche die Herzen der Gäste, besonders die Bier-Herzen der Dreiquartelprivatiers höher schlagen ließen. Galt es doch genau zu wissen, daß der Aktuar Sedlmaier die Weißwürste nicht mit süßem, sondern ausgerechnet mit französischem Senf forderte, daß dem Privatier Murr das kalte Bier schadete und daß der Revisor Fadinger den Rostbraten nur mit einer dreifachen Zwiebelportion anzunehmen*

Die Münchner Bier- und Wirtshauskultur

Die harte tägliche Arbeit der Kellnerinnen (Zeichnungen von Gustav Heine um 1900)

pflegte. Ein rosiges Dasein war diesen tragenden Säulen der Münchner Bierkultur insgesamt nicht beschieden – trotz aller poetischen Verklärung, die sich um ihren Berufsstand rankt. So dauerte vor rund 100 Jahren die Arbeitszeit einer Kellnerin in einem Bierkeller von 7 Uhr früh bis 1 Uhr nachts. Der Lohn belief sich vielleicht auf nur 50 Pfennig täglich, im übrigen war man auf das Trinkgeld angewiesen. Von den paar Mark, die dabei zusammenkamen, galt es aber noch Spesen zu bestreiten: Salz, Pfeffer, Zündhölzer und Zahnstocher hatten die Kellnerinnen oft aus eigener Tasche zu bezahlen und mußten obendrein ihren Stammgästen zuliebe manchmal noch verschiedene Tageszeitungen auf eigene Rechnung halten. Auch waren vom Verdienst die Biermädchen und nicht zuletzt auch die Krügelputzerinnen zu entlohnen.«

Als eine Zeitungsreporterin um die Jahrhundertwende die Stirn hatte, die Situation der Münchner Kellnerinnen zu kritisieren (ihr Stand umfaßte damals immerhin rund 11 000 Frauen!), empfahl man ihr, lieber die offensichtlichen Mißstände der Animierkneipen zu überprüfen. Die große Mehrheit der bedienenden Frauen wäre von braver, anständiger Art und im industriearmen Bayern ihr Arbeitsplatz geschätzt[104]. Ein bezeichnendes Licht auf die Situation der Kellnerinnen in den vermeintlich »Goldenen Jahren« Münchens wirft auch die Nachricht, daß im Dezember 1905 die Kellnerinnen des Hofbräuhauses mit Streik drohten, falls ihnen nicht eine geregelte Arbeitszeit, Freibier, freie Kranken- und Sozialversicherung zugestanden würden. Dabei waren die ausgerechnet im Kgl. Hofbräuhaus unerträglichen Arbeitsverhältnisse der Kellnerinnen seit Jahren bekannt. Sie bezogen keinen Lohn, trotzdem mußten sie 2/3 zur Krankenversicherung beitragen und die Krüge der Stammgäste beschaffen und gegebenenfalls reparieren lassen. Aus einem Urteil des Gewerbegerichts München vom 6. Februar 1906 geht hervor[105], daß die Arbeitszeit von 8½ Uhr vormittags bis 12 Uhr nachts dauerte. *»An Putzgeld wird im Parterre 50 Pfg., im Hof 60 Pfg. und im Saal 25 Pfg., in der Trinkstube sogar 80 Pfg. bis 1 Mk. erhoben. Dieses Putzgeld wird angeblich von den Kellnerinnen deswegen erhoben, weil sie nicht selbst putzen, die Arbeit des Putzens von sich abwälzen und somit eine Putzerin anzustellen und zu zahlen hätten… Eine 20stündige Arbeitszeit – 5 Stunden sind mindestens für die in Frage kommende Reinigung erforderlich – übersteigt absolut die menschliche Arbeitskraft und verstößt gegen gesetzliche Bestimmung (…). Kann aber der Beklagte die tatsächliche Besorgung der Reinigungsarbeiten von der Kellnerin nicht verlangen, so stellt sich die Bezahlung des Putzgeldes als eine vollkommen unberechtigte, moralisch zu verurteilende systematische Ausbeutung der Kellnerinnen dar.«* Zum Vergleich: Der Bierpreis lag seinerzeit bei 26 Pfennig pro Maß.

Hart und mühsam, darauf macht Bauer ebenfalls aufmerksam, war auch das Dasein der Bierwirte, die schon vor zweihundert Jahren oft genug in völliger Abhängigkeit zu den liefernden Brauereien und unter dem feindlichen Mißtrauen der Obrigkeit standen. Schon 1798 bezeichnete man den Betrieb einer Bierschänke als *»die gewöhnliche Zuflucht derjenigen, welche die Handarbeit scheuen, keiner Profession kundig, des Domestikenstandes müde oder aus sonst einem Stande der Gesellschaft durch eigene oder fremde Schuld geworfen sind«*[106], eine Anschauung, die sich ungebrochen durch das ganze 19. Jahrhundert hindurchzieht. Auch der Münchner Schriftsteller und Leiter der

Die Münchner Bier- und Wirtshauskultur

Der berühmte »Gasthof zum schwarzen Adler« (Mitte), Haus Nr. 19 an der Kaufingergasse (heute Kaufingerstr. 23), in dem u.a. Wolfgang Amadeus Mozart *und* Johann Wolfgang von Goethe *abstiegen. Schon* Franz Joseph Albert *war Münchner Stadtgeiger und sein Sohn, der kunst- und musikliebende Wirt* Franz Joseph Albert (1726-89), *ein Freund Mozarts. Unter dem Enkel* Karl Albert *spielte die 4te Compagnie der Münchner Stadtmusikanten 1805 im »Schwarzen Adler« auf. In diesem Jahr hatte Karl Albert gerade das baufällige Nachbarhaus Nr. 20 gekauft und abreißen lassen (Kupferstich v. Ferdinand Bollinger 1805).*

einflußreichen literarischen Zeitschrift »Europa«, August Lewald (1792–1871), »immer etwas von oben herab« (Ludwig Schrott), behauptet 1835[107]: »*Ein Münchner Wirt begnügt sich damit, seinen Gästen gutes Bier vorzusetzen, damit glaubt er aber auch aller Verbindlichkeiten gegen seine Gäste los und ledig zu sein. Er ist der einzige, der seine grüne Kappe auf dem Kopfe behält, während alle Gäste ihren Hut abnehmen. Den höflichsten Gruß erwidert der Wirt nur durch ein unmerkliches Rücken dieser Kappe, und sitzt er, so steht er nicht auf. Es gibt einige Exemplare von groben Wirten, die als solche einen großen Ruf erlangt haben und deshalb vorzugsweise stark besucht werden. Wollte ein Gast es wagen, hier etwas zu tadeln, so würde er bald den kürzeren ziehen. Auf eine Äußerung des leisesten Tadels heißt es gleich:* ›*Warum kommts ös zu mir? 's gibt genug Wirte in München, ich wollt wünschen, daß ihr alle zum Nachbarn ginget.*‹«

Wirtshausgeselligkeit und Musik
Schon vor 1800 gab es in Münchner Wirtshäusern Musik

Schon vor 1800 lassen sich Musikanten in den verschiedenen Wirtschaften Münchens nachweisen, einmal davon abgesehen, daß die sechs Compagnien der schon seit Anfang des 14. Jahrhunderts bestehenden Münchner Stadtmusikanten ein festes Lokal hatten. In der »Polizey-Uebersicht von München« von Anton Baumgartner (die neben polizeilichen Bekanntmachungen auch Kupferstiche mit Ansichten von Gebäuden, Straßen und Plätzen sowie Szenen aus dem Alltagsleben in München enthält) vom 11. Mai 1805 kann man in der Beschreibung des Hauses Nr. 103 (Schäfflerhaus) am Färbergraben lesen[108]:

»*Diese Stadtmusikanten formieren sechs Compagnien. – Die*
1te unter Peter Daubmann, wohnhaft im Althammer=Eck Nro. 157., spielt auf im großen Löwengarten. Die
2te unter Christoph Fröhlich, wohnhaft vor dem Carlsthor Nro. 4., spielt auf beym Weinwirth Bögner und im Stachusgarten. – Die
3te unter ... Alto Baudrexel, spielt auf in der Arch Noe. Die
4te unter Thomas Schrott, wohnhaft auf der Hundskugl Nro. 178., spielt auf im schwarzen Adler, – die
5te unter Wolf Daubmann, wohnhaft in der Sendlingergasse Nro. 306., spielt auf in der Trinkstube, und im Lämpelgarten, – und die
6te unter Xaver Demmel, wohnhaft im Thal Mariä Nro. 103., spielt auf im Eberlstadel vor dem Sendlingerthore.«

Baumgartner nennt hier eine Reihe alter Münchner Wirtshäuser: Das Gasthaus »Zum großen Löwengarten« (Karlsplatz 28, heute Sophienstr. 1) ist schon 1798 als Gartenwirtschaft nachgewiesen. Ab 1875 wurde sie in »Elysium« umbenannt. Im Hof stand das »Elysiumtheater«, das offenbar von mehreren Theatervereinen genutzt wurde (u.a. Thalia, Enterpe, Theatralischer Zentralverein). 1871 befürchtete die Polizeidirektion wohl nicht zu unrecht, daß dort ein ständiges Theater eingerichtet werde. Nach 1872 spielte im »Elysiumtheater« auch das Volkstheater von Eduard Binder (s. hierzu im Aufsatz »Fünf Jahrhunderte Laientheater in München«). Gasthaus, Wirtsgarten und Theater bestanden bis zum Verkauf 1879 an den Spatenbräu Gabriel Sedlmayr jun., der dort einen Neubau mit der 1880 eröffneten Gaststätte »Zum Deutschen Haus« errichten ließ. Sie existierte bis 1927. Im II. Weltkrieg schwer beschädigt, wurden die Gebäudereste 1974 abgerissen. Seit 1981 steht dort ein Büro- und Geschäftshaus.

Im Haus Nr. 40 im Thal Petri im Angerviertel (also der zur Peterspfarrei gehörigen Südseite des Tals, während die gegenüberliegende, zur Pfarrei Unsere Liebe Frau bzw. zur Graggenau gehörende nördliche Häuserzeile, das »Thal Marie« bildete) bestand schon 1524 eine Einkehr für Kaufleute und Handwerker. Um 1550 betrieb Anthoni Schweindl eine Fremdenherberge, die 1611 als Weinwirtschaft genannt wird. 1758 erwarb der Weingastgeb Georg Wilhelm Bögner das Haus, das 1798–1801 seine Witwe

Das 1857 abgebrochene Wirtshaus »Arche Noe« an der heutigen Wurzerstraße mit Kegelbahn

inne hatte. 1803 war der Weingastgeb Steigenberger Eigentümer. 1884 wurde ein neues Wohn- und Wirtschaftsgebäude mit einer Bierwirtschaft errichtet (heute Tal 12). 1921 ging der Gebäudekomplex, der sich mittlerweile bis zur Westenriederstraße erstreckte, in das Eigentum der Paulaner-Brauerei über. Trotz grundlegender Renovierung 1966/67 wurde der Komplex 1993 abgebrochen und 1994/95 durch einen Neubau ersetzt, dessen Gaststätte – wie es in den 90er Jahren leider öfters gehandhabt wird – den Traditionsnamen »Bögner« nicht fortsetzt.

Die »Wirtschaft zum Stachusgarten« hatte ihren Namen von Eustachius Föderl, der das Grundstück 1726 von seinem Bruder, dem kurf. Vogelwaidmann Anton Föderl, erwarb und darauf eine Gartenwirtschaft eröffnete, die schon 1747 unter dem Namen »Stachusgarten« nachzuweisen ist. Nach dem Tod 1733 von Eustachius Föderl ging die Wirtschaft auf seine Witwe über, die im Grundbuch 1761 »Stachuswirtin« genannt wird. 1849 gehörte das Riesengrundstück Karlsplatz 22–24/Ecke Bayerstraße dem Gastgeb E. Baumgartner. 1872–74 entstand hier der Neubau zum »Hotel zum Stachus«, der 1895 in das (1945 zerstörte) Textilgeschäft »Horn am Stachus« umgewandelt wurde. Seit 1951 steht an etwa gleicher Stelle der »Kaufhof«. Wie populär dieses Wirthaus war, zeigt sich noch heute darin, daß sich der seit 1797 offizielle Name »Karlsplatz« gegenüber dem volkstümlichen »Stachus« im Volksgebrauch nie so recht durchsetzen konnte.

Die »Arche Noe« befand sich an der Wurzerstraße zwischen der einstigen Kosttor-Kaserne und den kurfürstlichen Hofställen. Baptist Holzer erhielt am 1786 eine Real-Bierschenks-Gerechtigkeit auf das Haus verliehen, womit es im selben Jahr der Bierwirt P. G. Maier kaufte und von diesem 1793 Franz Joseph Doll. Am Haus war ein Bild der Arche Noah angemalt. 1858 eröffnete an der Maximilianstr. 17 das Hotel »Vier Jahreszeiten«, dem die »Arche Noe« weichen mußte. Baumgartner überlieferte in seiner Polizei-Übersicht vom 13. Juli 1805: *Im Hause ist ein sehr geräumiger Tanzsaal mit 16 Tischen, und ein Saletl mit 8 Tischen, wozu man durch eine helle geräumige Stiege kömmt; diese Säle sind mit Spiegeln und Leuchtern geziert. – Sonn- und Feyertags wird Morgens 6–8 Uhr und nach dem Gottesdienste von 10 Uhr bis Mittags von dem Schuhmacherges. Math. Gerstenegger daselbst Tanzschule gehalten, welche von Bäcken, Müllnern, Bräu- und Hausknechten, dann Dienstmägden, und Näherinnen besucht wird, und woselbst die Person, die Menuet und Deutsch ausgelernt hat, 2 fl bezahlt.«

Der Gasthof »Schwarzer Adler« war im 18. und Anfang des 19. Jahrhunderts eine »Nobelherberge«, in der u.a. Canaletto (1761), Mozart (1777, 1790) und Goethe (1786) abstiegen. Schon der Hauseigentümer (ab 1368) wurde 1386 als »Wirt« bezeichnet. Der Name des Hauses (ab 1581 unter Simon Thumb) leitete sich von dem riesigen schwarzen Reichsadler an dem benachbarten Schönen Turm ab. 1755 hatte Franz Albert das Anwesen erworben, 1805 kaufte sein Nachkomme Karl Albert das rechte Nachbarhaus dazu. Durch einen unfähigen Besitzer verlor er seine einstige Bedeutung und wechselte ab 1845 mehrfach den Eigentümer, bis der Hotelbetrieb 1898 eingestellt und das heute noch bestehende Büro- und Geschäftshaus Kaufingerstr. 23 errichtet wurde, das seit 1937 in städtischem Besitz ist.

Die (Bürger- bzw. Rats-)Trinkstube wurde 1428 vom Rat der Stadt im Eckhaus Schrannenplatz/Dienerstraße eingerichtet. Lorenz Westenrieder zählte sie 1782 zu den vornehmsten Weingastgebhäusern Münchens[109]. 1807 erwarb die bayerische Landschaft (ab 1818 Landtag) das Eckhaus, 1865 kaufte es die Stadt für den ersten Bauteil des Neuen Rathauses zurück, in dem der 1874 eröffnete Ratskeller die Tradition fortsetzt.

Der »Lämpelgarten« (Lamplgarten) befand sich außerhalb des Schwabinger Tors, gehörte zum Kreuzviertel (Nr. 22, dann Jägerstr. 16, heute 4) und wurde 1899/1900 durch einen Neubau ersetzt. Der »Eberlstadel« stand vor dem Sendlinger Tor und gehörte dem Eberlbräu, Sendlingergasse 79.

»Sulzbecks Bande« und die »Wilde Gungl«

Um 1800 spielte auch der populäre Josef Sulzbeck (1767–1845) mit seinen Musikanten, kurz »Sulzbecks Bande« genannt, in Münchner Wirtshäusern. Nach 1810 nannte sich Sulzbeck sogar »Kapellmeister«. Zu seiner »Bande« [ial. banda = Kapelle, Orchester; vgl. engl. band] gehörten damals außer Sulzbeck selbst, der Trompete und vor allem virtuos auf einer dreisaitigen Baßgeige spielte, der Sänger und Violinist Huber, vermutlich nach einem beliebten Couplet »das Canapé« genannt[110], der Flötist Straubinger und der Harfenist Bacherl. Ein festes Programm hatten sie nicht, sie sangen und spielten, was ihnen der Tag und die Stunde eingaben, sowohl Tanz- als auch Unterhaltungsmusik. Sie zogen jedoch nicht umher, sondern hatten feste Engagements in Gaststätten, z.B. im »Räsonierhäusl« am Schwabinger Tor (mit diesem 1817 abgebrochen), im Sommer an Sonntagen ab 5 Uhr früh beim »Kocherlball« am Chinesischen Turm im Englischen Garten oder zur Maibockzeit in den Bocklokalen. In den 1830er Jahren dirigierte dann Sulzbeck im Hofbräuhaus das »Bierkrug-

Drei Musikanten von »Sulzbecks Bande« (Gemälde um 1800)

deckel-Klapplied«, eine endlose Folge zum Trinken ermunternder Strophen, oder spielte auf seinem Baß »Die Schlacht bei Waterloo«, die er mit urwüchsigen Einlagen mit solcher Lebendigkeit darzustellen wußte, daß die Zuhörer nicht nur begeistert klatschten, sondern auch fleißig in den Sammelteller spendeten. Sein Markenzeichen war der Landler »Huraxdax, pack's bei der Hax«, der als Tanz und als Unterhaltungsrefrain bis heute überliefert ist. Seine Leibesfülle wuchs zusehends, sein durchschnittlicher täglicher Höchstverbrauch lag bei 30 Maß Bier[111].

In den Münchner Wirtshäusern und -gärten scheint im 19. Jahrhundert überhaupt viel musiziert worden zu sein. Auf zahlreichen Abbildungen aus dieser Zeit können wir immer wieder einzelne Harfenistinnen oder kleine Musikgruppen mit verschiedenen Besetzungen entdecken. Musik und Geselligkeit scheinen also in München schon sehr früh zusammengehört zu haben. Auf einer aquarellierten Federzeichnung aus dem Jahr 1809 von Ferdinand Schiesl (1775–ca. 1820), einem Schüler des kurf. Kupferstechers Johann Michael Mettenleiter (1765–1853), finden wir links vier Musikanten mit einer Flöte, zwei Violinen und einem Kontrabaß. Neben den Musikanten wartet ein Bub mit einem Teller zum Sammeln in der Hand. In der Mitte ist eine Biertischgesellschaft (teils in Münchner Tracht) abgebildet. Rechts schaut ein Geiger zu, neben ihm (mit Riegelhäuberl) eine Frau, die ihre Harfe neben sich umgelegt hat und die gerade aus einem Maßkrug trinkt. Der vor der Harfenistin liegende zerknüllte Zettel »Polizei Verordnung über Bettl« läßt darauf schließen, daß es sich zumindest bei ihr um eine Bettelmusikantin handelt. Robert Münster, der frühere Leiter der Musikabteilung der Bayerischen Staatsbibliothek, bemerkte dazu[112]: »*Die Harfe wurde häufig von Frauen niedrigen Standes gespielt.*« Auf der um 1835 entstandenen Lithographie »Münchner Volksleben – Der Sommerkeller«[113] von Friedrich Kaiser (1815–90) können wir an einem Biertisch rechts neben einer solchen Harfenistin ebenfalls wieder einen Geiger ausmachen, ob hier weitere Musikanten dazugehörten, ist nicht zu erkennen. Der nur für vier Jahre in München ansässige Düsseldorfer Maler Johann Peter Hasenclever (1810–53) zeigt uns auf seinem Gemälde »Szene in einem Sommerkeller bei München«[114] 1840 neben einer offensichtlich lautstark Biernachschub fordernden Menschenmenge eine Musikkapelle mit Trompete, Geigen, einem Cello und einem zur Trommel umfunktioniertem Bierfaß.

1857 hatte sich der Badische Gesandte in München, Robert Mohl, wie bereits berichtet, erinnert[115]: »*Nur sehr ausnahmsweise besuchte ich… bei besonderen Veranlassungen einen der Biergärten, wenn abends die Gunglsche Kapelle spielte,…*« Es handelt sich dabei noch nicht um die Kapelle von Joseph Gungl selbst, die erst sieben Jahre später gegründet worden ist. Mohl kann nur eines jener Ensembles gehört haben, die seinerzeit »á la Gungl« spielten. Joseph Gungl (1810–89) kam 1834 als Oboist in die Kapelle des 4. Artillerie-Regiments nach Graz, deren Leitung er bald darauf übernahm. Daneben gründete er eine eigene Kapelle, mit der er ausgedehnte Konzertreisen bis nach Nordamerika unternahm, auf denen er hauptsächlich eigene Walzer und Märsche aufführte. Sein Oeuvre umfaßt immerhin 436 Werke [zum Vergleich: Johann Strauß-Vater 251 Kompositionen und Peter Streck 379 Werke]. Ab 1843 konzertierte Gungl ständig in Berlin, wo er 1850 zum Kgl. Preußischen Musik-Direktor ernannt wurde. Dann

Musikkapelle im Hof des Bockkellers (Zeichnung von Ludwig Sckell 1868)

folgte eine Zeit in Brünn und ab 1856 versuchte er in Wien in Wettstreit mit Johann Strauß-Sohn zu treten, gegen den er sich jedoch nicht durchsetzen konnte. 1864 gründete Joseph Gungl schließlich mit Mitgliedern des seinerseits 1840 entstandenen Männerchors Münchener Liedertafel den noch heute bestehenden »Orchesterverein Wilde Gungl«. Auch mit diesem Orchester übte er eine außerordentlich aktive Konzerttätigkeit aus. 1876 ließ sich Gungl in Frankfurt am Main nieder, dann übersiedelte er nach Weimar, wo er am 1. Februar 1889 starb.

Bockmusik

Auch der Ausschank des Bockbiers war stets mit Musikdarbietung und Gesang verbunden. Bereits 1827 wurde ein »Bock-Walzer« gedruckt, *»dessen Melodie gemeinsam gesungen, ja, im höchsten Stadium des Vergnügens abgelärmt und mit dem Aufschlagen der Stöcke auf den Tisch begleitet wird«*[116]. Der Komponist war Carl Leibl (1784–1870), der Vater des Malers Wilhelm Leibl (1844–1900). Er erfreute sich in München der Förderung durch Maximilian Herzog in Bayern, in dessen Kreis er häufig musizierte. Carl Leibl wurde Musiklehrer am Münchner Hof, bis er 1826 einem Ruf als Domkapellmeister nach Köln folgte. Dort erschien sein Bockwalzer in einer Sammlung Kölnischer Karnevalslieder für 1827 als »Lied ohne Text Nr. 1«, auch »Bierwalzer« und »O Jerum-Lied« genannt[117]. Neben dem Bockwalzer erklang der »Katzenmusikwalzer«, ein den Schnaderhüpfln ähnliches Musikstück am häufigsten[118].

Abbildungen und Berichte aus dem vorigen Jahrhundert überliefern uns die Besetzung solcher Bockmusiken. Franz Xaver Nachtmann (1799–1846) läßt auf seinem Ölgemälde »Maibockausschank in einer Wirtschaft« von 1824 lediglich eine junge Harfenistin aufspielen. Eugen Napoleon Neureuther stellte um 1840/50 auf einer als Titelblattentwurf für eine Bockbierzeitung gedachten Federzeichnung eine ganze Musikantengruppe mit Harfe, Geige und Klarinette dar[119], was offensichtlich gewissermaßen die Grundbesetzung für derlei Musiken war. 1868 hielt Ludwig Sckell (1833–1912) auf seiner Bleistiftzeichnung »Im Münchner Bockstall« das Spiel von fünf Musikanten auf einer Harfe, zwei Geigen, einer Flöte und einer Klarinette inmitten zechender Gäste fest. Auch Eduard Fentsch berichtet[120] uns Mitte der 50er Jahre, daß *»eine Harfenistin, welche von Zeit zu Zeit unter obligater Flöten- und Violinbegleitung den ›Bockwalzer‹ zum Besten gibt, ...die nothwendige Staffage [bildet] und der Jubel und Lärm des wunderlichen Gemisches von Gästen steigert sich zu einer ungewöhnlichen Höhe!«*

»Die sogenannte Bockmusik ist jeden Sonn- und Feiertag in den Vormittagsstunden nach der Kirche bis Mittag noch heute in zahlreichen Gastwirtschaften die übliche Unterhaltung der Gäste; zur Salvatorzeit und im Karneval auch an Werktagen und in den Abendstunden«, überliefert uns F. Trefz noch 1899 in der schon mehrmals zitierten Studie »Das Wirtsgewerbe in München«[121]. Er berichtet dann auch noch kurz von den Volkssängern und Komikern. *»Auch die Variétés und sogenannten Tingel-Tangels nehmen in den letzten Jahren in Verbindung mit größeren Restaurants sehr stark überhand, so daß wohl in keiner Stadt auf dem Kontinent so zahlreiche farbige Plakate aller Art auf den Straßen zu solchen künstlerischen Genüssen einladen, wie in München. Bemerkenswert ist, daß solche Unterhaltungen manchen Lokalen, die infolge der Qualität des Bieres nur auf wenige Gäste zu rechnen hätten, Publikum in großen Mengen zuführen.«*

Damit hatte sich um die Mitte des 19. Jahrhunderts parallel zur »Entdeckung« der alpenländischen Lieder und Musik durch die Städter mit den Gebirgsliedern, den Schnaderhüpfln und den Oberlandler-Tänzen eine zweite musikalische Mode herausgebildet, die »Bockmusik«, die in München die Redouten-Musiken der 1. Hälfte des 19. Jahrhunderts mit ihren jährlich wechselnden Modetänzen ablöste, die ja ebenfalls sofort gedruckt erschienen und die Musik auf dem Land nachhaltig beeinflußt hatten[122].

Die Musik auf dem Oktoberfest

Die Musikdarbietungen auf dem Oktoberfest haben keine so lange Tradition. Immerhin sollen nach der Beschreibung der kgl. Haupt- und Residenzstadt durch den schriftstellernden Münchner Kgl. Kreisrat und Kronfiskal Joseph Anton von Destouches (1767–1832) schon 1826 ein Dudelsackspieler und ein Klarinettist für die Gäste der Bierbuden Musik gemacht und junge Leute dazu getanzt haben. Die Musikanten spielten von Tisch zu Tisch und sammelten ab[123]. August Lewald berichtet uns aus dem Jahr

Einer der vielen »neuen« Bockwalzer mit Text (Lithographie 1846)

1832[124]: »*In der Mitte dieses Marktes des Lauteren Genusses erhebt sich ein Orchester, wo von dem Musikkorps des Bürgermilitärs an schönen Abenden gespielt wird; dessen ungeachtet erschallt aber vor jeder Hütte Musik, hier ein Ländler, dort ein Volkslied, in der Restauration von Tambosi eine Symphonie, aus der gegenüberliegenden zum ›König*

Reich verziertes Blatt mit einem Bockwalzer (Lithographie von Carl Grünwedel 1838)

›von Griechenland‹ (…) *ein Straußischer Walzer. Dieses Gewirr von Tönen, das in einem geschlossenen Raum unerträglich wäre, trägt hier jedoch zur Fröhlichkeit bei,* …« Der schon einmal erwähnte Pfälzer Georg Friedrich Blaul monierte allerdings 1834[125]: »*Auf der dreitägigen Kirchweih des kleinsten Dörfchen in Rheinbaiern wird freilich mehr gelärmt und gesungen als während des ganzen Oktoberfestes*«. 1863 war auf der Wies'n »*ein aus allen militärischen Musikcorps München zusammengesetztes Orchester*« zu hören[126].

Ansonsten musizierten die kleineren Musikgruppen bis 1888/89 an oder vor den Buden, wobei das Sammeln von Geld durch die Musiker selbstverständlich war. Ab 1890 entsprach die Anzahl der Musikkapellen der Budenzahl, in denen nun musiziert wurde. Der erste Wies'nwirt, der eine Blaskapelle für sein Zelt fest engagierte (noch dazu gleich 40 Mann stark!), war Georg Lang, der 1898 zum ersten Mal auf dem Oktoberfest aufzog und in der Folgezeit das Bierhallengewerbe geradezu revolutionierte[127]. Mit seiner Kapelle der »Original Oberlandler« begründete er die noch heute typische Bierzeltunterhaltung mit in Tracht gekleideten Blaskapellen. Mit einem breiten Spektrum beliebter Unterhaltungsmusik von Schlagern über populäre Couplets der Volkssänger bis zu den seinerzeit beliebten vaterländischen Liedern regelten die Musikanten fortan den Stimmungspegel in Langs Bierbude, animierten zum Verweilen und kurbelten mit Saufliedern den Bierkonsum an. Allerdings folgte der Wies'nwirt Georg Lang mit seiner Trachtenkapelle nur einer Mode jener Jahre um die Jahrhundertwende, denn Blaskapellen in Oberlandler oder Dachauer Tracht gab es in München in vielen Bierpalästen, Singspielhallen und Volkssängerlokalen (s. hierzu »Die Dachauer Bauernkapellen« in dem Aufsatz »Die ›Gscheerten‹ im Couplet« im Kapitel).

Im Jahr darauf war Lang auf dem Oktoberfest offensichtlich nicht mehr der einzige, denn es ist von Musikkapellen die Rede, die zum ersten Mal von Wies'nwirten honoriert wurden, womit das lästige Sammeln entfiel, das den Polizeiberichten zufolge für die ausführenden Musikanten nur ein schlechtes Geschäft ergeben habe. Aber 1900 wurde immer noch in drei Buden gesammelt. Dann allerdings hörte das Sammeln endgültig auf und es gab nurmehr feste Kapellen.[128]

Bei den seit 1823 erwähnten »Tanzsälen« dürfte es sich wohl nur um einfache Podien handeln, die nach polizeilicher Vorschrift zu ebener Erde angelegt sein mußten. In den Jahren 1892–98 tanzten auf dem Oktoberfest auch Schuhplattlergruppen vor, was die Stadtverwaltung allerdings nicht sehr gern sah und heftig kritisierte[129].

Im Jubiläumsjahr »175 Jahre Oktoberfest« 1985 veranstaltete die »Vereinigung der Wies'n-Wirte« erstmals auf den Treppen unterhalb der Bavaria ein Platzkonzert aller Festhallen-Kapellen, das seither jeweils am zweiten Festsonntag um 11 Uhr zum festen Programm des Oktoberfestes gehört.

Musikpavillons in den Biergärten

Ab 1850 beherrschen sog. Wiener Trios die musikalische Biergartenszene[130]. Zu diesem Zeitpunkt zählten die Tanzplätze im Freien bei den Wirtshäusern bzw. in den Wirtsgärten in und um München längst zu den typischen Vergnügungsplätzen. In der Regel handelte es sich dabei um ein Tanzpodium unter einem runden Holzbau, manchmal umgeben von einer Balustrade, mit einem von Holzsäulen getragenen Schindeldach. Eine Münchner Besonderheit waren dabei die »Kocherlball« genannten Tanzvergnügen an jedem sommerlichen Sonntagvormittag zwischen 5 und 8 Uhr am Chinesischen Turm (siehe hierzu ausführlich »Um 6 Uhr früh zum Tanzen?« in diesem Band). Von dem dortigen Erfolg offenbar angestachelt, engagierte das Wirtsehepaar Kaspar, das 1837 die Wirtschaft beim nahegelegenen Kleinhesseloher See übernommen hatte, ebenfalls eine Harmoniemusik, die an Sonntagmorgen von 5 bis 7 Uhr spielte. Unter dem Begriff Harmoniemusik wurden seit dem 18. Jahrhundert die verschiedenen Militärmusikbesetzungen mit Oboen, Fagotten, Klarinetten, Hörnern und Trompeten zusammengefaßt.

Schon seit der wohlwollenden Förderung der Militärmusik durch Max I. Joseph durften Militärmusiker sogar Privatengagements nachgehen (wie im vorliegenden Fall bei den morgenlichen Tanzvergnügen am Chinesischen Turm oder am Kleinhesseloher See, aber auch bei großen Konzerten oder Bällen), wobei unter bestimmten Bedingungen der Gebrauch der Uniformen und der offiziellen Bezeichnung der jeweiligen Regimentsmusik gestattet war. Man erreichte auf diese höchst einfache Weise, daß die Militärmusiken einerseits als »Sympathieträger« wirkten, ohne dabei die Staatskasse zu belasten, und andernseits bei den anspruchsvollen Konzerten als »Volksbildungsinstrument« optimal eingesetzt waren.

Um 1880 entstanden in den Biergärten eigene Pavillons für die oft großen Musikkapellen, teils aus Holz, teils in damals moderner Eisenkonstruktion. Die Brauereien überboten sich gegenseitig nicht nur in der Verpflichtung von Musikkapellen, sondern auch von anderen Attraktionen wie Gesangs- und Schuhplattlergruppen oder auch

Die Münchner Bier- und Wirtshauskultur

Fingerhakl-Champions aus dem Oberland. Im Hallmairkeller (dem späteren Bürgerbräukeller), dessen Garten von bis zu drei Meter hohen Statuen berühmter Prinzen des Hauses Wittelsbach flankiert war, konzertierte z.B. 1880 die 40 Mann starke Kapelle des Kgl. Sächs. Infanterie-Regiments 32 aus Meiningen, während am selben Wochenende der Löwenbräukeller ein »*Extra großes Monstre-Doppel-Gala-Conzert der vollständigen Kapelle des königlich-sächsischen Infanterieregiments Nummer 6, Garnison Straßburg – 45 Mann in voller Gala-Uniform*« in der Presse ankündigte. Bald überboten sich die übrigen rund 50 größeren Münchner Brauereien immer mehr in der Verpflichtung von Musikkapellen und Orchestern und anderen Attraktionen.

Der Zeit voraus war man wieder einmal im Löwenbräukeller, wo nicht nur die damals üblichen Militärkapellen konzertierten, sondern auch »zivile« Unterhaltungsmusik dargeboten wurde. Darüber hinaus demonstrierte man mit dem Engagement internationaler Orchester Weltoffenheit. So gastierten im Löwenbräukeller z.B. sogar Johann Strauß-Sohn und Carl Michael Ziehrer. »*Um dem großen Publikum auch Unterhaltung und inneren Genuß zu bereiten, veranstaltet die Brauereidirektion seit Jahren größere Konzerte und zwar in einer Eigenart, wie sie München bis dorthin nicht kannte. Ohne die Musikgesellschaften der Stadt, seien es Militärmusikkorps oder sonstige Künstlerkapellen zu übergehen, wurden die leistungsfähigsten Kapellen des In- und Auslandes für Konzertzwecke engagiert. Fast alle deutschen Musikkorps sämtlicher Waffengattungen, einschließlich der Marine, haben sich schon im Löwenbräukeller hören lassen. Engländer, Russen, Amerikaner, Italiener, Spanier, Franzosen, Ungarn, und – Zigeuner haben ihre nationalen Weisen dort zum Besten gegeben: Österreicher und Tiroler fehlten natürlich nicht – sie wurden stets mehr zu den ›Deutschen‹ gezählt. Daneben konzertierte aber auch ab und zu die Elite der Künstlerkapellen. Wie oft hat Meister Strauß dort seinen Taktstock geschwungen! Das deutsche Lied hat in den Räumen des Löwenbräukellers schon seine höchsten Triumphe gefeiert; in Konzerten, bei Festversammlungen und bei feierlichen Gelegenheiten aller Art kam es hier zum Vortrag.*«[131]

Der Thomasbräu, die Schwabinger Brauerei, der Hackerbräukeller, das Café-Restaurant Controlor im Nymphenburger Schloßrondell und der nicht weit entfernte große Volksgarten am Romanplatz verfügten um die Jahrhundertwende sogar über eigene Orchester. »*Wer die sublimeren Musikgenüsse lieber am Urquell bei den Philharmonikern oder in der Oper hören wollte*«, schreibt der Schriftsteller Karl Spengler (1901–76), der große Schilderer Münchner Geschichte und Lebens[132], »*der bevorzugte die Biergärten der Stille. Den Augustinerkeller vor allem, dem ein frühes Verbot zum Vorzug geworden ist. Zwischen ihm und dem Gebäude der Eisenbahndirektion nämlich wurde einst die Richtstätte … hinausverlegt für jene Malefikanten, die zum Tod durch das Schwert verurteilt waren. Die Errichtung des Knorrkellers, …, brachte die Verfügung, keinerlei Musikveranstaltungen abzuhalten an der Todesstätte der einstigen ›armen Sünder‹, die übrigens an Ort und Stelle verscharrt worden sind.*«

Ständig neue Bier-Lieder

In den Münchner Bierkellern, vor allem im Bockkeller, später ebenso auf dem Oktoberfest, wurde von den Besuchern auch sehr viel gesungen. Bis nach dem II. Weltkrieg verkauften Sänger und Musikanten sowie Händler fliegende Blätter und Liederhefte mit Texten gebräuchlicher und neuer Lieder. »Bierzeitungen« brachten (oft in guter Ausstattung, da sie zugleich ein wichtiges Werbemittel der Brauereien bzw. der Wirte waren) »neue« Lieder und Musikstücke heraus, Verlage nahmen sich der Komposition und des Drucks neuester Bockwalzer an.

Diese mehr oder minder regelmäßig erscheinenden »Bierzeitungen«, die meist nur einmal jährlich aufgelegten Gedenkblätter und die immer wieder neu gedruckten Liederhefte spielten für die Bierliebhaber und vor allem bei den Bierfesten eine immer wichtigere Rolle. *»Welche Stellung der Bockkeller in der öffentlichen Geselligkeit einnahm, geht daraus hervor, daß es ›Bockdichter‹ gab, die über die Frühjahrsbierprobe geschrieben haben, daß in der*[satirischen Zeitschrift] *›Stadt-Frau-Bas‹ und dem ›Münchner Bockblatt‹ Gedichte auf den Bockkeller und den ›Bock‹ geschrieben wurden, und daß fast alljährlich eine Bockzeitung herausgegeben wurde.«*[133]

1829 stellte sich erstmals ein »Wöchentlicher Anzeiger für Biertrinker« seinen Lesern vor und kam glänzend an. Dieser »Bieranzeiger«, wie das Blatt im Volksmund bald hieß, wurde zum Prototyp einer ganzen Reihe von Münchner Bierinformations-Periodica, die bis in den I. Weltkrieg auf seriöse wie ebenso auf skurrile Weise den Pressemarkt in München bereicherte. Als letzte in dieser Reihe erschien ab 1888 die »Münchner Bierchronik«, *»viel gelesen, viel kommentiert (selbst in der Londoner ›Times‹), viel gelobt und viel kritisiert (von den Münchner Bräu, die bei ihrer Lektüre nur zu oft ins Schwitzen kamen) – in ununterbrochener Folge bis 1916. Ihre Spezialität war es, die Titelseite grundsätzlich mit dem berühmt gewordenen ›Münchner Bierometer‹ unter Vorwegnahme heutiger Warentestpraktiken aufzumachen«*[134]. Im Innern des Blattes finden wir sogar Bilanz- und andere Berichte über die Münchner Brauereien, offizielle Bekanntmachungen und »Neuigkeiten aus dem Wirtsgewerbe« über nicht immer ganz ernsthafte »Geschäftsnotizen« bis hin zu Humorvollem und schlichten Anzeigen.

Die zur Salvator-Probe auf den Nockherberg geladene Prominenz erhielt einst auch ein Heft »Rund um den Salvator« zum mitnehmen. Derartige Salvator-Gedenkblätter, allerdings noch bescheidener, flatterten schon seit 1837 in die Welt hinaus. 1886 begann die Zacherlbrauerei dann mit der regelmäßigen jährlichen Herausgabe solcher Gedenkblätter, in denen bekannte Autoren (darunter auch die Festredner beim Salvator-Anstich) und berühmte Zeichner in übermütiger Laune dem Starkbier huldigten.[135]

Wie andere Münchner Gaststätten mit Musik- oder sonstigen Unterhaltungsprogrammen, brachte der Zacherlbräu zum Salvator-Ausschank auch ein eigenes Textheft mit populären Unterhaltungsliedern heraus. Da durfte »Der Postillon«[136], der »Kreuzfidele Kupferschmied«, das Couplet »So lang der Alte Peter« (s. hierzu »Solang der alte Peter…« – ein Wiener Couplet! in diesem Band), das Couplet vom »Kanapee«, die »Holzauktion« und natürlich das seinerzeit im Bockkeller schon außerordentlich populäre »Gut'n Morg'n, Herr Fischer« nicht fehlen. Die Beliebtheit dieser Melodien ist

Die Münchner Bier- und Wirtshauskultur

Titelseite der »Münchner Bier Chronik« vom März 1906 mit dem berühmten »Münchener Bierometer«

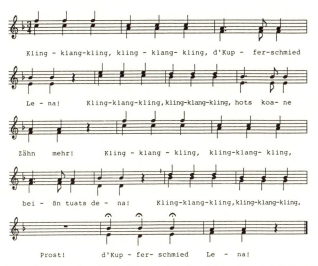

Geselliges Trinklied von der »Kupferschmied Lena« aus der Mitte des 19. Jahrhunderts. Beim »Kling-klang-kling« wurde mit dem Besteck an die Krüge oder Gläser geschlagen oder diese selbst zusammengestoßen. Der Landlerrhythmus wird kurz vor dem Schluß unterbrochen, in die entstehende Pause wird »Prost« geschrieen und getrunken. Dieses Lied kann von der Tischgesellschaft mehrmals, oft mit unterschiedlicher Lautstärke gesungen werden. Die vorliegende Fassung (1. Stimme, Text, Ablauf) hat im Herbst 1976 eine Tischgesellschaft bei einer Hochzeit im Hirschgarten gesungen.

auch daran ersichtlich, daß sie sich zur gleichen Zeit in zahlreichen Musikanten-Handschriften in Bayern wiederfinden[137]. »Der Postillon« tauchte sogar als Tanzweise mit eigener Tanzform bis nach dem II. Weltkrieg im Repertoire ländlicher Tanzmusikveranstaltungen auf. Soldaten wiederum, die im Bockkeller meist in Gruppen auftraten, weil sie sich im Kollektiv wohler fühlten, sangen Lieder, die sie auf dem Marsch, in den Übungslagern oder im Feld gesungen haben[138].

Die drei Salvator-Lieder »Gut'n Morg'n, Herr Fischer«, »So lang der alte Peter« und »Mir san net von Pasing« hat der schon erwähnte Pschorr-Abkömmling Richard Strauss in seinem Singgedicht »Die Feuersnot« zitiert, und zwar in der Strafpredigt des Kunrad, in der Strauss die Münchner des Spießertums bezichtigt und ihnen den Vorwurf macht, sie hätten einst dem Meister Reichhart (womit er sein Vorbild Richard Wagner meint) das Leben zur Hölle gemacht. Die 1901 in Dresden uraufgeführte »Feuersnot« ist übrigens die einzige Oper, die in München spielt! Daß sie sich trotz anfänglich starker Erfolge nicht auf den Spielplänen halten konnte, liegt ausschließlich an dem von dem 1893–99 in München ansässigen Dramatiker und Romancier Ernst von Wolzogen (1855–1934) verfaßten Text dieses derb-heiteren Einakters, der voller Anspielungen und Zeitglossen steckt und daher heute in seinen Einzelheiten nicht mehr verständlich ist.

Heute spielt nur im Hofbräuhaus als einzigem der einstigen Münchner Bierpaläste noch täglich von 11 Uhr vormittags bis Mitternacht eine Blaskapelle. Mitschunkeln und Mitsingen bekannter Schlager ist dort noch an der Tagesordnung.

Der Drang der Münchner zum Biergenuß im Freien
Gartenwirtschaften waren immer schon sehr beliebt

Ebenso beliebt wie die Biergärten auf den Bierkellern waren die Gartenwirtschaften außerhalb der alten Stadttore, obwohl diese dem Biersatz, d.h. der bereits mehrfach erwähnten üblichen Preisbindung des Biers nicht unterlagen und somit ihren Bierpreis selbst festsetzen konnten.

Gartenwirt wurde man übrigens nicht durch den Besitz und die Nutzung eines Hausgartens, sondern allein durch den von der Gewerbepolizei anerkannten Betrieb eines geräumigen öffentlichen Gartens[139]. Im Biedermeier spielten Gärten eine große Rolle. Man sah in ihnen ins Freie hinausverlegte »verlängerte« Wohnstuben[140]. Deshalb wurde auch der Ausbau öffentlicher Gärten mit Eifer betrieben: der 1789 begonnene Englische Garten wurde erweitert (1802–12 Ausbau des Kleinhesseloher Sees, ab 1810 Einbeziehung der Hirschau bis zum Aumeister), 1804–14 der (Alte) Botanische Garten angelegt und der Nymphenburger Schloßpark 1804–23 in einen englischen Landschaftsgarten umgestaltet.

»Die Schenkgärten sind meist aus Pflanz- und Nutzungsgärten erwachsen,« erläutert uns Joseph Burgholzer 1796[141], *»als eine unmittelbare Folge der Ausgänge des Volkes aus der Stadt; so daß um des Schenkens (nämlich des Bieres) willen alle übrige Gartenkultur beiseite gesetzt wurde. Denn ›der Garten ist mir lieber mit zehrenden Gästen als mit den wohlriechendsten Blumen besetzt‹, sagen dergleichen Schenkgärtner. Sie versehen ihre Gärten auch mit angenehmsten offenen Bewirtungsplätzen, mit Lauben und luftigen Sommerhäusern, daß es, sich nach Willkür zu vergnügen, niemals und nirgends mangelt. Ihre Ertragfähigkeit kann man daraus abnehmen, daß dergleichen Schenkgärten fast alljährlich erweitert und ihre Gebäude erhöht werden, ja, auch von Zeit zu Zeit sich neue ansetzen. So wurden die seit der fortgehenden Kultur vor dem Neuhauser Tor vom Jahre 1779 und 1780 errichteten Schenkgärten ›zum letzten Pfennig‹ und ›zum letzten Heller‹ genannt...«*

Burgholzer verweist u.a. auf den *»Buttermilchgarten, worin im Sommer von ziehenden Schauspieltruppen öffentliche Spiele aufgeführt werden«.* Bei dem einstigen, auch »Buttermelcher Garten« genannten Lokal, nach dem dort ansässigen Milch- und Butterhändler Melchior, handelte es sich um 1800 ursprünglich um eine beliebte Milch- und nicht um eine Bierwirtschaft, die 1878 Baugelände wurde und von der sich nur der Straßenname erhalten hat. Aus dem nicht weit davon entfernt (beim Angertor) gelegenen, schon 1803 genannten »Glasgarten« (Blumenstr. 18, heute 29) mit seinem 1828 erbauten, elegant eingerichteten Tanzsaal wurde später das Tanzlokal »Neue Welt«. Das Nachfolgeetablissement in den 1899 errichteten Neubau hieß zunächst »Freys Konzertsäle«, drei Jahre später wandelte es sich zum »Varieté Blumensäle«, das sich auch »Erstes Spezialitäten-Theater Münchens« nannte, das Publikum mit artistischen und humoristischen Darbietungen anzogund seine große Blütezeit in den Jahren vor dem I. Weltkrieg hatte. 1921 wurde aus dem Varieté das »Münchner Theater«, 1923 griff das neu eröffnete Café den alten Namen »Blumensäle« wieder auf. 1926 finden wir dann

Das Gasthaus »Turmwirt« an der Ludwigsbrücke (Aquarell von Joseph Puschkin um 1890)

dort den »Mozartsaal – Ein Kunst- und Festsaal«, aber offensichtlich war keinem dieser Unternehmen ein wirtschaftlicher Erfolg gegönnt, denn 1930 wurde das Anwesen zwangsversteigert. Die Gaststätte blieb jedoch noch bis zur Zerstörung im II. Weltkrieg erhalten.

Die Gartenwirtschaften vor den Stadttoren

Die beliebten Gartenwirtschaften lagen deshalb vor den Toren der Stadt, weil innerhalb der Stadtmauern Gärten angesichts des Platzmangels inzwischen ein Luxus waren. *»Vor dem befanden sich selbe auch meist in der Stadt,«* erfahren wir von Burgholzer[142], *»indem auf der Rückseite des Hauses jeder Bewohner zugleich, nach ländlicher Art, seinen Garten hatte. Allein durch die fortgängige innere Anbauung der Stadt wurden dieselben, bis auf einige wenige bei Klöstern und Spitälern wie auch Privathäusern, verdrängt. Eben in diesem Jahre 1795 wurden dergleichen leere Plätze ehemaliger Gärten mit Gebäuden besetzt, als im sogenannten Hadergäßchen [richtig: Hacken-Gasse, heute Hackenstraße] unweit der Sendlinger Gasse mit einem Bräu- und Wohnungsgebäude vom Hackerbräuer... Vor dem Schwabinger Tor führt annoch ein Schenkgarten den Namen Neugarten. Unter die ältesten Schenkgärten gehört die Schießstätte von dem Karlstor,... Daselbst pflegen auch 14 Tage vor Jakobi den Schulkindern ihre Belustigungen vor den Hauptschulen gehalten zu werden, der Gregori genannt, von dem einst gewöhnlichen und in einigen Städten noch gebräuchlichen Umgehen der Schulkinder am St. Gregorientag (12. März), wonach dann in den Privathäusern der Schullehrer*

Kindermahlzeiten gegeben wurden, welche von da ins Offene hervorgegangen, wo die Teilnahme bei dem Volk fast stärker befunden wird«.

Diese seit dem 16. Jahrhundert bestehende Schießstätte wurde 1847 abgebrochen; an ihrer Stelle entstand bis 1849 der im II. Weltkrieg weitgehend zerstörte Hauptbahnhof. Dessen Architekt Friedrich Bürklein (1813–72) entwarf im gleichen neuromanischen Stil auch die neue Schießstätte für die kgl. priv. Hauptschützengesellschaft an der Theresienhöhe 4, die 1853 eingeweiht wurde. Aber schon 40 Jahre später machte die bauliche Ausdehnung der Stadt den Verkauf der Schießstätte notwendig. *»Wohl ist auf diese Weise der frühere Schützenbetrieb auf der Theresienhöhe verschwunden, aber erhalten blieb das Verdienst der Hauptschützengesellschaft, der Stadt München eine Gaststätte geschenkt zu haben, die Dank ihrer vorzüglichen Lage auch fürderhin gerne besucht worden ist.«*[143] Die Schützen erhielten an der Zielstattstr. 2 (heute 6) in Mittersendling eine »Neue Schießstätte«, dessen herrlicher, 2 000 m² großer Biergarten an die 2 500 Besucher aufnehmen kann. Die Alte Schießstätte an der Theresienhöhe brannte 1944 nach einem Luftangriff aus und mußte daraufhin abgetragen werden.

Lorenz Westenrieder nennt uns 1782[144]: *»I. Neuhauserthor ist rechter Hand (die Strasse linker Hand führt nach Landsberg) an beyden Seiten der Hochstraße eine Baumalee bis dahin gezogen, wo sie sich mit der Nymphenburgerstraße vereiniget. Man sieht, wenn man die Straße zum Thor hinausgeht, rechts liegen den Löwengarten, (ein Bierwirthshaus).- den schönen Herzoggarten; dann links den Stachusgarten, ein Bierwirthshaus. Weiterfort links nach der genannten Landsbergerstraß kommen, nach verschiednen Kräutergarten, zween andere Bierwirthsgärten, als nämlich der sogenannte Schmidt- und Singerspielergarten. Rechter Hand aber sieht man gleich nach dem Herzoggarten dem schönen Weinwirths-Hubergarten…«* Auch wenn man die Stadt seinerzeit durch eines der anderen Tore verließ, kam man an ähnlichen Wirtsgärten vorbei, wie z.B. durch das Schwabingertor, da *»hat man links verschiedene Bierwirtshausgärten«* oder das Isartor, da *»sieht man rechts und links verschiedene Bierwirthsgärten«*.

Nach dem Inkrafttreten des Gewerbegesetzes von 1825, das u.a. den durch Anlage und Einrichtung geeigneten Schankbetrieben den Aufstieg zu Tafernwirtschaften ermöglichte, wurden auch verschiedene Gartenwirtschaften vor der alten Stadtmauer in den Rang von solchen erhoben. 1827 waren es allein 20 Gartenwirte, die bis dahin nur über eine Konzession zum Bierausschank verfügt hatten[145].

Einige dieser Gartenwirtschaften lagen in der Nähe der Isar und dienten den Flößern und den Holzhändlern als Treffpunkt. Die berühmteste Flößerwirtschaft war unbestritten das Gasthaus »Zum Grünen Baum«, in dem Tölzer Bier ausgeschenkt wurde, das auf den Flößen die Isar herunter kam, denn der »Grüne Baum« (Floß-Str. 1) befand sich am linken Isarufer direkt an der Unteren Lände zwischen der inneren Ludwigsbrücke und dem Praterwehr. *»Hier trinkt man immer ausgezeichnetes und frisches Bier«*, lobte Felix von Schiller 1843[146]. *»Es ist eine hergebrachte Sitte, nach einem Spaziergang an der Isar hier einzukehren und sich zu stärken. Man kann kein schöneres Plätzchen finden; unter schattigen Bäumen, an den schnell dahinflutenden, grünen Wellen der Isar, belebt durch viele Flöße, gegenüber der Gasteig mit seinen amphitheatralischen Häusern und die Au mit der herrlichen gotischen Kirche; dazu eine freundli-*

che Wirtin und gute Bedienung.« Schon zu Ende des 18. Jahrhunderts gab es vom »Grünen Baum« als einer der originellsten Wirtschaften Alt-Münchens vielverbreitete, mit Versen versehene Kupferstiche. Sogar König Ludwig I. ließ sich hier in den Sommermonaten gelegentlich zwanglos zu einer Maß Bier nieder, vor allem wenn er wußte, daß Künstler oder Schauspieler und Hofopernsänger einkehrten. Gleich nördlich neben der Ludwigsbrücke lag der »Turmwirt«, ein Überbleibsel eines Seitengebäudes des alten »Roten Turms«, der beim Oberländer-Aufstand zu Weihnachten 1705 eine Rolle spielte, und etwas weiter isarabwärts das Gasthaus »Zum Ketterl«, Floßstr. 2. Der Name erinnert an die städtische Holzhüterstelle »am Ketterl«, mit der eine Bierschank-Konzession verknüpft war. 1696 übernahm Balthasar Ketterl diese Bierzäpflerei von Theresia Huber. Die letzten Ketterl-Wirtsleute ließen 1864 einen »Glassalon« anbauen, der als Tanz- und Festsaal sowie als bescheidene Volkssängerbühne diente. Beim »Turmwirt« gab es die meiste »Straßenkundschaft«, auch die Fuhrleute, die zur Au hinausfuhren, kehrten hier gern ein. Von den baumbestandenen Wirtsgärten aus konnte man das Treiben auf dem Fluß und an der Lände gut beobachten. Als die Untere Lände aufgelassen wurde und die Isar 1881–90 zwischen der inneren Ludwigs- und der Maximiliansbrücke hohe Ufermauern bekam, wobei die Steinsdorfstraße entstand, mußten die beliebten Wirtshäuser »Turmwirt«, »Grüner Baum« und »Ketterl« 1886/87 abgebrochen werden. Ein Nachkomme der Wirtsleute Hitzelsberger eröffnete an der Ländstraße eine neue Wirtschaft unter dem traditionsreichen Namen »Zum Grünen Baum«, die, mit Erinnerungsstücken aus dem alten Haus ausgestattet, bis 1910 bestand.[147]

Gegenüber der Isar, auf dem östlichen Ufer, lag an der Zweibrückenstr. 15 (heute Lilienstr. 87/Ecke Zeppelinstraße) und damit direkt an der Burgfriedensgrenze der bereits 1660 erwähnte »Kaisergarten«, der in der Zeit des gleich südlich (und somit in der Au) anschließenden Schweigerschen Vorstadttheaters 1830-65 den Theaterbesuchern als beliebte Einkehr diente. Der in dem nach 1896 entstandenen Neubau betriebene »Gasthof & Singspielhalle zum Kaisergarten v. Johann Betz« mußte 1910 den Museumslichtspielen weichen.

Und zu diesen Wirtshäusern an der Ludwigsbrücke gehört natürlich auch *»der Prater, ein herrlicher, schattiger Platz und Garten, auf einer von der Isar gebildeten Insel, mit einem sehr freundlichen Salon geziert, in welchem in den Wintermonaten manche fröhliche Abendgesellschaften, namentlich von den Künstlern, veranstaltet werden. An allen Freitagen im Sommer ist gute Gesellschaft im Prater zu treffen; ein ungewöhnliches Leben herrscht hier, mehrere gute Musikchöre, Feuerwerk und Illumination tragen das ihrige dazu bei. An Sonntagen ist hier immer Tanz- und Harmoniemusik, wo sich aber nur die niederen Klassen der Bevölkerung vergnügen.«*[148] 1810 hatte der Wirt Anton Gruber auf der bis dahin noch unbesiedelten Insel gegenüber der Holz-Lände dieses Praterlokal eröffnet (1850: Abrecher 4). Der Münchner Maler, Radierer und Lithograph Carl August Lebschée (1800–77), der uns den Prater 1830 auf einer Lithographie überliefert hat[149], warnt allerdings: *»Wer solche mit Madrid's Prado oder dem Wiener Prater vergleichen wollte, würde sich freylich sehr lächerlich machen.«* Um im nächsten Satz aber sofort hinzuzufügen: *»Hingegen zeichnet sie sich durch die wassereiche erfri-*

Das 1810–66 bestehende Wirtshaus auf der Praterinsel (Zeichng. v. Carl August Lebschée 1830)

schende Begränzung, durch die hohen Bäume und niedliche Lauben, unter deren Schatten man ruhet, die Musik anhört, und dem Tanze zusieht, und durch artige Gebäude vorteilhaft aus... Der Besuchende wird eine große, zwar sehr vermischte, aber durch gutmüthig lärmende Fröhlichkeit anziehende Gesellschaft finden, und ein treues Bild der Münchner niedern Volksthümlichkeit sich erwerben.« 1866 ging das Unternehmen ein und wurde im Jahr darauf versteigert. Bis 1987 stand dann an seiner Stelle die 1835 gegründete Riemerschmiedsche Likörfabrik.

Eine zweite Kategorie von Gartenwirtschaften säumte die wichtigsten Ausfallstraßen der Stadt und verfügte über große Stallungen und Wagenremisen. Hierzu gehörte z.B. die Tafernwirtschaft »Zum Postgarten« (Zweibrückenstr. 8). 1787 hatte der Bierwirt Franz Xaver Kregl den großen Garten »*rechts vor dem Isator*« gekauft und dort ein Wirtshaus erbaut. Als der Posthalter Josef Hester, nach dessen Beruf später das Wirtshaus benannt wurde, Besitzer war, schlug während des I. Koalitionskrieges (1792–97) der Napoleonzeit bei einem Artillerieduell der Österreicher und der Franzosen am Gasteig und am linken Isarufer, wobei der Rote Turm zerstört wurde, auch eine Kanonenkugel in sein Haus ein. Eine Gedenktafel erinnerte daran: »*Nach Beschießung des Roten Tores durch Marschall Condé am 8. September 1796 hier gefunden.*«[150] Der Neubau von 1907 mit dem Fassadengemälde »Postillion mit seinem Pferd« von Gottfried Klemm überstand zwar den II. Weltkrieg, fristete dann aber 1971–1982 sein Dasein als Schnellgaststätte; heute finden wir einen amerikanischen Fleischpfanzl-Brater darin [Pfanzl von Pfanne, nicht von Pflanze![151]]. Dagegen gibt es den unweit des Sendlinger Tors gelegenen »Krabler-Garten«, Thalkirchner Str. 2, heute noch, benannt nach Johann Krabler, der die schon länger bestehende Bierwirtschaft 1863–69 betrieb. Der dazugehörige Biergarten bestand jedoch auch nur bis 1978. Sein alter Baumbestand mußte trotz heftiger Bürgerproteste einem ab 1981 errichteten Neubau weichen, in dem jedoch wenigstens die Gaststätte samt dem alten Namen weiterlebt.

Der Nockhergarten und die Nockherschwaige

Die dritte und wichtigste Gattung diente fast ausschließlich dem geselligen Leben der Münchner. Tanzsäle, Unterhaltungsplätze, Kegelbahnen, Karussells, kühle Arkaden, lauschige Lauben und schattige Baumgruppen luden zum geselligen Verweilen ein. Hier ist als Beispiel der »Nockhergarten« zu nennen, der Mitte des vorigen Jahrhunderts sogar dem ganzen Berg zwischen der Au und Giesing den Namen gab. Er entstand aus einem Teil des ehemaligen Giesinger Kotterhofs, den 1775 Marquart Graf von Kreith erwarb, aber schon 1789 an den Bankier Jakob Nockher weiterverkaufte. Das nunmehrige »Nockherschlößl« an der einstigen Auer Bergstraße (seit 1857 Nockherberg 8), ging dann um 1820 weiter an Balthasar Peter, der unmittelbar daneben schon den Krebsbauernhof besaß und in dem »Schlößl« ein Gasthaus eröffnete, in dem *»jeden Sonntag nachmittag bei guter Witterung Tanzmusik von 3 bis 11 Uhr«* erklang. Das florierende Wirtshaus stach dem Paulanerbräu Franz Xaver Zacherl ins Auge. 1837 gelang es ihm, dem Krebsbauern den »Nockhergarten« abzuhandeln. Weil aber Zacherl unter dem fadenscheinigen Hinweis auf eine noch offene Rechnung für Trebern, die Balthasar Peter aus der Brauerei bezogen hatte, hartnäckig die letzte Rate des Kaufpreises verweigerte, kam es zu einem Prozeß, den Zacherl verlor[152]. Als 1903 die Straße auf den Nockherberg abgeflacht und verbreitert wurde, mußten der Nockhergarten und der Krebsbauernhof weichen[153].

»Südlich der Stadt auf der rechten Flußuferhöhe ist das alte Dörfchen Harlaching und noch weiter – 2 Stunden von der Stadt entfernt – die einsame ›Menterschwaige‹ von denen namentlich die letztere um ihrer trefflichen Wirthschaft ihres benachbarten Wäldchens und der köstlichen Aussicht willen, welche man in das Isarthal und nieder zur Stadt genießt, einen der besuchtesten Lieblingsplätze bildet.«[154] Auch hier begegnen wir den beiden Namen Graf von Kreith und Nockher. 1660 hatte Kurfürst Ferdinand Maria die Trümmerstätte des von den Schweden im 30jährigen Krieg 1632 zerstörten Sitzes zu Harthausen Maximilian Graf von Kurz geschenkt. Er ließ dort einen Hof als Schwaige erbauen. Diese ging Ende des 18. Jahrhunderts wie der Giesinger Kotterhof an Marquart Graf von Kreith und kam 1803 ebenso an den Bankier Jakob Nockher, der dort nun eine Wirtschaft einrichten ließ, die den Namen »Nockherschwaige« erhielt. Nach dem Erwerb durch die Menterbrauerei 1807 bürgerte sich die noch heute gebräuchliche Bezeichnung »Menterschwaige« ein. Carl August Lebschée zeichnete 1830 auch die Menterschwaige und schrieb dazu: *»Diese Schwaige, früher unter der Benen-*

nung ›Nocker-Schwaige‹ bekannt, ist in der neuesten Zeit einer der besuchtesten Belustigungsorte und verdient es zu seyn... Vorzüglich erhält er durch die ihn umgebenden angenehmen Wäldchen von Laubholz einen ihm eigenthümlichen Reiz...« Richard Bauer berichtet uns dazu[155], daß diesen Ausflugsort »besonders die Münchner Künstler aufsuchten. Hier tagte die Gesellschaft ›Alt-England‹ und angeblich soll in einem Nebengebäude einmal sogar Lola Montez übernachtet haben, als es galt ein Duell zu verhindern, das ihretwegen im Morgengrauen des nächsten Tages ausgetragen werden sollte. Seit 1921 ist die Löwenbrauerei Eigentümerin der Gaststätte, die ›dem Münchner ans Herz gewachsen ist, wie das schöne Isartal‹.« Der Biergarten der zwischen Isar und Perlacher Forst gelegen Wirtschaft (Harthauser Str. 70) bietet noch heute über 2 000 Plätze an.

Auch der Name des 1806 von Franz Xaver Zacherl (der im selben Jahr die ehemalige Paulanerbrauerei gepachtet und 1813 gekauft hatte) als Brauereiausschank gegründeten »Zacherlgarten« (Ohlmüllerstr. 40) besteht heute noch. Die alte Wirtschaft wurde im II. Weltkrieg zerstört, dann bis 1961 nur in einem Behelfsbau weitergeführt und schließlich im Jahr darauf in einem Neubau wiedereröffnet[156].

Nicht nur »gemein Leut« im Neudecker Garten

Damit kommen wir auch schon zu dem unterhalb des Nockherbergs und schräg hinter der Auer Mariahilfkirche gelegenen Neudeckergarten (Neudeck 2½) eine ebenfalls im 18. und 19. Jahrhundert außerordentlich populäre Wirtschaft. Der Hofgärtner zu Neudeck, Johann Georg Preitenbach († 1699), verschleißte im Garten des Schlößls wie ein gewöhnlicher Wirt Bier und duldete, um Trinkgelder zu bekommen, allen möglichen Unfug. 1690 sah sich die kurf. Baudirektion zu heftiger Klage veranlaßt, daß allerhand »gemein Leut« in den Garten kommen, dort mit Scheibenschießen, Tanzen, Kegelscheiben, Paschen und Zechereien sich verlustieren, sogar in die Zimmer des Schlosses eingelassen werden, deren Öfen und Fensterstöcke die angeheiterten Gäste ruinieren. Auch die benachbarten Paulaner beklagten sich über unausstehlichen Lärm und Geschrei der betrunkenen Zecher. Preitenbach und der Torwart des kurfürstlichen Schlosses Neudeck erhielten einen strengen Verweis. Der Bierausschank wurde Preitenbach auf ein Achtel der bisherigen Menge eingeschränkt. Später erhielt Preitenbach den Neudecker Garten mit seinem bisherigen Sold als Hofgärtner, der Wohnung und der Bierzäpflerei ganz überlassen, mußte dafür jedoch die gesamten Kosten für die Unterhaltung des Gartens und der Gebäude tragen. Nach dem Tod von Johann Georg Preitenbach 1699 führte sein Sohn Martin († 1719) den Neudecker Garten auf eigene Rechnung, bis der Hof 1715 die Instandhaltung des Gartens wieder selber übernahm. Das Schlößl wurde notdürftig ausgebessert und an »Inleute« vermietet, die im Garten viel verwüsteten oder stahlen. Auch die Panduren richteten im Österreichischen Erbfolgekrieg arge Verwüstungen an. Derweil führten 1725–47 der Neudecker Gärtner Anton Reiter und 1747–55 der letzte dortige Hofgärtner Anton Mathias Prugger die Bierzäpflerei weiter[157]. Auf einem Gemälde aus dem Jahr 1747 schildert uns der kurf. Hofmaler Peter Jakob Horemans detailliert eine »Hochzeit im Neudecker Garten in der Au«[158]. Es handelt sich dabei der Tracht nach offensichtlich um ein Brautpaar aus dem gehobenen Bürgertum oder dem niederen Adel samt Verwandtschaft. Merkwürdig ist allerdings, wie es einem bloßen Bierzäpfler erlaubt und möglich war, eine derartige große Hochzeit auszurichten.

1755 übernahmen die Paulaner die Bierzäpflerei im Neudecker Garten, 1799 löste sich das Paulanerkloster auf. Der zum Klosterareal gehörige Neudecker Garten wurde an Kaspar Mareis verkauft, der dort dann eine Gartenwirtschaft mit Schießstätte betrieb, die von den Münchnern gern besucht wurde (auf den dortigen Betteltanz an Kirchweih wird in dem Aufsatz »Um 6 Uhr früh zum Tanzen?« in diesem Band kurz eingegangen). Die Wirtschaft, 1905 durch einen Neubau ersetzt, wurde im II. Weltkrieg völlig zerstört.

»*Gehen wir zum ›Postfranzl‹ oder in den ›Friedenheimer Garten‹,*« rät uns Karl Spengler[159], »*beide in der Landsberger Straße. Der ›Postfranzl‹, um 1820 erbaut und damit das älteste Haus in der Schwanthalerhöh, an der Ecke der Schrenckstraße mit drei oder vier Kastanien im Eckgeviert des Gartens, ist das Muster eines schier noch bäuerlich gestimmten Wirtsgartens bis zum letzten Krieg gewesen… Unweit davon findet man, ein Beispiel für viele unserer kleinen Wirtschaften, den ›Friedenheimer Garten‹. Kastanien rauschen im Freien, das Haus hat sich nicht verändert. Bis zum Ersten Weltkrieg war es der samstägliche Treffpunkt der Schwanthalerhöher Kocherl und der Artilleristen und Infanteristen vom Kasernenviertel jenseits der Bahn. Jeden Samstag Tanz mit anschließendem oder auch abschließendem Raufvergnügen. Um irgendein Madl…*« Der »Postfranzl« wurde 1993 abgebrochen.

Auch die 1903 Am Priel 1 (heute Flemingstr. 16) entstandene Ausflugswirtschaft »Herzogpark« ist noch zu erwähnen, die sich damals noch auf einer weiten, unbebauten Fläche befand. In dem riesigen dazugehörigen Biergarten standen hunderte von festmontierten Bänken und Tischen sowie Klapptische und -stühle. Bei den berühmten Maifesten waren bis zu 12 Schänken geöffnet und manchmal musizierten vier Musikapellen gleichzeitig. 1928 wurden die Räumlichkeiten der beliebten Einkehr erweitert und Tennisplätze angelegt. Das Wirtschaftsgebäude wurde im II. Weltkrieg zerstört und danach nur mehr in kleinem Rahmen aufgebaut, doch bestand der Biergarten immerhin noch bis 1953. Dann wandelte man das Gelände in Tennisplätze um. Das ehemalige Wirtshaus besteht noch als Club-Lokal weiter[160].

Der »Tegernseer Garten« (Tegernseer Landstr. 75) ist weniger als solcher erwähnenswert, als wegen seinem berühmten Wirt, dem legendären Steyrer Hans (1849–1906). Der Überlieferung zufolge konnte er Hufeisen mit der Hand zerbrechen, mit Kanonenkugeln jonglieren und einen Stein von 528 Pfund allein mit dem Mittelfinger heben. Das Steinheben im Löwenbräukeller zur Triumphator-Starkbierzeit im Frühjahr erinnert alljährlich daran. Der Steyrer Hans trat mit seinen Kraftakten zuerst in München auf, bekam dann aber auch Engagements in anderen großen Städten in Deutschland und 1880–85 sogar im Ausland, wie in Wien, Amsterdam, Antwerpen, Rotterdam und Paris. In München heiratete er die Metzgerstochter Mathilde Schäffer. Von seinen Auslandsreisen hatte er einen schönen Batzen Geld mitgebracht, der zusammen mit der

Mitgift seiner Frau ausreichte, um sich eine Wirtschaft in der Lindwurmstr. 195 zu pachten, die er »Gasthaus zum bayerischen Herkules« nannte. Dann übernahm er den »Tutzinger Hof« Ecke Bayer-/Hermann-Lingg-Straße bis er 1890 die kleine Wirtschaft »Tegernseer Garten« in Giesing kaufen konnte, die er ausbaute und bis zu seinem Tod bewirtschaftete. Seine Witwe führte das nunmehrige »Restaurant zum Steyrer Hans« noch bis 1923 weiter[161]. Von 1879 bis 1903 bewirtschaftete Steyrer auch eine Bierbude auf dem Oktoberfest. 1887 zog er erstmals mit einer Musikkapelle und seinem Personal sowie einem Bierfuhrwerk durch München zur Theresienwiese, woraus sich später der heute noch übliche Einzug der Wies'n-Wirte am Eröffnungssamstag des Oktoberfests entwickelte.

Mit der Betriebsumstellung von einer Tafernwirtschaft zu einem Hotel gegen Ende des 19. Jahrhunderts verschwanden die alten Wirtshausnamen mit dem Zusatz »...garten« nach und nach: Aus dem Stachusgarten wurde das Hotel Stachus, aus dem Schmidgarten das Hotel Rheinischer Hof und aus dem Hubergarten das Hotel Augsburger Hof (heute Königshof). Aber es blieben auch alte Namen erhalten, wie jener »Zum großen Rosengarten« (Schützenstr. 3). Mitte des 19. Jahrhunderts betrieb Fr. Hörl auf dem heute zum Baukomplex des Telegrafenamts gehörigen Nachbargrundstück (Schützenstr. 5) eine Gastwirtschaft gleichen Namens. Der »kleine Rosengarten« befand sich übrigens in der Sonnenstr. 15 – aber das ist jedoch wieder der umgekehrte Fall: 1900 wurde daraus das Hotel »Reichshof«.

Wirtshäuser in ehemaligen Jagd- und Forsthäusern und im Englischen Garten

Mit dem zunehmenden Ausbau des Eisenbahn-Netzes um München in der zweiten Hälfte des vorigen Jahrhunderts unternahmen diejenigen, die es sich leisten konnten, an Sonn- und Feiertagen immer weiter von der Stadt wegführende Spaziergänge und Ausflüge, was die Gründung neuer »Ausflugsetablissements« begünstigte. Das Münchner Sommerleben *»beginnt offiziell mit dem obligaten Pfingstausflug, der bald in weite Ferne mit der Bahn, bald zur Großhesseloher Kirchweih oder auch nur an einen Vergnügungsort im Englischen Garten gemacht wird. Der sonntägliche Ausflug spielt im Leben des Münchner Kleinbürgers eine große Rolle.«*[162] Um die Jahrhundertwende kamen als Beförderungsmittel noch die Straßenbahn und für Sportliche das Fahrrad hinzu. So wurden dann auch einige Wirtschaften recht beliebt, die in Gebäuden der seinerzeitigen Kgl. Hofjagd-Intendanz entstanden, und da sie draußen in den Auen oder Wäldern lagen, konnte dort auch jeweils ein attraktiver Wirtsgarten eingerichtet werden.

Der heute größte Münchner Biergarten: der Hirschgarten

Schon 1720 war ein Teil im Norden des Forstenrieder Parks zwischen Laim und Neuhausen eingefriedet und als Fasangarten genutzt worden. 1767 wurde ein Hasengarten, dann 1771 ein Hopfenbau-Versuchsgelände angelegt (*»zu mehrer Entbehrung des* *böhmischen Hopfens bei den churfürstlichen Bräuhäusern*«) und 1776 sogar eine Maulbeer-Plantage für die Seidenerzeugung eingerichtet. 1780 ließ Kurfürst Karl Theodor durch den Obristjägermeister Theodor Freiherr von Waldkirch neuerlich einen 131 Tgw. umfassenden Teil umzäunen, der fortan der Hege von Hirschen diente. Zehn Jahre später wurde an der Nordwestecke des Hirschgartens ein klassizistisches Jagdschlössl errichtet, in dem sich der Kurfürst jedoch lediglich zwei kleine Zimmer für den Hof reservierte. Außerdem war es Sitz eines Oberjägers. Alle übrigen Räume standen den Besuchern offen und mit kurfürstlicher Erlaubnis begann der Oberjäger ab 1791 eine Wirtschaft zu betreiben, die nach kurzer Zeit mit ihrem typischen Münchner Tanzpavillon und den zwischen den Tischen frei herumlaufenden zahmen Hirschen eine Attraktion für die Münchner wurde. Zwar wurde 1844 der südliche Teil des Hirschgartens für den Bau der Eisenbahn abgetrennt, wofür 1892, 1913, 1942/43 und 1956 weitere Flächen abgegeben werden mußten, trotzdem ist der Hirschgarten heute noch bei den Münchnern unvermindert beliebt, wozu der mit 8 000 Plätzen größte Münchner Biergarten sicherlich einen wesentlichen Teil beiträgt.

Im Englischen Garten spazieren – aber nur wegen der Wirtshäuser!

1810/11 ersetzte ein Neubau das hölzerne Amtshäusl des für das landesherrliche Jagdrevier in der Au vor dem Schwabinger Tor zuständigen Aujägermeisters, der bis dahin seinen Dienstsitz im Lehel hatte. Schon dieser »Wald- und Aumeister« hatte neben seinen wildhegerischen Pflichten auch die Teilnehmer an den Hofjagden zu bewirten. Mit der Zeit entwickelte sich dann der »Aumeister« am nördlichen Rand der Hirschau zu einem weiteren beliebten Ausfluglokal für die bürgerliche Münchner Gesellschaft. Nach dem Ende der Monarchie 1918 wurden Jagdaufsicht und Gastwirtschaft getrennt und letztere erhielt einen privaten Pächter. Der Biergarten beim »Aumeister«, (Sondermeierstr. 1) hat heute rund 2 500 Plätze.

1835 mokierte sich der schön öfters zitierte Schriftsteller August Lewald[163]: »*Der Münchner geht in der Regel nicht spazieren, er geht nur nach irgend einem Wirthshause, wie man dieß sonst nur in kleineren Städten findet. Daher ist der köstliche englische Garten, in der nächsten Nähe der königlichen Residenz, so einsam, so ausgestorben. Keine größere Stadt, am wenigsten die Hauptstadt eines Landes zeigt diese Erscheinung...*« Da muß wohl etwas dran gewesen sein, denn nur acht Jahre später bedauerte auch Felix von Schiller[164]: »*Der Englische Garten wird eigentlich viel zu wenig von den Münchnern gewürdigt. Die vornehme Welt fährt und reitet darin spazieren, der echte Münchner benützt ihn aber nicht an und für sich, sondern nur als Durchgang zu den in seiner Nähe liegenden Orten Neuberghausen, Föhring, Brunntal, Schwabing usw., wo gutes Bier ist.*« Dabei gab und gibt es teilweise noch heute auch im Englischen Garten selbst schöne Wirtshäuser und -gärten. 1911 finden wir in einem Reiseführer[165] jedoch als Gartenwirtschaften nur aufgeführt: »*Milchhäusl, Chinesischer Turm, Tivoli und Kleinhesselohe, alle im Englischen Garten*«. Das »Milchhäusl« ist schon vor Jahrzehnten abgegangen. Es befand sich an der Gyslingstr. 1 in der Hirschau und ist vermutlich in den 20er Jahren des vorigen Jahrhunderts entstanden, jedenfalls existierte das Gasthaus 1808 noch nicht, aber dann 1826. Nach einer Abbildung am einstigen Gasthaus war dieses 1842 noch ein eingeschossiges Giebelhaus, für das 1887 ein Küchenanbau an der Rückseite genehmigt wurde. Im März 1959 mußte das »Milchhäusl« dem Bau des Mittleren Rings weichen. Bei dem jetzigen »Milchhäusl« direkt am Oberstjägermeisterbach in der Hirschau handelt es sich lediglich um ein Imbißstandl.

Leider sind auch einige andere, einst bei den Münchnern gern aufgesuchte Wirtshäuser am Ostrand des Englischen Gartens abgegangen. Auf einem Grundstück südlich der 1808 errichteten Neumühle am Ostrand des Englischen Gartens, ließen ab 1810 der Hoflieferant und Bankier Raphael Kaula und seine Gattin Josephine, die Eltern der 1829 von Joseph Stieler im Auftrag von König Ludwig I. für die Schönheitengalerie gemalten Nanette Kaula (1812–77), zuerst einen Spielgarten für ihre Kinder anlegen und dann ein Sommerhaus im klassizistischen Stil erbauen. Nach dem Tod von Raphael Kaula wurde 1828 das Anwesen (heute Tivolistr. 4) in eine Ausflugswirtschaft umgewandelt, die erst »Lindner'scher Garten« hieß, dann aber bald den für Vergnügungsstätten beliebten Namen »Tivoli« erhielt. 1839 kaufte die »Ludwigs-Walz-Mühl-Aktiengesellschaft zu Tivoli« das Gelände, verpachtete jedoch die Wirtschaft weiterhin, die sich mit einem Kinderkarussell, einem Kaffeepavillon, einem Schwimmbad im Sommer und einer Eislaufbahn im Winter großer Beliebtheit erfreute. Sie bestand bis 1922. Zwei Jahre später wurde das Wirtshaus abgebrochen und an seiner Stelle Villen errichtet (heute Tucherpark).

»Paradiesgarten« und »Himmelreich«

»Da ist das schöne stattliche Wirthshaus zum Paradiesgarten«, berichtet uns Eduard Fentsch[166], *»mit Carroussel und Schaukel und sonstigen Vergnügungsmitteln für die nachwachsende Generation, während im Hause selbst durch einen ganz ansehnlichen Tanzsaal auch für die Tanzlust der älteren Generation gesorgt ist«*. Die am Nordende des kgl. Holzgartens an der Bogenhauser Str. 2 gelegene, 1828 gegründete und 1851 im Eigentum des Maderbräus Joseph Lochner stehende, lauschig biedermeierliche Ausflugsgaststätte »Paradiesgarten«, lockte mit ihren sonntäglichen Musiken die Münchner in Scharen an. 1895 mußte der »Paradiesgarten« allerdings Wohnungsbauten weichen. Seit 1898 erinnert nur noch eine Straße an das einst beliebte Lokal.

Auch die 1900 so benannte, nur wenige Meter entfernte Himmelreichstraße trägt ihren Namen nach einer früheren Gartenwirtschaft mit dem nicht minder idyllischen Namen »Zum Himmelreich« neben dem Dianen-Bad westlich des Eisbachs (Bogenhauser Str. 2a, heute Oettingenstr. 41). 1864 erscheint hier erstmals ein Josef Darchinger als Wirtshauspächter. Doch dem »Himmelreich« war keine lange Lebensdauer vergönnt: Im Zug der Bebauung der Oettingenstraße im Lehel ab den 90er Jahren mußte auch dieses Wirtshaus weichen. 1901 ließt die Kunstmühle Tivoli die Gebäude abbrechen und an deren Stelle ein Wohnhaus errichten[167].

WIRTSHÄUSER IM ENGLISCHEN GARTEN

Wirtsgarten in Schwabing mit Gästen in Münchner Bürgertracht (Gemälde von Anton Evers 1841)

Das Seehaus

Die Gegend, in der sich heute der Kleinhesseloher See befindet, wurde bis 1790 als Militärlager genutzt, dessen Bauten sich etwa bis in die Gegend des heutigen Milchhäusls erstreckten. Darin befand sich ein durch den Schwabinger Bach gespeister Tümpel östlich dessen sich das Haus des Auwächters Joseph Tax befand. Der betrieb nebenher in einem Heustadel einen Bierausschank für die Arbeiter der 1790 östlich des Weihers entstehenden Ökonomie. Der Umsatz stieg durch Spaziergänger und das Angebot wurde um Milch und kalte Speisen erweitert. Tax muß sich eine lukrative Entwicklung versprochen haben, sonst hätte er wohl kaum drei Jahre später eine hölzerne Tanzrotunde errichten lassen. Schon 1793 beschreibt der erste Führer durch den neuen Englischen Garten das Waldwirtschaftidyll[168]: »*Unter den schönsten Bäumen, die durch ihre mannichfaltige Gruppierung eine meisterhafte Landschaft darstellen, sind Tische und auch ein runder Tanzplatz angebracht. Der Hüter des Parks betreibt hier seine Wirtschaft. Die ganze Gegend ist durch die Schönheit der Bäume sehr anziehend.*« 1797 vergrößerte man den See, der dann 1802–12 etappenweise mit drei Inseln und einer Fläche von 23 Tgw. etwa seine heutige Form erhielt. Vergleichend mit der Waldwirtschaft der Schwaige Hesselohe des Hl. Geist-Spitals isaraufwärts von München (die ab der Mitte

133

des vorigen Jahrhunderts zum beliebtesten Ausflugsziel der Münchner überhaupt wurde![169]) erhielt das Idyll im Englischen Garten die Bezeichnung das »kleine Hesselohe«. Umgekehrt bürgerte sich bald für das alte Hesselohe der Name »Großhesselohe« ein.

Der nunmehrige Kleinhesseloher See lockte mit der Möglichkeit von Gondelfahrten im Sommer und Eislaufen im Winter auch die Münchner Hautevolee an und langsam entwickelte sich am Ostufer ein offizieller Gaststättenbetrieb, der 1811 schließlich auch formell an Joseph Tax verpachtet wurde. Dem Andrang der Besucher war die inzwischen baufällige, innen kaum neun Personen fassende Bretterhütte nicht gewachsen. Aber die Jahre vergingen, die Hofgartenintendanz ließ es an Bitten und Vorschlägen beim König nicht fehlen und die Pächter wechselten, allein, ein Neubau kam nicht zustande, zumal ein Wirtshaus »*im höheren Style der Baukunst*« entstehen sollte. Ein hölzerner »Salon« anstelle der bisherigen Tanzrotunde brachte auch nur neue Widrigkeiten. Die Eheleute Kaspar als neue Pächter ab 1837 ließen auf eigene Kosten ein hölzernes Seehaus aufrichten, vermehrten den Bootsbestand, verliehen im Winter Schubschlitten und Schlittschuhe, verabreichten im Sommer auch am See Speisen und Getränke und engagierten zur Umsatzsteigerung eine Harmoniemusik, die an den sommerlichen Sonntagmorgen von 5 bis 7 Uhr spielte, »*aber auch diese Anstrengungen förderten den Geschäftsgang nicht sonderlich, da die Wirtschaft von Maffei in der Hirschau [von der im Nachfolgenden gleich berichtet wird], dann die Gaststätten am Chinesischen Turm, am Milchhäusl und im Schwabinger Dorf viele Gäste anlockten und sich die winterlichen Eisvergnügungen spürbar nach Nymphenburg verlagerten*«, berichtet uns Josef Bogner[170]. »*Da kam 1871 Gabriel Wörlein als neuer Wirt,… Wörlein, seines Zeichens Vergolder, hatte die Münchner Schlittschuh- und Eisbahn zwischen der Frauenhofer- und Wittelsbacherbrücke ins Leben gerufen und das florierende Unternehmen prädestinierte ihn zum Erfolg versprechenden Pächter. Und tatsächlich bewies Wörlein auch hier Umsicht und Initiative, auch wurde er seines Humors wegen bald populär. Es währte nicht lange, da erhellte statt der bisherigen trüben Petroleumleuchte elektrisches Licht die Galeräume,…*«

Endlich, 1883, errichtete die kgl. Zivilliste als Grundstückseigentümerin einen einstöckigen Seepavillon mit Küchenanbau und Schänke und auch die Wirtschaftsgebäude von 1847 wurden geräumiger. Und Wörlein bekam bald den Spitznamen »Admiral«, weil er in einer Phantasieuniform nicht nur eine laufend steigende Zahl von Ruderbooten vermietete, sondern 1885–88 sogar ein bescheidenes Dampfschiff mit 40 Sitzplätzen auf dem Kleinhesseloher See betrieb. Er starb 1903, seine Witwe Magdalena führte das Seehaus noch bis zu ihrem Tod 1907 weiter, doch nicht ohne Klagen über die Beeinträchtigungen durch die 1903 im Herzogpark eröffnete riesige Ausflugswirtschaft, die Schmälerung des Englischen Gartens durch neu angelegte Wege und selbst sogar durch den Erdaushub für das am Ostrand des Hofgartens geplante Armeemuseum (heute Staatskanzlei). Die nachfolgenden Pächter erlebten ebenfalls schwierige Zeiten. »*Erst L. Schmitt, seit 1926 Seewirt*«, berichtet uns wieder Josef Bogner[171], »*erfreute sich wieder geordneterer Zeiten, wenngleich auch er den 1929 einsetzenden allgemeinen wirtschaftlichen Niedergang zu spüren bekam. Nach der Stabilisierung mehrten sich jedoch*

Vereinsfeste und Bälle, die Feiertagskonzerte der Münchener Schutzmannschaft zogen Einheimische und Fremde an den See, dessen Pavillon wiederum mit neuen technischen Einrichtungen ausgestattet wurde. Einer Anregung Professor Sauerbruchs folgend, führte Schmitt auch einen Flaschenausschank mit diversen Heilbrunnenquellen; das verehrliche Publikum und Stammgäste, zu denen der Schriftsteller Kurt Graf und der weithin bekannte Volkssänger Weiß Ferdl gehörten, konnte also ohne Badereise die ›Kleinhesseloher Kur‹ von Mai bis August gebrauchen.« 1935/36 wurde der Pavillon wegen Baufälligkeit abgetragen und durch einen massiven Neubau ersetzt. Nach dem II. Weltkrieg okkupierte die US-Army auch das Seehaus bis 1955. Die dann restaurierte Gaststätte mußte aber 1970 ebenfalls wegen Baufälligkeit abgebrochen werden. Zu dem 1985 in Betrieb genommenen Neubaukomplex gehört ein wegen seiner Lage direkt am See beliebter Biergarten mit 2500 Plätzen.

Die »Chinesische Wirtschaft« – überhaupt nicht chinesisch

Bei der 1792 eröffneten Gaststätte an dem im Vorjahr nach einem Vorbild im Londoner Kew Garden aufgestellten Chinesischen Turm spielte sich gleichfalls bereits im Biedermeier ein reges Treiben ab: Tanzböden, »gotische Lusthäuser« und Pagoden sowie zwei Kegelbahnen lockten an schönen Tagen zu geselligem Beisammensein. Dreimal in der Woche gab es Tanzmusik und häufig auch Militärkonzerte. Bis zu einem Polizeiverbot 1904 fand jeden Sonntag im Sommer von fünf bis acht Uhr in der Früh am Chinesischen Turm der legendäre »Kocherlball« statt, den das Kulturreferat zum Jubiläum »200 Jahre Englischer Garten« 1989 wieder aufleben ließ und der sich seither (allerdings nur einmal im Jahr stattfindend) wieder zunehmender Beliebtheit erfreut: 1996 kamen nicht weniger als 15000 Frühaufsteher zu diesem Volkstanzvergnügen (s. hierzu: »Um 6 Uhr früh zum Tanzen?« in diesem Band). Der ursprüngliche Rechteckbau mit vier niedrigen Eckpavillons der »Chinesischen Wirtschaft« mit charakteristisch geschweiften Dächern südlich des Turms war noch aus Holz gebaut. Im Inneren gab es sogar ein »Porcellain-Zimmer«.

Die ersten Pächter waren der Amtsbote des kurf. Oberstallmeisterstabs, Martin Gillmayr, und seine Ehefrau Magdalena. Lief das Geschäft in ihrer gemütlichen Einkehr noch so einigermaßen, so taten sich die Nachfolger 1798–1817, die Pächter L'Oeillet und der einstige Hofkoch Sagerer, schwerer. Der Pachtvertrag schrieb ihnen u.a. vor, den Gästen keine Holzteller mehr vorzusetzen, sondern Fayence- oder Porzellangeschirr; ferner keine Bettler aufzunehmen, die durch *»Zottenlieder oder andere gemeine Musik die Ohren der Gäste und den Wohlstand beleidigten«*[172]. 1832 zog der Cafetier Eder aus der Prannergasse als Wirt beim Chinesischen Turm auf. Über ihn berichtet Josef Bogner: *»Nachdem verhindert werden sollte, Leuten aus der ›ganz gemeinen Klasse‹ den Zutritt zu ermöglichen und man nur eine ›gesuchtere‹ Gesellschaft wollte, durfte Eder das Bier nur aus steinernen Flaschen oder Bouteillen, nicht aber in Maßkrügen ausschenken. Flaschenbier kostete etwas mehr, ›was Leute des gemeinen Standes wohl zu berücksichtigen pflegen‹. Diese unsoziale Maßnahme hielt sich aber nicht lange. Der Wirt nutzte zusätzlich die nächstgelegene Rumfordhalle für seine Wirtschaftszwecke*

Biergarten am Chinesischen Turm im Englischen Garten (Lithographie von Friedrich Kaiser um 1845)

und mietete statt der Tanzmusik für die Sonn- und Feiertage eine Harmoniemusik wie zu Kleinhesselohe.« 1840 klagte der Pächter (wie die Wirtsleute vom Seehaus) über die zunehmende Konkurrenz durch die Schwabinger Wirtschaften, die infolge der neuen Ludwigstraße für die Münchner leichter zugänglich geworden sind.

Ab 1856 sorgten ein Kinderkarussell (das noch heute existiert), eine Schießbude und ein Kasperltheater (die beide 1882 wieder verschwanden) für größeren Umsatz. Bis zum I. Weltkrieg genügten anspruchslose Turmkonzerte, seit 1889 an den Nachmittagen von ausgedienten Militärmusikern mit biederen Weisen zu Gehör gebracht, der Unterhaltung. 1912 wurde der Holzbau durch die aus Stein gebaute heutige »Gaststätte am Chinesischen Turm« (Englischer Garten 3) ersetzt, an der chinesische Anklänge kaum mehr zu erkennen sind. 1932 renoviert, überlebte die Gaststätte den II. Weltkrieg, im Gegensatz zum Turm, dessen Holzkonstruktion 1944 von Phosphorbomben getroffen abbrannte. Die US-Armee beschlagnahmte die Gaststätte bis 1950. Mit dem Richtfest des neu aufgebauten Turms lebte 1952 dort auch der traditionelle Biergartenbetrieb wieder auf, der mit rund 7 000 Plätzen heute der zweitgrößte in München ist.

Der »Flaucher«

1807 wurde die erste Wirtskonzession für Milbertshofen erteilt, wo erst 1800 vier Oberpfälzer Bauern als Anteilseigner die kurfürstliche Schwaige erworben hatten. In einem Schriftwechsel 1815 mit der Regierung des Isarkreises, in dem es um die Auslegung des Kaufvertrages von 1800 geht, wird u.a. erwähnt, daß den Käufern seinerzeit auch das Recht zugestanden worden war, »Bier zu schenken«. »Solches war aber von unseren 4 Hausfamilien schon getrennt, und einem fünften, der zu den 4 Familien nicht gehörte, von dem k. Landgerichte München verliehen worden«, wodurch die Gemeinde einen Einnahmenausfall von jährlich 90 Gulden beklagte. Tatsächlich war der Wirt Johann Georg Schöner aus Neualbenreuth zugezogen, hatte aber 1802 die Tochter Margarethe des »Ur-Milbertshofeners« Lorenz Flaucher geheiratet.

Nur wenige Tage nach diesem Schriftwechsel 1815 kaufte Schöner von Christian von Grundner (der die Schwester seiner Frau, Rosina Flaucher, geheiratet hatte) das Wirtsanwesen (1862 Hsnr. 7, heute Alter St.-Georgs-Platz 4). Schöners Sohn Joseph und seine Ehefrau Karolina, wiederum eine geborene Flaucher, verkauften 1850 das Milbertshofener Wirtsanwesen an den Moosacher Tafernwirtssohn Georg Tafelmayer und erwarben dafür von Joseph Bauer den 1718 gegründeten »Großwirt« in Schwabing (Hsnr. 1, heute Münchener Freiheit). Das Milbertshofener Wirtshaus wird dabei beschrieben mit Wohnhaus mit darunter befindlichem gewölbtem Keller, dann angebautem Schlachthaus, Stallung mit Remise, Holzhütte, Backhaus, Wirtschaftsgarten mit Sommerhäuschen, Hofraum und Wurzgarten. Aber 1859 verscherbelten Joseph und Karoline Schöner dann auch schon wieder ihr Schwabinger Wirtshaus an den noch ledigen Bauernsohn Georg Flaucher aus Milbertshofen und dessen Braut Barbara Eisenhofer aus der Au[173].

1862 vertauschte auch Johann Flaucher die Sense mit dem Bierschlegel und pachtete eine Wirtschaft in München am Heumarkt 7 (1886 umbenannt in St. Jakobs-Platz), dann war er ab 1865 Weingastgeb in der Müllerstr. 53 und von 1867/68 betrieb er eine Wirtschaft an der Frauenstr. 3. 1870 übernahm Flaucher schließlich die Wirtschaft an der Oberen Isaranlage 1 (heute Isarauen 1), die erst drei Jahre vorher in einem um 1820 erbauten kleinen Jagdhäusl (andere Quellen sprechen von einem Gärtnerei-Nebengebäude) entstanden war und später nach ihm benannt wurde. Auch er versuchte wie viele Wirte seinerzeit mit Musiken und allerlei Vergnügungsangeboten Gäste anzulocken. Johann Flaucher starb 1900. Im Jahr darauf stand schon »Restaurant Isarauen, vormals Flaucher« im Adreßbuch. Nach dem I. Weltkrieg ging es mit dem Wirtshaus bergab. Erst der Stammkellnerin Adelheid Bornschlegl und ihrem Mann Johann gelang es ab 1941 – wenn auch mit Mühen – die alte Tradition dieser Ausflugsgaststätte aufrecht zu erhalten[174]. Vom II. Weltkrieg in Mitleidenschaft gezogen, boten die Gebäude jedoch bald keinen erfreulichen Anblick mehr, so daß die Löwenbrauerei 1979/80 eine grundlegende Renovierung durchführen ließ. Seither lockt der 2 000 Besucher fassende Wirtsgarten unweit des seit 1959 ebenfalls nach Flaucher benannten Isarstegs unvermindert wieder viele Spaziergänger und Radfahrer an.

Die ehemaligen königlichen Fasangärten

Schon 1596 hatte Herzog Wilhelm V. einen Fasangarten nördlich von Moosach anlegen lassen. In der 2. Hälfte des 17. Jahrhunderts wurden solche Aufzuchtanstalten für die bei uns als Standvogel ursprünglich nicht beheimateten Fasanen zur regelrechten Mode. 1698 ließ deshalb Kurfürst Max Emanuel die Fasanerie bei Moosach ausbauen und neue Fasanerien in der Hirschau und bei Perlach einrichten. 1702 und 1717 gründete er weitere Fasanerien, u.a. in der 1666 von seiner Mutter, Kurfürstin Henriette Adelheid, erworbenen Einöde Hartmannshofen westlich von Moosach[175].

Von der Maffei'schen Werkskantine »Zum Hasenstall« zur Ausflugsgaststätte »Hirschau«

Die Fasanenzucht in der Hirschau wurde aber schon bald wieder eingestellt und 1785 auch das dortige Hirschgehege aufgelassen (an seine Stelle trat der schon erwähnte Hirschgarten bei Nymphenburg). Nach 1810 wurde die Hirschau bis zum Aumeister in den 1789 begonnenen Englischen Garten einbezogen. 1837 kaufte Joseph Anton Ritter von Maffei (1790-1870) ein kleines Walz- und Hammerwerk am Nordostrand der Hirschau auf und entwickelte die nunmehrige »Maffei'sche Maschinenbauanstalt« zu einem der bedeutendsten Unternehmen der industriellen Frühzeit Münchens. Allerdings stellte die Verköstigung der vielen Arbeiter die Unternehmensleitung vor ein bis dahin nicht gekanntes Problem. Ein Münchner Wirt (heute nicht mehr feststellbaren Namens) nutzte die Gunst der Stunde und erwarb 1839 ein kleines Waldgrundstück. Darauf erstellte er ein einstöckiges Wirtshaus, das er »Zum Hasenstall« nannte und im Frühjahr 1840 eröffnete. Es wurde quasi zur »Werkskantine« von Maffei.

In diesem Zusammenhang ist eine kleine Episode nicht uninteressant, die uns der Berliner Schriftsteller, Buchhändler und Verleger Friedrich Nicolai berichtet, der sich 1781 in München aufhielt[176]:«*Über die Entwicklungs- und Fördermöglichkeiten des Manufakturwesens bestehen hier die seltsamsten Vorurteile. So fragte mich einmal in München ein ansonsten verständiger Mann allen Ernstes: ›Essen die Handwerker und Manufakturarbeiter in Berlin und Brandenburg eigentlich überhaupt warme Mahlzeiten?‹ Als ich die Frage bejahte und mich erstaunt nach dem Grund dafür erkundigte, versicherte man mir glaubwürdig, ein ehemals in Bayern bedeutender Mann habe einem Patrioten auf dessen frommen Wunsch nach mehr Industrie geantwortet: ›Hier in Bayern ist es ganz unmöglich, an Manufakturen zu denken, lieber Mann. Es ist einfach sinnlos, denn unsere Arbeiter wollen einfach zwei warme Mahlzeiten am Tag und ihr Bier dazu trinken. In Sachsen, Schlesien und Brandenburg essen die Leute niemals warm und trinken nur Wasser, deshalb blühen dort die Manufakturen so auf.‹«*

Nach und nach entdeckten an den sommerlichen Sonn- und Feiertagen aber auch die Münchner Spaziergänger dieses neue Wirtshaus, das in Stadtführern der 60er Jahre als »Hirschauer Ausflugslokal« aufgeführt wird. Aber noch 1891 (das Anwesen gehörte inzwischen der Schwabinger Brauerei) heißt es in einem Konzessionsakt: *»Diese Wirtschaft steht ganz abseits. Werktags kommen nur Maffei-Arbeiter zum Essen. Die Gas-*

senschänke ist nur für diese da. Ohne Maffei wäre das Gasthaus nicht lebensfähig.« Deshalb beeilte sich der Magistrat der Kgl. Haupt- und Residenzstadt zuzustimmen, als der damalige Pächter 1894 um die Genehmigung zur Errichtung von zwei Kegelbahnen nachsuchte, »*um auch Normalpublikum in sein Etablissement zu bekommen*«. Ab 1902 vergrößerte ein ebenerdiger Anbau die »*Schank- und Bierwirtschaft Hirschau nebst Kegelbahnen und Gartenbetrieb*«.

Nach der Zusammenlegung mit der 1866 gegründeten Lokomotivenfabrik Krauss & Comp. 1931 und der schrittweisen Verlegung der nunmehrigen Krauss-Maffei-AG nach Allach wurden die Maffei'schen Fabrikanlagen in der Hirschau bis 1935 beseitigt. Dem Wirtshaus fehlten nun die Maffei-Arbeiter, weshalb es fortan im Winter geschlossen blieb. Auch der II. Weltkrieg belebte nicht gerade das Geschäft. 1946 wurde aus der großen Wiese vor dem Lokal, das sich jetzt pompös »*Parkrestaurant Hirschau*« nannte, ein »*Luna-Park*« mit Schiffschaukeln, Karussells und einem großen Tanzplatz – was ja eigentlich alles durchaus Münchner Tradition hätte. Aber nach der Währungsreform 1948 wurde die Wiese vollends zubetoniert und in eine riesige »*Parktanzfläche*« verwandelt, wo die in jenen Jahren beliebten Bigbands aufspielten. »*Im Lauf der nächsten Jahre machte sich die ›Hirschau‹ einen Namen als Austragungsort diverser, damals sehr beliebter ›Sängerwettstreite‹, die Amateuren eine Chance gaben, sich als Schlagersänger der Öffentlichkeit zu präsentieren. Unter ihnen auch der damals blutjunge spätere Rockstar Peter Kraus. Zu Beginn der 60er Jahre wurde aus dem Tanzplatz eine Rollschuhbahn. Als der Hirschauwirt vor einem Vierteljahrhundert im Lauf der Münchner Biergarten-Renaissance weitere Gartenplätze benötigte, verschwand auch der Rollschuhplatz. Das Betongeviert wurde in den Gartenbetrieb integriert. Von da an präsentierte sich die Hirschau so, wie sie sich noch heute ihren Gästen vorstellt.*«[177] Der Biergarten bietet heute etwa 1 000 Plätze an.

Die Fasangärten bei Perlach und bei Moosach

Der Perlacher Fasangarten war von 1702 bis 1805 in Betrieb. Der Bau der Bahnlinie von München-Ost nach Deisenhofen 1898, sogar mit einem eigenen Haltepunkt »Fasangarten«, ließen diesen dann ebenfalls als Ausflugsziel interessant werden. Das nunmehrige Jagdhaus an der heutigen Fasangartenstr. 133 wurde zu einem (inzwischen längst nicht mehr betriebenen) Wirtshaus umgebaut, das in den 1860er Jahren im Sommer auch als gern besuchte Studentenkneipe fungierte. Am 25. März 1862 drängten sowohl Landbewohner wie auch Städter so zahlreich in den Fasangarten, um dort zu feiern (Josephi?), daß dem Wirt das Bier ausging. So mußten die Gäste auf eine Lieferung warten, die aus dem Franziskaner-Keller mit dem Pferdefuhrwerk herangekarrt wurde[178].

Am längsten hatte die Fasanenzucht im Oberen Fasangarten Bestand, nämlich immerhin bis 1916. Dort erhielt das letzte Fasanenmeister-Ehepaar Friedrich und Helene Sperr 1891 eine Konzession zum Betrieb einer Bier- und Kaffeeschenke, woraus sich bald eine beliebte Ausflugsgaststätte entwickelte. Sperr hatte außerdem noch bis 1921 die Landwirtschaft gepachtet und war bis 1924 Jagdverweser. Er starb 1935. So mußte er wenigstens nicht mitansehen, wie der ehemalige Obere Fasangarten 1939 mitsamt

Letzte Aufnahme des beliebten Ausflugslokals am ehemaligen Oberen Fasangarten bei Moosach vor dem Abbruch im November 1939

dem schönen Wald nördlich von Moosach (zwischen der alten Feldmochinger/heute Bingener bzw. Lahntalstraße und der neuen Feldmochingerstraße seit 1953) von der Deutschen Reichsbahn für den Bau des Rangierbahnhofs München-Nord abgebrochen wurde.

Dagegen sind in Hartmannshofen westlich von Moosach die meisten Gebäude der einstigen Fasanerie so erhalten geblieben, wie sie uns Carl August Lebschée schon um 1830 gezeichnet hat. Dazu schrieb er[179]: »*Wie bei allen Belustigungs-Orten um München, so wechselte auch hier der Besuch der launigen Städter mehr oder minder, wo man mit Erfrischungen jeder Art gut bedient wird.*« In Hartmannhofen endete die Fasanenzucht – kriegsbedingt – 1915. Der Revierjäger Engelbert Brieschenk betrieb bis 1920 in dem nunmehrigen Forsthaus eine Gastwirtschaft. Danach verpachtete der Staat die Gebäude samt Meierei an freie Wirte. Erst 1960 wurde der landwirtschaftliche Betrieb aufgegeben und das 25 ha große Wald- und Wiesengelände zu einem Erholungspark umgestaltet, in dem die »Fasanerie Hartmannshofen« (Hartmannshofer Str. 20) mit ihren rund 1000 schattigen Gartenplätzen einen großen Zulauf hat.

Karl Valentin, die schöne Coletta und die »Rosenau«

Natürlich spielten das Bier und die Bierkeller und -gärten auch in den Szenen, Dialogen und Duetten von Karl Valentin (1882–1948) immer wieder eine große Rolle, waren sie doch der natürliche Ort der Volksbelustigung der Münchner. Eines seiner bekanntesten Stücke, das 1935 auch verfilmt wurde[180], war das »Brillantfeuerwerk« in der Gartenwirtschaft »Zur Rosenau« (Schleißheimer Str. 128), die von 1893 bis 1921 bestand. *»Dortselbst entwickelt sich bei Beginn der Saison schon ein äußerst reges Leben und Treiben und an den beiden Osterfeiertagen mußten viele Besucher wieder umkehren wegen Überfüllung. Die an allen Sonn- und Feiertagen bei vollständig freiem Eintritt und, was besonders hervorzuheben ist, ohne jeden Bierpreisaufschlag stattfindenden Konzerte von einer oder zwei Kapellen werden weiterhin inszeniert. Auch für Volksbelustigungen ist Vorsorge getroffen: so sind zur Zeit auf dem betreffenden Platz eine ›Camera obscura‹, ein Karoussel und eine Schiffschaukel aufgestellt, denen bald eine elegante Schießhalle, ein Pariser Lachkabinett folgen wird. Wie man sieht, trägt das Unternehmen des Herrn Haas allen Besuchern Rechnung und wird dasselbe in Form des Wiener Praters fortwährend an Zugkraft und Renommée gewinnen.«*. Karl Valentin berichtet uns 1939 in der Zeitschrift »Jugend«[181]: *»An schönen Sonn- und Feiertagen gab es Feuerwerke drunt in der Rosenau und weil ich als ›Bua‹ anno 1895 aa schon drunt war und mir die Rosenau unvergeßlich blieb, schrieb ich vor zirka zehn Jahren ein Volksstück, betitelt ›Brillantfeuerwerk in der Rosenau‹, welches wir zirka 400 Mal im Schauspielhaus[182], im Kollosseum und im Apollotheater in der Dachauerstraße zur Aufführung brachten.«*

»Und als Wirtin finden wir die ›Schöne Coletta‹ in der Küche, das Urbild der Münchner Schützenliesl von Fritz August Kaulbach, Kalbshaxen und saure Nierln über die kupferbeschlagene Durchreiche ihren Kellnerinnen zuschiebend«, erfahren wir von Karl Spengler[183]. Diese »Schöne Coletta«, bürgerlich Coletta Möritz (1860–1953), war seinerzeit in München die wohl bekannteste Kellnerin. Das schöne und lebenslustige Mädchen hatte nicht nur 1878 dem Maler Friedrich August (von) Kaulbach (1850–1920) für die Vorstudie zu seiner »Schützenliesl«[184] Modell gestanden (sie war damals gerade Biermadl beim Wirt vom Sterneckerbräu im Tal, Johann Baptist Trappentreu), sondern auch 1880 für ein Ölgemälde (im Auftrag der Löwenbrauerei) von Toni Aron (1859–1920), der Coletta dann 1889 noch einmal in einer aquarellierten Federzeichnung darstellte[185], die für eines dieser damals üblichen Email-Werbeschilder des Bürgerlichen Bräuhauses Verwendung fand. Die aus Ebenried (Bez.Amt Aichach) stammende Coletta Möritz war in erster Ehe mit dem Schwabinger Bierwirt Franz Xaver Buchner und in zweiter Ehe mit einem Postbeamten verheiratet.

Der »Kaiser von Deisenhofen« und die »Radler-Maß«

Die Umgestaltung der gesamten Gleisführung im Münchner Hauptbahnhof ab 1891, bei der man 1893 die Gleise Richtung Holzkirchen auf die Bahnhofsüdseite rückte (was ab 1913 zum Bau des Holzkirchner – ähnlich wie des Starnberger – Flügelbahnhofs führte), hatte auch den zweigleisigen Ausbau der Strecke bei Deisenhofen zur Folge. 1895 eröffnete deshalb der Wirt Franz Xaver Kugler (1873–1935) in einer Bretterbude am Ostrand des Grünwalder Forstes eine »Kantine der Kgl. Bayerischen Eisenbahn zu Deisenhofen«. Nach dem Abzug der Gleisbauarbeiter setze Kugler ein richtiges kleines Wirtshaus an den Waldrand, das er »Kugler-Alm« nannte, eine romantische Namensgebung, die in den folgenden Jahren auch in München Nachahmer fand. Kugler warb kräftig in der Stadt und die Münchner strömten zu dieser neuen Ausflugsgaststätte, zuerst mit dem Zug, zumal ab 1898 auch noch die eingleisige Lokalbahn vom Ostbahnhof nach Deisenhofen verkehrte, dann nach dem I. Weltkrieg vermehrt mit dem immer populärer werdenden Fahrrad. Aus der einst bescheidenen »Alm« wurde eine Großgaststätte mit Festsaal, Weinstuben, Kegelbahnen, Schiffschaukeln, Karussells und selbstverständlich mit einem riesigen Biergarten, der bis zu 10 000 Besucher aufnehmen konnte. Kugler ließ manchmal vier oder gar fünf Kapellen gleichzeitig spielen und veranstaltete Galopprennen rund um seine Alm und Sackhüpfen für Erwachsene.

Und da passierte es: An Pfingsten 1922 strömten derartig viele Radler und Wanderer herbei (es sollen angeblich an die 13 000 durstige Seelen gewesen sein), daß dem von den Leuten bald scherzhaft »Kaiser von Deisenhofen« genannten Kugler schon zu früher Stunde das Bier auszugehen drohte – fürwahr ein Alptraum für einen Wirt. Doch der wußte sich zu helfen: Er streckte einfach eine Halbe (selbstverständlich dunkles) Bier mit einem halben Liter »Kracherl«, also Zitronenlimonade, und verkaufte diese erfrischende Mischung als »Radler-Maß« mit dem nicht von der Hand zu weisenden Hinweis, dieses alkoholarme Getränk bekomme den Radlern besser, schließlich müßten sie ja noch sicher nach Hause kommen. Bald begehrten die Radler das neue Getränk auch in den Münchner Biergärten und schon wenige Monate später hatte es sich im ganzen bayerischen Oberland durchgesetzt.

»Bereits kurz nach der Inflation begann er bei der Reichsbahndirektion München sogenannte ›Kugleralm-Sonderzüge‹ zu organisieren, die Tausende nach Deisenhofen brachten. Da Personenwaggons in jenen ersten Nachkriegsjahren knapp waren, ließ er Viehtransportwagen säubern und mit Girlanden bekränzen, im Wageninneren Bänke aufstellen und – ›kam‹ erneut damit ›an‹! Um zur Kugleralm zu gelangen, ließen sich die Münchner sogar wie Ochsen und Kühe transportieren und hatten auch noch ihren Spaß daran.« Die ganz große Kugler-Schau rollte dann am Deisenhofener Bahnhof ab, wenn der Wirt seine Gäste persönlich mit Blasmusik und seinen Kellnerinnen (*»Stillgestanden! Brust heraus! Im Gleichschritt marsch!«*) zur Alm führte, voraus Kugler mit imposanter, immer kugelrunder werdenden Figur (er brachte um 1930 an die 2½ Zentner auf die Waage) hoch zu Roß die Kapelle dirigierend.[186]

Die geänderte Funktion der Wirtshäuser

Das in den vorstehenden Abschnitten häufig gebrauchte Wort Taferne entsprang erst im Mittelalter der romanischen Sprache. Eine Taferne war ein mit Real- und Sonderrechten ausgestatteter Gasthof mit Speisungs-, Tränkungs- und Beherbergungsverpflichtung im Gegensatz zur einfachen Schänke bzw. Bierzäpflerei. Den Tafernwirten war auch das Schlachten gestattet, aber nur der Verkauf von gekochtem Fleisch und Würsten; Brot durften sie nur bei gleichzeitiger Abgabe von Bier verkaufen. Bierwirtschaften mußten sich dagegen mit dem Ausschank von Bier und der Ausgabe von einfachen Brotzeiten begnügen. Um 1850 wurde allerdings von den Bierzäpflern mehr Bier ausgeschenkt als von Tafernwirtschaften[187].

Das Tafernwesen hat sich vermutlich im Lauf des 11. und namentlich des 12. Jahrhunderts entwickelt. Im Bayerischen Landfrieden von 1244 wurde der Ausschank von Wein und sonstigem Getränk auf die Tafernen beschränkt, was jüngere Rechtsordnungen des öfteren wiederholen, so das Landrecht Kaiser Ludwig des Bayern (reg. 1328–47) von 1334/35 bzw. 1346 und vor allem das Bayerische Landrecht von 1616. Auch die Münchner Bierbrauer hatten seit dem 16. Jahrhundert nach und nach das Gast- und Herbergsrecht an sich bringen können. Ihre Braustätten verfügten über eigene Wirtschaften, die praktisch den Tafernen gleichgestellt waren, obwohl ihnen für einen vollständigen Wirtschaftsbetrieb die Erlaubnis zum Weinausschank fehlte. Andernseits ließen die Bierzäpfler zu Beginn des 19. Jahrhunderts bereits gewohnheitsrechtlich die Bauern bei sich übernachten, die ihre Produkte auf die Schranne oder den Markt nach München brachten, obwohl sie von der Fremdenbeherbergung von Rechts wegen ausgeschlossen waren. 1835 gab es in München in der Stadt 9 Weingasthäuser und 11 Tafernwirtschaften, »*wo gleichfalls Fremde beherbergt werden*«, sowie außerhalb der Stadttore weitere 17 Tafernwirtschaften. 1842 war die Fremdenbeherbergung bei 54 Tafernwirten, 11 Gasthäusern (in erster Linie Weingastgeber) und bei 5 Brauereien möglich. Im Münchner Adreßbuch 1867 werden 105 Tafern- und 177 Bierwirtschaften sowie 56 Brauereien aufgeführt, von denen jedoch nur noch 20 das Braurecht ausübten, während die anderen wie Tafernen oder einfache Bierwirtschaften betrieben wurden, und schließlich 28 Hotels bzw. Gasthöfe.

Diese Vermehrung der Tafernen und Bierschänken im 19. Jahrhundert wurde möglich, weil die alten Bann- und Zwangsrechte untergingen. Das Gewerbegesetz von 1825 brachte die lang geforderte Neugestaltung des Gewerberechts und die persönliche Konzession. Dagegen bestand das Tafernrecht selbst (das Recht zur allgemeinen Wirtschaftsausübung) als reales (innerhalb der Gemeinde übertragbares) oder radiziertes (an ein Grundstück gebundenes) Recht immer noch fort. Die Änderungen infolge der Einführung der bereits 1869 für den Norddeutschen Bund geschaffenen Gewerbeordnung ab 1873 im ganzen Deutschen Reich brachten im wesentlichen nur neue Bezeichnungen: Fortan gab es »Gastwirtschaften« mit dem Beherbergungs- und dem Verköstigungsrecht und »Schankwirtschaften«, die nur Getränke und Brotzeiten abgeben durften. Richard Bauer schreibt dazu[188]: »*Die amtliche Klassifizierung der Wirtschaften im Sinne der Reichsgesetzgebung von 1873 hat nicht zwangsläufig in der offiziellen Firmie-*

rung der Münchner Wirtschaften einen Niederschlag gefunden. Häufig wurden die auf historische Gewerbegerechtsame bezogenen Namen weiter verwendet, wie auch die nachträgliche Erweiterung oder Reduzierung der ursprünglichen Konzessionsbefugnisse nicht unbedingt in der Fassadenaufschrift des Lokals zum Ausdruck kommen mußte. Dem eigentlichen Namen vorgesetzte Bezeichnungen ›Gasthof‹ oder ›Gastwirtschaft‹ wiesen unter Berücksichtigung der geschilderten Unsicherheitsfaktoren in der Regel auf einen Beherbergungsbetrieb hin, wogegen sich die in den zwanziger Jahren unseres Jahrhunderts aufkommende nivellierende Benennung ›Gaststätte‹ in erster Linie auf Schank- und Verpflegungsbetriebe unter Einschluß der im Amtsdeutsch als ›Lustbarkeitsbetriebe‹ bezeichneten Volkssängerbühnen und Kabaretts bezog. Reine Schankwirtschaften verwendeten mit Vorliebe Namensverbindungen mit -quelle, -halle oder -stüberl, führten aber nachweislich auch die von wirklichen Gasthöfen gewohnten Namenszusammensetzungen mit -hof (z.B. Perlacher Hof, Bürgerhof, Candidhof).«

Die Münchner hatten zweifellos von jeher ein etwas anderes Verhältnis zu Wirtshäusern, als dies in den meisten deutschen Großstädten üblich war. Das fiel auch schon dem kritischen Berliner Friedrich Nicolai auf[189], der sich 1781 in München aufhielt: »*Bei den zahlreichen Volksfesten, die in Bayern veranstaltet werden – neben den Wallfahrten, die wie in allen katholischen Ländern wahre Vergnügungsfahrten sind –, sticht ein Charakterzug der Bayern besonders hervor: Für ihn gibt es nichts Schöneres als bei einer lärmenden Unterhaltung im Wirtshaus den Bierkrug zu schwingen. Da wird dann viel geschwatzt, und man führt freche und freie Reden. Trotz der rauhen Art und des derben Humors nämlich zeigen die Leute ein gesundes Maß an Vernunft…*«

Auch und vor allem gerade im Biedermeier in München spielte neben der Häuslichkeit und der Geselligkeit in der Familie das Beisammensein unter Freunden und Gleichgesinnten im Wirtshaus eine große Rolle. Sie wurde zur seelisch-geistigen Grundlage der biedermeierlichen Kultur. Man findet sich zusammen, um zu debattieren oder gemeinsam zu singen und zu musizieren, trifft sich am Stammtisch oder in den nun in der ersten Hälfte des 19. Jahrhunderts entstehenden Vereinen, vergnügt sich beim Tanz und auf Redouten[190]. »*Und was bewegt sie dazu,*« frägt 1835 der Schriftsteller August Lewald[191], »*ihre gewöhnlich bequemen, eleganten und gewohnten Räume zu verlassen? ihre Lust am Volksgetümmel? es findet keines Statt, und wäre es, sie sondern sich freiwillig wieder davon aus. – Nichts anders ist es, als das Einzige, das hier mächtig wirkt, das jeden in Bewegung setzt, die Conversation belebt, und selbst schönen Mädchenaugen noch höheren Reiz zu geben vermag – das Bier…*« Ein Jahrzehnt später läßt uns der Regierungs-Rath Eduard Fentsch wissen[192]: »*Fällt es nun einmal dem Hausherrn bei, seiner Familie ein besonderes Vergnügen zu bereiten, so geschieht dieß … nicht daheim. Da werden Partien in die benachbarten Unterhaltungsplätze gemacht, an den Sommerabenden zum mindesten ein schattiger Bierkeller aufgesucht, und so mit Allem, was in das Bereich der Lustbarkeit und des ›Luxus‹ gehört, in die Oeffentlichkeit gedrängt.*«

Überhaupt, so stellt Marianne Bernhard fest[193], verläuft die Biedermeierzeit in München etwas anders als in den anderen deutschen Städten, Wien eingeschlossen. Was in den Berichten, Reiseschilderungen, Briefen auswärtiger Besucher in der bayerischen

Hauptstadt oder von »Neu-Münchnern« stets eine große Rolle spielte (und sogar noch heute mitunter spielt) ist die Kommunikationsfreude der Münchner am Biertisch über alle Standesgrenzen hinweg, die Philosophie »Leben und Leben lassen« und die Verwischung von Standesunterschieden im Wirtshaus oder im Biergarten. Auch dem Nachfolger des mehrfach zitierten Anton Baumgartner im Amt des Münchner Polizei-Direktors, Markus von Stetten, einem nüchternen Protestanten aus Augsburg, wollte es zeitlebens nicht eingehen, daß sich in Münchner Bierlokalen Grafen zu einfachen Sekretären und sogar Metzgern setzten.

Allerdings stellte Felix von Schiller 1843 auch fest[194]: *»Die höheren Stände tragen, wie fast überall in Deutschland, nichts zu dem eigentlichen Volksleben bei; die mittleren und niederen Klassen bilden es allein... Ebenso trägt es wesentlich zur Charakteristik Münchens bei, daß sich der Fremde und jeder Gebildete, welchem hohen Stande er auch angehören möge, an jedem öffentlichen Orte, der eigentlich nur für das Vergnügen des Volkes bestimmt ist, aufhalten kann, ohne sich und seiner Würde etwas zu vergeben.«* Doch das Kleinbürgertum hatte daran seinen Anteil. Felix Philippi entwarf in seinen »Münchner Bilderbogen« eine Skizze, wie ihm München in den 1870er Jahren erschien. Darin heißt es[195]: *»Man spotte nicht über das Münchner Bier, über die Wichtigkeit, die man ihm beimißt, und die große Rolle, die es dort spielt. Gewiß, es macht dick und schwerblütig, und die stundenlangen Hockereien auf den Wirtshausbänken verleiten zu Kannegießereien [politischen Schwätzereien] und Faulenzerei. Denn der echte ›g'stand'ne‹ Münchner Kleinbürger ruht sich von den Strapazen des Frühschoppens und den Mühen des Nachmittagstaroks in seiner Stammkneipe abends aus und verspeist mit seinen drei oder vier Maß ›a paar Saupreußen af'm Kraut!‹ Aber abgesehen von seinem großen gesundheitlichen Wert unterschätze man ja nicht seine soziale Bedeutung. Denn dieses Bier ist ein mächtiger politischer und gesellschaftlicher Faktor, der seit undenklichen Zeiten ein starkes Bindemittel zwischen den Ständen bildet, das Gegensätze ausgleicht, Härten abschleift, die Volksklassen einander nähert und den törichten Kastengeist gründlichst beseitigt. Ich habe in den Münchner Bräus sehr wertvolle und lehrreiche Studien gemacht, ich habe dort Künstler, deren Name durch die Welt hallt, im freundlichen Gespräch mit Fiakern gesehen, habe hohe Staatsbeamte mit Dienstmännern plaudern gehört und habe dort Originale getroffen, die höchstwahrscheinlich ganz falsch schrieben, aber jedenfalls ganz richtig dachten und fühlten.*

Dem echten Münchner Bürger ist sein Bier ein heilig Ding; an einen neuen Sud knüpfen sich nach reifster Prüfung ernsthafte Debatten und manchmal auch Urteile, die in ihrer rücksichtslosen Schärfe sogar manchen Berliner Theaterkritiker beschämen würden... Während meiner Zeit lebte in München ein Mann, der den Ruf des größten Bierologen genoß. Er betrieb ein winziges Uhrmachergeschäft am Platzl, ... Dieser Wohltäter der Menschheit veröffentlichte allabendlich in seinem kleinen Schaufenster von alt und jung, von hoch und niedrig mit Spannung erwartete Bulletins, in denen er uneigennützig seinen durstigen Mitbürgern Ratschläge gab für die Wahl des Abendtrunkes: ›Mathäser prima‹, ›Dirnbräu net recht süffig‹, ›Spaten besonders empfehlenswert‹, ›Franziskaner nix‹. Und beim Franziskaner fällt mir noch eine kleine für München charakteristische Biergeschichte ein, die ich dem Leser nicht vorenthalten will,...

Ein vierjähriges Mädchen aus dem Volke erregt durch sein jämmerliches Plärren das Mitleid der Passanten. ›Wer is denn dei Mutter?‹ ›Dös woaß i net!‹ ›Wie hoaßt denn dei Mutter?‹ ›Dös woaß i net!‹ ›Wo wohnt denn dei Mutter?‹ ›Dös woaß i net!‹ ›Wo holt denn dei Mutter 's Bier?‹ ›Im Franziskaner!‹ Man hat dann das Kind im Franziskaner zwischen zwei Banzen auf die Lade gestellt, und richtig holte die liebevolle Mutter beim Einkauf des Mittagstrunkes das Unterpfand der Liebe ab...« Ein »Banzen« ist übrigens ein 100–Liter-Faß, bei einem Fassungsvermögen von 200 Litern Bier spricht man von einem »Hirschen«. Doch beide sind seit den 1980er Jahren aus den Wirtshäusern und Oktoberfestzelten weitgehend verschwunden bzw. höchstens noch Attrappen für moderne Zapfanlagen.

1899 bestätigte auch Friedrich Trefz in seiner Untersuchung über »Das Wirtsgewerbe in München«[196]: *»Die Gast- und Schankwirtschaften sind in der ganzen Stadt verbreitet, sie sind ... der Mittelpunkt des sozialen Lebens überhaupt. Hier ist die Stätte des Frühschoppens und des Vesperbrotes der Bürgertums und der arbeitenden Klassen, hier der Mittagstisch des Junggesellen, hier die Stätte des ausgebreiteten Vereinslebens, hier die Domäne des Stammtisches.«* Hinzu kommt, daß »Freizeit« bis nach dem II. Weltkrieg noch nicht von einer vielfältigen Unterhaltungsindustrie, geschäftstüchtigen Sportartikelherstellern und einfallsreichen Hobbywerkzeugproduzenten dominiert wurde. Freizeit war für die Handwerker und Taglöhner, für die Dienstboten und Industriearbeiter bis zum I. Weltkrieg mangels anderer Erholungsmöglichkeiten die notwendige Phase des Ausspannens und Kraftschöpfens. Die auf diesen physischen Erholungsspielraum bezogenen Angebote zur Zerstreuung waren seinerzeit im Vergleich zu der uns heute zur Verfügung stehenden Vielfalt bescheiden und scharf abgegrenzt von der als Muße und Müßiggang umschriebenen Rekreationskultur der Oberschichten, die allerdings auch eine andere finanzielle Ausgangsposition hatte. Bürgertum und Arbeiterschaft konnten sich ihre freie Zeit in erster Linie durch Geselligkeit in Wirtshäusern und durch ein reges Vereinsleben verschönern. 1905 wurden in München etwa 3 500 Vereine gezählt.[197]

So waren denn einst die Wirtschaften in den besonders von Arbeitern und Kleingewerbetreibenden besiedelten Münchner Vorstädten, wie z.B. ganz besonders in der Au, in Giesing, auf der Schwanthalerhöh' und im angrenzenden Westend ein wichtiges soziokulturelles Element. Fast an jeder Straßenkreuzung befanden sich entsprechende Eckkneipen. Sie waren vor allem für die Männer der Mittelpunkt des Alltagslebens, Nachrichtenbörse und Kommunikationszentrum. Ihre »Kleinwohnungen«[198] verfügten häufig nicht einmal über ein Wohnzimmer, höchstens eine »Wohnküche«. Als Zuzügler aus dem Oberland, aus Niederbayern, aus der Oberpfalz, der bayerischen Rheinpfalz oder vielleicht noch von weiter her, fehlten ihnen die gewachsenen Bindungen der Heimat. Neben der eingeschränkten Möglichkeit, am Arbeitsplatz neue Beziehungsstrukturen aufzubauen, konnten die Wirtshäuser und – je nach Interesse – die Vereine (z.B. Sport-, Gesangs- oder auch Trachtenvereine) mit ihrem ausgeprägten geselligen Leben ein neues Zusammengehörigkeitsgefühl bis hin zu einer gewissen Geborgenheit – also schlicht neue Heimat – schaffen. Auch Familienfeiern (Taufen, Firmung, Hochzeit, runde Geburtstage, Leichenschmaus usw.) fanden natürlich im Wirtshaus statt.

Wurde das Wirtshaus für einen Zuzügler erst einmal seine »Heimat«, traf ein junger Handwerker dort seinesgleichen, mit denen er seine Probleme besprechen konnte, war der Weg zur Proletarisierung nicht mehr weit, umso eher, als er dort sein weniges, schwer verdientes Geld ließ. Dagegen steuerten verschiedene Vereine an, wie z.B. der 1851 gegründete »Kath. Gesellenverein«, der auch von König Max I. unterstützt wurde und bald über ein eigenes Vereinshaus (Schommergasse 6, heute Adolf-Kolping-Str. 1) verfügt. Ein Jahr später existierten in München, in der Vorstadt Au und in den zu dieser Zeit noch selbständigen Gemeinden Haidhausen und Giesing bereits 26 Gesellen-Unterstützungsvereine, die sich allerdings doch vorwiegend in Wirtshäusern trafen. Während aber in den Geselligkeitsvereinen der Vorstädte Tanz bis in die frühen Morgenstunden und häufige Wirtshausbesuche die Regel waren, war den Mitgliedern des katholischen Gesellenvereins diese Form der Geselligkeit untersagt. Das Adreßbuch von 1858 (Au, Giesing und Haidhausen sind mittlerweile eingemeindet) führt 59 Gesellen- Unterstützungsvereine auf. 1865/66 hatten sich im Münchner Kath. Gesellenverein 1016 Gesellen organisiert. Das Unternehmen hätte erfolgreicher sein können, denn unter Berücksichtigung der Vorteile, die sich dem Gesellen im Verein boten, ist die Zahl der Mitglieder im Verhältnis zur Gesamtgesellschaft eher bescheiden. Die Gesellen entwickelten im Verein ein für die Gesellschaft nützliches Verhalten; sie lernten sich einzuordnen, den Mehrheitswillen zu respektieren und die Meinung des andern zu achten. Das Engagement im Gesellenverein bedeutete für die Kirche allerdings nicht nur Gesellen vor der Proletarisierung im Wirtshaus zu bewahren, sondern auch die eigene Machtposition auszubauen.[199]

Selbst beim gehobeneren Bürgertum Münchens gehörte die Geselligkeit im eigenen Heim eher zur Seltenheit, denn *»man trifft sich hier auf neutralem Boden, im Ballsaal, im Bräuhaus, im Ausstellungspark, am Oktoberfest, und da es dabei dann keinen ängstlich sorgenden Hausherrn, keine überanstrengte, nervöse Hausfrau gibt, die um den glücklichen Verlauf des Festes zu zittern braucht, da dadurch alle mit Herz und Sinn mitfeiern können ... das macht vielleicht die Quintessenz, die innere Echtheit, die Wärme und die Ehrlichkeit der Münchner Geselligkeit aus.«*[200] Angehörige der privilegierten Klassen, insbesondere Geschäftsleute, pflegten bis zum I. Weltkrieg ihren beruflichen Tageslauf durch Erholungsphasen an hergebrachten Treffpunkten aufzulockern. Dazu gehörten die Frühschoppen um elf Uhr in einem renommierten Bierlokal, eventuell mit Weißwürsten, oder in einem Weinrestaurant. Ebenso war der nachmittägliche Besuch eines Cafés obligatorisch.

Die Münchner Weißwurst

Zur »internationalen« Küche hat Bayern nicht viel beigetragen. Meist fällt einem an dieser Stelle höchstens die »Crème Bavaroise« ein. Aber das ist eigentlich kein großes Manko. Der entsprechende Münchner Beitrag gerät da noch geringer, denn die möglicherweise münchnerischste aller Eßspezialitäten, die Weißwurst, sollte man sowieso nicht südlich von Watzmann und Zugspitz und schon gleich gar nicht nördlich des an der Donau anzusetzenden »Weißwurst-Äquators« verzehren, geschweige denn gar internationalisieren!

Es paßt wieder vorzüglich in die Münchner Wirtshausgeschichte, daß sich um die »Erfindung« der Weißwurst 1857 eine nette Legende rankt. Allerdings ging 1993 die Schreckensmeldung »Münchner Weißwurst ist eine Pariser Erfindung« (AZ 13.2.93) durch die Presse. Was war passiert? Der Kunsthistoriker Hans Ottomeyer hatte bei der Vorbereitung der Ausstellung »Die anständige Lust« im Münchner Stadtmuseum herausgefunden, daß das als Urmünchner Erfindung gefeierte Schmankerl bereits im 18. Jahrhundert in Paris, Mannheim und Berlin bekannt war. Unter der Bezeichnung »Boudin blanc« wird die Vorläuferin der Münchner Weißwurst sogar schon in dem französischen Kochbuch »Menagier de Paris« im 14. Jahrhundert erwähnt. Ihre Zusammensetzung aus Kalbfleisch, Häutelwerk, Petersilie, Zitronenschale und Muskat stimmt fast mit der unserer Münchner Weißwurst überein. Doch es gibt einen Unterschied: Während die Weißwurst nur gebrüht serviert wird, wurde sie in Frankreich nach dem Brühen noch in einer Pfanne leicht gebräunt. Auch in anderen europäischen Ländern – so fand Ottomeyer seinerzeit heraus – war die weiße Wurst lange Zeit das traditionelle Essen am Heiligen Abend.

Der Legende nach also wurde die Weißwurst am Faschingssonntag, 22. Februar 1857, im Gasthaus »Zum ewigen Licht« am Marienplatz (später »Peterhof«) von dem Metzgermeister Sepp Moser »erfunden«. Halt, schon wieder ein Einspruch von Hans Ottomeyer: Es ist nämlich keineswegs gesichert, ob der Moser Sepp in seinem Gasthaus eine Lizenz als Metzger hatte. Im Adreßbuch von 1857 wird er lediglich als Bierwirt aufgeführt. Ist die ganze Geschichte von der »Erfindung« der Weißwurst vielleicht nur der Werbetrick eines pfiffigen Wirts. Oder ist unser Moser Sepp am Ende ganz und gar unschuldig in jeder Beziehung, denn die ersten Berichte über seinen »Geniestreich« tauchen erst 1929 auf, als der nachmalige »Peterhof« gerade umgebaut und erweitert wurde?

Doch weiter in der Legende: Der Andrang an verkaterten Frühschoppengästen sei seinerzeit so groß gewesen, daß dem Moser die vorbereiteten Kalbsbratwürstl ausgegangen waren. Er konnte auch keine mehr nachproduzieren, weil er keine Bocksaitlinge, die dünnen Schafsdärme, mehr hatte. Schnell wurde der Lehrbub nach Haidhausen geschickt, neue Saitlinge zu holen, doch er kam mit den im Durchmesser größeren, dafür aber dünneren Schweinssaitlingen (»Chineser« genannt) zurück. Die daraufhin damit hergestellten »Doppelten Bratwürste« wurden wegen der Gefahr des Platzens sicherheitshalber nicht gebraten, sondern nur gebrüht. Doch die Pannenprodukte fanden Anklang und die bald »Weißwurst« genannte neue Münchner Spezialität konnte ihren Siegeszug antreten.

Da es kein festes Rezept für die »Münchner Weißwurst« gibt, hat jeder Metzger sein eigenes, und daher schmecken die Würste auch oft so unterschiedlich. Die Grundsubstanz besteht aus Fleisch vom Kalb oder Jungrind, Schweinsspeck, Schwarten und ein bisserl

> Häutelwerk, Salz und weißem Pfeffer, einem Hauch der Macis-Blüte, etwas Muskat, Zitronenschale, Zwiebeln und frischer Petersilie. Aber die jeweilige Menge machts! Eine Portion Eis sorgt für den Wassergehalt und dafür, daß die Temperatur bei der Brat-Herstellung nicht zu hoch wird und so die Emulsion zwischen Fett und Eiweiß klappt. Kommt allerdings zu viel Eis hinein, dann heißt es sofort: »*Solang die Münchner das Wasser mit Messer und Gabel essen, kann's den Metzgern nicht schlecht gehen!*«
>
> Apropos Essen von Weißwürsten: Die Art und Weise, wie das zu geschehen hat, lieferte schon unzählige und hitzige Debatten und soll uns jetzt hier nicht beschäftigen, da es eine alleingültige Regel nicht gibt. Auch der Verzehr vor dem 12-Uhr-Läuten ist eigentlich heute nicht mehr notwendig, aber halt eine schöne Tradition, die noch von vielen Wirten respektiert wird. Und noch etwas, liebe Wirte: Weißwürste gibt's nur stückweise (auf keinen Fall paarweise!), in einer Terrine mit heißem Wasser und nicht mit irgendwelchem Garnierungsschnickschnack vor sich hinfröstelnd auf einem Teller!

Die Ausstattung der Wirtshäuser, vor allem der Bierzäpflereien, war früher höchst einfach. Es handelte sich meist nur um schmucklose Räume oder Säle, vielleicht mit einer im Lauf der Zeit immer ramponierteren Holzvertäfelung bis in Stuhllehnenhöhe zum Schutz der Wand oder einfach auch nur einer umlaufenden Bank. Die Tische hatten weißgescheuerte Ahornplatten, deren Sauberhaltung um ein Vielfaches einfacher und hygienischer war, als die der in den 1950er Jahren aufkommenden Resopalplatten. Tischdecken, Vorhänge und besonderer Wandschmuck waren bis zur Jahrhundertwende nicht in Gebrauch. In den letzten Jahrzehnten des vorigen Jahrhunderts kam – vor allem bei den Bierpalästen und den Großgaststätten in der Innenstadt – innen wie außen der Neurenaissance-Stil derart häufig auf, daß man schon wieder von einem »typisch Münchner Wirtshausstil« sprach. Zwar blieben die überschaubaren Säle, aber alles war etwas verspielter, üppiger ausgestattet mit geschnitzten Kassettendecken, vornehmer Wandvertäfelung oder bunten Malereien. Der Kachel- oder Kanonenofen wurde durch eine moderne Heizung ersetzt, die Theke, die oft den Saal dominierte, hinaus verlegt. Eine bedeutende Zäsur brachten dann die Zerstörungen im II. Weltkrieg, denn nur die wenigsten traditionellen Münchner Wirtshäuser wurden hinterher wieder im alten Stil aufgebaut und eingerichtet. Und wenn, dann wurden die Säle in den 50er und 60er Jahren zuerst in die plötzlich so beliebten Nischen unterteilt, ehe man viele Wirtshäuser, weil modernen Ansprüchen nicht mehr genügend, vollständig neu aufbaute und nun mit nicht selten unmöglichem Firlefanz garnierte – doch davon später.

Aus Gasthöfen wurden Hotels

Im 15./16. Jahrhundert wurde die Größe einer Tafernwirtschaft hinsichtlich ihrer Übernachtungskapazität nicht nach den zur Verfügung stehenden Zimmern und Betten angegeben, sondern nach der wesentlich wichtigeren Zahl der Stellplätze für Pferde.

Mit der Ausweitung des Eisenbahnnetzes ab der Mitte des 19. Jahrhunderts wurde nicht nur eine entsprechende Angabe uninteressant, vielmehr machte die Zunahme des Reiseverkehrs eine Ausweitung des Bettenangebots und eine Verbesserung der Gastronomie notwendig. So begann mit dem 1842 eröffneten »Bayerischen Hof« am Promenadeplatz für München die Epoche der neuzeitlich ausgestatteten »Noble-Hôtels«. Der »Bayerische Hof« umfaßte 200 elegante und komfortable Fremdenzimmer und Salons, verfügte über eigene Bäder und beförderte die Gäste mit eigenen Wagen vom Bahnhof zum Hotel und zurück. 1858 folgte das Hotel »Vier Jahreszeiten« (Maximilianstr. 4, heute 17), 1860 der »Rheinische Hof« (Bayerstr. 21), 1866 am Stachus das Hotel »Bellevue« (heute »Königshof«) und 1871 das Hotel »Deutscher Kaiser« (Arnulfstr. 2). Es waren renommierte Häuser, die da entstanden. Das 1892 aus dem früheren Gasthof »Zum König von Griechenland« nach umfassenden Umbauten entstandene Hotel »Continental« (Ottostr. 6) und das aus dem Café »Kaiser Franz Joseph« hervorgegangene »Regina-Palast-Hotel« (Maximilianspl. 5) zählten *»zu den für die Prinzregentenzeit besonders typischen Münchner Luxushotels, deren pompöse Architektur und kostbare Innenausstattung fürstlichen Residenzen kaum nachstand. Mit den Hotel verbundene Restaurants bzw. Bier- und Weinstuben konnten auch den Ansprüchen der verwöhntesten Gäste genügen. Auch Bars in amerikanischem Stil (American Bars) kamen um die Jahrhundertwende in Mode und erlaubten eine anspruchsvolle Ausdehnung des Nachtlebens«* (Richard Bauer).

Flaschenbier veränderte die Gewohnheiten

1867 führte Georg Pschorr jun. in München das Flaschenbier ein. Aber noch fehlte ein geeigneter Verschluß, der erst 1875 mit dem heute fast ausgestorbenen Bügelverschluß erfunden wurde. Zwar folgte 1890 schon die Erfindung des maschinell aufgepreßten Kronkorkens, doch setzte sich dieser erst nach dem II. Weltkrieg richtig durch. Während sich aber der Flaschenbierhandel z.B. in Berlin wesentlich schneller verbreitete, machte er noch 1899 in München erst 5% des Gesamtverbrauchs an Bier aus. Auch der 1871 gegründete »Verein der Brauereibesitzer in München«, der sich 1899 (nachdem sich viele Brauereinen zu Aktiengesellschaften gewandelt hatten) in »Verein Münchner Brauereien« umbenannte, handelte zu diesem Zeitpunkt noch recht restriktiv, wenn es um das Flaschenbier ging.

Zunächst war das Abfüllen nur für Exportbier geduldet und ohne vorherige Benachrichtigung des Vereins überhaupt nicht erlaubt. Auch jegliche Werbung dafür war aufgrund eines Vereinsbeschlusses verboten, weil sich Wirte und vor allem Händler unter dem wachsenden Konkurrenzdruck nicht an die vorgegebenen Preise hielten und sich gegenseitig unterboten. Auch kamen die meisten Flaschen nicht mehr zu den Brauereien zurück. Der »Verein Münchner Brauereien« bildete deshalb sogar eigens eine »Kommission in Flaschenpfandfragen«. Erst 1911 wagten die Mitglieder dann, dem Beispiel von Berliner und Dresdner Brauereien folgend, die Pfandflasche zu 10 Pfennig einzuführen[201].

Allerdings warnte 1897 die Handels- und Gewerbekammer für Oberbayern[202]: »*Man glaubte mit Unrecht, das Münchner Publikum, bisher an Bier vom Faß gewöhnt, finde keinen Gefallen an dem Konsum von Flaschenbier, übersah aber hiebei, daß Münchens Einwohnerschaft zum größten Teil aus sogenannten Nicht-Münchnern besteht; man verrechnete sich in dem Geschmacke des Publikums, nahm den Flaschenbierhandel nicht energisch in die Hand, sondern überließ ihn anfänglich neidlos den Krämern und Delikatessengeschäften.*«

Das Bier in der Flasche setzte sich in München dennoch durch, wenngleich langsamer als anderwo, da es einem Bedürfnis der Kundschaft entgegen kam. »*Man hatte nun ein Gegenmittel gegen das weitverbreitete schlechte Einschenken vieler Wirte zur Hand; darüber hinaus sorgten die Brauereien durch freie Lieferung ins Haus (die manchmal sogar das Eis zur Kühlung umfaßte) für problemlosen Bezug, auch in Stadtteilen mit weniger Wirtschaften. Und man war nicht zuletzt gegen Manipulationen der Wirte gefeit, die die unschöne Sitte hatten, sogenanntes Neigbier auszuschenken.*«[203] Allerdings mutet es einen heute merkwürdig an, daß die Antialkoholbewegung des 19. Jahrhunderts das Flaschenbier nachdrücklich befürwortete. Man glaubte, daß dann der Familienvater weniger oft das Wirtshaus besuchte[204].

Die Münchner dachten in vielen Fällen noch bis nach dem II. Weltkrieg nicht daran, das Bier anderswo als mit dem Krügl im nächstgelegenen Wirtshaus an der Gassenschänke oder an einer anderen geeigneten »Quelle« der persönlich bevorzugten Brauerei zu holen. Daß sich im übrigen auch die Wirte nur sehr zögernd zum Verkauf von Flaschenbier entschlossen, hing mit dem gegenüber dem Faßbier geringeren Gewinn zusammen: die Brauereien wälzten nämlich die höheren Eigenkosten beim Flaschenbier zum Teil schlicht auf die Wirte ab!

Der I. Weltkrieg, die Nachkriegsjahre mit der Inflation und die Zeit der Wirtschaftskrise bedeuteten für die Münchner Gastronomie eine allgemeine Katastrophe. Das Münchner Bier, das im 19. Jahrhundert seinen Ruf weltweit festigen konnte, mußte in den Kriegsjahren Ersatzgetränken weichen (im Volksmund »Hopfenbrausen« genannt). Pschorrs »Zeno« klang noch unverfänglich, »Leudosit« von Löwenbräu schon verdächtig chemisch, der »Neuling« von Spaten und der »Hilfsquell« von Thomas verhießen nichts Gutes mehr und der »Hofbräuersatz« war dann ganz ehrlich. Gutes Bier wurde jedoch weiterhin eingesotten, aber nur für die Truppe. So gingen z.B. 1916 von den bayerischen Brauereien 126 Millionen Liter an die kämpfenden Frontsoldaten und 78 Millionen an die Garnisonen. Wesentlich mehr als ein Drittel davon kam aus Münchner Brauereien. Dabei war Flaschenbier bevorzugt, »*weil dieses sehr leicht auszuteilen und in die einzelnen Stellungen und Schützengräben bequem mitzunehmen ist*«.

Den wirklichen Siegeszug der Bierflasche haben dann eigentlich erst in den 50er und 60er Jahren der gestiegene Getränkekonsum beim Fernsehen und der dadurch zunehmende Handel mit Flaschenbier in den Supermärkten und in den 60er Jahren zahlreich aufkommenden Getränkeabholmärkten richtig begünstigt. Solche Märkte wurden damals nicht selten ausgerechnet in aufgelassenen, einst beliebten Wirtshaussälen eingerichtet, deren Fortbestand angesichts der hohen festen Kosten und der in Zeiten der

Vollbeschäftigung außerordentlich schwierigen Bindung von nichtvollbeschäftigem Bedienungspersonal nicht mehr gesichert war. Inwieweit auch hier beim Saalschwund wieder der durch das Fernsehen verursachte Rückzug in die Häuslichkeit und die Krise der Vereine durch den Rückgang ihrer Mitgliederzahlen mit schuld sind (oder umgekehrt die auf Säle angewiesenen Vereine durch die Schließung von Wirtshaussälen erst in Schwierigkeiten gerieten), müßte noch genauer untersucht werden. Was in diesen neumodischen Großraumläden allerdings wegfiel, war die bis in die 50er Jahre weitverbreitete Möglichkeit, bei »seinem« Wirt oder »seiner« Kellnerin anschreiben zu lassen.

Schwierige Situation durch zwei Weltkriege und Notzeiten

Die explosive politische Lage am Ende des I. Weltkriegs ließ sich auch in den großen Bierhallen und in den Wirtshäusern spüren. Im Hofbräuhaus befürchtete man wegen des dünnen Notbiers einen Bierkrawall, der dann aber wegen der in der Nacht vom 7. auf den 8. November 1918 unerwartet schnell ausgerufenen Revolution nicht zustande kam. Doch dafür zogen andere wirre Zeiten auf. Am 24. Februar 1920 hielt die im Vorjahr gegründete »Deutsche Arbeiterpartei«, die noch im selben Jahr in der »Nationalsozialistischen Deutschen Arbeiter-Partei (NSDAP)« aufging, im Festsaal des Hofbräuhauses ihre erste große Versammlung ab. Als der bis dahin noch weitgehend unbekannte Adolf Hitler vor den 2000 Zuhörern ans Rednerpult trat, begann eine neue »Wirthauskultur«, die über ein Jahrzehnt anhalten sollte: Es kam zu einer erbitterten Saalschlacht zwischen politisch links eingestellten Besuchern und dem mit Gummiknüppeln und Reitpeitschen ausgerüsteten Saaldienst der Partei.

Die Folgen des I. Weltkriegs und der Nachkriegsjahre waren sehr tiefgreifend für das Wirtsgewerbe. In den Jahren 1914–23 gingen nicht weniger als 653 Wirtschaften in München ein[205]. Dabei ist für uns nicht uninteressant, daß unter den vielfältigen Gründen der anhaltenden Depression 1921 auch die zwei Jahre vorher erfolgte Einführung des Acht-Stunden-Tages genannt wurde[206]. Denn dieser verhinderte nun die im Altmünchner Tageslauf einst so wichtigen offiziellen »Brotzeiten« mit ausgiebigem Biergenuß! Immerhin widerstanden in München die überkommenen Festlichkeiten und Unterhaltungsformen hartnäckiger als in anderen deutschen Großstädten der nach 1918 einsetzenden »Amerikanisierung«. Oktoberfest und Dulten, Volkstheater und Volkssängerbühnen in den Wirtshäusern lebten weiter, freilich wegen der Not der Zeit unter dürftigen materiellen Umständen. Die neue Massenkultur von Sport, Kino, Radio und Revue veränderten zwar das Leben der Münchner etwas, führten aber nicht zu jenem »Großstadtgefühl«, das etwa in Berlin für die Stimmung der 20er Jahre typisch war[207]. Hingegen beklagten die Wirte schon 1911, »*die zunehmende Betätigung der Bevölkerung auf sportlichem Gebiete, auch zur Winterszeit, vermindern den Konsum und erschweren den Betrieb*«[208].

1939 betrug der Bierkonsum noch 189 Liter pro Kopf der Bevölkerung[209]. Als am 1. September 1939 der II. Weltkrieg ausbrach, waren die Bierzelte und großen Buden auf der Theresienwiese schon fast fertig aufgebaut. Zuerst nur verschoben, wurde das

Oktoberfest am 27. September endgültig abgesagt. Elf Jahre vergingen, bis 1949 wieder ein »echtes« Oktoberfest stattfinden konnte. Die ersten Kriegsmonate verliefen in München so gut es ging noch normal, aber in den Gaststätten waren für bestimmte Gerichte (wenn es sie denn gab) Lebensmittel-, vor allem Fleischmarken, abzugeben. Ab 1941 war dann die Lebensmittelknappheit schon deutlich spürbar. Die NS-Machthaber hatten schon seit 1933 zur Unterstützung des Winterhilfswerks einen »Deutschen Eintopfsonntag« ausgerufen. Nach Kriegsbeginn wurde es den Gaststätten generell zur Pflicht gemacht, daß sie mindestens zwei Eintopfgerichte anzubieten hatten. Daneben waren auf der Speisenkarte nur noch zehn weitere Gerichte erlaubt. Zu denen mußte jedoch der Gast jeweils einen Zuschlag zahlen, der von 10 Pfennig (bei einem Grundpreis bis zu einer Mark) bis zu einer Mark (bei einem Grundpreis von mehr als zwei Mark) gestaffelt war[210]. Im Jahr darauf tauchten »Feldküchenessen« im spärlichen gastronomischen Angebot auf. Der erste Fliegerangriff erfolgte zwar schon am 5. Juni 1940, die schweren Großangriffe setzten jedoch erst 1942 ein. Bald waren viele der Wirtshäuser durch Bomben zerstört oder mußten unter heute kaum mehr vorstellbaren Bedingungen in Ruinen einen Notbetrieb aufrecht erhalten. Einen Monat nach dem Einmarsch der Amerikaner in München waren in München erst ganze 50 Gaststätten wieder in Betrieb, Mitte Oktober 1945 waren es dann schon über 800.

Das Bier wurde wie im vorangegangenen Weltkrieg dünn und dünner. Auch nach Kriegsende war lange Zeit eine Zuteilung von Gerste zur Herstellung von Bier nicht möglich, da sie dringend für das Brotbacken gebraucht wurde. Den Brauereien durften nur »Einfachbier« sieden. Als sich dann Ende Mai 1946 infolge der Neuregelung der indirekten Steuern der Bierpreis von 50 auf gar 75 Pfennig pro Maß erhöhte (was im vorigen Jahrhundert nicht mehr zu einem Krawall, sondern schon zu einem Bürgerkrieg geführt hätte!), regte das kaum jemanden auf – es gab eh kaum wirkliches Bier. Als vom 14. September bis zum 6. Oktober 1946 anstelle des nicht durchführbaren Oktoberfestes als Ersatz ein »Herbstfest« stattfand, wurde in dem einzigen Bierzelt nur Dünnbier ausgeschenkt. Immerhin gab es auch einige Fahrgeschäfte und ein paar Verkaufsstände, an denen gegen Abgabe von Lebensmittelmarken Wurst, belegte Brote und Backwaren verkauft wurden.

Unterm 18. Juli 1947 können wir in der Chronik der Stadt München lesen: *»Die Dünnbierversorgung der Bevölkerung ist vorläufig bis Herbst gesichert. Die Paulanerbrauerei liefert auf Grund eines Vertrages mit einer amerikanischen Firma wöchentlich 5 000 Kisten helles Exportbier mit einem Stammwürzegehalt von 12% nach Amerika. Das derzeitige Dünnbier hat einen Stammwürzegehalt von 1,7%.«* Der Alkoholgehalt dieser »Hopfenbrause« von ganzen 0,5% entspricht übrigens dem Durchschnitt heutiger alkoholfreier Biere! Aber schon unter dem Datum vom 8. August 1947 finden wir die Notiz: *»Um die noch zu erwartenden heißen Wochen mit Getränken zu überbrücken, haben die zuständigen Stellen die Streckung des Dünnbieres von 1,7% Stammwürze auf 0,6% angeordnet.«* In der Karwoche 1948 mußten die Münchner Brauereien schließlich die Bierausgabe wegen Rohstoffmangels völlig einstellen.

Erst fünf Wochen später durfte das mittlerweile verhaßte »Biersatzgetränk« wieder hergestellt werden, allerdings mußten nun für 1,5 Liter Bier 50 g Brotmarken abgegeben werden, womit die Brauereien eine alte Forderung durchgesetzt hatten. Aber nun machten die Münchner Bierliebhaber nicht mehr so mit, wie sich die Bräuer das gewünscht hätten. Am 12. Juli 1948 notierte der Stadtchronist: *»Zur Zeit befinden sich die Münchner in einer Art ›Bierstreik‹. Seit der Währungsreform [20.6.1948] ging der Bierverkauf um 90 bis 95% zurück. Die Bürger sind nicht bereit, 74 Pf pro Liter des Dünnbieres zu bezahlen. Um die vor dem 20. Juni gebrauten 600 000 Hektoliter Bier nicht verderben zu lassen, senkt das Finanzministerium jetzt die Steuer für die alten Biervorräte von 30 DM auf 10 DM pro Hektoliter. Die Halbe darf nicht mehr als 25 Pf kosten.«* Doch vier Wochen später saßen die Brauereien immer noch auf 150 000 unverkauften Hektolitern Dünnbier. Auch im bayerischen Hotel- und Gaststättengewerbe rührte sich Unmut. Auf einer Versammlung im »Platzl« wurde festgestellt, die Gastwirte sähen sich gezwungen, ab 9. August 1948 den Bierausschank einzustellen; gefordert wurde ein 7 bis 8%iges Bier zu billigeren Preisen. Am 4. September 1948 war es dann endlich so weit: Obwohl der Stichtag für den Ausschank von Vollbier mit einem Stammwürzegehalt von 8% erst der 16. September gewesen wäre, schenkten die Gaststätten wieder »gutes« Bier aus. Das rief sofort das Ernährungsministerium auf den Plan mit dem Hinweis, daß auch weiterhin nur Bier mit einem Stamwürzegehalt von maximal 1,7% in den Verkehr gebracht werden dürfe. Das Landesernährungsamt verlangte sogar von Oberbürgermeister Thomas Wimmer, mit Polizeieinsatz den Ausschank des 8%igen Biers zu verhindern, was dieser ablehnte. Aber am 17. September 1948 lockerte die Besatzungsmacht endlich die restriktiven Brauvorschriften.[211]

In der Zeit des neuerlichen Umbruchs des Wirtsgewerbes nach dem II. Weltkrieg konnte der seit 1953 in München lebende Ordinarius für Geschichte der Medizin Werner Leibbrand, ein gebürtiger Berliner, noch schwärmen[212]: *»Zur Intimsphäre gehört freilich das Wirtshausleben. Die Münchner Bierkellnerin ist auch heute noch, wenn freilich des früheren jungen ›Wassermadels‹ beraubt, ein Juwel. Nicht von der Schönheit der jungen ›puellae divinae‹ will ich reden, die uns immer begeistern wird, gerade die älteren ›Wampeten‹, die mit ihrer Armmuskulatur auf den Kellern artistische Meisterwerke vollbringen, verdienen unser Lob und Interesse. Sie gehören zu der genannten Geborgenheit. In München muß man Stammgast werden; man kann in mehreren Lokalen Stammgast sein, aber man darf nicht zum fahrenden Volk gehören. Der Stammgast hat eine besondere Beziehung zur Kellnerin. Sie kennt meist seine Lebensgeschichte, seine gastronomischen Wünsche, so daß der Stammgast gar nicht in die Speisenkarte hineinzuschauen braucht. Die Zenta, Wally, Vroni, wie sie auch heißen mögen, wissen, heute muß der Stammgast eine Schlachtschüssel essen, morgen einen Rehschlegel mit Blaukraut. Völlig verläßlich sucht sie für ihn das Individuelle und fragt nicht, was er trinkt; sie weiß es ganz genau. Männliche Bedienung hat es schwer, sich in München durchzusetzen; der Gast will die Kellnerin, er braucht ihre Interessiertheit und Nähe – all das erreichen Kellner nur ganz selten.*

Das ›Grinzing‹- oder ›Prater‹-Leben findet im Sommer auf dem Keller der jeweiligen Brauereien statt. Diese Erscheinung ist einmalig. Man kauft sich den Frühjahrsradi, bestellt seine Maß, darf eine richtige ›Brotzeit‹ selbst mitbringen und verzehrt dies in munterem Gespräch mit dem Nachbarn in einem mitten in der Stadt mit ausladenden

Bäumen in Erscheinung tretenden Garten. Dieser Nachbar ist es, der dem Norddeutschen zu schaffen macht. Es kann beispielsweise auch in den Wirtschaften geschehen, daß mehrere Tische frei sind, der ›Nachbar‹ kommt und setzt sich an einen Tisch mit heran. Er will die menschliche Nähe, wohl auch das unverpflichtende Gespräch. Er will mit unter Menschen sein; allein am Tisch friert er. Erst im selbst schweigenden Kontakt mit dem anderen zieht er dann wohlig seinen ›Rattenschwanz‹ aus dem länglichen Etui und die ersten Wölkchen der ständig ausgehenden ›Virginia‹ verbreiten einen bläulich-würzigen Genuß im Raum.«

Einen weiteren Beitrag zur Veränderung haben dann schließlich in den 80er Jahren auch das neue Verhältnis zum Alkohol und das Gesundheitsbewußtsein beigetragen. Aber niemand ist im Wirtshaus oder im Biergarten, ja selbst sogar bei den Bierfesten, zum Bier-Konsum gezwungen. Kaum jemand hat den Siegeszug des alkoholfreien Biers auf dem Oktoberfest vorausgesehen! Und schließlich hatte der Arzt und Philosoph Theophrastus Bombastus von Hohenheim, besser bekannt unter dem Beinamen Paracelsus (um 1494–1541), unmißverständlich klar gestellt: *»Allein die Dosis macht's, daß ein Ding kein Gift ist!«* Totzdem: *»So unbestreitbar die Kneipe zum unzerstörbaren Kulturgut gehört, so umstritten ist sie auch. Während täglich ein Teil der Bevölkerung fröhlich und lärmend in die Kneipe zieht, steht ihr ein anderer zumindest ebenso großer Teil argwöhnisch und ablehnend, manchmal haßerfüllt gegenüber.«*[213]

Der Pro-Kopf-Bierverbauch ist in Deutschland von 151 Litern im Rekordjahr 1976 auf jetzt nurmehr 134 Liter geschrumpft, was die Bayern mit rund 200 Litern im Jahr freilich überbieten. Inwieweit auch das noch von den Münchnern (einschließlich der Gäste) gesteigert wird, ist leider nicht bekannt. Immerhin sollen 1883 290,5 Liter (*»so viel Bier … wie in ganz Rußland!«*[214]) und 1900 gar die unwahrscheinliche Menge von 356 Liter Bier pro Kopf aller Einwohner in München getrunken worden sein! Aus dem Jahr 1913 werden dann »nurmehr« 313 Liter gemeldet[215]. Der Rückgang des Bierkonsums in den letzten zwanzig Jahren hat mehrere Gründe. Zum eine fehlt es in wirtschaftlich schwierigen Zeiten vielen Konsumenten an Geld, zum andern haben die Verbraucher zunehmend andere Getränke entdeckt, besonders die Jugendlichen mit ihrer Vorliebe für Kultgetränke. Und schließlich sind inzwischen auch noch die geburtenschwachen Jahrgänge ins konsumfähige Alter gekommen, mit der Folge, daß den bundesweit rund 1 200 Brauereien jährlich etwa 600 000 bis 800 000 Biertrinker fehlen.

Der Wandel vom Bierwirtshaus zum Speiselokal

Immerhin erfreuen sich heute die Biergärten noch bzw. wieder einer außerordentlichen Beliebtheit, während viele klassische Münchner Wirtshäuser entweder ganz verschwunden sind oder im besten Fall einem ausländischen Wirt Platz gemacht haben, samt Untergang alteingeführter und traditionsreicher Wirtshausnamen. Das hängt mit der veränderten Funktion der Gasthäuser zusammen: Zum einen hat längst der endgültige Wandel von der alten Bierwirtschaft hin zum Speiselokal eingesetzt, eine Entwicklung, die eigentlich schon im letzten Drittel des vorigen Jahrhunderts begann, als die

Lokale mit schwerpunktmäßiger Speisenverabreichung auch begannen, die aus dem Französischen entliehene Bezeichnung »Restaurant« auf die Fassade zu schreiben. Wer heutzutage in eine Gaststätte geht (sofern ihn nicht der Stammtisch anzieht oder eine Einladung zu einer Sitzung oder einer Feier ruft), der wählt sein Ziel nach dem Speisen- und nicht nach dem Bierangebot aus.

Zum anderen sind die Leute durch die sich mittlerweile über den gesamten Globus ausdehnenden Urlaubs- und Geschäftsreisen auf den Geschmack fremdländischer Gerichte gekommen. So gibt es heute in München allein über 400 italienische Lokale, womit diese Nation weit an der Spitze unter den ausländischen Wirten liegt, was aber nicht im Verhältnis zur Zahl der italienischen Mitbürger in München steht. Deshalb finden wir heute die italienische Bezeichnung »Ristorante« schon fast häufiger als das »Restaurant«. Sandra Uhrig hat sich für den Ausstellungskatalog »Die anständige Lust« (353 ff.) der Mühe unterzogen, der Geschichte der die ausländische Küche pflegenden Restaurants in München nachzuspüren. Als frühestes hat sie 1930 die »Osteria Bavaria« (Schellingstr. 62) ausgemacht, die jedoch, wie der Name schon erahnen läßt, nur vereinzelt italienische Spezialitäten anbot. Trotzdem waren die Italiener die »Pioniere«. Den Adreßbüchern zufolge kamen 1933 das Weinrestaurant »Tivoli« (Widenmayerstr. 52) und 1934 das »Italia« (Herzog-Wilhelm-Straße) dazu. Im Adreßbuch 1940 wurden dann immerhin schon fünf italienische Gaststätten aufgeführt. Das erste chinesische und zugleich erste fremdländische-nichtitalienische Restaurant, »Wu Guo Liang« (Augustenstr. 31), kam 1938/39 dazu und blieb bis 1952 das einzige chinesische in München. Im Adreßbuch 1953 finden wir das zweite chinesische Restaurant, »Tai Tung« (Amalienstr. 25), und das erste spanische, »Madrid in München« (Barerstr. 47). Als nun die ausländischen Restaurants in München immer zahlreicher wurden, nahm man im Adreßbuch 1954 zum ersten Mal eine Rubrik »Fremdländische Gaststätten« auf, in der wir mit dem »Balkan Grill« das erste jugoslawische Restaurant finden. 1966 tauchte zum ersten Mal die Bezeichnung »Pizzeria« auf. Ab 1970 ist eine beständige Zunahme der ausländischen Gaststätten zu verzeichnen, zwei Jahre später waren immerhin schon 14 Nationenen vertreten. Für 1992 ermittelte Sandra Uhrig u.a. 317 italienische, 165 griechische und 132 jugoslawische Lokale.

Schon 1984 wurden von den 4 378 gastronomischen Betrieben in München über 800 von Ausländern geleitet[216]. Allerdings glossierte in der Ausgabe der Süddeutschen Zeitung vom 3.9.1984 ein Redakteur unter dem Pseudonym Felix Mostrich in der »SZ-Kostprobe«: »*Daß in Münchens Freizeitgesellschaft, wo drei Kurzurlaube im Ausland pro Jahr als Minimum gelten, schon das Aus- und Essengehen etwas mit Urlaub, mit Gast-sein-Wollen bei Fremden zu tun hat, zeigt der Erfolg, den die gastronomischen Gastarbeiter aus dem Süden hierzulande hatten. Offenbar ist es für Deutsche ein Bedürfnis, ›die schönsten Stunden‹ des Tages dort zu verbringen, wo der Kellner die angelernten ausländischen Sprachbrocken folgsam aufpickt, um seinen Gästen das Gefühl zu geben, daß sie Deutschland längst hinter sich gebracht haben. Vor allem die Italiener profitieren von diesen abendlichen Stundenurlauben der Deutschen. Es hat etwas Gespenstisches an sich, wenn man beobachtet, mit welchem Zynismus italienische Pizzabäcker die Preise für ihre Schnellküchenerzeugnisse hochtreiben, und mit welcher blin-*

den Urlaubsglückseligkeit sich Deutsche das Fell über die Ohren ziehen lassen. Auch die Griechen, die in ihren Lokalen ursprünglich nur für sich selber kochten, wurden von diesem mediterranen Sympathiestrom in die Popularität hinaufgetragen. Vor allem in Vierteln mit jungem Publikum, wie in Haidhausen, genügen schon ein paar folkloristische Zirptöne, um die Gäste, bei miserablen Weinen und öliger Kost, aus verräucherten dunklen Kaschemmen auf die erträumte sonnige Insel zu entführen...«

Daß an der zahlenmäßigen Entwicklung in erster Linie nicht die in all diesen Jahren ebenfalls gestiegene Anzahl ausländischer Mitbürger schuld ist, beweist auch die Einwohnerstatistik. Danach standen 1994[217] nämlich die türkischen Staatsbürger mit 48 600 an der Spitze und nicht die Italiener, gefolgt von 24 600 Österreichern und 23 800 Griechen. Die bei den Lokalen an erster Stelle stehenden Italiener folgen in der Bevölkerungsstatistik mit 21 700 erst an vierter Stelle. Dabei finden wir allerdings entsprechend der mittlerweile gewonnenen Selbständigkeit die ehemaligen jugoslawischen Teilrepubliken Bosnien-Herzegowina mit 18 600 Staatsbürgern an fünfter und Kroatien mit 17 400 an sechster Stelle. Die Veränderungen bei den Gaststätten traf vor allem die in überreichlicher Zahl in den einstigen Arbeitervierteln vorhandenen Eckkneipen, in denen in den 80er Jahren zunehmend ausländische Wirte aufzogen, wie beispielsweise im Bereich Schwanthalerhöh'/Westend. Diese Gaststätten erfüllen aber in den inzwischen von vielen Ausländern besiedelten Stadtteilen neuerlich eine bedeutende soziokulturelle Funktion als regelmäßiger Treffpunkt unter Gleichgesinnten, als Kommunikationszentrum der Nachbarschaft und Veranstaltungsort für allerlei Feiern.

Die Rückbesinnung auf die bayerische Küche und die Münchner Wirtshauskultur

Ein weitere »Bedrohung« Münchner Wirtshaus-Gastlichkeit ging in den letzten Jahrzehnten verstärkt von den meistens internationalen Ketten mit ihren Schnellrestaurants mit weltweit standardisierten Speisenkarten aus. Allerdings hatte schon 1892 Georg Strebl in seinem Hotel an der Bayerstr. 13 gegenüber dem Hauptbahnhof das erste »Automat-Café und -Restautant« und damit das Zeitalter der heute vor allem bei jüngeren Leute beliebten Schnellgastronomie in München eröffnet: »*Selbstbedienung. Kein Trinkgeld. Zwanglos, rasch und gut.*«

Der »Nostalgiewelle« in den 70er Jahren, die in vielen Teilen der Volkskultur ein nachhaltiges Umdenken und eine teilweise überraschende Renaissance von Traditionen auslöste, z.B. ganz besonders bei den Trachten und der Volksmusik, stand anfangs im Bereich der Gastronomie erst einmal noch eine Umwandlung vieler alter Wirtshäuser in ausländische Restaurants, in Niederlassungen von Fast-Food-Ketten mit weltweit genormten Fertiggerichten (»Systemgastronomie«) im Selbstbedienungsangebot, nicht selten aus der Tiefkühltruhe, oder – im schlimmsten Fall – die Schließung wegen baulicher Überalterung oder Personalmangel gegenüber. Vor allem die Fast-Food-Ketten erwiesen sich als schlichte »Abfütterungsanstalten«: Dort gesteht man dem »Gast« eine Verweildauer von 20 Minuten zu, während die Restaurant-Ketten wenigstens noch

Warum ist der Leberkäs kein Käse?

Merkwürdigerweise ist den in München immer zahlreicher werdenden Wirten (so sie überhaupt eine bayerische oder wenigstens deutsche Küche pflegen) viel leichter zu vermitteln, daß der Leberkäs kein Käse ist. Leberkäse schreiben dagegen mit nicht zu bremsender Hartnäckigkeit unsere »preußischen« Landsleute. Besonders schlimm aber ist es, wenn eine Lebensmittel-Ladenkette mit weiß-blauem Signet, die vor einigen Jahren häufig in die Schlagzeilen geraten ist, von sich behauptet »Mir san mir – weißblau und bayerisch«, aber in eben dieser Werbung dann »Leberkäse« anbietet.

Im Leberkäs ist in Altbaiern ebensowenig Leber drin wie Wolle in den »Wollwürsten« (die richtig »Geschwollene« heißen sollten!). Und Käse, also ein Milchprodukt, ist der Leberkäs erst recht nicht. Leberkäs wird seit dem 16. Jahrhundert zubereitet. Er besteht in der Regel aus etwa 65% Rindfleisch (eigentlich Stierbratl), 15% Schweinefleisch und 20% Speck sowie Gewürzen (Salz, Pfeffer, Zwiebeln, Muskatblüten usw.), aber es gibt einige Sonderarten, z. B. den Kalbsleberkäs und den Stuttgarter Fleischkäs. Und im übrigen hat jeder gute Metzger sein eigenes Rezept und jeder Leberkäs-Liebhaber seinen Stamm-Metzger. Schließlich ist der Leberkäs das wohl beliebteste bayerische Brotzeit-Schmankerl, z.B. auch im Biergarten. Nicht einmal auf vornehmen Empfängen oder auf Schickeria-Parties fehlt der warme Leberkäs.

Die Silbe »Leber« stammt vielleicht von »Leben«, andere sehen darin die Verhunzung von »Laib«. Wer sich zur Definition der zweiten Silbe »kas« über das lateinische »caseus« anschleicht, landet natürlich wieder beim Käse, nicht bedenkend, daß dieses Wort ursprünglich »aus Gärstoff« bedeutete, aber das hilft uns auch nicht weiter. Außer, daß Käse in der Regel in eine bestimmte Form gepreßt wird. Denn Leberkäs wird ja auch in großen rechteckigen Laiben von bis zu einem halben Meter hergestellt. Das Wort Käs für eine kompakte Masse ist auch anderweitig üblich, so bei Quittenkäs oder Kartoffelkäs.

Im übrigen widerstrebt es einem aufrechten Bayern schon sprachlich, wenn er »Leberkäse« angeschrieben sieht, denn wir sagen ja nicht einmal »Käse«, selbst wenn es einer wäre. Denn die Apokope (das nach der mittelhochdeutschen Grammatik übliche Anhängen eines Endungs-e) wird im Oberdeutschen sowieso von Haus aus nicht durchgeführt (vergleiche der Spitz anstelle die Spitze, im Haus, auf dem Land, gern, allein usw.).

So, und nach soviel Theorie gehen S' jetzt zu Ihrem Metzger oder in Ihren Lieblings-Biergarten, holen sich einen warmen Leberkäs, ohne e, aber mit einem guten Senf und einer frischen Brezn (hinten auch ohne e!). Und in Zukunft essen wir unseren Leberkäs nur noch dort, wo man ihn richtig schreibt, denn wer weiß schon, ob er richtig gemacht ist, wenn er falsch geschrieben wird?!

---

eine Stuhlbenützung von durchschnittlich 40 Minuten dulden! So können es derlei Etablissements auf sechs »Schichten« mehr pro Abend bringen als ein »normaler« Wirt. Auch die Pils-Theken norddeutschen Vorbilds waren auf dem Vormarsch, obwohl eine Umfrage ergeben hatte, daß es für 81% aller Bayern nichts Schlimmeres gäbe, als das Bier an der Theke stehend zu trinken[218]. 1980 fehlten rund 2 000 Kellner und Bedienungshilfen in 1 600 Lokalen in München[219].

Die Speisenkarte

Das erste Problem, das der Niedergang der bayerischen Wirtshaus- und Küchenkultur nach sich zog, war die Verschandelung der Speisenkarten (Speise*n* bitte, denn mehr wie eine Speise sollte schon draufstehen und verspeisen wollen wir die Karte ja auch nicht!). Und dabei denken wir noch gar nicht an den Extremfall, daß ein williger ausländischer Wirt versuchte, den traditionellen Stil eines bayerischen Wirthauses weiter zu pflegen. 1962 veröffentlichte der seinerzeitige Bezirksheimatpfleger Dr. Siegfried Hoffmann in Nr. 3 seiner Reihe »Volkstümliche Veröffentlichungen« bereits in dritter Auflage eine »Denkschrift über die sprachliche Säuberung der oberbayerischen Speisenkarte« von keinem geringeren als Prof. Max Dingler (1883–1961), einem profunden Kenner und Sammler bayerischen Schrifttums, der selbst zu den Klassikern der bayerischen Mundartdichtung gehört. Auf Dingler bezogen sich später die meisten, die sich mit dem Problem unserer Speisenkarten befaßten, wie z.B. 1973 auch Wolfgang Johannes Bekh[220].

Aber es ging dabei nicht nur um den Leberkäs anstatt dem Leberkäse, der Sulz anstatt der Sülze, dem Kren anstatt dem Meerrettich und dem Karfiol anstatt dem Blumenkohl, dem Schweinsbraten anstatt dem Schweinebraten, den Rindsvögerln anstatt der Rinderroulade, den Roten Rüben anstatt den Roten Bete und welcher sonstigen Preußizismen auch immer, die durch des Bairischen nicht mächtiges Personal eingedrungen sind. Überhaupt diese falsche Mehrzahlbildung Schweine- oder Rinder- läßt einen aufrechten Münchner stöhnen: »*Wia kon denn des oane labrige Stückl Fleisch von mehrare Viecher sei?*« Und dann auch noch das Jäger- oder das Zigeuner-Schnitzel – ja sind wir jetzt Kannibalen geworden? Früher hieß das korrekt Schnitzel nach Jäger bzw. Zigeuner Art.

Häufig ist sich manche Wirtin oder mancher Wirt nicht einmal bewußt, daß es sich bei einer (Braten-)Sulz um etwas ganz anderes handelt, als bei einer Sülze, was also zum falschen Angebot auf der Speisenkarte führt. Außerdem wucherten immer mehr Toast Hawaii, Spaghetti Bolognese, Nasi Goreng, Chili con carne und was sonst noch alles Exotisches ausgerechnet über die Speisenkarten von Münchner Traditionsgaststätten. Und das oft in waghalsigen Schreibweisen, deren Entzifferung die Touristen aus den Herkunftsländern dieser Gerichte nur ein müdes Lächeln abgerungen, keinesfalls aber zur Bestellung dieser Speisen veranlaßt hätte. Da hatte doch tatsächlich einmal ein heute nicht mehr existierendes Lokal in der Fasanerie eine Woche lang »chili con cane« [mit Hund!] angeschrieben!

Einige Lokale nahmen den Ruf nach mehr bayerischen Wirtshäusern auf ihre Weise ernst, nagelten alte Lederhosen und bäuerliche Arbeits- und Küchengeräte an die Wand, stellten reichlich »Volkskunst«-Nippes auf die überreichlichen Wandsimse, wickelten nicht unbedingt immer heimische getrocknete Viktualien als unhygienische Staubfänger um Lampen und falsche Butzenscheibenfenster, bis die Galträume mit diesem Firlefanz wie ein total verkitschtes Bauernhofmuseum aussahen. Wo es etwa gehobener hergehen sollte und am Ende gar noch zuviel Geld da war, wucherte üppiges Pseudo-Barock in edlen Hölzern über Decken und Wände. Dazu kam in ähnlich geschmackvoller Weise eine sprachlich total verhunzte, weil lediglich in primitiven Dialekt übertragene Speisenkarte, nicht bedenkend, daß Sprache und Schrift immer schon zwei verschiedene Dinge waren.

Der Wettbewerb »Bayerische Küche«

Ende der 70er Jahre begann sich aber langsam unter den Gästen Widerstand gegen diese Entwicklung und der Wunsch nach mehr Originalität in den Goasträumen und auf den Tellern zu rühren. Auch die Münchner Presse nahm sich dieses Problems an und titelte »Bitte keinen Toast-Hawaii«, »Wegen Spaghetti oder Pizza reist keiner nach München«, »Appell an die Wirte: Serviert einheimische Gerichte« usw. Denn draußen auf dem Land hatte mittlerweile schon eine Rückbesinnung auf die alte regionale Wirtshaus- und Küchentraditionen[221] eingesetzt, häufig nachdrücklich gefördert durch engagierte Heimatpfleger und den seit 1977 vom Bayer. Staatsministerium für Ernährung, Landwirtschaft und Forsten veranstalteten Wettbewerb »Bayerische Küche«. Anfangs wurde dieser Wettbewerb jährlich ausgeschrieben, seit 1991 jedoch nurmehr alle drei Jahre. Er hat u.a. folgende Ziele[222]:

* Pflege der bayerischen Wirtshaustradition,
* Wahrung charakteristischer, gegendüblicher Baustile,
* Verwendung gegendtypischer Rezepte, die durch Lebensstil, Landschaft, Landwirtschaft und Klima geprägt sind,
* Speisenangebote im Rhythmus der Jahreszeiten, frisch aus heimischen Produkten,
* Wiederbelebung traditioneller Kultur und
* Verwendung sprachlicher Eigenheiten der Region einschließlich der Herkunftsbezeichnungen in der Speisenkarte.

Da werden nicht nur die Ausstattung und Einrichtung der Gasträume, der Flur und die Küche, sondern auch genauso Sauberkeit, Ordnung und Belüftung der Sanitärräume (ein ganz besonderes Problem!) bewertet. Selbstverständlich wird auch Augenmerk auf die Form und Art der Darbietung der Speisen und der Getränke gelegt, insbesondere auf stilgerechtes Geschirr und passende Gläser und die Tischkultur. Der schwierigste Bereich ist die Form der Anbietung, d.h. welche für die Gegend typischen Gerichte und Getränke stehen auf der Karte und wie wird dabei der heimischen Sprache Rechnung getragen. In jedem der bayerischen Bezirke wird ein Ehrenpreis verliehen, für die übrigen gibt es Auszeichnungen und Urkunden. Teilnehmen an diesem Wettbewerb kann jeder Gastwirt, der sich dazu beim zuständigen Amt für Landwirtschaft bewirbt.

Bereits im zweiten Jahr des Wettbewerbs hatten sich 235 Gastwirtinnen und -wirte aus ganz Bayern angemeldet, fast doppelt soviel wie 1977, davon bekamen immerhin 218 eine anerkennende Urkunde. Ein Münchner Lokal war erstmals 1979 mit einer Urkunde dabei – und das sagt schon einiges über die seinerzeitige Situation der traditionellen Gastronomie in der Landeshauptstadt. In den folgenden Jahren konnten dann aber doch immerhin jährlich zwischen vier und sechs Münchner Wirte eine Auszeichnung oder eine Urkunde erringen. 1994 beteiligten sich in ganz Bayern 916 Gastwirtinnen und -wirte, an die neben den sieben Ehrenpreisen 101 Auszeichnungen und 595

Urkunden verteilt wurden. Auf München entfielen zwei Auszeichnungen und sechs Urkunden.

Es gab dann auch noch andere Wettbewerbe. »*Um der bayerischen Küche neue Impulse zu vermitteln*«, führte 1980 auch die in 86 Ländern vertretene »Confrérie de la Chaîne des Rotisseurs« einen Wettbewerb »Feine Küche aus weißblauen Landen« durch, wozu aber lediglich Rezepte einzusenden waren. Immerhin war der 1. Preis mit 3 000 Mark dotiert. Aus Anlaß des 500. Jahrestags des Münchner Reinheitsgebots von 1487 rief der Verein Münchner Brauereien dann den »Förderpreis Münchner Gastlichkeit« ins Leben. Mit diesem ursprünglich alljährlich auszuschreibenden Wettbewerb wollten auch die sechs Münchner Brauereien ihren Beitrag dazu leisten, neue Impulse zu geben, sich wieder verstärkt auf die traditionsreiche Münchner Gastlichkeit und heimische Küchen-Spezialitäten zu besinnen. Auf die drei ersten Preisträger warteten 8 000, 5 000 und 2 000 Mark sowie Urkunden und eine Auszeichnungsplakette für die Lokaltür. Wettbewerbsaufgabe war die Entwicklung von zwei neuen (!) Münchner Menüvorschlägen, die unter Berücksichtigung moderner ernährungsphysiologischer Aspekte erstellt werden sollten: Ein Menü »Münchner Spezialitäten« mit 3 bis 4 Gängen für 4 Personen und ein festliches Menü mit 5 Gängen für 10 Personen. Dabei waren ähnlich dem Wettbewerb »Bayerische Küche« des Landwirtschaftministeriums folgende Kriterien zu beachten: Anbindung an die Münchner Tradition, Verwendung weitestgehend heimischer Grundprodukte, stilgerechte Präsentation der Speisen, Kreativität, hohes Geschmackserlebnis und optimale Bierzuordnung, ernährungsphysiologische Aspekte (Nährstoffgehalt, Kalorien) und Harmonie der Speisenfolge.

Auch das Ambiente der Lokalität, Sauberkeit, Stammgastpflege und Service wurden entsprechend bewertet. 1987 beteiligten sich 133 Wirte an dem Wettbewerb.

Diese Wettbewerbe waren für viele Wirte Anregung zum Nachdenken und zur neuen Hinwendung zur bayerisch-münchnerischen Küche. Das war auch wirklich notwendig, denn am 17. 3. 1980 berichtete der »Münchner Merkur« unter der Überschrift »Eine ›Kochmütze‹ für Schweinsbraten und Lüngerl: Einige Gastronomen kochen vor Ärger über die Auszeichnung eines Kollegen«: »Am glanzvollen Sternenhimmel der Münchner Gastronomie sind dunkle Gewitterwolken aufgezogen. Grund der unterkühlten Atmosphäre ist die Auswertung des kürzlich neu erschienenen Varta Hotel- und Gaststättenführers. Obwohl – ... – sich dabei gerade die Münchner Gastronomen die meisten Rosinen aus dem Kuchen picken konnten und die besten Noten erhielten, kochen einige vor Ärger. Stein des Anstoßes ist der heuer erstmals mit einer ›Kochmütze‹ (vergleichbar mit einem ›Stern‹ des Guide Michelin) ausgezeichnete ›Straubinger Hof‹ in der Blumenstraße. Im Gegensatz zu den anderen so oder höher bewerteten, vorwiegend französischen Restaurants, biete dieses Lokal ausschließlich bayerische Küche: Schweinsbraten mit Knödel, Leberkäs, Briesmilzwurst oder Lüngerl – all das eben in einer Art, die... manchen ›gehobenen‹ Münchner Wirten jedoch gegen die Berufsehre geht...«

Einer dieser Wirte diktierte dem Journalisten in die Feder, »*er könne nicht verstehen, daß man Schweinsbraten und saures Lüngerl genauso beurteile, wie seine kunstvollen französischen Fischgerichte...*«

Die Untersuchung der Stadt zur Münchner Wirtshaustradition

Es war der Münchner Stadtkämmerer Max von Heckel, der das Thema Rettung der Münchner Wirtshauskultur 1977/78 zu einem Hauptthema seines Wahlkampfs als Oberbürgermeister-Kandidat der SPD machte. Seine Forderungen waren kurz gefaßt:

1. Die Stadt verleiht jährlich einen Preis für die gelungenste Erhaltung schöner Münchner Wirtsstuben (ähnlich dem bereits bestehenden Fassadenpreis).
2. Die Stadt gewährt Zuschüsse bei stilgerechter Renovierung.
3. Alte Wirtshausstuben müssen unter Denkmalschutz gestellt werden.
4. Münchens Großbrauereien müssen den Wert der Erhaltung schöner alter Wirtshäuser einsehen.

»Nicht nur die alten Kirchen und Palais gehören zur Münchner Tradition, sondern auch unsere alten Wirtshäuser«, plädierte Heckel. Als aktuelle Beispiele für das Aussterben typischer Münchner Wirtshäuser nannte er den »Kreuzbräu« an der Brunnenstraße, der dem Asamhof-Neubau weichen mußte und dessen ehemalige Saal schon lang als Teppichlager diente, den »Bogenhauser Hof« an der Ismaninger Straße, der es dann aber doch schaffte, zu überleben, die Gaststätte »Wilhelmshöhe« an der Wolfratshauser Straße, die von einer Restaurantkette einverleibt wurde, das »Stefanie« an der Schellingstraße und die »Schleißheimer Alm« an der Schleißheimer Straße, ein einfaches Vorstadtwirtshaus, das einem Großprojekt Platz machen mußte. *»Wirtshäuser«*, so Heckel wörtlich, *»– das gilt besonders für die Altmünchner Wirtshauskultur, die in allen Büchern über München und Münchner Leben eine wichtige Rolle spielt (ich erinnere an Feuchtwangers ›Erfolg‹ oder ›Rumplhanni‹ von Lena Christ) – sind nicht nur zum Essen da; sie können ein Treffpunkt sein, wo man mit Freunden und Nachbarn, aber auch mit Fremden über Ereignisse im Stadtteil, im Betrieb, in der Politik oder sonst ein Thema, beim Bier reden kann. Reine Speiselokale – meist mit höheren Preisen – bieten hierfür keinen Ersatz.«*[223] Bereits am 9. Dezember 1977 ließ die SPD-Fraktion im Stadtrat einen offiziellen Antrag folgen, an der die Verwaltung die nächsten Jahre kräftig zu beißen hatte.

Dazu berichtete der damalige Kulturreferent Dr. Jürgen Kolbe in der Kulturausschuß-Sitzung am 28. Februar 1978: *»Angesichts der bedauerlichen Tatsache, daß die Münchner Wirtshäuser, die früher einmal die wichtigsten Kommunikationsstätten und unmittelbarer Bestandteil einer Kulturlandschaft waren, mehr und mehr verschwinden, begrüßt das Kulturreferat den vorliegenden Antrag, der darauf abzielt, die alten Wirtshäuser zu erhalten und einer falsch verstandenen ›Modernisierung‹ historischer Gaststuben Einhalt zu gebieten. Den vorgeschlagenen Weg, derartige Konservierungs- und Renovierungsmaßnahmen durch städtische Zuschüsse zu unterstützen und darüber hinaus die bestgelungene Wiederherstellung alljährlich mit einem städtischen Preis auszuzeichnen, halte ich für richtig. Bevor aber dem Stadtrat hierzu konkrete Vorschläge gemacht werden können, ist es notwendig, die in Betracht kommenden Gaststätten zu erfassen, zu besichtigen und im Benehmen mit den Eigentümern und Pächtern sowie mit den Bezirksausschüssen und mit dem Baureferat zu überlegen, welche Maßnah-*

men im jeweiligen Fall getroffen werden sollten. Das Kulturreferat hat sich deshalb am 19. Januar 1978 an alle Bezirksausschüsse der Stadt mit dem Aufruf »Rettet die alten Münchner Wirtshäuser« gewandt und um entsprechende Mitarbeit, insbesondere um Benennung erhaltenswerter Wirtshäuser in ihrem Bereich gebeten...«
Doch bald sollte sich zeigen, daß weder das Kulturreferat noch das sowieso gerade durch das neue Denkmalschutzgesetz überlastete Baureferat über das nötige Personal verfügten, um aus der Liste der nicht weniger als 211 vorgeschlagenen alten Gaststätten die wirklich erhaltens- und förderungswerten Wirtshäuser auszusuchen. Aber jedenfalls war nun das Thema »Erhaltung der Münchner Wirtshauskultur« von den Tagesordnungen des Stadtrats und der Bezirksausschüsse, in den Zeitungsberichten und -kommentaren, den Stammtischdebatten und öffentlichen Diskussionen nicht mehr wegzudenken. Um in der Sache weiter zu kommen, beschloß der Verwaltungsausschuß des Stadtrats am 6. Mai 1980, einen kunsthistorisch gebildeten Architekten im Rahmen eines Werkvertrags mit der Erarbeitung eines Kriterienkatalogs für eine Wirtshausförderung und einer fachmännischen Bestandsaufnahme zu beauftragen. Dieser Auftrag erging schließlich an den ehemaligen Landeskonservator im Bayer. Landesamt für Denkmalpflege (1960–73) und anschließenden Leiters des Freilichtmuseums des Bezirks Oberbayern an der Glentleiten (1973–79) Dr. Ottmar Schuberth und seinen Sohn Heiner Schuberth. Von den damaligen rund 2000 Schank- und Speisewirtschaften in München wurden den beiden Architekten von der Stadtverwaltung nach einer speziellen Vorauswahl 233 Gaststätten zur Prüfung vorgeschlagen. Darüber hinaus hat das Architekturbüro Schuberth noch weitere 700 Lokale in Augenschein genommen. Insgesamt hielten die beiden Gutachter 105 Betriebe der »Münchner Wirtshaustradition« für zuordenbar[224].

Am 5. April 1989 legte das Referat für Stadtplanung und Bauordnung eine aktualisierte Liste der erhaltenswürdigen Münchner Gaststätten vor. Sie enthielt 15 Neuvorschläge, aber leider auch zwei Streichungen infolge Abbruchs der entsprechenden Gebäude. Stadtbaurat Prof. Uli Zech resümierte[225]: »Die Bereitschaft der Brauereien, der Pächter und der Architekten im Rahmen der Beratungstätigkeit der Unteren Denkmalschutzbehörde und des Landesamts für Denkmalpflege ihre Gaststätten zu restaurieren, statt sie nur zu renovieren oder sogar zu modernisieren und auch das Verständnis dafür entwickelten sich ständig... Auch das Eintreten einiger Wirte für die Erhaltung des traditionellen Charakters ihrer Gaststätten – manchmal sogar gegen den Widerstand ihrer Brauereien – läßt eine gewisse Tendenz zur Sicherung der altmünchner Gaststättentradition erkennbar werden...« Und in der Tat fanden die Innenarchitekten in den 80er und 90er Jahren wieder etwas Maß und Ziel, auf den Speisekarten kehrte sprachliche Ruhe ein, ebenso wie in der Küche bayerische Normalität, was sogar viele alte Gerichte aus der Münchner Küchentradition zurück ins Angebot brachte, voran die bis dahin geschmähten Innereien samt beispielsweise solcher »Exotica« wie Kuheuter und Stierhoden. Denn darin ist die Münchner Küche beispielsweise jener in Paris oder Rom gleich: Wo einst ein hoher Fleischbedarf für das Bürgertum bestand, fielen billig Innereien ab, für die die einfache Bevölkerung vorzügliche Rezepte entwickelte.
Die Renaissance der bayerischen Küche im Allgemeinen und der Münchner im Besonderen wurde durch die steigende Publikation von qualitätsvollen Kochbüchern[226],

regelmäßigen Restaurantkritiken in den Tageszeitungen, Serien über Bier, Wirtshäuser, regionale Spezialitäten und allerlei Besonderheiten im Fernsehen und in den Printmedien nachhaltig gefördert. Nicht unerwähnt bleiben darf aber in diesem Zusammenhang auch die hervorragende Ausstellung samt dazugehörigem Katalog »Die anständige Lust. Von Eßkultur und Tafelsitten« 1993 im Münchner Stadtmuseum. Man kann heute wieder unter mehreren Gaststätten mit traditionellem Münchner Ambiente und gepflegter regionaler Küche in der Münchner Innenstadt auswählen. So war denn am 28. April 1997 in der »SZ-Kostprobe« erfreulicherweise zu lesen: »*Der Wirt, ..., muß sich der Qualität seiner Münchner Küche einigermaßen sicher sein, denn die Konkurrenz einschlägiger Etablissements gruppiert sich rund um Viktualienmarkt und Marienplatz in Fülle und verästelt sich bis in Neben- und Parallelstraßen zum Tal mit wohlbekannten Adressen...*« Es ist also in München nicht mehr »exotisch«, ausgerechnet münchnerisch essen gehen zu wollen.

Brauchtum

Brauchtum in und um München
Von Neujahr bis Ende März

In München war es schon im Mittelalter der Brauch, Verwandten, Freunden und Bekannten schriftlich zum neuen Jahr Glück zu wünschen. Häufig geschah dies auch in Gedichtform. Die Kupferstecher des 18. Jahrhunderts schufen schließlich wahre graphische Kunstwerke meist mit religiösen Darstellungen. Im vorigen Jahrhundert bürgerte es sich ein, daß die dienstbaren Geister zum Jahreswechsel persönlich vorsprachen und ein gutes neues Jahr wünschten. Da kamen die Kaminkehrer, die Zeitungsfrau, der Hausmeister, die Stiegenputzerin, die Aschentonnenmänner, die Ausgeher der Lieferanten, überhaupt alle, die im vergangenen Jahr mehr oder minder regelmäßig im Haus zu tun hatten. Zu ihnen gesellten sich der Tapeziergehilfe, der vielleicht einmal dagewesen war, die Störnäherin, der Lehrling des Glasers, der Knecht des Bauern, der im Herbst Kartoffeln und Holz gebracht hatte, und natürlich auch der Taglöhner, der dann das Holz im Hof gespalten hatte. Außerdem war da noch die Schar der Berufs- und Gelegenheitsbettler, Hausierer und Kinder, die genauso ihr Trinkgeld bekamen. Manchmal sagten sie auch nette kleine Sprücherl auf.

Neujahrsanblasen

Der Jahreswechsel wurde seit dem vorigen Jahrhundert sehr geräuschvoll begangen. Selbstverständlich läuteten die Glocken. Dazu kamen die Raketen und die Neujahrsanschießer, die auf den Straßen und Plätzen einen so großen Lärm machten, daß Fremde glauben mochten, in München sei der Bürgerkrieg ausgebrochen. Zu Beginn des 19. Jahrhunderts ritten verkleidete Burschen auf Steckenpferden in Haidhausen von Haus zu Haus. Für ihre Neujahrsverserl wurden sie mit Fleisch, Würsten und einem Gebäck in Bocks- oder Schweinsgestalt beschenkt. Wenn von diesem Gebäck etwas übrig blieb, wurde es unter die begleitende Kinderschar geworfen und die balgende Horde mit Rutenhieben bis zur Isar hinuntergetrieben (»Kinderpfeffern«).

Vom Pfauenwirt aus zogen als Hexen verkleidete Neujahrsanbläser durch die Au und die Stadt. Sie läuteten die Leute heraus, bliesen im Stiegenhaus oder in einer Wirtsstube ein Stückl, wünschten ein gutes neues Jahr und trieben dabei allerlei Unsinn. Das Neujahrsanblasen nahm aber im Lauf der Zeit ziemlich überhand. Immer mehr Gruppen zogen durch die Stadt und bald wurde schon am zweiten Weihnachtsfeiertag mit dem Blasen begonnen und bis Dreikönig fortgesetzt. Und so kam es zu jenem

Was ist eigentlich »Brauch«?

Über die Definition des »Brauchs« haben sich schon Generationen von Historikern und Volkskundlern den Kopf zerbrochen, ebenso wie die Philosophen und Soziologen über den Begriff »Kultur«. Das Wort »Brauch« bedeutete schon im Mittelalter neben »Gebrauch, Benutzung« auch soviel wie »Sitte, Gewohnheit, Überlieferung«.

Das Brauchtum spielte im Leben unserer Vorfahren im Ablauf des Naturjahres, des Arbeitsjahres und vor allem des Kirchenjahres eine bedeutende Rolle. Neben dem Jahreslauf bestimmte natürlich auch der Lebenskreis die von der Gemeinschaft getragenen Brauchtumshandlungen: Schwangerschaft, Geburt, Taufe, Kind, Werbung, Verlobung, Hochzeit und Tod. Später, eigentlich erst im 20. Jahrhundert, kam dann noch das politisch-staatliche Jahr hinzu mit dem Tag der Arbeit, dem Muttertag oder dem Volkstrauertag.

Allerdings waren sich unsere Altvorderen im Umgang mit den Traditionen und Bräuchen noch wesentlich sicherer. Brauch hat nämlich sehr starke Bindungen

* an eine ganz bestimmte ausführende Gruppe,
* an eine bestimmte Zeit
* und die Örtlichkeit.

Gerade die letzten beiden Bedingungen werden in der letzten Zeit häufig mißachtet.

So zog sich schon 1977 das Münchner Fremdenverkehrsamt den Zorn der Heimatpfleger auf sich, als es die Berchtesgadener Buttmandl auf den Münchner Christkindlmarkt holte. Da war dann von »hemmungslosem Im- und Export tradierten Brauchtums« die Rede.

Eine oberbayerische Gemeinde verlegte ihren Leonhardiritt vom Leonharditag am 6. November einfach in den Juli, mit der Begründung, da sei besseres Wetter zu erwarten, und außerdem hätten mehr Touristen(!) Gelegenheit, echtes bayerisches Brauchtum kennen zu lernen!

Daß Christbäume inzwischen schon bald ein ganzes Vierteljahr herumstehen – daran scheint man sich offensichtlich allenthalben zu gewöhnen. Maibäumen, die eigentlich ausschließlich nur am 1. Mai aufgestellt gehören, blüht eine ähnliche Konjunktur: Das Hofbräuhaus (sonst immer stolz auf die eigene Tradition) stellte 1981 den Maibaum schon am 25. April auf. Der Burschenverein Aubing hatte am 27. April 1986 ebenso »Verfrühung« wie der Trachtenverein in Feldmoching am 28. April 1989. Der Münchner Repräsentations-Maibaum der Brauereien auf dem Viktualienmarkt wurde 1982 dagegen erst am 13. Mai unter verbaler Assistenz von Oberbürgermeister Erich Kiesl aufgerichtet. Mit der Aufstellung des Nachfolgebaums am 28. April 1986 wollte man wohl einen Teil dieser Verspätung wieder hereinholen? Rekordhalter aber ist ausgerechnet die Katholische Akademie in Schwabing, noch dazu eine Bildungseinrichtung der sieben bayerischen Diözesen. Sie hat schon zwei Mal, nämlich 1981 und 1987, ihren Maibaum erst Ende Mai aufgestellt.

Und im Juni 1989 konnten wir der Presse entnehmen: »*Wegen der Pfingstferien wurde die Fronleichnamsprozession der Pfarrgemeinde St. Georg, Milbertshofen, um eine Woche auf Sonntag, 4. Juni, verschoben, damit Eltern und Kinder nach dem Urlaub daran teilnehmen können ...*« Im Hinblick auf den Gründonnerstag, als den Tag der Einsetzung der Eucharistie, findet das Fronleichnamsfest **an einem Donnerstag** statt, und zwar an dem nach der Pfingstoktav!

Neujahrsanblasen in einem Wirtshaus (um 1890)

Mißbrauch, der uns wie in so vielen Fällen Kunde vom Brauch bringt. Am 17. Dezember 1873 veröffentlichte der Münchner Polizeidirektor von Feilitzsch im Münchner Amtsblatt eine Bekanntmachung, »*Mißbräuche der Weihnachts- und Neujahrszeit betr.*«. Darin wurde das Aufsingen in Wirts- und Privathäusern, auf öffentlichen Straßen und Plätzen »*zum Zwecke der Erlangung eines Geschenkes*« verboten. »*Ebenso ist es Gesellen, Lehrjungen und Dienstboten untersagt, behufs Erlangung von Neujahrsgeschenken herumzuziehen*«. Zuwiderhandlungen wurden mit fünf Talern Strafe oder drei Tagen Haft belegt.

Das scheint aber alles nichts genützt zu haben, denn derartige Verbote wiederholen sich immer wieder. Am 28. Dezember 1904 lesen wir in einer Münchner Zeitung: »*Die kgl. Polizeidirektion bringt in Erinnerung, daß das gruppenweise Umherziehen in Wirts- und Privathäusern, sowie das hiermit verbundene Singen, Musizieren oder Deklamieren zum Zwecke der Erlangung von Gaben – welche Unsitte auch heuer wieder in erschreckendem Maße zunimmt – verboten ist.*«

Von diesem eigentlich doch recht schönen Brauch des Neujahranblasens ist heute in München nicht mehr viel übrig, jedoch sorgt die Petersturm-Musik dafür, daß er nicht ganz ausstirbt.

Auf dem Dorf stiller

In den Dörfern rund um München außerhalb des Burgfriedens ging es an Neujahr bis ins 19. Jahrhundert noch etwas ruhiger zu. Der Neujahrstag war als Erinnerungstag an die Beschneidung Jesu zwar ein kirchlicher Feiertag, und als solcher durch Besuch des Gottesdienstes wie Enthaltung von der (Haupt-)Arbeit gefeiert, jedoch sonst ohne alle Bedeutung, »weßhalb ein Neujahr-Wünschen, Anschießn und dergl. nicht gang und gäbe ist«, wie uns Karl von Leoprechting 1855 berichtet.

Lauter wurde es im 18. Jahrhundert an den Neujahrstagen in den der Stadt nahegelegenen Dörfern nur wenn Schnee lag. Dann nämlich konnte es sein, daß sich eine Münchner Gesellschaft bei ihrer »masquirten Schlittenfahrt« bis da hinaus verirrte und eventuell in einer Tafernwirtschaft einkehrte. Vor allem der Adel und junge Burschen hielten derartige »magnifique Schlittenfahrten ab, wobey Alles mit Gold auf das prächtigste ausstaffiret« war. Man verkleidete sich (und nahm damit schon etwas vom bevorstehenden Fasching voraus) und trieb es bisweilen recht frivol. »Nirgends ist vielleicht die zügelloseste Ausgelassenheit in dem Puncte so weit eingerissen, als hier«, berichtete damals ein Holländer nach Hause.

Dreikönig

Erst das Fest der Heiligen Drei Könige am 6. Januar brachte das eigentliche bäuerliche Neujahrsfest, daher auch »Großneujahr« genannt. Die Nacht vor dem Dreikönigstag galt als die gefährlichste der Rauhnächte. Wasser, in dieser Dreikönig-Vornacht geweiht, hält das ganze Jahr den Segen, auch sollte man sich in dieser Vornacht zur Ader lassen.

Am 6. Januar wird das Fest der Offenbarung des Herrn (Jordantaufe) gefeiert, zugleich das Erscheinungsfest (Epiphanie) bzw. der Geburtstag seiner Göttlichkeit, so bezeugt erstmals im 4. Jahrhundert. Auf dem Konzil von Nicäa wurde 325 das ursprünglich am 6. Januar gefeierte Fest der Geburt Christi für die römische Kirche auf den 25. Dezember verlegt. Am Epiphanistag blieb die Erinnerung an die Ankunft der Weisen (Matthäus Kap. 2, Vers 1–12) und die Hochzeit zu Kanaa (Johannes Kap. 2, Vers 1–11).

Diese »Weisen« waren vermutlich Priester-Astrologen aus Babylon oder Sippar, die die dreifache Konjunktion von Jupiter und Saturn (den »Stern von Bethlehem«) im Jahr 7 vor unserer Zeitrechnung im Westen besser beobachten wollten. Die Legende machte daraus im 5. Jahrhundert »drei Könige«. Im 9. Jahrhundert kamen die (weder biblisch noch historisch belegbaren) Namen Caspar, Melchior und Balthasar auf. Und weitere fünf Jahrhunderte später verbreitete sich dann der Glaube, daß einer von ihnen (meistens Caspar) ein Mohr sei.

Am Dreikönigstag schrieb früher der Hausvater mit einer in der Vornacht (zusammen mit dem Dreikönigswasser) geweihten Kreide zwischen die neue Jahreszahl die Initialen C + M + B an die Haustür. Diese Aufgabe haben heute mancherorts die Sternsinger übernommen. Diese drei Buchstaben stellen aber nicht die Abkürzung der Namen der drei Könige dar, die zwar als Schutzpatrone von Haus und Hof galten, sondern bedeuten »Christus Mansionem Benedicat« (Christus segne dieses Haus). Und mit Weihrauch wurde durch alle Räume des Hauses gezogen.

In der Münchner Kammerrechnung von 1500 ist bereits von einem tätlichen Vorfall die Rede, als Schüler »*mit dem Stern gegangen sind*«. Vor allem in der Zeit der Gegenreformation im 16./17. Jahrhundert war der Sternsinger-Brauch weit verbreitet. Nach 1900 kam er bei uns langsam in Verfall. 1958 nahm sich die katholische Kirche intensiv dieses Brauchs an. Inzwischen gilt das nun vom Päpstlichen Missionswerk der Kinder (PMK) und vom Bund der Deutschen Kath. Jugend (BDKJ) getragene Dreikönigssingen zwar als weltweit größte Kinderhilfsaktion zugunsten von Projekten in der Dritten Welt, doch führte das allerdings etwas zu einer Überorganisation des Sternsinger-Brauchs, der mittlerweile auch dort ausgeübt wird, wo er überhaupt keine historische Tradition hat. Die Pfarreien schicken die »Sternsinger« mit Ausweisen und verplombten Sammelbüchsen los und verunglimpfen nicht kirchlich »ausgeschickte« Sternsinger als Betrüger und Trittbrettfahrer. Kommentierte die »Süddeutsche Zeitung« am 5. Januar 1996: »*Die Kirche hat kein Monopol auf die Ausübung alter Bräuche. Buben und Mädchen, die sich ohne kirchlichen Auftrag einen Turban aufsetzen und Dreikönigslieder singen, sind keine ›falschen Sternsinger‹, sie sind einfach nur Sternsinger, und wenn sie sich mit dem Geld, das sie bekommen, bei McDonald's einen Hamburger kaufen, dann geht das die Kirche, mit Verlaub gesagt, einen feuchten Kehricht an.*« Richtig ist jedenfalls, daß die Sternsinger früher die Platzerl und Guatl, die sie geschenkt bekamen, ebenfalls selber verzehrt oder Bares in Süßigkeiten umgesetzt haben.

Am 7. Januar beginnt dann der Fasching (und nicht, wie manche meinen, am 11. 11.!). Bei einer lustigen Zeremonie auf dem Viktualienmarkt übergibt der Oberbürgermeister oder einer seiner Stellvertreter dem Faschingsprinzenpaar die Stadtschlüssel.

Sebastiani und Halbwintertag

Aus dem bäuerlichen Kalender, der in den Dörfern rund um die Stadt einst den Jahreslauf bestimmte, sind im Januar noch erwähnenswert der Namenstag der Heiligen Fabian und Sebastian (20. 1.), außerdem Maria Vermählung (23. 1.) und Pauli Bekehrung (25. 1.). Alle drei Tage waren halbe Feiertage. Der hl. Sebastian war ein bedeutender Schutzheiliger gegen Pest und Viehseuchen. An Pauli Bekehrung hatte man nach altem Volksglauben bereits die Mitte des Winters erreicht, weshalb dieser Tag auch »Halbwintertag« hieß.

Vor allem war Sebastian (»Wastl«) ein früher sehr verbreiteter Vorname. Das Recht der Namensgebung lag bei den Eltern und beim Paten gleichermaßen. Häufig erhielt das erstgeborene Kind den Vornamen des Vaters bzw. der Mutter. Bei den weiteren Kindern wurden die Namen seit dem 14. Jahrhundert fast nur dem Heiligenkalender entnommen. Dabei wählte man gern als Namenspatron den Heiligen des Geburtstags oder, wenn der nicht paßte, den des darauffolgenden Wochen- oder Festtags bzw. des

Tauftags. Zu diesem Brauch sagte man, »*den Heiligen mitnehmen*«. »Zurückgetauft«, also den Namen eines Heiligen zu nehmen, dessen Tag vor dem Geburtstag lag, durfte auf gar keinen Fall werden, denn das könnte Unglück bringen.

Mariä Lichtmeß

Am 26. Januar begann bis noch vor einigen Jahrzehnten in Altbaiern auf dem Land der Dienstbotenwechsel, der sich bis Mariä Lichtmeß (2. 2.) als sogenannte Schlenkelweil hinzog. Stand ein »Ehhalt'n« (Dienstbote, also Magd oder Knecht) aus , d.h. hatte er gekündigt, so brauchte er diese Zeit zum Packen und zum Umzug zum neuen Dienstherrn. Schon die Land- und Policei-Ordnung von 1616 legte fest, daß die »Schlenkelweil« dazu diene, um *»etwan sein Gewandt zu bessern, oder sonsten anders zu seiner notturfft zu verrichten«*.

Das Fest Marä Lichtmeß war bis 1912 offizieller Feiertag, an dem früher die Weihnachtszeit endete. Da es früher noch keinen Urlaub im heutigen Sinn gab, kam neben den Sonntagen solchen Feiertagen eine große Bedeutung zu. Trotzdem verfügte Kurfürst Max III. Joseph am 14. Dezember 1772 die Abschaffung von nicht weniger als 20 Feiertagen und beließ nur noch deren 19. Doch zehn Jahre später wetterte das »Münchner Intelligenzblatt« auch gegen diese Feiertage und sah darin unter anderem die Ursache für die überhöhten Lohnforderungen der Dienstboten, die an den 52 Sonntagen und 19 »gebotenen« Feiertagen sowie den rund hundert inoffiziellen Bauern- und Familienfeiertagen sowieso nur in den Wirtshäusern ihr Geld versaufen und verspielen würden. Dabei waren die Sonn- und Feiertage für die Knechte und Mägde nicht einmal völlig »dienstfrei«, denn zur Versorgung des Viehs fielen ja täglich je nach Größe des Bestandes bis zu vier Stunden Stallarbeit an. Der Stellungswechsel war Anfang Februar deshalb möglich, weil die bäuerliche Arbeit um diese Zeit weitgehend ruhte. Die langen Dreschtage waren ebenso vorbei wie die Holzarbeit im Wald. Das Fest Mariä Lichtmeß war denn auch der Anlaß, zum letzten Mal ein Schwein zu schlachten, weil es später nicht mehr möglich war, wegen des wärmeren Wetters Schweinernes einzusuren (einzupökeln).

Das Fest Mariä Lichtmeß erinnert an den Besuch Marias mit dem Jesuskind im Tempel von Jerusalem. Da dieser Besuch 40 Tage nach der Geburt stattgefunden haben soll, legte die Kirche später das Fest auf den 40. Tag nach Weihnachten. In Anspielung auf die Worte *»Ein Licht, zu erleuchten die Heiden«* (Lukas 2, 32), die Simeon über Jesus sprach, werden auch heute noch an Lichtmeß in den Kirchen die Kerzen geweiht. Vor allem den Wetterkerzen schrieb man früher besondere Schutzkraft gegen Unwetter, Blitzschlag, Hagel und andere Gefahren für Haus und Hof zu. Jedes Haus kaufte eine weiße Kerze für den Mann und einen meist roten Wachsstock für die Frau. Außerdem erhielt der Pfarrer eine Vierlingskerze, seine Hauserin und die Kirchenpflegerin jede einen schön verzierten Wachsstock.

Die Wetterkerze wurde immer bei Schauern und Gewittern angezündet, auch bei den Schauermessen während der Wandlung. Geweiht wurde auch eine Osterkerze, die bei

Taufweihe gebraucht wurde, dann am Karsamstag bei der Auferstehung, an Ostern und während dem Antlaß (Fronleichnam). Fiel der Lichtmeßtag auf einen Sonntag, dann hatte die Kerzenweihe die zehnfache Kraft, und solches Wachs wurde dann sehr lang aufgehoben. Aus Feldmoching ist überliefert, daß man am Abend des Lichtmeßtages auf dem Bauernhof gemeinsam den Rosenkranz gebetet hat, wobei die Kerzen angezündet wurden.

Blasiussegen

Vorbei ist die Zeit der Schlenkelweil, des Nichtstuns der Ehhalten. Das über den Lohn hinausgehende »Ausg'machte« (Hemden, Schuhe, zureichende Lebensmittel usw.) ist ausgehändigt, die Stellung gegebenenfalls gewechselt. Wo die Schlenkelweil vor Lichtmeß lag, begann wieder das harte Arbeiten. Wo aber die Schlenkelweil erst an Lichtmeß begann, da galt die letzte Woche vor dem Fest oft noch als Schinterwoche, während die Einstandswoche danach »Kaswoche« geheißen wurde. In diesem Fall galt die Schlenkelweil, das vertraglich abgesicherte Nichtstun, bis Agatha (5. 2.).

Am Blasiustag aber, am 3. Februar, da ging man am Morgen erst einmal in die Kirche und ließ sich »blaseln«, ein Brauch wiederum, den es heute noch gibt. Der Geistliche hält zwei über Kreuz gelegte Kerzen dem Gläubigen unter das Kinn und erteilt einen Segen, der gegen Halskrankheiten schützen soll. Der Legende nach soll nämlich der hl. Blasius einen Buben, dem eine Gräte im Hals stecken geblieben war, durch das Kreuzzeichen gerettet haben.

Von den übrigen Heiligentagen im Februar ist vielleicht noch der Valentinstag am 14. Februar erwähnenswert. Allerdings galt dieser Tag bei uns früher als Los- und Unglückstag. Die Sitte, den Damen an diesem Tag Blumen zu schenken, kam erst nach dem II. Weltkrieg aus den USA zu uns. Das wiederum geht auf allerlei höfisches Brauchtum im mittelalterlichen England zurück, hat aber bei uns keine Tradition. Petri Stuhlfeier (22. 2.) war einst ein halber Feiertag, desgleichen Matthias zwei Tage später. An diesem Tag sagte man: »*Mattheis bricht's Eis, findt er keins, so macht er eins.*« Andernorts wurden derartige »Wetterprognosen« auch schon an Petri Stuhlfeier abgegeben: »*Ist's zu Petri Stuhlfeier kalt, hat der Winter noch langen halt.*« Um derartige Feststellungen zu untermauern, stellte man am Vorabend ein Haferl voll Wasser vor die Tür, war das Wasser am nächsten Morgen gefroren, so konnte man davon ausgehen, daß noch etwa 40 Tage Frostwetter zu erwarten war.

Fasching

Der Februar gilt im allgemeinen als der Faschingsmonat – wenn nicht ein besonders früh liegender Aschermittwoch dem lustigen Treiben ein frühzeitiges Ende bereitet. Die Lage von Aschermittwoch im Kalender und damit auch die Dauer des Faschings, wird von der Lage des Osterfestes diktiert. Ostern fällt immer auf den Sonntag nach dem ersten Vollmond nach Frühjahrsanfang. Das kann frühestens der 22. März, spätestens der 25. April sein. Dem Osterfest ist eine Fastenzeit vorgeschaltet, die ursprünglich 40 Tage umfaßte, seit Anfang des 7. Jahrhunderts jedoch mit dem Mittwoch nach Quinquagesima (= Aschermittwoch) beginnt.

Auf dem Land fing der Fasching bis zur Jahrhundertwende eigentlich erst am letzten Donnerstag vor der Fastenzeit an, am sogenannten »Unsinnigen Donnerstag« (Foastpfinzta, Gumpata Pfinzta usw.). Über den »Rußigen Freitag«, den »Gschmalzenen Samstag«, den Faschingssonntag ging es so fort bis zum Faschingsdienstag (der »Rosenmontag« ist allerdings rheinischen Ursprungs!). Am »Rußigen Freitag« beschmierten sich die Kinder im Gesicht mit Ruß und trieben allerlei Schabernack. Der »Gschmalzene Samstag« hat seinen Namen von den Unmengen Schmalznudeln, die da gebacken wurden. Mit dem Faschingssonntag begann die eigentliche »Fasnacht«. An den drei Fasnachtstagen gab es sogar Fleisch, die Dienstboten hatten »Schlenklzeit«: Nach dem morgendlichen Melken und der Stallarbeit hatten sie frei. Am Faschingsdienstag zogen dann beispielsweise in Feldmoching schon vormittags die Musikanten von Haus zu Haus und spielten auf. Mittags um 12 Uhr begann dann die Tanzmusik im Gasthaus.

Bereits im 15. Jahrhundert traf sich die Münchner Bürgerschaft mit ihren Herzögen zum Faschingstanz im Tanzhaus, doch kann man kaum diese Veranstaltungen mit dem heutigen Faschingsbegriff in Verbindung bringen. Eine durch Quellen abgesicherte Geschichte des Münchner Faschings kann erst im 19. Jahrhundert beginnen und trifft damit auch sehr bald auf die ersten Höhepunkte (über die Geschichte des Fasching im 19. Jahrhundert in München siehe den Aufsatz »Redouten, Maskierte Akademien und Bals parés«). Vor allem in den Zwanziger Jahren des vorigen Jahrhunderts wurde das Narrentreiben auf den Straßen durch die großen Gesellschaftsbälle und Künstlerfeste abgelöst, die den Anstoß zu der später berühmten Kostümierfreude der Münchner gaben. Die 70er Jahre brachten als neue Entwicklung Faschingsfeste in größeren Sälen für das allgemeine Vergnügen der gesamten Bürgerschaft, die »Großen Redouten« waren geboren. Und um 1880 kamen dazu schließlich noch die kleineren Faschingsfeste von Vereinen und Gesellschaften, aber auch im Familienkreis.

Beim Faschingstreiben in der Innenstadt haben sich in den letzten Jahren einige Veränderungen ergeben: Früher bewegte sich jedes Jahr am Vormittag des Faschingssonntags ein Faschingszug durch die Straßen, der wenig Heiterkeit aber hohe Kosten hervorrief. In Anbetracht dessen entschloß man sich, künftig in der neuen Fußgängerzone vom Faschingssonntag bis -dienstag ein buntes Maskentreiben zu veranstalten. Häuserfassaden, Laternen und Bäume werden bunt geschmückt, Buden aufgeschlagen, Musikkapellen spielen und im übrigen wird die Gestaltung des Festes dem Publikum überlassen, was sich bisher als äußerst positiv erwiesen hat. Faschingszüge gibt es allerdings noch in einigen Münchner Vororten, wenn auch nicht jedes Jahr.

Metzgersprung am Fischbrunnen: Links die beiden reitenden »Metzgerbüberl«, die kaum 5 bis 6 Jahre alt waren, mit einem älteren Begleiter. Ihre Pferde trugen von der königlichen Sattelkammer zur Verfügung gestellte Sättel und prächtiges Zaumzeug (Zeichnung von F. Amling).

Metzgersprung

Am Faschingsmontag fand am Fischbrunnen auf dem Marienplatz in München früher immer der »Metzgersprung« statt. Auch er wird wie der Schäfflertanz auf die Pest zurückgeführt, doch ist er erst seit dem Jahr 1793 belegt, als er gerade wieder einmal verboten wurde. Zwei Jahre später erreichten die Metzger eine Aufhebung des Verbots des Brunnenspringens, das ein wesentlicher Teil des Jahrtags der Metzger war und mit einem Festzug gefeiert wurde. Der »Metzgersprung« mit der Freisprechung der Metzgerlehrlinge bildete den Höhepunkt. Die Brauchserie endete 1896. Es gab zwar 1928, 1934, 1954, 1979 und zuletzt 1984 Wiederaufnahmen, doch leider jeweils ohne sich in den nachfolgenden Jahren fortzusetzen.

Aschermittwoch

Mit dem Faschingsdienstag endet der Fasching und mit dem darauffolgenden Aschermittwoch beginnt die Fastenzeit. Der Aschermittwoch war einst ein strenger Fasttag (einmalige Sättigung) und Abstinenztag (Fleischverzicht). In den katholischen Kirchen erhalten die Kirchenbesucher mit Asche aus den im Vorjahr geweihten Palmzweigen ein Kreuz auf die Stirn gezeichnet, wobei der Pfarrer zum Hinweis auf die Vergänglichkeit des Irdischen spricht: »*Bedenke, o Mensch: Staub bist du und zum Staube kehrst du zurück!*« Dieses »Einascherln« geht auf die frühchristliche Bußpraxis zurück. Am Aschermittwoch erhielten die reumütigen unter den aus der Kirche ausgeschlossenen Sündern das Bußgewand und wurden mit Asche bestreut.

Ein recht alter Brauch am Aschermittwoch ist das symbolische Geldbeutelwaschen, auf daß sich der durch den Fasching so strapazierte bald wieder füllen möge. Beliebter Ort hierfür in München ist wieder der Fischbrunnen, wo sich für die Stadt sogar der Stadtkämmerer und manchmal auch der Oberbürgermeister an diesem Brauch beteiligen.

Wie in vielen Städten Europas und Amerikas wird auch in München der »Aschermittwoch der Künstler« begangen. Der Erzbischof lädt dabei alle Künstler zu einer Pontifikalmesse, einem anschließenden Empfang und einer Musikalischen Akademie ein.

Uralt ist schließlich der Brauch des Fischessens am Aschermittwoch. Wegen des Fastengebots gab es früher in keinem Wirtshaus, das etwas auf sich hielt, an diesem Tag Fleischspeisen. »Große Fischessen« fanden schon um 1800 z.B. beim »Betz« in Bogenhausen und in Oberföhring statt. Dabei waren damals kaum Meeresfische im Angebot, denn es fehlte sowohl noch an schnellen Transport- wie an Kühl- oder Konservierungsmöglichkeiten.

Eine Ausnahme bildete lediglich der Hering. Man bevorzugte die heimischen Süßwasserfische, wobei Karpfen und Hecht wohl die beliebtesten waren. Auf den Dörfern rund um die Stadt war vor allem die Dampfnudel (mit Kletzentauch) eine traditionelle Fastenspeise (zum Leidwesen der Ehhalten nicht nur am Aschermittwoch). Umrahmt von Musikdarbietungen und bunten Unterhaltungsprogrammen scheinen die in den letzten Jahren immer häufiger gewordenen Fischessen in München den Wirten eine willkommene Fortsetzung des Faschings zu sein.

Die Fastenzeit vor Ostern

Mit dem Aschermittwoch begann die 40-tägige Fastenzeit, die schon im Alten Testament eine besondere Rolle spielte. Die Israeliten mußten vor dem Einzug in das Gelobte Land 40 Tage in der Wüste fasten. Moses, der Prophet Elias und Christus selbst unterzogen sich ebenfalls einer 40tägigen Fastenzeit. So reicht aber nun der Beginn der Fastenzeit am Aschermittwoch an echt volkstümlichen, meist sogar noch im heidnischen Glauben der Vorzeit wurzelnden bäuerlichen Bräuchen ist, so nüchtern und farblos gestaltete sich, wenn wir einmal von der Karwoche, also wiederum dem Ende der Fastenzeit absehen, ihr Verlauf dazwischen. Gefastet aber wurde früher nicht nur vor Ostern, wenn dies auch die strengste Fastenzeit war, vielmehr gab es da noch das Ernte-, Martini-, Weihnachts- (Advents-) und Silvesterfasten. Mancherorts wurde gar bis zu 120 Tage im Jahr gefastet.

In der Fastenzeit mußte vor allem dem Genuß von Fleisch, Fett und Alkohol entsagt werden. Den Bauern aber tat das Fastengebot nicht weh, denn Fleisch kam in den Bauernhäusern bis weit ins 19. Jahrhundert ohnehin sehr selten auf den Tisch, und eine zu stark reduzierte Nahrungsaufnahme verbot schon von selbst die im März einsetzende schwere Frühjahrsarbeit. So gab es in den Bauernhäusern Brot, Mehlsuppen und Dampfnudeln, höchstens halt noch öfters als sonst eh schon.

Josephi

Der Josephitag (19. 3.) war bis in die frühe Barockzeit in Bayern ziemlich unbekannt, doch als ihn Papst Gregor XV. 1621 zum gebotenen Feiertag erklärte und Kurfürst Ferdinand Maria den hl. Joseph zum bayerischen Landespatron erhob, breitete sich die Verehrung des Nähr- und Pflegevaters Jesu sehr rasch aus. Der Josephitag war einer jener Feiertage, die die Aufklärer dann Anfang des 19. Jahrhunderts in Bayern schon ganz abschaffen wollten, was aber nicht gelang. Noch Ludwig Thoma nannte ein Jahrhundert später den Josephitag einen »schönen, runden altbayerischen Feiertag«. 1889 bestimmte Papst Leo XIII. den hl. Joseph zum Vorbild aller Stände. In früheren Jahren wanderten die Münchner bei schönem Wetter an Josephi zum Flaucher, zur Menterschwaige, nach Neuhofen, zur Fasanerie Moosach oder an der Isar entlang nach Großhesselohe. Am Nachmittag aber trafen und treffen sich auch heute noch alle Josefs, Sepperl, Bepperl und Josefinen, Finerl usw. am 19. März oder dem darauffolgenden Wochenende beim Starkbier, vorzugsweise beim Salvator auf dem Nockherberg. Lag Ostern mitunter schon so früh, daß die Starkbierzeit an Josephi eigentlich bereits zu Ende war, dann wurde der Ausschank an diesem Tag eigens noch einmal geöffnet. Seit 1970 ist der 19. März kein staatlich geschützter Feiertag mehr, an dem bis dahin die Schulen den ganzen Tag und die Geschäfte und Ämter wenigstens vormittags geschlossen hatten.

Gregor, Gertrud, Bonifaz

Zu den weiteren herausragenden Heiligentagen im März zählt Gregori (12. 3.), das nach dem alten Kalender auf die Tag- und Nachtgleiche und damit auf den Frühlingsanfang fiel. Am Gregoriustag war es einst in den Schulen üblich, den Kindern einen Schlag mit der Lebensrute (virgantum) zu geben. Dieser Brauch wurde jedoch bereits Ende des 18. Jahrhunderts durch Kurfürst Maximilian IV. Joseph abgeschafft. Auf den 17. März trifft das Fest der hl. Gertr(a)ud, die volkstümlich als Herbergspatronin und erste Gärtnerin gilt. Mit dem Gertrudstag mußten alle Arbeiten am Spinnrad beendet sein (die nach Kathrein/25.11. begonnen hatten). Die Bäuerinnen stellten die Bienenkörbe wieder heraus, denn es hieß: »*Es führt St. Gertraud die Kuh zum Kraut, die Bienen zum Flug und die Rösser zum Zug.*« Gertraudiskraut galt zum Vertreiben der Protz'n (Kröten) gut und wurde als heil- und segenskräftige Pflanze im Juni in das Johannisfeuer geworfen. Zum Schluß wäre noch St. Bonifaz zu erwähnen (21.3.), dessen 1500. Geburtstag 1980 feierlich und ausführlich begangen wurde, denn er gilt als der Patron Europas.

Der Zusammenhang zwischen Georgi und Michaeli

Wiewohl bereits im April gelegen, müssen wir noch einen Heiligentag in Erinnerung bringen, der im weltlichen Brauchtum zusammen mit dem Namenstag eines anderen Heiligen im Herbst eine besondere Rolle gespielt hat. Die Rede ist von Georgi am 23.4. und Michaeli am 29.9. Nach ihrer jeweiligen Legende haben die beiden Heiligen eigentlich kaum etwas miteinander zu tun: Der römische Offizier Georg aus Kappadozien starb als Märtyrer um 305 durch Enthauptung, während der Erzengel Michael schon im Buch Daniel im Alten Testament als einer der ersten Himmelsfürsten erwähnt wird. Der Reiterhauptmann, dessen Tag seit dem 5. Jahrhundert in Rom festlich begangen wird, galt als Drachentöter und wurde u.a. zu einem der »Roßheiligen« (der mit dem weißen Pferd!), wovon heute noch einige ihm geweihte Roßkapellen und Georgiritte zeugen. Außerdem gehört der hl. Georg zu den vierzehn Nothelfern.

Auch den Erzengel finden wir als Töter des Drachens (= Teufels) abgebildet, doch das wäre wohl auch schon die einzige Gemeinsamkeit. Der hl. Michael gilt als Fürst der himmlischen Heerscharen als Bekämpfer aller gottfeindlichen Mächte und als Beschützer der christlichen Kirche (weshalb ihm ja auch die Jesuiten, als München in der Gegenreformation ein entscheidendes geistiges Zentrum der katholischen Erneuerungsbewegung in Deutschland war, ihre 1583–97 an der Neuhauser Gasse erbaute Kirche weihten), er war Schutzherr des (bis 1806 bestehenden) Heiligen Römischen Reiches Deutscher Nation, außerdem der Sterbenden und für einen guten Tod; er ist Patron der Apotheker, Bäcker, Eicher, Gewichtemacher und Kaufleute (wegen der Waage, die der hl. Michael als Seelenwäger als Attribut in der Hand hält), der Drechsler, Glaser, Maler, Schneider, Soldaten, Vergolder sowie der Blei- und Zinngießer, seit 1958 auch der Bankangestellten und Radiofachleute!

Karl von Leoprechting (1818–64) berichtet um 1855 in seinem Buch »Aus dem Lechrain. Zur deutschen Sitten- und Sagenkunde« (1975 neu veröffentlicht unter dem Titel »Bauernbrauch und Volksglaube in Oberbayern«. 158 ff.): »*Georg; ist ein halber Feiergag* [Leoprechting nennt als Datum den 24.4., heute ist der Namenstag es hl. Georg am 23.4.], *und als Taufname wie als Kirchenheiliger sehr üblich, weßhalb in vielen Dörfern an diesem Tage die kleine Kirchweih (Patrocinium) stattfindet. Außerdem haben in dieser, der Jürgen Nacht, dann am weißen Sonntag und am 1. Mai die Ledigen ihre drei Freinächte. Diese Nächte gehören ihnen, was sie waidlich benutzen. Es wird da unglaublich viel Unfug getrieben und es ist ein absonderliches Herkommen, alles Ackergeräthe, das man habhaft werden kann, weit hinaus ins Gefild zu schleifen und dort hoch aufzuführen, und zwar gerne an einem wilden Birnbaum. Niedern Häusern, die auf einer Seite an Bergleiten anlehnen, werden wohl ganze Wagen auf den First des Daches gesetzt, Mühlbäche abgelassen und dergl. mehr...«* Das wurde fünf Jahre später von Felix Dahn so auch in das Kapitel »Der Bauernkalender« seines Aufsatzes über die »Volkssitte« in dem Grundsatzwerk »Bavaria. Landes- und Volkskunde des Königreichs Bayern« übernommen (370 f.).

Und über Michaeli notierte Leoprechting [181 ff.]: *»Michael; obwohl kein kirchlich gebotener, doch mehr als halber Feiertag. Zu viele Ereignisse greifen an Michaeli in das gewöhnliche Leben ein... An Micheli geht bei den Handwerkern auch die Arbeit bei Licht wieder an, da bekommen die Gesellen vom Meister den Lichtbraten (Martinsgans), auch etwas Geld zum Trinken. Darauf freut sich jedweder Gesell und Lehrbub in Stadt und Land. Der jetzt so früh wieder nöthigen Beleuchtung halber heißt es auch: An Michaeli kommt der Michel mit der Latern. Michel ist auch ein sehr üblicher Taufname.«*

Georgi und Michaeli hatten in München früher auch in anderen Dingen große Bedeutung. So z.B. waren diese beiden Tage schon im Mittelalter allgemein wichtige Zins- und Abgabetermine. Auch nach altem Münchner Gewohnheitsrecht waren es noch bis weit in das 19. Jahrhundert hinein die Zeiten für einen Wohnungswechsel, die Zahlung von Pacht- oder Hypothekenzinsen, -tilgungen und eventuell -kündigungen. Wie außerdem alte Arbeitsbücher beweisen, waren Michaeli und Georgi in der Stadt im Gegensatz zu Mariä Lichtmeß (2.2.) auf dem Land die häufigeren Zeiten für einen Wechsel des Arbeitsplatzes. Darüber hinaus wurden jeweils an diesen Tagen entsprechende Saisonarbeitskräfte für den Sommer bzw. den Winter eingestellt oder entlassen. Und vor allem war das Brauen des untergärigen braunen Gerstenbiers nach einer Bestimmung aus dem Jahr 1516 (die bis in das 19. Jahrhundert in Kraft blieb) auf die kühlere Jahreszeit zwischen Michaeli und Georig beschränkt. Wie an Sebastiani (20.1.) durfte auch an Georgi weder genäht noch geflickt werden, denn man glaubte früher, daß ein Stich in den Finger den »Wurm« (eine Nagelbettentzündung) zur Folge hätte.

»Nun sehet das Kreuz«
Zwischen Palmsonntag und Weißem Sonntag

Schon im 14. Jahrhundert fand die zuerst in Italien ausgebildete Gewohnheit, in der Fastenzeit täglich zu predigen, auch in Deutschland Eingang. Das 40tägige Fasten als Vorbereitung auf das Osterfest war in der Ostkirche schon im 4. Jahrhundert üblich. Die Zahl 40 nimmt das Gedächtnis des Fastens Jesu in der Wüste auf, sie gilt aber schon im Alten Testament als heilige Zahl (Moses auf dem Berg, die Wanderung des Elias usw.). Da die Sonntage vom Fasten ausgenommen waren, wurden später – um die Zahl 40 wieder zu erreichen – dem 1. Fastensonntag 4 Wochentage vorangestellt, so daß die Fastenzeit seither am Aschermittwoch beginnt. Daneben gab es im Jahr noch das Dreikönigfasten, das Ernte-, das Martini-, das Advents- und das Sylvesterfasten sowie noch etliche weitere kleinere Fastenzeiten und natürlich den allwöchentlichen Freitag. Insgesamt waren es etwa 120 Tage, also ein Drittel des Jahres. Kein Wunder, wenn es Kochbücher gab, deren Hauptanteil Fastenspeisen waren. Das »Augsburger Kochbuch« von 1717 enthält z. B. allein 136 Fastensuppen.

Die dann im 17. und 18. Jahrhundert regelmäßig an den Fastensonntagen abgehaltenen Fastenpredigten wurden häufig mit Kirchenmusik verbunden. Vorbild waren die sogenannten Fasten-Salven und die Miserere in der Sixtinischen Kapelle in Rom. Auch eigens so bezeichnete »Predigtlieder in der Fasten« sind zahlreich überliefert. Gerade auch in der St. Peters-Kirche in München wurde die Kirchenmusik früher – vor allem in der Fastenzeit – intensiv gepflegt. Ob es nun die Kirchenmusik oder die drastische Wortgewalt der Fastenpredigten oder der erschütternde Ernst der Ölberggruppen mit den schlafenden Jüngern und dem betenden Christus waren, die Kirche war stets voll.

Palmsonntag

Mit dem 5. Fastensonntag beginnt die Passionszeit. Das ist eine Zeit der besonderen Einkehr und der Erneuerung, weshalb sich die Leidensgeschichte Jesu auch in den Passionsliedern spiegelt. Mit dem Palmsonntag beginnt dann die Karwoche, die sogenannte Heilige Woche, deren große Bedeutung für die Vorbereitung auf Ostern in der Einteilung mehrerer Besinnungstage zum Ausdruck kommt, von denen der Palmsonntag nach der Passionsschilderung des Evangelisten Markus, Karmittwoch vom Lukasevangelium, Gründonnerstag von der Wiederaufnahme der Büßer und der Fußwaschung und der Karfreitag von der Leidensdarstellung des Johannes geprägt ist.

Nach einer auffälligen Brauchtumsarmut der Fastenzeit entfaltet sich die Volksfrömmigkeit am Palmsonntag vielfältig. In der Messe wird erstmals die Passion gelesen, wobei sich seit dem 10. Jahrhundert Sänger die Rollen des Evangelisten, Jesu und seiner Widersacher teilten, woraus später die Passionsspiele entstanden. Die Palmprozession, die neben der dramatisierten Lektüre der Leidensgeschichte im Mittelpunkt des katholischen Geschehens steht, ist schon gegen Ende des 4. Jahrhunderts in Jerusalem bezeugt. Im Zusammenhang mit diesen Palmprozessionen, die den Einzug Christi in Jerusalem bildlich darstellten, setzte sich schon ab dem 7. Jahrhundert die Palmweihe als heute noch weit verbreiteter Brauch durch. Im Bemühen um eine möglichst eindrucksvolle Darstellung des Einzugs Jesu in Jerusalem ließen sich spätestens seit dem 13. Jahrhundert viele Pfarreien »Palmesel« herstellen, oft lebensgroße Eselsplastiken, auf denen dann eine hölzerne Christusfigur ihren Einzug in die Kirche hielt. Solche Palmprozessionen wurden einst in vielen Pfarreien abgehalten und waren sehr beliebt, weil das Hosianna-Schreien und das Herumziehen des Esels natürlich Anlaß zu allerlei Gaudi war. Als der Palmeselbrauch in eine reine Volksbelustigung ausartete, wurde er Ende des 18. von kirchlicher und Anfang des 19. Jahrhunderts von staatlicher Seite im Zug der Aufklärung verboten. Dem letzten Münchner Palmesel wurde am 17. März 1806 in der St. Peters-Kirche der unschuldige Kopf von Staats wegen demonstrativ abgesägt.

Aber nach wie vor werden heute noch in der Stadt vor den katholischen Kirchen am Palmsonntag kleine, geschmückte Palmsträußerl oder Palmrosetten verkauft, zur Weihe beim Gottesdienst. Die geweihten Palmsträußerl bewahren die Gläubigen als Sakramentale (kirchliche Schutzmittel für Leib und Seele) auf. Früher zog man mit dem Palmboschen erst durch Stall und Kammern, Küche und Stube, wo zuletzt die Palmkatzerl ihren endgültigen Platz im Herrgottswinkel fanden. In den ländlicheren Pfarreien kommen allerdings noch die Buben mit langen Palmbäumen in die Kirche. Das ist ein langer Stecken, an den oben ein mit buntem Papier und Buchsgrün verzierter Strauß von Palmkatzerl gebunden ist. In der Kirche werden aus geweihten Palmen nach Vorschrift des »Missale Romanum« die Asche für das »Einascheln« am Aschermittwoch des nächsten Jahres bereitet. Ansonsten beginnen heutzutage am Palmsonntag die Fastenpredigten, die Ölbergandachten und die Passionsmusiken.

Jesus' Einzug in Jerusalem erfolgte über den Ölberg. Er hielt sich dort oft auf, predigte über die Endzeit und übernachtete dort. Auch nach dem Abendmahl ging Jesus »*hinaus nach seiner Gewohnheit an den Ölberg*«, wie uns Lukas berichtet. »*Es folgten ihm aber seine Jünger.*« Er betete im Garten Getsemane, wurde von Judas verraten und gefangengenommen. Ab dem 17. Jahrhundert wurden die Fastenpredigten auch mit einer szenischen Darstellung des Geschehens in diesem Garten Getsemane verbunden. Solch eine »Ölbergandacht« läßt sich in Bayern zuerst 1646 bei den Kapuzinern in München nachweisen. 1651 ist von einem Saal der Münchner Residenz die Rede, »*wo sonsten der Oehlberg gemacht wirdet*«. Und in St. Peter wurde die »*Andacht zum blutschwitzenden Heiland*« erstmals 1674 abgehalten.

Gründonnerstag

Die Herkunft der deutschen Bezeichnung des seit dem 7. Jahrhundert zum Gedächtnis der Einsetzung des Heiligen Abendmahls gefeierten Gründonnerstags ist nicht zuverlässig aufgeklärt. Vieles spricht jedoch dafür, daß der Name aus vorchristlichem

Brauchtum kommt und alle christlichen Deutungen nachträglich unterlegt wurden. Der Genuß heilbringender Kräuter, später vulgarisiert im Verzehr beispielsweise von Spinat, der Gründonnerstag als Zeitpunkt des Säens und Pflanzens, dies sind einige Anhaltspunkte für die seit dem hohen Mittelalter nachzuweisende Bezeichnung für diesen Tag. In traditionsbewußten Familien gibt es auch heute noch am Gründonnerstag eine Kräuterlsuppe. Ursprünglich sollte sie eigentlich aus neunerlei Kräutern bestehen, inzwischen ist daraus nicht selten eine einfache Kerbelsuppe geworden.

Am Gründonnerstag feiern wir die Zuwendung Gottes, wie sie Jesus mit seinen Jüngern gefeiert hat. »*Er stand vom Abendmahl auf, legte seine Kleider ab und nahm einen Schurz und umgürtete sich. Danach goß er Wasser in ein Becken, hob an, den Jüngern die Füße zu waschen, und trocknete sie mit dem Schurz, mit dem er umgürtet war ...*«, berichtet uns der Evangelist Johannes. Diese demutvolle Handlung Christi gegenüber seinen Jüngern hat natürlich früh brauchtümliche Nachahmung bis hinauf zu den Wittelsbachern gefunden. Es paßt in das Bild des gottesfürchtigen Herzogs Wilhelm V., der ja auch den Beinamen »der Fromme« erhielt, daß er das Zeremoniell der Fußwaschung am Gründonnerstag durch den bayerischen Landesherrn einführte. Sein Enkel, Kurfürst Ferdinand Maria, vollzog die Fußwaschung in der Residenz an 12 armen Männern, seine Gemahlin Henriette Adelheid an 12 jungen Mädchen. Für die alten Männer bürgerte sich bald die Bezeichnung »Zwölf Apostel« ein; der älteste war 1819 der 114jährige Anton Adner aus Berchtesgaden. Die »Zwölf Apostel« wurden jeweils dunkelrot und die Mädchen dunkelblau eingekleidet. Nach der Zeremonie erhielten sie ein Geldgeschenk. Mit dem Ende der Monarchie 1918 endete auch die höfische Fußwaschung am Gründonnerstag in der Münchner Residenz. Dafür nimmt der Münchner Erzbischof eine Fußwaschung im Dom vor.

Die Liturgie des Gründonnerstags erinnert aber nicht nur an das Letzte Abendmahl und die Fußwaschung, sondern auch an die Todesangst und die Gefangennahme Jesu. Nach dem Gloria verstummen die Glocken, die dem Volksglauben zufolge bis Ostern nach Rom fliegen. Sie werden am Karfreitag durch hölzerne Ratschen ersetzt. Aber auch die Orgel und die Schellen der Ministranten schweigen. Nach der Meßfeier wird der Leib des Herrn in einer schlichten Prozession an den Ort übertragen, wo er für die Kommunionspendung am Karfreitag aufbewahrt wird. In nächtlichen Betstunden wachen die Gläubigen im stillen Gebet mit dem leidenden Herrn vor dem festlich geschmückten Tabernakel.

Karfreitag

Im Mittelpunkt der biblischen Ereignisse, derer wir am Karfreitag gedenken, steht die Kreuzigung, und am Karsamstag die Grablegung. An beiden Tagen kennt die katholische Kirche keine Eucharistiefeier. Dafür werden auch heute noch sogenannte Heilige Gräber aufgebaut, vor denen die Gläubigen über das Geheimnis des Leidens und Sterbens Christi nachsinnen können. Unter dem Eindruck der Pilgerfahrten nach Jerusalem wurde es schon im frühen Mittelalter üblich, in großen Gotteshäusern Nachbil-

»Heiliges Grab« in St. Bonifaz in der Maxvorstadt (1986)

dungen des Hl. Grabes in Jerusalem zu errichten und der Grabesruhe Christi mit Wachen und Beten zu gedenken. In München wird als erstes ein Hl. Grab in St. Peter 1560 erwähnt. 1582 folgte das Hl. Grab in der ehemaligen herzoglichen Hofkapelle St. Lorenz. Für die Gestaltung dieser Hl. Gräber wurden oft bedeutende Künstler herangezogen. Die Liturgiereform hat leider auch viele Heilige Gräber verschwinden lassen, eigentlich etwas vom Schönsten, was die katholische Kirche zur Veranschaulichung des Heilsgeschehens besessen hatte.

Simon Aiblinger beschreibt in seinem Buch »Vom echten bayerischen Leben« [München 1980, 93] diese »Gräber«: »*Zu den Bestandteilen eines richtigen Heiligen Grabes gehören gemalte Prospekte, meist reiche Scheinarchitekturen oder biblische Landschaften, belebt von Figuren wie dem schlafenden Christus, den Wächtern am Grab und Engeln. Die Beleuchtung muß aus farbigen, mit Wasser gefüllten Glaskugeln bestehen, hinter denen Öllampen angezündet werden, so daß sich eine magische, theatralische Illumination ergibt.*«

Viele Pfarreien scheuen die mit dem Aufbau eines Hl. Grabes verbundenen Mühen und Kosten, vor allem für den doch recht umfangreichen Blumenschmuck. Aber im Münchner Dom können wir immer noch ein Heiliges Grab in der Gruft bewundern, auch in St. Michael befindet es sich traditionsgemäß in der Fürstengruft. Weitere Hl. Gräber gibt es in München noch in St. Peter, mit einer vielbewunderten Darstellung des toten Heilands, die von Ignaz Günther oder zumindest aus dessen Zeit stammen soll, in der Johannes-Nepomuk-Kirche (im Volksmund kurz »Asamkirche« genannt) als »Felsengrab«, in der Heilig-Geist-Kirche mit einer gotischen Chritusfigur, reich geschmückt in der Klosterkirche St. Anna im Lehel, außerdem in St. Bonifaz und in St. Gabriel. Auch in den Münchner Vororten gibt es immer noch einzelne Kirchen mit Hl. Gräbern. Und zu den schönen alten Münchner Bräuchen gehört es nun, daß man ähnlich wie an Weihnachten zum »Kripperlschauen« von Kirche zu Kirche zieht und am Karfreitag und an Ostern die Kirchen mit einem Heiligen Grab besucht.

Ostern

Es ist die Frohbotschaft von der Auferstehung des Herrn, die Ostern nicht nur zu einem Freudenfest, sondern zum bedeutendsten christlichen Festtag des Jahres gemacht hat. Und diese österliche Freude dauert nicht nur einen oder zwei Tage, sie wird sieben Wochen lang gefeiert und erst am 50. Tag danach mit dem Pfingstfest abgeschlossen. Die Zeiten vor und nach Ostern unterscheiden sich von einander grundsätzlich: Vor Ostern liegt die Zeit der Versuchungen, der Wirren und Prüfungen des Glaubensvolkes – nach Ostern deutet sich die Erfüllung des Heilsversprechens an; es ist die Zeit der himmlischen Seligkeit, die es einst genießen soll.

Es ist erfreulich, daß die Auferstehungsfeiern wieder zunehmend in den Ostermorgen hineinverlegt werden. Die Gemeinde versammelt sich schweigend im Dunkel der Nacht vor der Kirche, wo das Osterfeuer entfacht wird. Dieses Osterfeuer hatte früher eine sehr große Bedeutung, nicht nur für die Osterliturgie. Bis vor rund 150 Jahren, da es noch keine Zündhölzer gab (die Phosphorzündhölzer wurden erst 1830, die Sicherheitszündhölzer, wie wir sie heute kennen, 1848 erfunden), brannte in den Häusern das Herdfeuer Tag und Nacht durch. Nur am Gründonnerstag wurden nicht nur alle Altarkerzen in der Kirche, sondern sogar das Ewige Licht und in den Häusern alle Feuer gelöscht. Am Karfreitag wurde wegen des absoluten Fastens sowieso nicht gekocht. Erst in der Osternacht entzündete man mit Stein und Stahl vor der Kirche ein neues Feuer. Der Geistliche segnete das Feuer und entzündete daran die Osterkerze, mit der er in die bis dahin dunkle Kirche zog, wo zuerst die Kerzen am Hauptaltar, darauf das Ewige Licht und schließlich die Kerzen an den Nebenaltären angezündet wurden.

Das Heimtragen des Feuers zur Entzündung der häuslichen Herde war ebenso wie das Palmboschentragen am Palmsonntag ein Privileg der unverheirateten männlichen Jugend. Sie entzündeten dazu früher nach der Messe Buchenscheite oder Baumschwämme, die an langen Stecken oder später an Eisendrähten befestigt waren, damit man sie zur Erhaltung der Glut über dem Kopf schwingen konnte. Die Burschen zogen damit von Haus zu Haus, wo jeweils das Herdfeuer neu entzündet wurde. Wie die Palmkatzerl wurden auch Teile der Baumschwämme oder des Holzes in Haus, Stall und Feld zum Schutz gegen Blitzschlag verteilt. 1808 in der Aufklärungszeit gab es natürlich auch das unvermeidbare Verbot an Ostern Feuersbrände nach Hause zu tragen. Heute sind nicht nur Zündhölzer in selbstverständlichem Gebrauch, noch schlimmer: es gibt gar keine offenen Herdfeuer mehr. Trotzdem wird heute immer noch (meist jedoch wieder) das Osterfeuer von Burschen durch die Dörfer getragen. Nur: kaum einer der jungen Leute weiß überhaupt noch, was es damit einst auf sich hatte.

Das Fest der Auferstehung des Herrn ist eines der brauchtumsfreudigsten des ganzen Jahres, als gälte es, alles in der brauchtumsarmen Fastenzeit zwischen Aschermittwoch und Palmsonntag versäumte, an diesem Tag nachzuholen. Allein die Bräuche am und um das Ei füllen Bücher, und es ist erfreulich, daß auch davon noch das eine oder andere in München lebendig ist. Ebenso sind die alten Backformen für das Osterlamperl wieder modern, Zöpfe und Kränze aus Hefeteig, mit oder ohne eingebackene rote Eier, die Glücksbringer sein sollen. Zum feierlichen Hochamt am Ostersonntag, das als das höchste im Kirchenjahr gilt, werden auch wieder vermehrt Körberl zur Speisenweihe mitgebracht. So ein Körberl enthält in der Regel ein paar gefärbte Eier, ein Osterlamperl, meist aus Biskuit, dann natürlich Salz, Brot und etwas Gselchtes. Ganz Traditionsbewußte lassen sogar eine Krenwurz weihen, von der ein Stückerl auf den nüchternen Magen gegessen wird, als bitterschmeckende Erinnerung an die Leiden Christi. Früher bekam auf den Bauernhöfen auch das Vieh einen entsprechenden Anteil am »Gweichten«.

Eine Woche nach Ostern ist der »Weiße Sonntag« (lateinisch »Dominica in albis depositis«), weil an diesem Tag in der frühchristlichen Kirche die weißen Gewänder wieder abgelegt wurden, die die Täuflinge seit der Osternacht getragen hatten. Der »Weiße Sonntag« gilt zwar als traditioneller Tag für die Erstkommunion, in vielen Pfarreien allerdings findet die Erstkommunion erst an den folgenden Sonntagen, meist am zweiten Sonntag im Mai, statt.

Der Maibaum

Die Nacht vom 30. April auf den 1. Mai (Walpurgisnacht) galt früher als »Freinacht«, d.h. ein bestimmter Schabernack blieb straffrei. Da wurden Fensterläden ausgehängt und versteckt, Mistfuhren umgeworfen, Fahrzeuge entwendet usw. So wurde in Moosach z.B. einmal der Krieger auf dem Kriegerdenkmal mit verschiedenen Fensterläden behängt. Ein andermal wurde beim Moosacher Schmied ein Schlitten entwendet, der sich dann in einer Kiesgrube wiederfand[1]. Allerdings gingen diese nächtlichen Scherze nicht immer ohne handfeste Auseinandersetzung ab. Aber normalerweise wurden sie zwischen den Kontrahenten mit gespendetem Bier und einer Brotzeit erledigt. Hierin ähnelt dieser Brauch der [...] bis zum I. Weltkrieg üblichen »Freinacht« dem heute noch gebräuchlichen Maibaumdiebstahl, was die Vermutung zuläßt, daß dieser wohl seinen Ursprung eben in der »Freinacht« haben dürfte.

Am 1. Mai gehen heute die Interessen zwischen Stadt und Land erheblich auseinander. In den Städten rufen die Gewerkschaften zur Maikundgebung auf, aber im Vergleich zu dem an diesem Tag in den Dörfern praktizierten Maibaum-Brauchtum hat der »Tag der Arbeit« noch nicht einmal ein Jahrhundert Geschichte. Es war am 14. Juli 1889, dem 100. Jahrestag der Französischen Revolution, als in Paris der I. Kongreß der (zweiten) Sozialistischen Internationale die Arbeiterorganisationen dazu aufrief, in allen Ländern den 1. Mai zu ihrem Kampftag zu machen. Im Deutschen Kaiserreich aber wurden die Arbeiterverbände noch lang streng kontrolliert und die Polizei verbot alle Maiveranstaltungen unter freiem Himmel. Die Unternehmer drohten jedem mit Kündigung, der am 1. Mai nicht zur Arbeit käme. Deshalb saßen damals die Arbeiter am 1. Mai auch erst abends im Saal beisammen. »Nationalfeiertag des deutschen Volkes« wurde der 1. Mai schließlich 1933 bei den Nazis (die tags darauf, am 2. Mai 1933, die Gewerkschaften zerschlugen).[2]

In Perlach schon 1533 nachgewiesen

Der Maibaum-Brauch[3] ist einer der ältesten rein weltlichen Bräuche im Jahr und hat sich schon im Mittelalter entwickelt. Aus dem 13. Jahrhundert ist aus verschiedenen Orten ein Zweigbrauchtum zum Maibeginn überliefert. Das Handwerk, das sich seit dem ausgehenden 14. Jahrhundert in den Städten etablierte, machte den Maienbrauch zum Bestandteil seiner Jahreslauffeste. Zum Frühjahrsbeginn ging man in die Wälder vor der Stadt, um frisches Grün zuschneiden und in die Stadt zu holen. Hans Moser[4] hat anhand von 25 Gerichtsurteilen das allgemeine Vordringen des Maienbrauchs und der Bezeichnung »Maibaum« in Ober- und Niederbayern in der Zeit zwischen 1480 und 1611 nachgewiesen. In allen Fällen handelt es sich dabei um Unternehmungen einzelner oder kleiner Gruppen; nirgends macht sich etwa ein burschenschaftlicher Verband bemerkbar und nie ist vom Maien oder Maibaum einer »Dorfgmain« oder »Nachbarschaft« die Rede.

Dagegen war damals schon das heute noch geübte Stehlen des Maibaums Brauch. Das konnte in zweifacher Weise geschehen, einmal durch das Schlagen in fremdem Gehölz oder durch das Entführen des schon zugerichteten Maien. Ein mit dem brauchtümlichen Stehlrecht verbundenes Moment scheint es gewesen zu sein, daß man sich dabei offensichtlich fremder Rosse und fremden Geräts bediente. Und genau dazu zitiert Moser gleich zwei Belege aus Perlach, beide aus dem Jahr 1533[5]: »*Hanns Ostermair von Perlach hat nächtlicherweil dem pfarrer zwai ross auf der waid aufgezaumbt, eingespannd und mayen damit eingefuert, deshalben gewandelt umb 3 ß dn.*« – »*Michl Ostermairs (Sohn oder Knecht) und Jörg Gscheidle von Perlach haben dem Peter Mair daselbs vorgemeltermassen zway ross eingespanndt und mayen damit eingefuert, derhalben baid gewandelt umb Ib 3 ß dn. Item Lienndl schuechkhnecht hat obgemelter massen gehandelt, derhalben gewandelt umb 3ß dn*»

Von diesen Maien zu unseren heutigen Maibäumen war der Weg dann nicht mehr weit. Schon 1585 zeigte der Maler Hans Donauer auf seiner Abbildung von Starnberg im Antiquarium der Münchner Residenz einen Maibaum, wie wir ihn heute kennen: ein schlanker, geschälter Stamm mit Querbalken, auf denen Figurengruppen, Wappen oder Handwerkszeichen befestigt sind.

Eine der frühesten Abbildungen um München aus Moosach

In der 1701 veröffentlichten Topographie des Herzogtums Bayern von Michael Wening finden wir in Band I über das Rentamt München auf den 258 Bildtafeln bereits acht Maibäume, oder besser gesagt, Bäume, die wie Maibäume aussehen. Auf der entsprechenden Abbildung von Moosach ist jedoch noch kein ähnlicher Baum wiedergegeben. Dafür werden auf der Vignette mit der Darstellung unseres Dorfes auf der Karte »der Adelich Neurotischen Hofmarck Moosach« von Mathias Bauer von 1725 die Häuser links und rechts der Kirche von zwei langen Stangen überragt – Maibäume würde man im ersten Moment meinen. Doch sicher ist das nicht, wenn auch die Anfänge des Maibaums bereits im 17./18. Jahrhundert zu suchen sind. […] Nach den Dachauer Kammerrechnungen haben erstmals am 1. Mai 1686 die in Dachau »*im Quartier gelegenen Stuckh Knecht Burgermaister vnd Rat zu Ehren vor dem Rathhauß zween May Paum aufgesteckht*«. In den Jahren 1689, 1690 und 1691 melden die Rechnungen, daß die Bürgersöhne am 1. Mai zu Ehren von Bürgermeister und Rat vor dem Rathaus »*zween Mayen*« aufgesteckt haben. Ihnen wurde dafür 1691 45 kr. und 1695 30 kr. verehrt. Nach der Kammerrechnung von 1705 haben die in diesem Jahr in Dachau liegenden kaiserlichen, d.h. österreichischen Dragoner das neue Jahr eingeschossen und am 1. Mai vor dem Rathaus Mayen, und zwar diesmal drei Mayen aufgesteckt. Der Brauch muß demnach also auch den österreichischen Soldaten bekannt gewesen sein[6]. Kurz zuvor, am 27. Juli 1700, klagte »*Annder Huetter zu Mosach*« gegen Christoph

Der Maibaum

Ansicht des Dorfes Moosach (von Süden) auf einer Hofmarkskarte von Matthias Bauer (1725)

Gabler »*bey Simon Khain daselbst in Diensten, alß übrige verwichen heyl. Pfingst Feyertagen bei seiner Behausung ainen Maypaumb aufgesezt, vnd solchen mit ainer Köttern verwahrt, hat ... diesen paumb von sich selbsten vnd zwar umb ungefähr 11 Uhr nachts umbgeworfen, wardurch er die Kötten abgelest vnnd hinvorth getragen undieß weillen solche anndere tags frühe nitmehr zuersehen gewesen: daher sein Clegers Bitten ist dem Beclagten aufzutragen, daß er bemelte Kötten wieder zur stöhl bringen oder 1 f. 20 kr. bezahlen soln. Antwort: Kläger khan nit in abredt stellen, den Maypaumb aus vexation geworffen zu haben, weillen es al diser ohrten ain genommen worden seye, Bitt also umb absolution.*«[7] Auch hier handelt es sich noch nicht um einen Maibaum im heutigen Sinn, vielmehr noch um einen grünen Boschen, vielleicht z.B. eine junge Birke, derer es am Moosrand bei Moosach genügend gab.

Eine weitere Darstellung eines Maibaums aus dem Münchner Westen haben wir dann von Hofmaler Peter Jakob Horemans aus dem Jahr 1767. Er portraitierte »*Johanna de Lasence beim Kaffee im Garten*« vor einem offenen Parktor. Im Hintergrund erkennt man eine Dorfkirche, wohl jene von Obermenzing. Davor stellte Horemans einen Maibaum, den er mit Querbalken versah, auf denen z.B. ein springender Hirsch zu erkennen ist. Um den Maibaum tanzen Paare in bunten ländlichen Trachten. Kurfürst Karl Theodor und der Codex Maximilianus wollten den Maibaum zwar unterdrücken, aber König Ludwig I. widerrief dieses Verbot wie viele andere seiner Vorgänger auch. »*Da wir Volksfeste lieben und unseren treuen Unterthanen mit wahrer Freude jede ehrbare Ergötzlichkeit gönnen: so sey von nun an wieder erlaubt, nach uraltem Brauch am 1. Mai eines Jahres in jeder Gemeinde auf dem Lande einen Maibaum aufzusetzen.*«

Maibaumklettern in Perlach

Vor allem als nach der Gründung des Königreichs Bayern das neuerwachte Nationalgefühl nach geeigneten Äußerungen suchte, wurde das Frühjahrssymbol Maibaum auch zum Zeichen für staatlichen Neubeginn[8]. Und tatsächlich berichtet uns der Schreilbauer Paul Hauser 1833 wieder von einem Maibaum in Perlach[9]. Auf dem Renovationsplan von 1858 ist der Standort eines Maibaums auf dem heutigen Pfanzeltplatz sogar eingetragen. In den 80er Jahren des vorigen Jahrhunderts hängte ein reicher Bauer beim Maibaumaufstellen einmal seinen Hut auf den Baumspitz und versprach demjenigen 100 Gulden, der ihn wieder herunterholen würde. Das ganze Dorf war versammelt und sah zu, wie der Escher Hans (Riedel) zum Maibaumspitz hinaufkraxelte und dieser mitsamt dem Kraxler gefährlich hin- und herschwankte. Als dem Escher Hans seine

Links (westl.) der Kirche ein Maibaum, rechts handelt es sich wohl um einen Schützenbaum

Frau dazukam, rief sie aus »*Marandjosef, des nennt ma doch an Herrgott versuacha. Dem g'hört ja der Orsch g'haut!*« Aber sie wird hinterher wohl auch über die vom Escher Hans gewonnenen 100 Gulden hoch erfreut gewesen sein.

Lange Pausen in Moosach

Es scheint aber, daß es in Moosach nie ununterbrochen hintereinander einen Maibaum gegeben hat, sondern nur immer ab und zu. So ist überliefert[10], daß bis 1880 am Friedhofeingang an der Pelkovenstraße ein Maibaum gestanden hat. Sein Stamm war weißblau gestrichen, er trug holzgeschnitzte Handwerker- und Gewerbedarstellungen und auf dem Spitz ein Blechfahndl. Aber offensichtlich haben die Moosacher mit ihren Maibäumen ein ganz besonderes Pech, denn die Maibäume fanden fast jedesmal ein gewaltsames Ende. Der Baum, von dem hier die Rede ist, wurde 1880 vom Sturm umgerissen. Von da an ist über 87 Jahre lang in den Akten und der Erinnerung kein Maibaum in Moosach überliefert.

Ärger im »Dritten Reich« in Perlach

Die nächste Nachricht von einem Maibaum an der gleichen Stelle in Perlach, diesmal aufgestellt vom »Burschenverein ›Die G'mütlichen‹« haben wir aus dem Jahr 1924. In einer Niederschrift vom 8. Juni 1928 ist festgehalten[11]: »*Der Vorstand des Burschenvereins Johann Bauer verpflichtet sich der Gemeindeverwaltung gegenüber den 1924 aufgestellten Maibaum bis spätestens 8. Juli 1928 selbst zu entfernen.*« Der Burschenverein wollte auch einen neuen Maibaum aufstellen, die Gemeinde meinte dazu, »*der Maibaum wäre für die Gemeinde eine Verschönerung*«, aber er könne am alten Platz wegen Unfallgefahr (Verkehrshindernis) nicht mehr aufgestellt werden. Neuer Standort für den dann (offensichtlich 1929) aufgerichteten Maibaum war eine Straßeninsel Ecke Rosenheimer Land-/Putzbrunner Straße gegenüber der Gaststätte zum Bräu.

Nach dem üblichen fünfjährigen Turnus sollte 1934 der nächste Maibaum aufgestellt werden, den der damalige Schreilbauer Lorenz Ballauf aus seinem Wald stiftete und der gemäß alter Tradition in den bayerischen Landesfarben weiß und blau gestrichen wurde. Nun war aber inzwischen am 30. Januar 1934 das »Gesetz über den Neuaufbau des Reiches«[12] erschienen. Da das deutsche Volk, so heißt es da, bei der Volksabstimmung und der Reichtagswahl am 12. November 1933 bewiesen habe, daß es »*über alle*

Grenzen und Gegensätze hinweg zu einer unlöslichen Einheit verschmolzen« sei, wurden die Parlamente der Länder aufgelöst, die Hoheitsrechte der Länder gingen auf das Reich über und die Landesregierungen wurden der Reichsregierung unterstellt. Folgerichtig waren fortan auch die Landeswappen und -fahnen überflüssig. Die örtlichen Nazi-Machthaber in Perlach forderten deshalb, daß der Maibaum mit brauner Farbe angestrichen und auf der Spitze eine Hakenkreuzfahne angebracht werde. Das erboste natürlich die Perlacher Maibaumfreunde sehr, und kurz entschlossen ließ der Schreilbauer den Baum von den Perlacher Burschen zersägen. Die Nazis antworteten auf diese für sie beleidigende Maßnahme mit der Beschlagnahme der Kasse des Burschenvereins und der im Eigentum des Vereins befindlichen Utensilien, einschließlich des für Theateraufführungen vorhandenen Klaviers.

Mit dem Reichsflaggengesetz vom 15. September 1935[13] wurde dann schließlich die Hakenkreuzfahne zur alleinigen Reichs- und Nationalflagge erklärt. In Bayern widersetzte sich vor allem die ländliche Bevölkerung noch lang der Abschaffung der traditionsreichen weiß-blauen Landesfahne und verwendete sie zum Ärger der Nazis bei vielen Gelegenheiten weiter. Auch in den Nachbarorten Putzbrunn und Hohenbrunn kam es damals wegen weiß-blau-gestrichener Maibäume zu Auseinandersetzungen[14]. Später wurde dann in Perlach doch noch eine braun gestrichene Fahnenstange mit einem Hakenkreuz am Spitz auf dem üblichen Maibaumplatz aufgestellt. Als der Zweite Weltkrieg seinem Ende entgegenging, wollten einige beherzte Perlacher vor dem Einmarsch der Amerikaner Ende April 1945 auf diesen Baum steigen und das verhaßte Hoheitszeichen abmontieren, wurden aber daran von einigen SS-Leuten unter Androhung des Erschießens gehindert[15].

In der unmittelbaren Nachkriegszeit dachte man erst einmal an wichtigere Dinge als an die Aufstellung eines neuen Maibaumes, wie es überhaupt scheint, daß nicht immer in zusammenhängender Folge in Perlach ein Maibaum aufgestellt worden ist. So sollte es bis 1977 dauern, bis Mitglieder der drei Perlacher Schützenvereine auf die Idee kamen, wieder einen Maibaum im Dorf aufzurichten. Und wieder war es der Schreilbauer, inzwischen der junge Paul Ballauf, der eine 28 Meter hohe Fichte stiftete. Obwohl in einer verschlossenen Lagerhalle der Holzhandlung Linsmayr untergebracht, wurde das »Traditionsstangerl« von Maibaum-Dieben aus Unterbrunn bei Starnberg entwendet. Doch man einigte sich brauchtumsgerecht friedlich und bei einem entsprechenden Fest mit Brotzeit und Bier wurde der Baum wieder zurückgegeben. Am 1. Mai 1977 wurde der Maibaum dann von der Freiwilligen Feuerwehr Perlach unter Mithilfe der Münchner Berufsfeuerwehr mit einem Kran aufgestellt. Dazu spielte die Blaskapelle Otto Ebner und das Freibier floß in Strömen.

Die Aufstellung des nächsten Maibaums 1982 übernahm zusammen mit der Freiwilligen Feuerwehr Perlach der inzwischen wiedergegründete Burschenverein ›Die G'mütlichen‹. *Voraus ging am 30. April 1982 eine Feier im Pfarrsaal St. Michael mit einem Theaterstück unter dem passenden Titel »Der Maibaum«.* Den richtigen, 33 Meter hohen Maibaum, der dann tags darauf aufgerichtet wurde, hatte diesmal die Pfarrei St. Michael aus dem Pfarrwald gestiftet. Eine etwas sorgfältigere Bewachung des Baumes auf dem Gelände der Perlacher Brennereigenossenschaft verhinderte diesmal

Ein paar Regeln zur Beachtung beim Maibaum-Diebstahl

Da vor allem in den letzten Jahrzehnten ein Maibaum offensichtlich erst dann die richtige Weihe hat, wenn er gestohlen worden ist (vor der Aufstellung natürlich) seien hier noch an ein paar Grundregeln dazu erinnert:

1. Als Maibaum gilt erst ein Baum, der als solcher erkennbar ist, also der bereits bemalt ist.
2. Ein Maibaum gilt dann als gestohlen, wenn er von den »Dieben« aus dem Ortsbereich gebracht worden ist. Werden die »Diebe« jedoch noch innerhalb des Ortsbereichs gestellt, müssen sie ihre Trophäe wieder ordnungsgemäß und ohne Lösegeld zurückbringen.
3. Entkommen die Maibaumdiebe unerkannt und unbehelligt über die Ortsgrenze, dann muß der Maibaum von den Eigentümern ausgelöst werden, wobei ein Hektoliterfaßl Bier und eine entsprechende Brotzeit üblich sind.
4. Der Maibaum darf von den Entführern nicht beschädigt werden. Passiert das dennoch, müssen die Maibaumdiebe ihn wieder instand setzen.
5. Wird ein Maibaum – aus welchem Grund auch immer – nicht ausgelöst, haben die »Diebe« das Recht, ihn in ihrem Dorf (ggf. neben ihrem eigenen) als »Schandbaum« aufzustellen.
6. Bei einem Maibaumdiebstahl darf es weder zu einer handgreiflichen noch zu einer gerichtlichen Auseinandersetzung kommen.

einen Diebstahl. Den alten Maibaum von 1977 hatte man zur Geldbeschaffung versteigert.

Auch der 82er Maibaum wurde am 19. Oktober 1986 niedergelegt, in handliche Stücke zersägt und zur Schreinerei Anton Haberl in Oberföhring transportiert, die daraus Blumentröge, Sitzgruppen und Gartenbänke anfertigte, die wiederum am 24. Oktober 1986 durch den Burschenverein versteigert wurden. Vom Erlös konnte am 1. Mai 1987 ein neuer Maibaum unter Verwendung eines Krans aufgestellt werden.

Dieser 87er-Baum wiederum wurde am 21. September 1992 mit Hilfe der Feuerwehr umgeschnitten und anschließend mit bewährter Unterstützung der Schreinerei Haberl in allerlei nützliche und dekorative Utensilien umgearbeitet. Der entsprechende Versteigerungserlös diente in gewohnter Weise der Finanzierung des am 1. Mai 1992 vom Burschenverein »Die G'mütlichen« Perlach aufgestellten Maibaums, den neue und sehr geschmackvoll gestaltete Schilder des Perlacher Graphikers Artur Weig zieren. Sie zeigen die bedeutendsten Gebäude des Ortes sowie Handwerker- und Vereinssymbole.

Vom Muttertag bis zur Gangwoch'
Über das Brauchtum im Mai

Am zweiten Sonntag im Mai wird der Muttertag gefeiert, der in seiner modernen Form aus Amerika stammt. Man darf annehmen, daß die Grundlage ein Frühlings-Sippenfest im alten England war, dessen Betonung durch den kirchlichen Brauch auf die Mutter fiel.

Beim modernen Muttertag hat seit dem I. Weltkrieg der weltliche Festgedanke die Oberhand gewonnen, nachdem US-Präsident Wodrow Wilson erstmals den 9. Mai 1914 bzw. künftig den zweiten Sonntag im Mai zum Fest der Mütter proklamierte. Gegen verschiedene Bedenken wurde der Muttertag in Deutschland erstmals am 13. Mai 1923 gefeiert, wobei man schon damals auf die drohende Kommerzialisierung hinwies. Die meisten Leute wußten allerdings am Anfang nicht so recht, was sie mit diesem neuen Fest anfangen sollen. Darum können wir auch im Protokollbuch des Moosacher Gärtnermeistervereins unterm 26. April 1924 lesen: *»Vorstand machte die Anfrage wie sich die Herrn zum Muttertag zu tun gedenken. Kollege Angler erklärte dann den Brauch und das Verhalten zum 2. Muttertag, ...«* Wie der »Tag der Arbeit« am 1. Mai wurde auch der Muttertag am zweiten Sonntag im Mai von den Nationalsozialisten 1933 zum offiziellen Feiertag erklärt und von ihnen vor allem während des II. Weltkriegs zu markiger Propaganda mißbraucht. Aus diesem Grund wird er heute in der Bundesrepublik Deutschland betont unpolitisch gefeiert.

Der Marienmonat Mai

Der Monat Mai gilt auch als Marienmonat. Die Verehrung Marias als Gottesmutter geht auf das Konzil von Ephesus im Jahr 431 zurück, das verkündete, daß die *»heilige Jungfrau Gottesgebärerin ist«*. Die Geschichte der Marienverehrung (s. hierzu den Aufsatz »Münchner Marienlieder aus vier Jahrhunderten« in diesem Band) vor allem durch die Wittelsbacher reicht von Kaiser Ludwig dem Bayern bis zu König Ludwig III. Herzog Maximilian I. erkor 1616 die Gottesmutter zur »Patrona Bavariae«. Auch die Aufstellung der Mariensäule 1638 auf dem Münchner Schrannenplatz geht auf seine Anordnung zurück, ebenso die Prägung eines Marientalers (1623). Kurfürst Max II. Emanuel betete 1683 vor der Mariensäule, ehe er gegen die Türken vor Wien zu Felde zog. Sein Sohn Kurfürst Karl Albrecht kniete hier 1744 als Kaiser Karl VII. und Papst Pius VI. segnete am 28. April 1782 von hier aus das bayerische Volk. Erst der Aufklärer Maximilian Joseph Graf von Montgelas bereitete mit einem Verbot am 15. März 1803 dem Beten der Litaneien an der Mariensäule vorübergehend ein Ende. König Maximilian II. ließ als Dank an die »Patrona Bavariae« nach dem Abklingen der Cholera in Bayern am 17. November 1854 den Schrannenplatz in Marienplatz umbenennen. Die

Münchner Mariensäule fand viele Nachahmungen, so z.B. in Feldmoching, in Allach und in Pasing, wo es ebenfalls einen Marienplatz gibt. Am 26. April 1916 legte Papst Benedikt XV. auf Bitten von König Ludwig III. den Titel »Patrona Bavariae« durch Einführung eines entsprechenden Festes auch liturgisch fest. Am 14. Mai 1917 wurde das Fest »Patrona Bavariae« zum ersten Mal gefeiert. Die bayerische Bischofskonferenz hat 1961 dieses Fest auf den 1. Mai verlegt.

Eine schöne Tradition ist es auch, an den Abenden der Maitage Maiandachten zu halten. Allerdings sehr alt ist auch diese Tradition wiederum nicht: In der jetzigen Form hat sich die Maiandacht erst in der ersten Hälfte des 18. Jahrhunderts in Italien entwickelt, von wo aus sie bald in Frankreich und Spanien, zu Beginn des 19. Jahrhunderts in Belgien und der Schweiz und in den 1840er Jahren schließlich auch in Österreich und Deutschland Eingang fand.

Die Gangwoch'

Das Fest Christi Himmelfahrt schließt auch nach evangelischer Auffassung den Osterfestkreis ab. Die Feier der Auffahrt des Herrn in den Himmel war ursprünglich mit dem Pfingstfest verbunden, bis um das Jahr 400 daraus ein eigenes Fest am 40. Tag nach Ostern wurde. Die Himmelfahrt Christi bedeutet den krönenden Abschluß der Auferstehung von den Toten durch die Entrückung des sichtbaren Leibes in eine neue geistige Form des Gegenwärtigseins.

Die Himmelfahrtswoche war die bedeutendste Wallfahrtszeit des Jahres, deswegen auch Gang- oder Bittwoche genannt. Die zahlreichen Wallfahrten waren die seltenen Gelegenheiten aus der Enge des Dorfes herauszukommen[1], bei denen sich ab und zu – da Männer und Frauen, Burschen und Mädchen dabei waren – Brautpaare zusammenfanden.

Solche Gelegenheiten deckten über die Schaulust und die vielfältigen Gesprächsmöglichkeiten das Informationsbedürfnis, boten intensive Geselligkeit und Vergnügungen und brachten die Geschlechter außerhalb der familiären und dörflich-institutionalen Aufsicht sehr nah zusammen. Der kurfürstlichen Obrigkeit waren die vielen Wallfahrten und Kreuzgänge ein Dorn im Auge. Bereits 1772 versuchte die Landesregierung ohne Erfolg, sowohl die Wallfahrten als auch die Feiertage auf ein erträgliches Maß zu reduzieren. Um einen Überblick bzw. Mißerfolg der landesväterlichen Ermahnungen zu gewinnen, wurde 1784 auch der Perlacher Pfarrer Johann Anton Mayr aufgefordert, eine »Anzeige über die Ablässe,- Kirchenfeste und Kreuzgänge bei der Pfarrei Perlach« an den Freisinger Bischof einzusenden.

Er berichtete: »*Bei dem St. Michaeli Pfarrgotteshaus befinden sich keine Ablässe, außer der Corpus-Christi-Bruderschafts-Ablaß. Die Andachten dieser Bruderschaft werden ohne hin nur an Sonntagen abgehalten, so daß sich hierin keine Schwierigkeiten ergeben. Das Patroziniumsfest und zugleich Benediktionsfest der Pfarrei fällt auf den Tag des heiligen Michael (29. September). Es ist an diesem Tag auch allzeit celebriert worden. Kreuzgänge sind so viele – wollte man sie ausschließlich an Sonntagen verrich-*

ten –, *daß von Ostern an bis zehn Wochen nach Pfingsten jeglicher Pfarrgottesdienst unterbleiben müßte.«*

In der Tat hatte Perlach allein jährlich 18 Kreuzgänge vorzuweisen. *»Indessen sind die Bauern fest entschlossen, ihre hergebrachten Kreuzgänge nach voriger Gewohnheit zu verrichten«*. Aber schon am 14. Januar 1785 erfolgte das erste kurfürstliche Verbot von Wallfahrten, ausgenommen von drei in der Bittwoche vor Pfingsten. Weitere ähnliche Verbote, insbesondere in der Zeit der großen Reformen und der Aufklärung Anfang des 19. Jahrhunderts, folgten, darunter am 29. Mai 1803 das Verbot der Feldumritte. Trotzdem wurden, wie die Perlacher Geschichte beweist, weiter Wallfahrten unternommen. Pfarrer Anton Mayr berichtete 1784, *»ihre Bauernfeiertäge samt den übrigen abgewürdigten Feiertägen«* wollen die Perlacher auch fortan feiern. Und Feiertage waren alle Apostel- und die über ein Dutzend Marientage, der Aschermittwoch, der Oster- und der Pfingstdienstag sowie – analog dazu – der 27. Dezember (der aber sowieso der Tag des Apostels Johannes war).

Auch die Feldmochinger und die Moosacher gingen weiter auf Wallfahrt. So bezeugt z.B. eine Votivtafel in Maria Eich, daß 1822 die Gemeinde Feldmoching wegen einer Rinderseuche dorthin gewallfahrtet ist. Und ein Jahrhundert später pilgerten die Moosacher immer noch alljährlich gemeinsam mit den Feldmochingern, mit denen sie so lange Zeit in einer Pfarrei verbunden waren, im Mai zu Fuß nach Maria Eich. Auf dem Rückweg kehrten die Feldmochinger (mit den Moosachern) stets beim Spiegelwirt ein, um sich für die letzten 5 km Fußmarsch noch einmal kräftig zu stärken.

In der Pfarrei Perlach war es Brauch, alle Samstage um 6 Uhr früh von der St.-Michaels-Kirche aus nach St. Maria Ramerdorf[2] einen Volkskreuzgang ohne Geistlichen zu halten. Diese Kreuzgänge wurden zwischen dem Samstag in der Bittwoche und dem Erntedankfest durchgeführt, das damals gewöhnlich am Sonntag nach Mariä Geburt (8. September) gefeiert wurde. Die Perlacher unternahmen diese Kreuzgänge, *»um Glück und Segen durch die Fürbitte Mariens für ihre stehenden Feldfrüchte von Gott zu erlangen«*. In Ramersdorf wurde dann die gestiftete Wochenmesse zu Ehren der seligen Jungfrau Maria gelesen (zwischen Erntedank und Bittwoche in der Perlacher Kirche).[6] Noch 1831 wurden in der Bittwoche von den Perlachern zwei weitere Kreuzgänge unternommen: zu St. Anna in Harlaching und (am Mittwoch) um die Feldfluren der Pfarrei.[7]

Evangeliums- und Feldkreuze

Fast jedes Dorf in Bayern besaß vier Evangeliumskreuze für die entsprechenden Altäre bei den Umgängen. In Feldmoching, dem größten Bauerndorf im heutigen München, sind sogar noch alle vier vorhanden. In Moosach existieren zumindest noch drei der Evangeliumskreuze[3]: Eines steht heute an dem Reststück der einstigen Hofstettenstraße (heute Ehrenbreitsteiner/Pelkovenstraße); eine heute eingefüllte Kiesgrube dort hieß demnach auch »Kreuzgrube«. Das heute an der Netzerstraße stehende Kreuz (in der Nähe der Allacher Straße) dürfte ursprünglich an der früheren Nymphenburger

Das Evangeliumskreuz am nördlichen Ortsausgang von Feldmoching (um 1890)

Straße (heute Hugo-Troendle-Straße bzw. Wintrichring) gestanden haben. Ein weiteres Kreuz finden wir an der Südwand der alten St. Martinskirche; es stand früher Ecke Dachauer/Hanauer Straße und wurde dann zurückversetzt ans Eck Dachauer/Feldmochinger Straße, ehe es Pfarrer Knogler (1921–65 in Moosach) in seine Obhut nahm und bei der alten St. Martinskirche aufstellen ließ. Als es 1983 renoviert wurde, beantragte der Bezirksausschuß 28 (Neuhausen-Moosach) vergeblich, es nach der Renovierung es nicht wieder an der Kirche anzubringen, sondern es an seinen vorherigen Standort Ecke Dachauer/Feldmochinger Straße zurückzubringen[4]. Weiteren Evangeliums- oder Feldkreuzen ist (nicht nur in Moosach) heute oft nur mehr über Flurnamen wie »Kreuzacker« oder »Kreuzwiesen« nachzuspüren. Die Kreuze selbst sind meist längst verschwunden und vergessen.

Die Feldmochinger Evangeliumskreuze befinden sich: im Süden vor dem Anwesen Feldmochinger Straße 345; im Westen im Anwesen Karlsfelder Straße 4 (gegenüber der Einmündung Am Gottesackerweg); im Norden vor dem Anwesen Feldmochinger Straße 431; im Osten im Anwesen Josef-Frankl-Straße 39 (Kindergarten St. Josef; ursprünglicher Standort: am Eck Josef-Frankl-Straße 32/Lerchenstraße). Die übrigen Feldkreuze rund um Feldmoching haben einen anderen Entstehungsgrund und eine andere Bedeutung. Wirkliche Feldkreuze waren noch zumindest jene am Gottesackerweg südlich der Hammerschmiedstraße oder an der Feldmochinger Straße nördlich des Altdorfes. Das Kreuz Am Blütenanger 64 in der Fasanerie wurde 1913 aufgestellt; auf diesem Grundstück entstand dann 1926/27 die kleine St. Christophorus-Kirche. Und

Feldprozession im Münchner Norden (Gemälde aus der Münchner Schule/19. Jahrhundert)

das Kreuz Ecke Heimperth-/Gundermannstraße ist überhaupt erst 1985 aufgestellt worden, als es rundherum am Harthof schon längst keine Felder mehr gegeben hat. Auf den Perlacher Fluren sind von den alten Feldkreuzen heute noch übrig: Das »Schreilkreuz« am Bischof-Ketteler-Weg und das »Huberkreuz«, das bis März 1989 auf der Straßeninsel Kreuzung Hofanger-/Schmidbauerstraße stand und den Straßenbauern im Weg war. Im Einvernehmen mit dem Grundstückseigentümer Martin Ballauf wurde das gußeiserne Kreuz (Kustermann-Kreuz) in dessen Grundstück, von zwei Linden flankiert, aufgestellt.

Bei diesen Feldumgängen, die mehrere Stunden dauerten, war die Teilnahme in Altbayern im allgemeinen folgendermaßen geregelt (weshalb wir annehmen können, daß es so auch in den Dörfern rund um München der Brauch war): nach dem 1. Evangelium ging die Bäuerin nach Haus und die Oberdirn trat an ihre Stelle in der Prozession, beim 2. Evangelium wurde sie vom Oberknecht abgelöst, an dessen Stelle beim 3. Evangelium wiederum die Mitterdirn trat usw. Nur der Bauer selber machte den ganzen Gang mit. Mit dem Rückgang der Landwirtschaft und der zunehmenden Verbauung der Feldfluren, vor allem in Dorfnähe, kamen die Feldumgänge in unserem Gebiet schon vor dem II. Weltkrieg ab.

Am Mittwoch vor Pfingsten folgte dann wieder ein zweitägiger Kreuzgang der Perlacher über Glonn (wo eine Messe gelesen wurde) zur Muttergottes von Tuntenhausen. Leider sind die ältesten Tuntenhauser Mirakelbücher verbrannt, weshalb der Beginn der Perlacher Wallfahrt dorthin nicht mehr festgestellt werden kann. Nachrichten über Gebetserhörungen aus Perlach finden sich in den Mirakelbüchern von 1602, 1672, 1698, 1703, 1716, 1728 und 1736. Das Kerzenbuch von 1605 weist eine Kerzenspende aus Perlach auf. In den Wallfahrtsverzeichnissen von 1724 und 1738 ist Perlach als Kreuzpfarrei allerdings nicht mehr aufgeführt, was darauf schließen läßt, daß Tuntenhausen – abgesehen von Einzelwallfahrten – von der Pfarrgemeinde im 18. Jahrhundert nicht mehr angegangen worden ist. Anläßlich des Pfarrjubiläums 1980 haben die Perlacher die Wallfahrt nach Tuntenhausen, zusammen mit einer Kerzenspende wieder aufgenommen. Nur legen sie heute den langen Weg nicht mehr zu Fuß zurück wie früher, als unsere Altvorderen bei der Ansicht der doppeltürmigen Basilika nach zweitägigem Marsch aufatmeten und die letzten körperlichen Reserven bis zum Gnadenbild mobilisierten.

Pfingstl und Santrigl
Brauchtum in und um München im Juni

Das Pfingstfest am 50. Tag nach Ostern (Aussendung des Hl. Geistes über die Jünger) ist bereits in der frühchristlichen Kirche im 3. Jahrhundert bezeugt. Mit diesem dritten hohen Fest im Kirchenjahr ist wieder viel Brauchtum verbunden, erstaunlicherweise fast ausschließlich weltliches. Daß beispielsweise die Perlacher am Pfingstdienstag früher einen Kreuzgang zum hl. Benno in der Münchner Frauenkirche unternahmen, hat nicht unbedingt mit Pfingsten zu tun.

So war es in Moosach am Pfingstsonntag der Brauch[1], bestimmten Leuten einen »Pfingstl« bzw. »Pfingstlümmel« in Form einer Strohpuppe, eines Besens oder eines dürren Busches zu setzen. Ursprünglich wurden damit Mägde geärgert, die beim ersten Austrieb des Viehs im Frühjahr auf die Weide verschlafen hatten (im Winter, wenn kein Vieh ausgetrieben wurde, konnte man ja länger schlafen, und Wecker gab es noch nicht) oder die auch sonst gern verschliefen. Später bekamen auch Madl einen »Pfingstl« aufs Dach, die den erhofften Freier nicht gefunden oder einen abgewiesen hatten, die einen auswärtigen Burschen den Einheimischen vorgezogen hatten oder die am Ende gar ein männliches Wesen überhaupt ablehnten. Da der »Pfingstl« nicht selten an recht ausgefallenen Stellen des Daches angebracht wurde, mußte das so bloßgestellte Madl mit einem kleinen Geldgeschenk einen Burschen gewinnen, das Schandmal wieder abzunehmen. Nach der Jahrhundertwende bürgerte es sich in Moosach ein, einen solchen »Pfingstl« auch außerhalb der Pfingstzeit zu setzen, ebenso erweiterte sich der solcherart bedachte Personenkreis auf alle in der Gemeinde, die aus welchen Gründen auch immer negativ aufgefallen oder in die Schußlinie geraten waren[2]. In den 20er Jahren kam aber dieser Brauch ab. Er ist übrigens in ähnlicher Weise auch in Feldmoching überliefert[3], wo er etwa gleichzeitig unterging.

Der Santrigl-Brauch im Münchner Westen

Wohl mit Rücksicht auf die kirchlichen Obliegenheiten am Pfingstsonntag fand der eigentliche große alte Pfingstbrauch in der Umgebung Münchens, der »Santrigl«, am Pfingstmontag statt. Wenn wir der Bedeutung dieses Wortes nachspüren wollen, so stoßen wir bereits bei Schmeller[4] auf einen Hinweis: »*Der Samtregel, Collecte von Eyern, Butter etc., welche am Pfingstag die Hirten- und Pferde-Jungen von Mosach und Neuhausen, bey Gelegenheit eines possierlich-feyerlichen Herumreitens in diesen Dörfern und im Lustschloß Nymphenburg, zu machen pflegen. Man nennt die Jungen, die diesem Aufzug beywohnen, Santrigl-Buabm, und Santrigl-Spruch die Verse, welche ihr Anführer vor jedem Hause hersagt.*« Dazu bringt Schmeller noch an anderer Stelle[5] als früheren Beleg für die Bezeichnung »Sam-Tregel« einen Auszug aus dem »Pfründen-

Manual des Hl. Geist-Spitals zu München 1502 bis 1519 circa.«[6] Die darin genannten Pfingstgaben nach Pullach, Solln und Obersendling werden durch eine Notiz in einem Spital-Kalendarium aus dem Jahr 1515 bestätigt[7]. Darunter steht von einer Hand des 17. Jahrhunderts vermerkt: »*gültig*«. Das bedeutet, daß der Brauch sich über die Revision in der Zeit der Gegenreformation gehalten hat. Es handelt sich demnach um eine Naturalspende zur Pfingstzeit an die Weidehüter der Besitzungen des Spitals in den München benachbarten Dörfern, die man als Santtrügl (Santrigl) bezeichnete[8]. Ähnliche Ausgaben wie beim Münchner Hl. Geist-Spital [...] finden sich auch in den Büchern der Klöster Scheyern und Fürstenfeld, die gleichfalls Besitzungen in Moosach hatten. In Fürstenfeld konnte dabei ein gewisser Zusammenhang mit pfingstlichem Pferdekult festgestellt werden, was auf eine recht alte Brauchschicht zurückdeuten mag[9]. Schließlich spricht ja auch Schmeller noch von Hirten- und Pferdejungen, die man zu Pfingsten beschenkte. Dabei spielten Hirten allgemein so gut wie überall im Brauchtum des Pfingstfestes, an dem in verschiedenen Gebieten die Weide begann, eine bestimmte Rolle. Man wird annehmen dürfen, daß die beschenkten Santrigl-Buben mit einer Gegenleistung aufwarteten, daß sie Sprüche aufgesagt oder etwas gesungen haben (was für spätere Zeit ja auch belegt ist). Dann wandelte sich der Brauch zum Heischebrauch, als die Buben selbst ins Kloster kamen. Darauf bezieht sich jedenfalls schon ein Eintrag in die Fürstenfelder Kloster-Rechnung von 1555[10].

Das 17. Jahrhundert bringt einige Erwähnungen des Brauches im Strafregister des Landgerichtes Dachau, so 1603 im Puchschlagener Amt und 1605 im Estinger Amt. Im ersteren Fall liegt deutlich ein Heischebrauch von Buben vor, die sich das aus vielen derartigen Bräuchen bekannte Stehlrecht anmaßten und bei einem Fremden einen Schmalzhafen einfach »organisierten«. Betrüblicherweise ist jedoch von den Dachauer Landgerichtsrechnungen nach 1610 nur noch jeder zehnte Band erhalten, so daß aus den Zwischenzeiten nichts weiter überliefert ist. Denn aus ihnen müßte ein Verbot ersichtlich sein, da bei einem Vorfall zu Prittlbach die Rede von »*lenngst verbottnen Santrigl*« ist.

Auch in den Münchner Ratsprotokollen heißt es unterm 10. Oktober 1611[11]: »*Auf fürstlichen Befehl wird der Sandrigl abgeschafft.*« Aber diesem Verbot scheint ebensowenig dauerhafter Erfolg beschieden gewesen zu sein, wie einem 1766 nachfolgenden. So sind in den Kabinettsrechnungen des Geheimen Hausarchivs von Anfang an (1747) im Mai und Juni immer Beträge für den »Sandrigl« verrechnet. 1749 sind es 1 bis 3 fl. 36 kr., z.B. für »*11 Bueben von Neuhausen, so mit dem gewöhnlichen Sandrigl nach Nümphenburg kommen, 2 fl. 24 kr., dann 11 Bueben von Laim, 6 von Allach, 25 von Lochhausen, 16 von Pasing und 7 von Untermenzing*«. Später kommen noch 10 Buben von Schwabing, wieder 15 von Untermenzing, je ein Dutzend von Feldmoching und St. Johann, dann »*denen Knechten, so mit der Gredl aufm Rad kommen, 3 fl. 24 kr.*«, außerdem »*Menscher*« (Mägde) mit Maibutter von Neuhausen, Freiham, Aubing, Feldmoching, vom Zollhaus und der Georgenschwaig (Milbertshofen). In den Jahren 1748, 1750 und 1752 gibt es ähnliche Einträge. 1775 und 1776 finden sich »*Sandrittlbuben*« aus den Dörfern Unter- und Obermenzing, Neuhausen, Feldmoching, Moosach und Schleißheim verzeichnet[12].

Diese Spenden erfolgten aus der Kasse des Kurfürsten Maximilian III. Joseph selbst und das ist nun insofern merkwürdig, weil inzwischen im Rahmen der ersten bayerischen Aufklärungswelle ausgerechnet in seinem Namen ein Verbot des Santrigl-Brauches erlassen worden war. Am 8. Februar 1766 war ein Handschreiben im Namen des Kurfürsten »*An die von München*« ergangen[13]: »*Nachdeme wir diejenige Mißbräuch, welche sich in vorigen Jahren durch das sogenannte Jäckel-Schutzen um Johani, dann Herumreitens des sogenannten Hänsel und Grethels oder sogenannten Sandriegels in den Pfingstferien, nicht weniger des sogenannten Sommer und Winters gegen den Frühling anbegeben haben, keineswegs mehr zu gestatten gedenken; als habt ihr solches an der Behörden mit Verfang ab(zu)stellen, sohin dergleichen nur auf den Bettel angesehene Sachen in Zukunft nicht mehr passieren zu lassen.*«

Hier wurden nun die Gestalten von »Hansl und Gretl« als das bezeichnendste Element der Pfingstbrauchübung herausgestellt. Der meist mit Pfingsten verbundene Brauch, ein Puppenpaar oder seltener wohl auch ein lebendiges Paar auf einem von Pferden gezogenen Schleifrad umzuführen, ist in Moosach bereits in der ersten Hälfte des 18. Jahrhunderts nachzuweisen. Ob allerdings »Hansl und Gretl« auf dem Schleifrad damals schon direkt zu dem Heischebrauch des Santrigl gehörten, muß offen bleiben. Jedenfalls finden wir ein »Hansl und Gretl« auf dem 1772 entstandenen Gemälde *»Kurfürst Karl Albrecht und Kurfürstin Maria Amalia mit der Hofgesellschaft bei der Falkenbeize am sog. Vogelhaus«* von Peter Jakob Horemans abgebildet. Nach Horemans eigenem Zeugnis[14] soll das abgebildete Ereignis der Falkenbeize am 29. Juni 1741 stattgefunden haben, das würde aber bedeuten, daß Pfingsten, das 1741 bereits am 21. Mai lag, schon längst vorbei war. Aber als zuverlässiges Ereignisdokument kann man das über drei Jahrzehnte später entstandene Gemälde sowieso nicht verstehen. Auf einem weiteren Gemälde von Horemans in der Amalienburg von einem Karussellrennen des kurfürstlichen Hofes vor Schloß Fürstenried« am 14. Mai 1727 ist gleichfalls ein »Hansl und Gretl« dargestellt. Dieser Termin wäre für den Brauch hingegen zu früh gewesen, denn 1727 lag Pfingsten am 1. Juni. Offensichtlich handelt es sich in beiden Fällen eher bereits um ein vom Brauch übernommenes Spielzeug der höfischen Gesellschaft[15]. Auf einem Stich von Elias Baeck von demselben Ereignis mit dem Titel *»Damen-Karussell des hochadeligen Frauenzimmers«* wird in der Beschreibung unter Nr. 9 ja auch bestätigt[16]: »*Sand Rigel oder 2 bilder, die sich mit dem Rad umdrehen, welche zur Lust des Aufzugs vorgeführt wurden.*«

Solange sich also Kurfürst Max III. Joseph über sein eigenes Verbot hinwegsetzte, konnte es noch nicht so schlimm um den Brauch stehen. Es scheint aber dann unter seinem Nachfolger Karl Theodor zu einer weiteren und wenigstens zeitweilig wirksameren Untersagung gekommen zusein, denn Lorenz Westenrieder berichtet uns 1783[17]: »*Am Pfingstmonntag kommen von den benachbarten Dörfern einige Trouppen junger Bauernkerls geritten, und auch zu Fuß, in die Stadt, und führen mit sich ein männliche und weibliche Maske, Hans und Krede genannt, welche sich über ein herumlaufendes Rad, an dessen entgegen gesetzten Enden sie festgemacht sind, einander die Hände geben. Die Anführer sagen vor den Häusern einen gereimten Spruch herab, nach welchem alle zusammen jauchzen. Doch ist dieß seit kurzem aufgehoben worden.*« Auch Lorenz

Hübner berichtet 1805 von einem Verbot[18]. Dagegen aber bringt die eingangs wiedergegebene Stelle aus Schmellers Wörterbuch, dessen erste Auflage 1826 erschien, die Erwähnung des Brauches noch nicht in der Vergangenheit. Er bezieht sich dabei ausdrücklich auf Moosach und Neuhausen.

Das Verbot von 1828

Und ausgerechnet die Burschen aus diesen beiden Dörfern waren dann nur zwei Jahre später schuld daran, daß der Santrigl-Brauch endgültig verboten wurde. Stadtschulinspektor Joseph Lipp berichtet darüber in seiner Neuhauser Chronik[19]: »*Am Pfingstmontagnachmittags vor oder nach der Vesper, versammelten sich die jungen Burschen des Dorfes um ihren Pfingstling oder Wasservogel zu küren. Dieser wurde dann verkleidet und geschmückt auf ein Pferd gesetzt um dann mit den anderen lustigen Burschen einen Umritt von Haus zu Haus zu unternehmen. Unter Absingen alter Volkslieder oder Absprechen von Volksreimen, Spott- und Lobversen, nahmen sie Gaben entgegen und sammelten Eier, Schmalz, Butter und Mehl ein. Wurde ausnahmsweise der übliche Tribut verweigert, so brachten sie ihr Mißfallen in einem derben Zweizeiler zum Ausdruck ... Das letzte Wasservogelfest war im Jahre 1828. Die Neuhauser Burschen ritten damals besonders festlich im Rokokokostüm mit dreieckigen Hüten hinter einem Fahnenträger nach Nymphenburg, um vor dem König Ludwig I. ihren Spruch zu sagen. Doch waren ihnen die Moosacher Bauernburschen zuvorgekommen. Deshalb kam es zu einer großen Rauferei und das ganze Wasservogelspiel wurde verboten.*«

Lipp vermengt hier den Santrigl-Brauch mit dem andernorts zu Pfingsten üblichen Wasservogel-Brauch. Das geht auf zwei volkskundliche Veröffentlichungen des 19. Jahrhunderts zurück, auf die sich fast alles stützt, was dann bis in die Gegenwart herein an Darstellungen altbairischen Pfingstbrauchtums veröffentlicht wird. Die eine der beiden Quellen ist der II. Band von Friedrich Panzers »Bayerische Sagen und Bräuche«[20], und sie ist deshalb wichtig, weil in ihr zum ersten Mal etwas über den verlorengegangenen Santrigl-Spruch mitgeteilt wird. Panzer hat ihn leider auch nicht mehr im ganzen Wortlaut, sondern nur noch in Bruchstücken, vermutlich von alten Leuten zu hören bekommen. Er schreibt: »*Noch vor wenigen Jahren hielten neun Jungen von Neuhausen, ein Dorf bei München, am Pfingstmontag einen Umritt. Hansl und Gredl stellten die Hauptpersonen vor. Hansl sagte vor jedem Haus einen Spruch her, welcher aber so entstellt ist, daß nur einiges noch Bedeutung zu haben scheint. Sie seien über den Rain geritten und kämen aus dem rechten Paradies, wo viel Waizen, Korn, Haber und Gerste wachse. Er habe drei Pferde im Stall, das eine habe das Wimmern im Maul, das andere keine Zähne, das dritte sei blind*[21]. *Bei jedem Hause wurde ihnen Butter, Brod, Eier etc. gereicht, welches sie dann im Wirtshaus verzehrten. Früher waren Hansel und Gredl ausgestopfte Puppen, welche, an den entgegengesetzten Enden eines umlaufenden Rades befestigt, sich wie zum Tanzen die Hände reichten. Nach anderer Erzählung saß nur die Gredl auf dem Rad und der Wassermann wurde nachgetragen, dann jene in den Brunnen, dieser dem Bauer, welcher im Jahr etwas verschuldet hatte, in die Haus-*

tenne geworfen. Man nennt den Brauch ›Sandriglbuben‹, den Spruch den der Hansl hersagt, ›Sandriglspruch‹ und das Rad ›Schlaifrad‹« (zu diesem Rad gibt er noch eine technische Beschreibung).

Die andere Quelle ist Felix Dahns Darstellung oberbayerischer »Volkssitte« im I. Band der »Bavaria«[22], die zum Teil auf Panzer beruhen mag. Es ist aber auch nicht auszuschließen, daß Dahn seine Kenntnisse des Santrigl-Brauchs durch die heute so moderne »Oral history« erworben hat, d.h. aus Erzählungen von Leuten, die den Brauch noch selber kannten oder gar mitgemacht hatten. Bedenklich ist, daß Dahn den Santrigl-Brauch beträchtlich mit dem Pfingstl- und dem hierorts bis dahin eigentlich nicht praktizierten Wasservogel-Brauch vermengt. Da Felix Dahns Darlegungen sowieso eher feuilletonistischen Charakter haben, als empirisch untermauert sind, ist eine gewisse Skepsis ihnen gegenüber durchaus angebracht. Das trifft in vollem Maß auf eine Bemerkung an anderer Stelle zu[23], wonach »*die Scharen der Hirten und Pferdejungen des Oertchens [gemeint ist Neuhausen] mit jenen von Moosach sich ehedem manchmal bei dem Samtregel – oder Samtrigl oder Santrigel – jener Kollekte von Butter, Eiern und anderem, welche sie am Pfingsttag gelegentlich eines eigentlichen possierlichen feierlichen Herumreitens in diesen Dörfern und in Nymphenburg als Santrigelbuben unter dem Santrigelspruch zumachen pflegten – blutige Köpfe geschlagen*« hätten. Mehrere solcher Schlägereien sind uns aber nicht überliefert, lediglich jene von 1828, die – wie wir gerade berichtet haben – zum Verbot des Santrigl-Brauchs geführt hat.

Natürlich ist ebenso nicht auszuschließen, daß der Santrigl-Brauch – der sich im Verlauf der Jahrhunderte sowieso verändert hat – nach mehreren Verboten vor und nach 1800 jeweils nicht nur in gewandelter Form wieder aufgenommen worden ist, sondern daß dabei auch Gegenstände, Figuren und Abläufe aus verschiedenem Pfingstbrauchtum aus anderen Gegenden aufgenommen werden. Felix Dahn schreibt also: »*Am Pfingstmontag nach der Vesper besteigt ein Bursche ein geschmücktes Pferd. Früher wurde dazu der faulste Knecht gewählt, der zuletzt beim Frühgottesdienst erschien. Er selbst ist wundersam vermummt. In Laub, Stroh und Schilf gehüllt. Ihm folgt ein berittenes Geleite von 10 bis 20 Burschen. Sie ziehen von Haus zu Haus und sammeln Gaben von Butter, Eiern, Brot und Mehl unter Absingung alter Lieder und Sprüche. Dieses Sammeln heißt Santrigel und alle Genossen des Zuges daher Santrigelbuben. Darauf geht der Zug nach einem Teich oder Bach in der Nähe des Dorfes und nun wird der Wasservogel, das ist der geschmückte Bursche, unter lautem Jubel vom Roß herab ins Wasser geworfen. Andrerseits trifft diese Tauche nicht den Reiter selbst sondern eine Strohgestalt, die erträgt, die ebenfalls mit Laub und Schilf umflochten ist und in ein vogelartiges Ungetüm mit langem Schwanenhals und hölzernen Schnabel ausläuft, früher mit einem Lederriemen, jetzt mit einem Seidentüchlein geziert. Nach der Wassertauche ziehen die Santriegelbuben ins Wirtshaus und verzehren daselbst ungeheure Küchel, die aus jenen Beiträgen gebacken wurden. Der Vogelhals samt Seidentüchl werden unter den Burschen ausgespielt; der Gewinner ist Festkönig, das Tüchlein ist für seinen Schatz, den Vogelschnabel aber, den ›Santrigel‹ nagelt er auf den First seines Stadels, als besonderen Schutz gegen Blitz und Feuer das ganze Jahr über, bis ein neuer Pfingstl sich aufthut.*«

Vertreter Münchner Bruderschaften bei der Fronleichnamprozession auf dem Max-Josephs-Platz (Kol. Lithographie von Carl Grünwedel um 1840)

In den 1980er Jahren kamen in Moosach und in Neuhausen Bestrebungen in Gang, den Santrigl-Brauch zu Pfingsten wieder aufleben zu lassen. Inwieweit dies nach mehr als anderthalb Jahrhunderten Unterbrechung und angesichts der großen Veränderungen verschiedenster Art in dieser Zeit sinnvoll ist, muß offen bleiben. Auf alle Fälle sollte einer Wiederbelebung des Santrigl-Brauchs noch eine eingehende Erforschung vorausgehen. Ganz vergessen worden ist er jedenfalls nicht, das beweisen u.a. Abbildungen in der Wienerwald-Gaststätte (früher Gasthaus Lichtinger) gegenüber dem Haupteingang des Westfriedhofs (Dantestraße 22).

Fronleichnam

Am Donnerstag nach dem Dreifaltigkeitssonntag (= 1. Sonntag nach Pfingsten) folgt Fronleichnam. Das 1264 eingeführte Fest der Eucharistie oder des Altarssakraments gilt als eine der höchsten katholischen Jahresfeste. Im Mittelpunkt steht dabei die Prozession, die einst unter den vielen Wallfahrten und Umgängen die prächtigste des Jahres war. Die im 14. Jahrhundert hinzugekommenen vier Stationen an den Evangeliumsaltären (meist bei den deshalb so genannten Evangeliumskreuzen) wurden bei der letzten Liturgiereform 1963 durch das II. Vatikanische Konzil teilweise aufgehoben.

Ihre prunkvollste Ausprägung erreichten die Fronleichnamsprozessionen in München in der Blütezeit der Jesuiten zwischen dem 16. und 18. Jahrhundert So wurden beispielsweise 1593 aus den umliegenden Dörfern zahlreiche Bauern angefordert, die reiten können, so aus Putzbrunn und Unterhaching 21 sowie aus Perlach 22, um bei der großen Gruppe »Auszug Israels« das Kriegsheer des ägyptischen Pharaos darzustellen. In diesem Jahr kamen fast 20 000 Fremde zu der prunkvollen Prozession nach München.[24]

Der hl. Antonius von Padua

Am 13. Juni steht ein Heiligenfest im Kalender, das heute etwas an Bedeutung verloren hat. Denn in unserer Stadt wurde (und wird) von den katholischen Gläubigen nicht nur dem Andenken heiligmäßiger Männer und Frauen, die in München lebten oder starben, gedacht (z.B. Winthir, Theresia Gerhardinger, Rupert Mayer). Früher gab es da auch die frühchristlichen und mittelalterlichen Reliquien in den Kirchen, die teilweise zwar ihre Bedeutung über die Reformation, die Aufklärung und die Säkularisation hinweg behalten konnten, in unserer Zeit jedoch Gefahr laufen, langsam vergessen zu werden.

Erhielten die großen bayerischen Klöster ihre kostbaren Heiltümer vorwiegend bei den Reliquientranslationen ab dem 8. Jahrhundert, so beginnt die Münchner Tradition erst im Mittelalter, als man sich bemühte, für jedes Gotteshaus ein ehrwürdiges Erinnerungsstück an die frühchristlichen Märtyrer zu bekommen. Das wohl bedeutendste Zeugnis dieser mittelalterlichen Reliquienüberführungen ist der Oberarmknochen des hl. Antonius von Padua. Kaiser Ludwig der Bayer schenkte die 1327 bei der Öffnung des Heiligengrabes in Padua erworbene Reliquie den Franziskanern in München aus Dankbarkeit für die während des Konfliktes mit der Kurie (während dem Ludwig sogar eine Zeit lang exkommuniziert war) bewiesene Treue. Herzogin Maria Antonia stiftete für die Fassung der Reliquie später ihren Brautschmuck. Viele Jahrhunderte war der hl. Antonius einer der Stadtpatrone Münchens. Seitdem eine 1928 im Bayer. Hauptstaatsarchiv gefundene Urkunde aus dem Jahr 1394 die Autentizität der Antonius-Reliquie beweist, wird die in einem kostbaren gotischen Reliquiar an einem Altar an der Nordwand der St.-Anna-Klosterkirche im Lehel aufbewahrte Reliquie wieder besonders verehrt.[25]

Der Stadtgründungstag

Nachdem der Welfe Heinrich XII. (»der Löwe«), seit 1139 Herzog von Sachsen, 1156 von Kaiser Friedrich I. Barbarossa (1152–90) auch mit dem Herzogtum Bayern belehnt worden war, versuchte er, um seine Finanzquellen zu erweitern, Einfluß auf den süddeutschen Warenhandel zu bekommen. Es ist deshalb nicht verwunderlich, daß der Herzog schon in seinen ersten Regierungsjahren in Bayern mit dem Bischof von Freising über die Zolleinnahmen in Föhring in Streit geriet. So dauerte es nicht lang und der Herzog zwang die Salzfuhrwerke und Säumer auf der wichtigen Ost-West-Handelsroute zwischen Wels und Augsburg, seine Brücke über die Isar bei dem von ihm geförderten »Munichen« zu benützen. Die nun anhebende Auseinandersetzung zwischen Bischof Otto I. von Freising (1138–58) und Herzog Heinrich dem Löwen wurde schließlich am 14. Juni 1158 von Kaiser Friedrich Barbarossa auf dem Reichstag zu Augsburg entschieden. Dieser »Augsburger Schied« gilt mangels anderer Urkunden über die sicherlich ältere Stadt quasi als Münchner »Geburtsurkunde« und der 14. Juni wird als Stadtgründungstag gefeiert.

Dieser Stadtgründungstag wurde bis Anfang der 1980er Jahre im Wesentlichen nur mit einem großen Empfang der Stadt im Alten Rathaus für etwa tausend geladene Gäste gefeiert. Nur 1858 hatte man die 700-Jahr-Feier und 1958 die 800-Jahr-Feier ganz groß begangen. Erst 1982 feierte man den 824. Stadtgründungstag (zeitlich verschoben am 20. Juni) als allgemeines Bürgerfest mit Gottesdienst, Standkonzerten, Volkstänzen, Biergärten in den Innenhöfen des Neuen Rathauses, Kinderprogramm und anderen Attraktivitäten. Wie schon zum 700jährigen Bestehen der Hl.-Geist-Kirche 1971 ließ man auch den alten Brauch der »Wadlerspende« wieder aufleben, die 1318 von »*Burkard und seiner ehelichen Hausfrau Heilwig Wadler*« begründet worden war. Wie seinerzeit verteilte ein Schimmelreiter Gratis-Brezn unter die »Stadtarmen«. 1801 hatte die Polizei diesen Brauch verboten, weil der Breznreiter, dem die Brezn ausgegangen waren, von der enttäuschten Menge arg malträtiert worden war. Lang hat sich das Wiederaufleben der »Wadler-Spende« im Rahmen des Stadtgründungstags nicht gehalten, der selbst allerdings sich immer größer auswuchs und zunehmender Beliebtheit bei den Münchnern erfreut. Mittlerweile findet das vom städtischen Fremdenverkehrsamt organisierte Fest bereits mehrere Tage lang statt, mitunter auch zusammen mit dem Bennofest und dem Brauertag.

Bennofest für den Stadtpatron

Zur bedeutendsten Reliquienwallfahrt in München wurde aber eindeutig das Grab des hl. Benno in der Frauenkirche[26]. Herzog Albrecht V. hatte 1576 die Gebeine des 1106 verstorbenen Meißner Bischofs Benno, der 1523 durch Papst Hadrian VI. heilig gesprochen worden war, erworben und heimlich nach München schaffen lassen, da sie im protestantischen Meißen nicht mehr sicher waren. Unter Herzog Wilhelm V. (»dem Frommen«) wurden schließlich am 16. Juni 1580 die Gebeine, der Bischofsstab und das Meßgewand des Heiligen in feierlicher Prozession von der Kapelle in der Neuveste in die Kirche zu Unserer Lieben Frau übertragen und der hl. Benno als Schutzpatron des Landes Bayern und der Stadt München verkündet[27]. Die seinerzeit ebenfalls übertragene Mitra hat der Münchner Erzbischof Julius Kardinal Döpfner 1962 anläßlich der Einweihung der wiederhergestellten Dresdner Hofkirche an den Bischof von Meißen zurückgegeben. 1601 wurde sein »*Brustbild mittelst gutthätiger Hände von Silber verfertiget, auch mit Gold und Edelgestein reich besetzt, und in dessen Fuß-Gestell seine*

Reliquien geleget«[28] und in einer Seitenkapelle an der Südseite der Frauenkirche aufgestellt. Bald entwickelte sich ein reger Wallfahrerzustrom. 1603 sind schon 80 Wallfahrten auswärtiger Pfarreien verbürgt, 1607 kam eine der größten und prunkvollsten Prozessionen aus Augsburg. 1603 wurde eine Bennobruderschaft gegründet, 1605 in der Frauenkirche ein Bennobogen errichtet (der der Regotisierung des nunmehrigen Doms 1858–68 zum Opfer fiel) und 1758 an der Außenseite ein Bennobrünnl angebracht, dessen Wasser vom Volk für heilsam gehalten und entsprechend angewandt wurde. Es fiel den Bomben des II. Weltkriegs zum Opfer und wurde durch einen modernen Brunnen auf der Nordseite des Doms ersetzt.

Das Fest des hl. Benno am 16. Juni (seinem angeblichen Todestag) wird in München wieder als großes katholisches Stadtfest begangen, das sich inzwischen sogar über mehrere Tage hinzieht. Das Andenken und die Verehrung des hl. Benno wird außerdem noch in der 1888–95 in Neuhausen erbauten neuromanischen Stadtpfarrkirche St. Benno wachgehalten, vor der 1910 auch eine 11 m hohe Säule mit einer Figur des Heiligen errichtet wurde.

Und schließlich auch noch der Münchner Brauertag

Vom Mittelalter bis in das 18. und 19. Jahrhundert hinein, teilweise also auch noch nach der Auflösung der alten Zünfte Anfang des vorigen Jahrhunderts, feierten die Münchner Zünfte ihren Festtag, meistens am Tag ihres Schutzpatrons. So ein Festtag begann mit einem Gottesdienst, an den sich ein kleiner Festzug anschloß, wobei die Zunftlade und die Zunftfahne mitgetragen wurden. Anschließend fand eine Festversammlung und ein Festessen statt. Dabei hatten die ältesten und angesehensten Zünfte in München meist mehrere Schutzpatrone, die häufig auch die Landes- und Stadtpatrone waren.

So erklärt es sich, daß sich die Münchner Brauerzunft den hl. Bonifatius, den Apostel der Deutschen, auserkoren hat, der auch auf der Zunftlade und der Zunftfahne abgebildet ist. Aber auch der hl. Florian gilt als Schutzherr der Münchner Brauer, denn schließlich konnten sie auf seinen Schutz angesichts der Feuergefahr bei den vielen offenen Feuerstellen in den Brauereien nicht verzichten.

Im Münchner Braugewerbe hat sich der Brauertag in der Peterskirche bis 1917 erhalten. Durch die Kriegs- und Notzeiten und die Beschädigung der Zunftaltertümer Fahne und Lade trat eine Unterbrechung der Tradition bis 1961 ein. Seither wird der »Münchner Brauertag« als letzter der Münchner Zunfttage in zweijährigem Turnus gefeiert, allerdings an wechselnden Tagen, entweder in der Nähe des Florianstages (4. Mai) oder des Bennotages (16. Juni). Bei den Münchnern ist der Brauertag natürlich ganz besonders beliebt wegen dem farbenfrohen Umzug mit Blaskapellen, der alten Zunftfahne (die Anfang des vorigen Jahrhunderts gestickt wurde und so schwer ist, daß sie von vier kräftigen Burschen getragen werden muß), der bald 300 Jahre alten, reich verzierten Zunftlade, sechs Zunftstanden aus dem Jahr 1718, den Schäfflern und aufgeputzen Brauerei-Gespannen.

Erntebeginn, Magdalenenfest und Mariä Himmelfahrt

Was im Juli und August in den Dörfern um München so alles Brauch war

Der Monat Juli stand draußen vor der Stadt früher ganz unter dem Zeichen der Feldarbeit und der Vorbereitung der Ernte, die mit dem Fest des hl. Jakobus (25.7) beginnt und sich durch den Monat August bis Bartlmä (24.8.) zieht. So nimmt es denn auch nicht Wunder, daß sich im Juli allein acht Lostage finden, an denen der Bauer aufgrund seiner und seiner Vorfahren Wetterbeobachtungen Vorhersagen für eine bestimmte Zeit machte, denn schließlich hing vom Wetter Erfolg oder Mißerfolg der Ernte ab. Gleich am 2. Juli haben wir den ersten Lostag: »*Maria Heimsuch' wird's bestellt, wie's Wetter vierzig Tag' sich hält.*« Maria Heimsuchung wurde bereits im 14. Jahrhundert zum Gedenken an den Tag als Maria über das Gebirge zu ihrer Base Elisabeth ging, als kirchlicher Festtag angeordnet. An diesem Marientag, der noch im vergangenen Jahrhundert ein halber Feiertag war, hängte man Rosenkränze oder Haselzweige an die Fenster oder in den Kamin, um damit alle Unholden und »*schiach'n Wetter*« abzuwehren. Ein weiterer sehr bedeutender Lostag war der 22. Juli: Maria Magdalena, denn »*die Magdalena weint gern*«, d.h. an diesem Tag gab es meist Regen. Am 23. Juli beginnen dann die »Hundstage«, die zwar durchaus eine große Hitze bringen können, ihren Namen aber vom Sternbild des »Großen Hundes« (des Siriussterns, dem hellsten aller Fixsterne) haben. »*In den Hundstagen soll man nicht baden und nicht Ader lassen.*« Dieser alte Glaube an die Gefährlichkeit der Hundstage geht bis auf die Ägypter zurück, bei denen der Frühaufgang des Hundestern schon als gefahrbringend galt. Hinsichtlich des Wetters hieß es: »*Wie die Hundstage eingehen, so gehen sie auch aus.*«

Jakobi

Am 25. Juli ist Jakobi, wohl das wichtigste Fest dieses Monats, einst ein großer Festtag für die Knechte und Mägde. Der Apostel Jakobus der Ältere, Bruder des Apostel Johannes, ist der erste Märtyrer der Apostel. Er wurde Ostern 44 in Jerusalem enthauptet. Seine Gebeine kamen im 7. Jahrhundert nach Santiago de Compostela in Nordspanien, das seither ein internationaler Wallfahrtsort ist. Bayern ist eines der Gebiete gewesen, das am frühesten und nachhaltigsten außerhalb Spaniens die Jakobusverehrung übernahm. Schon im 9. Jahrhundert taucht der Apostelname in den Zeugenlisten der Urkunden des Bistums Freising auf. Ein Jahrhundert später ist der 25. Juli längst als Jakobitag im bayerischen Kalendarium verzeichnet und die Freisinger Traditionen bringen den ersten Bericht über Wallfahrten aus Bayern nach Santiago de Compostela. Die ersten kleinen Jakobuskirchen entstanden wohl bereits im 9. Jahrhundert.

Schon 964 soll bei der Jakobskirche in Hochmutting (zwischen Feldmoching und Oberschleißheim gelegen) nach einer dort befindlichen Erinnerungstafel von 1549 mit päpstlicher Genehmigung der erste Markt abgehalten worden sein, der möglicherweise bald nach dem starken Anwachsen Münchens dorthin verlegt und nach der Erbauung der Jakobskirche am Anger seit der Mitte des 13. Jahrhunderts der Hauptmarkt Münchens wurde. Der ursprünglich auf Vorabend und Jakobi selber beschränkte Markt wurde von den bairischen Herzögen, von denen Albrecht III. auch das Jakobs- oder später sog. Scharlachrennen einführte, auf zwei bis vier Wochen ausgedehnt, bis die Jakobidult dann 1462 endgültig auf eine Woche verkürzt wurde.

Die Bauern aus der nahen und weiteren Umgebung Münchens kamen zur Jakobidult, um sich vor der Ernte mit dem nötigen Haus- und Arbeitsgerät und anderem mehr einzudecken. Von Nürnberg bis Innsbruck, von Salzburg bis Ulm kam ein Strom von Besuchern, besonders als die lange Zeit verschollenen Reliquien des Klosters Andechs 1388 wieder aufgefunden und während der Dult alljährlich in der Jakobskirche am Anger ausgestellt wurden. Die Münchner Jakobidult wurde in ihrer Mischung von Kirchenfest und weltlichem Handelsplatz so einer der bedeutendsten süddeutschen Anziehungspunkte für Pilger, Bauern und Kaufleute, die sich um 1500 geradezu zu einer mittelalterlichen Großhandelsmesse mit bis zu 60 000 Besuchern auswuchs. Die Jakobidult wechselte ab 1791 mehrmals ihren Standort und findet nun seit 1904 auf dem Mariahilfplatz in der Au statt.

Die Magdalenendult

Im 18. Jahrhundert wurde allerdings die Magdalenendult in Nymphenburg zur bekannteren und wichtigeren Dult, auf alle Fälle für die Dörfer links der Isar, zumal sie kurz vor der Jakobidult stattfand und näher lag. 1647 hatte der kurf. Hofbuchhalter Johann Gaßner zusammen mit einem Almosen von 125 fl. einen Jahrtag auf den 22. Juli gestiftet, zu halten in seiner der Büßerin Maria Magdalena geweihten Hofmarkskapelle in Kemnaten. Der schlichte Bau mit dem lustigen zwiebelgekrönten Dachreiter ist noch auf dem Wening-Stich der »Churfürstlich Schwaig und Lustschloß Nymphenburg« von 1701 (als erst der Mittelteil stand) zu sehen. In der zugehörigen Beschreibung heißt es, daß zum Magdalenentag »*allhier Jährlich auß München und anderwerts her grosser Zuelauff ist*«.

1702 mußte das Kircherl dem weiteren Schloßbau weichen, doch der Zulauf hielt unvermindert an, worauf Kurfürst Max II. Emanuel erst eine Magdalenenkapelle im nördlichen Seitenflügel und später die von Josef Effner in Ruinenarchitektur entworfene Magdalenenklause bauen ließ. Zu ihrer Einweihung 1728 fand ein großes Fest statt, das erste Magdalenenfest. Dem aus einer Quelle in der Grotte sprudelnden »Magdalenenwasser« wurden bald wundersame Heilkräfte gegen Augenleiden nachgesagt, was wiederum viele Leute anzog. Besonders wirkte es angeblich in Anlehnung an die Legende, nach der die Heilige 30 Jahre über ihre Sünden geweint haben soll, wenn die »*Magdalena weinte*«, es also am 22. Juli regnete. Bald weitete sich das Fest mit Kramstandln, Wurst- und Lebzelterbuden, Akrobaten, Tierdressuren, Puppentheater und später Karussells usw. zu einer richtigen einwöchigen Dult aus. Rund zwei Jahrhun-

Auer Dult auf dem Mariahilfplatz (Gemälde von Otto von Ruppert 1873)

derte lang fand das Magdalenenfest im Nymphenburger Schloßrondell statt, dann mußte es 1930 »aus verkehrstechnischen Gründen« auf den Romanplatz und 1959 schließlich in den Hirschgarten verlegt werden.

Erntebeginn

Je nach Wetter und Wachstum begann nun Ende Juli oder Anfang August die Getreideernte. Außer an Jakobi fanden auch noch am darauffolgenden Annentag in den Kirchen Gebete um eine glückliche Ernte statt. Am 26. Juli findet das Fest der Heiligen Anna und Joachim statt, der Eltern der hl. Maria und damit der Großeltern Jesu. Es ist heute schon fast vergessen, daß einst die Mutter Marias ebenfalls eine große Verehrung genoß. Das Fest der hl. Anna war 1558 für die katholische Kirche fest vorgeschrieben worden.

Bis ins 17. Jahrhundert hinein entsprach der Annenkult durchaus dem Marienkult, der seinerseits erst unter Kurfürst Maximilian I. in der ersten Hälfte des 17. Jahrhunderts richtigen Aufschwung bekam. Der berühmte Dichter und Komponist Johann Khuen, wohl Moosachs bedeutendster Sohn (siehe hierzu den gesonderten Aufsatz in diesem Band) stiftete 1655 eine St. Anna-Kapelle zur Moosacher St. Martinskirche. Die Anna-Figur von dem dortigen Altar wurde im 18. Jahrhundert mit einer Glorie mit

Engelsköpfen verziert; sie befindet sich heute in der neuen St. Martinskirche. Die hl. Anna wird hauptsächlich als Schutzheilige der Ehefrauen verehrt.

Kräuterbuschen zu Mariä Himmelfahrt

Die Vorbereitungen für »Mariä Himmelfahrt«, das größte und schönste Fest im August, sind schon lang vorher zu treffen. Am »Hohen Frauentag« werden nämlich auch heute noch (besser gesagt: heute wieder) fast in jeder katholischen Pfarrei die Kräuterbuschen geweiht, weshalb das Fest auch »Maria Kräuterweih« genannt wird. Das Fest selbst wurde in der Ostkirche schon bald nach dem Konzil von Ephesus (431) gefeiert; Kaiser Mauritius (582–602) erhob den 15. August zum Feiertag. In unserem Bereich ist es seit 813 gebräuchlich. Starken Auftrieb erhielt das Fest erneut wieder durch die Verkündigung des Dogmas von der leiblichen Aufnahme Mariens in den Himmel am 1. November 1950 durch Papst Pius XII.

Die ersten historischen Belege für eine Kräuterweihe am Fest Mariä Himmelfahrt gehen in das 10. Jahrhundert zurück, aber wahrscheinlich reichen die Wurzeln dieses Brauches – wie so häufig – bis weit in die heidnische Zeit. Jedenfalls stehen im August die Blumen in schönster Blütenpracht, die Getreideernte läuft auf Hochtouren und die Heilkräuter befinden sich in höchster Reife und erreichen ihre größte Heilkraft. Daneben versuchen zahlreiche Legenden im Zusammenhang mit Maria (z. B. auch als Schützerin der Feldfrüchte) die Herkunft des Brauches der Kräuterweihe zu erklären.

Wie viele und welche Kräuter nun in den Buschen gehören, der an Mariä Himmelfahrt in der Kirche geweiht wird, ist sehr schwer festzustellen. Die Zahlen schwanken zwischen 7 (der alten heiligen Zahl) und 72 (unter Hinweis auf die ausgesandten 72 Jünger) oder gar 99. Es können also 9 Kräuter sein oder 12 (eine ebenfalls alte heilige Zahl) oder in manchen Gegenden auch beispielsweise 24 (wohl 2 x 12). Aber die Zahl wird wohl eher von den jeweilig vorkommenden Heilpflanzen diktiert, und infolgedessen sind diese Zahlenangaben ebensowenig wie die »vorgeschriebenen« Kräuter von einer Region in die andere übertragbar. Hinzu kommt, daß einige Kräuter in und um München inzwischen gar nicht mehr aufzutreiben sind. In vielen Buschen sind deshalb heute der Einfachheit halber Gartenblumen anstelle von Heilkräutern zu finden.

Aber ein paar Kräuter sollten es schon noch sein, auch wenn sie halt dann gekauft werden müssen. Das Johanniskraut zum Beispiel (stärkt das Herz und reinigt Leber und Nieren), Wermut (wärmt), Beifuß (gegen Frauenleiden), Schafgarbe (gegen Ruhr und Schwindsucht), Kamille (stärkt das Gedächtnis), Rainfarn (als Wurmmittel), Tausendgüldenkraut (gegen Leber und Nierenleiden), Immergrün (fördert die Verdauung) oder Schusternagerl (als Liebeszauber). Daß das Johanniskraut gegen böse Geister und das Tausendgüldenkraut gegen Hexen hilft, wird wohl heute nicht mehr von besonderer Bedeutung sein!

Kräuter aus dem geweihten Buschen wurden dem Futter kranker Tiere beigegeben, andere bei Gewittern zum Schutz des Hauses ins Herdfeuer geworfen oder gegen Blitzschlag und Seuchen unterm Dach aufgehängt. In einigen Landschaften hat man auch ein Kreuz aus Kräutern einem Toten in den Sarg gelegt. Bestimmte Kräuter gegen Krankheiten wurden natürlich als Tee aufgegossen. Und die Königskerze, die auch heute noch im Münchner Raum leicht zu finden ist und deshalb stolz in der Mitte herausragend viele Kräuterbuschen ziert, wurde früher als Hustenlöser verwendet (»Himmelbrandtee«). Heute landet die nicht selten mühselig zusammengetragene Pracht nach der Weihe zwar vielleicht noch in einer Blumenvase, aber nach ein paar Tagen wird sie leider einfach weggeworfen.

Zwetschgenbavesen zum »Frauendreißiger«

An Mariä Himmelfahrt begann der sogenannte Frauendreißiger. Das sind in einer Zeit, in der die Natur dem Menschen besonders freundlich sein soll, 30 Tage besonderer Marienverehrung, die ganz früher sogar dem Fastengebot unterworfen waren (»Erntefasten«). Der Frauendreißiger endet je nach örtlichem Brauch am 12. September (Mariä Namen) oder am 14. September (Kreuzerhöhung), schließt also auf alle Fälle das Fest Mariä Geburt (8. September) mit ein, jedoch nicht mehr das Fest Mariä Sieben Schmerzen (15. 9.). Früher schloß sich vom Sonntag nach Mariä Geburt, also praktisch an den »Frauendreißiger«, ein »Annendreißiger« an. Von den bis ins 17. Jahrhundert im Raum München nachweisbaren Frauendreißigern in Ramersdorf, Thalkirchen, Berg am Laim und in der Au findet nur noch der in Ramersdorf statt.

Aber auch dort sind die Zeiten, wo an Mariä Himmelfahrt und danach unter festlichem Glockengeläut die großen Wallfahrtszüge aus allen Himmelsrichtungen eintrafen, längst vorbei. Gestiftet hatten den »Frauendreißiger« zu Ramersdorf die Münchner Loderer (Tuchmacher), die sich anläßlich der Bedrohung durch die Türken 1683 der Muttergottes anverlobten. Wie wichtig und populär die Ramersdorfer Wallfahrt dann im 17. und 18. Jahrhundert war, ist daran zu erkennen, daß 1644 schon Münchner Bürgerfrauen 16 Stationssäulen aus Eichenholz stifteten, die bis zum Anfang des 19. Jahrhunderts den Wallfahrtsweg von München nach Ramersdorf säumten.

Wenn es auch die Standl mit Wallfahrtsandenken und leiblichen Genüssen nicht mehr gibt, so hat sich doch ein Brauch im Zusammenhang mit dem Frauendreißiger in Ramersdorf gehalten: die Zwetschgenbavesen. Es soll durchaus Leute gegeben haben, die weniger wegen der Muttergottes als der Zwetschgenbavesen Ende August/Anfang September nach Ramersdorf »wallfahrteten«. Eine Konditorei inserierte noch vor Jahren extra: »*Unsere Spezialität in der Zeit vom 15. 8.–15. 9. Zwetschgenbawesen*«.

Die alten Familien in Ramersdorf haben auch heute noch selbstverständlich ihr »Geheimrezept« für dieses traditionelle Schmankerl. Soviel sei verraten: Man braucht alte Semmeln, die abgerieben und in zwei Scheiben geschnitten werden. Die Scheiben werden dann mit Zwetschgenmarmelade oder einer aus gedörrten Zwetschgen eigens zubereiteten Füllung (hier vor allem gibt es Geheimrezepte!) bestrichen. Dann werden die Bavesen in kalte (eventuell gesüßte) Milch getaucht, anschließend in Ei oder Pfannkuchenteig gewälzt und schließlich in heißem Fett hellbraun gebacken. Mit Zucker und eventuell Zimt bestreut werden die Bavesen mit oder ohne beliebiges Kompott gegessen.

Brauchtum in und um München im Herbst

Der Herbst beginnt für die Münchner nicht mit seinem kalendarischen Datum am 23. September. Denn der Sommer endet für viele ja jeweils mit den Ferien, und das ist aufgrund der Tatsache, daß Bayern stets als letztes Bundesland erst in den letzten Juli-Tagen mit dem Schuljahr endet, sowieso Mitte September. Und dann beginnt da am dritten September-Wochenende eh das Oktoberfest, und das ist für viele Münchner eines der wichtigsten Ereignisse im Jahreslauf. Die »Wies'n« dauert dann bis zum ersten Sonntag im Oktober[1].

Erntedank

Am ersten Sonntag im Oktober wird heute der offizielle Erntedank gefeiert. Religiöse oder heidnisch-abergläubische Bräuche oder Kulte, die eine reiche Ernte sichern sollten, lassen sich schon sehr frühzeitig bei allen Ackerbau treibenden Völkern nachweisen. Auch einige der alten jüdischen Feste sind primär Erntedankfeste gewesen, wie beispielsweise das Laubhüttenfest (Sukkot), das am 15. Tischri (erster Monat im jüdischen Jahr = September/Oktober) beginnt und neun Tage dauert. Galt Sukkot (Mehrzahl von Sukka = Laubhütte) eher als Dankfest für die Weinernte, so war das jüdische Schawuotfest der Dank für die Weizenernte. Ebenso kannte man in der Antike Erntefeste, vor allem bei den Römern. Christliche Erntefeste gab es dann auch schon vor der Festlegung eines offiziellen Erntedankfestes, z.B. die Erntedankvotivmessen, bei denen im Mittelalter Früchte gesegnet wurden. Aber erst unter dem Einfluß des protestantischen Pietismus im 16. Jahrhundert wurde aus dem Erntedank bei uns eine Institution. Auch die Festlegung des Erntedanks auf den ersten Oktobersonntag geht auf die Protestanten zurück, während in katholischen Gebieten das Erntedankfest halt dann stattfand, wenn die Ernte tatsächlich je nach Landschaft und Anbauweise beendet war. Das konnte schon an Bartlmä (24. 8.) mit dem Ende der Getreideernte einsetzen. In unserem Bereich rund um München liegt jedoch der erste Sonntag im Oktober als Erntedank so falsch nicht: Das Getreide ist eingebracht und ebenso sind die Kartoffeln (deren Anbau sich im Raum München allerdings erst in der 1. Hälfte des vorigen Jahrhunderts verbreitete) geerntet.

Die Frage, ob ein Erntedank in einer Millionenstadt wie München überhaupt einen Sinn hat, ist ebenso einfältig wie der Spruch »Wozu Atomkraftwerke – bei uns kommt der Strom aus der Steckdose«. Nach wie vor kommt die Grundlage unserer Nahrungsmittel aus den landwirtschaftlichen Betrieben (und es gibt selbst in München noch rund 400 Bauernhöfe und Gärtnereien!). Deshalb kann auch der Endverbraucher in einer Millionenstadt für eine gute Ernte dankbar sein.

Wieso gibt es zwei Oktoberfestzüge?

Gibt es nicht. Der einzige und offizielle »Oktoberfest-Trachten- und Schützenzug« findet alljährlich am ersten Oktoberfest-Sonntag (das ist immer der dritte Sonntag im September) statt. Da ziehen dann jeweils rund 7000 Teilnehmer in etwa 200 verschiedenen Trachten- und Schützen-Gruppen auf einem etwa 7 km langen Weg von der Maximilianstraße durch die Innenstadt zur Theresienwiese. Zu den fünftägigen Feierlichkeiten anläßlich der Hochzeit des bayerischen Kronprinzen Ludwig 1810 mit der Prinzessin Therese von Sachsen-Hildburghausen gehörte nicht nur jenes Pferderennen, das den Ursprung unseres heutigen Oktoberfestes bildet, sondern auch ein Huldigungszug von Kinderpaaren in der Tracht der damaligen neun Kreise des Königreichs Bayern und eine Parade der Schützen der Nationalgarde und der Schützengesellschaft. Der Huldigungszug wurde 1826 wiederholt, als Ludwig zum ersten Mal als König das Oktoberfest besuchte.

Den Huldigungszug zum Oktoberfest 1835 anläßlich der Silberhochzeit des Königspaares kann man dann als den Vorläufer der heutigen Oktoberfest-Trachtenzüge ansehen. Nach der Gründung der ersten Trachtenvereine 1883 markieren die beiden Oktoberfest-Trachtenzüge von 1894 und 1895 einen entscheidenden neuen Abschnitt: Zum ersten Mal erscheint vereinsmäßige Organisation bei der Festzuggestaltung und außerdem ist nun der Begriff »Volkstracht« inhaltlich genauer festgelegt. Als nach dem I. Weltkrieg eine heftige Diskussion über den Fortbestand des Oktoberfestes und seine zunehmende Kommerzialisierung einsetzte, waren es vor allem die Schützen, die ihre Einzüge zu großen Festzügen ausgestalteten. Als aber 1949 das erste Oktoberfest nach dem II. Weltkrieg stattfand, verbot die US-Militärregierung den Schützenzug. Dafür sprangen die Trachtler ein. Seit 1950 findet wieder am ersten Oktoberfest-Sonntag regelmäßig ein großer Oktoberfest-Trachten- und Schützenzug statt.

Bei dem zweiten Zug dagegen (es ist eigentlich der erste, denn er findet am Tag davor, am ersten Wies'n-Samstag, statt) handelt es sich nur um den Wies'n-Einzug der Wirte, nicht um einen Festzug. Die Idee dazu hatte wohl jener legendäre Kraftmensch Hans Steyrer, der 1887 mit einer Musikkapelle und seinem Personal in Kutschen sowie einem Bierfuhrwerk durch ganz München zur Theresienwiese zog. Eine polizeiliche Geldstrafe dafür konnte ihn nicht von der Wiederholung seines Wies'n-Einzugs im Jahr darauf abhalten.

Zuerst folgten die anderen Wies'n-Wirte und dann die Brauereien diesem Vorbild. 1894 ließ der Bierbrauer Georg Pschorr nach Wiener Vorbild vier prächtig geschirrte Rösser vor ein geschmücktes Bierfuhrwerk spannen. Eine gemeinsame Aktion wurde daraus aber erst 1925. Die heutige Form erhielt dieser Wies'n-Einzug ab 1931 durch Hans Schattenhofer, der Wirt der Augustiner-Gaststätte zwischen der Neuhauser und der Herzog-Spital-Straße, von der auch 1932 der Wies'n-Einzug ausging.

Heute versteht der Mensch einerseits die Ernte nurmehr als ein rational über Saatgut und Dünger, Unkraut- und Schädlingsbekämpfungsmittel sowie den erforderlichen Maschineneinsatz vermeintlich genau berechenbares Ende eines meist subventionierten und somit hinsichtlich des Risikos kalkulierbaren Produktionsablaufs. Dem steht aber andererseits erfreulicherweise in dieser von Umweltkrisen gebeutelten Zeit und angesichts des gestörten Verhältnisses vieler Menschen zur Schöpfung ein Wiederaufleben der Erntefeste gegenüber. Manchmal geht es dabei mancherorts – wie zum Beispiel bei den inzwischen unzähligen Weinfesten – schon wieder etwas zu arg nur um den Kommerz und den Fremdenverkehr.

Das Erntedankfest spielt also heute angesichts des Umdenkens über unser Verhältnis zur Umwelt durchaus eine zentrale Rolle – eben auch in der Großstadt. Allerdings ist bisher der Dank zu einseitig auf die landwirtschaftlichen Erzeugnisse bezogen worden (und da gehören die Produkte aus der Erwerbsgärtnerei ebenso wie aus dem Schrebergarten dazu). Aber es gibt schon Pfarrer, die nicht nur die Früchte der Äcker, Gärten und Bäume am Erntedank-Sonntag vor den Altar legen lassen, sondern auch schon einmal ein neues Buch eines Gemeindemitglieds oder am Ende gar einen Computerausdruck. Denn neben der Ernte der manuellen Arbeit gibt es auch Früchte der geistigen Arbeit – und dafür ist Dank mindestens ebenso berechtigt.

Rosenkranzmonat

Der Oktober gilt als »Rosenkranzmonat« auch als der nach dem Mai zweite bedeutende Marienmonat des Jahres. Am 7. Oktober wird das Rosenkranzfest gefeiert, das an den Seesieg bei Lepanto erinnern soll. Bei Lepanto am Nordufer des Golfs von Korinth siegte die venetianisch-spanische Flotte unter Juan d'Austria am 7. Oktober 1571 über die Türken. Juan d' Austria war der uneheliche Sohn Kaiser Karl V. und der Barbara Blomberg(er), geboren am 24. Februar 1547 in Regensburg. Nach der Schlacht bei Lepanto (Errettung der Christenheit vor den Türken) wurde der 7. Oktober zum Rosenkranzfest erklärt, das 1716 zum allgemeinen Fest der katholischen Kirche erhoben wurde. In vielen bayerischen Kirchen sind z. B. sogenannte Schiffskanzeln zu finden (wie in Irsee), die an die Seeschlacht bei Lepanto erinnern. Auch auf das über 200 m² große Gemälde über die Seeschlacht bei Lepanto von Johann Baptist Zimmermann aus dem Jahr 1738 in der Mariä-Himmelfahrtskirche in Prien am Chiemsee sei in diesem Zusammenhang hingewiesen.

Der Kirta

Am jeweils dritten Sonntag im Oktober wird das wohl bedeutendste Fest im ganzen Herbst gefeiert: die Kirchweih oder bayerisch: der Kirta (also keinesfalls die Kirta, denn Kirta ist die Dialektabkürzung von Kirchtag!). Das katholische Kirchweihfest hat seit je eine gleichermaßen religiöse wie weltliche Tradition. Allerdings hatte früher jede Kirche ihr Kirchweihfest am Tag ihres Patrons. Daneben gab es schon seit dem 9. Jahrhundert auch eine weltliche Seite, vor allem im süddeutschen Raum, aber auch in den Niederlanden, der Schweiz und in Österreich, nämlich ein Volksfest mit Jahrmarkt, fahrenden Schaustellern und Vergnügungen. Da nun aber die Kirchenpatrone über das ganze Jahr verstreut ihren Jahrestag hatten, war eigentlich immer irgendwo in der Nähe Kirchweih, vor allem in und um München. Daß dieses Treiben den Aufklärern zu Beginn des 19. Jahrhunderts nicht gefiel, ist schon wieder verständlich. So wurde denn als erstes einmal am 4. Dezember 1801 festgelegt, alle Kirchweihen nurmehr noch an Sonntagen oder gebotenen Feiertagen zu halten. Am 3. Juli 1804 folgte ein Verbot des Schießens an Kirchweih. Und am 23. Oktober 1806 wurde schließlich verordnet, künftighin alle Kirchweihen auf den dritten Sonntag im Oktober zu verlegen, was 1867 dann auch so vom Ordinariat der Erzdiözese München und Freising angeordnet wurde. Doch jetzt hatte jede Kirche plötzlich zwei Kirchweihfeste im Jahr: Den »kleinen Kirta« am Tag des Patrons und den »großen Kirta« am dritten Sonntag im Oktober!

Zum Kirchweihsonntag grüßt vom Kirchturm eigens eine festliche Fahne herab, meist rot mit weißem Kreuz, mancherorts auch weiß mit rotem Kreuz. Das Hissen dieser Kirchweihfahne ist in Deutschland schon seit dem 14. Jahrhundert nachweisbar. Der Name »Zachäus« nimmt Bezug auf jenen »Obersten der Zöllner« in Jericho, der im Lukas-Evangelium (19, Vers 2 ff.) erwähnt wird. Die Kirchweihfahne sollte angesichts der vielen Raufereien an diesem Fest an das Gebot des besonderen Landfriedens erinnern. In vielen Familien in München hat sich das Kirchweihfest auf einen Gansbraten reduziert. Früher galt jedoch der Spruch:

Kirchweihauftakt der Stadt München auf dem Marienplatz am 18. Oktober 1986

»A richtiger Kirta   es ko se a schicka,
dauert bis zum Irta,   bis zum Migga.«

Die Wochentagsbezeichnungen Moda (Montag), Irta (Dienstag), Migga (Mittwoch), Pfinzta (Donnerstag), Freida (Freitag), Samsta und Sunnda waren um München noch bis nach der Jahrhundertwende im Gebrauch. Ein richtiger Kirta dauerte früher demnach nicht selten bis zum Mittwoch. Und da mußten nicht nur viele Gänse ihr Leben lassen. Wichtig war außerdem auch ein gut gefüllter Schmalzhafen zum Herausbacken der Kirtanudeln, vor allem der »Ausgezogenen«.

Allerheiligen und Allerseelen

Der November beginnt mit zwei bedeutenden Festen im katholischen Kirchenjahr: Dem Fest aller Heiligen, die nicht einen eigenen Jahrestag im Kalender haben, und dem Fest aller Verstorbenen, aller Seelen. Ursprünglich war Allerheiligen (1. 11.) das Gedächtnisfest der Umwandlung des römischen Pantheons 610 in die christliche Kirche »Sancta Maria ad martyres«. 835 führte Papst Gregor IV. Allerheiligen dann als Fest für die ganze Kirche ein. Das Allerseelenfest (2. 11.) geht auf eine Anordnung Papst Johannes XIX. aus dem Jahr 1006 zurück. Lesen wir wieder nach, was Karl von Leoprechting in seinem Buch »Aus dem Lechrain« 1855 notiert hat: »*Zwei Tage von ernster Feierlichkeit, welche so zu sagen in einen verschmelzen, denn das Fest aller Seelen beginnt schon gleich nach der Vesper des Allerheiligenfestes, und dieses selbst ist ohne eigentlich volksthümliche Bedeutung. Schon am Tage vor Allerheiligen wird der Freithof gereinigt und jedes Grab feierlich aufgeziert, was darin besteht, daß man an jedem einschichtigen Grabhügel das Unkraut ausjätet und auf die nun reine Erde eine leichte Schichte Kohlen legt, in welche mit rothen Vogelbeeren Einfassungen und Figuren eingezeichnet werden. Die sogenannte Todtenblume (calendula officinalis), welche um diese Zeit noch blüht und in jedem Wurzgarten wächst, wird in einem Kranz vom Singrün unten mehr oder minder schön um das Grabkreuz gewunden, der Weihbrunnen mit frischem Wasser gefüllt und ein Buchszweig hineingelegt. Der Buchsbaum gehört überhaupt zu den Sterbegegenständen. Schon am Allerheiligen-Abend beginnt der Gräberbesuch und das Opfern der Seelenzöpfe. Am Allerseelen-Morgen beginnt schon vor acht Uhr die Vigil, das Requiem, die Libera und der Gräberbesuch. An Allerheiligen opfert jedes Haus auf dem Seitenaltar einen Teller (den Selnapf) von Kernmehl und an Allerseelen einen von Muesmehl, Haber und Kern, und in Mitte der Kirche ist die Todtenbahre mit Bahrtuch, Kerzen und Weihbrunnen aufgerichtet. Die Kerzen, welche heute und überhaupt bei allen Todesgottesdiensten gebrannt werden, sind roth. Abends ist Rosenkranz mit der Armenseelen-Litanei, welche acht Tage lang jeden Abend wiederholt wird. Auf den Armenseelen-Abend kommen alle in jenes Dorf, wo sie geboren sind, und ihre Eltern, Geschwister etc. ihre Ruhestätte haben, wenn sie nur irgendwie in der Nachbarschaft dienen oder verheiratet sind. Diese opfern alsdann auch auf einem Seitenaltare Seelenzöpfe, geben dem Grab von ihrem Haim einen Weihbrunnen und beten für die armen Seelen. Der Auftrag des Muesmehls sowie die Seelenzöpfe gehören dem Meßner. Letztere werden auch unter den Tauf- und Firm-Godln gegenseitig einander geschenkt. Der Seelenzopf ist ein Gebäck aus einem Teig wie dem der Semmeln, in Form eines Zopfes geflochten und von allen Größen wie man sie haben will. Es gibt welche, die bis zu drei Schuh lang sind* [1 Münchner Schuh hatte eine Länge von 29,185 cm]. *Von schlechterm Stoff ist der Seelenwecken, ein Brod, was ebenfalls eigens für diese Tage gebacken wird, aber nur für die Armen und die Kinder, die an diesen Tagen über Land gehen, um auch ihren Theil zu erhalten; diese heißt man die Seelenleute* ....« Alle diese alten Bräuche sind untergegangen, geblieben ist nur das Herrichten der Gräber, aber der Gräberbesuch hat sich auf den Allerheiligen-Tag verschoben.

Leonhardi

Zum Fest des heiligen Leonhard (6. 11.) finden auch rund um München herum Leonhardiritte oder -fahrten statt, wobei die bekannteste wohl die von Tölz sein dürfte. Der hl. Leonhard (gestorben 559) war Abt des von ihm gegründeten Klosters Noblac bei

Limoges. In Süddeutschland wurden ihm erst nach 1100 Kirchen in großer Zahl geweiht. Später zählte er zu den 14 Nothelfern, bis er schließlich fast zum »bayerischen Hergott« wurde und sein Fest mit den großen Jahresfesten gleichen Rang erhielt. Der hl. Leonhard ist Patron der Gefangenen (Symbol: Kette) und der Gebärenden (Eisenvotive in Form von Kröten und Gebärmutter) sowie Schutzherr des Viehs, besonders der Pferde (Symbol: Ochs oder Pferd), aber auch der ganzen Landwirtschaft. Gerade in einer Zeit, da man mangels anderer Erklärungen eine Viehseuche noch für eine Heimsuchung Gottes hielt, genoß der Viehpatron St. Leonhard ganz besondere Verehrung. Zu den Wallfahrtsorten, die aus den Dörfern um München häufig angegangen wurden, gehörte deshalb an vorderster Stelle auch St. Leonhard in Siegertsbrunn, wovon dort noch viele Votivtafeln zeugen.

Martini

War Leonhardi einst wenigstens noch ein sogenannter halber Feiertag, so notiert Karl von Leoprechting 1855 zu Martini (11.11.): *»bedeutender Tag, geht bald alles zur Kirche wie an einem Feiertag«*. Martini gehört jedoch (und vor allem gerade heute), wie Nikolaus und Johannis, zu den Heiligentagen im Jahr, an denen das Weltlichbrauchmäßige die kirchliche Liturgie bei weitem an Bedeutung überwiegt. Heute hat sich das allerdings auf den Verzehr einer Martinsgans reduziert. Früher aber war Martini einer der Bauernfeiertage im Jahr wie beispielsweise Mariä Lichtmeß, Jakobi oder Michaeli. Zu Martini kehrte das Vieh endgültig in den Stall zurück, weshalb die Viehhirten an diesem Tag ausbezahlt wurden. Daß für manche Leute an diesem 11.11. um 11.11 Uhr mit allerlei Mummenschanz der Fasching bzw. Karneval ausbricht, hat seine Herkunft darin, daß es z.B. in Nordwestdeutschland zu Martini allerlei Maskenbrauch gab.

Die hl. Munditia, Schutzpatronin alleinstehender Frauen

Wohl nicht zuletzt unter dem Einfluß der Bennoverherrlichung (siehe im Aufsatz »Pfingstl und Santrigl« über das Bauchtum im Juni) sind im 17. und 18. Jahrundert für verschiedene Münchner Kirchen von Rom »heilige Leiber« erbeten worden. Sie wurden in der Barockzeit viel verehrt, aber nur wenige von ihnen haben heute noch eine religiöse Bedeutung. *»Eine Ausnahme bildet der Leib der hl. Munditia in der Peterskirche«*, stellt 1960 Prälat Michael Hartig fest.[2] Ihr verglaster Ebenholzschrein von Franz Keßler aus dem Jahr 1677 stand früher auf dem Korbiniansaltar in der Peterskirche, jetzt auf dem Altar der hl. Matthäus und Matthias in der 5. Kapelle (nördl. Seitenschiff). Munditia starb 310 unter dem gefürchteten Christen-Verfolger Gaius Galerius Valerius Maximilianus als Märtyrerin. Sie wurde mit dem Beil geköpft. Die Gebeine direkt aus der Katakombe der hl. Cyriaca in Rom wurden 1675 dem Münchner Rats- und Handelsherrn Franz Benedikt Höger als Geschenk übergeben und am 5. September 1677

Ebenholzschrein mit den Gebeinen der hl. Munditia in der St. Peterskirche

am Petersbergl feierlich empfangen. Höger brachte auch die originale Grabplatte mit, die 310 als Todesjahr der 60-jährigen bezeugt und heute unter dem Haupt der Heiligen im Reliquienschrein ihren Platz hat.[3]

Die hl. Munditia ist die Schutzpatronin der alleinstehenden Frauen und alleinerziehenden Mütter, und vielleicht ist dies der Grund, warum sie gerade in unserer Großstadt in den letzten Jahren von einem wachsenden Kreis von Frauen wieder hoch verehrt wird und ihr Fest am 17. November zunehmende Beachtung erhält. Seit 1990 findet in der Peterskirche am Munditiatag wieder zu Ehren der Heiligen eine festliche Messe mit großer Kirchenmusik und anschließender Lichterprozession statt.[4]

Cäcilie – Schutzpatronin der Musik

Auf den 22. November fällt das Fest der hl. Cäcilie, die als Schutzpatronin der Musik und der Musiker und Musikanten gilt. Die Märtyrerin wurde 232 enthauptet. Ihr seit dem 15. Jahrhundert nachweisbares Patronat der (Kirchen-)Musik und der Musiker (auch der Musikinstrumentenbauer) fand jedoch wohl erst durch die seit Raffael übliche Darstellung mit der Orgel allgemeine Verbreitung.[5] Tatsächlich verdankt sie ihr Patronat weder eigenem künstlerischem Wirken, noch einschlägigen Wundern, als vielmehr einem Übertragungsfehler.

Orgelspielende hl. Cäcilia, von musizierenden Engeln umgeben (Gemälde von Ludwig Gloetzle 1888 über der Orgelempore in der Hl. Geist-Kirche, rekonstruiert 1991 von Karl Manninger)

Der Legende nach hätte sie den jungen römischen Patrizier Valerianus heiraten sollen, was sie nicht wollte, weil sie sich als Braut Christi betrachtete. Die entsprechende lateinische Passage dazu lautet »*Cabtantibus organis, illa in corde suo soli Domino decantabat, dicens: Fiat cor meum et corpus meum immacalatum, ut non confundar*« [Als die Orgeln erklangen, sang sie in ihrem Herzen allein dem Herrn und sprach: Laß mein Herz und meinen Leib unbefleckt bleiben, auf daß ich nicht zu Schanden werde[6]]. Daraus entwickelte sich im Officium die Kurzfassung »*Cantantibus organis Caecilia Domino decantabat*« (erste Antiphon der Vesper), was recht frei so übersetzt wird, als habe Cäcilia beim Spiel der Orgel oder selbst die Orgel spielend (wie mittlerweile häufig abgebildet) Gott gelobt.

Heute feiern jedenfalls die Musikvereine, Blaskapellen, Chöre und Gesangvereine usw. jeweils um den 22. November den Cäcilientag mit einem »Cäcilienkonzert«. Auch die Münchner Musikanten (und mittlerweile alle Münchner Volkskulturgruppen, von denen rund zwei Drittel der Musikalischen Volkskultur zugehören) begehen ihr Cäcilienfest drei Tage lang am Wochenende um den Cäcilientag mit einem Stadtempfang und Ehrungen im Alten Rathaussaal, dem großen »Münchner Kathreintanz« des Kulturreferats der Landeshauptstadt München im Löwenbräukeller, der »Münchner Musikantenmesse zu Ehren der hl. Cäcilie« der Künstlerseelsorge der Erzdiözese München und Freising in der Hl.-Geist-Kirche und einem Sänger- und Musikanten-Treffen im Festsaal des Hofbräukellers.

Kathrein stellt den Tanz ein

So ein »Kathreintanz« hat seine eigene Bewandtnis: Am 25. November steht das Fest der hl. Katharina von Alexandria im Kalender (nicht zu verwechseln mit der hl. Katharina von Siena am 30. 4. oder der hl. Katharina von Schweden am 8. 10.). Sie erfreute sich einst beim gläubigen Volk großer Beliebtheit und wurde deshalb zu einer der 14 Nothelfer erhoben. Im Volksmund heißt es auch »Kathrein sperrt Baß und Geigen ein« oder »Kathrein stellt den Tanz ein«. Das hängt mit ihrer Legende zusammen und mit der bevorstehenden Fastenzeit der Vorweihnachtszeit. Die etwas romanhafte Leidensgeschichte der hl. Katharina von Alexandria ist eigentlich erst im 6. und 7. Jahrhundert im Orient entstanden und im Abendland seit dem 10. Jahrhundert verbreitet. Davon dürfte wohl nur der Kern, nämlich ihr Martertod um 306/310, echt sein. Da sie nicht von Gott ablassen und die alten Götter wieder anerkennen wollte, wurde sie gegeißelt und ohne Speis und Trank für zwölf Tage in einen Kerker geworfen. Dann wurde sie auf ein Rad mit krummen Messern gespannt, aber die Speichen brachen. Erst das Schwert beendete ihr Leben. Ihr Fest steht seit dem 11. Jahrhundert im römischen Meßbuch.

Die hl. Katharina gilt als Patronin der Gelehrsamkeit, auch der Schüler und Studenten, aber ebenso der Jungfrauen und Mädchen sowie aller Gewerbe, die irgendwie mit dem Rad zu tun haben: der Wagner, der Müller, der Scherenschleifer usw., wegen der Messer aber auch der Chirurgen und Barbiere.

Der Kathreinstag war früher einer der ruhigsten Tage im Jahr, denn am 25. November standen alle Räder still. Da wurde nicht gesponnen, Wagen durften nicht fahren und Mühlen standen still. Und da in der Regel ja auch immer irgendwie im Kreis herum getanzt wird, durfte am Kathreinstag selbst nicht getanzt werden. Außerdem beginnt mit dem Andreastag (30. 11.) die Adventszeit (wenn nicht sogar der 1. Adventssonntag schon früher im Kalender steht). Und die Fastenzeiten und somit auch der Advent gehörten einst zu den »geschlossenen« Zeiten, in denen nicht getanzt werden durfte. Das legte noch die »*Königlich Allerhöchste Verordnung, die Abhaltung öffentlicher Tanzmusik betr.*« vom 18. Juni 1862 fest:

»*§ 6*
Die Abhaltung öffentlicher Tanzmusik ist untersagt:
I. An katholischen Orten:
1) vom ersten Sonntage im Advente bis zum Feste der heiligen drei Könige einschließlich, mit Ausnahme des Sylvesterabends, und wenn dieser auf einen Freitag fällt, des Neujahrstages an Orten, wo die Abhaltung öffentlicher Tanzmusiken an diesem Abende Herkommen ist; ...«

Aus der Verbindung von Kathrein und Advent entstand so die Feststellung »Kathrein stellt den Tanz ein«. Mittlerweile ist es jedoch längst Brauch geworden, wegen der »staaden Zeit« im Advent, um oder sogar an Kathrein den letzten großen Volkstanzabend abzuhalten. Deshalb treffen sich auch die Münchner Volkstänzer jedes Jahr noch einmal im Rahmen des »Cäcilienfestes der Münchner Musikanten« zum abschließenden großen »Münchner Kathreintanz« im Löwenbräukeller.

Der Advent
Brauchtum vor Weihnachten

Mit dem aus dem Lateinischen stammende Wort »Advent«, das soviel wie »Ankunft« oder »Erscheinen« bedeutet, bezeichnet die Kirche die Zeit vor der sichtbaren Ankunft Christi auf Erden. Im allgemeinen Verständnis wären diese Tage und Wochen eigentlich der inneren Vorbereitung auf Weihnachten vorbehalten – die »Stille Zeit«, doch die Wirklichkeit ist anders. Ein Grundmerkmal des Advent ist in analoger Übernahme der älteren Osterliturgie die Buße, die in der Unterdrückung des Gloria, im Fastengebot und ähnlichem zum Ausdruck kommt.

Die ersten Spuren einer Adventliturgie finden sich im Osten um 400, im Westen um 600. Im Lauf der Jahrhunderte entwickelte sich der Advent zu einer Buß- und Fastenzeit mit strengen Vorschriften, wie einem Trauungs- und einem Tanzverbot – man erinnere sich: *»Kathrein stellt den Tanz ein.«* Und Kathreinstag ist der 25. November, kurz vor dem Adventsbeginn.

Der Advent beginnt am Andreastag

Denn der Advent beginnt nach altem Volksbrauch mit dem Andreastag am 30. November. Der Apostel Andreas wirkte bis zu seinem Martertod im Jahr 60 am Schwarzen Meer und in Griechenland. Er galt als Gichtpatron. Die Andreasnacht war im Volksglauben eine bedeutsame Los- und Schicksalsnacht. Außerdem heißt es: *»Der Andreasschnee bleibt 100 Tage liegen.«* Die weiteren Lostage im Advent, die einst für die Wetterprognosen der Bauern von großer Bedeutung waren, sind der Barbaratag am 4., Nikolaus am 6., Thomas am 21. und Adam und Eva am 24. Dezember.

Heute setzt die Kirche den Adventsbeginn auf den Sonntag nach dem 26. November fest, also vierzig Tage vor dem Fest der Erscheinung des Herrn am 6. Januar, an dem die Ostkirchen noch heute Weihnachten feiern. Mit dem vierten Sonntag vor Weihnachten beginnt auch das neue christliche Kirchenjahr. Seine Volkstümlichkeit verdankt dieser Termin dem Umstand, daß er als erster Adventsonntag die Zeit der Erwartung des Herrn einleitet. Schon im 5. Jahrhundert ging man in Rom von vier Adventsonntagen aus. Seit dem 11. Jahrhundert haben die abendländischen Kirchen übereinstimmend vier Adventsonntage, und die katholische Kirche unterstrich die Bedeutung des Advents dadurch, daß sie ihn zur (Halb-) Fastenzeit erklärte.

Ursprünglich war die Liturgiefarbe im Advent schwarz, seit dem 14. Jahrhundert ist sie violett. Nur der 3. Adventsonntag, dem die Liturgie den Namen »Gaudete« (Freut Euch) gegeben hat, wird – wie der vierte Fastensonntag vor Ostern – im Zeichen der Vorfreude in rosa Paramenten gefeiert.

Grüne Zweige am Barbaratag

Seit dem 12. Jahrhundert steht die hl. Barbara am 4. Dezember in der Adventszeit als eine Botin der Hoffnung und des Friedens. Uralt ist der Glaube an die Fürbitte dieser Heiligen, die deshalb auch zu den 14 Nothelfern gehört. An ihrem Festtag stellt man noch heute nach altem Brauch Kirsch-, Apfel- oder Forsithienzweige ins Wasser, damit sie bis zum Hl. Abend blühen. Dieser Brauch hängt mit der Legende der Heiligen zusammen. Barbara soll sich gegen den Willen ihres Vaters in der Zeit der Christenverfolgung taufen lassen haben, der sie daraufhin einsperren ließ. Auf dem Weg zum Gefängnis soll sich ein Kirschzweig in ihrem Kleid verfangen haben. Sie stellte ihn in einen Krug mit Wasser. An dem Tag, an dem sie zum Tod verurteilt wurde, soll der Zweig aufgeblüht sein. Grüne beziehungsweise blühende Zweige galten seit dem 15. Jahrhundert als Symbol für Leben und Überleben, als lebensspendende Kraft für das kommende Jahr und wehrten Böses ab.

Nach der Überlieferung stammte die Schutzheilige der Bergleute, Artilleristen und Tunnelbauer aus Nikodemien in Kleinasien. Obwohl sie zu den etwa dreißig Heiligen zählt, die in den seit 1970 gültigen liturgischen Kalender des Vatikans nicht mehr aufgenommen wurden, lebt sie heute im Volksbrauch immer noch weiter.

Der Adventkranz

Auch das Pflanzengrün nimmt heute noch im Adventsbrauchtum einen sehr wichtigen Platz ein. Dazu gehört vor allem der Adventkranz. Seine »Erfindung« wird dem Hamburger evangelischen Theologen Johann Heinrich Wichern zugeschrieben. Er gründete 1833 in Hamburg-Horn das »Rauhe Haus« zur Erziehung gefährdeter männlicher Jugendlicher. Dort stellten Wichern und seine Mitarbeiter zu den Adventandachten die ersten Adventlichter auf. In Wicherns Tagebuch aus dem Jahr 1838 lesen wir bereits von kranzförmig angeordneten Kerzen. Anfangs waren es soviel wie die Adventszeit Tage hatte, weiße für die Werktage und vier rote für die Sonntage. Nach 1850 kamen dann Tannenkränze als Schmuck dazu.

Die Adventkranz-Idee wurde in der zweiten Hälfte des 19. Jahrhunderts in ganz Norddeutschland verbreitet. Aber erst ab den 20er Jahren drang dieser neue Brauch in Form eines grünen Kranzes mit vier roten Kerzen in andere Teile Deutschlands vor. Vor gut 60 Jahren kam der Adventkranz schließlich auch nach und nach in München auf, wo der erste in einer katholischen Kirche 1932 in St. Sylvester in Schwabing gesichtet wurde. Aber es sollte noch bis nach dem II. Weltkrieg dauern, bis er in allen katholischen Kirchen zur Selbstverständlichkeit wurde.

Mariä Verkündigung, Mariä Empfängnis und Mariä Heimsuchung

Wir kommen zum Fest »Mariä Verkündigung«, das gleichfalls zu den ältesten der Kirche gehört, dessen Spuren in der Ostkirche bis ins 5. Jahrhundert zurückreichen. Papst Leo XIII. hat es aber erst Ende des 19. Jahrhunderts zu einem Fest 1. Klasse erhoben. Aber: es wird gar nicht im Advent gefeiert, sondern am 25. März, obwohl es hier um die Verkündigung durch den Erzengel Gabriel geht. Mit dem Fest »Mariä Verkündigung« wird nämlich immer das auf dem 8. Dezember liegende »Hochfest der ohne Erbsünde emfangenen Jungfrau und Gottesmutter Maria«, im Volksmund kurz »Mariä Empfängnis«, verwechselt. Dieses vierte Haupt-Marienfest tritt heute ganz hinter den großen Marientagen im Sommer zurück, zumal es in Bayern nur bis 1912 offizieller Feiertag war. Seit der Feiertagsreform 1971 ist »Mariä Empfängnis« nicht einmal mehr ein staatlich geschützter kirchlicher Feiertag.

Über keines der Marienfeste herrscht unter Laien und in nichtkatholischen Kreisen so viel Unkenntnis wie über dieses »Fest der unbefleckten Empfängnis«. Gerade weil dieser Tag im Gegensatz zu »Mariä Verkündigung« im Advent liegt, ist die irrige Meinung, daß hier Jesus und nicht Maria empfangen wurde, weit verbreitet. Dabei gab es dieses Fest der Empfängnis Mariä in der griechisch-byzantinischen Kirche schon seit dem 5. Jahrhundert. Vom 12. Jahrhundert an breitete es sich auch im Abendland aus, erst in England, dann in Deutschland. Papst Clemens XI. schrieb das Fest jedoch erst 1708 für die Katholische Kirche verbindlich vor. 1854 hat dann der große Marienverehrer Pius IX., der Vorgänger des eingangs erwähnten Leo des XIII., den Glaubenssatz verkündet: *»Die allerseligste Jungfrau Maria ist vom ersten Augenblick ihres Lebens durch eine besondere Gnade Gottes und im Hinblick auf die Verdienste Jesu Christi vor allem Makel der Erbsünde bewahrt geblieben.«*

Ja, und dann ist da noch ein Marienfest, das ursächlich zum Advent gehört, aber bei uns am 2. Juli gefeiert wird: »Maria Heimsuchung«. Das bekannte Volkslied »*Als Maria übers Gebirge ging*« schildert die entsprechenden Ereignisse. Der Text basiert auf dem Lukas-Evangelium. In der Begegnung der beiden werdenden Mütter Maria und Elisabeth hat die katholische Tradition immer ein Zeichen gesehen, daß beim Gruß der Gottesmutter Johannes der Täufer die heiligmachende Gnade empfing. Marias Freude strömt über im Lobgesang des Magnificat: *»Meine Seele preist den Herrn…«*. […]

Ganz früher wurde die Erinnerung an diese Ereignisse tatsächlich auch im Rahmen der Adventliturgie gefeiert. Der heilige Bonaventura führte dieses Fest 1263 im Franziskanerorden ein, verlegte es aber auf den 2. Juli, den Tag nach der Oktav Johannes des Täufers. Im Oktober 1389 wollte Papst Urban VI. schließlich das Fest »Maria Heimsuchung« für die ganze abendländische Kirche übernehmen. Da er aber am 15. Oktober 1389 starb, konnte das Dekret erst von seinem Nachfolger Bonifaz IX. veröffentlicht werden. Außerhalb des deutschen Sprachraums wird es seit der Einführung des neuen liturgischen Kalenders des Vatikans 1970 am 31. Mai begangen.

Auf Johannes den Täufer treffen wir wiederholt an zentraler Stelle des Advent. So steht seine Gestalt am 2. und 3. Adventsonntag in den Evangelien vor uns. Eine Statue des hl. Johann Baptist fehlt in kaum einer Kirche […]

Nikolaus

Aber ein Fest dürfen wir nicht vergessen, denn es waren ja gerade die populären Heiligenfeste, die den Advent zu einer so beliebten Zeit in der Volksfrömmigkeit und im Brauchtum gemacht haben. Der bei weitem volkstümlichste aller adventlichen Heiligen ist mit Sicherheit Sankt Nikolaus am 6. Dezember. Er war Bischof von Myra in Kleinasien und starb etwa 350. Sein Leichnam kam 1082 nach Bari in Süditalien.

Über sein wirkliches Leben wissen wir wenig, dafür ist seine Legende um so umfangreicher. Er ist der Schutzpatron aller, die zu Wasser und zu Land unterwegs sind bzw. früher waren, also vor allem der Fährleute, Fischer, Flößer, Schiffer, Seeleute und Reisenden, aber auch der Advokaten, Notare und Schreiber, der Apotheker, Metzger und vieler Händlergruppen und Zünfte, aller halt, die ihr Gewerbe einst wandernd ausübten. Kein Wunder deshalb auch, daß Nikolauskirchen und -kapellen in der Regel an Flüssen und einst viel befahrenen Straßen zu finden sind. Dazu zählen in München das Nikolaikircherl am Gasteig, die Nikolaikirchen in Englschalking, Freimann und Neuhausen und die abgebrochenen Nikolauskapellen in Feldmoching, in Hochmutting und an der einstigen Münchner Burgfriedensgrenze zu Schwabing.

Der Nikolaustag war jahrhundertelang der eigentliche Geschenktag, und nicht der Heilige Abend. Aber noch viel früher wurden die Kinder am Fest der unschuldigen Kinder beschenkt, an dem es üblich war, daß Kinder in Klosterschulen die Herrschaft übernahmen und einen Kinderbischof wählten. Obwohl im 9. Jahrhundert wirkungslos verboten, hielt sich dieser Brauch am 28. Dezember bis in 16. Jahrhundert. Ab dem 13. Jahrhundert verlagerte sich aber die Bescherung zunehmend auf den Nikolaustag.

Von der Nikolaidult zum Christkindlmarkt

Die Geschichte der Münchner Nikolaidult, der Vorgängerin des heutigen Christkindlmarktes, liegt etwas im Dunkel. Der Anfang wird jedoch in der zweiten Hälfte des 16. Jahrhunderts vermutet. In jener Zeit zogen am Nikolaustag (6.12.) die Schüler, Kantoren und Schulmeister von St. Peter und Unserer Lieben Frau, zwei von ihnen als Bischöfe verkleidet, Gaben heischend durch München und vor die Residenz. Dieser Brauch weitete sich aus. 1740 zogen bereits zwölf »Nikolase« mit ihren »Klaubauf« durch die Stadt und verursachten Tumulte, weshalb der Rat am Nikolaustag künftig regelmäßig Streifen herumgehen ließ »*gegen die Ausgelassenheiten der sogenannten Klaubaufs*«. Seit Herzog Albrecht V. läßt sich am Münchner Hof der Brauch nachweisen, am Nikolaustag Kinder und Erwachsene zu beschenken. Kinder erhielten Puppen, Puppenküchen, Zuckergebäck, kleine geschnitzte hölzerne Rössel, Rosenkränze usw. Bedienstete bekamen Geldpräsente, sogenannte Nikolausgelder. Bald übernahmen auch der Adel und die Bürger diesen Brauch zu Nikolaus.

Die Nikolausdult fand alljährlich am 5. und 6. Dezember statt und hatte bis zum Beginn des 19. Jahrhunderts ihren Platz in der Kaufinger Gasse beim Schönen Turm. 1799 wurde erstmals ein »Krippenwarenhändler« zugelassen. 1803 und 1804 fand die Dult auf dem heutigen Promenadeplatz statt und 1805 auf dem Max-Joseph-Platz. Unterm 6. Dezember 1806 trug Lorenz Westenrieder in sein Tagebuch ein: »*Auch ist der uralte Nikolaimarkt abgebracht und statt dessen ein Christmarkt nach protestantischer Art, eine Christdult nach protestantischem Sinn auf den 22. Dezember am Residenz- oder Max-Joseph-Platz verlegt worden.*« Westenrieder bezog sich dabei auf die Tatsache, daß sich in protestantischen Gebieten, z.B. in Nürnberg 1564 und in Straßburg 1570, der Wechsel vom Nikolausmarkt zum Christmarkt, aber auch vom Nikolaus zum Christkind als Gabenbringer schon im 16. Jahrhundert vollzogen hat. Der Christkindlmarkt dauerte vom 22. bis 24. Dezember und durfte wie der Nikolaimarkt nur von Münchner Händlern beschickt werden. Lang wurde er auf dem heutigen Maximiliansplatz, dann von 1886 bis 1938 in den Anlagen vor dem Sendlinger Tor und hinein in die Sonnenstraße abgehalten. Mitte des vorigen Jahrhunderts sonderte sich ein eigener Kripperlmarkt von ihm ab, der in der Regel über einen Monat, vom ersten Adventsonntag bis Heiligdreikönig dauerte.

1938 wurde der Christkindlmarkt aus baulichen und Verkehrsgründen in die Blumenstraße verlegt, 1939 auf den Mariahilfplatz und 1940 auf den Platz der zwei Jahre zuvor abgebrochenen Synagoge zwischen Oberpollinger und Maxburg. Nach dem II. Weltkrieg wurden der wiedervereinigte Christkindl- und Kripperlmarkt wieder an der Blumenstraße abgehalten. Nach der Neugestaltung des Marienplatzes erlebte der Münchner Christkindlmarkt seit 1973 dort und in einigen Nebenstraßen eine neue Blüte. Er dauert inzwischen vom 1. Advent bis zum Heiligen Abend.

Die »blutige« Luzie

Der Luzientag, also der 13. Dezember, galt bis zur Einführung des Gregorianischen Kalenders 1582 als der kürzeste Tag des Jahres. Ihm folgte die längste Nacht, in der nach dem Glauben der alten Zeit die Dämonen ihre größte Macht entfalteten. Anschauungen, die sich in den frühen Zeiten der Menschheit festgesetzt haben, lassen sich halt nicht so leicht ausrotten. Weil aber der Luzientag die allbelebende Sonne an Kraft wieder wachsen ließ, gab er in vielen Gegenden Anlaß zu hoher Festesfreude, denken wir doch dabei nur an die Luzienbraut in den nordischen Ländern mit ihrer Krone mit brennenden Kerzen.

Eine Inschrift in der Giovanni-Katakombe in Syrakus auf Sizilien sichert ihre historische Existenz und erwähnt schon um 400 ihr Fest. Kein Wunder, daß sie auch Schutzpatronin dieser Stadt wurde. Allerdings muß die hl. Luzia aus der Fremde für ihre Heimatstadt sorgen, denn Byzantiner entführten im 11. Jahrhundert ihre Gebeine nach Konstantinopel. Venezianische Kreuzritter brachten sie später in die Lagunenstadt, in der sie am Westrand der Stadt 1313 eine eigene Kirche bekam. Dort wurde die Heilige dann allerdings 1860 von den Österreichern wegen dem Bau des Bahnhofs vertrieben; ihre Gebeine erhielten in einer Seitenkapelle der benachbarten Kirche San Geremia Asyl. Das ist jene Kirche, die zwischen der heute noch so genannten Stazione Santa Lucia und dem Canale Cannaregio gegen jede Logik und Schicklichkeit verstoßend, dem

Canal Grande ihren hinteren Teil zeigt. Auf der Apsis kann man die Inschrift lesen, in der Luzia um *»Licht und Frieden«* fleht – fürwahr ein adventlicher Wunsch.

Als echte Volksheilige nahm sich Luzia besonders der armen Leute an. Auch gestrauchelte Mädchen und reuige Dirnen konnten stets mit ihrer Hilfe rechnen. Aber kaum eine Heilige ist so doppelgesichtig wie Luzia. So zeigt sie sich bei uns von der dunklen Seite, dämonisch und erschreckend, die beispielsweise lügnerischen Kindern die Zunge abschneidet. Noch bis in die 50er Jahre sind in Laim verkleidete Frauen am Luzientag verschreckten Kindern mit Säbeln oder Sicheln nachgehetzt, um sie zur Wahrheit zu ermahnen. In den Dörfern auf dem Land wurden faule Mägde damit bedroht, daß ihnen die »Blutige Luzie« den Bauch aufschlitzen werde!

Man fragt sich, wie die Märtyrerin Luzia, die am 13. Dezember 304 eines der letzten Opfer der römischen Verfolgungszeit unter Kaiser Diokletian wurde und die einst ihre Augen geopfert haben soll und von Maria dafür noch schönere bekam, sich in eine so finstere Gestalt wandeln konnte. Ihr Name »die Lichte, die Leuchtende, die Glänzende« gab ja letztlich auch Anlaß zu ihrem Patronat als Schützerin des Augenlichts, gegen Augenkrankheiten und gegen Blindheit sowohl des Leibes als auch der Seele.

Die Engelämter

Ja, und da sind auch noch die Roratemessen, die gewöhnlich an Mariä Empfängnis, also am 8. Dezember, beginnen. »Rorate« kommt von dem poetischen Sehnsuchtspsalm *»Rorate coeli desuper ...«*, also *»Tauet, Himmel, den Gerechten ...«*. Im Volksmund wurden sie wegen des Evangeliums von der Verkündigung des Herrn durch den Engel Gabriel auch als »Engelämter« bezeichnet.

Die Rorateämter gehen auf die Anfänge einer eigenständigen Adventliturgie zurück. Im Mittelalter hat man szenische Darstellungen aufgenommen, die vor allem in der Barockzeit ausgeweitet wurden. Diese Engelämter fanden bis zur Liturgiereform nach dem II. Vatikanum (gelegentlich auch darüber hinaus) sogar vor dem ausgesetzten Allerheiligsten statt und waren gerade beim einfachen Volk sehr beliebt: Man schrieb diesen Ämtern eine besondere Segenskraft für Lebende und Tote und die Fruchtbarkeit des kommenden Jahres zu.

Sicher spielten aber auch gemüthafte Elemente eine große Rolle, denn es muß einst schon eine seltsame Stimmung in der Kirche zu so früher Morgenstunde bei dem in vollem Kerzenlicht erstrahlenden Engelamt gewesen sein. Franz Joseph Bronner, der Autor der Bücher »Bayerisch' Land und Volk« und »Von deutscher Sitt' und Art« schrieb einmal: *»Unvergeßlich bleibt mir auch der lieblich Anblick, den die Kirche bei diesen Rorateämtern als ein Meer von Lichtern von meinem erhöhten Standpunkt aus bot. Die Hunderte von Müttern und Mädchen hatten ihre Wachsstöcke, die Männer und Kinder ihre Kerzen ... angezündet.«*

Auch der Student und nüchterne Protestant Friedrich Hebbel, der sich 1836 von der Münchner Tischlermeistertochter Beppi Schwarz wißbegierig und aufgeschlossen in die süddeutsch-katholische Lebensart einführen ließ, notierte in seinem Tagebuch:

»Morgens 6 Uhr mit der liebsten, teuersten Beppi eine Adventsmusik in der St. Michaels-Kirche ... In der Kirche: der mit unzähligen Kerzen erleuchtete Hauptaltar, die Menschenmenge, ... die herrliche Musik, nach und nach durch die Fenster erst das bestimmtere Blau des Himmels, dann die zitternde Helle des Tages ...« Eine Stimmung, die sich der heutige, durch die Elektrizität verwöhnte Mensch, wohl gar nicht mehr vorstellen kann.

[Über den Thomastag (21.12.), das Klöpfeln und das Ansingen in den Münchner Vorstädten wird ausführlich in dem Aufsatz »Das große Halleluja – Singen und Musizieren im Advent« in diesem Band berichtet.]

Vom Paradeisl zum Christbaum

Wichtigste Aufgabe in den letzten beiden Wochen des Advent ist die Besorgung eines Christbaums, denn kein Requisit wird heute so selbstverständlich mit Weihnachten in Verbindung gebracht wie der Christbaum, eine individuell geschmückte Tanne oder Fichte, manchmal auch Föhre, mit Lichtern. Dabei ist auch der Christbaum – ähnlich wie der Adventskranz – unter den gewiß nicht wenigen Advents- und Weihnachtsbräuchen ein echter Spätkömmling. Es gibt kein schriftliches oder bildliches Zeugnis von einem Weihnachtsbaum vor dem 16. Jahrhundert. Und wenn der Christbaum heute wie selbstverständlich in den Kirchen zu finden ist, dann sagt eben gerade dies am allerwenigsten über seinen Ursprung.

Ein erstes schriftliches Zeugnis für die Verwendung von Tannenreisig an Neujahr findet sich in Sebastian Brants »Narrenschiff« aus dem Jahr 1494. In einem Reisetagebuch von 1605 notierte ein Unbekannter: »*Auf Weihnachten richtet man Dannenbäume zu Straßburg in den Stuben auf, daran henket man Rosen, aus vielfarbigem Papier geschnitten, Äpfel, Oplaten, Zischgold, Zucker usw ...* « 1642 wetterte der wortgewaltige Kanzelredner Konrad Dannhauser in einer seiner berühmten Predigten in Straßburg: »*Unter anderen Lappalien, damit man die alte Weihnachtszeit oft mehr als mit Gottes Wort begeht, ist auch der Weihnachts- oder Tannenbaum, den man zu Hause aufrichtet, denselben mit Zucker und Puppen behängt und ihn hernach schüttelt und abblümen läßt. Wo die Gewohnheit herkommt, weiß ich nicht ...*« Auch in Norddeutschland ist der Christbaum im 17. Jahrhundert bereits bekannt.

In München dagegen kannte man ein sogenanntes Paradeisl, eine aus Äpfeln und Holzstäben gefertigte, geschmückte Pyramide. Es war Königin Karoline, die zweite Gemahlin von König Maximilian I. Joseph, die zu Beginn des 19. Jahrhunderts in der Münchner Residenz den ersten Christbaum aufstellen ließ – zur größten Verwunderung der Münchner. Über Weihnachten in der Münchner Residenz in der Mitte des vorigen Jahrhunderts sind wir durch das Tagebuch König Ludwig I. gut unterrichtet. Die Weihnachtsbescherung hielt Ludwig für Kinder und Enkel im Weißen Saal der Residenz ab, »*neun Christbäume, auch für den kleinen Otto*«, der aber in Nymphenburg geblieben war. Anschließend ging es »*en grand cortege*« zur Mitternachtsmette. Die Sitte, für jedes Kind oder gar jedes Familienmitglied einen eigenen Christbaum aufzustellen, war um die Mitte des 19. Jahrhunderts auch bereits in Bürgerhäusern verbreitet.

Gegen Ende des 19. Jahrhunderts rückten auch die Kirchen von ihrer ablehnenden Haltung gegenüber dem Christbaum ab, zuerst die evangelische Kirche, dann aber auch zögernd die katholische. Nun war auch in den Wohnstuben kein Weihnachten ohne Christbaum mehr denkbar. In Bayern steht an der Christbaumspitze ein Engel mit dem Spruchband der Freudenbotschaft »Gloria in excelsis Deo«. Der bunte Glasspitz ist in unseren Breitengraden dagegen verpönt, erinnert er doch allzusehr an die einst unbeliebte preußische Pickelhaube – und dorther stammt diese Art, den Christbaum zu dekorieren auch.

Das Kripperl

Lang vor dem Christbaum durfte in den Münchner Bürgerhäusern das Kripperl nicht fehlen. Die Quelle der Krippenkunst ist zweifellos die schon sehr früh einsetzende bildliche und szenische Darstellung des Weihnachtsgeschehens. Als erste Weihnachtsfeier mit einer Krippe wird jene Mette 1223 in einer Höhle in dem kleinen italienischen Dorf Greccio angenommen. [»*Wie Thomas von Celano, der 1260 verstorbene Biograph des heiligen Franziskus, berichtete, hielt sich der Heilige im Dezember 1223 in Greccio auf, das zwischen Terni und Rieti in der Region Latium liegt. Fünfzehn Tage vor Weihnachten verlangte dieser, zur Feier des Geburtsfestes Jesu alles so herzurichten, wie man sich gemäß dem Lukas-Evangelium die Geburt Jesu in einem Stall vorstellte. So kamen Franziskanerbrüder sowie Männer und Frauen aus der Umgebung zusammen und stellten in einer Höhle oberhalb von Greccio, über der man 1260 ein Kloster errichtete, die Szene nach ... Diese Krippenfeier soll die erste des Abendlandes gewesen sein und geriet zum Vorbild für Krippenspiele wie Figurenkrippen ...«*]* Die Krippenfiguren wurden von Menschen und Tieren dargestellt, lediglich das Christkind in dem hölzernen Trog war aus Wachs.

Viele Fresken des ausgehenden Mittelalters greifen motivisch auf diese Krippenfeier in Greccio zurück. Bereits 1384 soll in Fabriano in den Marken eine (heute leider nicht mehr erhaltene) Figurenkrippe erstellt worden sein. Es gibt auch weihnachtliche Plastiken der Gotik, die dem besonderen Charakter einer Krippe sehr nahe kommen. Erinnert sei hier beispielsweise an ein Schnitzwerk aus der Zeit um 1450 im nachbarlichen Mitterndorf bei Dachau, das Vollplastik und Relief miteinander verbindet. Im 15. Jahrhundert belebte die Krippenherstellung vor allem das Kunsthandwerk in Neapel, wo die erste Krippe 1478 bezeugt ist. Die vermutlich älteste Münchner Krippe, heute im Besitz des Freisinger Doms, stammt aus der Werkstatt des berühmten Münchner Bildhauers Erasmus Grasser (1450–1526).

Weiteste Verbreitung fand die Weihnachtskrippe aber erst durch die Gegenreformation und so waren die großen Verbreiter des Krippengedankens in erster Linie die Je-

---

* Nachtr. ergänzt aus: Ekkehart Rotter: Umbrien. Nürnberg 1994, 317.

suiten. Sie brachten die »Krippenwerbung« bereits im letzten Viertel des 16. Jahrhunderts von Italien und Spanien nicht nur nach Frankreich, Österreich, Böhmen und Deutschland, sondern auch bis nach Amerika und Indien. In der Münchner Residenz wurde die erste Weihnachtskrippe wahrscheinlich um 1560/65 aufgestellt, die erste »öffentliche« Krippe mag jene von 1607 in der Jesuitenkirche St. Michael gewesen sein. Diese Krippe bestand übrigens aus fast lebensgroßen, bekleideten Holzfiguren.

War ursprünglich die Krippendarstellung auf das Wunder der Heiligen Drei Könige begrenzt, so dehnte sich im 17. Jahrhundert der Themenkreis fast auf das gesamte Neue Testament aus. Inzwischen war die Krippe schon längst nicht mehr auf die Kirchen beschränkt, sie durfte bald in keinem Münchner Haus fehlen und stand sogar z.B. in Wirtshäusern in der Gaststube. Vor allem nach dem 30jährigen Krieg wurden die Weihnachtskrippen sehr zahlreich. Der Krippenbau wurde so im Lauf des 18. Jahrhunderts in den Alpenländern zur Volkskunst. Ererbte Begabung und der Zwang, den langen Winter mit nutzbringender Beschäftigung zu überstehen, kamen hier zusammen und ließen vor allem in Oberbayern und Tirol eine ganze Reihe von Zentren der Schnitzkunst entstehen, von denen beispielsweise das Werdenfelser Land und das Berchtesgadener Land noch heute Weltruf genießen. Einen schweren Schlag versetzten dem Krippenbau in Bayern zuerst die nüchtern-pedantische Aufklärungszeit und dann die Säkularisation. Doch das Volk war zäher in seinen Anschauungen und Bräuchen als aller Aufklärungseifer. Die alte Tradition der Weihnachtskrippe wurde solange weitergepflegt, bis sich im Lauf des 19. Jahrhunderts eine Art »Krippenrenaissance« heraufzog, die bis in unsere Tage weiterwirkt. Im 19. Jahrhundert rückte die Geschenksitte ebenfalls endgültig vom Nikolausabend bzw. Neujahrstag auf den Heiligen Abend, und es verbreitete sich als ärgster Konkurrent der Krippe der reichlich geschmückte Tannenbaum.

Der »Weihnachter«

Vor Einbruch des Winters wurde der Viehbestand in den Dörfern vor den Toren Münchens aus Futtergründen auf ein Mindestmaß reduziert. In der Regel wurden so auch alle Schweine verkauft oder geschlachtet, bis auf eines, den sogenannten »Weihnachter«. Während die ganze Familie mit den Dienstboten in die Mitternachtsmette am Heiligen Abend ging, blieb nur einer Zuhause, der sich um die«Mettensau« kümmerte. Denn der »Weihnachter« mußte am Heiligen Abend sein Leben lassen. Nach der Mette begann mitten in der Nacht das große Mettenessen mit Metzelsuppe, Leber- und Blutwürsten, Mettenwurst und Schweinsfleisch. Außerdem gab es Kletzenbrot, von dem jedes Dirndl seinem Liebsten einen Laib schenkte. Der Brauch der Mettensau, der heute noch da und dort auf dem Land daheim ist, hatte in den Dörfern um München eine gute Heimstätte, wobei es – ähnlich wie beim Maibaum – üblich war, daß man einem Bauern den »Weihnachter« (tot oder lebendig) aus dem Stall wegstahl. Und so erzählt man sich von einem Sendlinger Bauern, der sich 1868 kurz entschlossen zu seiner Mettensau ins Stroh legte und bald umgekommen wäre, weil die Diebe die Sau schon im Stall »damischschlagen« wollten, damit sie sich leichter stehlen lasse.

Vom hl. Stephan, Stephaniumritten, Stephanibrot und Stephansminne
Eine Betrachtung über das Brauchtum am 2. Weihnachtsfeiertag

1855 notierte Karl von Leoprechting in seinem Buch »Aus dem Lechrain«: »*26. Dezember. Der zweite Weihnachtstag ist dem h. Erzmärtyrer Stephan geweiht. Gegen die Würm zu findet man dessen Bild häufiger an den Stalltüren, denn jenes des h. Lienhard (= Leonhard) wie im Lechrain. Der Name Stephan als Taufname ist ziemlich häufig.*«

Auch in Feldmoching erfreute sich früher der hl. Stephan als Pferdepatron nicht neben sondern *vor* den anderen Pferdeheiligen Leonhard, Georg, Martin, Quirinus und Rasso großer Beliebtheit und Verehrung, weshalb sich um den Stephanstag besonders viele Bräuche rankten. Heute geht der Stephanstag voll im Weihnachtsfest unter, die Bräuche sind vergessen.

Der hl. Stephan

Der hl. Stephan ist der erste Märtyrer der christlichen Kirche. Nach der Apostelgeschichte (Apg) des Evangelisten Lukas erwählten ihn die Apostel zu einem der sieben Almosenpfleger (Apg 6, 5). »*Stephanus aber, voll Gnade und Kraft, tat Wunder und große Zeichen unter dem Volk*« (Apg 6, 8). Er predigte nicht nur in Jerusalem, sondern auch in Nordafrika, Kleinasien und Griechenland. Einige eifrige Lehrer der Synagoge suchten den erfolgreichen Ungelehrten in einem öffentlichen Rededuell mundtot zu machen, doch das mißlang. »*Da stifteten sie etliche Männer an, die sprachen: Wir haben ihn gehört Lästerworte reden wider Mose und wider Gott*« (Apg 6, 11). Stephan verteidigte sich im Hohen Rat und vor den Hohenpriestern. »*Sie schrien aber laut und hielten ihre Ohren zu und stürmten einmütig auf ihn ein, stießen ihn zur Stadt hinaus und steinigten ihn*« (Apg 7, 56).

Bereits im 4. Jahrhundert entwickelte sich – nicht zuletzt auf Initiative des hl. Augustinus (354–430) – ein besonderer Stephanskult. Sein Fest wurde schon 380 eingeführt. Der Auffindung seiner Reliquien 415 durch den Priester Lucian in Jerusalem folgte eine Welle der Verehrung, die über Konstantinopel nach Italien übergriff und sich auch bald nördlich der Alpen ausbreitete. Zahlreiche Bischofskirchen wurden dem hl. Stephan geweiht, unter ihnen 748 der Dom zu Passau, der damit zu einem Zentrum des süddeutschen Stephanskultes wurde. Von hier aus verbreitete sich der Stephanskult dann der Donau entlang über Wien nach Ungarn, dessen Landespatron der hl. Stephan wurde.

Der Vielzahl an Stephanskirchen gemäß, sprach man dem Heiligen eine Fülle von Patronaten zu, unter denen die Schutzherrschaft über die Pferde, die Kutscher und Fuhrknechte herausragt. Die vita Stephani gab zwar für diese Zuweisung keinen Anlaß, doch zeugen schon sehr alte literarische und ikonographische Quellen (10. Jahrhundert) von einer frühen Verbindung des Heiligen mit diesem Patronat. Der hl. Stephan wird außerdem angerufen bei Kopfweh, Besessenheit, Seitenstechen, Steinleiden und Pest; seine Fürbitte ist wirksam für einen guten Tod.

Stephaniumritte

Der hl. Stephan ist also der älteste und patroziniumsgeschichtlich hervorragendste Pferdepatron. Stärkste Ausprägung und weitläufigste Verbreitung fand das Pferdepatronat des hl. Stephan in den Umritten. Noch um die Jahrhundertwende gab es in Altbaiern, im Innviertel und in Tirol etwa 200 religiöse Umrittbeispiele. Mehr als die Hälfte waren dem hl. Leonhard (6. 11.), etwa 40 dem hl. Stephan geweiht. Pferdeumritte um und *durch* die Kirche fanden und finden heute noch in Schwaben, Vorarlberg, Kärnten, der Steiermark, im Seewinkel des Burgenlandes, in Westungarn, Norddeutschland, Rußland, Schweden und vereinzelt in der Schweiz und in Italien statt. Dabei handelt es sich meist um Leonhardiritte, weniger um die ihrem Ursprung nach älteren Stephaniritte.

Im Münchner Bereich dagegen erfreute sich bis in unser Jahrhundert herein unverändert der hl. Stephan der größten Verehrung. Stephaniumritte gab es außer in Feldmoching z.B. in Oberhaching (1977 wieder eingeführt) und in Mörlbach, Lkr. Starnberg, wo diese Tradition nie abgerissen ist. Den Abschluß der Umritte bildete der Pferdesegen und die Hafer-, Salz- und Wasserweihe. In Feldmoching ist diese Umritt-Tradition seit 1983 zeitversetzt Anfang Oktober im alljährlichen »Feldmochinger Roßtag« wieder aufgelebt.

Ja sogar in München selbst umritten die Fuhrleute und Lohnkutscher, die Gendarmerie und das Militär, die Brauereifuhrknechte und alle anderen, die auf Pferde zur Fortbewegung oder zum Transport angewiesen waren, alljährlich am 26. Dezember das Stephanskircherl beim Südfriedhof. Ursprünglich stand dort eigentlich ab 1578 eine von Herzog Albrecht V. gestiftete Salvatorkapelle. 1638, also im Dreißigjährigen Krieg, mußten Kirche, Mesnerhaus, Beinhaus und Friedhofsmauer aus Landes-Defensionsgründen weichen, damit sich der Feind nicht so nah vor der Stadt verschanzen konnte. Da der im 16. Jahrhundert für die armen Leute errichtete Südfriedhof im 17. Jahrhundert hauptsächlich als Pestfriedhof diente, wurde die 1674 bis 1677 in etwas anderer Position errichtete neue Kirche 1681 dem Pestpatron Stephan geweiht und somit nicht direkt dem Pferdepatron. Trotzdem erfreute sich der dann im 18. Jahrhundert entstandene alljährliche Pferdeumritt am 26. Dezember bald ungeheuren Zulaufs. 1876 wurde er jedoch vom Magistrat der Kgl. Haupt- und Residenzstadt verboten – im selben Jahr, in dem den Pferden mit der Eröffnung der ersten Pferdebahnlinie Stiglmaierplatz – Promenadeplatz im Personentransport in München neue Bedeutung zukam.

Quellenmäßig kann man die Stephaniumritte allgemein etwa 300 Jahre zurückverfolgen, aber sie sind mit Sicherheit älter. Das Pferd, vor allem der Schimmel, hatte ja schon in vorchristlicher Zeit bei den Römern und Germanen als Opfertier besondere Bedeutung. Bereits das Konzil von 742 verbot Tieropfer bei Kirchenfesten, die den Märtyrern und Bekennern geweiht waren. Aus diesem Grund verboten auch die christlichen Speisegesetze generell den Genuß von Pferdefleisch. Im Lauf der Jahrhunderte hat sich durch dieses Verbot im Volk eine geschmackliche Abneigung gebildet, die trotz ernährungsphysiologischer Vorteile des Pferdefleisches noch heute nicht abgelegt sind.

Geblieben ist beim Aufblühen der Stephaniumritte in der großen volkstümlichen Frömmigkeit des Barock der mit Sicherheit auf die heidnische Zeit zurückgehende Aderlaß der Pferde. Auch Eduard Stemplinger (1870–1964) bestätigt uns in seinem »Immerwährenden Bayerischen Kalender« von 1964: »*Bis in die jüngste Zeit herein war der Aderlaß der Rosse am Stephanstag in Altbaiern gebräuchlich; man erhoffte sich davon das Gesundbleiben der Tiere ... Der Aderlaß war ein Ersatz des ursprünglichen Pferdeopfers.*«

Mit dem Niedergang des Brauchtums und der Umstrukturierung der Landwirtschaft wurde auch die religiöse Beziehung von Landvolk und Gottheit in Frage gestellt. Der Bauer entsagte den kultisch-traditionellen, sich der Gnade Gottes unterstellenden religiösen Bräuchen und suchte ein Leitbild in der industrialisierten Gesellschaft. Das Arbeitstier, insbesondere das Pferd, das jahrhundertelang eine Sonderstellung in der Beziehung von Mensch und Tier einnahm, wurde von der »Technik« verdrängt. Die letzte Beziehung, die noch die Maschine mit der Tradition verband, die Bezeichnung der Leistungskraft in »Pferdestärken« (PS), mußte vor wenigen Jahren der nüchtern physikalischen Einheit »Kilowatt« weichen.

Stephanibrot

Der Lehrer Josef Schmidhuber berichtet uns 1938 im III. Band seiner »Blätter zur Geschichte der Pfarrei und Gemeinde Feldmoching«, daß die Dienstboten zu Weihnachten einen weißen Wecken erhielten. Der Bursch, der dem Mädchen am liebsten war, durfte den weißen Wecken anschneiden und bekam das »Scherzl«. Dieser Brauch des Brotanschneidens zu Stephani ist auch beispielsweise aus dem Innviertel bekannt, wo es ebenfalls als besondere Gunst galt, wenn das Mädchen seinem Burschen seinen »Störilaib« zum Anschneiden überließ, was nach einem bestimmten Ritus zu geschehen hatte.

Auch hier haben wir es wieder mit einem weitverbreiteten alten Brauch zu tun: Am Stephanstag, der ja zugleich zweiter Weihnachtsfeiertag ist, statteten ganz früher die verheirateten Kinder mit ihren Familien dem Elternhaus einen Besuch ab. Zu diesem Anlaß wurde ein »Störilaib« angeschnitten und jedem einzelnen ein Stück gereicht, was an die verbindende Kraft des Sippenbrotes erinnern sollte.

Diese ursprüngliche Bedeutung scheint aber im vorigen Jahrhundert schon nicht mehr im Volk bekannt gewesen zu sein. Nach Felix Dahns 1860 in Band 1 der »Bavaria. Landes- und Volkskunde des Königreichs Bayern« erschienenen Aufsatz »Volkssitte«, »*... verbindet sich nach bäuerlicher Sitte ein alter Liebesbrauch mit dem aus Brotteig, gedörrtem Obst etc. zu diesem Fest gebackenen ›Kletzenbrot‹, welches das Mädchen am Stephanstag, wenn er nachts zum Heimgarten kommt, ihrem Schatz verehrt und wobei*

Stephansritt um die St.Stephanskirche beim Südlichen Friedhof (Xylographie nach Joseph Puschkin um 1880)

Der »Feldmochinger Roßtag« am 21. Oktober 1984

das Anschneiden des ›Scherzl‹, des einen runden Endes, von symbolischer Vorbedeutung für den Bestand des Liebesverhältnisses ist (vierzehn Tage darauf wird sie vom Burschen zum Tanz geführt). Wahrscheinlich liegt auch hier ein Zusammenhang mit altheiligen Festbroten vor, ...«

In Feldmoching war es kein Kletzenbrot, sondern ein weißer Wecken, also Brot aus Weizenmehl, das gegenüber dem alltäglichen Roggenbrot früher schon etwas besonderes war, weshalb wir es auch als Fest- und Symbolbrot, als Gebilde- und Geschenkbrot in vielen Arten und Formen im Brauchtum bei allen Völkern finden.

Stephansminne

Und von einem weiteren Brauch zu Stephani ist zu berichten: »*Am Stephanitag kamen die Burschen ins Haus zum Schnaps*«, erzählt uns Josef Schmidhuber aus dem alten Feldmoching. »*Mädchen allerdings, die keinen oder schlechten verabreichten, mußten es bald büßen – sie wurden beim Tanz sitzen gelassen.*« Diese Besuchssitte hielt sich in Feldmoching übrigens bis zum II. Weltkrieg.

In Mörlbach (Lkr. Starnberg) kehren die ledigen Burschen heute noch nach dem Stephaniumritt nach altem Brauch bei allen ihnen bekannten Mädchen auf ein Glaserl Schnaps ein. Auch in Unterbrunn (ebenfalls Lkr. Starnberg) besuchen die Burschen am Stephanstag reihum die Mädchen, von denen sie Schnaps als Dank dafür erhalten, daß sie die Mädchen unterm Jahr zum Tanz ausgeführt haben. Ebenso wird in Wasserzell/Oberpfalz, wohin man an Stephani aus dem nahegelegenen Spalt reitet, nach der Pferdeweihe Freibier ausgeschenkt.

Diese Trinkbräuche an Stephani gehen auf die griechisch-römischen und altgermanischen Trankopfer zu Ehren der Götter und der Toten zurück. Im frühen christlichen Mittelalter wurde daraus das »Minnetrinken«, wobei »Minne« für Erinnerung bzw. Gedächtnis steht. Diese Stephansminne kann man bis zu Karl dem Großen (768–814) zurückverfolgen; sie ist somit der älteste quellenmäßig bezeugte Minnetrunk. Als er nämlich durch Ausschweifungen schon damals seinen christlichen Charakter verlor, wurde er von Karl dem Großen 789 untersagt. Spätestens im 15. Jahrhundert hat die Minne wieder Eingang in den kirchlichen Ritus gefunden. Der Priester weihte den Wein und reichte ihn den Gläubigen (worin eine Übereinstimmung mit der einen Tag später folgenden Weihe des Johannisweins gegeben ist). Bevor diese kirchliche Sanktionierung vollzogen wurde, hatte man den Wein in einen Kelch gegossen, in dem sich ein Stein befand, durch den angeblich der hl. Stephan seinen Märtyrertod erlitten haben sollte. Allein die bloße Berührung bewirkte die Segnung. Dieser christliche Brauch fand aber bald abergläubische Ausschweifungen, bis die Stephansminne zu einem Trinkbrauch wurde, der weniger wegen seines religiösen Inhalts als wegen des Trinkens gepflegt wurde. Vor allem trat anstelle des Weins der Schnaps.

Auch in Feldmoching ist es früher am zweiten Weihnachtsfeiertag nie ohne Räusche abgegangen. Mancher Teilnehmer am Stephaniumritt und dem anschließenden Heimgartln wird wohl nur deshalb nach Hause gekommen sein, weil sein braver Gaul nüchtern geblieben ist. Überhaupt scheint der Schnapskonsum in Feldmoching recht bedeutend gewesen sein, denn schließlich hatten immerhin zwei Schnapsbrennereien, Kaiser und Gänslschmied, hier bestens bestehen können. Während dem ganzen Winter erhielten die Dienstboten oft schon in der Früh' zum Dreschen Schnaps und Brot. Ins Wirtshaus zu gehen konnten sich nur die reichen Bauern leisten. Die Burschen tranken höchstens am Sonntag zu dritt oder zu viert eine »Stehmaß«. Bei der damals üblichen Schmalz- und Mehlspeisenkost konnte das Bedürfnis nach Bier auch nicht groß gewesen sein, aber umsomehr nach Schnaps.

Musikalische Volkskultur

Musikalische Volkskultur in München

München hat eine musikalische Vergangenheit so erlesen und eigenartig, daß ihr in der deutschen und selbst europäischen Musikgeschichte nur selten ähnliche Größen gegenübergestellt werden können.
Otto Ursprung, 1927

Über das Musikleben in der mittelalterlichen Bürgerstadt und Residenz ist nur wenig bekannt. Es zeigt – soweit es überhaupt rekonstruierbar ist – mit dem Gregorianischen Choral germanischen Ursprungs, mit Stadtpfeifern, Hoftrompetern und fahrenden Sängern *»die zeitüblichen Phänomene einer mittleren Handelsstadt bzw. einer unbedeutenden Residenz, nichts den Durchschnitt Übersteigendes. Nicht einmal innerhalb Bayerns ragte München hervor.«*[1] *»Zuerst und reichlicher berichten weltliche, primär dem literarischen Gebiete entstammende Quellen; später und spärlicher sprechen die kirchlichen Quellen über Einzelheiten, da ja hier die Gesangspflege als eine nicht erst der Erwähnung bedürftige Selbstverständlichkeit angesehen war, wo immer nur Kirchen und Klöster standen und Mönche – davon ja der Name ›München‹ – weilten. Diese ersten Nachrichten zeugen von fortschrittlichem Sinn und festlich gehobener Stimmung, namentlich auch schon von einer Mehrheit der Kunststätten und einer verhältnismäßig großen Mannigfaltigkeit der künstlerischen Betätigung.«*[2]

So ist es auch nicht verwunderlich, daß die älteste Choralhandschrift aus Münchner Besitz nicht aus einer der beiden alten Pfarrkirchen Münchens, sondern aus dem Franziskanerkloster stammt.[3] Sie enthält nur in München überlieferte melodische Wendungen von liturgischen Gesängen und Psalmen aus dem 15. Jahrhundert.

Anders als die Ordenskirchen (in denen das instrumentale Spiel im Mittelalter noch verboten war) verfügten sowohl seit 1384 die Peterskirche, als auch seit 1491 die neue Frauenkirche über große Orgeln. Sie dienten der Begleitung des einstimmigen Chorals und sollen dabei an bestimmten Festtagen eine bis dahin unerhörte Klangpracht entfaltet haben.

»Die frühesten Zeugen einer weltlichen Musikübung, soweit sie für München Geltung haben, machen in uns jene Zeiten und jene Gefühlswelt wieder lebendig, die den bekannten Tegernseer Liebesreim ›Ich bin dein, du bist mein‹ haben sprießen lassen und die der jauchzenden Brust die Lieder der Carmina Burana entlockten ...«[4] Diese »Carmina Burana« ist die bekannteste Sammlung mittelalterlicher und deutscher Lieder fahrender Sänger, niedergeschrieben zwischen 1230 und 1250 vermutlich in Kärnten, und bei der Säkularisation 1803 im Kloster Benediktbeuern entdeckt. Sie enthält die Texte

zu Liedern (jedoch keine Noten) aus verschiedenen Gegenden Europas vom 11. bis zum frühen 13. Jahrhundert, die bis in die Studentenlieder des 19. Jahrhunderts nachgewirkt haben. *»Kunstlieder sind sie der Entstehung nach. Aber in ihnen ist kein Unterschied des poetischen Urteils; sie waren Besitz der gesamten Nation; an ihnen beteiligten sich Bürger und Bauer, Fürst und Kleriker; sie sind erwachsen als ›Kunst ohne Kunst‹, ... Wir heutigen nennen sie ›ältestes Volkslied‹.«*[5]

Die nach 1300 einsetzende neue Liedperiode, die sich einer komplizierten dreistrophigen Form befleißigte und sich an höfische Lebensverhältnisse und Sprache sowie an die »gelehrte Musik« (Kirchentonarten) anlehnte, ferner die Mitte des 15. Jahrhunderts beginnende meistersingerliche Kunst haben die Liederchen von der Art der »Carmina Burana« zumeist vergessen gemacht. Nur verhältnismäßig Weniges von ihnen ist in späteren Handschriften und mehrstimmigen Liedfassungen überliefert worden[6]. Die öfters erwähnten »Münchener Liederbücher« mit Liedern aus dem 15. und 16. Jahrhundert haben mit München wenig zu tun, sie werden nur so genannt, weil sie sich im Besitz der Bayerischen Staatsbibliothek in München befinden, wurden jedoch anderswo aufgezeichnet. *»Und auch das historische Volkslied hat seine vielfarbig schillernden Blüten getrieben. Es entstand das Lied von den beiden Heinrichen, das sich auf Herzog Heinrich I. von Bayern, Sohn des Königs Heinrich des Finklers, bezieht und eines der ältesten dieser Art ist; es gab ein Spottlied auf Kaiser Ludwig den Bayer, ferner den Spruch auf die Allinger Schlacht 1422. Dann erscheint wieder ein lobendes Lied auf Herzog Christoph, ...«*[7]

Die ritterlich-höfischen Minnesänger, die sich natürlich auch in München einfanden, hatten ihre Vorbilder in den französischen Troubadours und diese wiederum in den provencalischen Trouvères. Die Dichtkunst folgte zwar ganz strengen Regeln und ihre Musik schöpften sie im allgemeinen aus der romanischen Gregorianik, gelegentlich aber auch aus der Volksmusik. Seit Beginn der Kreuzzüge Ende des 11. Jahrhunderts gewann die Volksmusik, deren Tonalität sich deutlich von der Gregorianik unterschied, immer mehr an Bedeutung. Mit dem Übergang der Dichtkunst vom Adel auf die Bürger ging der Minnegesang in Deutschland im 14. Jahrhundert in den Meistergesang über. 1423 war Oswald von Wolkenstein (um 1377–1445) hier, *»der ›letzte der Minnesänger‹ in diplomatischer Mission«*[8]. Nach ihm kam mehrfach ein nicht-seßhafter »Meister« namens Michel Beheim (1416–74). Das Schaffen von Meisterliedern sowie ihren Vortrag sah er noch als seinen Beruf an, im Unterschied zu den sich dann später in den Zünften formierenden Handwerkern. Beheims Lieder waren durchaus kritisch: sie griffen Mißstände und Unrecht an, berichteten von politischen Ereignissen oder behandelten theologische Fragen.

Der Aufschwung der Musik in München ab dem 15. Jahrhundert

Erst mit Herzog Albrecht III. begann für München eine neue Phase des Musiklebens. Er warb den berühmten Organisten Conrad Paumann (1410–73) 1450 von Nürnberg nach München ab. Dieser hob hier die Instrumentalmusik, die bis dahin im Schatten

der polyphonen Vokalmusik gestanden hatte, auf das Niveau der hohen Kunstmusik[9].
»*In ihm besaß nun die Residenzstadt einen der bedeutendsten Altmeister deutscher Tonkunst, ein musikpädagogisches Genie, das in dem ›Fundamentum organisandi‹ die erste praktische Kompositionslehre, zugleich erste systematische Klavier- bzw. Orgelschule geschenkt hat und der auf Reisen an den Hof zu Mantua den Ruhm deutscher Kunst auch nach Italien getragen hat.*«[10]

Über die instrumental begleitete Kirchenmusik in München um 1460 gibt uns der Münchner Arzt Sigmund Gotzkircher Auskunft, der in seinen Haushaltsaufzeichnungen berichtet[11], daß er sich alljährlich an fast 20 Heiligengedächtnistagen beteilige, an denen die gottesdienstliche Musik »*cum tubis et tympanis et organis et fistulatoribus et aliis instrumentis musicalibus et cum cantoribus, cum clericis et laycis*« [mit Trompeten und Pauken und Orgel und Pfeifen und anderen Musikinstrumenten und mit Sängern, mit Klerus und Laien] aufgeführt werde. Die Feiern fanden vor allem an der Pfarrkirche zu U. L. Frau statt, aber auch bei den Augustinern, den Franziskanern und in St. Jakob am Anger. Ansonsten sind bei den Gottesdiensten in den Pfarrkirchen zu St. Peter und U. L. Frau zunächst der jeweilige Organist mit seinen Chorsängern und bei besonderen Anlässen auch der Magister der entsprechenden Pfarrschule mit etlichen besonders tauglichen Schülern beteiligt gewesen. Wurden weitere Musikinstrumente benötigt, so griff man auf die Münchner Stadtpfeifer oder die Hofmusik zurück. Überhaupt gehörte die Kirchenmusik zeitweilig zu den Hauptbeschäftigungen der Stadtpfeifer. Ab 1580 bestellte der Kantor der Frauenkirche regelmäßig »*an etlich vesten bey dem gotsdienst statpfeifer zum figurn mit der pusaun*«[12]. 1718 werden vier Stadtpfeifer jeweils als »*Musicus bei St. Peter*« bezeichnet.[13] 1782 und 1793 beschweren sich die Stadtmusikanten darüber, daß die Hoftrompeter sie nicht nur bei der gewöhnlichen Kirchenmusik, sondern auch bei den Prozessionen verdrängen wollten.[14]

Auch die Kirchenchöre wurden seinerzeit wohl nur nach Bedarf zusammengestellt. Einen mehr oder minder festen Chor scheint es bei U. L. Frau erst ab etwa 1480 gegeben zu haben, jedenfalls datiert der heutige Domchor seine Anfänge auf diese Zeit zurück, womit es sich hierbei um das älteste, heute noch existierende Laienmusik-Ensemble unserer Stadt handeln würde.

Unter Herzog Albrecht IV. erhielt München 1483 eine auf der Höhe der zeitgenössischen Kunst stehende Hofkantorei mit berufsmäßigen Musikern. Bei der bis dahin bestehenden Kantorei waren nämlich die meisten Mitglieder hauptberufliche »*Schreiber, so in der Kirchen singen*«[15]. Mit Ludwig Senftls (ca. 1486–1542/43) Umsiedelung von Innsbruck nach München 1523 begann das segensreiche Wirken eines weiteren erfolgreichen Organisten, Komponisten und Organisators. Daß aber München schließlich in der 2. Hälfte des 16. Jahrhunderts zu einer Weltstadt der Musik wurde, ist dem hier ab 1557 tätigen Niederländer Orlando di Lasso (eigentl. Roland de Lattre, 1520–1594) zu verdanken, unter dem endgültig die Professionalität in München einzog. Als Hofkapellmeister war er für den geregelten Ablauf der Kapelldienste und für das Repertoire verantwortlich. Außerdem mußte er die Arbeit der Kopisten beaufsichtigen, die die Chorbücher herzustellen hatten. Eine wichtige Dienstpflicht war die musikalische Unterrichtung der Kapellknaben; im Chor sangen sie den Diskant, während die übrigen Stimmen von den ausschließlich männlichen Sängern übernommen wurden.

Noch schlechter wurde es für den Laienchorgesang unter Herzog (ab 1623 Kurfürst) Maximilian I., der ohnehin keine Neigung zu »vberflüssigen essen und trinckhen, spilen, zu vilen jagen, Ritterspilen vnd andern Kurtzweillen vnd vaniteten«[16] hatte. Ganz im Geist der Gegenreformation erzogen, verstand er die Musik nur mehr als Instrument der Liturgie und der Verkündigung, bevorzugte Berufssänger für den Kirchendienst und verzichtete konsequenterweise (aber auch aus Sparsamkeitsgründen) auf die Tafelmusik. In die Zeit der Gegenreformation gehören jedoch auch die propagandistischen Theateraufführungen der Jesuiten zwischen 1560 und 1773 mit ihren prunkvollen Ausstattungen, großartigen Dekorationen, einem Riesenaufgebot an Laienspielern und -sängern unter Einbeziehung aller Künste, voran natürlich der Musik, die auch mit Soloarien und mit Chören präsent war (siehe hierzu ausführlich im Aufsatz »Fünf Jahrhunderte Laientheater in München« in diesem Band).

Albrecht V. lenkte mit der von ihm 1569 erlassenen »Schuel-Ordnung In den Fürstenthumben Ober und Niedern Bayerlands« die Aufmerksamkeit auch auf die Pflege des deutschen kirchlichen Volksgesangs. Die neu eingeschärfte Liedpflege hatte schon in den nächsten Jahren eine gesteigerte Liedpublikation zur Folge. Vor allem aus der 1573 im Kloster Tegernsee eingerichteten Druckerei gingen mehrere entsprechende Gesangbücher hervor, darunter 1574 die »Catholische Teutsche vnd Lateinische Gesang«.

Adam Berg, der 1567 in München eine eigene »Offizin« gegründet hatte, brachte 1586 eine Neuausgabe (mit Noten) des inzwischen vergriffenen Tegernseer Gesangbüchleins heraus. Dieses ist das älteste erhaltene Münchner Gesangbuch, es enthält 56 Lieder und 42 Melodien. Zwei weitere folgten 1597 und 1598[17].

»Zweimal wöchentlich zogen die Schüler zum Umsingen aus. Manchesmal ging es da gar festlich her; so z.B. wenn am Nikolaustage, dem großen Kinderfeste von ehedem, St. Nikolaus und Gefolge mit kirchlichen Gewändern angetan die Stadt durchschritten. Und an Weihnachts- und Neujahrs- und Osterbräuchen hat es hier so wenig gefehlt als anderswo. Vor den Toren der Herzoge und Bürger machte man Halt und stimmte ein Lied oder ›Muteten‹ an; da hallte es in den Straßen von frohen Kinderstimmen wider, und darein mischten sich das Anblasen der Türmer und die Weisen der Stadtpfeifer, die zwar bei ihrem mehr handwerklichen Betrieb schon bald von der hohen Kunst der Hofkantorei in Schatten gestellt wurden, in einer musikfreundlichen Stadt wie München aber doch stets gern gebraucht und gehört wurden.«[18]

Die Münchner Stadtpfeifer

Besonders bemerkenswert ist, daß die Stadt weit über viereinhalb Jahrhunderte hinweg eine eigene kleine festbesoldete, zunftmäßig organisierte Stadtkapelle unterhielt.[19] Wiewohl es sich dabei also um professionelle Musiker handelt, müssen wir sie hier in unsere Betrachtung über die musikalische Volkskultur in München miteinbeziehen, weil

Die Münchner Stadtpfeiffer in ihrer roten Renaissance-Kleidung (1577)

sie das brauchtümliche Leben in unserer Stadt fast ein halbes Jahrtausend maßgeblich mitgestaltet haben. *»Von der ausgezeichneten Hofkapelle, der Oper und dem Spiel der Militärmusikbanden abgesehen, ruhte die öffentliche Musik so ziemlich in der Hand der ehrsamen Stadtmusikanten, welche 42 Mann stark in sechs Compagnien eingetheilt waren. Jeder war ein bestimmtes Lokal zur Ausübung ihrer Kunst angewiesen, der ersten der große Löwengarten, der zweiten der Bögner und der Stachus, der dritten die Arche Noah, der vierten der schwarze Adler, der fünften die Trinkstube und der letzten der Eberlstadl vor dem Sendlingerthor. In den anderen Schenklokalen gab es keine Musik zu hören.«*[20] Neben den Auftritten der Stadtpfeifer bei offiziellen Anlässen der Stadt, dem Abblasen vom Turm, den Diensten in der Kirchenmusik, dem Begleiten der Fronleichnamsprozession in ihrer roten Tracht (deren Aussehen uns aus dem Jahr 1577 hervorragend überliefert ist[21]), ja sogar gelegentlichen Aushilfen bei Bällen und Opernaufführungen des Hofes, gehörte das Aufspielen zu Hochzeiten, Primizen, Secundizen (50jährigen Priesterjubiläen), diversen Tanzveranstaltungen, Faschingsbällen und das Musizieren von kleinen Abendmusiken (Serenaden, Ständchen) für angesehene Bürger zu den Aufgaben der Stadtmusikanten.

1334 taucht der erste Stadtmusikant in der Münchner Stadtrechnung auf, 1343 ist schon von dreien die Rede, ab 1498 gab es vier Pfeifer im Dienst der Stadt. 1544 hatten die Stadtmusikanten als städtisches Eigentum 7 »schreiende Pfeifen« und 7 Zwergpfeifen (zwerch = quer), darunter eine Fedl- und eine Tanzpfeife, außerdem 6 Flöten und eine Posaune. Auch Trommler wurden gelegentlich eingesetzt. Zeitweilig scheint es auch amtliche Vortänzer gegeben zu haben, jedenfalls erhielt ein solcher, Mang Muelich, 1524 von der Stadt ein Geschenk.

Aus dem Jahr 1630 stammen *»Neue Säz und Ordnung der Stattpfeiffer alhier zu München«*, die eine nicht überlieferte ältere Ordnung ergänzen. In sechs Artikeln wurde festgehalten, was den Musikern bei Stuhlfesten und Hochzeiten an Häftl- und Tanzwein, Essen und Geld zustand, und wie sie ihre Rechte gegenüber anderen Spielleuten durchsetzen konnten. Der vierte Artikel bringt einen interessanten Hinweis auf die Vielseitigkeit der Stadtpfeifer, die neben Blas- auch Streichinstrumente beherrschten. Von etwa 1650 bis zum Verbot von Passionsspielen 1770 führten die Stadtmusikanten im Rathaussaal sogar alljährlich die Passion auf.[22]

Gedruckte Ordnung der Fronleichnamsprozession vom 18. Juni 1767, in der unter Ziff. 5 die Stadtmusikanten »mit rothen Mänteln« aufgeführt sind

Als 1777 Wolfgang Amadeus Mozart (1756–91) München besuchte, wohnte er im Gasthaus zum »Schwarzen Adler« an der Kaufingergasse unweit der Frauenkirche, dessen kunst- und musikliebender Wirt Franz Joseph Albert (1726–89)[23] aus einer bekannten Stadtmusikantenfamilie stammte. Sein nach München zugezogener Großvater Johann Caspar Albert war zuvor »*Türmer zu Aichach*«, der Vater Franz Joseph Albert war Münchner Stadtgeiger. Er selbst hatte eine fundierte musikalische Ausbildung, war aber eigentlich auch kein Wirt, sondern studierter »*Chirurgus*«!

Bei Albert im »Schwarzen Adler« also bekam Mozart Gelegenheit, eine Compagnie der Stadtmusikanten zu hören. An seinen Vater schrieb er über dieses Ereignis am 3. Oktober 1777[24]: »*…beyläufig um halbe 10 Uhr kam eine Musique von 5 personnen, 2 clarinete, 2 corni und 1 fagotto. Herr Albert, dessen namenstag morgen ist, liesse mir und ihm zu Ehren diese Musique machen, sie spielten gar nicht so übel zusammen. Es waren die nämlichen leute, die bey Albrecht im sall aufmachen, man kennt aber ganz gut, daß sie von [dem Hofoboisten] Fiala abgerichtet worden. Sie bliesen stück von ihm; und ich muß sagen, das sie recht hübsch sind.*«

Aber schon vier Jahre später, 1781, beschloß der Rat der Stadt, die Stadtpfeiferstellen »*abgehen*« zu lassen, doch wurden in den folgenden Jahren weiter neue Musikanten aufgenommen. Erst 1803 wurde zwei Bewerbern unmißverständlich mitgeteilt, »*daß man keine Stadtpfeifer mehr für beständig aufzunehmen gedenke*«. 1807 bestimmte

Die 1993 wiedergegründeten Münchner Stadtpfeiffer in der traditionellen Renaissance-Tracht

schließlich der Magistrat: »*Dieser unnütze Dienst soll erlöschen, ...*« Aber auch dieser Beschluß führte noch nicht zum Ende.

Im April 1802 klagten die Münchner Stadtmusikanten über Beeinträchtigungen, die ihnen einerseits aus den mißlichen außen- und innenpolitischen Verhältnissen und andererseits durch ihre Konkurrenten erwachsen waren. Die Anwesenheit französischer Soldaten in der Stadt, langanhaltende Trauerzeiten, Abschaffung der Feiertage, entfallende Kirchendienste, Konkurrenz der Militärmusiker und Hoftrompeter sowie das Eindringen von Laien in die Kirchenmusik – all dies drohe ihnen die Existenzgrundlage zu vernichten.

1806 wiederholten sich ihre Klagen. Als Ersatz für Primizen und Jahrtage baten die Stadtmusikanten um die Zusicherung von Feierlichkeiten wie »*Soupés, Dinés oder ander Freundschaftsmahle*« als eigene Rechte wie Hochzeiten.

Durch die Gewerbeordnung vom 1. Dezember 1804 wurde der Zunftzwang zwar gelockert, aber noch nicht grundsätzlich beseitigt. Auch das Zwangsrecht, nach dem Wirte nur die Stadtmusikanten in ihren Gasthäusern spielen lassen durften, fiel. Andernseits verlangten die höheren technischen Anforderungen, die schon die Komponisten des ausgehenden 18. Jahrhunderts stellten, spezialisierte und folglich besser ausgebildete Musiker, die ihr Instrument perfekt beherrschten. Die Stadtpfeifer, die auf mehreren Instrumenten wohl nur Mittelmäßiges leisteten, genügten dem Publikumsgeschmack auch in der Unterhaltungs- und Tanzmusik nicht mehr. Eine Entschließung der Kreisregierung vom 10. Oktober 1817 beschränkte die Privilegien der Stadtmusikanten ganz nur mehr auf wenige Gelegenheiten und stellte den Wirten endgültig die Wahl ihrer Musikanten frei.

Das Gewerbegesetz von 1824/25 setzte als Rechtsnachfolger der Zünfte die Gewerbevereine, weshalb auch die Münchner Stadtpfeifer versuchten, als Gewerbeverein weiterzubestehen. Aber 1827 kam es zu Streitigkeiten, als acht Musikanten aus dem Gewerbeverein austraten und einen »städtischen Musikverein« bildeten. So *»erlosch im Jahr 1827 die Abtheilung der Stadtmusikerzunft in Compagnien gänzlich«*[25].

Auf Initiative von Klaus-Dieter Engel wurden die »Münchner Stadtpfeifer« auf der Basis eines eingetragenen Vereins 1993 wiedergegründet und im Jahr darauf mit fachlicher und finanzieller Unterstützung des Kulturreferats mit ihrer traditionellen roten Renaissance-Kleidung, wie sie aus dem Jahr 1577 bildlich überliefert ist, ausgestattet.

Der Stadtmusikant Augustin Holler und seine Kompositionen[26]

Im Nachlaß des Peter Hueber (1766–1843), eines Sachranger Bauernmusikers und Universalgenies (er war zugleich Müller, Bürgermeister, Chorregent, Arzt und Apotheker)[27], sind rund 300 Musikhandschriften erhalten geblieben, die sich heute im Bestand der Bayerischen Staatsbibliothek befinden. Nicht weniger als rund 110 Kompositionen davon stammen von dem Münchner Stadtmusikanten Augustin Holler. Robert Münster erklärte den großen Anteil der Hollerschen Kompositionen im Nachlaß von Peter Hueber noch 1988 durch den Umstand, daß Hueber in München studiert hatte und eine Zeitlang hier auch als Hauslehrer bei einem Baron von Lilien gewirkt hatte, bis er die väterliche Mühle in Sachrang übernehmen mußte[28]. Die intensiven Quellenforschungen zum Jubiläumsjahr 1993 brachten jedoch keine Nachweise zutage, wonach Hueber tatsächlich auf dem Gymnasium in München war und hier auch studiert hat[29]. Münster vermutet nunmehr, daß Hueber die Klosterschule des Augustiner-Chorherrenstifts Weyarn besucht hat, an der auch Philosophie und Moraltheologie unterrichtet und ausgezeichneter Musikunterricht gegeben wurden[30]. Jedenfalls wird zu der Freundschaft zwischen dem Müllner Peter und dem Münchner Stadtmusikanten Augustin Holler auch Huebers musikalische Vielseitigkeit (er spielte Orgel, Violine, Viola, Violoncello, Kontrabaß und wahrscheinlich auch mehrere Blasinstrumente) ihren Teil beigetragen haben. Die meisten aus Sachrang erhaltenen Werke Hollers hat Hueber eigenhändig abgeschrieben.

Georg Augustin Holler wurde am 18. Juni 1744 in Sperlhammer bei Rothenstadt in der Oberpfalz geboren. Nach dem Besuch des Gymnasiums in Freising (wo er wahrscheinlich bei Placidus von Camerloher studierte), verließ er 1766 Freising und heiratete 1769 in München. 1773 wurde er Münchner Stadtmusikant, was er bis 1811 blieb. Daneben war er noch als Musiklehrer an der Herzoglich Marianischen Landesakademie tätig. Am 13. Februar 1814 ist Augustin Holler in München gestorben.[31] Nach Schönhueb[32] war er zuletzt *»Stadtmusikmeister«*, doch der Eintrag im Totenregister der Frauenkirche nennt ihn schlicht *»Stadtmusikus«*[33].

Robert Münster urteilt über Augustin Holler[34]: »*An seiner Schulbildung gemessen stand Holler im Bildungsniveau weit über seinen Stadtmusiker-Kollegen, von welchen manche nicht einmal des Schreibens kundig waren. Bei den meisten dieser Musikanten ging die musikalische Qualifikation kaum über ein Mittelmaß hinaus. Dies ist auch abzulesen an den meisten Kompositionen Hollers, die einerseits auf die spieltechnischen Möglichkeiten der Stadtmusiker Rücksicht nehmen mußten, andernseits den Konsumenten, den Bürgern und dem einfachen Volk, keine allzu hohen Ansprüche stellen sollten.«*

Die meisten Kompositionen Hollers entsprachen dem Zeitgeschmack, sie waren zur leichten Unterhaltung des Volkes gedacht, so daß man fast versucht ist, sie neudeutsch als »Pop-Musik« jener Tage zu bezeichnen. Dazu wieder Münster[35]: *»Seine Schreibart ist gänzlich unkompliziert, in der harmonischen Disposition sehr einfach gehalten. Es haftet ihr aber doch bei aller Simplizität der Reiz erfrischender Ursprünglichkeit, einer gesunden Handfestigkeit an.«* Und Adolf Sandberger schrieb schon 1900 über Holler[36]: *»Bei ihm treten Elemente einer niedern, aber urwüchsig natürlichen Lustbarkeit hervor. Seine Melodik ist oft sehr simpel; aber man sieht, dieser Mann hat unmittelbar Fühlung mit dem niedern Volk.«*

Zusätzlich trug Holler durch seine einfache Schreibweise der Tatsache Rechnung, daß die spieltechnischen Möglichkeiten vieler Stadtmusikanten relativ begrenzt waren und die meisten Stücke »prima vista«, also vom Blatt gespielt wurden, da man für Proben damals sicherlich nicht viel Zeit aufgewendet hat.

Nach einer Aufstellung von Robert Münster sind von Augustin Holler folgende Kompositionen erhalten[37]:

1. Instrumentalmusik: 1 Sinfonie (1784), 3 Epistelsinfonien, 12 Serenaden für Bläser und Streicher, 2 Divertimenti für Bläser und Streicher, 1 Divertimento für Klarinette und Streicher, 1 für Horn und Streicher und 1 für Viola und Streicher, 2 Parthien für Bläser und Streicher, 1 Streichquartett, 1 Streichtrio, 1 Duo (Divertimento) für 2 Violin und 1 für 2 Bratschen, 12 Allemanden für Bläser und Streicher und 6 Menuette für Bläser und Streicher.

2. Vokalmusik: 2 Gratulationskantaten für Peter Hueber (1807), 23 Lateinische und 15 Deutsche Messen, 2 Lateinische Requiems, 1 Gloria, 12 Litaneien, 3 Vespern, 1 Stabat Mater, 1 Deutsche Leidensgeschichte in 7 Teilen, 10 Offertorien, 1 Salve Regina und 41 Deutsche Kirchenlieder.

Ein »Gusto-Stückerl« für Liebhaber des Streichquartetts ist das einzige überlieferte Streichquartett Hollers[38]. Es erinnert mit seinen vier Sätzen (Moderato – Adagio – Menuetto – Allegretto) an die formalen und stilistischen Gepflogenheiten Haydns und Mozarts, kann aber inhaltlich den beiden nicht das Wasser reichen. Die einfache Spieltechnik geht in der 1. Violine nicht über die 3. Lage hinaus, in den übrigen Streichern kaum über die 1. Lage. Ein einfaches Werk, das den klassischen Kadenzrahmen mit Tonleiterstrecken und Dreiklängen füllt, trotz seiner Einfachheit eines gewissen Charmes aber nicht entbehrt.

Eine Münchner Spezialität waren die Serenaden, von denen von Holler in der Bayer. Staatsbibliothek elf für unterschiedliche Besetzungen und mit zwischen 3 und 10 Sätzen erhalten sind.[39] Sie wurden meist zu Ehren einer Person oder einer Personengruppe gespielt, so wie wir es heute noch im Rahmen eines »Ständchens« kennen. Das bedeutendste Werk Hollers ist die 1778 entstandene, mit ihren acht Sätzen groß angelegte

»Serrenata in C«.[40] Mit ihrer ebenso auffallend großen Besetzung von 16 Blasinstrumenten (2 Flöten, 2 Oboen, 2 Klarinetten, 2 Bassethörnern, 2 Fagotten, 4 Hörnern, 2 Trompeten) und Streichern übertrifft sie alles andere, was aus dieser Zeit an vergleichbaren Werken auch am Hof des Kurfürsten bekannt ist. Für unsere Stadtmusikanten war sie jedoch wahrscheinlich nicht komponiert, da sie sich sowohl im Hinblick auf die sehr große Besetzung als auch durch ihren technischen Schwierigkeitsgrad von den anderen Werken deutlich abhebt. Vielleicht diente diese Serenade zur Bewerbung Hollers als Hofmusikant.

Als Besonderheit dieser Serenaden wäre anzumerken, daß sie mit einem Marsch beginnen: Zum Marschieren an den Aufführungsort des Ständchens (z.B. vor einem Fenster oder Balkon). Der Schlußsatz ist dann folgerichtig wieder ein Marsch, teilweise auch die Wiederholung des Anfangsmarsches: zum Abmarsch der Compagnie. Daß es sich bei diesen Serenaden offensichtlich um kleine Standkonzerte handelte, dafür spricht die Instrumentierung: wohl wurde ein Kontrabaß verwendet (der sich im Stehen streichen läßt), das im Sitzen zu spielende Violoncello fehlt aber in jeder dieser »Aufmarsch«-Serenaden. Hervorzuheben wäre der allgemein tänzerische Charakter der Serenaden, der durch knapp gestaltete Menuette betont wird, aber sich auch durch die melodische und formale Gestaltung der anderen Sätze nicht verleugnen läßt. Holler bezieht in die Mehrzahl seiner Serenaden auch die damals in Mode stehende Polonaise mit ein. Dies ist sicherlich durch die Vorliebe der »höheren« Gesellschaft für diesen Tanz bedingt, die ja das überwiegende Klientel der Serenadendarbietung war.

Die im Werkverzeichnis als »Divertimento« aufgeführten sieben Kompositionen tragen im Original den Namen »Avertissement«[41], was soviel wie Nachricht, Hinweis, Ankündigung bedeutet. Robert Münster geht davon aus[42], daß diese Bezeichnung mit dem musikalischen Inhalt dieser Werke eigentlich nichts zu tun hat. Die Bezeichnung ist vielleicht eine absichtliche oder unabsichtliche Verballhornung von Divertimento oder Divertissement. Jedenfalls handelt es sich um kleiner besetzte Werke mit zum Teil divertimentoartigem Charakter. Bis auf die »Avertimentes« in C für zwei Piccoloflöten, zwei Klarinetten, ein Fagott, zwei Hörner, zwei Trompeten und Pauken, sind die übrigen Avertissements für eine kleinere Besetzung konzipiert. Bemerkenswert sind die Avertimentes in C in ihrer Anlage als Zyklus von 12 Allemanden. Zusammen mit der Anglaise gehörten diese Deutschen Tänze[43] zu den beliebtesten Tänzen in München um 1800[44]. Auch hierin findet sich wieder die Einstufung der Hollerschen Musik als leichte Unterhaltungsmusik bestätigt.

Die Laienmusik in München im 19. Jahrhundert

Um 1800 vollzog sich der Übergang von einer Stände- zur Klassengesellschaft. Das hatte ein Erstarken des Bürgertums zur Folge. Musik und Theater, bis dahin eng mit dem Hof und dem Adel bzw. mitunter auch den Kirchen und Klöstern verbunden (z.B. das Jesuitentheater bis 1773), wurden zunehmend der Allgemeinheit zugänglich. Auch der gemeinsame Gesang musikalischer Laien erlebte wie die gesamte musische Betätigung der Bürger in jener Zeit einen Aufschwung. Und wenn Lorenz Westenrieder 1782 feststellte[45], »*Die Musik gehört zu den Lieblingsfreuden der Einwohner, und in wohlgeordneten Häusern wird sie ohne Ausnahm als ein wichtiges Stück einer guten Erziehung betrachtet*«, dann meint er damit gewiß nicht deren passiven Genuß, sondern vielmehr das eigene häusliche Musizieren. An anderer Stelle[46] berichtet uns Westenrieder: »*In den Dultzeiten singt man auf öffentlichen Plätzen Volkslieder ab, von welcher Einführung sich der beste Gebrauch machen ließ. Einzeln werden auch noch Lieder vor den Häusern gesungen, welche ehemals, wie die Nachtmusiken, die noch in voller Gewohnheit sind, üblich waren.*« Kritischer war dagegen Christian Müller[47], als er 1816 niederschrieb, die Mütter seien »*regsame und geschickte Hausfrauen*«, die ihren Töchtern die häuslichen Tugenden beibrächten, »*und das thun sie meisterhaft*«. »*Darin, verbunden mit einigen Lektionen im französisch Plaudern, Guitarre und Singen, besteht denn nun auch größtentheils die häusliche Erziehung erwachsener Töchter.*« Aber viele Früchte würden laut Müller diese Bemühungen nicht tragen, denn: »*Musikeinlagen sind dabei äußerst selten, und ihre Ausbildung beschränkt sich in der Regel auf ein erbärmliches Guitarrenspiel mit etwas Gesang.*«

Mit den Münchner Carnevals-Musiken des frühen 19. Jahrhunderts hat sich der Münchner Musikhistoriker Josef Focht eingehend beschäftigt[48]. Es handelt sich dabei um einen Teilbereich der Musik- und Tanzgeschichte Münchens, der in der Zeit seiner Hochblüte im gesellschaftlichen Leben unserer Stadt große Bedeutung und in seinen Nachwirkungen im Verlauf des vorigen Jahrhunderts außerordentlichen Einfluß auf die Volksmusik hatte, da sich nach 1800 von München aus eine wahre Lawine von handschriftlichen und gedruckten Zyklen von Allemanden, Deutschen, Ländlern und Walzern, von Angloisen und Ecossaisen und wie all die anderen, manchmal recht kurzlebigen Modetänze hießen, verbreiteten. Ihre spezifisch Münchner Ausprägung erhielten die Redouten vor allem unter Josef Anton Graf von Seeau, der fast die ganze zweite Hälfte des 18. Jahrhunderts das Theaterwesen und die Musik in München fördernd und hemmend zugleich beherrschte. 1759 hatte sich Seeau in das Redoutenhaus an der Prannerstraße eingekauft, das fortan mit Redouten, Maskierten Akademien, Konzerten und Theateraufführungen eine bedeutende gesellschaftliche Rolle spielte.

Waren die Redouten im 18. Jahrhundert noch mehr oder minder eine »geschlossene Veranstaltung« des Hofes und des Adels, so brachten der neue Geist der Aufklärung und der Anbruch des »bürgerlichen Zeitalters« um 1800 eine gewisse Öffnung, die u.a. auch in den zahlreichen Notenpublikationen ihren Ausdruck findet. Die solchermaßen reichlich erschienenen Klavierbearbeitungen von Tänzen dienten nicht nur zur Begleitung der kleinen privaten Tanzveranstaltungen in den Münchner Bürgerhäusern, wahrscheinlich hat man mit ihrer Hilfe auch die Bälle der 1802 gegründeten »Gesellschaft Museum« begleitet. Einen entsprechenden Hinweis dazu finden wir auch 1816 wieder bei Christian Müller. Da gab es nämlich in München schon zu Jahrhundertbeginn auch außerhalb der Faschingszeit wöchentliche Tanzgesellschaften, z.B. im kleinen Saal der »Gesellschaft Museum« in der Promenadestraße, wo die Tänze »*von einer meisterlich gespielten Harfe*« begleitet wurden. Der bayerische Sprachforscher und Staatsbibliothekar Johann Andreas Schmeller notierte nach einem Faschingsabend in einem Privathaus am 13. 2. 1827 in seinem Tagebuch[49], auch dort »*belustige sich das junge Volk mit tanzen bey einer Harfe*«. Ebenso war bei den frühen Volkssängern das verbreiteste Begleitinstrument eine Harfe.

Nach 1830 entstanden die ersten Münchner Orchestervereine (in denen auch ausgebildete Musiker tätig waren): 1831 der »Philharmonische Verein«, 1834 der »Privat-Musikverein« und ebenfalls vor 1835 der »Musikverein im kleinen Rosengarten«[50]. Aus den biedermeierlichen »Gesellschaften« gingen dann weitere private Orchester und Chöre hervor, wie 1840 die heute noch bestehende »Bürger-Sänger-Zunft München«, die u.a. den kgl. Hoftheaterdirektor Konrad Max Kunz, den Komponisten der Bayernhymne (1861), als Musikalischen Leiter verpflichten konnte. Von großer Popularität war auch Josef Gungl. Bei dem 1864 gegründeten Laienorchester »Wilde Gungl« dirigierte Franz Strauss die Uraufführung der Jugendwerke seines Sohnes Richard Strauss. 1880 entstand als weiteres Laienorchester der »Neue Orchester-Verein e.V.«. »*Daneben fand die Kammermusik in vielen Häusern eine wahrhaft andächtige Pflege, und es war sehr gewöhnlich, daß nach den Geschäften und Mühen des Tages vier oder fünf Freunde in einem Stübchen beisammen saßen und sich an Haydn's und Mozart's wunderherrlichen Tonschöpfungen erfreuten.*« [51]

In diese Zeit fallen außerdem 1811 die Gründung der Musikalischen Akademie, 1818 die Eröffnung des Kgl. Hof- und Nationaltheaters (das aufgrund seiner finanziellen Notlage bald auch für Bälle, Automaten-Vorführungen, Athletenkämpfe, Wunderkinder- und Taschenspieler-Auftritte usw. vermietet wurde), 1828 des Odeons (das sowohl der »ernsten« Musik als auch der leichten Muse offen stand) und 1846 der Gründung des Kgl. Konservatoriums. Hinzu kommt, daß München unter Johann Kaspar Aiblinger (1779–1867) und unter Kaspar Ett (1788–1847) auch zur führenden deutschen Stadt der katholischen Kirchenmusik wurde. Wesentlichen Anteil daran hatte auch das im vorigen Jahrhundert erwachende Laienchorwesen.

Das Laienchorwesen seit dem 19. Jahrhundert

Die Chorgeschichte des 17. und 18. Jahrhunderts in München ist (abgesehen vom Jesuitentheater) die der professionellen Chöre, wenn sich auch noch der erste Münchner Opernchor aus nebenberuflichen Mitgliedern zusammensetzte und später immer wieder auf Laiensänger zur Verstärkung zurückgegriffen werden mußte. Das Laienchorwesen taucht in der Münchner Musikgeschichte nun erst wieder Anfang des 19. Jahrhunderts auf. Michael (1737–1806) und Joseph Haydn (1732–1809) sowie Franz Schubert (1797–1828), aber auch der Münchner Generalmusikdirektor und Komponist Franz Lachner (1803–90) und andere Komponisten versorgten das gebildete Bürgertum mit entsprechenden Liedern. »*Die ›Pflege des mehrstimmigen Männergesangs‹ war eine zeitgemäße Form bürgerlichen Vereinslebens, die in den vergangenen Jahrzehnten immer mehr Anhänger gefunden hatte. Die erste Liedertafel hatte Carl Friedrich Zelter (1758–1832), ein Freund Goethes, bereits 1809 in Berlin gegründet. Es war eine exklusive Männerrunde, die ihre Gesellschaftsabende einem strengen, mittelalterli-*

chen Ritual unterwarf. Im süddeutschen Raum entstanden wenig später auf Initiative des Schweizer Musikpädagogen Hans Georg Nägeli (1773–1836) die ersten Liederkränze, die wesentlich volksnaher und demokratischer organisiert waren.«[52] »Liederkranz« nannte sich dann auch der 1826 gegründete erste Münchner Gesangverein. Er war recht rührig, aber kurzlebig, denn er löste sich schon 1840 wieder auf[53].

Unter den Vereinen zur Musikpflege wuchsen die Gesangvereine in München am stärksten an. Am Ende des 19. Jahrhunderts waren es etwa 130. Die Orchester- und Konzertvereine erreichten kaum ein Fünftel dieser Zahl. Neben den letzteren entstanden einige Dutzend Vereine, die sich mit der Pflege einer einzelnen Instrumentenart befaßten, vor allem solcher Instrumente, die in einem Orchester üblicherweise nicht vertreten sind.[54] Bei weitem die meisten Vereine waren Zitherklubs[55], aber es gab in München z.B. auch drei Mandolinenvereine und einen Jagdhornklub. Ab etwa 1870 war das Zitherspiel zunehmend von den professionellen Musikern (den Virtuosen, Zitherlehrern und Orchestermusikern) auf die Laien übergegangen, die sich in Vereinen zu organisieren begannen. Als Beamte, Handwerker und Geschäftsleute gehörten diese bis zum I. Weltkrieg überwiegend dem sozialen Mittelstand an, während sich die ärmere und geringer ausgebildete Arbeiterklasse die instrumentale Musikausübung im beginnenden 20. Jahrhundert erst sehr mühsam erkämpfen mußte.[56] Ansonsten blieb ihnen bis dahin nur der Gesangverein.

Die beiden wichtigsten und langlebigsten Münchner Gesangvereine gingen aus geselligen Vereinen hervor. So bildete sich die »Bürger-Sänger-Zunft« ab 1835 als Unterabteilung im Bürgerverein, von dem er sich 1840 selbständig machte.[57] Im selben Jahr bildete sich die »Münchner Liedertafel« in der Gesellschaft »Frohsinn«, die sich dann wiederum drei Jahre später verselbständigte. Beide Chöre bestehen heute noch. Der erste Dirigent der Liedertafel war übrigens der bereits erwähnte Konrad Max Kunz. Schon vor 1840 hatten auch die Hoftheater-Chorsänger eine eigene »Liedertafel« gegründet, die Künstler ihren »Singverein Neu-England«. Wegen der Mitgliederbeschränkung dieses Vereins entstand 1847 der zweite Künstler-Gesangverein »Gambrina«. Beide Künstler-Gesangvereine schlossen sich schon 1851 zusammen. 1846 wurde schließlich auch ein Militärgesangverein gegründet, dem vorwiegend Unteroffiziere angehörten, und der es bis zum Jahrhundertende auf rund 300 Mitglieder brachte. Seit 1843 bestand im Anschluß an den geselligen Verein »Typographia« ein neuer »Münchner Liederkranz«, der sich 1848 verselbständigte. Als weiteren Gesangverein aus den 40er Jahren wäre der »Protestantische Gesangverein« zu erwähnen. Ebenfalls 1843 gründeten Handwerksmeister und Gesellen einen »Singverein«, den sie nach der Aufstellung der Bavaria 1850 »Neu-Bavaria« nannten.[58]

Waren die Gesangvereine der Biedermeierzeit schon exklusive Männerrunden, so gilt dies nicht minder auch für die in der zweiten Hälfte des 19. Jahrhunderts entstandenen Arbeitergesangvereine. Als deren erster ist zu erwähnen die bereits vor 1870 gegründete »Sängerrunde des Arbeiterbildungsvereins«, dem zahlreiche weitere folgen sollten: Gesellschaft Morgenrot (1874), Münchner Sängertreue (1875), Gesangverein Morgenstern (1877), Arbeiter-Gesangverein München (1877) usw. Sie standen natürlich in der Zeit der Bismarckschen Sozialistengesetze zwischen 1878 und 1890 unter besonders strenger Polizeiüberwachung. Trotzdem fanden sich auch immer mehr Arbeiter einer bestimmten Berufsgruppe zum gemeinsamen Chorgesang zusammen, wie z.B.: Typographia (1876) und GV Gutenberg (1894), 1919 zusammengefaßt zum Buchdrucker-GV, »Nicht nur verzagt«/Schuhmacher-GV (1880), Handschuhmacher-GV (1881), Schlosser-GV (1882), Sängerrunde der Bäcker und Konditoren (1893), Graphischer GV (1898), AGV der Küfer und Schäffler (1906), es gab einen Buchbinder-Männerchor, einen GV der Brauereiarbeiter, eine Sängerrunde der Hafner usw. Bis zur Jahrhundertwende gab es in München bereits etwa 130 Gesangvereine und Chöre!

Bis 1909 blieb die Münchner Arbeitersängerbewegung eine reine Männersache. Dies allein mit dem bis 1908 gültigen Bayerischen Vereinsgesetz zu begründen, das Frauen die Teilnahme am politischen Leben verbot, wäre allerdings zu kurz gegriffen. Der Hauptgrund für den Ausschluß der Frauen ist wohl in erster Linie im Bewußtseinsstand der damaligen Bevölkerung zu suchen, in der die Frage der Frauengleichberechtigung erst allmählich virulent wurde. Zwar berichtet die Vereinschronik der »Bürger-Sänger-Zunft« bereits 1870 erstmals von einem gemischten Chor; die nächste Erwähnung eines solchen erfolgt aber erst nach weiteren 26 Jahren. Den Anstoß für die Gründung des ersten Frauenchores in München 1909 gab ein Besuch von Arbeitersängern aus Wien, die bereits Frauen in ihren Reihen hatten. Noch im selben Jahr wurde der »Münchner Frauenchor« gegründet und im Jahr darauf gab es bereits zwei gemischte Chöre: den »Volkschor Union« und den »Volkschor Schwabing«. Der »Münchner Frauenchor« ging 1928 im »Volkschor München-West« auf; 1989 entstand ein neuer »Münchner Frauenchor«. *»Die Einbeziehung von Frauen in den Laienchor kann als eigenständiger Beitrag der Arbeitersängerbwegung zur gesellschaftlichen Emanzipation der Frau, aber auch zur kulturellen Entwicklung insgesamt gewertet werden; erst den gemischten Chören, die in der bürgerlichen Sängerbewegung damals verpönt waren, war es möglich, auch schwierige Chorwerke zu bewältigen, die vorher fast ausschließlich den Berufschören vorbehalten waren.«*[59]

Die Münchner Chöre, vor allem die Arbeiterchöre erreichten ihren künstlerischen Höhepunkt in der 2. Hälfte der 20er Jahre. In dieser Zeit setzten sich hier auch die gemischten Chöre durch. Mit einer Reihe sehr anspruchsvoller Konzerte erhoben sich einige Arbeitergesangvereine *»weit über den musikalischen Durchschnitt in den eigenen Reihen, aber auch der Münchner Laienchöre insgesamt. Sie hatten ein altes, ehemals weit entferntes Ziel der Arbeitersängerbewegung erreicht: die künstlerische Überrundung der bürgerlichen Sänger; nur noch professionelle Chöre und große Kirchenkantoreien konnten sich mit ihnen messen.«*[60]

Zu den alten, vor 1900 gegründeten Gesangvereinen kamen nach der Jahrhundertwende eine ganze Reihe von Neugründungen, von denen viele in unmittelbarem Zusammenhang mit dem Neubau von Arbeitersiedlungen standen. Als Beispiele seien genannt: AGV Schwabing (1901), AGV Sendlinger Oberfeld (1905, 1910 MGV Liberta), MGV Haidhausen (1907), MGV Milbertshofen-Riesenfeld (1909), Volkschor Vorwärts Moosach (1914), Liederkranz Ramersdorf (1920) und Gemütliche Sänger (1924, ab 1928 Volkschor) Ramersdorf, MGV Harmonie Berg am Laim (1924), GV Alte Heide

(1925), Sängerrunde Oberwiesenfeld (1926), MGV Frohsinn Denning-Englschalking (1927) und Volkschor Giesing (1928).

Dann aber gab es eine starke Zäsur: Nach 1928 hatten vor allem die Arbeitergesangvereine durch die große Arbeitslosigkeit einen starken Mitgliederschwund, dann kam 1933 das Verbot der Arbeitergesangvereine und die sogenannte Gleichschaltung der übrigen Vereine. »*Eine Reihe von Münchner Arbeiterchören machte von der Gleichschaltung Gebrauch. Meist war damit eine Namensänderung verbunden, da politische Namen wie Lassallia und der eng mit der Arbeiterbewegung verbundene Begriff Volkschor nicht zugelassen wurden. So wurde aus dem Volkschor München-West die Singgemeinschaft München-West, der Münchner Volkschor schloß sich mit dem Volkschor Lassallia zum Münchner Madrigal- und Oratorienchor zusammen, der Volkschor Neuhausen änderte seinen Namen in Chorgemeinschaft Neuhausen.*«[61]

Beim Neubeginn nach 1945 entstanden viele der alten traditionsreichen Münchner Gesangvereine und Chöre nicht wieder. »*Dem Rückzug der ehemaligen Arbeitergesangvereine ins Unpolitische folgte im Zusammenhang mit der Durchsetzung des Fernsehens als Massenmedium der Rückzug der Vereinsmitglieder ins eigene Wohnzimmer; das allgemeine Chöresterben machte auch vor den Münchner Vereinen nicht halt. Heute existieren nur noch drei Vereine, die unmittelbar aus der Arbeitersängerbewegung stammen: der Volkschor Neuhausen, der MGV Milbertshofen-Riesenfeld und die Liedertafel Pasing (...).*«[62] Doch das Laienchorwesen erfreute sich dann ab den 60er Jahren einer erstaunlichen Renaissance und so kann München heute wieder mit Stolz auf einen Bestand von rund 300 Laienchören und Gesangvereinen verweisen.

Münchner Marienlieder aus vier Jahrhunderten

Der Marien- und der Annenkult

Maria himelkhönigin
Patronin übers Bayerland,
Dich München liebt von hertzen sehr...

Das Motto für die Veranstaltung des Kulturreferats der Landeshauptstadt München aus Anlaß des Marienjahres 1987 am 10. Juli im Alten Rathaussaal haben wir einem Lied von Johann Khuen aus dem Jahr 1637, »*das Münchnerisch vnser lieben Frawen Gesang genandt*«, entnommen. Dieses Lied enthält übrigens nicht weniger als 31 Strophen. Den Abend mit Liedern und Musik zur Marienverehrung in der bayerischen Landeshauptstadt haben gestaltet ein Bläserquartett des Jugendblasorchesters St. Michael/Perlach, der Bogenhauser Dreigsang, der Feldmochinger Dreigsang, die Haidhauser Stubnmusi, der Mendlinger Dreigsang, das Moosacher Harfenduo und die Mooshausener Volksmusik.

Johann Khuen (eigentlich hieß er »Khain«) kam 1606 in Moosach zur Welt. Die Familie Khain war schon seit der Mitte des 15. Jahrhunderts in Moosach ansässig. Johann Khuen absolvierte 1625 das Jesuitengymnasium in München, dann studierte er Theologie. Ende des Jahres 1630 dürfte er in München die Priesterweihe empfangen haben. Am 10. Oktober 1634, gerade als die Pest in München am schrecklichsten wütete, wurde Khuen das Barthsche Benefizium zu den Hl. Drei Königen zu St. Peter in München übertragen.

Khuen konnte fortan ganz für die Dichtung leben, wobei seine Stärke in der Lieddichtung lag. Er gehörte zu dem Kreis um den Dichter Jacob Balde. Während aber Balde seine Werke vorzugsweise lateinisch verfaßte, pflegte Khuen die Dichtung in deutscher Sprache. Bis zu seinem Tod am 14. November 1675 bestimmte Johann Khuen die geistliche Lieddichtung Bayerns und darüber hinaus die des ganzen katholischen Süden Deutschlands.

Khuen selber war allerdings anfangs mehr im Annenkult als in der Marienverehrung verhaftet. Seinem Heimatdorf Moosach stiftete er 1655 in der St. Martins-Kirche eine St. Anna-Kapelle. Die hl. Anna, Mutter der hl. Maria und damit Großmutter Jesu (der Großvater ist bekanntlich der hl. Joachim) war als Patronin der christlichen Familie lange Zeit »Modeheilige«. Die Blütezeit der Annenverehrung lag im späten Mittelalter. Das Fest der hl. Anna am 26. Juli war 1558 für die katholische Kirche fest vorgeschrieben worden. Nach zeitweiligem Rückgang der Annenverehrung durch die Reformation und das Aufkommen einer starken Marienverehrung in der Gegenreformation kam es in der Barockzeit zu einer Nachblüte, in der die Mutter Mariens als Fürsprecherin in vielerlei Nöten angerufen wurde.

In dieser zweiten Blütezeit entstand in München in der 1737 eingeweihten Hieronymiter-Klosterkirche St. Anna im Lehel (der ersten Münchner Rokokokirche, einem Juwel der sakralen Baukunst in Altbaiern!) der »Annendreißiger«, auch »Annenablaß« genannt. Er wurde »*mit größtem Zulauf der Inwohner der Stadt*« – wie wir verzeichnet finden – ab dem Sonntag nach Mariä Geburt (8. September) gehalten, schloß sich also praktisch gleich an den »Frauendreißiger« von Mariä Himmelfahrt (15. August) bis Mariä Namen (12. September) an. Während dem »Annendreißiger« war täglich von 6 bis 1/2 11 Uhr und von 2 bis 1/2 6 Uhr das Allerheiligste ausgesetzt. Zu jeder vollen Stunde wurde der sakramentale Segen gespendet.

Der ältere, schon seit 1707 nachweisbare »Annendreißiger« bei der erstmals 1163 urkundlich erwähnten Wallfahrtskirche St. Anna in Harlaching wird sogar heute noch mit Nachmittags-Andachten gehalten. Die dortige, 1732 gegründete Annenbruderschaft besteht ebenso noch, wie die ein Jahr zuvor entstandene bei St. Anna im Lehel.

Und in diese zweite Blütezeit der Annenverehrung fällt auch der Bau einer neuen St. Anna-Kirche an der damaligen »inneren St. Annagasse« (heute Damenstiftstraße). Dort hatte schon Herzog Albrecht III. 1440 eine St. Anna-Kapelle erbauen lassen, die aber bereits 1496 einem gotischen Neubau weichen mußte. In den Jahren 1732 bis 1735 ließ nun Kurfürst Karl Albrecht für die dort seit 1668 ansässigen Salesianerinnen von den Brüdern Johann Baptist und Ignaz Anton Gunetzrhainer eine wunderschöne Barockkirche erbauen, die von den Brüdern Ägid Quirin und Cosmas Damian Asam mit leicht klassizistischen Tendenzen ausgestattet wurde.

Als gegen Ende des 18. Jahrhunderts die Aufklärung einsetzte, war auch diese Blüte der besonderen Verehrung der Mutter der hl. Maria schon wieder längst zu Ende.

Gnadenbilder

Dich München gar im Hertzen hat
Dein Kirch steht mitten in der Stadt.
Sie ist erbawet starck vnd vest
Zu deiner Ehr auffs allerbest.

Die Geschichte der Marienverehrung in München ist so alt wie die Stadt. Als 1271 die Marienkirche zur zweiten Pfarrkirche Münchens erhoben wurde, war die schon seit der Stadtgründung bestehende romanische Marienkapelle bereits um 1230 durch einen größeren Bau ersetzt worden. Daß man die Gottesmutter zur Patronin gewählt hatte, entsprang der neuen Form der Marienverehrung im hohen Mittelalter.

In der zweiten Blütezeit im ausgehenden Mittelalter wurde 1468 der Grundstein für eine neue, große gotische dreischiffige Hallenkirche gelegt. Nach elfjähriger Bauzeit war zwar der Rohbau fertig, aber auch das Geld verbraucht. Doch man wußte sich zu helfen und erwirkte vom Papst einen Ablaß. Allein zur »großen Gnad« in der ersten Ablaßwoche zwischen dem vierten und fünften Fastensonntag 1480 wurden 65 000 Wallfahrer in der selbst nur 13 000 Einwohner umfassenden Stadt gezählt. 24 000 waren es im zweiten und 35 000 im dritten Ablaßjahr. Bis zu 270 Beichtväter pro Tag waren in

Andachtsbild mit dem Marienbild der Bruderschaft der Bäckerknechte in der Hl. Geist-Kirche

Andachtsbild mit der »wundertthättigen Muetter Gottes zu Ramersdorff« (um 1700)

der Frauenkirche beschäftigt. Insgesamt kamen so 15 232 Gulden für den Kirchenbau zusammen. Schon 1494 konnte die fertige Kirche geweiht werden.

In der reichen Geschichte der Frauenkirche wurden bisher neun Gnadenstätten nachgewiesen. Dutzende weitere gab es in den anderen 25 Münchner Kirchen und 27 geweihten Hauskapellen. Die Anfänge der Münchner Gnadenstätten liegen hauptsächlich im Barock. Es ist die Zeit der Gegenreformation, des verheerenden Dreißigjährigen Krieges und der Feldzüge Kurfürst Max Emanuels gegen die Türken, Engländer und Österreicher. In der Not des Krieges, bedroht von Hunger und Krankheit suchte die Münchner Bevölkerung Zuflucht bei den Gnadenstätten. Adel, Bürger, Handwerker und Soldaten bauten ohne Erlaubnis Kapellen mit Gnadenbildern, so viele, daß sie 1709 die kaiserlich-österreichische Administration während der Besetzung der bayerischen Haupt- und Residenzstadt im Spanischen Erbfolgekrieg reihenweise abbrechen ließen.

Ein Großteil der Mariengnadenbilder des bayerischen Barock geht auf byzantinische Ikonen zurück. So wurde z.B. 1467 auf wundersame Weise ein Marienfresko von Skutari im nördlichen Albanien nach Genazzano bei Rom übertragen. Zu diesem Bild entstand eine große Wallfahrt. Die Kurfürstin Antonia Maria Walburga von Sachsen

(1724–80), Tochter des bayerischen Kurfürsten Karl Albrecht, ließ von dieser »Maria vom guten Rat« eine Kopie auf Leinwand malen, mit dem Original berühren, um etwas von seiner Wunderkraft darauf zu übertragen und 1760 in der Münchner Augustinerkirche zur Verehrung aufstellen. Deshalb sind auch vom Standpunkt der Kunstgeschichte diese Gnadenbilder nicht hohe Kunst, sondern Kopie und Wiederholung.

Die zweite historische Wurzel der Gnadenbildverehrung ist die Mystik, der Versuch der Gläubigen, sich dem Wesen Gottes und der Heiligen durch Versenkung und Konzentration vom Gefühl her zu nähern. Weil aber nur wenigen Menschen die mystische Versenkung aus der gedanklichen Konzentration heraus möglich ist, entwickelte man Hilfsmittel: ausführliche Beschreibungen und bildliche Darstellungen.

Nach 1500 fand der Typus der (stehenden) Schmerzhaften Muttergottes mit einem Schwert im Herzen unter dem Kreuz weite Verbreitung. 1651 schuf der Münchner Bildhauer Tobias Baader eine entsprechende Holzplastik, die in der kleinen Kirche des Herzogspitals, einem Altersheim und Krankenhaus für Hofbedienstete, aufgestellt wurde. Zu dieser Herzogspital-Muttergottes entwickelte sich in kürzester Zeit eine so bedeutende Wallfahrt, daß man bereits 1676 gezwungen war, die Statue an die linke Seitenwand zu versetzen, um sie vor Beschädigungen zu schützen. Nach dem Wunder der Augenwendung 1690 verlor das Gnadenbild seinen bisher weitgehend lokalen Charakter. Es entwickelte sich nicht nur Münchens größte Wallfahrt. Ein 1696 gedrucktes Mirakelbuch verzeichnet bereits 400 beglaubigte Wunder. Ein Jahr später wurde eine Bruderschaft zu den 7 Schmerzen Mariä errichtet. Das Gnadenbild wurde nun seinerseits vielfach kopiert. In den Münchner Kirchen gab es im 18. Jahrhundert wenigstens 7 Kopien der Schmerzhaften Muttergottes vom Herzogspital, in den Münchner Häusern sicher hunderte. Viele von ihnen wurden im Kloster der Servitinnen (»Dienerinnen Mariä de Monte Senario« oder »Schwestern der Jungfrau Maria von Schmerzen«), die von Kurfürstin Therese Kunigunde, der zweiten Gemahlin Max Emanuels, 1715 von Venedig an das Herzogspital geholt worden waren, manufakturmäßig hergestellt. Diesen Erzeugnissen sieht man ihre Herkunft aus der Mystik kaum an. Heute sind sie ein Appell an das Gemüt, nur eine fromme Sentimentalität verbindet sie noch mit ihren strengen Ursprüngen.

Die Herzogspital-Muttergottes steht sozusagen am Ende einer langen Reihe marianischer Wallfahrts- und Gnadenbilder im München des 17. Jahrhunderts: Um 1600 Maria Trost (Augustinerkirche), 1604 Mater Propitia (entstanden 1578, zuerst im Saal des Jesuitenkollegs, dann St. Michaels-Kirche, später Dreifaltigkeitskirche), 1612 Neubelebung des Vesperbildes (»Pietà«) von etwa 1340 (bis 1803 U. L. Frau in der Gruftkapelle, heute in Salmdorf), [1616 Patrona Bavariae (Residenz),] 1624 Hammerthaler-Muttergottes (Augustinerkirche, seit 1803 Hl. Geist-Kirche), 1626 Maria Loreto (Berg am Laim), 1628 Madonna Foyensis, eine Kopie des Gnadenbildes von Foya in Belgien, geschnitzt aus der heiligen Eiche von Foya (Jesuitenkolleg, dann Bürgersaal), 1629 Maria mit dem geneigten Haupt/Maria Landshut (Kirche des Klosters Hl. Maria vom Berg Karmel/Karmeliterkirche), 1629 Mariahilf (Au), 1632 Salva Guardia (Ridlerklosterkirche), 1635 Wachspietà (Jesuitenkolleg), [1638 Mariensäule (Marienplatz),] 1645 Föchinger Muttergottes (Kurfürstl. Hof), 1653 Mariahilf (St. Peter), 1655 Mariä Rosen

(U. L. Frau), spätestens 1660 Skapuliermuttergottes (Karmeliterkirche), 1688 eine byzantinische Marienikone (St. Anna im Lehel) und schließlich 1651 bzw. 1690 Schmerzhafte Muttergottes (Herzogspitalkirche).

Die Mariensäule

Zu München du dein Wohnung hast
Das zeiget an der schön Palast.
Die newe Vest hat für jhr Schildt
Ein wunderschöns Maria Bildt.

Johann Khuen erwähnt in seinem Marienlied zwar die von dem wohl größten Marienverehrer unter den Wittelsbachern, dem Herzog und späteren Kurfürsten Maximilian I., 1616 an der Westfassade seiner Münchner Residenz aufgestellte »Patrona Bavariae«, nicht aber die erst 1638, also nach Veröffentlichung seines Liedes, auf dem Münchner Schrannenplatz errichtete Mariensäule. Die großartige, von Hans Krumper modellierte Marienfigur an der Residenz trägt das Christuskind auf dem rechten Arm und ein Szepter in der linken Hand. Sie steht auf einer Mondsichel, zwölf Sterne um das gekrönte Haupt. So wie es in der Geheimen Offenbarung des hl. Johannes zu lesen ist (12,1): »*Und es erschien ein großes Zeichen am Himmel: ein Weib, mit der Sonne bekleidet, und der Mond unter ihren Füßen und auf dem Haupt eine Krone von zwölf Sternen.*« Und in dieser Form, als Patrona Bavariae, Schutzherrin Bayerns, steht sie auch auf der Mariensäule. Später erhielten dann bei ähnlichen Mariendarstellungen Krone und Szepter das Aussehen der bayerischen Kroninsignien, wobei das Jesuskind den Reichsapfel in der Hand hält.

Maximilian, 1573 geboren, wuchs ganz unter der tiefen Religiosität seines Vaters Wilhelm V. und dem jesuitischen Geist der Gegenreformation auf. 1595 wurde er offizieller Stellvertreter seines Vaters, zwei Jahre später Mitregent. Seine alleinige Regierungszeit begann 1598 nach der Abdankung des Vaters mit einer Wallfahrt nach Altötting, weil er sich und sein Land der Gottesmutter empfehlen wollte. 1651 starb er 78jährig an den Folgen einer Erkältung, die er sich auf einer Wallfahrt nach Bettbrunn zugezogen hatte.

Maximilian errichtete 1601 in der Residenz die Hofkapelle Maria Immaculata und 1607 die Geheime Kammerkapelle, Maria Himmelfahrt geweiht (heute ›Reiche Kapelle‹ genannt). Er stiftete der Basilika der Santa Casa, dem legendären Geburtshaus Mariens, in Loreto in Mittelitalien zwei Meßpfründen, ließ 1625 erstmals Goldmünzen mit dem Bildnis der Patrona Bavariae (ohne Szepter) prägen und seinen Sohn 1636 gegen allen Brauch der damaligen Zeit Ferdinand Maria taufen. Die bayerischen Regimentsfahnen trugen das Bild der Gottesmutter und mit dem Kampfruf »*Maria*« führte er 1620 sein Heer siegreich in die Schlacht am Weißen Berg. Maximilian ist Mitbegründer des auf dem Schlachtfeld vor Prag errichteten Marienklosters. Zuhause in München stiftete er für den Sieg dem Orden der Hl. Maria vom Berg Karmel ein Kloster neben der Maxburg, und für den Hauptaltar der Kirche Unserer Lieben Frau das wohl gewaltigste Tafelgemälde, das es überhaupt gibt, »Mariä Himmelfahrt« von Peter Candid.

Das in Form einer Mariensäule gestaltete Feldmochinger Kriegerdenkmal von 1897

Ein Jahrzehnt später, als sich die Kriegslage erneut bedrohlich zuspitzte, stiftete der nunmehrige Kurfürst der Marienwallfahrtskirche Tuntenhausen einen neuen Hochaltar mit dem beziehungsreichen Titel der Lauretanischen Litanei »Virgo potens«, also einer starken, mächtigen Jungfrau. 1632 gelobte er beim Anzug der Schweden, »*ein gottgefälliges Werk anzustellen, wenn die hiesige Hauptstadt München und auch die Stadt Landshut vor des Feinds endlichem Ruin und Zerstörung erhalten würden*«. So entstand 1638 die Mariensäule im Herzen seiner Residenzstadt (übrigens mit einer sparsamerweise wiederverwendeten Marienfigur von Hubert Gerhard). Sie wurde gleich nach ihrer Errichtung zu einem beliebten Gnadenort. Schon 1639 mußte der Bischof von Freising den Dekan der Frauenkirche ermahnen, dafür Sorge zu tragen, daß an Samstagabenden nur mehr eine Litanei gesungen werde, statt der vielen, die bis spät in die Nacht »*von unterschiedlichen Parteien*« angestimmt werden. Als 1680 die Pest München bedrohte, entstand die »Marianische Compagnie U. L. Frauen Säulen auf dem Platz«, die allwöchentlich Bittandachten abhielt. 1803 wurden die öffentlichen Litaneien vor der Mariensäule verboten. Erst als 1854 die Cholera ausbrach, lebten die Bittgänge dorthin wieder auf. Seither ist die Tradition kaum mehr abgerissen, auch heute noch werden regelmäßig Andachten und Litaneien auf dem seit 1854 offiziell so genannten Marienplatz gehalten. Und die Münchner Mariensäule wurde Vorbild für hunderte anderer draußen im Land.

Vignette aus dem Büchlein »Marienlieder zur Feier der Maiandacht gedichtet von Guido Görres. Rom im Mai 1842«, gedruckt in München 1853

Die Marienfeste

Die siben Fest dir München halt
Zur Predig vnd Meß geht Jung vnd Alt.
Wil fasten an dem Tag zuvor
Am Sambstag auch durchs gantze Jahr.

Wie die alten Wallfahrten zu Reliquien Christi im 17. Jahrhundert von Marienwallfahrten überlagert wurden, wie z. B. in Ramersdorf, wo der Kreuzpartikel als Wallfahrtsziel vom marianischem Gnadenbild abgelöst wurde, so sind auch die ältesten Marienfeste als Herrenfeste entstanden:

* Da ist einmal das Fest *Mariä Verkündigung* am 25. März. Der Tag der Menschwerdung des Gotteswortes gehört zu den bedeutendsten Festen der Kirche. Seine Spuren reichen im Orient bis ins 5. Jahrhundert zurück. Mariä Verkündigung gehört eigentlich zum Weihnachtsfestkreis, wird aber oft mit Mariä Empfängnis verwechselt.
* Schon gegen Ende des 4. Jahrhunderts wurde in Jerusalem 40 Tage nach der Geburt Christi, also am 2. Februar, die Darstellung des Herrn im Tempel und *Mariä Lichtmeß* als gemeinsames Fest gefeiert. 542 ordnete Kaiser Justinian die Lichtmeßfeier für Byzanz offiziell an, was daraufhin auch von Rom akzeptiert wurde.
* Und bis ins hohe Mittelalter wurden am *Neujahrstag* zwei Messen gelesen: eine zum Gedächtnis der Beschneidung des Herrn und die zweite zu Ehren Marias. Als Marienfesttag war der 1. Januar in München allerdings nicht bedeutend.

Zwei weitere Marienfeste sind in diesem Zusammenhang als besonders herauragend zu erwähnen:

* So wurde in der griechisch-byzantinischen Kirche schon seit dem 8. Jahrhundert das *Fest der Unbefleckten Empfängnis Mariens* gefeiert. Vom 12. Jahrhundert an breitete sich der Festtag auch in England, dann in Deutschland aus. Papst Clemens XI. schrieb das Fest 1708 schließlich für die ganze Kirche vor und legte es auf den 8. Dezember.
* Das aber wohl bedeutendste Marienfest und eines der ältesten im Kirchenjahr ist *Mariä Himmelfahrt* am 15. August. Der »Große Frauentag« ist der Tag der Marienwallfahrten, der Kräuterweihe und der Beginn des »Frauendreißigers«, der 30-tägigen Marienandachten, eine Zeit, die früher sogar dem Fastengebot unterworfen war (das »Sommerfasten«).

Johann Khuen berichtet uns in seiner Liedstrophe von sieben Festen. Und tatsächlich sind da noch drei weitere volkstümliche Marienfeste in München gehalten worden und werden z. B. noch heute von der Maria-Hilf-Bruderschaft bei St. Peter besonders begangen:

* Mit dem vom hl. Bonaventura 1263 im Franziskanerorden eingeführten Fest *Mariä Heimsuchung* sollte an den Besuch Marias bei ihrer Base Elisabeth, der Mutter Johannes des Täufers, erinnert werden. 1389 wurde es von Papst Urban VI. für die ganze Kirche angeordnet und auf den 2. Juli festgesetzt, damit durch die Fürbitte

Marias das damals herrschende Schisma beendigt und der Kirche der Frieden wieder gegeben werden möge. Papst Pius IX. (der auch 1854 das Dogma von der Unbefleckten Empfängnis Marias verkündete) hat es dann zu einem Fest zweiten Ranges erhoben, um der Muttergottes für seine Rückkehr 1850 nach Rom zu danken, von wo ihn zwei Jahre zuvor die Revolution vertrieben hatte.

✴ *Mariä Geburt* am 8. September galt im alten München als »Kleiner Frauentag«. Auch das Geburtsfest Mariens ist im Orient entstanden, wahrscheinlich in der Mitte des 5. Jahrhunderts nach dem Konzil von Ephesus (431). Papst Sergius I. hat es schon um 700 auch im Abendland eingeführt, es wird aber erst seit Anfang des 11. Jahrhunderts allgemein in der Kirche gefeiert.

Als siebtes, heute nicht mehr so deutlich im Bewußtsein stehendes Fest ist *Mariä Opferung* am 21. November zu erwähnen. Es ist in der abendländischen Kirche seit 1374 bekannt, im Orient aber schon viel früher. Dieses Fest ist seiner geschichtlichen Auffassung nach vorbereitend für das nächste Kirchenjahr, steht jedoch nicht ohne Bedeutung am Ende des Jahres. Es soll die Gläubigen mahnen, ihr Leben dem Beispiel Maria folgend dem Dienst Gottes zu weihen und zugleich Maria um ihre Fürbitte anzuflehen, besonders in der Todesstunde.

Später kamen noch weitere, in der Folgezeit durchaus populäre Marienfeste hinzu. Das Fest *Mariä Namen* am 12. September wurde in der großen Zeit der Marienverehrung im Barock eingeführt (weshalb es Johann Khuen noch nicht gekannt haben kann), als nach Anrufung Mariens das christliche Heer unter dem polnischen König Jan Sobiesky und dessen späterem Schwiegersohn, dem bayerischen Kurfürsten Max Emanuel, am 12. September 1683 einen entscheidenden Sieg gegen die Türken vor Wien errang. Papst Innozenz XI. ordnete daraufhin an, daß der Name unter dem das Abendland errettet wurde, von der ganzen Kirche als Sinnbild der Größe Mariens verehrt werde.

Insgesamt gab es an die zwei Dutzend Marientage im Jahr. Vor allem in der Blütezeit der Marienverehrung im Barock hatte sich – wie bereits erwähnt – die Zahl der Marienfeste erhöht. So wurde beispielsweise 1680 das Fest *Maria Verlobung* am 6. April in Bayern eingeführt. 1696 folgte am 22. Februar im Kurfürstentum Bayern das heute gänzlich in Vergessenheit geratene Fest *Maria vom Lohne*. Länger in Erinnerung geblieben ist das 1727 in Bayern eingeführte Fest der *Sieben Schmerzen Mariä* am 22. April. 1746 kam am 24. September noch das Fest *Maria vom Berg Karmel* dazu. Das Fest *Maria Hilf* am 24. Mai wurde gar erst von dem politisch hart bedrängten Leidenspapst der Napoleon-Zeit, Pius VII., eingesetzt, als Dankfest für die die wunderbare Hilfe, die Maria so oft der Kirche in ihren Bedrängnissen gewährt hat, und zugleich als Bittfest, daß Maria auch weiterhin eine Helferin der Christen und der Kirche bleibe. Alle diese Feste haben in München nicht die große Bedeutung wie die »klassischen« sieben Marienfeste erreicht.

Die marianische Verehrung im ausgehenden 19. Jahrhundert konzentrierte sich dann auf die neuen Marienerscheinungen (1846 La Salette, 1858 Lourdes, 1915 Fatima) und die Andachtsform der dann bald sehr beliebten Maiandacht.

Marienwallfahrten

Dich München liebt von hertzen sehr
Thuet alls zue deinem Lob vnd Ehr.
Wann man den Nam Maria hört
Wird er von Jung vnd Alt verehrt.

Zu allen Zeiten haben Menschen vieler Religionen aus den verschiedensten Anlässen Orte aufgesucht, an denen sie sich den höheren Mächten besonders nahe fühlten. Aber nicht nur der jeweilige Heiligenkult oder die Verehrung von Gnadenbildern, sondern auch sagenumwobene Legenden, Gebetserhörungen, seltsame Wundertaten und überraschende Heilungen bildeten den Hintergrund der im späten Mittelalter (in München um 1440) entstandenen Wallfahrten. Votivtafeln und Mirakelbücher künden noch heute von Gebetserhörungen und Gelöbnissen, von wunderbarer Hilfe durch den angeflehten Heiligen in Krankheit, bei Viehseuchen, Raubüberfällen, Feuersbrünsten, Naturkatastrophen, Unfällen, in Kindsnöten und in Kriegen. An manchen Orten verwandte man für Wallfahrten 30 bis 40 Tage im Jahr und wir können uns denken, daß da die Münchner nicht nachstanden.

Pilgerreisen, bis ins 19. Jahrhundert fast ausschließlich zu Fuß, hatten das Heilige Land, Rom oder Santiago de Compostela zum Ziel. Ab dem Ende des 13. Jahrhunderts kam Loreto hinzu. Aber selbst schon Marienwallfahrten nach Altötting, Tuntenhausen, Taxa oder Dorfen dauerten mehrere Tage. Im 17. und 18. Jahrhundert sind Münchner Wallfahrer auch in Mariahilf bei Passau, in Maria Zell und Maria Taferl in Österreich, Maria Einsiedeln in der Schweiz und zur Madonna von Montserrat in Spanien nachweisbar. Das Ziel eintägiger Wallfahrten waren Ramersdorf, Thalkirchen, Maria Eich und Maria Brünnl. Die größte Münchner Wallfahrtsorganisation war die »Erzbruderschaft von Unserer Lieben Frau zu Altötting«, die 1579 bei der Frauenkirche gegründet wurde.

Und München war selbst Ziel zahlreicher Wallfahrten. Sie endeten beispielsweise vor der Mariensäule, vor dem Gnadenbild Mariä Rosen in der Frauenkirche, der Schmerzhaften Muttergottes im Herzogspital, den fünf Gnadenbildern der Augustiner in der Neuhausergasse, im kleinen Gotteshaus U. L. Frau in der Gruft oder dem Maria-Hilf-Bild in der Peterskirche, das bis nach Antwerpen bekannt war.

Im späten 18. Jahrhundert bekam das Münchner Wallfahrtswesen einen Zug ins Prächtige ebenso wie ins Kommerzielle. Die Wallfahrer versuchten vor allem in den stadtnahen Wallfahrtsorten, wo Kirche, Wirtshaus und Markt oder wenigstens Kramerladen gleichermaßen zum Ziel wurden, das Angenehme mit dem Frommen zu verbinden. Daran entzündete sich schon früh die Kritik:

»*Um die Stadt herum liegen ... verschiedene Wallfahrtsorte. Vor dem Isarthore haben die Paulaner in der ... Au eine Marie Hilfskirchen, bei welcher es nicht genug war, daß auf dem Altar, und gleich daneben in einem Schlafsessel unsere liebe Frau in Gold und Silber gekleidet und mit Rosenkränzen, wie Frauenzimmer mit Bändern garniert erscheint, sondern es mußte auch noch ein Marienbildnis auf die Spitze des Thurmes, ..., mit dem Zepter in der Hand als regierende Frau aufgestellt werden. Zu Ramersdorf*

Andachtsbild mit der Muttergottes und der Kirche zu Thalkirchen (um 1700)

auch einer nahe bei München gelegenen Wallfahrt residiert das Frauenbild in lauter kleinen versilberten Wolken zwischen einer Menge vergoldeter Strahlen. Nahe bei Berg gibt es eine Loretokapelle und die Theatiner haben an ihrem prächtigen Tempel auch so ein Häuschen hingebracht, worinn schon viel Wunderliches vorgegangen seyn soll. In beeden Wirthshäusern, welche nahe an der Kirche liegen, gibt es gute Würste, und besonders im sogenannten Frauendreysigst, das ist, zwischen Mariä Himmelfahrt und Mariä Geburt delikate Hühner und Braten zu Behuf der andächtigen Wallfahrer. Dann giebt es weiter eine Mutter Gottes von Thalkirchen, wo das Wirthshaus vorzüglich wegen Krebsen und hübscher Bedienung bekannt ist, und unweit Thalkirchen ist Maria Einsiedel, wozu ein artiger Spaziergang führt. Unsere liebe Frau in der Aich ist hier auch nicht zu vergessen.«

Die ausgezeichneten Zwetschgenbavesen hat er vergessen zu erwähnen, die es während dem Frauendreißigst in Ramersdorf gegeben hat, der Verfasser dieser boshaft-ironischen Schilderung, der Johann Pezzl, der in seinem Buch »Reisen durch den Baierschen Kreis« mit Staat und Kirche in Bayern abrechnete, von wo ihn die Zensur vertrieben hatte.

Aber durch die Säkularisation 1802/03 änderte sich alles rasch: In München wurden alle 17 Klöster aufgehoben. Ihre Kirchen wurden entweder abgebrochen oder leergeräumt, ihre Gnadenbilder verschwanden. Weitergelebt haben die Mariahilfverehrung in St. Peter und die Andacht zur Schmerzhaften Muttergottes in der Herzogspitalkirche.

1831 ließ König Ludwig I. in der Au nach dem Vorbild der Frauenkirche die neugotische Maria-Hilf-Kirche errichten. Das Gnadenbild aus der zweihundert Jahre zuvor erbauten Maria-Hilf-Kapelle hat man dorthin übertragen. 1866 entstand die Marienklause am Isaruferhang bei Harlaching, 1868 wurde die Altöttinger Marienkapelle am Gasteig neu erbaut.

Nach den Marienerscheinungen 1858 in einer Höhle bei Lourdes wurden in vielen Münchner Kirchen und Kirchhöfen »Lourdesgrotten« eingerichtet. Die beliebteste war die 1885 unter dem Bürgersaal der Marianischen Kongregation eingebaute, »welche den ganzen Tag von Andächtigen nicht leer wird«. Sie verschwand allerdings 1890, als der Raum zu einer Kapelle, der Unterkirche, umgestaltet wurde, wo vor dem Marienaltar seit 1948 ein anderer großer Marienverehrer beigesetzt ist, der 1980 seliggesprochene Jesuitenpater Rupert Mayer. Er war von 1921 bis zu seinem Tod 1945 auch Präses der Marianischen Kongregation.

Patrona Bavariae

Zu München an so manchem Hauß
Steht ein Maria Bildt heraus.
Vber das Hauß kein Vnglück geht
An dem ein solche Schildtwach steht.

Die Aufstellung der großartigen Muttergottesfigur an der Westfront der Münchner Residenz durch Maximilian I. 1616 war Vorbild für die Bürger und Bauern im ganzen Land, ebenfalls an ihrem Haus ein Marienbild oder eine Marienfigur in einer Nische anzubringen. Noch heute sieht man sie überall an Haus und Hof, in München genauso wie auf dem Land, die schwarze Madonna von Altötting, die schmerzhafte Muttergottes, die Maria im Ährenkleid, einmal prächtig und ein andermal bescheiden, ob mit oder ohne Jesuskind, nach 1858 auch die weiße Madonna von Lourdes (Südfrankreich) mit blauem Mantel und weißem Schleier in einer Grotte stehend, dann nach 1917 ebenso die Madonna von Fatima (Portugal) ganz in weiß mit goldener Krone, und natürlich am allermeisten die »Patrona Bavariae«.

Mit der Mariensäule übergab Kurfürst Maximilian I. ein zweites Standbild der »Patrona Bavariae«. Bei der feierlichen Einweihung am 7. November 1638 empfahl der Kurfürst ein weiteres Mal sich, sein Land und sein Volk dem Schutz und Schirm der Gottesmutter.

Die »Patrona Bavariae« war im bayerischen Volk nun zwar drei Jahrhunderte lang ein fester Begriff, ein Ehrenname, den aber die Kirche all die Zeit nicht anerkannt hatte. Erst in den Nöten des I. Weltkriegs baten der tiefreligiöse König Ludwig III. und seine Gemahlin Maria Theresia am 8. April 1916 Papst Benedikt XV. ein Fest der »Patrona Bavariae« offiziell einzuführen und auf den 14. Mai zu legen. Der Papst gewährte durch Dekret der Ritenkongregation vom 26. April 1916 die Bitte und erhob die allerseligste Jungfrau Maria zur Hauptpatronin Bayerns.

Der Apostolische Pronuntius Kardinal Frühwirth überbrachte die Nachricht am 12. Mai 1916 dem bayerischen König, und so gut es mitten im Krieg halt ging, rüstete man sich zum ersten kleinen Fest am 14. Mai 1916. Noch im Dezember desselben Jahres wurden durch ein weiteres Dekret der Römischen Ritenkongregation das neue Festofficium des Breviers und die liturgischen Texte für das Missale approbiert und für den gesamten Welt- und Ordensklerus des Königreichs Bayern vorgeschrieben. Am 14. Mai 1917 beging man erstmals feierlich und wohlvorbereitet das Fest Patrona Bavariae in allen Bistümern Bayerns.

Bis zur Revolution im November 1918 wurden jeden Tag beim abendlichen Gebetläuten durch die Residenzwache des Kgl. Bayer. Infanterie-Leib-Regiments unter Trommelwirbel der Patrona Bavariae an der Residenzfassade militärische Ehren erwiesen. Und als 1924 am Kulmbacher Platz am Fasangarten eine Votivkapelle im neubarocken Stil entstand, erhielt sie das Patrozinium Patrona Bavariae.

Der Erzbischof von München und Freising, Franz Kardinal von Bettinger, hat dann erreicht, daß das Fest auf eine günstigere Zeit verlegt werden durfte, auf den Sonntag nach Christi Himmelfahrt. 1935 revidierte Papst Pius XI. Offizium und Messe des Festes Patrona Bavariae und verlegte es (jetzt ohne Oktav) auf den ersten Samstag im Mai. Die Bayerische Bischofskonferenz hat 1961 das Fest nochmals verschoben, und zwar nunmehr auf den 1. Mai.

Der Rosenkranz

Dein Rosenkrantz hat jederman
Das kleine Kind jhn betten kan.
Dein Psalter ist auch wol bekandt
Man hat jn täglich in der Handt.

1571 wurden die Türken von einer spanisch-genuesisch-venetianisch-päpstlichen Flotte unter der Führung von Don Juan d'Austria, einem Sohn Kaiser Karl V. mit der Regensburger Bürgerstochter Barbara Blomberg, bei Lepanto im Golf von Korinth vernichtend geschlagen. Für Papst Pius V. war es ein Sieg der Christenheit über die heidnischen Türken. Unter seinem Nachfolger, dem als Kalenderreformer berühmt gewordenen Gregor XIII., wurde 1573 zur Erinnerung an diesen Sieg für alle Kirchen, in denen sich ein eigener Rosenkranzaltar befand, am 7. Oktober das »Fest der seligsten Jungfrau Maria vom Rosenkranz« eingeführt. Clemens XI. hat dann nach einem ähnlichen Sieg 1716 unter Prinz Eugen von Savoyen bei Peterwardein nahe von Neusatz in der Wojwodina das Fest auf den ersten Sonntag im Oktober verlegt und allgemein in den kirchlichen Kalender aufgenommen.

Zu diesem Zeitpunkt half der Rosenkranz, im Volksmund »Psalter« oder »Paternoster« genannt, schon seit Jahrhunderten schläfrigen Betern beim gemeinsamen Reihengebet. Religionsgeschichtlich ist der Rosenkranz mit den Knotenschnüren verwandt, die als Mittel zur Zählung von Gebeten auch im Buddhismus und seit dem 18. Jahrhundert im Islam (»Tasbih«) Verwendung finden. Im katholischen Raum ist die Gebetsform des Aneinanderreihens von Vaterunsern, später von Ave Maria, seit dem 11. Jahrhundert bekannt. Seit dem 15. Jahrhundert wird bei jedem »Gesetz« (Vaterunser) ein »Geheimnis« betrachtet, also je fünf Begebenheiten aus der Kindheit, der Passion und der Verherrlichung Jesu gedacht (freudenreicher, schmerzensreicher und gloreicher Rosenkranz). Die komplizierte Aneinanderreihung und die Länge eines solchen Rosenkranzgebets machte eine Gebetsschnur mit größeren und kleineren Perlen zum Abzählen der 150 Ave Maria und 15 Vaterunser erforderlich. Kurfürst Maximilian I. schrieb allen seinen bayerischen Untertanen den Besitz eines solchen Rosenkranzes vor.

Eine wichtige vermittelnde Rolle für die Ausbreitung des Rosenkranzes unter dem Volk hatten die vielen marianischen Bruderschaften und Kongregationen, wie die 1579 gegründete »Erzbruderschaft von U. L. Frau zu Altötting bei Unserer Lieben Frau zu München«. Die neuen Kongregationen wählten nach dem von den Jesuiten gegründeten römischen Vorbild den Titel »Mariä Verkündigung«: 1576 in Dillingen und Ingolstadt, im Jahr darauf in München. Durch den erstaunlichen Zulauf, insbesondere den Beitritt des Apostolischen Nuntius und der bayerischen Herzöge sowie der Prälaten und Adeligen, also der »Herren«, spaltete sich die Münchner Vereinigung 1597 in eine größere (major) und eine kleinere (minor) »lateinische« Kongregation (nach dem Gebrauch der lateinischen Sprache bei den Andachten). 1610 rief der Hofprediger Schrettel als dritte die heute noch bestehende »Marianische deutsche Kongregation der Herren und Bürger zu Unserer Lieben Frauen Verkündigung« ins Leben. In ihrem 1709–11 von Antonio Viscardi und Johann Georg Ettenhofer errichteten Versammlungssaal in der Neuhausergasse (die Weihe als Kirche erfolgte erst 1778) schuf der Hofmaler Franz Joachim Beich in den Jahren zwischen 1725 und 1730 unter den Fenstern 13 der insgesamt 14 Gemälde der bedeutendsten Marienwallfahrtsorte in Ober- und Niederbayern. Auch die übrige Ausstattung befaßt sich fast ausnahmslos mit der Marienverehrung. In den mit Girlanden eingefaßten Kartuschen über den Fenstern ist das Lob Mariens in 17 lateinische Aussagen gefaßt. In den seitlichen Wandblenden finden wir die Fresken des Hofmalers Anton Gumpp mit Themen aus dem Marienleben. Das Deckenfresko »Mariae Himmelfahrt« von Martin Knoller (1773) ist leider 1944 bei einem Luftangriff zerstört worden.

1644 entstand außerdem eine »Kongregation der ledigen Mannspersonen unter dem Titel der Unbefleckten Empfängnis Mariä«. Sie ist längst erloschen. Aber die »Maria-Hilf-Bruderschaft bei St. Peter« und die »Bruderschaft vom unbefleckten Herzen Mariä zur Bekehrung der Sünder bei U. L. Frau« bestehen heute noch.

Auf Anregung des Kapuziner-Paters Theoderich von Braunau (die Kapuziner betreuten ab 1607 die Kanzel in St. Peter) hatten sich seit Mariä Lichtmeß 1679 Gläubige zusammengeschlossen, um vor dem Mariahilf-Bild in der Peterskirche zu beten und Messen lesen zu lassen. Diese »Bruderschaft von der Anrufung der hl. Jungfrau Maria Helferin um eine selige Sterbestunde« hatte bald einen heute unvorstellbaren Zulauf. Im prunkvoll gestalteten Bruderschaftsbuch haben sich die vornehmsten Mitglieder des kurfürstlichen und des kaiserlichen Hauses eingetragen, lange Listen mit Mitgliedern aus dem geistlichen Stand schließen sich an. Dieter J. Weiß berichtet uns: »*Den ersten Platz dürfen die Kapuziner beanspruchen. Nicht nur die führenden Persönlichkeiten des Ordens, sondern ganze Konvente sogar aus Spanien und der Toskana (Arezzo und Florenz) traten bei. Die altbayerischen Prälatenklöster wie Andechs, Benediktbeuern, Dießen, Oberaltaich, Niederaltaich, Raitenhaslach und Schäftlarn waren genauso vertreten wie die Würzburger Säkularstifte Haug und Neumünster oder das Ritterstift Comburg. Neben einfachen Landpfarrern stehen Angehörige der adelsstolzen Domkapitel von Bamberg, Würzburg und Eichstätt ... Damenstifte und Klöster aus Bayern, Franken und Tirol traten korporativ bei, darunter natürlich das Münchner Pütrich-Kloster und der Ridler-Konvent, bis zum Juli 1687 zusammen 1136 Nonnen.*« Gegen Ende des 17. Jahrhunderts konnte die Bruderschaft mit dem Beitritt werben von 10 Kardinälen, 3 Erzbischöfen, 11 Bischöfen und Prälaten, 5180 Priestern, 11 160 Nonnen, der bereits erwähnten kaiserlichen und der kurbayerischen Familie, des Großherzogs von Florenz und des Dogen von Venedig, von 45 herzoglichen und fürstlichen Personen und 5260 Grafen und Edelleuten, wozu noch hunderttausende weiterer Mitglieder kamen. Heute zählt die Mariahilf-Bruderschaft 350 Mitglieder; sie trägt nach wie vor die Ämter an den sieben Haupt-Marienfesten.

Doch nochmals zum Rosenkranz: Einem geweihten Rosenkranz (in der einfacheren Form braunes Holz für die Männer und rote Korallen für die Frauen, später allgemein aus Silber) schrieb man nämlich auch besonderen Schutz für Leib und Seele zu. Aus den Akten des Gerichts ob der Au bei München aus dem Jahr 1600 erfahren wir von dem Taglöhner Gabriel Kaiser, der angeklagt war, bei Straßlach Vieh von der Weide gestohlen zu haben. Kaiser sah in dem Diebstahl die Verkettung unglücklicher Umstände, denn er müsse von allen guten Geistern verlassen gewesen sein, da er seinen Rosenkranz verloren hatte.

Ave-Läuten und Maiandachten

Auff deinen Grueß gibt München acht
Zu Morgen, zu Mittag vnd auch zu Nacht.
So bald man zu Bett leuten thuet
Man nider kniet, zeucht ab den Huet.

Heute noch erinnert das Ave-Läuten dreimal am Tag, um 6 Uhr in der Früh', um 12 Uhr mittags und um 6 Uhr abends, an die Menschwerdung Gottes im Schoß der Jungfrau Maria. Man spricht auch mitunter vom »Angelusläuten« nach dem Angelus Domini, dem Engel des Herrn, bzw. dem »Englischen Gruß« »Gegrüßet seist du, Maria«, einem beliebten Muttergottes-Gebet.

Der Gebrauch des abendlichen Läutens (mit Beten des Ave Maria) hat sich seit dem 13. Jahrhundert entwickelt. Im 14. Jahrhundert wurde es morgens, Anfang des 15. Jahrhunderts auch mittags, doch zuerst nur am Freitag zum Gedenken an das Sterben Jesu am Kreuz eingeführt. Das »Angstläuten« am Donnerstagabend geschah zur Erinnerung an die Todesangst des Herrn am Ölberg. Nachzuweisen ist es in den Prager Synodalstatuten 1386 und auf mehreren Provinzsynoden (1413 in Olmütz, 1418 in Salzburg, 1423 in Mainz und Köln). In der Türkennot 1456 hat Papst Calixtus III. diese Aufforderung zum Gebet (3 Vaterunser und 3 Ave Maria; Ablaß) für alle Tage verordnet.

Der bayerische Herzog Stephan III. (reg. 1375–1402) soll das Ave-Läuten aber schon Ende des 14. Jahrhunderts bei einem längeren Aufenthalt in Rom kennen gelernt haben. Es habe ihm so gut gefallen, daß er den Papst um die Erlaubnis gebeten habe, diesen Brauch auch in Bayern einführen zu dürfen. Da das Freitagsgebet sich neben dem späteren Angelusläuten erhielt, scheint das mittägliche »Türkenläuten« unter Umstellung der Gebetsabsicht und Anpassung der Gebetsform das Ave-Läuten ergänzt zu haben zu einer geschlossenen dreimal Ave- (sodann Angelus-)Andacht. Aber erst im 16. Jahrhundert wurde das dreimalige Läuten als zusammengehörig betrachtet. »*So man zue der gewohnlichen Zeit die Türken vnd Aue Maria glockhen leithet*« heißt es in einer Neuordnung der päpstlichen Bulle im Bistum Freising 1594. Von den Synoden des 17. Jahrhunderts nur empfohlen, wurde das Ave- bzw. Angelus-Läuten von Papst Benedikt XIV. 1740 auf den ganzen Erdkreis ausgedehnt.

Eine andere schöne Tradition, die heute noch gehalten wird, sind die Maiandachten – allerdings nicht so alt. In der jetzigen Form hat sich die Maiandacht in der ersten Hälfte des 18. Jahrhunderts in Italien entwickelt, von wo aus sie bald in Frankreich und Spanien und zu Beginn des 19. Jahrhunderts in Belgien und der Schweiz Verbreitung fand. Papst Pius VII. approbierte durch ein Breve 1815 die Maiandachten und versah sie für die Dauer von zehn Jahren mit Ablässen, die er schließlich 1822 für immer bestätigte. Jetzt setzten sich die Maiandachten auch vermehrt in Bayern durch. Die früheste bekannte Maiandacht auf deutschem Boden wurde 1841 im Kloster der Frauen vom Guten Hirten in Haidhausen gefeiert. Die Schwestern waren erst im Jahr zuvor aus dem französischen Mutterhaus Angers eingetroffen.

Die Zeitumstände und das religiöse Klima in München waren damals für die Verbreitung dieser Maiandachten ungünstig. Trotzdem wurde dann am Vorabend zum 1. Mai 1843 vor dem Gnadenbild der schmerzhaften Muttergottes in der Herzogspitalkirche die erste Maiandacht innerhalb der Stadt gefeiert. Die Gläubigen drängten so stark herbei, daß die Kirche nicht alle fassen konnte. Die Ludwigskirche folgte 1845, bei St. Peter lassen sich die Maiandachten ab 1855 nachweisen und bis 1880 folgten alle anderen Pfarreien.

1854 setzten die Eingemeindungen nach München ein. Im Lauf der Jahrzehnte wurden so auch die alten und geschichtsträchtigen Marienwallfahrtskirchen in der Au, in Ramersdorf und Thalkirchen nach München einverleibt, mit Pasing 1938 sogar gleich drei Marienkirchen: Mariä Geburt, Maria Rosenkranzkönigin und Maria Schutz. Zwischen den beiden Weltkriegen entstanden neu die Kirchen Patrona Bavariae am Fasangarten (1924), Maria Heimsuchung im Westend (1934) und – als letzte vor dem II. Weltkrieg in München – Königin des Friedens in Giesing (1938).

Nach dem Krieg folgten die neuen Kirchen Maria Himmelfahrt in Allach (1955), Maria vom Guten Rat in Schwabing (1957), Maria Immaculata in Harlaching (1959), Mariä sieben Schmerzen am Hasenbergl und Maria Trost an der Angerlohe (beide 1970). Den vorläufigen Abschluß bildete die 1976 geweihte Bischofskirche Maria Schutz des Apostolischen Exarchen für die katholischen Ukrainer des byzantinischen Ritus in Deutschland, die in Untergiesing steht. Und »um ein evangelisches Marienverständnis zu pflegen« – wie es 1968 hieß – hätte die neue evangelisch-lutherische Kirche am Lerchenauer See beinahe den Namen »Marienkirche« bekommen.

Insgesamt gibt es heute in München zwei Dutzend der Muttergottes geweihte Kirchen – Zeichen ungebrochener Verehrung der hl. Maria in der bayerischen Landeshauptstadt, die keinen »Hauptplatz«, »Rathausplatz« oder »Zentralmarkt« hat, sondern einen »Marienplatz« als Herz der Stadt, als Herz des Bayernlandes. Denn schließlich gehen alle Kilometerangaben nach München bis zur Mariensäule. Hier verweilten nicht nur die Landesherrn im Gebet, hier knieten auch Papst Pius VI. 1782 und Papst Johannes Paul II. 1980, und hierher kommen immer wieder stille Beter, vor allem am Abend des der hl. Maria geweihten Wochentags, dem Samstag.

Johann Khuen

Johann Khuen steht als einer der ersten deutschen Dichter, die ausschließlich ihre Werke in ihrer Heimatsprache zu Papier brachten, als »*ein gottbegnadeter Mariensänger*« (Berta Antonia Wallner) und als ein Komponist, der es vorzüglich verstand, überlieferte Volksweisen aufzunehmen, als ein besonders markanter Anfangspunkt in der Geschichte des Münchner Marienliedes. So stammt zum Beispiel auch die Melodie zu dem »Münchnerisch vnser lieben Frawen Gesang« aus dem Jahr 1637, von einem charakteristischen »Rueff« oder Wallfahrergesang[1], war also zu Khuens Zeiten bereits volksläufig.

Johann Khuen kam 1606 als Sohn des Bauern Hans Khain und seiner Frau Anna in Moosach zur Welt. Da das Taufbuch der Pfarrei St. Peter und Paul in Feldmoching, zu der Moosach mit seiner St. Martin-Kirche bis 1909 als Filiale gehörte, erst 1612 beginnt, ist sein genaues Geburtsdatum nicht bekannt. Jedenfalls stammte er aus der etwa seit der Mitte des 15. Jahrhunderts in dem Dorf Moosach westlich der bayerischen Haupt- und Residenzstadt München ansässigen Familie Khain. 1566 saß ein Thoman (Thomas) Khain dort auf dem Hof des Klosters Scheyern (heute Pelkovenstraße 63/65); der letzte Khain auf dem »Scheyerner Hof«, Franz Khain, starb vermutlich 1747[2]. Einen Leonhard Khain finden wir 1580 auf dem Hof des Münchner Bürgers Caspar Weiler (Pelkovenstraße 47)[3]. Und Khuens Vater, Hans Khain, saß auf einer landesherrlichen Hube »*urbar auf den Cassten Dachau*« (Pelkovenstraße 58)[4] sowie (1574 erstmals genannt) auf einer Hube (Pelkovenstraße 51), die seit 1518 dem Barthschen Dreikönigsbenefizium bei St. Peter zu München gehörte (das 1614 Johann Khuen übertragen wurde!). Nach der Brandschatzung Moosachs im 30jährigen Krieg durch die Schweden Ende Mai 1632, bei der alle Bauernhöfe im Ort vernichtet wurden, ist 1642 wiederum ein Hans Khain auf dieser Hube (die wahrscheinlich das Geburtshaus von Johann Khuen ist) verzeichnet. Aus einer von Johann Khuen eigenhändig geschriebenen Zusammenstellung seiner Einkünfte aus dem Barthschen Benefizium geht das Verwandtschaftsverhältnis hervor: Hans Khain bezahlte keine Getreidegilt mit der Begründung »*Ist ein negster Schwager*«[5]. In den Schülerakten auf dem Gymnasium in München wurde Johann Khuen noch als »Khain« aufgeführt. Warum er sich dann später »Khuen« nannte, ist nicht erklärlich. Ab 1655 schrieb er sich »Kuen«[6].

1623 wurde Johann Khuen Schüler am Jesuitengymnasium in München und dürfte bei seiner musikalischen Begabung im Seminarium Gregorianum Aufnahme gefunden haben. Dieses Gregorianische Seminar, im Volksmund Gregorihaus oder nur Kosthaus genannt, war 1574 von Herzog Albrecht V. als Studentenheim gestiftet worden. Es bestand zuerst nur aus einem Gebäude an der südlichen Seite der Neuhausergasse, dehnte sich aber nach großem Zulauf bald bis zur Röhlspeckergasse aus. Dort, an der heutigen Herzogspitalstraße 12, hatte das Gregorianische Seminar dann von 1694 bis 1805 seinen Sitz. Da an diesem Seminar Theater und Musik besonders gepflegt wurden, war Aufnahmebedingung gute Kenntnise in der Musik oder sonst ausgezeichnete einschlägige Fähigkeiten. Denn die Seminaristen hatten zugleich die Kirchenmusik und den Chorgesang in der Jesuitenkirche St. Michael und in anderen Münchner Kirchen sowie in der Marianischen Kongregation zu besorgen und wurden manchmal auch zur Verstärkung der kurfürstlichen Hofkapelle[7] herangezogen. Zu Khuens Lehrern gehörte der Elsässer Pater Thomas König, der in ihm die Liebe zur deutschen Muttersprache weckte, und Pater Johann Gailberger, später Prediger zu St. Martin in Landshut, der ihn in die Poesie einführte[8]. Um 1625/26 wurde Khuen selbst Mitglied der 1610 von den Jesuiten gegründeten »Marianischen Deutschen Kongregation der Herren und Bürger zu München«. 1625 absolvierte Johann Khuen bereits das Jesuitengymnasium und studierte Theologie. Ende des Jahres 1630 wurde er zum Priester geweiht. Am 23. Februar 1631 trat er seine erste Seelsorgestelle an, kehrte aber schon nach einem halben Jahr von diesem unbekannten Posten nach München zurück, um die Stelle eines Hauskaplans in der von Herzog Ferdinand (1550–1608), einem Bruder von Herzog Wilhelm V. (1548–1626), gegründeten Graf Wartenbergischen Sebastianskapelle im Krotten(heute Rosen)tal in München zu übernehmen[9]. Am 10. Oktober 1634, gerade als die Pest in München am schrecklichsten wütete, wurde Khuen noch das einst von der Münchner Patrizierfamilie Barth gestiftete »benefizium trium regum« am Dreikönigaltar zu St. Peter in München (4. Kapelle im südlichen Seitenschiff) übertragen.

Khuen genoß im Gregorihaus eine gründliche musikalische Ausbildung, wobei an diesem Seminar natürlich der Gregorianische Choral besonders gepflegt wurde. Zur Zeit Khuens, Mitte des 17. Jahrhunderts, erlebte auch das Jesuitendrama in München gerade seine große Blütezeit[10]. Nachweislich hat auch Khuen bei den Aufführungen der Jesuitenschüler eine maßgebliche Rolle gespielt[11].

Beiträge für das Jesuitentheater lieferte auch der Jesuit Jakob Balde (1604–1668), der 1637 von Kurfürst Maximilian I. als Professor für Rhetorik von der Universität Ingolstadt an das Münchner Gymnasium geholt wurde. Er war ebenso als Tonsetzer tätig und als solcher zählt er zu den Frühmeistern des einstimmigen instrumentalbegleiteten deutschen Liedes. Johann Khuen wurde bald Freund und Mitarbeiter von Jakob Balde, von dem er Gedichte aus dem Lateinischen ins Deutsche übersetzt und der gleich ihm ein gottbegnadeter Mariensänger war[12]. Beider Sprache ist dabei stark bayerisch gefärbt, bayerisch sind auch Khuens Liedkompositionenen geprägt, bayerisch ist seine ganze Vorstellungswelt, selbst der Orient oder das Paradies, wie später auch bei Franz von Kobell und Ludwig Thoma.

Das Jesuitentheater hat sehr wesentlich diesem neuen Stil der Musik in der Barockzeit, der Monodie, gedient. In München wurde gerade bei den dramatischen und oratorischen Aufführungen am Jesuitengymnasium und in der lateinischen Kongregation die Entwicklung vom alten Chorstil zur modernen Monodie fortgeführt[13]. Und Johann Khuen sollte zum Hauptvertreter der Münchner Monodistenschule werden.

Die Monodie, der instrumental begleitete Sologesang mit rezitatorischem Charakter, bildete sich um 1600 in Italien ausgehend von der »Camera Fiorentina« in Anlehnung an das antike Vorbild der Griechen heraus[14]. 1597 hatten die musikalischen Häupter der

Florentiner Reformpartei, Jacopo Peri (1561–1633) und Giulio Caccini (um 1550–1618), das »Dramma per musica«, die erste Oper, »Dafne« komponiert. Die Einführung des Solo- und vor allem des Sprechgesangs, des sogenannten Rezitativs *»war ein Wagnis, ein Stilbruch, eine Revolution, die den Weg zum Aufbau und ersten Ausbau der Oper ebnete«* [15]. Gewisse Vorbereitungsstufen sind bereits in den instrumental begleiteten Rondos und Balladen des 14. und des 15. Jahrhunderts, den spanischen Kompositionen für Laute und Gesang im 16. Jahrhundert, französischen Gitarrentabulaturen gleicher Art, den Arrangements für Instrumente und Gesang usw. zu erkennen. Diese Arrangements mehrstimmiger Vokalwerke, bei denen nur die Oberstimme gesungen und die übrigen Stimmen auf einem Instrument mehr oder weniger genau ausgeführt wurden, sowie die Kompliziertheit der polyphonen Vokalwerke, boten Veranlassung zur Erfindung des Generalbasses, der dann in der Geschichte der Monodie eine so bedeutende Rolle spielte[16]. In der vom Generalbaß akkordisch gestützten Melodiestimme wurde nun der Sinngehalt des Textes affektbetont hervorgehoben. Die Melodie sollte dem Gefühlsgehalt der Dichtung nachspüren und ihn unterstreichen und wurde dabei von der Leidenschaft und der Dramatik der Sprache bestimmt. Gerade der deklamatorische Charakter der monodischen Lieder fügte sich gut in die Absichten und Ziele des Jesuitendramas. Der akkordisch geprägte monodische Stil wurde Gegensatz zum kunstvoll kontrapunktischen a capella-Satz und entwickelte bzw. beeinflußte im Lauf der Zeit neben Rezitativ und Arie (Oper) fast alle Gattungen, auch der Instrumentalmusik.

Bereits die letzten Arbeiten von Orlando di Lasso, vor allem aber die Kompositionen seines Sohnes Rudolph, enthalten Hinweise auf monodische Zusammenhänge. Kurz vor dem Tod Orlando di Lassos weilten Giovanni Bassano und Ludovico Grossi da Viadana (1564–1627) am Münchner Hof. Beide werden als die eigentlichen Begründer des Generalbaßprinzips angesehen. Schon zur gleichen Zeit reihten sich bereits bayerische Musiker in die neue Kunstentwicklung ein. Es sind dies Gregor Aichinger und Bernhard Klingenstein in Augsburg. Die Verbindungslinie von Aichinger zu Khuen führt dann über Anton Holzner, Orlando di Lassos Sohn Rudolph, Johann Martin Caesar und Victorinus, der durch seine Sammelwerke besonders den Einfluß der Venezianischen Schule in Bayern stärkte[17].

Auch Johann Khuen hat in der ersten Zeit seines Schaffens bis Anfang der 1640er Jahre noch auf die traditionellen musikalischen Formen und Ausdrucksmittel der vorhergehenden Periode zurückgegriffen. Er lehnte sich an die Villanellen, Canzonetten und Balletti der Italiener und die Chansons und die Airs der Franzosen an. Seine Lieder haben zwar Tanzliedcharakter, stehen aber noch vorwiegend in den Kirchentonarten und im Tripeltakt[18]. *» ..., allmählich jedoch«*, schreibt Berta Antonia Wallner[19], *»macht er sich von denselben frei und ringt sich zu einem ausdrucksvollen, individuellen Stil durch, der manchmal sogar dramatisch genannt werden kann. Zu den warmempfundenen und oft kühnen Melodien tritt eine vollendete Form; auch sind die Bässe ungemein geschickt behandelt. Von großem Klangzauber sind auch seine zweistimmigen Weihnachtslieder, wo er Koleratur und Echo als wirksames Ausdrucksmittel verwendet.«*

»Bei Johannes Kuen hat das Lied textlich bereits eine zwar tadellos beherrschte, aber auch zu Künsteleien abgebeugte, darum nicht etwa unfertige, sondern sogar barocküberladene Form. In musikalischem Betracht stehen seine Lieder viel klarer auf dem Boden unserer Dur-Moll-Tonalität als etwa die Gesänge von Heinrich Albert, die im wesentlichen noch der sogenannten richtungslosen Harmonik der Lasso-Zeit angehören. Und im Gegensatz zu den zumeist recht kleinlichen Gelegenheitsgesängen der Königsberger Schule und vieler anderer meistert Kuen bereits größere zyklische Formen. Gewiß hatte er auch die madrigalischen Zyklen, z.B. der ›Trionfi‹, gekannt und war nicht ohne Vorbilder gewesen; für das neuere deutsche Lied aber hat er damit das größere Format der Liederzyklen vorweggenommen; insoferne kommt ihm ein ähnliches Verdienst wie später einem Schubert und Schumann zu. Preisend mit viel schönen Reden wird immer der Königsberger Heinrich Albert an die Spitze der neueren deutschen Liedgeschichte gestellt. Nein, nicht nur zeitlich mit Rücksicht auf die Publikationsjahre (1635 ff.), sondern auch stilistisch und formal gebührt unserem Johannes Kuen der Vorrang.«[20]

In den Gesängen der »Geistlichen Schäfferey« (1650 ff.) erreichte er melodische und rhythmische Freiheiten, die ihn schließlich in der 5. Auflage seines Hauptwerks, dem »Epithalamium Marianum«, zur Vollendung bei der Handhabung der neuen Form finden lassen: ausdrucksvolle Entfaltung in der Melodiebildung, abwechslungsreichere Rhythmen und eine ausgeprägte Dur-Moll-Tonalität.

Und gerade dieser »stile representativo« der Monodie gestattete es, auf überlieferte baierische Lieder des Spätmittelalters, auf die sog. Rufe, zurückzugreifen, die *»eine wichtige Rolle in der Entwicklung des deutschen geistlichen Laiengesangs vor der Reformation spielten«*[21]. Die Rufmelodien wurden beibehalten, lediglich mit einem Generalbaß versehen. Fromme Anrufungen Gottes, die bereits bei Prozessionen und Marienfeiern vom ganzen Volk angestimmt worden waren, erschienen jetzt in neuem Gewand und waren dadurch besonders geeignet, die angestammte Religiosität zu vertiefen. Und ein ganz besonders gutes Beispiel hierzu ist das Lied aus dem Jahr 1637 »Maria Himmel Königin, der gantzen Welt ein Herrscherin«.[22]

Weiterhin hatten die Tänze der Instrumentalmusik einen starken Einfluß auf Khuens Liedschaffen. Seine Lieder wirken heiter, gelöst, barock fröhlich, auch bei Texten, die die Mühsal des Lebens beinhalten. Sie wurden bald in verschiedene Gesangbücher aufgenommen, so auch in das Würzburger und das Mainzer, besonders in die 1658 erschienene »Geistliche Nachtigall« des Abtes von Göttweig, Gregorius Corner. Schließlich haben noch die Münchner Frauenklöster das Liedwerk des Benefiziaten gepflegt.[23] Noch heute singen die katholischen Kirchengemeinden seine Lieder im Gottesdienst. Auch im »Gotteslob«, dem zuletzt 1975 neu erschienenen katholischen Gebet- und Gesangbuch für das Erzbistum München und Freising, finden wir noch zwei Lieder von Khuen.[24]

Zur Münchner Monodistenschule gehören außerdem die schon erwähnten Johann Martin Caesar und der Khuen-Freund Jakob Balde, dann Georg Piscator und Hans Georg Meichel, der Sohn des Bidermann-Übersetzers Joachim Meichel. Erst nach 1630 wurde die innermusikalische Entwicklung der Monodie als Einzelgesang vollendet.[25]

MVNERA PASTORVM Hirten-Ambt/

Vnd anweisung der Geistlichen

Schäfferey

Getrewlich vorzustehn.

Wie zu disem ende der Sohn Davids/ der König der Juden/ vnd Priester nach der Ordnung Melchisedech in allerhand occasionen / genugsame Proben hinderlassen.

Das liebreiche Vorbild auff dem Kampfplatz Golgotha vorgestelt/ ist von den Erben Dauidis/ als ersten Vorstehern der streitbaren Christenheit/ in guter obacht erhalten: Endlich

Den Hirten/ vnd Schäflein vnsers verwürten Vatterlands/ nach Inhalt viererley Teutscher hierinn verfaster Gesänglein / der alten / Christlichen Gerechtigkeit/ mit gleichförmigen Eyfer nachzustreben/ gezeigt werden.

Cum facultate Superiorum.

Getruckt bey Lucas Straub/ In verlegung Johann Wagner Buchhandlers in München.

ANNO M. DC. LI.

Das neundte Gesang.

Joseph/ vnd Maria fliehen mit jhrem Kindlein in Egyptenlande/ nemen die Raß in einem finstern Wald/ trösten sich selber in ihrem laid/ so gut sie künden.

Agni debent immolari, quia Agnus futurus est Crucifigi, qui tollit peccata mundi. S. August. serm. 1, de Innoc.

Es müssen die Lämblein geschlachtet werden/ dann das Lamb Gottes will gecreuziget werden.

1.

EIn vnbekant/ vnd weite Raiß/
Die kein verzug erleydet/
Die sonst auch / der die Strassen waiß/
Ein Wandersman/ wol meydet/
Die müssen wir
(Hülfft nichts darfür)
Bey Mitternacht anfangen/
Ein Weeg/ den wir nie gangen.

2.

Die purpurfarbe Morgenröth/
Vnd als gemach begegnet/
Die

Die schier in roten Wölcklen steht/
Als wann es Bluet wolt regnen;
O Mörder That/
Auß falschem Rath/
Der souil Herzen kräncket/
Wer hett auff diß gedencket?

3.

Ganz ohn erbarmen reißt man fort/
Die Lämblein von den Schaaffen/
Die Schäflein sehen an den Mordt/
Zu schwach für solche Waffen;
Mein Lämblein ich/
Verhoffentlich/
Will auß Gefahr wol retten /
Ich laß es nit noch/ tödten.

4.

Josephe mein getrewer Hirdt/
Wir irren von der Strassen/
Wir haben da vom Weeg verjrrt
In diser finstern Gassen/
Sich nu wie dick
Diß Baum gestick
Von Stauden grün/ vnd spitzen!
Ach laß vns rasten/ sitzen.

5.

Es tröstet vns/ erquickt/ erfrewt/
Zum thail das gute Wetter/
Es bringen ein ergetzlichkeit
Die zarte Rosenblätter/
Die Tulipan
So gut sie kan/
Will haben auch mitleyden/
Empfangt vns doch mit frewden.

6.

Sich wie der edle Wunderbaum
Auff schön gesprangten Halmen/
Mit seiner Zier gekraustem Pflaum/
Nit weicht all hohen Palmen!
Doch naigt er sich
Verwunderlich/
Sicht wunder hie zu ruehmen
Vil mehr dann seine Bluemen.

7.

Sich wie von disem Bronnenquel
Das rauschend Wasser springe/
Wie dort ein Hirschlein also schnel
Sich gegen vns erschwinge!
Da gleich mein Kind
Erst sannft vnd lind

Mit Augen/ zugeschlossen/
Entschlaffen in der Schossen.
8.
Ihr Hirschlein euch ins grün bedeckt/
Euch ich beschwör/ ich schaffe
Mein Liebsten mir nit aufferweckt./
Gott geb/ wie lang er schlaffe:
Still sanfft vnd stäth
Ihr Thierlein gehr/
Kain rauschen verursachet/
Biß daß er selbst erwachet.

9.
Ingleichen auch das Federspil
Auffwartet/ allenthalben /
Die Nachtigal nit schweigen wil
Vil weniger die Schwalben;
Es melden sich
Anheiligklich
All Maister vnd Gesellen/
Ein Music anzustellen.

10.
Wolan ihr Musicanten zart/
Ihr süsse Creaturen/
Singe nit zu sanfft/ zu starck vnd hart/
Braucht Fugen vnd Figuren/

Ich

56
Ich will mit ruch/
Nur hören zue /
Mit seufftzen bey zustimmen /
Will also mir gezimmen.

11.
Ich raiß in forcht in trawrigkeit/
Vnd nit von kurtzweil wegen/
Gedencke wol der lieben zeit
Ich hette singen mögen:
Magnificat
Gelautet hat.
Der Thon/ den wir da sangen/
Wie durchs Geburg ich gangen.

12.
Allda noch trueg ich meinen Sohn/
In meinem Leib/ vmbgeben/
Da war er noch versichert schon/
Versorget auch beyneben/
Vil anderst/ weit /
Ich diser zeit
Ihn ja verbergen solte
Wann ich nur kund/ ich wolte.

Auszug aus dem Buch »Mvnera Pastorvm Hirten=Ambt / Und anweisung der geistlichen Schäfferey…« von Johann Khuen (1651)

Matthias Münchner, ein Mitschüler und Freund Khuens am Münchner Jesuitenkolleg, kam als kurfürstlicher Kapellmeister nach Köln und sorgte in den Rheinlanden für die Verbreitung der Lieder Khuens[26].

In Bayern sind die unmittelbaren Nachfolger Khuens der Jesuit Albert Graf Curtz, der Kapuziner Procopius (Prokop von Templin) in Salzburg, dessen Werke der Passauer Domorganist Georg Kopp vertont hat. Besonders eng scheint die Zusammenarbeit zwischen Khuen und Procopius gewesen zu sein. Khuen schrieb das Vorwort zu den 1666 in München erschienenen »Predigten und geistlichen Gesängen« des Procopius. Im Stil der Zeit hat umgekehrt Procopius Gedichte Khuens ins eigene Werk übernommen, manchmal neue Strophen hinzugedichtet, ohne den ursprünglichen Verfasser zu nennen. Die volksliedhaft-naiven Anlagen Khuens wurden weiterentwickelt, die mystische wurde mehr zurückgedrängt[27]. Des weiteren sind hier noch zu nennen der Baumburger Chorherr Johann Albert Poibl, Abraham Megerle, Balthasar Regler, Laurentius von Schniffis mit seinem Mitarbeiter Romanus Vötter. Jakob Prinner übertrug Khuens Stil auf das weltliche Lied in den Liederbüchern der Kurfürstin Maria Anna (1610–1665), der Johann Khuen übrigens sein »Epithalamium Marianum oder Tafelmusik des himmlischen Frauenzimmers ...«, zarte geistliche Minnelieder, der Gottesbraut Maria und der Gottvermählten Seele geweiht, aus dem Jahr 1636 gewidmet hat.

Johann Khuen starb nach einem erfüllten Leben am 14. November 1675 und wurde fünf Tage später vor seinem Benefiziumsaltar in St. Peter beigesetzt.

Der Münchner Militär-Obermusikmeister Peter Streck
*Sein Einfluß auf die Tanz- und Unterhaltungsmusik
sowie das Blasmusikwesen in Oberbayern im 19. Jahrhundert*

Der Münchner Notar Ludwig Steub, ein fleißiger Wanderer durch Oberbayern und Tirol und ein brillanter Reiseschilderer, schrieb 1842: *»Wir nennen ihn ›unsern Streck‹, und er ist uns so teuer, wie Johann Strauß seinen Wienern, wie Musard den Parisern...«* Nun, Johann Strauß – gemeint ist der Vater – kennen wir alle: Sein Name ist untrennbar mit der Begründung der Wiener Tanzmusik und der Entwicklung des Wiener Walzers verbunden. Auch mit dem hier erwähnten Philippe Musard werden die musikalisch Gebildeteren noch fertig: Er war ebenfalls Geiger, Dirigent und Komponist in Paris und darüber hinaus bekannt und gefeiert. Auch er wurde – wie Strauß und Streck – besonders durch seine vor allem für Bälle bestimmten Tänze populär, in denen er zum Teil Motive aus Opern verarbeitete.

Streck, Strauß und Musard, drei erzmusikalische Zeitgenossen mit großer Popularität im Biedermeier in drei verschiedenen Städten Europas mit dem gleichen musikalischen Erfolgsprogramm. Und auch das sei bei dem von Steub angestellten Vergleich nicht verschwiegen: Johann Strauß-Vater hat 251 Kompositionen hinterlassen, von Peter Streck kennen wir bisher nicht weniger als 380 Werke!

»Der junge Mann«, schrieb Steub weiter, *»arbeitet sich zukunftsvoll empor und wirkt nebenbei auch als Musikmeister in einem Infanterieregiment. Seine Anfänge liegen etwa sechs bis sieben Jahre rückwärts. Damals kam ihm der Gedanke, die schöne Jahreszeit mit Musik zu verschönen, und er ahmte zuerst die Entreebälle im Freien nach, die ihm die Wiener als gelungenes Muster vorhielten. Neuberghausen war seine Wiege, obgleich er mit der Zeit auch andere Lustorte verherrlichte. Da spielte er denn mit seiner Virtuosenbande die beliebtesten Walzer und ließ ihnen, zum besten der Nichttanzenden, immer eine Reihe von anderen Tonstücken vorausgehen, die er zum Teil selbst komponiert hatte. Ein namhaftes Talent zu arrangieren und mit den gegebenen Mitteln den musikalischen Zeitvertreib für den Abend rühmlichst zu bestreiten, das kann man ihm nicht absprechen...«*

Fundierte Musikerausbildung

Peter Streck wurde am 23. April 1797 in der evangelischen Pfarrkirche zu Gersfeld in der Rhön getauft. Sein Vater Johann Georg war dort Schuhmacher und diesen Beruf mußte auch der Sohn Peter erlernen. Den musikalischen Anfangsunterricht erhielt er vermutlich von seinem Taufpaten Peter Streck, dem Bruder seines Vaters, der Musiker in Gersfeld war. Mit 16 Jahren kam er in das Musikinstitut der Würzburger Universität. Streck spielte mehrere Blasinstrumente, Kontrabaß und Violincello und erlernte das Komponieren bei seinem Lehrer Joseph Fröhlich. 1818 wurde Peter Streck zum 2. Infanterie-Regiment in Würzburg eingezogen und zwei Jahre später als »Hautboist 2. Classe« Mitglied der Militärkapelle. Am 1. Januar 1825 erfolgte seine Beförderung zum »Hautboist 1. Classe« und schon am 1. Dezember 1825 im Zusammenhang mit der Verlegung seines Regiments nach München zum Musikmeister. 1847 übernahm er die Musikmeister-Stelle beim königl. Infanterie-Leibregiment in München. Zu dieser Zeit machte er sich noch Hoffnungen auf die seit dem Tod des Armeemusikdirektors Wilhelm Legrand 1845 verwaiste Stelle als Direktor aller bayerischer Militärmusiken, erreichte aber 1851 nur die Ernennung zum Obermusikmeister der Münchner Musikkorps.

Peter Streck lebte (was bei Künstlern trotz fester Anstellung im vorigen Jahrhundert nicht ungewöhnlich war) immer in finanziell angespannter Lage. Seine Familiensituation mit 3 Kindern aus erster Ehe und einer ab 1852 kranken Frau in zweiter Ehe und 5 weiteren Kindern ließ Geld im Haus Streck Mangelware sein. Deshalb war Streck auf Nebenverdienste angewiesen. Das waren vor allem die Tanz- und Unterhaltungsmusiken mit großer aber oftmals auch lukrativer kleiner Besetzung, er erteilte Musikunterricht und veröffentlichte im Eigenverlag eine überaus große Anzahl ausgeschriebener Besetzungen für alle möglichen Anlässe, komponierte auch selber und brachte schließlich 1861 eine Instrumentationslehre heraus.

Auch Richard Wagner nahm Peter Streck für seine Pläne stark in Anspruch. Wagner hatte einen Huldigungsmarsch für den 19. Geburtstag von König Ludwig II. am 25. August 1864 für Strecks erweiterte Militärmusik komponiert. Streck hatte für die geplante Serenade in Hohenschwangau auch die für Blasorchester bearbeitete Ouvertüren zu Tannhäuser und zu Lohengrin einzustudieren. Es wird vermutet, daß die durch Wagner veranlaßten intensiven Proben zu einer Überbeanspruchung von Peter Streck und dadurch zu einem Schlaganfall führten, der am 23. August 1864 mit dem Tod endete.

Populäre Veranstaltungen und Konzerte in München

Die vielen Verpflichtungen als Militärmusiker ließen Peter Streck dennoch Zeit, selbst Tanzveranstaltungen zu organisieren und dadurch direkte Verbindung mit dem allgemeinen Volk und seinen Wünschen zu finden. Lesen wir dazu weiter, was Ludwig Steub 1842 schrieb: *»Dieser unser Streck hat also die Idee der Maskenbälle aufgefaßt und sie auf eigene Kosten vom Hoftheater ins Odeon verpflanzt. Auf erhabenem Orchester spielt er da seine Walzer, seine Polkas und Galoppaden, und unten in der Prachthalle tanzen die Jungen und die Mädchen fröhlich auf glattem Boden. Die Damen sind wohl alle und von dem Männervolke wenigstens die Tanzenden aus jenen Klassen, die man in der feineren Gesellschaft vermißt. Es erscheinen viele Masken, Tiroler, Türken, Schottinnen und dergleichen, wohl auch desselben Herkommens. Die Toilette der nichtmaskierten Damen ist festlich, die der Herren ungezwungen. Hut auf dem Kopfe, Überrock, Paletot, Studentenmütze – Bequemlichkeiten, die der männlichen Teilnahme gewiß sehr förderlich sind. Dieses Jahr nun gab uns der Meister drei solche Abende, von* denen der letzte der schönste und in der Tat ein großartiges Freudenfest war, dessen unvergeßlichen Schluß der Altvater bildete, der jetzt auch in Windsor getanzt wird ... – Und als der Tanz in schönster Aufregung geendet hatte, als lauter Jubel und begeisterter Bravoruf an die Decken schlug, da nahm der Meister den Vorteil wahr, seine Zaubermacht neuerdings zu zeigen, da ließ er als herrliche Dreingabe seine wildesten Geigen los und den titanischen Donner seiner Pauke, und seine Trompeten schmetterten in den reinsten Blocksbergtönen in den Saal hinab, ..., (er) machte ... seine Hörer alle wütend und jagte sie mit Walzer, Polka, Galopp nach einander und unausgesetzt in immer rascherem Takt als vierhundertpaarigen Hexenwirbel durch die Halle in der Art, daß sich die älteren Leute an nichts Ähnlichem zu erinnern wußten. Als der Strudel vorüber war, sah man sich lächelnd an. Die Paladine schienen etwas erschöpft, die Damen gar nicht. Das schwache Geschlecht hat eigentlich die stärksten Nerven.« Hier zeigt sich das besondere Talent und das Unterhaltungsgespür Strecks, die Quelle seiner außerordentlichen Erfolge und seiner Beliebtheit.

Peter Streck *als Musikmeister beim 2. Infanterie-Regiment »Kronprinz« (um 1830)*

Seine große Erfolgszeit hatte Peter Streck in Neuberghausen, wo sich nach Angaben der »Münchner Neuesten Nachrichten« (der Vorläuferin der heutigen »Süddeutschen Zeitung«) 1851 »weit über 2 000 Personen aus allen Ständen« einfanden, um der Musik von Peter Streck zuzuhören oder darauf zu tanzen. In einem Reiseführer über »Münchens Umgebungen« können wir schon 1841 lesen: »(Bei) ... der königlichen Sternwarte gerade gegenüber der Isar zu liegt das ehemalige Törring- und nachherige Hompeschschlößchen, genannt ...Neuberghausen, mit einem schönen Garten, und einem sehr besuchten Wirthshause. Dieses ebenfalls auf der Höhe liegende Schlößchen war seither einer der von der noblen Münchner Welt am meisten frequentierten Vergnügungsorte, besonders an den Tagen, an welchen Streck, Musikmeister des königlichen Infanterie-Regiments Kronprinz, mit seinen Musikern und den Trompetern der Artillerie grosse pompöse Produktionen im Wiener-Strauß'schen Geschmack gab.«

Schauen wir uns einmal das Programm einer solchen »grossen musikalischen Produktion« »im Garten zu Neuberghausen« am Montag, dem 17. Juni 1844 an:

»1) Ouverture zu der Oper: ›der König Yvetot‹ von Adam.
2) Ballet, aus der Oper: ›Zaida‹ von dem k. bayr. Hof-Musik-Intendanten Freiherrn von Poissl.
3) Ouverture zu der Oper: ›Titus‹ von Mozart.
4) Sinfonie Nro. 1 aus Es dur, von dem k. bayr. Kapellmeister Franz Lachner.« usw.

Peter Streck erfüllte also mit seinen Konzerten in einer Zeit, in der es noch kein Radio und Fernsehen, keine Schallplatten und Musikkassetten gab, einen außerordentlich wichtigen Volksbildungsauftrag: Er brachte dem Volk die zeitgenössische Musik und die gerade aktuellen Opern- bzw. Operettenmelodien näher, nicht selten sogar bevor die entsprechenden Werke in den Münchner Theatern zur Aufführung gelangten. Strecks Zulauf war ungeheuerlich: Am 24. Juli 1854 wurde sein Militärkonzert von etwa 4 000 Zuhörern besucht. Glaspalast, Odeon und auf Geheiß des Königs sogar das Opernhaus standen ihm für seine Konzerte offen. Aus den »Münchner Neuesten Nachrichten« erfahren wir, daß im Glaspalast einmal in Anwesenheit des Königs schätzungsweise etwa 5 bis 6 000 Personen zugehört haben.

Peter Streck gab also in München außergewöhnlich erfolgreich Militärmusikkonzerte, gestaltete Kirchenmusik, organisierte Tanz- und Unterhaltungsmusik-Veranstaltungen, spielte mit großer oder kleiner Besetzung auf fremden Veranstaltungen und erteilte Musikunterricht. Er veröffentlichte im Eigenverlag Arrangements und eigene Kompositionen für Marschmusik, Kirchenmusik, Hausmusik auf dem Pianoforte, kleine Blechbesetzungen, kleine und große Streichbesetzungen, Aufzugsmusiken für vier und mehr Trompeten, Harmoniemusiken, Türkische Musik und große Militärmusikbesetzungen. Streck hat hierfür wie wohl jeder zeitgenössische Musiker neben dem Bereich der gerade aktuellen Musik aus Opern, Operetten und Konzertstücken auch aus dem unerschöpflichen Reservoir populärer, im Volk bekannter und beliebter, teilweise als Volksmusik zu bezeichnenden Melodien entnommen. 1864 brachte er ebenfalls im Selbstverlag *»zur Erleichterung und Aufmunterung«* der Postillione auch *»36 Musik Stück für Ein- oder Zwey ordinare Posthorn«* heraus; später erschien ein weiteres Heft mit 13 Stücken für ein bis zwei Posthörner mit einer Klappe und 19 Stücken für ein bis zwei chromatische Posthörner. […]

Der wiederentdeckte Streck

Daß es da irgendeinmal einen Peter Streck gegeben hat, werden wohl nur jene wissen, die sich intensiver mit Volksmusik oder mit Militär- bzw. Blasmusik beschäftigt haben. Für mich persönlich waren einige Exponate und der Katalog der Ausstellung »Volksmusik in Bayern« 1985 in der Bayer. Staatsbibliothek in München[1] letzter Anstoß, endlich Leben und Werk Peter Strecks eingehender zu studieren. Als erstes Ergebnis wurde 1986 in Heft 5 der Reihe »Volksmusik in München« unter dem Titel »Lieder und Musik zum Brauchtum in München im Jahreslauf« Strecks alter Schäfflertanz (aus opus 305) veröffentlicht, durch ein Versehen aber ohne die dritte Seite, weshalb wir den vollständigen Schäfflertanz noch einmal [in das im Juli 1989 erschienene Heft 12 »*Er ist uns so teuer, wie Johann Strauß seinen Wienern …*‹ Zum 125. Todestag von Obermusikmeister Peter Streck (1797–1864)«] aufgenommen haben.

In Heft 6 »Instrumentale Volksmusik aus dem 19. Jahrhundert« folgte 1987 eine Reihe von Tänzen von Peter Streck. Es waren dies sechs Ländler aus opus 254 (1854) für 1. und 2. Geige, Baß, Es-Klarinette, B- und Es-Trompete, und »*36 verschiedene Tänze für Flügelhorn, Cornet a Pison oder hohe Trompete*« mit den damals (um 1850) gebräuchlichen Tänzen Walzer, Polka, Mazurka, Schottisch, Galopp und Polka Française sowie schließlich daraus eine Mazurka (Nr. 17) von Wolfi Scheck für Stubnmusi-Besetzungen eingerichtet.

Plakat für eine typische Musikproduktion von Peter Streck am 17. Juni 1844 in Neuberghausen

Bei den Vorbereitungsarbeiten für dieses Heft 6 unserer Reihe »Volksmusik in München« zeigte sich bereits, daß uns Peter Streck eine auf den ersten Blick schier unübersehbare Fülle von Kompositionen und Arrangements im Allgemeinen und an Tanzmusik im Besonderen hinterlassen hat. Bei der Zusammenstellung der Notenauswahl für das ausschließlich Peter Streck gewidmete Heft 12 der Reihe »Volksmusik in München« stellte sich erneut heraus, daß es bei der Fülle der Kompositionen und dem Durcheinander der opus-Nummern nicht leicht ist, Ordnung in die Werke zu bringen und Vollständigkeit zu erreichen.

Streck und seine Zeit

Peter Strecks Wirken fand in einer Zeit statt, die für ihn sehr günstig war. Unter König Max I. Joseph erfolgte mit Entschließung vom 29. April 1811 eine erste Reform des Militärmusikwesens. Die 1823 eingeleitete Neuorganisation des gesamten Bayerischen Heeres hatte zwei Jahre später die Verlegung des 2. Infanterie-Regiments »Kronprinz« von Würzburg nach München, aus der eben erst bayerisch gewordenen Provinz in die Haupt- und Residenzstadt, zur Folge. Mit dieser Verlegung zum 1. Dezember 1825 fiel die am 20. November 1825 verfügte Neuformation der Musiken für jedes der 16 bayerischen Infanterie-Regimenter zusammen, was Streck die Beförderung zum Militärmusikmeister einbrachte. Die näheren Ausführungsbestimmungen vom 30. Jänner 1826 enthielten Vorschriften über die Formation und Uniformierung der von 12 auf 18 erhöhten Hautboisten, über die Beschaffung der Instrumente, der Noten usw.[6] Und in München fand Streck bereits einen populären Vorgänger vor, den sehr erfolgreichen Hofmusiker und Armeemusikdirektor Wilhelm Legrand.

Carl Ludwig Wilhelm Legrand wurde am 5. März 1769 in Zweibrücken geboren. 1783 kam der Oboist Legrand als Akzessist (Anwärter) an das Münchner Hoforchester und wurde 1788 wirklicher Hofmusikus. Von 1795 bis 1797 wurde Legrand an der Militärakademie zum Militärmusikmeister ausgebildet. Dann war er zunächst »Musikdirektor der Militärchöre zu München«, nach der erwähnten Heeresneuorganisation ab 1823 der erste bayerische Armeemusikdirektor. Auch Legrand komponierte selbstverständlich selbst. Das heute bekannteste Werk von ihm ist der Parademarsch der Kgl. Bayer. Grenadiergarde von 1822, besser bekannt als »Bayerischer Präsentiermarsch« (AM I, 103).

Zwischen 1800 und 1820 veröffentlichte Legrand zahlreiche gedruckte Tänze für die beliebten Münchner Faschingsredouten.[7] Bis 1835 entstand eine Sammlung von insgesamt 551 Stücken, teils eigene Kompositionen, teils aber auch – wie später bei Streck – Arrangements aus Opern, Märschen und Tänzen. Die Besetzung war für eine achtstimmige »Hoboistenbande« mit 2 Flöten, 2 Oboen, 2 Fagotten und 2 Hörnern, wozu später noch 2 Klarinetten traten, angelegt und in erster Linie für die sonn- und festtäglichen Konzerte im Hofgarten gedacht.[8]

»Die Stelle eines Armee-Musikdirektors ist mit dem, am 5ten Juli 1845 erfolgten Ableben des Hofmusikus Legrand eingegangen. Die dienstliche Wirksamkeit des, im Jahre 1852 zum Obermusikmeister ernannten früheren Musikmeisters des 2ten Inf:Regiments

Kronprinz Streck ist auf die Musiken der Garnison München beschränkt.«[9] Diese Stufe hatte auch Legrand durchlaufen, aber die angestrebte Ernennung zum Armee-Musikdirektor und damit die Nachfolge Wilhelm Legrands blieb Peter Streck verwehrt. Doch hinsichtlich der Popularität hat Streck Legrand nicht nur bald erreicht, sondern weit übertroffen.

Schon Lorenz Hübner berichtet 1803[10], daß der Münchner Hofgarten *»noch immer der Sammelplatz der städtischen Eleganz [ist] ... Hier wird an Sonn- und Festtagen jeder neue Putz zur Schau getragen ... Auf höchsten Befehl wechseln hier im Sommer die Orchester des Militärs in schönen Abendmusiken«.* Hier dirigierten Wilhelm Legrand und später Jacob Seiff vom 1. und Peter Streck vom 2. Infanterie-Regiment oder Johann Baptist Widder vom Infanterie-Leibregiment, dessen Nachfolger wiederum Streck 1847 wurde.

»Von den Militärmusiken, die sich auch öfter in und außer Dienst produziren, sind die Artillerie-Blechmusik und die Kürassier-Blechmusik vorzüglich; unter den drei Infanterieregimentern verdient die von dem bescheidenen Musikmeister Widder geleitete Musik des Leibregiments den Vorzug; nach ihr folgt die des Regiments Kronprinz unter Musikmeister Streck; darauf die Musik des Regiments König.« Als das von Friedrich Mayer niedergeschrieben wurde[11], verlagerten sich die biedermeierlichen Vergnügungsinteressen der Münchner schon hinüber nach Haidhausen: »*[Bei] ... der k. Sternwarte gerade gegenüber der Isar zu liegt das ehemalige Törring- und nachherige Hompeschschlößchen, genannt Neuburghausen (auch Neuberghausen), mit einem schönen Garten, und einem sehr besuchten Wirthshause. Dieses ebenfalls auf der Höhe liegende Schlößchen war seither einer der von der noblen Münchner Welt am meisten frequentirten Vergnügungsorte, besonders an den Tagen, an welchen Streck, Musikmeister des k. Infanterie=Regiments Kronprinz, mit seinen Musikern und den Trompetern der Artillerie grosse pompöse Produktionen im Wiener=Strauß'schen Geschmack gab.«*[12] Der Lustbarkeit in Neuberghausen wurde ein Jahr vor Strecks Tod ein Ende gesetzt, als König Max II. das Schlößchen erwarb und es zu einer Beamtenreliktenanstalt, einem Wohnstift für Töchter von verstorbenen Beamten umbauen ließ (anstelle des im II. Weltkrieg zerstörten Gebäude steht seit 1956 der Neubau einer Versicherungsgesellschaft).[13]

Die Musikförderung durch den Landesherrn

Zu den weiteren positiven Voraussetzungen für ein erfolgreiches Wirken Strecks in München gehörte die nachdrückliche Förderung der Musik durch die bayerischen Könige. Schon die wohlwollende Förderung der Militärmusik durch König Max I. Joseph (1806–25) ging so weit, daß die Militärmusiker sogar Privatengagements nachgehen durften, wobei unter bestimmten Bedingungen der Gebrauch der Uniformen und der offiziellen Bezeichnung der jeweiligen Regimentsmusik gestattet war. Man erreichte auf diese höchst einfache Weise, daß die Militärmusikern einerseits als »Sympathieträger« wirkten, ohne dabei die Staatskasse zu belasten, und andernseits als »Volksbildungsinstrument« optimal eingesetzt waren.

Auf Veranlassung von König Ludwig I. erließ das Staatsministerium des Innern am 3. April 1836 außerdem eine eigene Verfügung, »*Die Belebung des allgemeinen Sinnes für Musik durch angemessene Einwirkung auf die Landwehr-Musikcorps, auf den Gesang- und Musikunterricht in den Schulen betr.*«[14]: »*Lebhafter Wunsch Seiner Majestät des Königs ist es, …daß der Sinn für Musik namentlich aber für Kirchen= und anständigen ächt nationalen Volksgesang möglichst erhalten und gefördert werde.*« Und dann folgen in sieben Abschnitten Anweisungen für die Landwehrmusiken, die »*ununiformierten Musiken*«, die Schullehrpläne, den »*Unterricht in der Instrumentalmusik*« für die »*talentvollen Knaben*« (von Mädchen ist nicht die Rede) und die »*talentvolleren Feiertagsschüler*« sowie die »*tüchtige Ausbildung der Schulpräparanden, Schulseminaristen auch in der Musik*«.

Auch Ludwigs Sohn, König Maximilian II., der »Volkskundler« auf Bayerns Thron, war ein großer Förderer der Militär- und der Volksmusik. Auf seiner berühmten »Fuß«-Reise (der größte Teil wurde zu Pferd oder im Wagen zurückgelegt) von Lindau nach Berchtesgaden im Jahr 1858, die Wilhelm Heinrich Riehl (der Begründer der Volkskunde als Wissenschaft) und Friedrich von Bodenstedt so lebendig geschildert haben, hatte sich der König sehr an den ihm zu Ehren vielerorts gesungenen Volksliedern erfreut.[15] Am 14. August 1859 schickte er von Hohenschwangau aus einen Brief an den bayerischen Kriegsminister Ludwig von Lüder[16]: »*Schon öfters habe Ich darüber Klagen gehört, daß die Militärmusikbanden auf Paraden u. dgl. so viele werthlose oder geschmacklose Arien von Verdi Donizetti und a. mehr aufspielen, anstatt sich z.B. wirkliche Volkslieder zur Grundlage zu wählen, an denen namentlich Südbayern so reich ist. Da die Wirkung der Militär-Musik auf die Massen tief und weitverzweigt ist, so wäre es wohl der Mühe werth, diese Frage in Erwägung zu nehmen, da die Staatsregierung auch das verhältnismäßig Geringfügige nicht außer Acht lassen darf, wenn es sich um die Belebung nationaler Bildung auf irgend einem Gebiete handelt. Wollen Sie nach Einvernahme Sachverständiger Mir gutachtlichen Vortrag erstatten, ob und wie etwa eine solche volksgemäße Reform der Militär-Musik zu erzielen wäre. Mit bekannten Gesinnungen, Ihr wohlgewogener König Max*«.

Der Bericht von Lüders vom 29. Oktober 1859 lag dem König neun Tage später vor[17]: »*In dieses allerhöchsten Auftrages hat sich der treugehorsamst Unterzeichnete an allerhöchstihre Hofmusik-Intendanz mit dem Ersuchen gewandt, ihm ihre Ansicht über diesen Gegenstand mittheilen zu wollen, welchem Ansinnen dieselbe durch die hier gleichfalls alleruntertänigst anverwahrte Note vom 20ten dieß entsprochen hat. Wie Euere Koenigliche Majstaet aus dieser Note zu entnehmen geruhen wollen, spricht sich Allerhöchstihre Hofmusikintendanz dahin aus, daß ohne Zweifel die Richtung der Zeit, wie in so vielen anderen Verhältnissen, so auch in Beziehung auf die Militär-Musik darauf gewirkt habe, daß nach allen Seiten hin gegriffen werden müsse, um den Anforderungen zu genügen.*

Was die Vorträge auf Wachparaden betrifft, so würde eine einseitiges Benützen der deutschen oder sogenannten klassischen Musik als ausschließliches Element dem hörenden Publikum, insofern dieses auf Erheiterung zählt, weder in qualitativer, noch in Quantitativer Beziehung entsprochen. Der leichtern/: und allerdings auch seichtern:/

Titelblatt des Philhellenen-Marsches »für Piano Forte arrangiert von P. Streck« (1836)

italienischen Musik könne die Anerkennung der melodiösen Vorzüge doch auch nicht versagt werden. Übrigens lasse sich durch Befehle und Verbote von Oben herab in dem vorliegenden Falle nichts bewirken.

In Betreff der eigentlichen Militär-Märsche bemerkt Allerhöchstderselben Hofmusik-Intendanz noch insbesondere, daß wirklich eine große Geschmacklosigkeit in neuerer zeit Platz gegriffen, da man jedwede in einer Oper gefällige Melodie zum Marsch umwandle, wodurch eben das den Soldatenmarsch charakterisierende Element außer Augen gelassen und häufig eine läppische, tänzelnde Marschweise bezweckt wurde.

In dieser Beziehung wäre dahin zu wirken, daß wieder ächte Soldatenmärsche komponiert würden, die den ihrer Zeit und in der That auch jetzt noch unübertrefflichen sogenannten Le Grand Märschen/: Fahnenmarsch, Zapfenstreich, Grenadiermarsch u.a. :/ gleichkämen, wobei allerdings die Anwendung deutscher Volks- Und Soldatenlieder in Betracht gezogen werden könnte.

Euerer Koeniglichen Majestaet Hofmusik-Intendanz Ansicht scheint sonach eine gründliche volksmäßige Reform der Militär-Musik nach der Richtung der Zeit, welche sich mit den einfachen Weisen einer naiveren Zeit nicht mehr begnügt, sondern vor Allem Abwechslung begehrt, nicht ausführbar ...«

Trotzdem empfiehlt der Kriegsminister seinem König, »*an die Regimenter und Abtheilungen die Weisung zu erlassen ... darauf zu halten, daß stets eine Auswahl ächter*

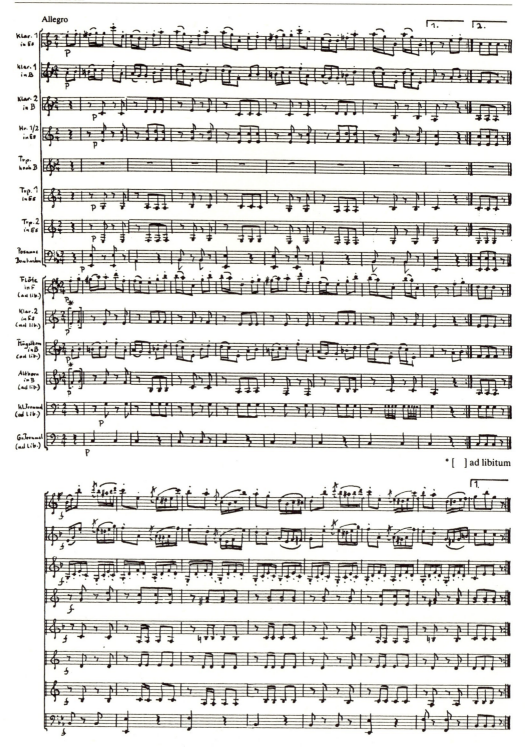

* [ ] ad libitum

Der lang verschollene alte Münchner Schäfflertanz von Peter Streck, wie er von Dr. Robert Münster zur Ausstellung »Volksmusik in Bayern« in der Bayer. Staatsbibliothek 1985 wieder veröffentlicht worden ist. In seinem opus 305 hat Streck 1859 ein Münchner Faschingspotpourri im Druck veröffentlicht, das 20 Teile enthält, darunter Melodien aus Rossinis »Stabat Mater«, Händels »Halleluja«, Mozarts »Zauberflöte« und »Don Giovanni«, die Lieder »Z'Lauterbach hab' i mein' Strumpf verlor'n«, »Prinz Eugen«, »Bier her, oder i fall um«, einen Bock-Walzer und andere Tänze. Von besonderem Interesse aber ist sein »Schäfflertanz«, wie er vor dem jetzt bekannten, von Strecks Nachfolger Wilhelm Siebenkäs (1824-88) komponierten, gespielt wurde.

Soldatenmärsche vorhanden sei und daß die besseren unter den älteren Märschen durch die Masse der neueren nicht verdrängt, sondern von Zeit zu Zeit wider gespielt werden; ferner daß bei der Komposition neuer Märsche das den Soldatenmarsch charakterisierende Element nicht ausser Augen gelassen und hierbei namentlich auch auf die Anwendung ächter Volks- und Soldatenlieder Rücksicht genommen werde; wobei jedoch zu vermeiden sei, daß solche Volksweisen nicht ihr charakteristisches Gepräge verlieren und daß durch den ersten Theil des Marsches kriegerisch angeregte erhobene Stimmung nicht etwa durch ein unpassendes Trio herabgezogen werde.« Und der König notierte: *»Einverstanden. Vorder Riß den 7ten November 1859. Max«*

Peter Streck hat diesem Wunsch seines Königs in einigen seiner Kompositionen und Arrangements voll entsprochen. Vor allem in seinen Arrangements hat er eine ganze Reihe von Polkas, Landlern, Schottischen usw. aufgegriffen, bearbeitet, eingerichtet und wohl auch für verschiedene Besetzungen leicht verändert. Einige Stichproben im Archivbestand der Musikhandschriften haben ergeben, daß in handschriftlichen Musikantenbüchern schon vor dem Herausgabedatum der Streckschen Drucke ähnliche oder gleiche Melodien vor allem ländlichen Charakters zu finden sind. Streck hat wohl wie jeder zeitgenössische Musiker neben dem Bereich der gerade aktuellen Musik aus Opern, Operetten usw. auch aus dem unerschöpflichen Reservoir populärer, im Volk bekannter und beliebter, teilweise als Volksmusik zu bezeichnenden Melodien entnommen.

Strecks Nachwirkung

Umgekehrt sind einige seiner Kompositionen von entlassenen Militärmusikern in ihre Heimat, aufs Land ebenso wie in die Städte, hinausgetragen worden, wo sie durch häufiges Spielen wiederum nach und nach zu allgemeinem Volksgut geworden sind. Diese allerdings erst auf Stichproben beruhenden Aussagen bedürfen noch einer durch genauere Archivarbeit untermauerten Begründung.

Abgesehen davon kann als sicher gelten, daß die Veröffentlichungen von Peter Streck, vor allem für kleine Besetzungen, überaus weite Verbreitung in den Musikerkreisen jener Zeit fanden. Abschriften der Melodien, der Besetzungen, Bearbeitungen für die eigene Besetzung usw. finden sich zahlreich in der Sammlung von Musikantenhandschriften und Musikkapellennachlässen des Volksmusikarchivs des Bezirks Oberbayern für die Zeit zwischen 1850 und etwa 1900. Polka, Schottisch, Galopp, Mazurka, Landler und Walzer waren als hervorragende Tanzmusik instrumentiert und gefällig zu spielen. Auch die Konzertstücke finden sich in den Handschriften, aber natürlich in weit geringerem Maß, ebenso Märsche und Feldschritte. Vor allem die Ausgaben für Pianoforte mußten – der Verbreitungsstärke nach zu schließen – sehr beliebt gewesen zu sein.

Hinzu kommt, daß die entlassenen Militärmusiker in ihrer Heimat – günstigsten Falls mit anderen ehemaligen Militärmusikern – kleine »Musikbanden«, meist Blasmusik (»Tanzmusiken« würde man heute sagen), gründeten. So nutzten sie das bei der

Standkonzert eines Landwehr-Musikkorps vor einer Bierwirtschaft (Aquarell von Joh. Adam Klein 1848)

Abzug der Residenzwache mit Musik über den Odeonsplatz 1889 (nach einem Gemälde von Fritz Birkmeyer)

Militär-Musikzug des 2. Infanterie-Regiments »Kronprinz« mit Kapellmeister Jakob Peuppus vor dem Wirtshaus »Rosenau« mit dem Wirt in der Mitte (1894)

Militärmusik erlernte auch nach der Entlassung und gaben oft ihr Wissen an andere Musikanten weiter. Auch Strecks 1861 veröffentlichte Instrumentationslehre wirkte weit über seinen Tod hinaus.

Und vor allem hielt sich die Popularität der Militärkonzerte in den großen Bierkellern oder Ausfluglokalen, wie beispielsweise in der 1893 entstandenen »Rosenau« (Schleißheimer Straße 128): »*Dortselbst entwickelt sich bei Beginn der Saison schon ein äußerst reges Leben und Treiben und an den Osterfeiertagen mußten viele Besucher wieder umkehren wegen Überfüllung. Die an allen Sonn- und Feiertagen bei vollständig freiem Eintritt und, was besonders hervorzuheben ist, ohne jeden Bierpreisaufschlag stattfindenden Konzerte von einer oder zwei Kapellen werden weiterhin inszeniert.*«[18] Tägliche Militärkonzerte (bei ebenfalls meist freiem Eintritt!) bot um die Jahrhundertwende neben dem schon erwähnten Löwenbräukeller auch das Bürgerliche Bräuhaus (Münchner Bürgerbräu).

In den Reiseführern jener Zeit waren in der Regel eigene Hinweise unter dem Titel »Militärmusik« ausgedruckt, wie z.B. noch 1911[19]: »*Täglich mittags 12 Uhr im Rathaushof; dann Sonntag, Dienstag, Donnerstag, Freitag in der Feldherrnhalle; im Sommer bei günstiger Witterung Montag und Mittwoch 5–6 Uhr abends im Hofgarten und Samstag 5–6 Uhr beim Chinesischen Turm im Englischen Garten.*«

Vor allem der erwähnte mittägliche Wachwechsel vor dem Münchner Rathaus zog jeden Tag viele Menschen an. Die Hauptwache im Rathaus wurde vom 1. Bayer. Infante-

Die beliebte »Bauernparade« beim Wachwechsel vor der Hauptwache im Neuen Rathaus (1890)

rie-Regiment »König« gestellt (das 2. Infanterie-Regiment »Kronprinz« stellte die Wachen für das Militärzuchthaus, das Infanterie-Leibregiment für die Residenz). Die Wacheinheiten rückten täglich mit 30 bzw. 36 Mann aus, natürlich mit Musik. Über die Wachablösung auf dem Marienplatz, im Volksmund »Bauernparade« genannt, stand in der »Illustrierten Zeitung« am 27. August 1887 zu lesen[20]:

»*Der Glanz und Prunk, womit jedes militärische Schauspiel umgeben ist, lockt immer eine ansehnliche Anzahl Neugieriger an sich. Diese Wahrnehmung kann man bei größeren Manövern wie namentlich auch in Garnisonstädten machen, wo die Truppen bei ihren Märschen von und zu der Kaserne stets eine zahlreiche Begleitung aus der Civilbevölkerung haben. Ganz besonders ist dies beim Aufziehen der Wachparade der Fall, welche meist mit Musik erfolgt. In dieser Beziehung ist der Münchner täglich in der Lage, die Befriedigung seiner Neugierde mit einem Ohrenschmaus zu verbinden.*

Auf dem Marienplatz findet nämlich die sogenannte ›Bauernparade‹ statt, dort, wo das Rathaus steht, in dem die Hauptwache untergebracht ist. Ist diese, begleitet von einer täglich gleich großen Menschenmenge aller Stände, aus den Casernements an ihrem Endziele angelangt, so spielt die Kapelle einige Stücke. Mag die Sonne in afrikanischer Glut brennen, oder mögen die Schleusen des Himmels eine zweite Sintflut herabsenden,

Die Schützenkapelle Feldmoching (Schützenverein Altbayern) in den 1930er Jahren

die Kapelle spielt ihre lustigen Stücklein (mit Ausnahme der Manöver und einer kurzen Urlaubszeit) täglich zur großen Befriedigung der Hörer.

Diese letzteren bieten dem Beobachter ein werthvolles Material zum Studium der Bevölkerung. An den Tagen, an denen keine Herrenparade stattfindet, wird die Bauernparade auch von den besseren Ständen besucht. Das gewöhnliche Publikum der Bauernparade aber bilden, von den zweifelhaften Elementen, welche sich da leider auch sehr zahlreich einfinden, abgesehen, hauptsächlich Arbeiter, welche sich von ihrer kurzen Mittagspause gerne ein Stück abzwacken, um den materiellen Genuß beim kurzen Pfeifchen auch durch einen idealen zu würzen, und Landleute, deren Söhne beim ›Militari‹ stehen, oft in der Erwartung, den lieben Girgl, Hans oder Sepp, oder wie der junge Vaterlandsvertheidiger mit seinem Taufnamen heißt, zu sehen und sich an seiner Strammheit zu erfreuen, mit der er seinen Dienst versieht, denn der Steckschritt hat aus dem früher nachlässigen Burschen ›an sakrischen Kerl‹ gemacht ...«

Auch an die Vorliebe vom Kiem Pauli für die Militärmusik sei hier erinnert, von der er selbst erzählte[21]: »Bereits in de Kinderjahr hab i scho a Freid an der Musik ghabt, die sich bsonders bemerkbar gmacht hat, wenn die Militärmusik bei uns vorbeimarschiert is. Da bin i als Bua mitglaffa mit der Kapelln glei so weit, daß i nimmer hoamgfundn hab. Oamal bin i sogar a ganze Stund zu spät in d'Schul kemma. Und als der Lehrer gfragt hat, ja wo i denn war, da hab i gsagt: Ja mei, mit der Musi bin i halt glaffa! Na hat er mi so ogschaut und hat glacht und hat gsagt: Geh nei. To hat er mir nix.«

Mit dem Ende des I. Weltkriegs kam auch das Ende der Königlich Bayerischen Armee, aber ebenso waren der Glanz der Uniformen und die Begeisterung für die Militärmusik dahin. Und damit waren auch die einstigen so populären Militärmusikmeister, voran »unser Streck«, dem Vergessen anheim gegeben. Sicherlich wird mit unserer Veranstaltung zu seinem 125. Todestag und mit der [dazu vorgelegten] Veröffentlichung »unser Streck« nicht mehr so populär werden, wie er das Mitte des vorigen Jahrhunderts war. Das ist auch nicht unser Ziel. Aber ihn ein wenig der Vergessenheit zu entreißen, ihn wieder einem größeren Publikum bekannt zu machen, den Volksmusikanten seine Noten zu vermitteln, auf daß seine Stücke wieder im Repertoire der Musikanten vertreten sind, das wäre schon ein kleiner Erfolg.

August Hartmann

Auf der Suche nach Sammlungen mit Volksliedern aus München stößt man unweigerlich auch auf August Hartmann. Seine Sammlung mit volkstümlichen Weihnachtsliedern ist bekannt[1], weniger dagegen schon seine vorhergehenden Veröffentlichungen über das Weihnachtslied und das Weihnachtsspiel in Oberbayern[2] und die Volksschauspiele[3].

August Hartmann wurde am 25. Januar 1846 in München geboren. Nach dem Wilhelmsgymnasium in München studierte er 1864 bis 1870 in München und Bonn klassische, germanische und romanische Philologie und Rechtswissenschaft. Nach der Philosophischen Staatsprüfung für das Lehramt an bayerischen Gymnasien war August Hartmann an Schulen in München und in Franken eingesetzt. 1874 trat er als Assistent bei der kgl. Hof- und Staatsbibliothek in München (heute Bayer. Staatsbibliothek) an. Im Jahr darauf erschien als seine erste große Veröffentlichung seine Arbeit über das »Weihnachtslied und Weihnachtsspiel in Oberbayern« im XXXIV. Band des vom Historischen Vereins von Oberbayern (dessen Vorsitzender Hartmann 1899 wurde) herausgegebenen »Oberbayerischen Archivs für vaterländische Geschichte«. Auch darin finden wir z.B. im Zusammenhang mit Mariä Verkündigung ausgesprochene Marienlieder, wie – um nur ein Lied wahllos herauszugreifen – »Gegrüsst seist, Maria, Jungfräuliche Zier!«[5], wobei es sich um einen alten »Ruef« handelt.

Mit den Liedaufzeichnungen hatte Hartmann 1866 in Niederaschau begonnen, wo er seit 1860 die Ferien verbrachte. Bereits während seinem Studium bereiste er von München aus fast ganz Bayern zu Fuß und mit der Bahn. Er kam dabei nach Franken ebenso wie auch nach Tirol, er fuhr nach Schwaben und in den Bayerischen Wald. Ganz besonders aber interessierte er sich für das Brauchtum und die Lieder in den 1854 in die kgl. Haupt- und Residenzstadt München eingemeindeten östlichen Vororte Au, Giesing und Haidhausen. Auch in Sendling konnte er Liedtexte aufzeichnen. »*In den Münchner Vorstädten Au, Giesing und Haidhausen, wo noch jetzt ausgedehnte Quartiere die ländlich-alterthümliche Bauart zeigen, haben auch mancherlei Volksgebräuche weit länger fortgelebt, als in der gegenüberliegenden Altstadt*«, schrieb er in seiner ersten Veröffentlichung[6].

Hartmann merkte aber bald, daß Lieder, die ohne die Melodie wiedergegeben werden, nur einen Teil ihres Wesens preisgeben. Da er – wie er offen zugab – zur Notenaufzeichnung »*selbst nicht im Stande*« war, suchte er einen geeigneten Mitarbeiter. »*Mehrere Versuche mit befreundeten Musikern waren mißlungen. Endlich hatte ich das Glück, in der Person meines verehrten nunmehrigen Mitherausgebers, des Oberlehrers und Bezirksschulinspektors Hyazinth Abele*[7] *dahier einen trefflichen Bundesgenossen zu finden, wie ich ihn immer gewünscht hatte, einen Musiker, welcher Liebe und Verständnis für das echte Volkslied ebenso wie Kenntnis desselben schon zu dem Werke mit-*

August Hartmann   Hyazinth Abele

brachte.«[8] 1876 unternahmen August Hartmann und Hyacinth Abele ihre erste gemeinsame Volkslied-Forschungsreise (die sie übrigens auch nach Giesing führte). 1880 begannen auch Briefkontakte mit regionalen Sammlern, Lehrern, Sängern usw., die für Hartmann bis nach 1895 Lieder aufschrieben und ihm zuschickten. »*Hartmann hat sich zu einer Zeit der Volksliedersache in Altbayern angenommen, in der Volks- und Heimatkunde noch nicht so zeitgemäß waren wie heute*«, stellte Stephan Ankenbrand schon 1927 fest.[9] »*Er wurde von seinen Zeitgenossen oft nicht verstanden und nur einige weitschauende Männer (K. Weinhold, K. Müllenhoff, Konrad Hofmann u.a.) beachteten und förderten seine Arbeiten und Bestrebungen.*« »*Es läßt sich mit Sicherheit sagen,*« schreibt Ernst Schusser, der Leiter des Volksmusikarchivs des Bezirks Oberbayern,[10] »*daß das Sammelwerk Hartmanns erst durch die Mitwirkung Abeles, also durch die Melodieaufzeichnungen, zu der großen Bedeutung gelangt ist, die Wolfgang A. Mayer*[11] *als den ›Beginn einer umfassenden, wissenschaftlichen Volksliedforschung in Bayern‹ ansieht. Waren vorher Erkenntnisse über das Volkslied, die Volksmusik quasi Abfallprodukte eines anderen Forschungsschwerpunktes (Topographie, Landeskunde, Mundartforschung usw.) oder war die Sammlung als Teil einer schwärmerischen Neigung für Alpen und Volkstum zu sehen (z.B. Kobell, Herzog Max, Halbreiter), so geht Hartmann grundlegend an die Quellen und versucht das Umfeld zu beobachten und zu beschreiben. Er ist nicht nur auf der Suche nach dem ›Material‹ also dem Lied allein, sondern – und das zeigt die immense Fülle seines Nachlasses –: er sieht weit darüber hinaus, auch auf die Menschen, den Gebrauch des Liedes im Leben. Zudem ist er auf der Suche – ganz zeitgemäß – nach der Urform des jeweiligen Liedes. Er vergleicht, stellt*

Zusammenhänge her, gibt Quellen- und Literaturangaben, stellt das Lied in die Kritik...«

Hartmann war ein exzellenter Kenner der einschlägigen Literatur, die ihm als Mitarbeiter der kgl. Hof- und Staatsbibliothek fast lückenlos zur Verfügung stand. 1880 erscheinen seine Veröffentlichungen über »Volksschauspiele. In Bayern und Österreich-Ungarn gesammelt« und »Das Oberammergauer Passionsspiel in seiner ältesten Gestalt«. Über das Oberammergauer Passionsspiel wurde August Hartmann 1883 auch an der Philosophischen Fakultät der Universität Leipzig promoviert. Ein Jahr später heiratete er und veröffentlichte die »Volksthümlichen Weihnachtslieder« als Band I einer ursprünglich auf mehrere Bände angelegten Reihe »Originalsammlung bayerisch-österreichischer Volkslieder«. Dazu wurden in den Jahren 1903 bis 1905 die Arbeiten für den Band II fertiggestellt, aber unglücklicherweise verlor Hartmann das wertvolle Manuskript in einer Münchner Trambahn. Es gelang ihm dann zwar, das Manuskript neu zu erstellen, aber es wurde vom Verlag abgelehnt! 1907 bis 1913 folgten die Arbeiten zu »Historische Volkslieder und Zeitgedichte vom sechzehnten bis neunzehnten Jahrhundert«, gefördert von der Historischen Kommission der Bayer. Akademie der Wissenschaften. Seit 1889 schrieb Hartmann auch mehrere kleinere Aufsätze für Zeitungen und Zeitschriften, darunter z.B. über den Schäfflertanz, den Metzgersprung und Marienlieder, sowie zu verschiedenen historischen und anderen Themen. 1911 trat er in den Ruhestand, war dann noch als Sachverständiger tätig und verstarb schließlich am 23. März 1917 in München[12].

Die »Gscheerten« im Couplet
Das Bild des Dachauer Bauern bei den Münchner Volkssängern

Das Couplet zählt zu den ältesten Liedformen. Schon im Mittelalter nannte man ein Verspaar zwischen einem gleichbleibenden Refrain (dem Kehrreim) ein »Couplet« (lat. copula = Verknüpfung). Solche Couplets wurden vor allem im 12. Jahrhundert von den provencalischen Trouvères zum Tanz gesungen.[1] Die auf die Trouvères folgenden französischen Troubadours waren wiederum Vorbild für die ritterlich-höfischen Minnesänger, deren Kunst ihren Höhepunkt um 1200 hatte. Auch das Chanson gehört in seiner früheren Form in die »Ahnengalerie« unserer heutigen Couplets, vor allem als witzig pointiertes, satirisches, kommentierendes, glossierendes und parodierendes, aber auch frivol kabarettistisches Vortragslied mit Refrain.[2] Eine Gemeinsamkeit zwischen den mittelalterlichen Chansons und den heutigen Couplets ist die verbreitete Gesellschaftskritik. Bevorzugte Themen waren Kriegs- und Notzeiten, aristokratische Parteifehden und Standeskämpfe, soziale Mißstände und Ausbeutung, fürstliche Verschwendungssucht und Unfähigkeit.

Die Zahl der gesellschaftskritischen Lieder stieg angesichts der bedeutenden Umwälzungen vor allem in der Renaissance stark an. Auch der Münchner Hofkapellmeister Orlando di Lasso schuf Spottcouplets nach Art der Commedia dell'arte im neapolitanischen Stil, die er wohl selbst bei seinem Aufenthalt in Neapel kennengelernt hat, bevor er 1553 Kapellmeister am Lateran in Rom wurde. In Frankreich machte sich die Unzufriedenheit zunehmend in coupletartigen »voix-de-ville« Luft. Sie verfolgten satirisch das Treiben um den französischen Thron mit seinen Prinzen, Ministern, Mätressen und Skandalen.

Die Produktion solcher Chansons stieg zur Französischen Revolution 1789 stark an. Die Polizei war machtlos: Bücher, Fliegende Blätter und Manuskripte konnte man konfiszieren und verbrennen, aber Lieder gehen von Mund zu Mund und sind nicht faßbar. Volkstümliche Chansons »en forme de voix-de-ville« wurden in Frankreich gegen Ende des 16. Jahrhunderts auch als Liedeinlagen in die mittlerweile beliebten Stegreifkomödien aufgenommen, die später als ganzes »Vaudeville« genannt wurden. Sie wuchsen sogar zur wichtigsten Gattung des Pariser Boulevardtheaters im 18. Jahrhundert.

Ein weiterer wichtiger Impuls für die Entwicklung des Couplets kam aus England, wo die verstaubte »opera seria« 1728 den entscheidenden Schlag durch »Die Bettleroper« von dem englischen Dichter John Gay und dem deutschen Komponisten Johann Christoph Pepusch erhielt, einer genialen Karikatur der Barockoper. Dargestellt wird die Hochzeitsfeier zweier Straßensänger, womit die sonst immer in Opern besungenen höfischen Vermählungen parodiert wurden: Statt Fürsten und Prinzessinnen sind Diebe und Dirnen die handelnden Personen! Und anstelle großer Opernarien traten satirische und gesellschaftskritische Lieder und Couplets.

Auch das deutsche Singspiel entstand aus der Reaktion gegen die überlebte heroische Oper. 1743 wurde in Berlin die aus dem Englischen übersetzte Burleske im Stil der Bettleroper »Der Teufel ist los« aufgeführt. Ihr Erfolg veranlaßte 1747 den Leipziger Christian Felix Weisse zu einer Neufassung, zu der Johann Georg Standfuß die Musik schrieb. Damit war das erste Singspiel mit deutschen Originalmelodien geboren.[3] In Wien entschloß man sich erst zu Aufführungen deutscher Singspiele, nachdem Kaiser Joseph II. den Burgschauspieler Johann Heinrich Müller 1777 beauftragt hatte, ein deutsches Nationalschauspiel ins Leben zu rufen. Mit der Uraufführung des erfolgreichen Singspiels »Die Bergknappen« von Ignaz Umlauf hatte sich dieses im Jahr darauf etabliert. Der Erfolg der nachfolgenden Singspiele in Wien beruhte auf der Volkstümlichkeit der Melodien, deren tänzerischem Schwung, dem Witz und der Aktualität der Couplets und der leichten Einprägsamkeit der Musik. Trotzdem konnte sich das Wiener Nationalsingspiel nur ein Jahrzehnt halten. Die überholte italienische Oper behauptete sich am Wiener Hof weiter bis ins 19. Jahrhundert hinein. Aber das deutsche Singspiel und mit ihm die Couplets verstummten deshalb in Wien noch keineswegs. Sie waren inzwischen so beliebt, daß sich ihrer gleich zwei private Vorstadttheater annahmen.

Auf der Bühne des Münchner Hoftheaters triumphierte im 18. Jahrhundert ebenfalls noch die »opera seria«. 1778 gründete Kurfürst Karl Theodor zwar auch hier eine deutsche Nationalschaubühne, aber erst neun Jahre später wurde die überlebte italienische Prunkoper beseitigt. Auch sonst war man in der Theaterentwicklung immer hinter Wien her. Während dort nach der 1775 vom Kaiser dekretierten Spielfreiheit in den Vorstädten gleich eine ganze Reihe neuer Theater entstanden, spielte man in München noch in Wirtshaussälen und Dulthütten. Mit den neuerbauten Wiener Vorstadttheatern in eine Reihe stellen kann man in München nur das 1812 errichtete Theater am Isartor. Dort bildete sich ab 1822 unter der Leitung von Carl Carl (eigentl. Karl Ferdinand von Bernbrunn, 1789–1854)[4] ein Spielplan nach Wiener Vorbild heraus. Als die Konkurrenz des Isartortheaters für die Hoftheater schließlich zu groß wurde, ruhte deren Intendanz nicht eher, bis Carl aus München vertrieben und das Theater am Isartor 1825 geschlossen war[5]. Carl ging nach Wien, wo er Direktor des Theaters an der Wien wurde.

Und in der Donaumetropole feierte gerade das Couplet in den Lokalpossen von Ferdinand Raimund (1790–1836) und Johann Nestroy (1801–62) fröhliche Urständ. Mit den bis auf den Refrain ohnehin zusammenhanglosen Strophen bot das Couplet dem Vortragenden eine ideale Möglichkeit, seinem Herzen Luft zu machen. Vor allem half es der allmächtigen Zensur ein Schnippchen zu schlagen. Eilig verfaßte Strophen mit Kritik an öffentlichen Mißständen, an korrupten oder machtgierigen Amtspersonen, ließen sich noch am selben Abend ins Couplet einbauen und weckten meist den Jubel des Publikums. Besonders Raimunds Couplets wurden zu Gassenhauern und tauchten bald im Repertoire der Wiener Harfenisten, den Vorläufern der Wiener Volkssänger, auf. An die Stelle von Raimunds Gemüt und seiner humortragenden Phantasie traten bei Nestroy Ironie, Skepsis und ein assoziationsreicher Intellekt. Er zeigte Treffsicherheit seines Witzes in Parodien, Satzverdrehungen, Wortspielen, Extempores und unfehlbaren Pointen. So wurde gerade Nestroy zu einem Meister in der Fähigkeit, mit hinterlistigen Couplets die allmächtige Polizei des österreichischen Staatskanzlers

Metternich auszutrixen. Daß die Stücke (und damit deren Couplets) von Raimund und Nestroy verhältnismäßig bald in München nachgespielt wurden, lag einmal an deren großem Erfolg in Wien, dann an der leichten Umschreibmöglichkeit wegen dem ähnlichen Dialekt und an der Vergleichbarkeit der politischen und gesellschaftlichen Verhältnisse. Und es gab dazu in München gute Komödianten.

Der Siegeszug des Couplets in der Operette

Die Pariser Uraufführung 1858 von »Orpheus in der Unterwelt« von Jacques Offenbach (1819–80) gilt als die Geburtsstunde der Operette, in der das Couplet große Bedeutung hat. Bei Offenbach stellten Satire und Parodie das tänzerische Element stark in den Vordergrund. Der gleiche tänzerische Geist gab dann später auch der Wiener Operette vor allem unter Franz von Suppé (1819–95), Johann Strauß-Sohn (1825–99) und Karl Millöcker (1842–99) den Lebensimpuls. Hier wie dort triumphierte der meist geradtaktige Tanzrhythmus (2/4, 2/8, 4/4), bei Offenbach bestimmte der ausgelassene Cancan, bei den Wienern der leicht sentimentale Walzer den Charakter der Operette. Sogar auf den tänzerisch beschwingten Lieder und Couplets wurden schönklingende Ensemblesätze und breit ausgeführte Finales aufgebaut. Wurde bei den Couplets in den Singspielen und Possen ausgiebig extemporiert, so teilen sich die Singstimmen in der Operette mehr das mit, was sich zwischen und in den handelnden Personen abspielt.

In den 90er Jahren verflachte die Wiener Operette und die Begeisterung des Publikums verlor sich. Um die Jahrhundertwende verfiel sie dann vollends der Sentimentalität, während die Pariser Operette vom Amüsierbetrieb überwuchert wurde. Aber die Operettencouplets lebten in alter oder neuer Form weiter und blühen mit jeder Neuinszenierung der alten Werke wieder auf. Auch das um 1900 aufkommende Kabarett (ausgehend vom 1881 gegründeten »chat noir« in Paris) bediente sich bevorzugt des Couplets für die beißenden Satiren, Glossen und Parodien. Und nicht zu vergessen: Auch viele Volkslieder und Schlager der Unterhaltungsmusik sind ihrem Aufbau nach eigentlich Couplets.

Die Wiener Volkssänger als Vorbild

Im Biedermeier und im Vormärz spielten als Vorläufer der Wiener Volkssänger die »Harfenisten« eine bedeutende Rolle. Sie waren den unteren Bevölkerungsschichten Ersatz für Oper, Tragödie, Lustspiel und Posse. Sie spielten anfangs auf den Gassen, in den Höfen, im Prater und in den Wirtsgärten. Ihr Repertoire reichte von traditionellen Volksliedern bis zu aktuellen Moritaten und zum Bänkelgesang.[6] Nach 1800 machten die Wiener Harfenisten die Wirtshäuser zu ihren Vortragsstätten. Allmählich bildeten sich »Gesellschaften« aus zwei oder drei Sängern und einem Harfenisten, was zu einer Trennung zwischen Sänger und Instrumentalbegleiter führte. Diese Gesellschaften entwickelten auch eine neue Programmform, sogenannte Konversationen. Komische Szenen, Sketche oder kleine Theaterstücke mit einer losen Handlung wechselten mit Liedern und Couplets ab. Nach einigen Vortragsstücken wurde mit dem Teller abgesammelt, da das Publikum fluktuierend war und kein festes Programm geboten wurde. Diese Organisationsform und das Programmschema waren ein halbes Jahrhundert später Vorbild für die Münchner Volkssänger. 1838 gab es in Wien 45 größere Gesellschaften mit 4 bis 6 und über 200 kleinere mit 2 bis 3 Personen sowie an die 2000 Einzelmusiker und über 800 Drehorgelspieler.

Die endgültige Reform des Harfenistenwesens wurde durch Johann Baptist Moser (1799–1863)[7] eingeleitet. Das Klavier löste die Harfe ab. Moser erfand den Titel »Volkssänger«, schaffte den Sammelteller ab und reinigte die komischen Szenen, Lieder und Couplets von allen Zweideutigkeiten, womit er zur Hebung des Geschmacks der unteren Volksschichten beitrug, die den größten Teil seines Publikums stellten. Aber nach Mosers Tod verfiel die kurze und echte Blüte des Wiener Volkssängertums. Die Vorführungen seiner Nachfolger arteten wieder häufig in Derbheiten aus. Bereits Anfang des 20. Jahrhunderts – gerade als das Münchner Couplet seine Hochblüte erreichte – verschwand das Couplet in Wien aus dem Repertoire der Volkssänger und hat sich bis heute dort nur mehr im Kabarett behaupten können.[8]

Die Münchner Volkssänger

Auch in München blühte in der ersten Hälfte des 19. Jahrhunderts das Harfenistenwesen und in der zweiten Hälfte das Volkssängertum nach Wiener Vorbild auf, vor allem, nachdem 1862 die Gewerbefreiheit eingeführt wurde. Um 1900 registrierte man in München bereits rund 400 Komiker und Volkssänger, eine Zahl, die sich bis 1914 noch verdoppelte.[9] 1915 existierten kriegsbedingt nur noch etwa 20 Volkssänger-Gesellschaften mit jeweils maximal bis zu 7 Mitgliedern. Insgesamt erhielten 1915 in München 250 Personen den Erlaubnisschein zur Ausübung des Volkssänger-Berufs. Noch bis in die 30er Jahre hinein gab es in München etwa 80 spezifische Volkssängerlokale.[10]

Die ersten Volkssänger in München um 1800 waren Josef Sulzbeck und seine Musikanten, genannt »Sulzbecks Bande«. Noch zu der Zeit, da Sulzbeck seine Triumphe im Hofbräuhaus feierte, erblickte Christian Seidenbusch (1837–98) das Licht der Welt. Er war gelernter Buchdrucker und der erste, der seine Couplets gedruckt systematisch verbreitete. Ein großer Teil der Volkssänger war nämlich auf den Verkauf der gedruckten Lieder, Couplets und Vorträge angewiesen. Wer keinen Verlag fand, veröffentlichte seine Werke im Selbstverlag und bot die Hefterl notfalls auch selber zwischen den Auftritten zum Verkauf an. So beispielsweise Weiß Ferdl (eigentl. Ferdinand Weißheitinger, 1883–1949), der bereits vor dem I. Weltkrieg ins Verlags- und Druckereigeschäft eingestiegen war. Wenige Jahre danach gründete er den Verlag »Münchner Humor«, der die meisten seiner Couplets und Einakter herausbrachte.[11]

Diesen Drucken verdanken wir die Überlieferung unzähliger Couplets, die uns heute noch das Nachsingen ermöglicht. Es ist aber leider nicht immer die aktualisierte Form überliefert, wie sie tatsächlich auf der Bühne gesungen wurde. Das gilt z.B. für zahlreiche Couplets von »Papa Geis« (Jakob Geis). Er wurde nach 1876 mit seinen Auftritten im Café »Oberpollinger« zum Liebling der Münchner. 1897 zwang ihn sein krankes Herz zum Ruhestand, aber er dichtete weiter Couplets auf aktuelle Ereignisse, wie z.B. den Einsturz der Prinzregentenbrücke 1899 oder das Auftreten der barfüßigen Tänzerin Isadora Duncan 1902, die er aber nur noch selten selber vortragen konnte[12]. Auch in seinen früheren Couplets flocht er gern kritische Strophen auf aktuelle Ereignisse ein, aber leider sind diese Anspielungen, Glossen und aktuellen Witze selten in die gedruckte Fassung eingegangen und somit für uns verloren.

Was Papa Geis auf dem Gebiet des fein-humoristischen Couplets bot, das leistete Anderl Welsch (um 1842–1906) mit seinen ländlichen Szenen. Selbst in einem Dorf geboren, nämlich in Unterbiberg, idealisierte er die ländliche Idylle nicht, vielmehr verhöhnte er ganz gern die Bauern aus städtischer Sicht. Seine komischen Vorträge und Couplets, herausgegeben in 27 Folgen »Münchner Volksleben in Lied und Wort« mit insgesamt tausend Seiten, waren den Münchner Volkssängern um die Jahrhundertwende eine der wichtigsten Vorlagen und sind auch heute noch eine bedeutende Quelle.

Zu den einstmals beliebtesten Münchner Volkssängern gehörten außerdem Gustl Junker (1872–1946) und Alois Hönle (1871–1943), die beide eine ganze Reihe von Couplets, Einaktern und Solovorträgen hinterließen. Es war Gustl Junker, der in seinen Couplets vor allem Vorstadttypen und die bescheidenen Existenzen des damals blühenden Münchner Baugewerbes, wie etwa den »Stoatroger« und den Pflasterer[13], berühmt machte. Mit zwei Couplets hatte Junker ganz besonderen Erfolg: Sein »Stolz von der Au«[14] und »Der schöne Kare«[15] werden heute noch gesungen und umjubelt. Dann ist da auch Carl Helmstädt (1834–1913), unehelicher Sproß des Carl Graf von Helmstädt, der aber erst nach elf Prozessen bereit war, seinem Sohn eine Ausbildung zu bezahlen, die dieser jedoch nie beendete. 1851 war Helmstädt Statist bei Max Schweiger in dessen Isarvorstadt-Theater. Über die dortigen Possen kam er wohl auch mit den Couplets in Berührung, deren er insgesamt 158 verfaßte[16].

Noch produktiver war Karl Maxstadt (1853–1930), ein gebürtiger Badener. Über Engagements in Bern, Hamburg, Dresden, Straßburg und Berlin war er nach München gekommen. Mehr als vier Jahrzehnte war er berühmt für seine Klassikerparodien in verschiedenen Dialekten. Und er schrieb über 600 Couplets[17]. Karl Valentin (eigentl. Karl Ludwig Fey, 1882–1948), der selbst eine Reihe von Couplets geschrieben hat, schätzte Karl Maxstadt so sehr, daß er seine Partnerin Liesl Wellano (1892–1960) veranlaßte, den Künstlernamen Liesl Karlstadt anzunehmen[18].

Und schließlich sei auch noch auf eine Couplet-Sammlung aufmerksam gemacht, die heute noch beim Verlag Jean Dennerlein [inzwischen bei Edition Effel Music – Maria M. Frauenberger in Haar] erhältlich ist: »Münch'ner Blut« umfaßt 429 Nummern von verschiedenen Textdichtern und Komponisten aus der Zeit vor 1900 bis etwa 1930. Diese Sammlung ist immer noch die wichtigste Quelle nicht nur der Münchner Couplet-Sänger.

Die verschiedenen Coupletformen

Im Lauf der Jahre hatten sich verschiedene Coupletformen herausgebildet, geprägt vom Darstellungscharakter des jeweiligen Komikers, den vielfältigen künstlerischen Einsatzmöglichkeiten eines Couplets und der beabsichtigten Aussage bzw. Wirkung. So entstanden das unterhaltsame Episodencouplet, das auf schnellen Lacherfolg zielende Witzcouplet, das komödiantische Parodiecouplet, das spitzzüngige Sprach- bzw. Schnellsprechcouplet, das zeitkritische Couplet und das anspruchsvolle Charaktercouplet.

Die Darbietungen waren auch meist durch den Münchner Dialekt geprägt und somit in ihrer Wirkung regional begrenzt. Ihr Witz, zumal der scharfe Wortwitz, war für die Münchner bzw. die Bayern bestimmt, und er hatte auch in der Regel nur hier Erfolg. Zwar trieb es die Münchner Volkssänger immer wieder weit in die Welt hinaus zu Gastspielen, Karl Flemisch (1878–1937) beispielsweise sogar sechs Monate lang nach Moskau und Weiß Ferdl 1925 nach New York, aber die Couplets werden vor fremdsprachigem Publikum wohl eine untergeordnete Rolle gespielt haben.

Besonders beliebt und deshalb recht zahlreich waren daher die Charaktercouplets, mit denen bestimmte Typen charakterisiert, parodiert oder schlicht derbleckt wurden. Mit festen Rollentypisierungen arbeitete ja schon die Commedia dell'arte. Zur Abgrenzung vom Theaterbetrieb durften die Volkssänger gemäß der Reichsgewerbeordnung nur Einakter spielen, die keine Zeit zur Erklärung eventuell vorausgehender Ereignisse, zur Entwicklung komplizierter Handlungen und zur Einführung differenzierter Charaktere ließen. Deshalb griff man zu ganz bestimmten, sofort erkennbaren stereotypen Figuren. Wenn sie die Bühne betraten, konnte man vorausahnen, wie sie sich verhalten würden.

Diese Rollentypisierung wurde natürlich dann auch ins Couplet übernommen. Klaus Pemsel spricht hier allerdings von einer »*Normierung der Massenunterhaltung*«, da die Anforderungen der letzteren »*eine gleichmäßige und immer wiederkehrende Darbietungsstruktur verlangen, um nicht durch existentielle Neuerungen die Kontinuität infrage zu stellen*«.[19] Pemsel fügt aber später hinzu: »*Im Gewand dieser Rollentypen konnten die Volkssänger auch durchaus sozialkritische Töne anschlagen.*«[20]

Gustl Junker, Sepp Schweiger und Alois Hönle brillierten als »Kare« und »Luke«, arbeitsscheue, aufschneiderische und etwas asoziale junge Vorstadtstenzen. Andere wieder nahmen die alte Jungfer, den ausgeschmierten Ehemann oder den »Schwaren Reiter« bzw. den »Schwalangscher« (Chevauxleger) in der Figur eines wichtigtuerischen, tölpelhaften Soldaten aufs Korn. Aber auch Kritik am Militär wurde mitunter auf diese Weise laut. Sie richtete sich nicht gegen die Mannschaftsdienstgrade, vielmehr gegen die Offiziere, die den Wehrpflichtigen das Leben schwer machen konnten. Eine Beschwerdemöglichkeit gab es kaum. Verfahren gegen Offiziere, die sich wegen Mißhandlung von Rekruten vor Gericht zu verantworten hatten, verliefen meist ergebnislos.[21] Heute noch bekannt ist das u.a. von Josef Eberwein (1895–1981) gern gesungene Couplet »Hint'n mager und vorn dürr!« von H. Moser[22], dessen 2. Strophe lautet:

>'S ruckt der Lenzl von Aufhausen
Heuer ein zum Militär.
Er is fett als wie a Fack'l
Drum marschiert er sich so schwer.
Aber drinn' beim Korps da helfens'
Für die Fettsucht riesig schnell,

Denn da jag'ns ihn umeinander,
Daß ihm wackelt Leib und Seel.
Wie er 's erst'mal wieder heimkommt,
Fall'ns in Ohnmacht alle schier:
Is der Lenzl kaum zu kennen
»Hinten mager und vorn dürr«.

Trotz der anders gelegenen Zielrichtung ist hier auch eine süffisante Beschreibung eines zu gut genährten Bauernburschen enthalten.

Und dann war da noch »das bemooste Haupt«, der ewige Student, der keine Stellung findet, so benannt nach der Titelfigur des Schauspiels »Das bemooste Haupt oder Der lange Israel« von dem Leipziger Roderich Benedix (1811–73), das 1843 erstmals im Schweigerschen Volkstheater in der Au aufgeführt und dann das restliche 19. Jahrhundert durch sämtliche Volkstheaterspielpläne geisterte. Am weitaus wirksamsten gelang dem legendären »Papa Geis« die Paradenummer vom »bemoosten Haupt«, die freilich mit Rücksicht auf die dabei verschwindenden Biermassen der verbummelten Studenten entweder nur selten oder wenigstens mit Hilfe von mit Einsätzen versehenen speziellen Theatergläsern gegeben werden konnte.

Die »Gscheerten«

Die meisten Couplets aber waren vermutlich den »Gscheerten« gewidmet, den reich gewordenen, aber dummen und tölpelhaften Bauern aus dem Unterland, vorzugsweise aus dem München unmittelbar benachbarten Dachauer Land. Ab 1874 galt in der Kgl. Haupt- und Residenzstadt noch dazu die Anordnung, wonach Volkssängerauftritte nur in bürgerlicher Kleidung oder echtem »Nationalkostüm« erlaubt waren, da es sich gezeigt habe, *»daß mit dem Auftreten im Kostüme häufig Ausschreitungen namentlich des weiblichen Theils der darstellenden Gesellschaften verknüpft waren, deren Beseitigung im Interesse der guten Sitten und Ordnung dringend notwendig erschien«*. So steht es jedenfalls in einem Antrag des Innenministeriums vom 8.3.1887 an Prinzregent Luitpold, mit dem man die Kostümierung auf die Spielhallen zu beschränken suchte, weil diese leichter zu überwachen waren.[23] Die Folge war, daß die Volkssänger – wie zahlreiche Fotos beweisen – zwar normalerweise im Frack auftraten, den »Gscheerten« aber in der Regel in der erlaubten Dachauer Tracht verkörperten, da diese einstmals bis vor die Tore der Stadt heranreichende Kleidung der Bauern damals am bekanntesten war.

Die Herkunft des Schimpfnamens »Gscheerter« deutete Joseph Maria Lutz als »ständisches« Gefühl des Mittelalters, wonach »sich der ›Stand‹ des Bürgers über den einst ständelosen Bauern, eben den ›Gscheerten‹, der im Mittelalter die Haare nicht lang tragen durfte, glaubte lustig machen zu dürfen«[24]. Bereits 1912 erläuterte die Zeitschrift »Jugend« in ihrer Faschingsnummer in einer »Erklärung von Münchner Lokalausdrücken« »g'schert« mit »geschoren« und setzte es mit »ländlich« gleich, *»weil der Landmann seit uralter Zeit sein Haupthaar scheren ließ, vermutlich aus zoologischen*

Titelblatt aus der Couplet-Sammlung »Münch'ner Blut« (um 1890)

Gründen«.[25] Diese Definition taucht dann später auch in einem Textheft des »Platzl« auf.[26]

Auf die Verbindung Gscherte = Geschorene nimmt auch Alois Hönle in der 1. Strophe seines Bauernquartetts »Dö fad'n Luada«[27] Bezug:

> Mir san da vier Steft'n mit obg'schnitt'ne Haar,
> d'Leut hoaßn uns Rammeln, aber dös is net wahr.
> Mir san a so Leut: net z'dumm und net z'gscheidt
> net z'schö und net z'schiach und net z'scheert und net z'fein(n)
> und net z'dappi,
> net z'schlau und net z'grob, net z'gemein,
> net z'gwampert, net z'mager, net z'groß und net z'kloa,
> a so san mir viere.
> Aber Rammel san ma koa!

Das hier ebenfalls angesprochene Bild vom »dummen Bauern« war im 19. Jahrhundert noch weit verbreitet. Zwar hatte der französische Schriftsteller Jean Jacques Rousseau mit der aus seinen Schriften herausgelesenen (aber von ihm so nicht formulierten) Parole »Zurück zur Natur« eine manirierte Hinwendung der höheren Gesellschaft zu allem Ländlichen bewirkt, aber seine Feststellung *»Man unterrichte das Bauerntum nicht, denn für es gehört sich kein Unterricht«* war bis weit ins vorige Jahrhundert hinein durchaus allgemeine Ansicht bestimmter Bürgerkreise. So nimmt es auch nicht wunder, daß wir sogar im Enzyklopädischen Wörterbuch der Wissenschaften lesen können: *»Der Bauer braucht zu seinen Geschäften die mindeste geistige Bildung.«*[28] Und 1853 brachte Wilhelm Heinrich Riehl zu Papier:[29] *»Die Bauern der Südbayerischen Hochflächen sind unzugänglich, schwer ins Gespräch zu bringen; sie verraten dem Fremden gegenüber durchaus nicht jene vordringliche Neugier, welche den mitteldeutschen Bauern auszeichnet. Wo die nächsten Hügel grenzen, da ist ihnen, wie man sagt, die Welt mit Brettern zugenagelt. Eben weil ihnen die Neugierde fehlt, kann eine fremde Bildung bei ihnen nicht eindringen.«*

Zu den ersten Münchner Volkssängern, die den »Gscheerten« verulkten, gehört Anderl Welsch, der schon ab etwa 1870 in Dachauer Tracht mit Haselnußstecken, rotem Packl und Riesennase auftrat[30]. Nicht alle seine Lieder und Couplets waren aber wirklich zündend[31]. Welsch benutzte dieses Kostüm auch, um beispielsweise die Übernahme technischer Neuerungen auf dem Land zu glossieren. In seinem »Costüm Couplet« »Ein Dachauer Radler« hatte der Vortragende »per Velociped, im Costüm eines Dachauer Bauern« aufzutreten. Dieser Bauer hat sich um die Jahrhundertwende der recht populären Radfahrerbewegung angeschlossen:

> I brauch gar koa Eisenbahn, Lokomotiv,
> I mach nur beim Abfahr'n mit'n Maul einen Pfiff.
> Bicycle, Tricycle, dös is mir all's gleich,
> i fahr ja wenn's sein muß durch's ganz' Deutsche Reich.
> Nach Pasing, Menzing, Lochhausen und Loam,
> nach Allach, Röhrmoss in oan' Tag wieder hoam;
> Wenn schön's Wetter is besuch i jeden Ort.
>
> All Heil! So geht's alleweil;
> All Heil! Ja so geht's alleweil.
>
> Is wo in an Nachbardorf
> a Fahnenweih, a Hochzeit, a Schiaßat, da bin i dabei,
> es gibt koa Entfernung mehr, i bin beinand
> und koan' Gscherten heraußen am Land.

> Des Radeln, das macht mir a zu große Freud,
> i hab net amal mehr zum Raufen a Zeit,
> 's wird selten mehr oaner dastochen im Ort,
> ja i bin a Dachauer 's Radeln is mei Sport.
>
> All Heil! So geht's alleweil;
> All Heil! Ja so geht's alleweil.[32]

Später schrieben dann neben anderen auch Alois Hönle und Sepp Schweiger Couplets über die Bauern. Hönles Marsch-Couplet »Bist aa da?«[33] wird heute noch (in vielfältigen Abwandlungen) gern gesungen. Erwähnenswert ist auch sein Vortragslied »Hätt i an andern Vater g'habt«.[34] Weniger bekannt ist »Der Streit der Rammel«[35]:

> Streitend mit Geplärr und Schimpfen,
> wer die größten Viecher hat
> und dazu den meisten Draht,
> sitzen viel gscherte Rammel,
> wind- und luftgeselchte Hammel,
> warm beinander in der Stadt,
> denn da is der Viehmarkt grad.
>
> Der von Garching war der erste.
> »Ja«, sagt der, »ös arme Hund,
>   nur mei Viech is foast und g'sund.
> Hab a Ernte g'habt a reiche,
> hab koa Maul- und Klauenseuche,
> und hab Ochsen nach der Größ',
> doch die größeren, die seid's ös!«
> »Jessas«, sagt der Moar von Dachau,
> »i hab Gäns und Anten bloß,
> und bring's bei de Stadtleut los.
> I tua eahna s'Geld rauslocka,
> dafür kriag'n s' recht zaache Brocka,
> und an G'scherten hoassens' mi,
> doch die G'machten san doch sie.«
>
> Und der Hiasl von Feldmoching, der sagt:
> »Herrschaft, seid's ös dumm!
> I, i plag mi net lang rum.
> Z'nachst hat brennt mei Viechmuseum,
> i hab g'löscht mit Petroleum,
> weil's d'Versicherung büchseln kann;
> Vivat hoch, Sankt Florian!«
>
> »I hab nix, koa Viech, koan Acker«,
> plärrt der Wastl von Röhrmoos.
> »Sehgt's, i hab mei Bildung bloß
> Z'nachst hab i oam in sei Gosch'n
> a Trumm Kuahflad'n einidroschen.
> Ja, es ist die höchste Gnad',
> wenn der Mensch a Buidung hat.«

Es ist zwar nicht bekannt, wann dieses Lied entstanden ist, aber es hat interessanterweise in der 4. Strophe einen aktuellen Bezug: 1908 gab es in der Tat in Feldmoching eine ganze Serie ungeklärter Brandfälle[36].

Der Schweiger Sepp wiederum benutzte das Dachauer Kostüm umgekehrt auch dazu, sich über die Stadtleut' lustig zu machen, wie in dem Duett »Zwoa Dachauer«[37] geschehen, in dem er es sich allerdings in den letzten beiden Strophen trotzdem nicht verkneifen konnte, den Dachauern schon ebenfalls eins auszuwischen.

Münch'ner Blut No. 217.*

Zwoa Dachauer.

Duett von S. Schweiger.

Die berufsmäßige, öffentliche Aufführung ist verboten.

Musik v. Jos. Horn.

1. Bei ins drauß'n z'Dachau, do hams noo an Schwung, do tramt all's vom Roa'sn, ob alt oder jung, drum san aa mir zwee do in d'Stadt weil's so schea, do paßt maa doo ei ni als bu cha ne Kea. Hui rax tax, Kai bi schwoaf koost net kre pirn, mir thean min Stadt bier drinn' d'Gur gl fest schmiern.

Da Capo.

2. Und jetzt sa ma drinna,
Da gaffa halt d'Leut,
Seghn die solche G'wachsa,
Na schiag'ln s'vor Neid.
Die Stadtrüappi san doch
Fast meistens krachdürr,
Wenn „die" Kerl scho' g'sund san,
Was san denn na mir?
Huiraxdax Stadtluftgstank, mir halt'ns aus,
Weil mir zwoa G'sunde san von Dachau drauß'!

3. Und schaugst na die Herr'n o(n),
A narret, a Narr;
Die enggnahte Hos'n
Und Wadl wia a Staar.
Im Stehkrag'n drinn stecka s'
Fast bis über's Ohr,
Und Frack tragn s' langmächtig,
Schaug'n d'Hax'n kaum vor.
Huiraxdax Kaibischwoaf, lippider Lapp,
Schleicha hin, kriacha her, kenna koan Trapp.

4. Im Aug' ham's an Glasscherb'n,
d'Hüat tragn s' meistens steif;
Papierene Cigarrn
Werd'n g'raucht statt der Pfeif!
Die saufa da drinna
Nur Tee und Schok'lad,
Und reiß'n das Mäu auf,
Schaug'n blöd drein und fad.
Huiraxdax aber fein, is an dem Platz,
Schaugt er net, nimmt er's G'wasch, sauft wia a Spa

5. Die Weibsleut, no die erst,
Die san net vui letz.
Die riacht ma von weit'n,
Vorm G'sicht hams' a Netz.
Koan Zahn hams' mehr hint'n,
Nur falsche hams' vorn,
Bei uns werd'n so Krüpp'ln
's ganz Jahr net geborn.
Huiraxdax, Kuahflad'n trag'ns u dös san d'Hüat,
Hunger hams', ausschaug'n theans rührmilligrührt

6. Da san uns're Dirndl
Von Dachau halt moar;
Die trag'n wohl an Bollnkittl
Und kennen koan Schloar.
Doch Zähn hams' wia d'Eber,
So haarscharf und g'spitzt;
As G'sicht is rotbacket
Und sommamirlgspritzt.
Huiraxdax Schmalznudlkost, sickadisack,
Dungatgruab'n, Odlfaß, da kriagst a Gnack.

7. Mir Dachauer san halt
A kerng'sunder Schlag;
Bei uns drauß, da wildern s'
Beim hell-liachten Tag,
Mir treffa mit'n Messer
Grad wia mit der Büx;
Doch zum kultivier'n Leut,
Taug'n Dachauer nix.
Huiraxdax Kaibischwoaf, mir sag'n dössell',
's Liabste dös is uns as Schmaizlergla,,sel"!

In der Sammlung »Münch'ner Blut« finden sich allein über 50 Couplets zum Thema »Gscheerte«, wobei Alois Hönles noch heute gern gesungenes »Bauern-Duett« »Die

Die »Gscheerten« im Couplet

G'scheerten«[38] so etwas wie ein hymnisches »Glaubensbekenntnis« der vermeintlich Gscheerten geworden ist.

2. Und Trittling hab'n ma feini,
   Bal oana was vasteht;
   Da rinnt der Dreck ob'n eini,
   Damit ma woacha geht.
   A sammtas Westenleibi,
   Mit echte Silberknöpf;
   Dazua a zünftig's Hüatl
   Auf unsre schöne Köpf!

3. 'as ganz' Jahr miaß ma rackern,
   Tut's regnen oder schneib'n;
   Und nur blos an die Sunnta,
   Da saufa ma und schbeib'n.
   Und wählen tean ma's Zentrum,
   Zweg'n unsrer armen Seel';
   Am Liabst'n waar'n ma Sozi,
   Mir fürchten nur blos d' Höll.

4. Am Kirta tean ma tanz'n,
   Na hau'n ma z'guater Letzt;
   Oan s' Messer 'nei in Ranz'n,
   Dös werd zuvor schon g'wetzt.
   Und sollt's Gebet g'rad leut'n
   Is's mit'n raffa gar
   Und wenn ma nacha 'bet hab'n,
   Na daschlag'n ma no a paar.

Schlußgesang: Mir san dö g'scheert'n u. s. w.

Ganz interessant ist vor allem auch Hönles Auftrittslied in der Soloszene »A G'scheerter«[39], weil es ebenfalls einen genauen örtlichen Bezug hat:

Münch'ner Blut N°. 49.

A G'scheerter.
Original-Soloscene von A. Hönle.

Auftrittslied.   H. Wellinger.

I bin a G'scheerter, i bin koa Ge_lehr_ter,
draußt in meiner Vil_la in Feld_moching bin i z'Haus;
zu an Pro_fes_so_ren bin i net ge_bo_ren,
denn i bin as ganz Jahr bei mein Wei(b) und bei dö Säu!

Aber er stellt im Prosatext dann doch fest: »*Was taten's denn in der Stadt drin, wenn's uns net hätten? – Verhungern – Was tat'n denn die fliagad'n Blätter, bal's uns net hätten – und d'Offizier? – Was tat'n der Simplizissimus, wenn er uns net hätt'? ...*«

Feldmoching mußte um die Jahrhundertwende überhaupt recht häufig als Synonym für Bauernstolz und Rückständigkeit herhalten[40], wie der letzte Refrain von Sepp Schweigers Bauernduett »Die G'scheert'n in der Stadt«[41] beweist:

Münch'ner Blut N°. 219.*

Die G'scheert'n in der Stadt.
Bauernduett von S. Schweiger.

Die berufsmäßige, öffentliche Aufführung ist verboten.

Langsam.   Musik v. Jos. Horn.

Weil's uns da draußt im Dungat_land koa
bis_sei ni_ma gfallt, und weil a je_der
Moos_roa Kea(n)¹ in's Knecht so scho_fl

¹ *Moosroa Kea(n) = Bauer aus der Moosgegend.*

2. Ja Freunderln in der Stadt is schö(n),
A Narr, a Narr die Pracht.
Wir nisten da herinn' uns ei(n),
Wenn aa der Hof verkracht.
Uns G'scheerte woll'n die Herrschaftsleut
Da drinnen in der Stadt.
|: Drum kommt der Vater und der Bua
Und wer Kuraschi hat. :|

3. Der Holzerjackl is schon lang
Bedienter beim Herrn Cohn.
Der damisch Sepp' hat a Livree,
Der fahrt an Herrn Baron.
Und bei dem spanischen Consul
Is d'Mirl als Gouvernant,
|: An Leutnant hat's als Bräutigam,
Der frißt ihr aus der Hand. :|

4. Und erst der Henna - Natzl - Lenz,
Der fahrt Automobui;
Der Xaverl is Versatzhausgast,
Der protzt da drin net vui.
Und d'Gstasi ah, die hat's erst schön.
Die plärrt juhu, juhe,
|: Sie spielt im Bau'rntheater mit,
Jetzt gehts zum Variete. :|

5. Und unser Kuahdirn hat sogar
Geheirat't an Herrn „von",
Jetzt hockt's statt bei die Säu im Stall,
In ihr'm Empfangssalon.
Im Sommer fahrt der Misttrabant
Ins Bad _ sie braucht a Kraft,
|: Die früher draußen g'molk'n hat,
Roast jetzt mit Dienerschaft. :|

6. Drum wenn mir Zipfihaubenknecht
Erst drinn san in der Stadt;
Da kriagt a jeder Titel gnua
Und wird Kommerzienrat.
As Geld schneibts uns da umadum
Grad Säckvoll _ nach der Schwaarn,
|: Und z'Moching konn der Büfflschlag
Jetzt selm sein Mist ablaarn. :|

In Adolf Hönles Couplet »Die g'scheerten Rammel«⁴² erwischt es in der 1. Strophe Feldmochings Nachbarn in Allach:

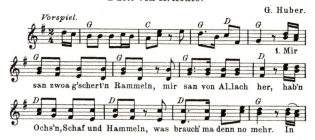

Die »Gscheerten«

d'Stadt san mir heut ei_na, da is a so a Glaff, die Leut werd'n allweil fei_na, mir war'n da glei ganz baff.

Walzer.
Ja, ja iatzt mir san net no_bel, wie drin in da Stadt, und d'Bil_dung dö tuat uns net viel,— die Haupt_sach is, daß ma an Mist_hau_fa hat, na is ma, na is ma so g'schert als ma will.

2. Drinn in der Stadt ham's Sacha
Was faders gibt's scho net
Da muaß ma pfeilgrad lacha
Mei Liaba dö san blöd.
Tean zwoa mit'nander streit'n,
Dös geht fei gar net schnell,
Da teans anander fordern
Dös hoaß'ns a Duell!_ Ja_ja
Bei uns da geht dös g'schwinder
Wia drinn in der Stadt,
Bal's losgeht, da red'n ma nix mehr,
Da nehm' ma an Maßkruag, an Stecka, an Stuhl,
|: Und hau'n uns,:| halt d'Letsch'n recht her.

3. Drinn in der Stadt die Madln
San sauber 's sell is wahr,
Dö Bams'n dö ham Wad'ln
Und wunderschöne Haar.
Oan Fehler, den ham's freili'
A G'wisse'n hab'ns halt koans.
Mit fufzehn, sechzehn Jahr'ln
Hab'ns oft scho ebbas Kloan's._ Ja_ja
Bei uns da san's braver
Wia drinn in der Stadt,
Ja drob'n auf da Alm gibt's koa Sünd,
Dös hoaßt „unter uns g'sagt,‟ an solchene Tag
|: Wo halt grad :| koa Bua auffikimmt.

4. Drinn in der Stadt die Frauen
Dö Luada dö san schlecht,
Dö Männer san z'bedauern,
Dö ham da gar koa Recht.
Sie müaß'ns Geld verdeana,
Na kimmt dös Schönste no':
An Hausfreund hat a jede,
No neb'n ihrem Mo._ Ja_ja
Bei uns is dös net so
Wia drinn in der Stadt,
Dö Weiber san anständiga
Dös gibts net, daß oane an Hausfreund no hat;
|: Koa Ahnung :| a Hausknecht tuat's aa!

Dabei muß nicht unbedingt wörtlich vom »G'scheerten« die Rede sein, ein Ausdruck, den hauptsächlich Alois Hönle verwendet hat und der deshalb anfangs von manchen anderen Volkssängern gemieden wurde. Doch bald wurde der Begriff selbstverständliches Allgemeingut. Aber es war gerade Alois Hönle, der nicht nur in der schon zitierten Soloszene »A G'scheerter« ein gutes Wort für die Bauern fand, sondern beispielsweise auch in der 2. Strophe seines »Bauernkouplets« »Der Filser vom Landtag«[43]:

Daß wir akk'rat san G'scheerte,
Dös müaß' ma' allweil hör'n;
Wenn wir aa glei' dieselben san
Die wo das Volk ernähr'n.
Wo nehmt's denn ebber nacha

Die Ochs'n her die schwaar'n?
Wo nehmt's die Säu und Kaibeln her,
Woher, wenn wir net waar'n?
Hab' i Recht – oder net?
Da gibt's koa Widerred'!

Etwas später verfaßte Alois Hönle als Kontrafaktur auf die (allerdings etwas veränderte) Melodie des heute noch gern gesungenen Volkslieds »So a Gauna hot a Leb'n«[45] als Parodie sein Couplet »So a Gscherter hat a Leb'n«[46]:

So a Gscheerter hat a Leb'n,
Ebas schöners kann's net geb'n,
Braucht koan Doktor 's ganze Jahr,
Na is 's Leb'n net in Gefahr.
Er lebt nur am grossen Fuass.
D'Arbat g'freut'n, weil er muass.
Und grad desweg'n sag i: »Eb'n,
A so a Gscheerter hat a Leb'n.«

Um'ra viere in der Fruah
Hat er sich schon g'schlafa g'nua.
Wascht am Brunnen 's G'sicht und d'Händ,
D'Soafa is er gar net g'wöhnt.
Statt dem Kampel nimmt er d'Händ,
Fahrt am Schädel umanand.
A a Zahnbürstl tuat's net geb'n.
»Ja so a Gscheerter hat a Leb'n.«

So a Sonntag der is schö',
Da tuat er in's Wirtshaus geh'
Und sauft so lang er ko',
Na ruaft er an Ullrich o'.
Er kennt sich vor Rausch net aus,
Findt net eini mehr ins Haus
Und schlaft bei de Säu daneben.
»Ja so a Gscheerter hat a Leb'n.«

Und is er verliabt amal,
Holt er d'Loater hinterm Stall,
Loant's an ihra Fenster hin -
Oans, zwoa, drei, er is schon drin.
Steht der Bauer schon parat,
Wia er runterkraxelt stad,
Net oamal trifft er daneben.
»Ja so a Gscheerter hat a Leb'n.«

Wenn a so die Bauersleut'
Mitanander hab'n an Streit
Und die Sach', die kimmt vor's G'richt.
Is dafür a leichte G'schicht,
Ja die schwör'n zu jeder Zeit
Ganz saukalt an falschen Eid.
Sie tean d'Pratz'n blos aufheb'n:
»Ja so a Gscheerter hat a Leb'n.«

Überhaupt der Gscheert' am Land,
Der därf treib'n allerhand.
Er kann macha alle Tag
Lumpereien so viel er mag;
Denn der Pfarrer tuat verzähl'n:
»Teat's nur brav as Zentrum wähl'n,
Na san d'Sünden Euch vergeb'n!«
»Ja so a Gscheerter hat a Leb'n.«

Manchen Volkssängern allerdings geriet das Bild der bäuerlichen Landbevölkerung schon ausgesprochen derb, wie z.B. dem in der Münchner Au gebürtigen Karl Lindermeier (1886–1971), der sich ansonsten eher mit Vorstadttypen beschäftigte[47], in seinem 1913 entstandenen »Prachtsteft'n«[48].

Die Dachauer Bauernkapellen

Dann gab es in den Münchner Singspielhallen um 1900 gleich mehrere »Dachauer Bauernkapellen«, die nicht ausschließlich nur Instrumentalmusik darboten, sondern – da sie manchmal auch Couplets, Duette oder Terzette und Bauernkomödien brachten – als Volkssängergesellschaften anzusehen sind.

Am bekanntesten ist wohl heute noch »Die 1. Original Dachauer Bauernkapelle« von Hans Straßmaier, mit dessen erstem Auftritt am 21. 3. 1906 im »Platzl« dort das bayerische Programm begann.

Ab dem 1. 8. 1906 konzertierten die »Dachauer« täglich im »Platzl«[49]. Da waren aber ebenso im Peterhof die »Dachauer Bauernkapelle« von Georg Rückert und die »Dachauer Bauern Kapelle« von Hans Pfisterer und Georg (»Girgl«) Metzner. Letzterer leitete jeweils die Vorstellung mit seinem »Begrüßungsgesang der Dachauer« ein, den viele Bauernkapellen übernahmen[50]:

> Die Dachauer san do, halloh!
>
> Mir san Dachauer Bauern
> und san kreuzfidel und froh,
> wenn mir a nur blos Gscheerte san,
> a Musi san ma do.
> Zwoa Reihen Knöpf ham mir am Bauch,
> dazu a die leda Bux,
> a kurza Spenza g'hört dazua
> zu unsern schöna Wuchs.
> Und wo wir uns halt hör'n lassen,
> da schrei'n die Leut halloh!
>
> Die Dachauer, die Dachauer san da do halloh,
> die Dachauer san do halloh!
>
> Am Tanzboden, weg'n a Kleinigkeit
> dean sich die Burschen z'krieg'n,
> auf ja und na da wird scho grafft,
> daß d'Fetzen umaflieg'n.
> A zeitlang schaun ma jedsmal zua,
> auf oanmal fahrn ma drei.
> Die Prügel die's von uns dann kriag'n,
> die tean net leina sei.
> Der Gmoadeana der sagt zum Wirt:
> Bleib' da die schlichtens scho.
>
> Die Dachauer, die Dachauer san da do halloh,
> die Dachauer san do halloh!
>
> A Bauernhochzeit wenn ma spiel'n,
> grad geh'ka koana mehr.
> Mir sauf ma dir in oana Tour
> die Hochzeitsleut fest her.
> Der Wastl laßt gar net aus,
> er holt sich Maß für Maß,
> wenn eam a s'Bier zum Aug rausrinnt,
> er streicht noch stramm sein Baß.
> Der Bräutigam wann d'Rechnung sieht,
> der denkt sich stad oho!!
>
> Die Dachauer, die Dachauer war'n do halloh,
> die Dachauer war'n do halloh!

Hier wird schon etwas zuviel mit dem »Image« der »Dachauer« kokettiert, das ist eigentlich schon keine Persiflage oder Parodie mehr. Noch deutlicher wird dies sichtbar in dem Auftrittlied der »Dachauer Bauernkapelle« von Adalbert Meiers, in dem es heißt[51]:

> Grüaß Gott sag'n mir mit Freuden
> und stell'uns alle vor:

> Dachauer Bauern sa ma,
> voll Witz und voll Humor,
> wir singa und wir tanzen
> und san fidel dazua
> und erst mit unsara Musi
> da geb'n ma koa Ruah.

In der dritten Strophe werden dann in der Tat auch die Musikanten vorgestellt. Wie die Volkssänger ihre Couplets gedruckt verkauften, so boten auch die »Dachauer Bauernkapellen« Texthefte zum Mitsingen für das Publikum an.

Der Metzner Girgl stieß 1906 am »Platzl« »zu den G'scheerten«, wie es noch 1980 in der Platzl-Festschrift zum 75-jährigen Bestehen heißt. *»Er beherrschte das Komödienspielen ausgezeichnet und hatte das große Verdienst, seinen Passauer Landsmann, den Eringer Sepp, fürs Platzl zu begeistern. Dieser gesellte sich am 9. Mai 1907 zum Platzl-Ensemble. Damit waren D'Dachauer um eine hervorragende Universalkraft reicher. Nachdem die inzwischen neun G'scheerten noch zwei Weiberleut aufgenommen hatten, präsentierten sie sich im August 1907 bereits mit einer elf Personen starken Gruppe.«*[52] Am 16. November 1907 engagierte Straßmaier den Weiß Ferdl ans Platzl. Das Programm sollte sich nun nach dem Abebben des Bauernkapellen-Trends durch seine Vielfalt von den anderen »Dachauer« Kapellen abheben. Deshalb glich der Programmablauf bald immer mehr der Einteilung, wie sie bei den Volkssängern üblich war. Nach dem Tod Straßmaiers am 21. März 1921 übernahmen der Eringer Sepp und der Weiß Ferdl die künstlerische Direktion am Platzl.[53] *»Den Fremden wurde im Platzl ein abgerundetes Bild Bayerns geboten, das all die Facetten enthielt, die in ihrer Gesamtheit das gängige Bayern-Stereotyp bestätigen, das sich mit der ›Entdeckung Oberbayerns‹ durch den Tourismus im 19. Jahrhundert gebildet hatte.«*[54] *Für die Touristen war das pralle, farbige Konglomerat aus Tracht, ›Brauchtum‹, Jodeln und Tanzen, das Bild der Bayern als urwüchsiger, trinkfester, ›barocker‹ Volksstamm offensichtlich attraktiv. So hatte man sich ›die Bayern‹ vorgestellt. Es schien weder Akteure noch Publikum zu stören, wenn auf der Bühne Männer in Dachauer Tracht zu den Frauen in eine Spinnstube kamen, die sich in einer Almhütte im Hochgebirge befand. Alles zusammen gehörte eben zu ›Bayern‹.«*[55] Von der »Gscheerten«-Tradition zehrte das Platzl noch 1993: *»Derzeit im Programm: ›Die original PLATZL-DACHAUER‹ singen Dachauer Bauerncouplets«.*

Die seichten Humoresken und weniger tiefsinnigen als vordergründig auf den reinen Publikumserfolg schielenden »Persiflagen« der Platzl-Truppe wie auch der anderen »Dachauer Bauernkapellen« trugen nun aber schon wesentlich eher zu einem Negativbild des Dachauer Bauern bei, als die größtenteils wirklich ironisch-witzigen Couplets der Münchner Volkssänger. Dazu kamen in jenen Jahren noch einige andere künstlerische Aussagen, die eine sehr nachhaltige Wirkung bis heute haben: *»Wenn er auch in Briefen immer wieder seine Solidarität und Zuneigung zu den Dachauer Bauern bekundete, so war Ludwig Thoma ohne Zweifel von jener unschmeichelhaften und der Realität nicht voll gerecht werdenden Idealtypisierung des Dachauer Bauerntums geprägt.«*[56] Und die Maler und Zeichner rächten sich nicht nur in den satirischen Münchner Zeitschriften, wie dem berühmten »Simplizissimus« und der »Jugend«, sondern auch auf dem einen oder anderen Gemälde für manch schiefen Blick.[57]

Auch Carl Böllmann nannte seine Musikgruppe »1. Original Dachauer Bauernkapelle« und Franz Kellerer die seine zur Abwechslung »Bauernkapelle D'Dachauer«; beide sind immerhin schon für das Jahr 1900 nachzuweisen. Ja sogar die »Truderinger Bauernkapelle« von Hanns Brückl kleidete sich »dachauerisch«. Die »Dachauer Moosbauernkapelle« (Direktion: Xaver Meyer) war häufig auf Tournee (1910 z.B. in der Schweiz). Auch sie hatten eine Szene über »Die fidelen Pflasterer« in ihrem Programm, wobei der steinerne Bierkrug mindestens so wichtig war wie der Pflasterstein. Und zu guter Letzt gründete auch noch der Komiker Conny Stanzl (eigentl. Constantin Pfrang, 1870–1951) eine »Dachauer Bauernkapelle« – und musizierte mit ihr sechs Jahre lang in Wien!

Nun war es aber nicht so, daß sich das Dachauer Land plötzlich zur musikalischsten Landschaft Deutschlands mit einem nahezu unerschöpflichen Reservoir an Musikanten entwickelt hätte. Viele der von diesen »Dachauer« Kapellen Engagierten hatten ihren Fuß ihr ganzes Leben lang nie auf Dachauer Boden gesetzt, was dann auch 1914 die Zeitschrift »Jugend« glossierte[58]: *»Sehnsucht‹: Jüngst sah ich zwei Mitglieder einer echten ersten Original-Dachauer Bauernkapelle beisammen stehen. Da sagt der eine zum andern: ›Mir sollten do amal nach Dachau aussi fahr'n, i möcht schon lang wissen, wia de Ortschaft eigentli ausschaugt!‹«*

Wahrscheinlich haben sich die »Dachauer« aus den »Oberlandler Bauernkapellen« entwickelt. *»Dafür spricht, daß es damals in München eine Vielzahl konkurrierender Kapellen gab, die in oberbayerischer Gebirgstracht auftraten. Um im Geschäft zu bleiben, mag es nahegelegen haben, einfach in ein anderes Kostüm zu schlüpfen und die bereits durch verschiedene Zeitschriften und durch die Volkssänger popularisierte ›Dachauer Rolle‹ zu übernehmen.«*[59] Das war so z.B. der Fall bei Georg Rückert, der zuerst Leiter einer »Oberbayerischen Bauernkapelle« im Peterhof war und dann offensichtlich mit der Mode ging und »dachauerisch« wurde.[60]

Kritik an der »Gscheerten«-Darstellung

Die dem »Komödiespielen« der Bayern entsprungene Selbstironie wurde allerdings außerhalb (manchmal sogar innerhalb) der weiß-blauen Grenzpfähle gründlich mißverstanden und führte letztlich zu dem völlig falschen Bild vom »doofen Seppl«. Diejenigen jedoch, die mit eben diesem Klischeebild zurückschlagen wollten (oder heute wollen), und noch schlimmer: die es – darauf herumreitend – schamlos ausnutzen, hatten (bzw. haben) diese Ironie nie begriffen und ihrerseits nicht die Hälfte des Witzes ihrer »Vorbilder«. Wer die Texte ernst nimmt, übersieht, daß das Couplet von Ironie, Witz, Persiflage, Satire oder Parodie lebt und niemals der harmlos-liebenswürdigen Beschreibung dient. Deshalb standen früher auch die Textdichter höher im Kurs als die Komponisten, was heute meist umgekehrt ist (wenn man nicht gar zur Kontrafaktur griff und eine bekannte Melodie verwendete).

Die »Gscheerten« im Couplet

Trotzdem blieb es schon damals nicht aus, daß Kritik an der Verunglimpfung des Bauernstands aufkam. Zu einem Fürsprecher machte sich dabei auch die von dem polemisch-groben Dr. Johann B. Sigl[61] herausgegebene extrem partikularistisch-katholische Tageszeitung »Das Bayerische Vaterland«, die sich in einem Artikel gegen die beleidigende Darstellungsweise der Bauern durch die Volkssänger und die dadurch bedingten Reaktionen des Publikums protestierte.[62] Demnach soll im »Peterhof« ein Couplet vorgetragen worden sein, in dem es hieß:

> Wer dasticht die meisten?
> Wir G'scheerten!
> Wer schwört die meisten Meineide?
> Wir G'scheerten!

Nun waren die 1890er Jahre sowieso voll der politischen Auseinandersetzungen mit den und wegen der Bauern. Als Abgeordnete aus der auch hauptsächlich von Dr. Sigl mitgetragenen »Katholischen Volkspartei« hervorgegangenen »Bayerischen Zentrumspartei« mehrfach im Reichstag für Gesetze gestimmt hatten, die sich nachteilig auf die bayerischen Bauern auswirkten, gründeten diese am 10. 4. 1893 in Straubing den antiklerikalen und adelsfeindlichen »Bayerischen Bauernbund«[63]. Was war die Antwort der Volkssänger? Die (interessanterweise anonyme!) »Bayerische Bauernbundshymne« »Vivat hoch der Bauernbund!«[64]:

Münch'ner Blut № 412.
Vivat hoch der Bauernbund!
(Bayerische Bauernbundshymne)

1. Auf ös Bauern rührt's enk all-li,
loahnts net länger rum wie d'Lal-li
auf-hör'n muaß's jetzt mit'n zahl'n,
gar nix lass' ma uns mehr g'fall'n.
Refrain.
(Der Chor repetiert bei jeder Str.)
Frisch drauf los denn mir sang'sund, vi-vat hoch der Bauernbund!

2. Nächstens wähl'n ma uns in d'Kamma
Denn die mehrer'n Stimmen hamm ma
Nachher zoag'n ma's eahna scho'
Was a Bauer alles ko'.
Refr.

3. Die Minister wer'n ma kriag'n
Alle z'samma müass'n fliag'n
Lauter Bauern müass'n h'nei'
Müass'n Exzellenzen sei'.
Refr.

4. Mir san feste Batz'nlippi
Z'samma hau'n ma all'zu Krüppi
Mit'n Messer tean ma stupfa
Und an Schmeizler tean ma schnupfa.
Refr.

5. Schimpfa tean ma spaat und fruah,
Mit'n Maßkruag hau'n ma zua
Unser Schäd'l, unser Mag'n,
Der kann alles z'samm' vertrag'n.
Refr.

6. Haber ham ma, Heu und Troad
Foaste Viecher, auf der Woad
Ochsen Küah und Kaibin ham ma
Und die größten Viecher san ma.
Refr.

7. Ö's Beamte werd's uns g'stohl'n
Enk soll glei' der Teufel hol'n,
Kimmt uns oaner über d'Eck'n
Springa muaß er über'n Steck'n.
Refr.

8. Und an Pfarrer setz' ma scho'
Vor sei' Tür an Haufa no'
Buama aufpaßt, dös werd fei'
Wenn er rausgeht, tritt er nei'.
Refr.

9. Ja mir san und bleib'n Lackl
Rösser ham ma, Säu und Fackl
Goas und Lampl'n, Schaf und Hamm'l
Halt's nur z'samm ös g'scheerte Rammi'!
Refr.

10. Auf'n Kirta tean ma tanz'n
Messer renn'n ma uns in'n Ranz'n
Fress'n, saufa, nacha speib'n
Kart'nspiel'n und Kegelscheib'n.
Refr.

11. Alle les'n ma mitanand'
Doktor Sigl's Vaterland;
Wo ma find'n so an Preiß'n
Tean ma'n hau'n und außischmeiß'n.
Refr.

12. Kimmt uns oaner der's probiert,
Sakra der wird massakriert
Ganz derwuzzelt, g'haut und g'fotzt
Bis er bluat' und schpeibt und rotzt.
Refr.

Das von den Volkssängern verbreitete Bild des Dachauer Bauern wurde aber nicht nur von der Presse mit Kritik aufgenommen. Sogar der Dachauer Magistrat wehrte sich gegen die am »Platzl« verwendete Bezeichnung »G'scheerte Dachauer«. Eine beim Landgericht München erhobene Klage gegen die »persiflierende« Namensgebung blieb jedoch erfolglos.[65]

Als der Bayeische Rundfunk am 13.2.1988 in der Reihe »Volksmusik in Stadt und Land« eine Aufzeichnung des vom Kulturreferat der Stadt München veranstalteten »2. Münchner Coupletsingen« am 10.10.1986 im Hofbräukeller mit dem von den »Roagersbachern« aus Feldmoching gesungenen Couplet von Alois Hönle »Die G'scheerten« (s. Faksimile-Wiedergabe) sendete, gab's Protest, der sich vor allem gegen die 4. Strophe richtete. Eine Dame aus der Jachenau schrieb in einem Leserbrief im »Münchner Merkur«[1]: »*Ich wandte mich gleich am nächsten Tag an den Bayerischen Rundfunk und fragte an, was man sich dabei gedacht hätte, und was das für ein sonderbares Publikum gewesen sei, das dazu auch noch heftig applaudierte ... Darüber ist nun schon fast ein Monat hingegangen; vom Bayerischen Rundfunk fühlte sich jedenfalls bis heute niemand bemüßigt, mir eine Antwort zu geben, woraus ich eine stillschweigende Billigung des Dargebotenen schließe.*« Auch hier wurde also wieder einmal (oder immer noch) die bayerische Selbstironie nicht verstanden.

Dabei gibt es zahlreiche Couplets, die die Rauflust der Bauernburschen ironisch-humorvoll aufs Korn nehmen, ohne daß die Volkssänger damit gleich eine Verherrlichung dieser altbairischen Version des strafbaren Tatbestands der mehr oder minder schweren Körperverletzung im Sinn hatten. Ein Beispiel hierzu liefert auch die 3. Strophe des Bauernduetts »Die Fingerhakler« von Hans Blädel (1871–1937), dem Vater von Georg Blädel (1906–90):[67]

Gibts bei uns oft am Tanzboden a kloane Rauferei,
Wo blos a paar erschlagen werd'n und g'stochen aa zwoa drei,
Da bleib'n mir ruhig sitzen, doch kummt uns oaner dumm,
Den ziahgn mir mit oam Finger am Tanzboden rund herum.

Refrain:
Mir san zwoa Bauernlack'ln holleroh,
Wenn oaner herziahgt, ziahgt der and're hin,
da liegt was drinn, da liegt was drinn.

Tatsächlich ist in den Wirtshäusern schon recht häufig gerauft worden, sonst wären ja auch in diesem Fall die zahlreichen Verbote nicht notwendig gewesen. Gerhard Hanke hat in der Zeitschrift »Amperland« erst vor kurzem[68] die Anordnung des Dachauer Landrichters Michael Eder (1824–45) vom 16. Juni 1841 in bezug auf Tanzmusiken und Freinächte zitiert, in der es unter Ziff. 5 heißt: »*Zur Verhütung von Körperverletzungen und Raufexzessen darf kein lediger Bursche oder sonst Jemand spitzige Taschen- oder sogenannte Besteckmesser, Stilette und Schlagringe bei sich führen, sondern es unterliegen diese ohnehin verbotenen Instrumente sogleich der Confiskation.*« Daran hat sich in den nachfolgenden Jahrzehnten kaum etwas geändert, sonst hätte Ludwig Thoma noch 1897, dem Jahr, in dem er von Dachau wieder nach München übersiedelte, in »Agricola. Frei nach Tacitus ›Germania‹« nicht gespottet:[69]

»*Waffen. Kriegswesen. Waffen hat dieses Volk vielerlei; doch wird auch hierin mehr auf Tauglichkeit als auf Schönheit gesehen. Sehr verbreitet ist die kurze Stoßwaffe, welche jeder Mannbare in einer Falte der Kleidung trägt; ihr Gebrauch ist aber nicht freigegeben, vielmehr sucht die herrschende Obrigkeit in den Besitz derselben zu gelangen. In diesem Falle ersetzt sie der Volksgenosse stets durch eine neue.*

Als Wurfgeschoß dient ein irdener Krug mit Henkel, der ihn auch zum Hiebe tauglich erscheinen läßt. An ihren Zusammenkunftsorten sucht bei ausbrechendem Kampfe jeder möglichst viele dieser Gefäße zu ergreifen und schleudert sie dann ungemein weit. Die meisten Bajuvaren führen eine Art Speere oder in ihrer Sprache Heimtreiber aus dem heimischen Haselnußholze, ohne Spitze, biegsam und für den Gebrauch sehr handlich. Wo diese Waffen fehlen, sucht jeder solche, die ihm der Zufall bietet. Ja es werden zu diesem Zwecke sogar die Hausgeräte, wie Tische und Bänke, ihrer Stützen beraubt. Beliebt sind auch die Bestandteile der Gartenumfriedung. Vor dem Beginne des Kampfes wird der Schlachtgesang erhoben. Es ist nicht, als ob Menschenkehlen, sondern der Kriegsgeist also sänge. Sie suchen hauptsächlich wilde Töne zu erzielen und schließen die Augen, als ob sie dadurch den Schall verstärken könnten. Sie kämpfen ohne überlegten Schlachtplan; jeder an dem Platze, welchen er einnimmt. Der Schilde bedienen sie sich nicht. Als natürlicher Schutz gilt das Haupt, welches dem Angriffe des Feindes widersteht und den übrigen Körper schirmt. Manche bedienen sich desselben sogar zum Angriffe, wenn die übrigen Waffen versagen.

Der vornehmste Sporn zur Tapferkeit ist häufig die Anwesenheit der Familien und Sippschaften. Diese weilen in nächster Nähe ihrer Teuern und feuern sie mit ermunterndem Zurufe an. Die Schlacht beendet meist der Besitzer des Kampfplatzes, der hierzu eine auserlesene Schar befehligt.«

Auch in Albert Kalbs Bauernduett »Die Gloiffi«[70] befaßt sich die 2. Strophe mit dem bayerischen »Volkssport«:

Letzthin war'n ma in der Stadt drin,	Blau und grea' san wor'n die G'sichter,
san im Wirtshaus zuawikehrt	voller Löcher war'n die Köpf',

Glei' geht's o' dösell' dablecka,
  »ha« sag'n mir »Dös waar verkehrt«.
Mir hab'n aus der Lederhos'n
  uns're Fäustling' aussazog'n,
Bloß a weng damit rumg'fucht'lt,
  nacha san scho' d'Fetz'n g'flog'n.

Koa' Krawatt'l, z'riss'ne Janker,
in der Hos'n koane Knöpf.
Drosch'n hab'n ma', daß grad schnackl't,
wia die Stadtfrack dös hab'n g'spannt,
Is der Letzt' beim Fenster außi
mit der Hos'n in der Hand.

Sollten also wir alle die Ironie nicht bemerkt haben, als der Bayerische Ministerpräsident nach dem allzu harten Zupacken der Ordnungskräfte beim Weltwirtschaftsgipfel am 6. Juli 1992 in München hinterher entschuldigend feststellte, dies sei *»die bayerische Art hinzulangen«*?

»Solang der alte Peter ...« – ein Wiener Couplet!

[Um die Mitte des 19. Jahrhunderts stand in Wien das professionelle Volkssängertum mit seinen Wiener Liedern und Couplets] in Hochblüte, hier fand auch das Singen, Spielen und Tanzen der Fiaker und Wäschermadl und in der Heurigenmusik in den späteren äußeren Vorstädten die Verzahnung des ländlichen mit dem städtischen Volksgesang statt. Und die Fiaker wie die Wäschermadl konnten dazu noch manchmal jodeln, wie dies vorher im bürgerlichen Wien in diesem Ausmaß nicht üblich war. Hier belebte ein neues bäuerliches Element den Volksgesang wie ansonsten das ganze Wiener Volksleben.

Der Themenkreis der Wiener Lieder ist leicht abzustecken: Die Wiener Stadt und die Stadtleut', die Liebe und der Wein. Die Verbreitung der Wiener Lieder, die besonders seit den Gründerjahren im letzten Drittel des vorigen Jahrhunderts »*eine geradezu aufdringliche Geltung anzunehmen begann*« (Leopold Schmidt), wurde von der bald daraufhin aufblühenden Volksliedforschung »*so gut wie gar nicht zur Kenntnis genommen*« (Leopold Schmidt), [...].

Die Wiener Lieder hatten natürlich direkten Einfluß auf die »Münchner Lieder«, in denen gleichfalls die Münchner Stadt und die Stadtleut', die Liebe und – anstelle des Weins – das Bier besungen wurde (und heute immer noch wird). Als besonders berühmtes Beispiel steht ein Couplet, von dem der Beginn der Refrain-Melodie noch dazu seit Jahrzehnten als Pausenzeichen des Bayerischen Rundfunks dient. Es geht zurück auf das Original »Die Wianer-Gemüthlichkeit stirbt niemals aus« von dem Wiener Komiker Carl Lorens (1851–1909), das gleich so erfolgreich war, daß bald darauf unter dem Titel »Der alte Steffel« ein »2. Theil des Wiener-Original-Liedes« erschien. Leider sind die Drucke nicht datiert, aber es muß wohl so in den 70er Jahren gewesen sein. Da konnte es natürlich nicht besonders lang ausbleiben, bis eine Neufassung »So lang der alte Peter, der Petersthurm no steht« »*Arrangiert für München*« von Michl Huber herauskam. Auch dazu gab's aufgrund des durchschlagenden Erfolgs unverzüglich eine Fortsetzung: »6 ganz neue Peterslieder mit der alten Wiener Melodie, für München eingerichtet und die Münchner dabei ausgerichtet«. So waren damals viele der in München populären Couplets Nachahmungen der Wiener Gassenhauer, z.B. auch »Das ist dem Münchner sei Schan«, das schon zehn Jahre vorher in Wien gesungen wurde.

Andernseits mußte nun künftig der »alte Peter« noch öfters herhalten, wie beispielsweise bei Heinrich Moser (U 1906), in dessen Couplet »Da hat der alte Peter g'lacht« (Münch'ner Blut 14) und bei Christian Seidenbusch in dessen Parodie-Couplet »So lang der alte Peter« (Münch'ner Blut 234). Als dann aber offensichtlich gar zu viel nur über den alten Peter gesungen wurde, brachte Heinrich Moser sofort ein Couplet über »Die Frauenthürme« (Münch'ner Blut 25) heraus: »*Weil jetzt der Petersthurm war so*

»Solang der alte Peter ...« – ein Wiener Couplet!

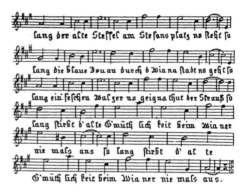

verehrt, dass man sein Liedl hat überall g'hört; hab'n sich die Frauenthürm fast drüber kränkt, weil man an sie beinah nimmer denkt. Drum hab ich jetzt a Lied ...«

»So lang der alte Peter« und die beiden in der dritten Strophe der »neuen Peterslieder« angesprochenen Salvatorlieder »Gut'n Morg'n, Herr Fischer« und »Mir san net von Pasing« hat übrigens Richard Strauss in seinem »Singgedicht« »Die Feuersnot« (1901) zitiert, und zwar in der Rede des Kunrad, um damit das Münchner Spießertum zu charakterisieren.

Das Couplet »So lang der alte Peter« lebt aber nicht nur als Pausenzeichen des Bayerischen Rundfunks weiter: »Die Auer Gsanglmacher« brachten beim 5. Münchner Coupletsingen am 18. Mai 1990 im Hofbräukeller eine interessante aktualisierte Parodie darauf unter dem Titel »Solangst an alten Peter vom Nockherberg aus siehst« (Text: Bert Hurler). Nach alter Volkssängermanier wurde hier ein bekanntes Couplet zeitkritisch neu gefaßt.

»Heut geh'n ma hoagart'ln«
Der Boarische Hoagart'n des Kulturreferats

Sie sind keine Münchner »Erfindung«. Sie sind überhaupt keine neue Erfindung. Ende der 70er Jahre bin ich immer wieder einmal im Oberland zu so einem Musikanten-«Hoagart'n« in einem Wirtshaus gegangen. Das heißt, ich wollte. Hingegangen bin ich schon, wenn irgendwo so ein offenes Sänger und Musikanten-Treffen ausgeschrieben war, nur oft umsonst, denn es waren häufig keine Musikanten da. Das war meist dann der Fall, wenn es sich um feste wöchentliche oder monatliche Termine handelte. Aber es gab schon auch »Hoagart'n«, bei denen die Sänger und Musikanten manchmal auf der Bühne in dem Wirtssaal gar nicht alle Platz fanden, doch das waren dann Veranstaltungen, bei denen die Mitwirkenden gezielt ausgewählt und direkt eingeladen worden sind. Mit anderen Worten: keine echten »Hoagart'n«.

Was ist ein »Hoagart'n«? Das ist eine Frage, die uns immer wieder gestellt wird, obwohl es sich dabei um eine früher tatsächlich im wörtlichen Sinn des Wortes alltägliche Sache handelt. Ein Nachschlagen im «Bayerischen Wörterbuch« von Johann Andreas Schmeller wird dadurch etwas erschwert, daß wir unter »Hoagart'n« bzw. »Heimgarten« selbst nicht sofort fündig werden, sondern erst auf dem Umweg über das Stichwort »Garten« in Spalte 938/939 stoßen wir auf folgende Informationen:

> Der Haimgart (Haə̃-gərt, Haə̃-gəscht), Haimgarten (Hài-gartn, Haə̃-gartn, Haə̃-ga'schtn), trauliche Zusammenkunft mit Nachbarn oder Freunden außerhalb des eignen Hauses in oder außer einem Hause; Gesellschaft, Besuch; (Graff IV, 249. BM. I, 483. Zeitschr. II, 515. III, 530,7. IV, 202. 252,76. 321. 329. V, 343). Hài-gartn gé~, Hai-gàrtn sey~ oder i~'n Haə̃-gartn gé~, sey~. Kim fei~ zə-n-üns i~'n Haə̃-gartn! (auf Besuch oder in Gesellschaft gehen oder seyn. Komm doch zu uns auf Besuch!) „Aju, miər welti gå z' Hengord", (Alagna am Monte Rosa); Schott, d. Deutschen in Piemont, p. 308. In einer alten Policeyordnung findet man auch „die Rockenraisen, Kunkl und andere leichtfertige Zusammenkunfften der Manns- und Weibspersonen, als an den Fehr-Nächten und Nacht-Heingarten", verboten. „Sie (die Wollüstlinge) widerhoblten fast täglich ihre Heimbgärten" (bey der schönen und keuschen Christiana); II. Band der Gesellschaft am Isarstrom v. 1702, p. 8. „Wenn die Edlknaben bey ihren Befreundten in Heimbgartten"; Edlknaben-Instruction v. 1717. Das Prompt. v. 1618 hat: „colloquium, conventicula amicorum seu vicinorum." „Sie seyn im haingarten, conventum agunt familiarem." In Münchner alten Predigten heißt es: „Ei verratent iuch an ir heingarten", tradent vos in conciliis suis. „Wilt dû zuo dem tanze unde zuo dem heimgarten unde wilt dâ vil gerüemet unde gelachet unde geweterblizen unde gezwieren mit den ougen, sô mahtû wol beſtrûchen in den stric des tiuvel's", Br. Berhtolt 353, (Pfeiffer 481,27). „Wie sich der mensch in der kirchen, auf dem marck, im weinhaus und an den hayn gartten gehalten hab", Beichtspiegel, Cgm. 866, f. 2ᵇ. „Vier zeit den dienstmagden gfährlich: die schlenckel-

> weil, zwischen der liechtzeit, am haimgarten stehn, die kirchtag, findlestag", (1654); Monac. Augustin. 202, f. . . „In dem haimgarten siczent die frawen und reden vil den leuten nach", Cgm. 632, f. 71. „Ich sach ainen geburen gaqzen an ainem haimgarten", Cgm. 717, f. 103. „Provideat dns. abbas . . . ne fratres peracta coena . . . suas stationes et colloquia et sessiones habent", (am Rande: „Haingarten"), Etaler Kloster-Visitation v. 1442: Teg. 1670, f. 215ᵇ. „Prohibendae sunt specialiter ancillae et aliae mulieres in aliquo tempore vaccas prope locum secretum mulgent, quia saluti fratrum nimis periculosum est"; ibid. „Forum, heimgart", Prud. Psychom. 755, Diut. II, 347. Das Voc. v. 1429 gibt dem Worte haingart noch die Bedeutung compitum. Gl. i. 436. 484 wird in foro (Matth. 23,7) durch in heimgarte; i. 465 ad torum durch zi heimgarte übersetzt. Hienach könnte man an das goth. haims (vicus) und die R. A. „ins Dorf gehen" denken. Allein da in der a. Sp. das einfache gart, Genitiv gartes, für chorus steht (gl. i. 778, ad Aeneid. VI, 517. i. 283. 467. 858. M. m. 43. Nero 46. cf. gl. a. 809, sec. XIV.: cart, lenocinium. Diefenbach 323), so muß wol diese Bedeutung die hervorstechendere seyn. Wirklich hat noch Stocker in seiner (übrigens unkritischen) diplomatischen Erklärung altdeutscher Wörter: „zu Gatten (Garten?) gehen, in Heimgarten, in eine Gesellschaft gehen." haimgarten (haə̃-gartn, haə̃-ga'schtn, haə̃-gartnen, haə̃-gärtln), als vrb. neutr., Besuch machen, in Gesellschaft gehn, seyn.
>
> *Haə̃-gärtln, liəbln, spiln
> dés wár iər aə̃-zi's Zil.* Volkslied.

> Am Gebirg wird dieß Verb sogar für: traulich kosen oder plaudern überhaupt gebraucht. Las ə we˜g mit diar haa˜gartn, laß ein Bischen mit dir reden. Merkwürdig ist, daß an der U. Donau und im b. Wald statt Haimgarten gehört wird Rái˜gartn, was zunächst auf Rain, etwa als gewöhnlichen Platz, wo Plaudernde sich zusammensetzen, oder auf rainen, grenzen, (von hrinan, tangere, wovon runa, giruni wol gänzlich abliegt) denken läßt, (s. Rain; vrgl. auch das folgende). vergarten?; BM. I, 483.

Karl August von Leoprechting bestätigt uns 1855 in seinem Buch »Aus dem Lechrain« (Neudruck: Bauernbrauch und Volksglaube in Oberbayern. München 1975, S. 209): »*Neben der Thüre befindet sich eine Bank, die heißt man die Sonnenbank; auf ihr rastet man des Sommers am Abend aus, pflegt des Haimgartens, und das Weib verrichtet da wohl auch häusliche Arbeit.*« Ilka Peter (Gaßlbrauch und Gaßlspruch in Österreich. Salzburg 1953; 2. Aufl. 1981, 25, 28, 162 u. 205) setzt den Begriff »Hoagascht« überhaupt für »Gespräch«. Und Josef Ilmberger (Die bairische Fibel. München 1977, 94) erklärt »*Hoagarddn, der = Heimgarten; abendliches Treffen, zumeist Jugendlicher, in einem Haus zu Ratsch und Tratsch, zu Musik und Tanz*«.

Dieses »Hoagart'ln« war in manchen Gebieten bis weit in unser Jahrhundert üblich. So berichtet uns beispielsweise Rudolf Kriss in seinem Buch »Sitte und Brauch im Berchtesgadener Land« (Berchtesgaden 2. Aufl. 1980, 96): »*Mit dem Aschermittwoch beginnt die bis zum Osterfest reichende Fastenzeit. Während dieses Zeitabschnittes war bis in die 20er Jahre unseres Jahrhunderts das sogenannte ›Hoamgarscht gehn‹ (Heimgarten) besonders in Schwung; die Sonntagnachmittage und -abende wurden hierzu bevorzugt. Man traf sich jedesmal bei einem anderen Bauern, der seine Gäste zum Abschied mit Kaffee und Nudeln bewirtete; die älteren Leute trafen sich zu gemeinsamem Stricken und Spinnen, während für die Jugend natürlich die Unterhaltung die Hauptsache war. Ein solcher Hoamgarscht dauerte oft bis in die frühen Morgenstunden. Dabei unterhielt man sich mit ganz bestimmten Spielen, die man aber auch zu anderen Zeiten trieb. Besonders die männliche Jugend tat sich dabei hervor…*« Kriss zählt eine Reihe solcher Spiele auf, muß aber auch von den unvermeidbaren Problemen mit der Kirche und der Obrigkeit berichten (S. 99): »*Um den Heimgarten, der des Ernstes der Fastenzeit wegen von der Geistlichkeit nicht besonders gern gesehen wurde, etwas auszuschalten, führte man im Jahre 1711 in der Pfarrkirche die Oelbergandachten ein, …*«

Tatsächlich handelt es sich hier weniger um einen »Hoamgarscht« als vielmehr um die sogenannte »Gunkel« zwischen Herbst und Frühjahr. Was das nun wieder ist, lesen wir in Schmellers »Bayerischem Wörterbuch« (Sp. 923/924) nach:

> Die Gunkel, 1) der Rocken, Spinnrocken, die Kunkel; (ahd. chunchla, mhd. kunkel; Graff IV, 454. BM. I, 912. Zeitschr. V, 443). „Colus, chunecla", Em. G. 121, f. 226. „Gleich darauf bindt man den Haar an ein Gunkel mit Strick und Band, endlich muß er gar aufs Rad", P. Abraham. 2) Die Spinnstube, Zusammenkunft der Mädchen und Weiber und zwar, in den noch üblichen Landesordnungen, und ba eß noch üblich sind und in der Natur der Sache liegen, vergebens verboten. Nach dem 4. B., 7. Art. der Ldvord. v. 1553 sind „die Gunkel und Rockenraisen (wozu man damals sogar über Feld zusammenkam) nit mer zu gestatten." „Doch (wird beygesetzt) soll den Nachpaurn, die umb Ersparung willen des holz und liechts, erbarer guter Mainung mit jrer gspunst oder anderer arbait zusamengen, daßelb unverwert sein." Z·Gunkel gên, sein. In die Gunkel gên, in der Kunkel sein. D·Spinnerinnᵃ˜ gengoᵃ˜ ·r· auf ·Gunkl, d·Schneider auf d·Ster, d. h. sie gehen in fremde Häuser, um da zu spinnen und zu arbeiten. Die Gunkelfuer, Lärm wie in einer Gunkelstube. Kunkelfuß, technae, tricae; Prasch. cf. Gugelfuer u. Zeitschr. V, 281,9 a. 418. 521, II, 19. Das Gunkelmâl, nicht Thé, womit an einigen Orten die letzte Kunkel-Zusammenkunft gefeyert wird. Die Gunkelhôchzeit, (Jlm) Festlichkeit am Vorabend des Hochzeit-Tages.

Es erübrigt sich fast der Hinweis, daß die Gunklstub'n als Ratsch und Tratsch-Zentrum eines Dorfes gefürchtet waren. Nicht umsonst heißt es in einem alten bayerischen Sprichwort: »*Im Sommer muaß ma d'Wetter fürcht'n, im Winter d'Gunklstub'n!*«

Nun gibt es da ja auch noch seit 25 Jahren die Sendereihe »Der Boarische Hoagascht« des Bayerischen Rundfunks mit Paul Ernst Rattelmüller, in der die Volksmusik in die Umgebung eingeordnet werden soll, in die sie gehört. Nur rief der Titel dieser Sendereihe in der Folgezeit Einordnungsprobleme hervor. Ende 1959 hatte der gebürtige Steiermärker Karl List als Nachfolger von Hans Seidl die Leitung der Abteilung Volksmusik des Bayerischen Rundfunks übernommen. In der Festschrift »50 Jahre Volksmusik im Bayerischen Rundfunk« (München 1978, 43) erzählt Paul Ernst Rattelmüller:

»*Es ist vielleicht ganz interessant zu wissen, wie der Titel dieser Sendung entstanden ist. Er sollte ja bereits etwas über Form und Inhalt aussagen. Er sollte die Vorstellung vermitteln, daß hier erzählt, musiziert, gesungen wird. So ist man auf den Titel ›Heimgarten‹. gekommen, ›Heimgarten gehn‹, ›in Hoagartn gehn‹; ›Hoagartln‹ hat ehedem bedeutet zusammenkommen, sich treffen, sich zusammensetzen, unterhalten, singen und musizieren. Nun wollte man aber diesen Begriff nicht ›eindeutschen‹, ›einduden‹. Es sollte also eine Dialektform werden. Dialekt ist aber nicht identisch mit dem heute ganz allgemeinverständlichen, zwangsläufig auch etwas angleichenden ›Rundfunkbayrisch‹. Dialekt wandelt sich. Meist sind bei uns Flußgrenzen auch Dialektgrenzen zumindest gewesen. So war die Frage, welche Dialektform soll man als Titel wählen? Es haben sich mehrere Möglichkeiten angeboten. Soll man die Sendung ›Boarischer Hoagart'n‹ nennen? ›Hoagart‹? ›Hoagascht‹? – So hat sich Karl List in seiner impulsiven Art kurzfristig für ›Boarischer Hoagascht‹ entschieden.*«

Die Folge war aufgrund der durch zahlreiche Einflüsse verursachten Dialektunsicherheit (nicht nur in München!), daß die Bezeichnung »Hoagascht« sich in ganz Bayern ohne Rücksicht auf regionale Dialektformen durchsetzte. Dabei ist die Form »Hoagascht« wohl auf das Leitzachtal zu beschränken, wo man anstelle »rt« ein »scht« spricht (Beispiel: Wirt = Wischt). Die Schlierseer verspotteten deshalb früher die Leitzachtaler auch mit dem Sprücherl: »*A Keschta (Kirta = Kirchweih) Eschta (Erta = Dienstag) is da Maschte (Martin) as Heschtbanke (Herdbankerl) onigrumpet, na hat er greascht (greahrt = geweint).*«

Inzwischen hat sich das regionale Dialektbewußtsein wieder etwas geschärft, auch wenn es mitunter (gerade in München!) sehr schwierig ist, zum Beispiel die Unterschiede zwischen der westbairisch-dachaurisch beeinflußten Mundart links der Isar und der eher unter niederbairischen Einflüssen stehenden Mundart östlich der Isar zu vermitteln. Jedenfalls hat sich im Münchner Raum die Bezeichnung »Hoagart'n« wieder allgemein durchgesetzt.

Der erste »Boarische Hoagart'n« am 30. April 1981

Durch die manchmal gähnend leeren Wirtshaussäle bei den fest terminierten »Hoagart'n« im Oberland verschreckt, suchten wir für unsere«Boarischen Hoagart'n« in München, die ja ebenfalls allmonatlich am gleichen Tag stattfinden sollten, einen Wirt zu finden, der auch bereit war, das Risiko eines leeren Saals inkauf zu nehmen, der bereit war, das beabsichtigte »Experiment« wenigstens ein paar Mal durchzuziehen, der Verständnis für die Volksmusik und die Volksmusikanten hatte und bei dem wir natürlich vor allem die gewünschte Terminreihe bekämen. Außerdem sollte der »Hoagart'n« in einem der Wirtshäuser in den alten dörflichen Bereichen Münchens, möglichst in einem der vorhandenen »Volksmusik-Nester« stattfinden. A bisserl viel auf einmal? Wir wurden nach mehreren vergeblichen Anläufen fündig: bei den Wirtsleuten Mihatsch im »Scharfen Eck« in Feldmoching zwar noch nicht durchgängig mit den Ideal-Terminen, aber immerhin.

So war gleich für den ersten »Boarischen Hoagart'n« im »Scharfen Eck« ein angestrebter letzter Freitag im Monat nicht mehr zu bekommen, da wir aber nun endlich mit den »Hoagart'n« anfangen wollten, waren wir schließlich auch mit einem Donnerstag zufrieden, dem 30. April 1981. Und zu unserer großen Erleichterung drängten sowohl die Volksmusikanten als auch die Zuhörer herein. Mit dabei waren beim ersten Mal: die Westernberger Sängerinnen aus Moosburg, die Sendlinger Buam, d'Sauschneider, die Sollhäusl-Musi, die Pullacher Stubnmusi, der Strohmayer Dreigsang und Alfred Krappel (Steirische Harmonika) aus Ismaning.

Beim zweiten »Boarischen Hoagart'n« am Freitag, 22. Mai 1981, wiederum im »Scharfen Eck«, war dann der Andrang noch viel größer: die Parsberger Sänger aus Germering, die Familienmusi Lang, d'Roagersbacher Buam, die Oberfischbacher Stubnmusi, die Münchner Altstadt-Dirndl, die Fasanerier Flötenkinder, d'Sauschneider, die Musikgruppe »Vinzens« Neuhausen, Alfred Krappel (Steirische Harmonika) aus Ismaning, der Sendlinger Zwoagsang, die Stubnmusi Roß und de Stadlustigen. Beim dritten »Hoagart'n« mußten wir dann noch ein letztes Mal auf einen Donnerstag ausweichen, seit 1982 konnten die offenen Sänger-und Musikanten-Treffen ausschließlich am letzten Freitag im Monat stattfinden, ausgenommen im August und Dezember sowie an einem Karfreitag. Seit 1982 sind es infolgedessen normalerweise zehn »Hoagart'n« jährlich, wozu am Sonntag, dem 21. November 1982 erstmals ein Sänger und Musikanten-Treffen im Rahmen des alljährlichen Cäcilienfestes der Münchner Volksmusikanten hinzukam. Im selben Jahr 1982 gelang es uns auch zum ersten Mal, den Kreis der Wirtshäuser für unsere »Hoagart'n« auf den Münchner Osten (»Obermaier«) und den Süden (Festsaal der »Neuen Schießstätte«) auszudehnen. Diese Reihe wurde ab 27. Mai 1983 dann noch im Münchner Westen um den Postsaal in Pasing ergänzt. Als die Wirtsleute Mihatsch Anfang 1989 vom »Scharfen Eck« nach Starnberg abzogen und aus dem traditionsreichen Feldmochinger Wirtshaus ein kroatisches Lokal wurde, wechselten wir einfach nur über die Straße, wo wir von den Wirtsleuten Spanfellner in dem nicht minder traditionsreichen »Feldmochinger Hof« gern aufgenommen wurden.

Bei diesen Wirtshäusern in Feldmoching, in Trudering, in Sendling und in Pasing blieb es die ganzen […] Jahre hindurch unverändert mit einer einzigen Ausnahme: Auf vielfaches Drängen hin, auch das bei den Volksmusikanten beliebte Bayerwaldhaus im Westpark in unseren »Hoagart'n«-Turnus aufzunehmen, haben wir dort am 26. Juni 1987 einen entsprechenden Versuch unternommen und es bitter bereut. Der zum Ver-

Boarischer Hoagart'n am 26. Oktober 1984 in der Gaststätte »Obermaier« in Trudering

anstaltungsraum ausgebaute Stadelteil des Bayerwaldhauses war für den Andrang zu unseren »Boarischen Hoagart'n« viel zu klein, die Organisation einer ausreichenden Bewirtung zu schwierig, die Biergartentische waren zum Musizieren ungeeignet, die Toilettenverhältnisse seinerzeit noch unbefriedigend usw.

Überhaupt der Andrang: Von 1981 bis heute mußte kein einziger angesetzter »Hoagart'n«-Termin wegen fehlender Anmeldungen von Musik- oder Gesangsgruppen oder von Solisten abgesagt werden. Im Jahr 1983 haben wir uns schweren Herzens dafür entschieden, die Zahl der teilnehmenden Gruppen im Interesse des Musizierens auf zehn zu begrenzen, eine Zahl, die 1988 noch einmal auf acht herabgesetzt wurde.

Auch die Zuhörer strömten in nicht selten beängstigender Zahl. Manchmal mußten Zuspätkommende mangels eines Sitzplatzes an den Wänden entlang stehen oder mit den Fensterbrettern als Sitzgelegenheit vorliebnehmen. Dennoch blieben viele von ihnen begeistert bis zum Schluß.

»Boarische Hoagart'n« – wozu eigentlich?

Als wir mit den »Hoagart'n« 1981 begannen, war der Kontakt der Volksmusikgruppen in und um München untereinander noch keineswegs so gut wie heute. Man kannte nicht einmal die Gruppen im eigenen Stadtviertel. Traf man sich eventuell bei einer Veranstaltung, dann lieferten die Sänger und Musikanten höchstens die vom Programm geforderten Lieder und Stückl von einer Bühne herunter ab, aber nur in den seltensten Fällen setzte man sich hinterher noch im kleinen Kreis zu weiterem Singen und Musizieren zusammen. Neben der Veranstaltungsreihe »Musi und Gsangl aus ...« (einem ganz bestimmten Münchner Stadtviertel) des Kulturreferats Anfang der 80er Jahre (mit »Nachsitzen« manchmal bis in die frühen Morgenstunden, z.B. nach »Musi und Gsangl aus Feldmoching« am 4. Juli 1980 bis um halb fünf Uhr!) bildeten die »Boarischen Hoagart'n« das wichtigste Forum zum persönlichen und musikalischen Kennenlernen. Dabei hat es sich von Anfang an bewährt, daß die Teilnahme nicht auf Münchner Gruppen beschränkt wurde (den »Weitpreis« – gäbe es ihn – bekämen zwei Gruppen aus Tirol und eine Gesangsgruppe aus Hessen!).

Für viele Volksmusikanten war es außerdem etwas völlig Neues, daß sie nicht vom Publikum getrennt auf einer Bühne oder wenigstens auf einem Podium saßen, sondern ganz normal an einem Wirtshaustisch mitten unter den Leuten, wie es halt früher beim Heimgarten oder im Wirtshaus auch war. Dem ungezwungenen Singen und Musizieren hat das »Herunterholen« der Musikanten von der Bühne, die Aufhebung der Trennung zwischen Darbietern und Publikum, hat die Auflockerung der starren »Konzert«-Atmosphäre (am Ende gar ohne Bewirtung) nur gut getan.

Solchermaßen waren nun auch die richtigen Voraussetzungen geschaffen, ganz neue Musik oder Gesangsgruppen zum ersten öffentlichen Musizieren bzw. Singen herauszulocken. Die ungezwungene Atmosphäre eines »Hoagart'ns« und das ganz anders auf Volksmusik eingestimmte Interesse der Zuhörer erleichterten den Neulingen ihren Schritt an die Öffentlichkeit sehr wesentlich. Auch wir vom Kulturreferat lernten die »Neuen« auf diese Weise kennen, konnten fortan Kontakt halten, beraten, informieren, Noten, Texte usw. zur Verfügung stellen, vermitteln, zu Veranstaltungen oder eines Tages zur Mitwirkung einladen. Manche neue Gruppe blieb nach ein paar »Hoagart'n« plötzlich weg, kam aber manchmal nach Jahren wieder und nun war es stets recht interessant, feststellen zu können, welche Weiterentwicklung sie inzwischen gemacht hatte. Die Bedeutung und die Beliebtheit der »Hoagart'n« läßt sich auch daran ersehen, daß sich meist unter den Zuhörern viele Volksmusikanten befinden, deren Gruppen vielleicht nicht kommen konnten oder wollten. Und manchmal kommt in der »geschlossenen« Zeit (Fastenzeit), wenn nicht getanzt werden darf, auch schon einmal eine ganze Tanzmusi wenigstens zum Musizieren zu einem »Boarischen Hoagart'n«.

So erfüllten die »Hoagart'n« des Kulturreferats von Anfang an die Funktion eines echten Sänger und Musikanten-Treffens: Gegenseitiges persönliches und musikalisches Kennenlernen, geselliges Beisammensein, Informationsbörse (Spielweise, Repertoire usw. der Gruppen, neue Lieder und Stückl, geplante Veranstaltungen, personelle Veränderungen u.ä.), Verabredungen usw. Wastl Fanderl hat ja auch immer darauf hingewiesen: »*Die Volksliedpflege braucht nicht die große Masse. Zum Volkslied gehören vielmehr Stille, Freundschaft und Geselligkeit im familiären, überschaubaren Rahmen.*« Man lud sich bald gegenseitig zum Musizieren ein, ja vereinbarte regelrechte eigene »Hoagart'n«, jährlich wenigstens einmal oder zu einem Jubiläum, bestenfalls konnte man sogar einen Wirt finden, der turnusmäßige »Hoagart'n« an festen bzw. regelmäßig wiederkehrenden Terminen zuließ oder selbst veranstaltete. Es entstanden solchermaßen nun aber nicht nur kleine private »Hoagart'n«, sondern es wurden gar nicht so selten sämtliche Sänger und Musikanten eines »Boarischen Hoagart'ns« des Kulturreferats für eine ähnliche Veranstaltung in München oder außerhalb »wegverpflichtet« – aber das war dann ja im eigentlichen Sinn schon kein »Hoagart'n« mehr.

Und noch etwas: Es wurden bei diesen »Hoagart'n« – vor allem gegen oder nach Mitternacht – Lieder gesungen, wie sie wirklich nur ins Wirtshaus gehören, freche und nicht selten auch zotige Lieder. Viele Leute wollen heute gar nicht mehr wahrhaben, daß es solche Lieder gibt, und daß sie tatsächlich ein wesentlicher Bestandteil unseres Volksliedgutes sind, wohl weil sie (aus verständlichen Gründen) nicht in den gängigen Liederbüchern zu finden sind. Aber es gibt sie nicht nur, sie waren einstmals sogar groß an Zahl und Verbreitung. Mangels Singmöglichkeiten drohen solche Lieder eines Tages leider unterzugehen, höchstens daß man sie vielleicht noch im kleinen Kreis bei einem feuchtfröhlichen Hüttenabend oder einem Hausball im Fasching hören kann. Dabei gehören gar nicht wenige Lieder, die heute ebenso nichtsahnend wie selbstverständlich gesungen werden, ob ihrer (früher durchaus bekannten) Zweideutigkeit ebenfalls in die hier angesprochene Kategorie, z.B. das beliebte und deshalb weit verbreitete, häufig sogar von Kindern gesungene Lied vom alt'n Wetzstoa: »Mir hab'n dahoam an alt'n Wetzstoa mei Muatter sagt, ih sollt'n wegtoa, …« (siehe hierzu den Abschnitt »Verblümtes und Unverblümtes« in: Georg Queri »Kraftbayrisch – Wörterbuch der erotischen und skatologischen Redensarten der Altbayern mit Belegen aus dem Volkslied, der bäuerlichen Erzählung und dem Volkswitz« München 1981, 79 ff.). So brachte auch dies für viele »Hoagart'n«-Besucher eine neue Erfahrung im Umgang mit Volksliedern.

Weiter ungebremster Andrang

Am 27. Juli 1990 konnte im »Postsaal« in Pasing der 100. Boarische Hoagart'n gefeiert werden. Aus diesem Anlaß widmete das Kulturreferat Heft 14 der Reihe »Volksmusik in München« dem Thema »Heut geh'n ma hoagart'ln«; der vorstehende Aufsatz ist diesem reich bebilderten Heft entnommen. Und am 28. April 1995, wiederum im Pasinger »Postsaal«, fand schließlich bereits der 150. Hoagart'n statt. Ausnahmsweise waren diese Jubiläums-Hoagart'n nicht als offene Sänger- und Musikanten-Treffen ausgeschrieben, vielmehr hat das Kulturreferat jeweils die Gelegenheit genutzt, sich bei den besonders treuen »Hoagart'lern« in geeigneter Weise zu bedanken. Dabei erwies sich beim 150. Hoagart'n die »Leonhardi Musi« mit einer Teilnahme an 37 Abenden als treueste Musikgruppe, dicht gefolgt von der »Sait'nmusi Hiermann« mit 35 Hoagart'n. Den quasi 3. Platz belegte der »Oberwöhrer Zwoagsang«; Fini und Willi Meier aus Rosenheim kamen bis dahin 29 Mal zu den Hoagart'n des Kulturreferats. Und der Andrang der Sänger und Musikanten hält auch nach mehr als 15 Jahren ebenso unvermindert an wie der des interessierten Publikums.

Das große Halleluja
Singen und Musizieren im Advent

Mit dem aus dem Lateinischen stammenden Wort »Advent«, das soviel wie »Ankunft« oder »Erscheinen« bedeutet, bezeichnet die Kirche die Zeit vor der sichtbaren Ankunft Christi auf Erden. Im allgemeinen Verständnis wären diese Tage und Wochen eigentlich der inneren Vorbereitung auf Weihnachten vorbehalten – die »Stille Zeit«, doch die Wirklichkeit ist anders. Ein Grundmerkmal des Advent wäre in analoger Übernahme der älteren Osterliturgie nämlich die Buße, die in der Unterdrückung des Gloria, im Fastengebot und ähnlicher innerer Einkehr zum Ausdruck kommen soll.

Die ersten Spuren einer Adventliturgie finden sich im Osten um 400, im Westen um 600. Im Lauf der Jahrhunderte entwickelte sich der Advent zu einer Buß- und Fastenzeit mit strengen Vorschriften, wie einem Trauungs- und einem Tanzverbot – man erinnere sich: »Kathrein stellt den Tanz ein.« Und Kathreinstag ist der 25. November, kurz vor dem Adventsbeginn.

Außerhalb der Kirchen ist die Adventszeit heute durch zwei gegenläufige Tendenzen gekennzeichnet: Einerseits ist da eine materialistische Veräußerung und Kommerzialisierung, … Der Einzelhandel verbreitete beispielsweise am 13. Dezember 1986, in diesem Jahr mache man *»das beste Weihnachtsgeschäft seit Christi Geburt«* – eine Äußerung, die man sich quasi erst langsam auf dem Gehörknochen zergehen lassen muß, bis man sich ihrer Ungeheuerlichkeit voll bewußt wird. 1983 tönte ein Kaufhaussprecher, daß der Totensonntag (also der 4. Sonntag im November) noch abgewartet werde, aber dann gehe es rund mit den Weihnachtselementen in der Werbung. Inzwischen können die Kaufhäuser in München damit nicht einmal mehr bis Allerheiligen warten. Und am Sonntag, 5. November 1995, berichtete die Rundschau im Bayerischen Fernsehen ausführlich über den ersten Weihnachtsmarkt in Zirndorf.

Adventsingen

Andernseits steht dem aber auch eine erfreuliche neue Verinnerlichung bei alten Bräuchen, Adventsingen, Hirten- und Krippenspielen gegenüber. Kirchlicher und weltlicher Brauch war im Advent immer schon eng verbunden und die Zahl volkstümlicher Bräuche, besinnlicher wie lautstarker, in denen sich nicht selten heidnische und christliche Vorstellungen kaum trennbar vermischt haben, waren in dieser bäuerlich wie handwerklich witterungsbedingt nicht arbeitsintensiven Zeit stets sehr groß.

Natürlich wurde früher in dieser Zeit der Vorbereitung auf die Geburt Christi in den Kirchen viel gesungen, vor allem z.B. bei den »Rorateämtern«, die an Mariä Empfängnis, also am 8. Dezember begannen. Im Volksmund wurden sie wegen des Evangeliums von der Verkündigung des Herrn durch den Engel Gabriel auch als »Engelämter« bezeichnet. Im Mittelalter hat man szenische Darstellungen mit viel Gesang aufgenommen, die vor allem in der Barockzeit auf die gesamte Heilsgeschichte ausgeweitet wurden. Diese (und viele andere geistliche Lieder) fanden in den letzten Jahrzehnten Eingang in die weltlichen Adventsingen.

Das erste Adventsingen war wohl jenes 1916 in der Grazer Antoniuskirche. In München begann der Kiem Pauli am 14. Dezember 1945 im Grottenhof der kriegszerstörten Residenz mit diesem Brauch. Tobi Reiser fing mit seinen »Salzburger Adventsingen« erst 1946 an. Inzwischen aber wird auf unzähligen Adventsingen in den Kirchen, aber sinnigerweise auch in Wirtshaussälen, bei Weihnachtsfeiern in Betrieben oder Vereinen, auf den Christkindlmärkten, die allein schon in München eine nicht mehr überschaubare Zahl angenommen haben, »live« in Einkaufszentren oder anderen mehr oder meistens weniger passenden Orten und natürlich im Rundfunk und im Fernsehen gesungen und musiziert, was die Stimme und die Instrumente nur grad hergeben.

Es ist mitunter so, als ob der berühmte Psalm 150 wichtiger wäre, als das gesamte biblische Geschehen im Advent und die innere Einkehr und Vorbereitung auf die Geburt Jesu:

> Lobet Gott in seinem Heiligtum,
> lobet ihn in der Feste seiner Macht!
> Lobet ihn für seine Taten,
> Lobet ihn in seiner Herrlichkeit!
> Lobet ihn mit Posaunen,
> lobet ihn mit Psalter und Harfen!
> Lobet ihn mit Pauken und Reigen,
> lobet ihn mit Saiten und Pfeifen!
> Lobet ihn mit hellen Zimbeln!
> Alles, was Odem hat, lobe den Herrn! Halleluja!

Der Klöpfelsbrauch

Aber: Ohne Glauben kein Advent. *»Doch wenn des Menschen Sohn kommen wird, meinst du, er wird den Glauben finden auf Erden?«* frägt der Evangelist Lukas und diese Frage ist aktueller denn je. Aber es ist nicht Lukas, sondern der Apostel Thomas, der im Johannes-Evangelium als Zweifler charakterisiert wird, und der danach den Namen »ungläubiger Thomas« erhielt. Uralte geschichtliche Überlieferung berichtet vom Wirken des Apostels Thomas in Indien und von seinem Martertod 67 in Mailapur. Sein Fest am 21. Dezember, dem Übertragungstag seiner Gebeine 232 nach Edessa in Mesopotamien – seit dem 13. Jahrhundert befinden sie sich in Ortona in Mittelitalien – verschob man bei der Reform des liturgischen Kalenders 1970 jedoch auf den 3. Juli.

An Thomas endeten die Klöpfelsnächte und dieses Klöpfeln war jahrhundertelang in Süddeutschland, in der Schweiz und in Österreich fast der wichtigste und bedeutendste Brauch im ganzen Advent, obwohl es sich dabei eigentlich bereits um einen Neujahrsbrauch handelt. Zwischen Andreas, dem 30. November also, und Thomas, dem 21. Dezember, sind früher die armen Leut' an den Donnerstagen zum »Klöpfeln«, zum

Anklopfen, gegangen. Wenn sich zwischen Thomas und dem Heiligen Abend im Kalender noch ein Donnerstag ergab, so ist man an diesem Tag nicht mehr klöpfeln gegangen. Man zog von Haus zu Haus, machte sich mehr oder minder lautstark bemerkbar und sang Lieder oder sagte Sprücherl auf. Dafür gab es dann kleine Geschenke. In einer Zeit, in der es noch keine so gute soziale Sicherung gab wie heute, konnten sich die armen Leut' auf diese Weise ein bisserl Butter oder Speck, Mehl, Kletzenbrot, Schmalzgebackenes oder anderes Gebäck erbetteln, um sich so den ansonsten kargen Speisenzettel wenigsten für Weihnachten etwas aufzubessern. Meistens waren die Klöpfler alle vermummt, denn wer gibt schon so ohne weiteres zu erkennen, daß er so arm ist, daß er von Haus zu Haus betteln gehen muß.

Die Bezeichnung »Klöpfelsnächte« hatte sich bald zum festen kalendarischen Begriff herangebildet, mit dem man allgemein das Geschenkemachen verband. Um den Wechsel vom 16. zum 17. Jahrhundert erscheint der Begriff »Klöpfelsnacht« mit der Benennung »Gebnacht« vereint. Noch Johann Andreas Schmeller bestätigt uns in seinem zwischen 1827 und 37 erschienen »Bayerischen Wörterbuch«: »*In München ist es üblich, daß in der Klöpfels-...nacht die Mägde bey den Krämern, Metzgern ec., wo sie das Jahr hindurch einkauften, und die Handwerkslehrjungen bey den Kunden ihrer Meister eine kleine Gabe in Geld oder sonst erhalten, ...*«

Aber schon 1855 berichtet uns Karl August Freiherr von Leoprechting in seinem Buch »Aus dem Lechrain«, daß der Brauch des Klöpfelns auf die Kinder übergegangen sei: »*Es kommen da alle Kinder, nicht bloß die ärmeren ...*«, schreibt er. Wenig später finden wir diese Feststellung auch aus den Dörfern rund um München bestätigt. Aber gegen die Jahrhundertwende zu tauchen vermehrt »Ortspolizeiliche Vorschriften« auf, so auch hier in Feldmoching ebenso wie in der mit St. Peter und Paul bis 1909 pfarrlich verbundenen Nachbargemeinde Moosach, die es streng verboten, »*zu Weihnachten, Neujahr oder zu anderen Festzeiten zum Zwecke der Erlangung herkömmlicher Geschenke in Wirts- und Privathäusern oder auf öffentlichen Straßen und Plätzen herumzuziehen.*« Brauch war im Lauf der Zeit – zumal wenn es zu Mißbrauch gekommen ist – immer schon von Verboten bedroht, sind doch häufig eben die Verbote die einzigen Quellen über einen Brauch. Geblieben sind uns wunderschöne Klöpfelslieder, die sich zunehmender Beliebtheit erfreuen. Ja, es gab einstmals im Augustiner-Chorherrnstift Weyarn sogar eine eigene »Klöpfelskantate«.

So steht auch die Musik im Advent gegen die Finsternis, steht für die freudige Erwartung der Geburt des Herrn. Ein gutes Beispiel für ein solches Klöpfelslied ist das aus dem Salzburgischen stammende und noch heute gern gesungene »Jetzt fangen wir zum Singen an« mit der Aufforderung: »*Vernehmet all, was sich getan, ...*«

Die Liedsammlungen

Nun, die Klöpfler zwischen Andreas und Thomas wurden längst durch die Sternsinger am Dreikönigstag abgelöst. Aber das überlieferte Liedgut zum Advent, das vor allem von der Barockzeit bis über das Biedermeier hinaus eine große Blüte erlebte, ist noch viel umfangreicher. Fast durchwegs findet sich in den tradierten Advents- und Weihnachtsliedern mit ganz wenigen Ausnahmen die Mundart nur in brauchtümlichen Umzugsliedern der Klöpfler und der Sternsinger und in den Hirtenliedern. Vor allem aber haben wir den Dialekt in den Liedern, die zu Spielen bzw. szenischen Darstellungen (Hirtenspielen, Herbergsuche) gesungen wurden. Gerade davon sind Oberbayern und die benachbarten Gebiete sehr reich.

Zu den wichtigsten Münchner Quellen zählen die Sammlungen der Münchner Volksliedforscher August Hartmann und Hyazinth Abele: »*Weihnachtslied und Weihnachtsspiel in Oberbayern*« (1874/75), »*Volksschauspiele. In Bayern und Österreich-Ungarn gesammelt und mit vielen Melodien nach dem Volksmund aufgezeichnet*« (1880) und »*Volkslieder. In Bayern, Tirol und Land Salzburg gesammelt*« (1. Band: Volksthümliche Weihnachtslieder, 1884). Von 1926 bis Mitte der 30er Jahre sammelte Kiem Pauli Volkslieder in Oberbayern, darunter auch Weihnachtslieder, die er z.B. in seiner »*Sammlung Oberbayerischer Volkslieder*« (1934) veröffentlichte. Prof. Dr. Kurt Huber versuchte in den 30er Jahren auf der Materialgrundlage dieser beiden Sammlungen grundsätzliche Aussagen über das Weihnachtslied zu erarbeiten. Das Manuskript Hubers wurde infolge des tragischen Tods Hubers durch die Nazis erst 1959 von seiner Witwe veröffentlicht. Am weitesten Verbreitung fand aber seine Rundfunksendung am 26. Dezember 1935 im damaligen »Reichssender München« über die »*Altbayerische Weihnacht – Eine Liedfolge aus 500 Jahren*«, die das Volksmusikarchiv des Bezirks Oberbayern und das Kulturreferat der Landeshauptstadt München, Abt. Volkskulturpflege, in rekonstruierter Form als Grundlage für die Veranstaltung »*Das Weihnachtslied in München und in Oberbayern*« am 29. Dezember 1987 im Kolpinghaus in der Au wählten.

Das »Ansingen« in den Münchner Vorstädten

So berichtet August Hartmann beispielsweise in seinem 1874/75 erschienenen Werk »Weihnachtslied und Weihnachtsspiel in Oberbayern«: »*In den Münchner Vorstädten Au, Giesing und Haidhausen, wo noch jetzt ausgedehnte Quartiere die ländlich-althertümliche Bauart zeigen, haben auch mancherlei Volksgebräuche weit länger fortgelebt, als in der gegenüberliegenden Altstadt. Ebenso vererbte sich die Sitte des hier sog. ›Ansingens‹ und damit eine überraschende Menge von Weihnachtsliedern bis in die neuere Zeit. An beliebigen Abenden im Advent, besonders aber am heiligen Abend zogen Kinder und junge Leute schaarenweise bei den Bekannten umher und sangen entweder vor dem Fenster oder im Hausfletz ihre Lieder, welch letztere sie möglichst abwechselten. Man schenkte ihnen dann getrocknete Weintrauben u. dgl. seltner auch Pfennige. Jetzt freilich* [damit ist 1875 gemeint] *ist auch dieses ›Ansingen‹ erloschen…*«

Der ehemalige Schuldirektor und Heimatforscher Hans Lanzhammer bestätigt uns in seinem 1927 erschienenen Buch »Alt-Sendling und seine Beziehungen zu München«, daß das von Hartmann erwähnte »Ansingen« auch in Sendling üblich war. Das dabei gebräuchliche Lied begann mit den Worten: »I tat gern singa a Liedl a neu's«. War das Lied zu Ende, wurde den Bewohnern des Hauses ein gutes neues Jahr gewünscht und dafür Gaben in Empfang genommen, besonders – wie drüberhalb der Isar – getrocknete Weinbeeren. Das Ansingen geschah in den Abenden des Advent, namentlich am Heiligen Abend. Es scheint also, daß dieses Ansingen im Wesentlichen im Münchner Süden verbreitet, das Klöpfeln dafür eher hier bei uns im Münchner Norden, im ehemaligen Landgericht Dachau, üblich war.

Lesen wir weiter bei August Hartmann: »*Eine eigenthümliche Sitte in Giesing und der Au waren die mit einem stehenden Ausdruck sogenannten ›Herbergen‹. Während der Adventzeit nämlich pflegten – zufolge mehrseitiger Mittheilung – Abends etwa um 7 Uhr Nachbarn und Nachbarinnen, Alt und Jung, abwechselnd bald in diesem, bald in jenem Hause sich zu versammeln. Auf den Tisch stellte man ›als Sinnbild‹ zwei Figuren, Joseph und Maria, zündete ein paar Wachskerzen daneben an und betete einen Rosenkranz; nach diesem aber wurden mit vertheilten Stimmen die ›Herbergsgesänger‹ gesungen, d.h. Lieder, welche Maria und Josephs Herbergsuchung oder Verwandtes behandelten, mitunter auch ›Hirtenlieder‹ ... Den ganzen Brauch, der erst vor 20 Jahren aufhörte* [das wäre also um 1855 gewesen] *nannte man ›die Herberg abstatten‹ ...*«

Die Herbergsuche von Maria und Josef gehört zu den Sinnbildern, die gerade von den einfachen Leuten immer ganz besonders gut verstanden wurden. In dem oben erwähnten Klöpfellied heißt es ja auch: »*Zwoa arme Leut san uns begegnt, im Dörfl drunt ums Finsterwerdn. Sie suachatn a Nachtquartier und neamand laßt sie ein. Fürs Armsein kann halt neamd dafür.*« Das ist zugleich ein deutlicher Hinweis auf die eigene Lage der Klöpfler. Auch in dem ebenfalls bekannten Lied aus der Sammlung Wilhelm Pailler in Brixen »Seht da kommen von der Weiten« heißt es: »*Diese zwei auf rauher Straßen sind voll Armut, ganz verlassen, in dem Regen und Kält, auch mit Nahrung schlecht bestellt.*«

Das Ergreifende dieses Herumirrens einer schwangeren Frau vor den Türen hartherziger Menschen hat die Phantasie zu einem Brauch angeregt, der diesen Vorgang ins Rituelle erhebt: das Frauentragen oder Herbergsuchen. Dabei wird ein Marienbild oder eine Marienstatue in den letzten Tagen des Advent abends von Tür zu Tür getragen, und jede Familie beherbergt die Muttergottes für eine Nacht. Dieser Brauch findet noch in vielen Pfarrgemeinden statt, in anderen will man wieder einen Versuch unternehmen, ihn neu aufleben zu lassen. Über die Aktualität gerade des Inhalts »Herbergsuche« – im wörtlichen und im übertragenen Sinn – in unsrer Zeit dürften wohl keine Zweifel bestehen.

Volkstanz

Volkstanz in München
Ein geschichtlicher Rückblick

Bereits das 1471 abgebrochene älteste Münchner Rathaus am Petersbergl führte als Vorgänger des 1470–80 erbauten heutigen Alten Rathauses zwischen dem Marienplatz und dem Tal nach dem Einbau eines großen Saales (1392–94) die Bezeichnung »Tanzhaus«.

Schon 1395 sind Ausgaben für Schankereien zum Tanz des Herzogs auf dem Rathaus verzeichnet. 1399 – mitten im Bürgerkrieg – veranstaltete die Stadt zu Ehren Herzog Ludwig des Gebarteten von Bayern-Ingolstadt einen Tanz und ein Gastmahl auf dem Rathaus. In der Sonnwendnacht 1402 lud dessen Vater, Herzog Stephan III., die Münchner Bürgerinnen zum Tanz auf das Rathaus und zum Sonnwendfeuer auf dem Marktplatz. Der Rat der Stadt ließ dorthin Sitzbänke vom Rathaus schaffen und Jung und Alt tanzte um das Feuer. Am Montag vor »Vosnacht« 1404 ist der herzogliche Hof erneut im Tanzhaus. Besonders festlich scheint die Fasnacht 1410 begangen worden zu sein. Der Rat ließ von den städtischen Zimmerleuten das Tanzhaus renovieren und während die gesamte Bürgerschaft darin zur Nachtzeit bei Kerzenlicht dem Tanz huldigt, an dem wie herkömmlich die Herzöge Stephan und Heinrich teilnahmen, wachten bestellte Wächter über die Sicherheit der verlassenen Bürgerhäuser.

Nach der ältesten Hochzeitsordnung unserer Stadt aus der Zeit um 1315 fanden die Hochzeitstänze auf den Straßen statt. Erhielt eine Braut mehr als 40 Pfund Pfennige zur Aussteuer, durfte das Brautpaar den Hochzeitstanz in allen Gassen der Stadt halten, ausgenommen in der Burg (Alter Hof), bei einer »Heimsteuer« unter 40 Pfund war der Hochzeitstanz nur in der Gasse erlaubt, in der die Hochzeit stattfand. Nach der Hochzeitsordnung von 1508 scheint es um diese Zeit auch in München allgemeiner Brauch gewesen zu sein, Hochzeiten auf dem Tanzhaus zu halten. Um 1600 stellte der Rat jedoch nur noch ausnahmsweise das Rathaus für Hochzeiten zur Verfügung und bemerkte 1607, »es sei sonst nicht gebräuchlich«.

In geselliger Beziehung waren Bürgertum und Hof bis in die Zeit der Renaissance im 16. Jahrhundert durch keine besondere Kluft voneinander getrennt. Auf der Bürgertrinkstube am Marktplatz, auf dem Rathaus und ab dem Ende des 15. Jahrhunderts auf dem Tanzhaus, den gesellschaftlichen Mittelpunkten bürgerlichen Lebens in München, weilten der Herzog und die Herzogin oft unter den Bürgern beim festlichen Mahl, Spiel oder Tanz und traten mitunter dort sogar selbst als Gastgeber auf. Aber nicht nur Patrizier, Angehörige der Ratsfamilien und hohe Gäste der Stadt tanzten auf dem Rathaus, auch niederes Volk und Bauern fanden sich ein, vor allem zu den Fasnachtstänzen.

Der »trettende tancz«

1429 erfahren wir aus der Kammerrechnung sogar von zwei damals üblichen Tanzarten: »*er* [= Graf Ulrich von Zill] *kund aber den trettenden Tancz als waidenlich* [= ausgezeichnet] *nicht als der Jacob Putrich. des wurden die pfeiffer pald inne und pfiffen den reschen tancz.*« Der »trettende tancz« war der seinerzeit im Tanzhaus übliche Tanz und bestand aus einem schleifenden Umgehen der Tänzer; der sommerliche Tanz im Freien war der »resche tancz«, eine springende Tanzart. Daneben ist auch an die Tänze der vielen Handwerker-Zünfte zu erinnern, denken wir doch nur an den heute noch in der Regel alle sieben Jahre stattfindenden Schäfflertanz. Der früheste Beleg für das Auftreten der Schäfflerzunft datiert von 1571. Der Schwerttanz der Messerschmiede ist bereits 1537 in der Münchner Stadtkämmererrechnung erwähnt. 1561 führten auch die Schuster einen Schwerttanz auf. Noch 1782 bestätigt uns Lorenz Westenrieder: »*Und so hält fast jede Zunft einen sogenann. Dinzeltag, oder Danztag, wo die Zunftmaennigen feyerlich angekleidet, und in Ordnung, gewoehnlich mit Musik, oft auch eines gewissen Wohlverhaltens wegen, mit der Trommel, nach der Kirche, dann zum feyerlichen Mahl und zum Tanz ziehen…*«

Die Moriskentänzer

Die größte künstlerische Leistung, Höhe- und Endpunkt der Ausstattung des Tanzhauses zu München, des später sogenannten Alten Rathauses, bildeten die um 1480 von Erasmus Grasser geschnitzten Moriskentänzer. Es sind Gestalten eines damals weitverbreiteten Tanzspiels, das seinen Namen vermutlich von den Nachkommen der Mauren in Spanien herleitet und in England, wo es Teile einheimischer Tanzspiele aufnahm, und in der zweiten Hälfte des 15. Jahrhunderts auch in Deutschland sehr beliebt war.

Kein Volkstanz also, eher »*ein ballettartiger Mummenschanz, eine Art Fastnachtsspiel mit Musik, ein wirbelnder Werbetanz um die Gunst, um die Minne einer schönen Frau mit festen, heute nicht mehr restlos deutbaren Figuren, ähnlich den Gestalten der italienischen Commedia dell'Arte*« (Michael Schattenhofer).

Die Kenntnis dieses Tanzspiels ging in unserem Bereich später verloren, im 17. und 18. Jahrhundert sprach man nur mehr noch von den »*Figuren*«, »*Bildern*«, »*Mandln*« oder gar »*Narren*«, sah in ihnen sogar frühe Vorläufer schuhplattelnder oberbayerischer Bauernburschen oder Tänzer der polnischen Mazurka, die Grasser von seinem Kollegen Jan Polack kennengelernt haben könnte.

Erasmus Grasser hat nach der Stadtkammerrechnung von 1480 insgesamt 16 Figuren geschaffen, aber nur zehn davon sind erhalten (die Originale befinden sich heute im Stadtmuseum). Nach den bekannten Darstellungen vom Moriskentänzern, z.B. am »Goldenen Dachl« in Innsbruck, fehlen wahrscheinlich die von den Tänzern umworbene schöne Frau, ein Narr und Musikanten (Pfeifer und Trommler). Ihr Verbleib ist nicht bekannt.

Höfischer Tanz anläßlich der Hochzeit des späteren Herzogs Wilhelm V. mit Renata von Lothringen im städtischen Tanzhaus am 23.2.1568 (Kol. Eisenradierung v. Nikolaus Solis)

Die Tanzvergnügungen am Münchner Hof

Das Tanzhaus der Stadt darf nicht verwechselt werden mit dem Tanzhaus in der alten herzoglichen Burg, dem Alten Hof, das seit 1439 nachzuweisen ist. Das »*Danzhaus zu Altenhof*« wird 1592 noch genannt. Bei dem als »*Hofball in der Neuen Vest*« bezeichneten Kupferstich von M. Zasinger aus dem Jahr 1500 mit Herzog Albrecht IV. und seiner Gemahlin beim Kartenspiel, könnte es sich noch um das Tanzhaus im Alten Hof handeln. Zudem erwies sich das städtische Tanzhaus für große Tanzveranstaltungen als zu klein, so »*zu dem hof zu Vasnacht*« (zur Fasnachtsfeier 1410), die man in Anwesenheit der Herzöge Stephan III. von Ingolstadt und Heinrich des Reichen von Landshut mit Turnieren auf dem Markt beging. Für die Tänze mußte ein eigenes Tanzhaus aus Brettern (eine Art überdachter Tanzboden) errichtet werden: »*Item wir haben geben 48 lb 3 ß 10 Pf zu dem hof zu vasnacht 1410 um Bretter zu dem Tantzhaus und um Schankwein aufzurichten und abzubrechen, den Zimmerleuten und Knechten zu Lohn für dasselbe Tantzhaus und um Schakwein Herzog Stephan und Herzog Heinrich und um Wachs zu den Kerzen und um Kost und Lohn den Hütern auf dem Turm und in den Häusern und um Grieß* [Sand] *auf den Markt* [für das Turnier]« Fridolin Solleder spricht in diesem Zusammenhang irrtümlich von einer Neuherstellung des Tanzhauses. Es handelte sich hier jedoch nicht um das Rathaus als Tanzhaus.

Vom 16. Jahrhundert an kam der Hof immer seltener zu geselligen Veranstaltungen auf das Rathaus. Mehr und mehr gingen höfisches und bürgerliches Vergnügen fortan getrennte Wege. Der Hof hatte sein eigenes herzogliches Ballhaus und eine Hofkapelle wurde gegründet. Außerdem war aus den pantomimischen Maskentänzen bei Festen und Aufzügen und aus den im 15. Jahrhundert an den Fürstenhöfen üblichen Tanzeinlagen anläßlich großer Feste das Ballett hervorgegangen. Durch diese Veränderungen, durch die Not des 30jährigen Krieges (1618–48) und unter dem puritanischen Regiment des Herzogs bzw. Kurfürsten Maximilian I. verlor das städtische Tanzhaus in der 1. Hälfte weitgehend seine Bedeutung. Noch dazu verbot z.B. ein kurfürstliches Mandat »*das grobe Halsen, Drucken und Aufheben beim Tanzen*«. Das Rathaus sah kaum noch die »gnädigsten Herrschaften« in seinen Mauern, von der 2. Hälfte des 17. Jahrhunderts an ist nicht einmal mehr vom »Tanzhaus« als solchem die Rede.

Um 1660 war das Menuett in Mode, ein Fundamentaltanz, der aus Frankreich stammte und höfischer Herkunft war, der aber wegen seiner Steifheit und Kompliziertheit in München keinen großen Durchbruch erlebte. Ebenfalls aus Frankreich kamen dann um etwa 1750 die Contretänze nach München. Ihr Name kommt davon, daß sich die Tänzer und Tänzerinnen in je einer Reihe gegenüber standen und nacheinander eine Tanzfigur ausführten. Diese Contretänze, später als »Anglaise« oder »Ecossaise« bezeichnet, haben im Gegensatz zur »Quadrille« im Volkstanz nur wenig Spuren hinterlassen. Bei der um 1800 nicht zuletzt durch die Pfälzer und die französischen Offiziere nach München gekommenen »Quadrille« stehen sich vier Paare in Kreuzform gegenüber. Sie erhielt im Lauf des 19. Jahrhunderts ihre typische Ausprägung als »Münchner Française«.

1717 besuchte Kurfürst Max II. Emanuel mit seiner Gemahlin Therese Kunigunde einige der 16 ersten Münchner Fasnachtsredouten, die vor dem Bau eines eigenen Redoutenhauses von dem Szenischen Leiter der Hofbühne, von Dúclos, im Rathaus veranstaltet wurden. Ein singuläres gesellschaftliches Ereignis, das im ausgehenden »Ancien Régime« noch einmal Hof und Bürgertum auf dem Münchner Rathaus zusammenführte, war der »maskierte Freiball«, den der Rat der Stadt am 5. 7. 1789 gab – neun Tage vor dem Sturm auf die Pariser Bastille als Auftakt der Französischen Revolution.

Das Selbstbewußtsein, vor allem der Handwerker und Bürger, in den Städten wurde auch in Deutschland durch den Erfolg der Französischen Revolution entscheidend gestärkt. Die Zeit des Menuetts mit seinen abgezirkelten und verschnörkelten Schritten war nun endgültig vorbei, man wollte wieder intensiver am tänzerischen gesellschaftlichen Leben teilhaben.

Die Stadtmusikanten

Bemerkenswert ist in diesem Zusammenhang auch, daß die Stadt über viereinhalb Jahrhunderte hinweg eine eigene kleine festbesoldete, zunftmäßig organisierte Stadtkapelle unterhielt. 1334 taucht der erste Stadtmusikant auf, 1343 ist schon von dreien die Rede,

Festbankett der Stadt im großen Rathaussaal am 29. Januar 1806

ab 1498 gab es vier Pfeifer im Dienst der Stadt. 1544 hatten die Stadtmusikanten als städtisches Eigentum sieben »schreiende Pfeifen« und sieben Zwerchpfeifen, darunter eine Feld- und eine Tanzpfeife, außerdem sechs Flöten und eine Posaune. Auch Trommler wurden gelegentlich eingesetzt.

Zeitweilig scheint es auch amtliche Vortänzer gegeben zu haben, jedenfalls erhielt ein solcher, Mang Muelich, 1524 von der Stadt ein Geschenk. Von etwa 1650 bis zum generellen Verbot von Passionsspielen 1770 führten die Stadtmusikanten im Rathaussaal sogar alljährlich die Passion auf. 1698 wird eine Schalmeienpfeiferkompanie erwähnt. 1827 wurden die Stadtmusikanten aufgelöst.

Der Walzer

In der Mitte des 18. Jahrhunderts erschien zum ersten Mal der Begriff »Walzer«; walzen ist dabei mit schleifen gleichzusetzen, im Gegensatz zu treten oder springen. Am 15.12.1760 gab die bayerische Regierung folgenden Erlaß heraus: »*Demnach wir zuverlässig berichtet worden, wasmassen auf dem Lande schier durchaus von denen Bauernsöhnen und Knechten, dann denen Töchtern und Mägden die sogenannte deutsche walzende, auch schutzende Tänze mit solcher Ausgelassenheit und frechen Gebärden aufgeführt werden, daß selbe all schuldige Ehrbarkeit zu allgemeiner Ärgerniß überstiegen. So befehlen wir euch, solch scandalose Tänze in den alldortigen Regierungsdistrikt per Patentes verfüglich abzustellen.*« Noch um 1780 war der Walzer bei den Tanzmeistern verpönt, denn er galt als zu intim und unschicklich.

1788 war in der Oper »La cosa rara« von Vincente Martin y Soler erstmals ein »Walzer« oder »Teutscher Tanz« über die Hofbühne in München gegangen. Das bedeutete natürlich nicht die Geburtsstunde des Walzers für München, vielmehr lediglich seine Einführung ins höhere gesellschaftliche Leben und damit der Umschwung zu unseren neuzeitlichen Rundtänzen. Auch verriet der weiterhin durch Verbote geschmähte Walzer durch sein langsames Tempo noch deutlich seine Herkunft vom Ländler. Aber durch seine beschwingte Form fand dieser neue Tanz rasch Eingang in die städtischen Tanzsäle und eroberte sich das junge Bürgertum, das seine Bindung damals gerade wieder einmal eher in der ländlichen als in der höfischen Kultur suchte (»*Bauern bildt euch etwas ein, alles will jetzt baurisch sein*« hieß es 1765 auf einem Kartenspiel).

Auf alle Fälle ist auch der Ländler in bzw. um München getanzt worden, das beweist das Gemälde »*Kurfürst Albrecht und Kurfürstin Anna Amalia mit der Hofgesellschaft bei der Falkenbeize am sog. Vogelhaus*« von dem kurfürstlichen Hofmaler Peter Jakob Horemans im Jagdzimmer der Amalienburg. Diese Falkenbeize fand am 29.6.1741 statt, das Bild wurde jedoch nicht vor 1770 fertiggestellt. Vor dem Pavillon, der im Allacher Forst zwischen Moosach und Allach stand, sehen wir Münchner Bürger und Bauern aus der Umgebung in kleinen Gruppen im Gespräch vertieft. Ein junges Bauernpaar tanzt offensichtlich einen Ländler nach der Musik eines Schalmeien- und eines Dudelsackbläsers. Diese Darstellung des Ländlertanzes dürfte die älteste bekannte aus Oberbayern sein.

Unter dem Einfluß des städtischen Milieus und des glatten Tanzparketts machte das langsame Tempo des Walzers bald einem wesentlich rascheren Platz, und der bis dahin getretene Walzer wurde durch den geschliffenen verdrängt. Wetterte der Münchner Historiker und Priester Lorenz Westenrieder: »*Das seit einigen Jahren üblich gewordene Walzen auf den Tanzböden ist in physischer und moralischer Hinsicht verwerflich. Bei solchen Tänzen erscheinen nicht die Grazien, sondern wilde Huroninnen, welche dann doch endlich gewahr werden, daß sie durch ihr ungestümes, geiles Hingeben und Toben die Achtung und Ehrfurcht der Männer, welche des ekelhaften Geschlampes und der frechen Zudringlichkeiten bald müde werden, längst verloren haben.*«

Einen weltweiten Durchbruch erlebte der Walzer von Wien aus schließlich im 19. Jahrhundert durch die Komponisten Josef Lanner, Johann Strauß und Söhne, Carl

Älteste bekannte Abbildung eines Ländlertanzes in München am 29.6.1741 am sog. Vogelhaus beim Allacher Forst (Gemälde von Peter Jakob Horemans um 1771)

Michael Ziehrer, Franz von Suppé u.a. Und noch heute gehört der Walzer zu den Standardtänzen des Gesellschaftstanzes ebenso wie zu den beliebtesten Volkstänzen in Stadt und Land.

Die Redouten

In 18. Jahrhundert löste das städtische Redoutenhaus an der Prannergasse 20 das Alte Rathaus als Tanzhaus ab. Das Redoutenhaus war 1718 gebaut worden und ging 1808 durch Kauf an den Staat. Denn nunmehr machten sich die Reformer der Aufklärung mit Verboten unliebsam bemerkbar. So lesen wir beispielsweise im »Königlich-Baierischen Regierungsblatt« 1812: »*Tänze und Tanz-Musik an öffentlichen Orten und in Wirtshäusern sind nur an den hierzu bestimmten Tagen und außerdem nur dann, wenn die Polizei-Direktion die Bewilligung hierzu erteilt hat, zu gestatten und ist dabei auf Ruhe und Ordnung zu halten.*« Das Redoutenhaus mußte schließen, ab 1818 tagte dort nach einem Umbau durch Leo von Klenze die durch die neue Verfassung eingeführte Kammer der Abgeordneten. 1884/85 wurde es abgebrochen.

Aber das Narrentreiben auf den Münchner Straßen zur Fasnachtszeit wurde sowieso erst in den 20er Jahren des vorigen Jahrhunderts durch die großen Gesellschaftsbälle und Künstlerfeste abgelöst. Die nun folgenden Biedermeierjahre bis 1848 waren dann die große Zeit der Redoutentänze und der frühen Formen der Française. Von München aus verbreitete sich eine wahre Lawine von handschriftlichen und gedruckten Zyklen von Deutschen Tänzen, Allemanden, Ländlern und Walzern. Auch Herzog Max in Bayern (der »Zithermaxl«) ließ es sich nicht nehmen, eine Redouten-Polka und mehrere Quadrillen zu komponieren.

Die Polka gehörte zu jenen geradtaktigen Tänzen, die in der ersten Hälfte des 19. Jahrhunderts neben Schottisch und Galopp so beliebt waren, gefolgt von Rheinländer und Kreuzpolka in der zweiten Jahrhunderthälfte. Die Polka stammt aus Böhmen, tauchte 1837 in Prag auf, kam 1839 nach Wien und wohl schon im Jahr darauf nach München. Aber ihren Siegeszug über ganz Europa und zum Teil Amerika trat sie von Paris aus an, wo in kürzester Zeit eine wahre Polka-Manie ausgebrochen war. Während jedoch weite Teile Bayerns und die Mehrzahl der Handschriften unter Polka eher die »langsame Polka« verstehen (wofür auch die Bezeichnungen »Münchner Polka« oder »Boarischer«[Polka], »Rheinländer«[Polka] oder »Polka française« verwendet werden), ist in Oberbayern damit eher die »Schnellpolka« gemeint.

Damals sah man allerdings in der Polka keinen wirklich neuen Tanz, sondern eigentlich nur eine Neuauflage des Schottisch, der seinerseits aus der »Ecossaise« hervorging (»Ecossaisen-Walzer«). Der Schottisch gehörte auch in München in den ersten Jahrzehnten des 19. Jahrhunderts neben dem Walzer zu den beliebtesten Tänzen. Mitte der 20er Jahre des vorigen Jahrhunderts kam der »Galopp« in Mode, ein sehr schneller Rundtanz mit dem Schrittcharakter des Galopp. Auch er wurde dann in Paris salonfähig, von wo er in den 70er Jahren unter der Bezeichnung »Schnellpolka« wieder zurückkam.

Untergegangene Tänze

In einer Zeit, in der vieles, im Umkreis der königlichen Haupt- und Residenzstadt München fast alles, einem Wandel unterworfen war, gingen auf dem Land auch die bäuerlichen Tänze unter. Denn das Land nahm zur Abwechslung wieder einmal von der Stadt auf. So können wir der »Bavaria. Landes- und Volkskunde des Königreiches Bayern« von 1860/67 entnehmen: *»Die allgemeine Klage um Abnahme und Erlöschen wahrhaft volkstümlichen Lebens in Tracht und Wohnung, Brauch und Sitte, drängt sich auch lebhaft bei der Wahrnehmung auf, wie die alten, charakteristischen und schönen Tanzweisen auch auf dem Lande immer mehr verdrängt werden von den modernen Touren städtischer Bälle: Française, Polka, ja selbst Polka-Mazurka werden – natürlich noch obenein in gräßlicher Übersetzung ins Plumpe und ungefähr im umgekehrtem Verhältnis wie unsere Ballettänzerinnen das Steyrische tanzen – von den bayerischen Bauern gestampft, deren natürliche Geschicklichkeit in den zierlichen, alten Tänzen oft sogar eine gewisse Grazie entfaltet hatte.«*

Da wurde vor allem einem Tanz nachgetrauert, der früher ganz allgemein *»in jedem Vorland«*, also im schwäbischen und im oberbayerischen, üblich und sehr kunstvoll gewesen sei: der sogenannte Sechser-, Achter- oder Zwölfertanz, eine Art Quadrille, de-

Redoute in den Zentralsälen (Gemälde von Ferdinand Leeke 1885)

ren zwei Hauptteile im Menuettschritt getanzt worden sind. Tänze mit oft mehr als zwanzig Touren. Zu einer von ihnen hat das sogenannte Engeltragen gehört, aus dem das spätere »Aufsitzen« in der Française entstand, wobei sich die Tänzer bei den Händen fassen und die Tänzerinnen sich auf deren Arme setzen.

Die 70er Jahre des vorigen Jahrhunderts brachten dann eine neue Blütezeit bunter Faschingsfeste in München, wobei es nun zur Entwicklung der typischen Form der »Münchner Française« kam. Ein anderer damals beliebter Tanz war die Mazurka, einst ein figurenreicher polnischer Nationaltanz. Er verbreitete sich in vereinfachter Form Mitte des 19. Jahrhunderts von Paris aus (wo es nach dem Zusammenbruch des polnischen Aufstands viele polnische Emigranten gab) über alle europäischen Ballsäle auf die ländlichen Tanzböden aus, wo er durch Abwandlung des Schrittcharakters zu einem Volkstanz typisch deutscher Prägung umgeformt und trotz seines eindeutig ungeradtaktigen Charakters mit der verwirrenden Bezeichnung »Polka-Mazurka« versehen wurde. Die Begeisterung für die Polka selbst war in München nach 1871 allerdings bereits wieder im Schwinden.

Maitanz

Aber nicht nur im Fasching wurde getanzt, denn der Münchner Festkalender bietet noch viele andere Möglichkeiten zum Feiern und Tanzen. So wurden um die Jahrhundertwende in vielen Wirtshaussälen und Biergärten in und um München Maitänze abgehalten. Einer der beliebtesten Biergärten war ab 1903 bei der Gaststätte »Herzogpark«. Hunderte von festmontierten Bänken und Tischen, unzählige Klapptische und -stühle standen dem andrängenden Publikum zur Verfügung. Bei den berühmten Maifesten waren bis zu 12 Schänken geöffnet, manchmal musizierten vier Kapellen gleichzeitig. Nach dem Maitanz konnten sich die Gäste an prächtigen Feuerwerken erfreuen. Einen eigenen Tanzplatz im Freien hatte u.a. auch die 1791 eingerichtete Gartenwirtschaft im Hirschgarten zwischen Neuhausen und Laim.

Nicht nur Schießstätten, Kegelbahnen, Bärenzwinger, Affenkäfige, Spielplätze, ein Hippodrom und eine Radrennbahn sondern auch eigene Tanzsäle befanden sich im 1890 eröffneten »Volksgarten« in Nymphenburg, ja sogar eine »Alm« mit Schuhplattlern aus Berchtesgaden war vorhanden. Mit der Dampftrambahn, die über einen eigenen, im orientalischen Stil gehaltenen Bahnhof an der Endstation am Volksgarten verfügte, fuhren die Münchner vom Stiglmaierplatz nach Nymphenburg hinaus. Als aber nach der Jahrhundertwende die Besucherzahl abzunehmen begann, wurden Teile der großen Vergnügungsstätte schon wieder abgebrochen.

Der »Dotschentanz«

Eine besondere Münchner Rarität, die ihresgleichen sucht, war der »Dotschentanz« unter dem 1791 fertiggestellten Chinesischen Turm im Englischen Garten. Dreimal in der Woche gab es Tanzmusik und häufig Militärkonzerte. Und bei schönem Wetter kamen dort an jedem sommerlichen Sonntagmorgen an die 5 000 Leute zum »Kocherlball« zusammen, Dienstleute, beurlaubte Soldaten, Zimmer- und Kindermadl, Köchinnen usw., daher auch die uncharmante Bezeichnung »Dotschentanz«. Und man glaubt es heute kaum mehr: Der Tanz begann um 5 Uhr früh und endete Schlag 8 Uhr, damit die Leute wieder rechtzeitig zu Hause waren, um z.B. der Herrschaft das Frühstück zu servieren und die Betten zu machen. Wer würde in unserer Zeit schon am Sonntag um 3 oder 4 Uhr in aller Früh' aufstehen, um zu einem Volkstanz zu gehen? Dieser »Kocherlball« am Chinesischen Turm fand bis zu seinem Polizeiverbot 1904 statt.

»Betteltanz«

»Die Kirchweih ist vor allem ein Freudentag für das tanzlustige Volk; denn am ›Kirta‹ darf nach Herzenslust vom Schluß der Vesper an oft bis in den frühen Morgen getanzt werden«, lesen wir in der »Bavaria. Landes- und Volkskunde des Königreiches Bayern«. Ganz besonders beliebt war der »Betteltanz« am Nachkirchweihtag, weil da die Madln die Burschen zum Tanz einluden und auch freihielten. So ist es uns beispielsweise aus den heute zu München gehörenden Dörfern Feldmoching und Moosach überliefert.

1799 lösten die Paulaner-Mönche ihr Kloster in der Au auf und verkauften den dazugehörigen Neudecker Garten an Kaspar Mareis, der dort eine Gartenwirtschaft betrieb,

»Dotschentanz« (Kocherlball) am frühen Sonntagmorgen beim Chinesischen Turm (1887)

die von den Münchnern gern besucht wurde. »*Nur am Dienstag nach dem Kirchweihsonntag mußte man den Neudeckergarten meiden, denn an diesem Tag wurde der Betteltanz abgehalten, bei welchem sich alle Teilnehmer als Bettler maskierten, die Tänzerinnen den Herrn freihielten und sich alle toll und voll besoffen.*«

Volkstanz in der 1. Hälfte des 19. Jahrhunderts

Bis zum I. Weltkrieg blieben die Redouten die beliebtesten Tanzveranstaltungen der Münchner, vor allem im Deutschen Theater, in der Schwabingerbrauerei, beim »Treffler«, im Löwenbräukeller oder im Münchner Kindl-Keller. Im letzten Jahr des I. Weltkriegs sprach eine Münchner Zeitung von einer nicht mehr endemischen, sondern pandemischen Tanzseuche. Nach dem Krieg lebte in den 20er Jahren der alte Fasching wieder auf, zuerst schüchtern, dann doch recht glanzvoll. Andere Tanzveranstaltungen, vor allem wenn sie mit Brauchtum verbunden waren, fanden leider keine Fortsetzung, nicht selten aus Desinteresse gegenüber dem Brauch, mitunter aber auch wegen des Fehlens der einst so beliebten Militärkapellen. Die wirtschaftliche Depression und die hohe Arbeitslosigkeit um 1930 verhinderten dann sowieso viele Tanzveranstaltungen.

»Boarischer Tanzbod'n« des Kulturreferats mit der Auer Geigenmusi am 2. 10. 1982 in Perlach

1924 erschien in München die Sammlung »Heimattänze« von Franz Giehrl, zu der die Melodien in der ein Jahr darauf erschienenen Sammlung »50 Schuhplattler und Volkstänze« zu finden sind. Ab 1928 kamen verschiedene Hefte mit Volkstänzen vor allem aus dem Bayerischen Wald von Anton Bauer heraus, der 1950 nahezu unbekannt in München verstorben ist. Ab 1932 erforschte auch Karl Horak (1908–92) von Linz aus in Nieder- und Oberbayern, später (ab 1933 zusammen mit seiner Frau Grete) im Ries, im Eichstätter Raum, in Franken und in Württemberg die alten Volkstänze.

Die bedeutendste Sammlung aber stammt von Erna Schützenberger (1892–1975) aus Passau, die aus der Jugendbewegung (Quickborn) kam. 1935 erschien unter dem Titel »Bayerische Volkstänze« ihr erstes hektographiertes Heft mit 40 Tänzen aus dem Bayerischen Wald, 1949 dann ihr »Spinnradl« mit 70 Tänzen und schließlich 1959 die beiden Sammlungen »Spinnradl« und »Unser Tanzbuch« von Hermann Derschmidt aus Wels gemeinsam in fünf Heften mit über 100 Volkstänzen aus dem niederbayerisch-oberösterreichischen Raum.

Die Gängelung während der Nazi-Herrschaft war lückenlos. So brauchten Musikkapellen und Tanzgruppen, *»die bayerische Volksmusik, Volkstänze, Sitten und Gebräuche bei Veranstaltungen, die für den allgemeinen Besuch bestimmt sind, darbieten«*, nach der »Anordnung über die Entstellung bayerischer Volksbräuche« der Präsidenten der Reichsmusikkammer und der Reichstheaterkammer vom 18. 2. 1935 eine regelrechte Zulassungsurkunde.

Die Entwicklung nach dem II. Weltkrieg

1949 gründete sich in München auf Initiative von Robert Böck und Karl S. Kramer eine Volkstanz- und Singgruppe, die in enger Verbindung zum Institut für Volkskunde und zum Bayerischen Landesverein für Heimatpflege stand. Man traf sich alle 14 Tage, wobei es im Wechsel volkskundliche Vorträge oder einen Musizier-, Sing- und Tanzabend gab, den Fritz Herrgott leitete. 1951 stieß Toni Goth auf Empfehlung von Kiem Pauli dazu und gründete mit einigen Musikanten aus diesem Kreis das »Toni-Goth-Sextett«, wie überhaupt auch einige andere Musikgruppen aus dieser »Jugendgruppe des Bayerischen Landesvereins für Heimatpflege«, wie sie dann offiziell hieß, hervorgingen, zum Beispiel die »Münchner Tanzlmusi« und die »Münchner Hackbrettmusi«. Die Gruppe ging dann in dem 1958 auf Initiative von Toni Goth gegründeten »Münchner Kreis für Volksmusik, Lied und Tanz« auf, innerhalb dessen sich am 25. 6. 1960 wiederum ein eigener Volkstanzkreis bildete.

Bald folgten weitere Volkstanzkreise in München: 1962 gründeten Ruth Feiler und Rudi Müller-Tolk den »Münchner Volkstanzkreis«, 1970 kam die Volkstanzgruppe »Weiß-Blau« hinzu, dann 1974 der »Münchner Hochschultanzkreis«, 1975 die Volkstanzgruppe »Münchner Spinnradl« und 1979 der »Neuhauser Tanzkreis«, um nur einige zu nennen. Insgesamt gibt es heute [1986] in München 16 Volkstanzgruppen und ebensoviele Tanzlmusiken. Außerdem wird inzwischen auch in den insgesamt 53 Trachtenvereinen in München der Volkstanz stärker gepflegt. Neben den alten Volkstanzsammlungen, vor allem jener von Erna Schützenberger, stützt man sich dabei vor allem auf die Sammeltätigkeit von Georg von Kaufmann, der, wie der Kiem Pauli, ein geborener Münchner war.

Internationale Volkstanztreffen in München

In den letzten Jahren fanden in der bayerischen Landeshauptstadt einige große internationale Volkstanztreffen statt. So seien hier – um nur einige herauszugreifen – zum Beispiel das 1. Volkstanz-Weltfestival (6.–11. 8. 1985) erwähnt (dem allerdings meines Wissens andernorts bisher leider kein zweites gefolgt ist). An dem Wochenende 6.–8. Juni 1986 trafen sich rund 1 200 Volkstänzerinnen und Volkstänzer aus Österreich, Slowenien, Italien, der Schweiz, Frankreich und Bayern in München zum 3. Alpenländischen Volkstanztreffen. Und vom 30. 7 bis 2. 8. 1987 war München Gastgeber der XXIV. Europeade der Weltkulturen.

Redouten, Maskierte Akademien und Bals parés
Blütezeit, Niedergang und Wiederaufleben Münchner Ballformen im Fasching des 19. Jahrhunderts

> *Es ist wahr, wenn man den Karneval lustig und vergnügt zubringen will, und des Geldes nicht gar sehr schonen darf, so muß man nach München reisen.*
> Münchner Tagblatt vom 8.3.1802

Schon im 14. Jahrhundert veranstaltete der Adel in München die ersten Fasnachtsturniere in komischen und grotesken Verkleidungen. Während aber ab dem Mittelalter in unzähligen Festbeschreibungen und Chroniken ausführlich über Fasnachts- und Carnevalsvergnügungen am Münchner Hof berichtet wird, finden sich bis zum Ende des 18. Jahrhunderts kaum Schilderungen über eventuelle Fasnachtsveranstaltungen der Bürger und Handwerker, von bestimmten Zunftbräuchen wie dem Schäfflertanz und dem Metzgersprung einmal abgesehen. Allerdings dauerte das Fasnachtstreiben seinerzeit auch nur die letzten drei Tage vor dem Aschermittwoch, später dann vom »unsinnigen Pfinzta« (Donnerstag) bis zum »Fasnachtsirda« (Faschingsdienstag). Aber an diesen paar Tagen ging es hoch her auf den Straßen und in den Wirtshäusern, bei den Schlittenfahrten und Umzügen. Bei den höfischen Ballfesten dagegen – und die fanden auch schon im Januar statt (was schließlich zur Ausweitung des Faschings auf die Zeit zwischen Hl. Dreikönig und Aschermittwoch führte) – dominierte die Maske vor dem Kostüm.

Maske und Kostüm

In den historischen Berichten, der zeitgenössischen wie in der heutigen Literatur, wird selten zwischen »Masken« und »Kostümen« in Fastnacht, Karneval und Fasching unterschieden[1]. Denn unter einer Maske, dem seit grauer Vorzeit wichtigsten Hilfsmittel der Verwandlung, versteht man im strengen Sinn nur eine Gesichtsmaske, bairisch auch »Larve« genannt, ein Wort, das erst im 16. Jahrhundert aus dem Klosterlatein (lares = Geister) entlehnt wurde. Solche »Geister«, Vorzeitgestalten, Schutz- und Fruchtbarkeitssymboliken, traten besonders im Winter auf, z.B. als Buttmandl, Klöpfler, Klausen, Perchten oder Schemen- bzw. Schembartläufer, wobei wiederum das aus dem Griechischen entlehnte »scheme« Schatten bzw. Maske bedeutet.

Zwischen 1440 und 1460 häuften sich von den großen Städten aus die Verbote der Gesichtsmasken, nun aber auch in Verbindung mit verschiedenartiger Gesamtvermummung[2]. Sie richteten sich nicht mehr nur gegen die verhüllende, sondern gegen die verwandelnde Maske und verboten deshalb beispielsweise den Kleidertausch der Geschlechter. Ein andermal wird beklagt, daß Kostüme und Requisiten aus Prozessions-

und Spielbeständen von Kirchen unberechtigterweise für die Fastnacht ausgeliehen würden. Es sind dies die ersten Quellen einer über die Maskierung deutlich hinausgehenden Kostümierung, wobei ein Kostüm keineswegs eine Maske voraussetzt.

Auch in Venedig gab es im Verlauf der Jahrhunderte allerlei Dekrete gegen die Masken und die Kostümierung, aber ihre hohe Zahl beweist auch dort die Schwierigkeit ihrer Durchsetzung. In der Zeit des Niedergangs der venezianischen Gesellschaft im 18. Jahrhundert ist von all diesen Verboten nicht mehr die Rede. In J.J.Volkmanns »Historisch-kritische Nachrichten von Italien« (dem übrigens auch von Goethe benutzten, 1770/71 erschienenen dreibändigen Reiseführer) finden wir folgende Beschreibung: »*Die venezianische Maske besteht in einem Mantel von schwarzer Seide, wie die Abbeemäntel – (das ist der Tabarro) –, die Bürger tragen sie auch von rothem oder grauen Tuch, weil sie dauerhafter sind. Auf dem Kopfe trägt man eine Bahute (Bauta) oder Kappe, welche den Kopf bis ans Kinn bedeckt, und bis über die Schulter hinab geht. Das Gesicht ist mit einer weißen Wachsmaske (volto) bedeckt, welche bis auf den Mund geht, und man setzt einen weißen Federhut dazu auf – (d.h. einen schwarzen Hut mit weißen Federn) –, um sie fest zu halten ... Dieses ist die allgemeine Tracht beyderley Geschlechts, man unterscheidet die Frauenspersonen nur an den unter dem Mantel hervorragenden Röcken.*« Diese Maske war in ähnlicher Form in der zweiten Hälfte des 18. Jahrhunderts auch auf den Münchner Redouten üblich. Wie ebenso zu den Maskierten Akademien wurden nur »Charakter-Masken«, schwarze oder farbige Dominos oder Gäste in »Venezianer-Mänteln« (dem oben erwähnten »Tabarro«) zugelassen. Die Herren trugen halbe Gesichtsmasken oder nur Nasen[3].

Im Lauf des 17. Jahrhunderts wurden aber in Venedig vor allem auch noch die charakteristischen Kostüme der im Volk außerordentlich beliebten Commedia dell'arte-Figuren für Carnevalsverkleidungen verwendet. Schon 1568 wurde in der Münchner Residenz erstmals eine solche »*Stegreifkomödie auf italienische Art*« aufgeführt; die komischen Charaktertypen aus possenhaften Komödien in stets gleicher Maske (!) und Kleidung waren daraufhin auch in der bayerischen Residenzstadt bald allgemein sehr beliebt. Eine ihrer Hauptfiguren war der große Spaßmacher und Diener Zanni, der als Fasnachtsmaske schon im 16. Jahrhundert verboten war[4]. Kaum erfreuten sich die Commedia dell'arte-Figuren, modelliert von den begnadeten Händen eines Franz Anton Bustelli (1723–63) für die Kurfürstliche Porzellanmanufaktur, noch einmal in München besonderer Beliebtheit, verschwanden die italienischen Stegreifkomödien Ende des 18. Jahrhunderts ebenso von der Bühne wie auch die Markusrepublik von der politischen Landkarte.

Die Redouten und die Maskierten Akademien

Eine »Redoute« war laut »Conversations-Lexikon oder encyclopädisches Conversations Handwörterbuch für gebildete Stände« von 1818 (das Biedermeier ist die große Blütezeit der umfangreichen, vielbändigen Konversationslexika) ein mit Spielen und anderen Vergnügungen verbundener Maskenball. Man maskierte sich also nur, d.h.

man trug zur normalen Ballkleidung lediglich eine Gesichtsmaske und kein Faschingskostüm.

Der Ursprung der Redouten liegt in Venedig. Mit »ridotto« bezeichnete man dort öffentliche Lokale, in denen während des Carnevals (und der zog sich in Venedig immerhin von Anfang Oktober bis Christi Himmelfahrt hin!) sonst verbotene Glücksspiele erlaubt waren. Die dortigen Hausregeln ließen nur Personen von adeliger Geburt oder maskierte Gäste zu. Ein solches Ridotto betrieb zum Beispiel die Prokuratorin Venier nahe dem Ponte dei Bareteri unweit des Markusplatzes. Das letzte berüchtigte Ridotto befand sich ab 1768 im Palazzo Dandolo an der heute noch so genannten Calle del Ridotto, die am Canal Grande endet. Da man Masken in Venedig überall für billiges Geld kaufen konnte, versammelten sich im Ridotto sämtliche Gesellschaftsschichten und das aus aller Welt. 1774 schlossen die Behörden das Ridotto und verboten Glücksspiele generell, um zu verhindern, daß der venezianische Adel sein ganzes Geld an Ausländer verlor.

Vermutlich hat Kurfürst Max Emanuel die »ridotti« bei seinen winterlichen Aufenthalten in Venedig schon vor 1700 kennengelernt, aber die neue Art maskierte Vergnügungen abzuhalten wurde in München unter der nunmehr französischen Bezeichnung »redoute« erst nach der Rückkehr Max Emanuels 1715 aus dem Exil bei Paris gebräuchlich. Den venezianischen »ridotti« ähneln am meisten die bereits erwähnten »Maskierten Akademien« zur Faschingszeit im Redoutensaal an der Prannerstraße oder im Hoftheater, bei denen der Hof und die ersten Stände anwesend waren und »*wo man in und ohne Maske erscheinen kann, und das Publikum eine Pantomime belustigt. Der Hof unterhält sich mit Kartenspiel …*«[5], » *…die anderen treiben sich im Saal herum. Da aber der Tanz fehlt, so mangelt hier ein mächtiges Belebungsprinzip der Freude.*«[6] Als Zwischenspiele wurden außer Pantomimen auch kleine Singspiele bzw. Opern oder Ballette und gelegentlich Solokonzerte dargeboten.

Als solche »Carnevalsopern« entstanden übrigens auch Wolfgang Amadeus Mozarts Bühnenwerke »La finta giardiniera« und »Idomeneo«. Der Begriff »Carnevalsoper« mag nun für die erstgenannte Oper, am 13. Januar 1775 im alten Opernhaus am Salvatorplatz uraufgeführt, noch berechtigt sein, ein verwirrendes Spiel von Verwechslungen und Maskeraden, weshalb die zweite Aufführung dann auch im Rahmen einer Maskierten Akademie im Redoutensaal an der Prannerstraße stattfand. Er paßt hingegen weniger für die am 29. Januar 1781 im neuen Opernhaus in der Residenz uraufgeführte Oper »Idomeneo«. Leopold, Wolfgang Amadeus und Nannerl Mozart ließen sich 1775 und 1781 auch einige der damals beliebten Maskierten Akademien und Redouten im Redoutenhaus an der Prannerstraße nicht entgehen. Am 10. November 1787 erging dann der kurfürstliche Befehl, daß »*die bisherige Übung, im Karneval grobe italiänische Oper zu spielen, bis auf Weiters aufzuhören habe*«.

Aus dem Jahr 1805 berichtet der Geistliche Rat und Publizist Lorenz Hübner[7], zweimal in der Woche sei Redoute (Eintritt 1 Gulden) und zweimal Maskierte Akademie (Eintritt 36 Kreuzer). »*Die maskirten Akademien sind mit der Auffführung komischer Pantomimen von Harlekin und Columbine verbunden, die auf einem dazu errichteten Theater mit vielen Maschinerien in dem gewöhnlichen Redoutensahle gege-*

Der ehemalige Redoutensaal im Redoutenhaus Prannerstr. 20 (heute 8) bei der Eröffnung der ersten Stände-Versammlung des Königreichs Bayern am 4. 2. 1819 (Lith. v. Lorenzo u. Domenico Quaglio)

ben werden. Man sieht hier mehrere Spieltische, wovon die ersteren die höchsten und hohen Herrschaften besetzen. Ohne Maske und mit Stock und Degen wird niemand zugelassen ... Erfrischungen aller Art und Soupers stehen zu Gebothe ...«

Zwei Jahre später brachte eine der geistvollsten Frauen der Romantik, Karoline Schlegel-Schelling (1763–1809), nach ihrer Scheidung von dem Dichter August Wilhelm Schlegel seit 1803 mit dem Philosophen Friedrich Wilhelm Schelling verheiratet (mit dem sie 1806 nach München gezogen war), folgende Schilderung einer Maskierten Akademie zu Papier[8]: »*Eine artige Anstalt haben sie, die sogenannt Academie masquée. Da ist ein großer Saal: (...) an dem einen Ende desselben ist ein Theater aufgerichtet, vor diesem 3–4 Reihen Stühle, dann Spieltische durch den Saal zerstreut, oben läuft eine Galerie mit Sitzen für Zuschauer herum. Hieher darf nun alles kommen und kommt auch alles, der König und die Königin samt dem Hofstaat, Minister usw. sind fast jedesmal da und sitzen gewöhnlich an den ersten Spieltischen hinter den Stühlen, mit den Karten in der Hand einer Pantomime zusehend, die jedesmal in zwei Akten auf dem Theater aufgeführt wird, italienische Possen, recht derbe mitunter mit Harlekin, Pierrot, Pantalon, Colombine in ihren bestimmten Trachten. Dicht am Könige sitzt vielleicht irgend eine dicke Bierbrauersfrau mit goldner Haube und Ketten am Brustlatz – das Gedränge ist entsetzlich, und doch drängt sich alles untereinander durch. Die Herren gehen meistenteils im Domino hin, weil sie dann die Hüte aufbehalten können, keine Maske, außer etwa am Hut, die Damen im schönsten Putz ohne alle Maske, allenfalls binden sie ein paar schwarze Sammtaugen um den weißen Arm. Ganze Masken haben Zutritt, und finden sich auch immer dergleichen ein, um Spaß zu treiben, der durch die Gegenwart der königlichen Familie natürlich im Zaum gehalten wird...«* Mit »ganzen Masken« sind wohl Faschingskostüme im heutigen Sinn gemeint.

Bürgerliches Faschingstreiben im frühen 19. Jahrhundert

Während die steifen höfischen Redouten und die Maskierten Akademien im Hoftheater oder im Redoutenhaus fast im wörtlichen Sinn »über die Bühne gingen«, trieben es die Münchner Bürger und Handwerker auf den Straßen und in den Wirtshäusern um so bunter und ausgelassener. So bestätigt uns 1827 der kgl. Kreisrat und Historiker Joseph Anton Destouches, daß das Faschingsvergnügen inzwischen keineswegs mehr auf die höfischen Veranstaltungen beschränkt war[9]: *»Das allgemeine Narren-Fest, die Fastnacht, wird im Grunde hier, wie aller Orten, begangen, man tanzt Nächte hindurch, zieht vermummt auf Straßen, und in Gasthäusern umher, treibt allerlei Narrenpossen, neckt Bekannte und Unbekannte, versammelt sich in öffentlichen Gasthäusern zu Dineen, Supeen und Bällen in geschlossenen Gesellschaften, und führt das lustige Leben vier bis sechs Wochen so fort...«* Der Münchner Polizeidirektor Anton Baumgartner versuchte schon am 21. Februar 1805 den Trubel der letzten Faschingstage per Verordnung in erträglichen Grenzen zu halten[10]:

»1. Werden die Straßen die drey Nächte hindurch beleuchtet seyn.

2. Sind alle Fackelträger mit rothen, von der Polizey gestempelten Billets auf den Hüten versehen, worauf ihre Ziffer steht. Wer von einem dieser Fackelträger übel bedient wird, beliebe sich die Ziffer zu merken und auf der Polizei zu melden...

3. Täglich werden zum Dienst des Publikums 38 Fiacres auffahren. Die Preise sind bekannt. Über die Isarbrücke wird Niemand geführt, der nicht gekannt ist. Wer ein Glas einschlägt, wird angehalten werden, solches zu 1 fl. 12 Kr. zu vergüten.

4. Wer sich einer unsittlichen Maske bedient, muß es sich gefallen lassen, auf die Polizey geführt zu werden.

5. Die Eltern, welche mit ihren Kindern ausgehen, werden ersucht, dieselben bey sich zu behalten, damit sie nicht mit aller Ungezogenheit den Masken nachlaufen.

6. Das Publikum hat an diesen Tägen jederzeit soviel Beweise der Ordnungsliebe gegeben, daß es überflüssig gehalten wird, selbes zum Genusse seines Vergnügens ohne beunruhigende Störung eines Dritten zu ermahnen.

7. Dienstags mit dem Schlage 12 Uhr um Mitternacht endet sich die Tanzmusik – doch steht es jedem frey, so lange es ihm anständig ist, im Gasthause zu bleiben.«

Lorenz Hübner stellte den Münchnern jedoch im selben Jahr ein gutes Zeugnis aus[11]: *»Masken sind in den öffentlichen Gasthöfen nur die letzten drei Tage des Carnevals erlaubt. Man glaubt dann in Venedig zu wohnen: alle Straßen wimmeln von einzelnen und gesellschaftlichen Maskeraden, welche alle Gasthäuser durchströhmen; die Fröhlichkeit ist allgemein und wird nur selten von wilder Ausgelassenheit getrübt.«* Mit »gesellschaftlichen Maskeraden« meint Hübner wohl jene »wohlorganisierten Maskenzüge«, »wie der des Achilles und Hektor (70 Personen), ein Münchner Jahrmarkt (22 Personen) und die chinesische Sprachmaschine, welche sich im Jahre 1805 auch auf dem Hofball in der kurfürstlichen Residenz zeigen durfte«[12].

Interessant sind in diesem Zusammenhang auch die »gehorsamsten Rapporte« des Nachfolgers von Anton Baumgartner, Markus von Stetten, in denen er seinem obersten Minister Maximilian Joseph Freiherr (ab 1809 Graf) von Montgelas von 1808 bis 1814 berichtete, was sich »in den abgewichenen 24 Stunden an polizeilich interessante, in und um München zugetragen hat«[13]. Wiederholt zeigte sich von Stetten, ein Augsburger Patriziersohn und nüchterner Protestant, dem es zeitlebens nicht eingehen wollte, daß sich in den Münchner Bierlokalen Grafen zu einfachen Sekretären und sogar Metzgern setzten, vom Münchner Karneval mitgerissen und freudig überrascht, daß sich wieder »kein einziger Exzeß« und »nicht die allergeringste Unordnung« zugetragen habe. Dies, obwohl tausende Maskierter auf den Straßen getobt hätten. Am 8. März 1810 berichtete er, daß zum Faschingsende 7000 Riegelhauben für 35000 Gulden versetzt worden seien. Wenn man davon ausgeht, daß von den damals 50000 Münchner Einwohnern rund 12000 Frauen bzw. erwachsene Mädchen gewesen sein mögen (von denen sicherlich nicht einmal alle eine Riegelhaube besaßen), eine ungeheure Zahl!

In seinem Bericht vom 10.2.1813 versuchte sich der Polizeidirektor sogar in Faschingssoziologie. Er führte aus, daß »insbesondere der Bürgerstand, also Schreiner, Schlosser, Tischler und andere Meister ein großes Behagen daran« fänden, »sich mit ihren Frauen und Töchtern zu maskieren«. Aber »auch Staatsdiener der unteren Klassen wie Secretaire, Kanzlisten, Tabellisten, Boten und so weiter« seien recht eifrig. »Unter keiner Klasse aber ist die Wuth – ich darf diesen Ausdruck wohl gebrauchen – sich zu maskieren, in einem solchen Grade eingerissen als unter dem Gesinde.«

Bürgerbälle außerhalb des Carnevals

Neben der Häuslichkeit, also der Geselligkeit in der Familie, spielte die Geselligkeit im Freundeskreis nach 1800 und ganz besonders dann im Biedermeier eine sehr große Rolle und wurde zur seelisch-geistigen Grundlage biedermeierlicher Kultur. Man schloß sich enger aneinander, nicht in Parteien oder anderen großen Organisationen, sondern im Kleinen, am Stammtisch, in Freundschaftkreisen oder in Geselligkeitsvereinen. Denn wenn der Münchner Kleinbürger sich in jener Zeit an einer öffentlichen Geselligkeit beteiligte, dann handelte es sich grundsätzlich um eine organisierte Form der Geselligkeit. Deshalb gründeten in München die Bürger im Vergleich zu anderen Städten bereits erstaunlich früh entsprechende Vereine und Zirkel. Auch im bürgerlichen Leben spielten Musik und Tanz, Literatur und Theater bald eine bedeutende Rolle. So gab es in München schon kurz nach der Jahrhundertwende auch außerhalb der Faschingszeit wöchentliche Tanzgesellschaften, z.B. im kleinen Saal der »Gesellschaft Museum« in der Promenadestraße, wo die Tänze »von einer meisterlich gespielten Harfe«[14] begleitet wurden. Die »Gesellschaft Museum«, die aus mehreren kleineren, bereits gegen Ende des 18. Jahrhunderts entstandenen Zirkeln hervorging und deren Gründung sich exakt auf den 4. November 1802 datieren läßt[15], war der erste gesellige Verein in München. Er zählte bald 400 ordentliche Mitglieder und richtete Räume für Billard, Schach und Kartenspiel ein, betrieb Kunst- und Musikpflege und veranstaltete gesellige Gastmähler und große Bälle. Zwei Jahre später kam die »Gesellschaft Harmonie« dazu[16], die ebenfalls Bälle veranstaltete, *»bei denen übrigens mehr Herzlichkeit und Freundlichkeit, aber auch weniger Anstand als auf den Museumsbällen zu finden ist«*[17]. Die nach 1800 so reichlich im Druck erschienenen Klavierbearbeitungen von Tänzen dienten wohl nicht nur zur Begleitung der kleinen privaten Tanzveranstaltungen in den Münchner Bürgerhäusern, wahrscheinlich hat man mit ihrer Hilfe auch die Museums-Bälle auf der Harfe begleitet[18]. Außerdem notierte der bayerische Sprachforscher und Staatsbibliothekar Johann Andreas Schmeller von einem Faschingsabend in einem Privathaus (»*Fast alles war maskiert.*«) am 13. Februar 1827, auch dort »*belustige sich das junge Volk mit Tanzen bey einer Harfe*«[19]. Bald erschienen sogar gedruckte Tanzsammlungen »*geeignet den gesellschaftlichen Bällen des Museums und der Harmonie*«. Auch sonst taucht da und dort »*einmal eine Harfenistin auf, dieses unvermeidliche menschliche Requisit jeder Altmünchner Bier- und Festseligkeit*« (Georg Jacob Wolf).

Im November 1813 schließlich wurde der dritte große gesellige Verein in München gegründet, die »Gesellschaft des Frohsinns zu München«. Diese bald größte und rührigste der schließlich insgesamt sechs Münchner Gesellschaften bot in ihrem Lokal vor dem Josephstor Konzerte, Schau- und Singspiele, Pantomimen und lebende Bilder nach Gemälden bedeutender Meister. Die großen Bälle des »Frohsinns«, die des öfteren durch die Besuche von König Max I. Joseph und Kronprinz Ludwig ausgezeichnet wurden, galten damals bald als die unterhaltsamsten in München.[20] Die Zeitschrift »EOS« brachte im Februar 1825 einen Bericht über einen Faschingsball aus dem Tagebuch eines Fremden, in dem es heißt: »*Damen und Herren waren in feierlichem Kostüme und bildeten eine glänzende Gesellschaft mit Anstand und freundlicher Sitte ... Mir, dem Fremdling, standen aber Tränen im Auge, denn selten empfand ich in andern Landen diese herzliche Gemeinschaft der Freude. Schon rauschte die muntere Musik des Tanzes. Schöne Masken in geschmackvollen Trachten mit ihren neckenden und fröhlichen Manieren mischten sich in die Reihen, und die Nacht verschwand unter dem Wechsel der Walzer, Ecosais, Codillon und den buntartigen Vergnügungen eines Balles, der den Ton der schönsten Ordnung, Artigkeit und Gastlichkeit nie verletzte.*« Die Tänze für derartige Privatbälle stammten oft aus der Feder von Musikdilettanten der Bürger- und Beamtengemeinschaft. Der Tierarzt Johann Nepomuk Fellerer, der kgl. Kanzlist Carl Stenzer oder der kgl. Ministerialsekretär Dr. Theodor Joseph Rappel sind nur einige Beispiele aus der Vielzahl der Namen.[21]

Die »Gesellschaft Harmonie« bestand nur bis etwa 1834, »Frohsinn« löste sich 1846 wieder auf, aber »Museum« überdauerte immerhin bis 1947[22].

Ein Maskenball im Hoftheater

Der Schriftsteller Christian Müller schildert in seinem Buch »München unter König Maximilian Joseph I.« 1816 auf amüsante Weise einen Maskenball im Hoftheater (zit. n. Georg Jacob Wolf (Hg.): Ein Jahrhundert München 1800–1900. München 1921, 59–61):
»Der Fasching fängt in den ersten Wochen des Januar an. Da rennen am Abend schon neckende Masken lärmend durch die Straßen ... Die zahlreichen Maskenverleiher öffnen in allen Straßen ihre bunten Läden ... Täglich mehren sich die Masken auf den Straßen. Der erste Maskenball im Hoftheater gibt endlich das Signal zum Losbruch des allgemeinen Jubels, für den alles Bisherige nur Einleitung war ... In Norddeutschland kennt man nichts Ähnliches ...
Der weite, durch Kronleuchter und tausend Logenkerzen taghell gelichtete Saal strotzt von freudelustigen Menschen. Alles muß maskiert sein, solange der Hof in seinen Logen gegenwärtig ist. Seine Teilnahme am Feste steigert den Frohsinn und das lustige Treiben. Ungeachtet, daß die Menge sich kaum in ruhigem Schritte nebeneinander bewegen und nur in schraubenförmigen Windungen forthelfen kann, so ist es doch den Tanzomanen unmöglich, dem Reiz der guten Musik zu widerstehen, sie walzen daher mit wachsgesichteten Nymphen – so gut es unter vielfachem Anstoßen gehen will – durch den Saal. Indessen scheint es mir doch weniger eigentliche Tanzlust als der gegenseitige Wunsch, schon recht bald und so früh als möglich in irgendein angenehmes Verhältnis mit jemand zu treten, das den ganzen Abend und die Nacht, ja oft selbst noch einige Tage nachher oder gar für den ganzen Karneval dauern soll. Der Tanz ist das unverfänglichste Mittel, in den langen Stillstandspausen und bei der nachfolgenden Promenade mit jemand traulich zu reden. Versäumt man die erste Stunde des Zusammenseins unter der Maske, so kommt später leicht ein trennendes Hindernis – sei es ein alter Freund vom vorigen Karneval, eine lästige Base oder sonst etwas Arges und Unheimliches – dazwischen, und die Freude liegt im Brunnen ...« Müller beschreibt auch einige Masken: »Zwei Herren aus dem siècle de Louis XV.«, ein »Stutzer aus dem Jahre 1808«, »dort verfolgt ein mutwilliger Matrose zwei Nonnen« usw.

Kostümbälle verdrängen die Redouten

Inzwischen kamen auch bei Hof die ersten großen Kostümbälle auf. Das aus dem Französischen entlehnte Wort »Ball« für ein bestimmtes Tanzfest wurde in München gegen Ende des 18. Jahrhunderts gebräuchlich. Die Kostümballidee entstand dagegen in Wien, wo sich bis dahin die Redouten ebenfalls großer Beliebtheit erfreuten. Allerdings entwickelte sich dort infolge der strengen behördlichen Restriktionen und Reglementierungen im 18. Jahrhundert, vor allem in der Zeit der Kaiserin Maria Theresia (reg. 1740–80), kaum ein öffentliches Faschingstreiben, und die Lust am Faschingskostüm ist in Wien auch heute noch nicht sonderlich groß.

Ab dem 1. Oktober 1814 war die Donaumetropole der Ort der Verhandlungen über die Neuordnung Europas nach Napoleons Niederlage. Dieser »Wiener Kongreß« war zur Feier des gewonnenen Friedens von einer Vielzahl von Festlichkeiten begleitet. Auch das bayerische Königspaar Max I. Joseph und Karoline verbrachten zusammen mit ihren Söhnen Ludwig (dem späteren König Ludwig I.) und Karl den Winter

Mitternacht ist vorbei. Man geht in den Saal zur Seite und setzt sich an langer Tafel zum stärkenden Abendessen. Die Maskenlust ist nun mit Ablegung der Maske der Eßlust gewichen und ihr untergeordnet worden. Indessen geschieht dies doch gewöhnlich nicht eher, als bis jene bergende Freundin vollständig ihre Dienste geleistet hat und nun unnötig geworden ist. Mit der Maske fällt auch der ganze Zauber des Maskentreibens. Jener Dame dort oben im schwarzen Kleide habe ich vorhin im Saale manches gesagt, was ich jetzt nicht wiederholen könnte. Sie antwortete mir drei Worte, an welche sie ihrer Nachbarschaft und ihrer abgelegten Maske wegen auch nicht durch das Entfernteste erinnert werden darf. Dort der weibliche Pulicinell, der sich – obgleich in Gesellschaft des feurigen Liebhabers – mit dem Flügel eines Indians viel zu tun macht, scheint mich jetzt nicht mehr zu kennen, obgleich er mir noch vor einer Viertelstunde eine Entdeckung machte und recht wohl wußte, wer ich war, was er jetzt vergessen haben muß, weil er sich scharf beobachtet weiß.

So herrschen jetzt wieder die alten Rollen des Bürgerlebens, das trauliche Du ist verklungen, und nur manchmal schiebt hier und dort ein flüchtiger, verstohlener Blick über die lange Tafel, welcher noch die Maske angeht. Die wahren Maskenfreunde halten sich auch so kurz wie möglich bei dem Abendessen auf, um dann mit oder ohne Maske wieder in den Saal zu eilen. Sobald der Hof seine Loge verlassen hat, darf jedermann seine Maske abnehmen, und nur die behalten sie bei, welche dadurch nicht verlieren wollen oder die sie zu ihren Zwecken nötig haben.

Nach zwei Uhr endigt der Ball. Manche sind ganz im stillen schon früher – wer weiß wohin? – gefahren. Die Wagen rollen nun vor, und auch jetzt nimmt nicht jeder den Weg, auf dem er kam. Viele halten – es heißt, um sich gegen Erkältung zu schützen, – beim Einsteigen die Maske wieder vor; denn die neugierigen, forschenden Blicke, die gern wissen möchten, wer in den traulichen, sicher bergenden Gewahrsam des verschlossenen Wagens zusammensteigt, sind allerdings noch gefährlicher, als der schneidende Januarwind, der wenigstens keine Zunge hat, und von dem man ja bekanntlich auch nicht weiß, wohin er fährt.«

1814–15 in Wien, ebenso Max' Schwiegersohn und Napoleons Stiefsohn Eugène Beauharnais, der vertriebene Vize-König von Italien, den Max 1817 zum Herzog von Leuchtenberg erhob. Sie alle nahmen vielleicht schon an dem ersten bedeutenden Fest teil, einer Redoute in der Spanischen Hofreitschule am 23.11.1814, bei der 24 Söhne aus den Familien der Hocharistokratie in altdeutsche Kostüme gekleidet waren[23]. Diese berühmt gewordene Wiener Redoute blieb nicht ohne Folgen, wobei die Feste mit historischen Kostümen auch in der bayerischen Haupt- und Residenzstadt zunächst eine Domäne der aristokratischen Gesellschaft blieben. Die Kostüme wurden eigens von Künstlern entworfen, der ganze Festablauf war lang vorgeplant und bis ins Detail inszeniert[24]. Die Verkleidung hatte nichts Spontanes, sie war maßgeschneidert und kostbar. Wo ein strenger Themenkodex vorgeschrieben war, mußten sich nicht nur die einzelnen Festbesucher »spezialisieren«, sondern alle untereinander absprechen, wer als »was« kommt, um ein Malheur zu vermeiden, wie es in Berlin auf einer Redoute passierte, wo zum Thema »Wallenstein« gleich mehrere Theklas, Gräfinnen Terzkys, Senis, Octavio und Max Piccolominis gab.[25]

So hatte man beispielsweise am 15. 2. 1827 bei einem Ball am Münchner Hof die Figuren von Walter Scotts Roman »Ivanhoe« in historischen Kostümen dargestellt. Der schottische Dichter Walter Scott (1771–1832) gehört zu den meistgelesenen Autoren der Biedermeierzeit; besonders die Damenwelt verschlang seine Romane, von denen fast jährlich neue aufgelegt wurden (in Dresden dienten Scotts Romanfiguren schon 1822 als Vorlage für ein Kostümfest[26]). »Ivanhoe«, der im England der Kreuzzüge handelt, war 1819 erschienen. Beim Hofball am 1. 2. 1828 veranstaltete Augusta Amalia Herzogin von Leuchtenberg (1788–1851), die Witwe von Eugène Beauharnais und Schwester von König Ludwig I., eine »Quadrille«, mit der die jüngeren Mitglieder der Hofgesellschaft einen orientalischen Brautzug mit großem Gefolge und prachtvollen Kostümen darstellten. Das Thema lieferte diesmal das Märchen »Aladdin mit der Wunderlampe« aus »Tausendundeiner Nacht«. Unter dem Patronat derselben Herzogin fand sieben Jahre später in der Münchner Residenz eine weitere »*Quadrilles parées costumées executées à la cour de Sa Majesté le Roi de Bavière le 3 Fevrier 1835 représentant les divers pays des quatre parties du monde*« [Elegant kostümierte Quadrille ausgeführt am Hof seiner Majestät des Königs von Bayern am 3. Februar 1835, die verschiedenen Länder der vier Erdteile darstellend] statt. Im Anschluß daran präsentierte sich die Hofgesellschaft auch noch in Kostümen der Hauptgestalten aus Walter Scotts 1823 erschienenem Erfolgsroman »Quentin Durward«[27], der die Auseinandersetzungen König Ludwig XI. von Frankreich (reg. 1461–83) mit Herzog Karl dem Kühnen von Burgund (reg. 1467–77) zum Inhalt hat. Solche »Quadrillen« waren übrigens damals groß in Mode. Noch auf dem Hofmaskenball im Februar 1843 gab es eine Offiziersquadrille, deren Teilnehmer in tatarischen und chinesischen Gewändern Schachfiguren darstellten.[28]

Ein besonderer gesellschaftlicher Mittelpunkt im Leben der bayerischen Haupt- und Residenzstadt war in jenen Jahren auch das Palais des Herzogs Max in Bayern an der Ludwigstraße. Große Bälle mit Quadrillen, Theateraufführungen und »Bauernhochzeiten« lösten sich ab mit kleineren Festlichkeiten. In der Fastenzeit gab es Konzerte in seinen in ein Blumenmeer verwandelten Festräumen, bei denen er gelegentlich selbst seine Zuhörer mit seinem Zitherspiel erfreute. Den Höhepunkt aber bildeten die während des Faschings sogar wöchentlich einmal stattfindenden Bälle: »*Der lustige Herzog Max brachte siebenhundert Tänzer und Tänzerinnen zu seinem Maskenfest auf das Parkett seines Palais und die Stimmung war glänzend bis in die frühen Morgenstunden hinein. Er selbst führte eine Quadrille von ungarischen Bauern und Bäuerinnen an ... Zwölf Offiziere stellten Grenadiere mit Riesenköpfen dar, die sich plötzlich in Aragonesen verwandelten und deren Tänze vorführten.*«[29] Ein anderes Mal wurden »*große Pappschachteln in Form von Tassen, Zuckerdosen, Kaffeekannen in den Saal gebracht, denen Rokokodamen und -herren als Porzellanfiguren entstiegen und Tänze ihrer Zeit tanzten*«[30]. Am 22. 2. 1846 veranstaltete der Herzog eine Offiziersquadrille mit der Darstellung heimkehrender Seefahrer mit gefangenen indianischen Häuptlingen vor Kaufleuten und Ratsherren[31]. Auch dies entspricht wieder voll dem Zeitgeist des ausgehenden Biedermeier: Auf eine romantische Geschichtsbetrachtung folgt in den Zeitungen und Büchern eine neue Weltbetrachtung; man liest »*von Indianern und*

Negern, schlitzäugigen Chinesen und orientalischen Wundern – freilich immer mit selbstbewußt-europäischer Didaktik und Betonung des Skurrilen, Wundersamen, ganz und gar Ungewöhnlichen, das sich dort, ›jenseits des Meeres‹, begibt«[32].

Bürgerliche Konkurrenz zu den aristokratischen Kostümfesten

Da im bildungsorientierten 19. Jahrhundert die Frage nach einem sinnreichen Fasching auch die nach dessen thematischer Ausrichtung und Durchgestaltung bedeutete, beeinflußten die aristokratischen Kostümfeste natürlich sehr bald auch die bürgerlichen Faschingsfeste. Eine besondere Rolle spielten dabei die Künstlervereinigungen. 1827 fand im »Bauhof« der erste, noch kleine Künstlerball statt, dem aber immerhin schon die königliche Familie beiwohnte. Zuspruch und Erfolg forderten Wiederholungen, so im Hotel »Zum schwarzen Adler« und im darauffolgenden Jahr schon im neuen Odeon. Die Ideen wurden dabei immer kühner.

Am 2. März 1835 fand schließlich im Nationaltheater jenes große Münchner Künstlerkostümfest statt[33], das bewußt als Gegenveranstaltung zu den als inzwischen zu konventionell empfundenen Hofbällen, den Redouten und den langweiligen Maskierten Akademien gedacht war und mit dem eine neue Art von Kostümfest entstand, nachdem dessen bisherige Form allgemein als unbefriedigend kritisiert wurde[34]. Entsprechend zu Friedrich Schillers Vorspiel zur Wallenstein-Trilogie entfaltete sich nach der Idee des Malers Engelbert Seibertz und gestaltet von den beteiligten Künstlern ein buntes Lagerleben mit Soldateska und Marketenderinnen, an dem auch der gesamte Hof teilnahm. Alle Beteiligten hielten die Pracht für kaum überbietbar und das Fest sorgte noch monatelang danach für Gesprächsstoff[35]. Die »Münchner Politische Zeitung« berichtete am 4. 3. 1835[36]: »*Der ... zweite Maskenball, welcher vorgestern im k. Hof- und Nationaltheater statt hatte, wird unstreitig zu den glänzendsten Festen gezählt, die München seit einer langen Reihe von Jahren aufzuweisen hat ... Nichts konnte das Staunen der Anwesenden mehr erregen, als der von den höchsten und hohen Herrschaften veranstalte Maskenzug, der sich dreimal durch den Saal bewegte. Geblendet durch den Schimmer der Diamanten, durch die Pracht nie gesehener Costüme. Alles dieses war hinreichend, um in dem Zuschauer eine zauberähnliche Wirkung hervorzubringen ...*«

Um ermessen zu können, welche umwälzende Veränderung im Carnevalsbetrieb Münchens sich da angebahnt hatte, lassen wir an dieser Stelle den Schriftsteller August Lewald zu Wort kommen, der über die überholten Maskierten Akademien im Odeon im selben Jahr 1835 schrieb[37]: »*Das Publikum nimmt fast gar keinen Antheil, obgleich der Hof, und selbst der König und die Königin nie fehlen. Alles erscheint im Domino. Die Pantomimen, welche aufgeführt werden, sind seit Jahren stets die selben, und dienen so recht dazu, die Langweiligkeit zu erhöhen, welche selbst das magere Commersspiel der hohen Welt nicht zu verscheuchen im Stande ist. Des Königs Souper besteht in einem Glase Zuckerwasser, und dem dritten Theile einer sogenannten Mundsemmel ...*«

Das Künstlermaskenfest des Jahres 1840, dem eine historische Konzeption um das Thema »Albrecht Dürer und Kaiser Maximilian I.« zugrunde lag, sollte aber noch einmal alles bisherige in den Schatten stellen. Ein riesiger Maskenzug schob sich vom Hoftheater durch die Residenz zum Odeon, »*ein Rausch von Witz und Laune, Form und Farbe*«, wie sich die Presse ausdrückte[38]. Dieses Künstlerfest wurde aber auch Anregung für die Künstler selbst. Eugen Napoleon Neureuther, der am Arrangement des Zuges beteiligt war, fertigte noch im selben Jahr ein Gemälde mit den Figuren und Gruppen des Zuges, das ab 1841 als Radierung weite Verbreitung fand[39]. Auch von Wilhelm von Kaulbach sind mehrere Gemälde von diesem Ereignis überliefert[40]. Unfähig, aus ihren Rollen zu schlüpfen, die sie ja nicht etwa spielten, sondern voll auslebten, wiederholten die Künstler das ganze Spektakel wenige Tage später und fuhren am Tag darauf – dem Faschingsdienstag – in vollem Kostüm noch zur Menterschwaige hinaus, um erst in der darauffolgenden Nacht wieder heimzukehren[41]. Wie nachhaltig die Wirkung dieses Künstlerfestes war, zeigt auch dessen Schilderung von dem Schweizer Gottfried Keller (1819–90) in seinem Lebensroman »Der grüne Heinrich« (1854), in dem er seine Münchner Eindrücke und Erlebnisse in freier Vermischung von Dichtung und Wahrheit verwertete. So auch im 3. Teil/Kap. 13 »Wiederum Fastnacht« das Dürer-Fest von 1840 – nur: selbst erlebt hat er es nicht, denn Keller kam erst Mitte Mai 1840 nach München, um Maler zu werden. Kellers Schilderung lag vermutlich der gedruckte Bericht des Kunsthistorikers Rudolf Markgraf zugrunde.

Aber dieser berauschende Erfolg mußte den Münchner Künstlern natürlich zu Kopf steigen. Sonst herzlich zerstritten, wenn es um die Durchführung gemeinsamer Feste ging, hielten sie plötzlich zusammen. So folgten zahlreiche weitere Kostümbälle, nicht mehr ganz so streng historisch, sondern etwas poesievoller, zarter und romantischer, wie beispielsweise am 19. Februar 1846 im Odeon das »Märchen von Prinz Karneval und Prinzessin Fastnacht«[42].

Auf dem Künstlerfest von 1849 wurde die patriotische Gesinnung der Künstler besonders deutlich. In der Darstellung von Kaiser Barbarossas Erwachen kam die Sehnsucht nach der Wiederherstellung vorgeblich mittelalterlicher deutscher Einigkeit zum Ausdruck. Dies ist um so bemerkenswerter, als in diesem Februar/März 1849 das Scheitern der deutschen Abgeordneten in der Frankfurter Paulskirche bereits offensichtlich war.[43] In der Folgezeit gab es ein »Blumenfest« für die Königin Marie (1825–1889), wozu alle Damen als Blumenverkörperungen erschienen, und 1857 ein »Rubensfest« mit üppiger, niederländischer Volksszenerie.

1853 hatte sich die Künstlergesellschaft »Jung-München« herauskristallisiert, in der vor allem Ironie und Satire herrschten. Zu ihrem Kreis zählte der junge Maler Wilhelm Diez (1839–1907), aber auch Wilhelm Busch (1832–1908). Das größte Verdienst der Gesellschaft »Jung-München«, die sich 1864, nach nur 11 Jahren, bereits wieder auflöste, war 1862 die Veranstaltung des »Märchenballs«, wozu Wilhelm Busch das gesamte Arrangement besorgte und das Festspiel »Hänsel und Gretel« schrieb. Die gefeierten Stars des Balls waren Königin Marie und die beiden Prinzen Ludwig und Otto. Busch selbst jedoch schaute stillvergnügt – im Arbeitskittel bei den Feuerwehrmännern oben auf der Galerie sitzend – auf den Trubel hinunter und genoß sein Bier[44].

Auch am Hof waren die Kostümfeste immer noch beliebt, das beweist z.B. jenes Fest, das König Maximilian II. als Karnevalsabschluß 1864 im Residenztheater unter dem Motto »Im Jahr 1753« veranstaltete und das den Hof Max III. Joseph, des »Vielgeliebten«, ins Leben zurückrief. »*Wohin sich der Blick wandte*«, erzählt Luise von Kobell[45], »*traf er gepuderte Gestalten in gold- und silbergestickten Stoffen mit blitzenden Edelsteinen geschmückt. Der König hatte den Domino gewählt. Prinz Luitpold erschien als Kurfürst Maximilian III. Joseph, Königin Marie als Kurfürstin Maria Anna, voll historischer Treue und Herrlichkeit. Als der Zug den im feinsten Zopfstil gezierten Raum durchschritt, knüpfte sich fast an jeden Beteiligten ein Stück Geschichte. Denn es war vielfach Bedacht genommen, Amt und Würden durch Nachkommen derjenigen zu bekleiden, welche sie dereinst besessen hatten.*«

20 Jahre nach der Gründung von »Jung-München«, 1873, trotzten neuerlich »Junge« gegen die »Alten« und gründeten die Künstlergesellschaft »Allotria«[46]. Schon drei Jahre später mutete man sich eine Kraftprobe sondersgleichen zu. In diesen Jahren der »Gründerzeit«, in denen der gewonnene Deutsch-Französische Krieg (1870/71) und die Einigung Deutschlands noch alle Herzen höher schlagen ließen und in der Kunst die »Neu-Renaissance« am üppigsten ins Kraut schoß, war es nicht verwunderlich, wenn man sich daran erinnerte, daß Kaiser Karl V. auf seinem Zug von Bologna zum Reichstag nach Augsburg am 10. Juni 1530 auch in München seinen glänzenden Einzug hielt. Von diesem ersten großen »Allotria«-Kostümfest mit dem »Festzug Kaiser Karls V.« am 19. Februar 1876 im Odeon zeugen an die 100 farbige Kostümskizzen aus der Feder von nicht weniger als 19 Künstlern. Riesige Wandmalereien, Gobelins täuschend ähnlich, von Friedrich August von Kaulbach, Wilhelm Diez und Heinrich Lossow virtuos auf Kartons gepinselt, schmückten die Saalwände und zeigten historische Szenen aus der Renaissance. Am Festzug beteiligten sich Hunderte von Personen in edelsten, historischen Vorlagen nachgeschneiderten Kostümen, wobei sogar lebende Falken und Windspiel-Hunde mitgeführt wurden.[47]

Doch die große Zeit dieser Künstler-Kostümfeste war eigentlich schon wieder vorbei, selbst wenn immer noch derartige organisatorisch und finanziell äußerst aufwendige Veranstaltungen stattfanden. Der Tod von neun jungen Leuten im Eskimo-Kostüm, die bei der Künstler-Karnevalskneipe »Ein Riesenschiff auf der Reise um die Welt« am 19. Februar 1881 in »Kils Kolosseum« verbrannten[48], lähmte für einige Jahre die weitere Unternehmungslust. Erst nach und nach zog leises Vergessen ein, aber nun entwickelte sich ein etwas verändertes Faschingsbild, das die Münchener wie die neue Generation besser verstanden. Von den folgenden Künstlerfesten sei vielleicht noch jenes »Winter-Fest« vom 23. Februar 1886 herausgegriffen, einesteils, weil die Idee dazu besonders reizvoll gewählt war, und anderenteils, weil gerade ein Fest, das von der gesamten Münchner Künstlerschaft veranstaltet wurde, den überwältigenden Anteil beweist, den die Mitglieder der »Allotria« an derartigen Veranstaltungen genommen haben. Der Ball – der ganze Saal war in eine prächtige Winterlandschaft verwandelt – wurde von dem Vorspiel »Festgruß des Königs Winter« eingeleitet. Darauf folgte eine Reihe von eleganten Schlitten mit wohl noch eleganteren Damen, die alle von »Schlittschuhläufern« gefahren wurden, ein Arrangement des famosen Festarrangeurs und kgl.

Konservators der Gemäldegalerie in Schleißheim, Heinrich Lossow. Und nach der Schlittenparade schmückte den Festzug eine bürgerliche Gruppe in Kostümen des 18. Jahrhunderts mit Spinnerinnen, Bauernburschen und sonstigem Volk mit einer kleinen Bauernkapelle. Weitere Gruppen u.a. mit den Themen Weihnachten, einem Jagdzug aus der Zeit von Kurfürst Max Emanuel, Neujahr (mit einer Darstellung der 12 Monate von phantastisch-zopfig kostümierten Bauernmädchen) und Karneval folgten.[49]

1898 setzte die »Allotria« einen weiteren, aber auch letzten Markstein in der Geschichte der Münchner Künstlerfeste, selbst wenn noch viele Kostümfeste ähnlicher Art folgen sollten, wie z.B. das »Don-Juan-Fest« am 6. Februar 1902[50]. »In Arkadien« war das Prunk- und Schaugericht am 15. Februar 1898 überschrieben. Die Hirtenidylle dieser griechischen Landschaft im Herzen des Peloponnes konnte ein letztes Mal die sich in immer mehr Gruppen aufspaltenden Münchner Künstler in einem gemeinsamen großen Kostümfest vereinen. Prinzregent Luitpold stellte dazu erstmals beide Hoftheater (National- und Residenztheater) zur Verfügung, die man mit einem Laubengang verband. Die Parkettsitze wurden herausgenommen, im Residenztheater erfolgte die Bewirtung. Spiritus rector der ganzen aufwendigen, mit Humor, Scherz und Satire gewürzten Szenerie war diesmal Franz von Lenbach (1836–1904), von 1879 bis zu seinem Tod Präsident der »Allotria«, dem es in Verhandlungen mit Franz von Stuck (1863–1928) gelungen war, die »Sezession«, die sich 1892 abgespalten hatte, zur Mitgestaltung des Festes zu bewegen. Max Schillings (1868–1923) komponierte die Musik zum Festspiel, das Generalintendant Ernst von Possart (1841–1921) inszenierte und wozu Lenbach das Bühnenbild entwarf. Der Aufwand an Dekoration (Emanuel Seidl) und Kostümen war wieder ungeheuer; an die 2 000 Teilnehmer zählte das Fest, dem der Prinzregent mit Söhnen und Enkeln in der Hofloge beiwohnte[51].

Die Faschingskrise zur Jahrhundertmitte

Die teilweise bombastischen Künstlerfeste können jedoch nicht darüber hinwegtäuschen, daß der Fasching in München mit dem Ende des Biedermeiers in den 40er Jahren in eine Krise geraten war. Auch zeigte eine von Thea Braatz durchgeführte Analyse der öffentlichen Feste und des Brauchtums jener Zeit[52], »*die Unsicherheit des Kleinbürgers in der Übergangszeit von der Stände- zur Klassengesellschaft und von der Handwerkskultur zur ethnischen Kultur. Die Feste verloren ihren Sinn, und das bedeutete für den traditionsbewußten Kleinbürger eine Verunsicherung, seine bisherige Wertestruktur betreffend.*« Um 1850 führte deshalb eine Überschichtung und Verdrängung der alten Ständegesellschaft durch solche der Industrialisierung zu einer Änderung der Wertvorstellung. Gerade deshalb sind hier wieder die zeitgenössischen Berichte interessant.

Ludwig Steub, ein Münchner Notar und glänzender Schilderer seiner Zeit, beklagte 1842[53], daß die Maskenbälle sehr gesetzte Vergnügungen geworden seien, wenn sie überhaupt noch welche waren. »*Masken sind schon seit Jahren eine Seltenheit*«, bemängelt er, »*man wogt ruhig auf und ab, im schwarzen Frack oder hellfarbigen Ballkleid und kümmert sich sehr wenig um einander. Alles ist so harmlos und friedlich wie in einer Kleinkinderschule ...getanzt wird gar nicht mehr ...!«* Aber er meldet dann doch, es gäbe da einen neuen Musikmeister, *»unseren Streck«*, womit der damalige Musikmeister beim Infanterie-Leibregiment in München, Peter Streck gemeint ist[54]: *»Dieser unser Streck hat also die Idee der Maskenbälle aufgefaßt und sie auf eigene Kosten vom Hoftheater ins Odeon verpflanzt. Auf erhabenem Orchester spielt er da seine Walzer, seine Polkas und Galoppaden, und unten in der Prachthalle tanzen die Jungen und Mädchen fröhlich auf glattem Boden. Die Damen sind wohl alle und vom Männervolke wenigstens die Tanzenden aus jenen Klassen, die man in der feineren Gesellschaft vermißt. Es erscheinen viele Masken, Tiroler, Türken, Schottinnen und dergleichen, wohl auch desselben Herkommens. Die Toilette der nichtmaskierten Damen ist festlich, die der Herren sehr ungezwungen. Hut auf dem Kopfe, Überrock, Paletot, Studentenmütze – Bequemlichkeiten, die der männlichen Teilnahme gewiß sehr förderlich sind. Dieses Jahr nun gab uns der Meister drei solche Abende, von denen der letzte weitaus der schönste und in der Tat ein großartiges Freudenfest war, dessen unvergeßlichen Schluß der Altvater [gemeint ist der Walzer] bildete, der jetzt auch in Windsor getanzt wird ... Und als der Tanz in schöner Aufregung geendet hatte, als lauter Jubel und begeisternder Bravoruf an die Decken schlug, da nahm der Meister den Vorteil wahr, seine Zaubermacht neuerdings zu zeigen, da ließ es als herrliche Dreingabe seine wildesten Geigen los und den titanischen Donner seiner Pauken, und seine Trompeten schmetterten in den reinsten Blocksbergtönen in den Saal hinab, und ein umgekehrter Orpheus, machte er alle seine Hörer wütend und jagte sie mit Walzer, Polka, Galopp nach einander und unausgesetzt in immer raschrem Takt als vierhundertpaarigen Hexenwirbel durch die Halle in der Art, daß sich die ältesten Leute an nichts Ähnliches zu erinnern wußten ...«* Auch Felix von Schiller bestätigt uns 1843 die seinerzeitige außerordentliche Tanzbegeisterung der Münchner, die etwas im Gegensatz zum Niedergang des Faschings steht[55]: *»Das Tanzen gehört mit zu den Hauptvergnügungen der Münchner; es wird hier und in der Umgebung mit wahrem Feuer betrieben. An allen Vergnügungsorten sind Tanzplätze errichtet, wo die unteren Klassen sich an Sonntagen vergnügen. Aber auch in den höheren Gesellschaften kann man die Beobachtung zur Genüge machen, wie gern und leidenschaftlich die Münchner Damen tanzen; es scheint diese Vorliebe ihnen schon angeboren zu seyn.«*

1846 hatte der damalige Kronprinz Maximilian den Buchhändler und Schriftsteller Joseph Friedrich Lentner mit der *»Darstellung des sozialen Zustandes der Angehörigen der verschiedenen Volksklassen Bayerns«* beauftragt. Lentner verstarb erst 39jährig bereits 1852. Der nunmehrige König Max II. übertrug die weiteren Arbeiten dem kgl. Regierungs-Rath Eduard Fentsch, dessen Beschreibung der kgl. Haupt- und Residenzstadt München zwischen 1854 und 1857 entstand. Darin berichtet er[56]: *»Auch der Karneval mit seinem Mummenschanz tritt nur wenig mehr in das eigentliche öffentliche Leben über. Noch in den ersten Dezennien dieses Jahrhunderts durchzogen namentlich während der drei letzten eigentlichen Faschingstage die Masken in zahlreichen Schwärmen – einzeln und in ganzen Aufzügen – die Straßen der Stadt, sowohl Nachmittags als Abends, besuchten die Kaffeehäuser, theilten unter Freunde und Bekannte s:g: Devisen* (kleine Teigfigürchen mit eingebacken Zettelchen) aus, und veranlaßten gar mancherlei Scherz und Neckerei, woran sich Alt und Jung aus den verschiedenen Ständen betheiligten. Es verging kaum ein Fasching, ohne einen größeren Maskenzug, der sich zu Fuß zu Roß und Wagen durch die Strassen und über die Hauptplätze der Stadt bewegte, da und dort die Schwäche der Bürgerschaft geißelte oder einzelne bekannte und berüchtigte Persönlichkeiten in Carrikatur wiedergab. ...die Bürgerschaft ist so klug und anständig geworden, daß in keiner Weise mehr Stoff für Persifflage vorhanden zu sein scheint, und das Interesse und die Lust für Mummenschanz zur nicht geringen Beruhigung der Stadtpolizei – allgemach beinahe gänzlich verschwunden ist.

Die Carnevalsvergnügungen bestehen lediglich in Bällen und selbst in geschlossenen Gesellschaften sind Masqueraden eine seltene Erscheinung. Nur in den öffentlichen Redouten, die neuerer Zeit namentlich im Prater und Glasgarten im Interesse der unteren Schichten abgehalten, und des ›Juxes halber‹ auch von Männern der besseren Gesellschaft besucht werden, wird auf Vermummung noch etwas gehalten, und geschähe es auch blos, um auf diese Weise der Unsittlichkeit mit weniger Rücksicht fröhnen zu können. Diese Bälle sind namentlich durch ihre Frivolität berüchtigt und ihr Auftauchen gehört keineswegs zu den erfreulichen Zeichen der Zeit ... In neuerer Zeit sind selbst die sonst so sehr besuchten Bälle der geschlossenen Gesellschaften minder zahlreich und lebendig, da die Familienbälle sehr überhand nehmen. Auch die Kinderbälle, eine unglückliche Erfindung der ersten Jahre dieses Jahrhunderts sind glücklicherweise in Mißcredit gekommen.«

Fentsch räumt allerdings ein: »Wir können vom Karneval nicht sprechen, ohne der Münchener Künstlerschaft Erwähnung zu thun, welche auch in der Beziehung durch reiche Erfindungsgabe und ihren Humor die buntesten Faschingsscenen schuf. Die Maskenbälle der Künstler bilden seit Jahrzehnten die Glanzpunkte des Münchner Carnevals.«

Aber auch der von Fentsch erwähnte »Prater« ging 1866 ein und wurde im Jahr darauf versteigert. Aus dem »Glasgarten« mit seinem 1850 erbauten, elegant eingerichteten Tanzsaal wurden später die nicht minder berühmten Blumensäle. Und 1879 klagte schließlich Carl Albert Regnet in seinem Buch »München in guter alter Zeit«[57]: »Im heutigen München ist die Freude an Faschings=Maskeraden fast ganz verschwunden. Anders war es in München noch vor siebzig Jahren und darüber. Da war der Münchener Fasching fast so berühmt wie der Venetianische und das mit Recht, denn der Mummenschanz war nicht wie heutzutage auf die Privatgesellschaften beschränkt, sondern trieb, namentlich an den drei letzten Carnevalstagen, in den Gasthäusern und auf den Straßen und zwar auch bei hellem Tage sein lustiges Spiel, wobei es mitunter selbst an gröberen Aufzügen nicht fehlte. Bei aller sonstigen Harmlosigkeit der Münchner schwang bei solcher Gelegenheit Hanswurst nicht selten statt der Peitsche die scharfe Geißel der Satyre.«

Die Modetänze zur Jahrhundertmitte

Steub zählt da 1842 auf: »*Walzer, ...Polkas, Galoppaden*«. Der Walzer war zwar nicht neu, aber er hatte sich seit der Hochblüte der Redouten nach der Jahrhundertwende verändert und war im Begriff, sich zu dem etwas schneller getanzten »Wiener Walzer« zu wandeln. Bereits seit Carl Maria von Webers (1786–1826) »Aufforderung zum Tanz« (1819) ist ein rasches feuriges Allegro in den Walzer gefahren. Zwar begann Johann Strauß (1804–49) sein kompositorisches Schaffen 1825 mit dem »Täuberl-Walzer«, aber zum »Walzer-König« sollte erst sein Sohn gleichen Namens werden. Zu der bis in unser Jahrhundert fortdauernden Beliebtheit des »Wiener Walzers« trug außer ihm noch eine Reihe weiterer österreichischer Komponisten bei. Immerhin war es der Vater, der nicht nur seinem opus 1 einen Namen gab, vielmehr ab 1827 überhaupt für die bis dahin im allgemeinen höchstens numerierten Tanzkompositionen einen eigenen Titel einführte. 1835 dirigierte Johann Strauß-Vater als Gast eine »musikalische Unterhaltung« in München[58], was sicherlich seinen Kompositionen in München zur Popularität verhalf.

Die Entwicklung hin zu schnelleren Tänzen beschränkte sich aber nicht nur auf den Walzer. Aus den gemächlichen Nachstellschritten der alten deutschen Volkstänze entstand der Galopp, aus dem geruhsamen Schottisch wurde die schnellere Polka. Dem auch damals schon und nicht erst in unserer heutigen schnellebigen Zeit bestehenden Bedürfnis nach Abwechslung und neuen Formen nachkommend, entwickelte sich außerdem aus einer Verbindung von Schottisch und Dreher der Rheinländer. Und aus dem gleichen Grund entstand die Polka-Mazurka. Durch das schnellere Tempo bedingt, fielen die früher bei den Paartänzen üblichen Tanzfiguren fort oder wurden nur noch flüchtig angedeutet, bis der Paartanz lediglich ein Drehen der Paare um die gemeinsame Achse war. Nur der Rheinländer wahrte noch die alte Tradition des Werbetanzes durch Variationen verschiedener Tanzfiguren. Daneben ging man dazu über, auch von der Musik her mehr Abwechslung in den Tanz hineinzubringen.[59]

Beim Galopp handelt es sich um einen sehr schnellen Rundtanz, »*der seit 1824 zum Leidwesen der Menschheit aufkam ... Der Name Galopp bezeichnet den raschen gleichmäßigen Satz des Pferdes. Schon das wäre hinreichend, den rasenden Pferdetanz als gesundheitspolizeiwidrig zu verachten ... Zum Troste sei bemerkt, dass der Galopp nicht mehr so oft als früher getanzt wird, sondern in jüngster Zeit seit 1870 eine Reaktion gegen ihn eingetreten ist.*«[60]

Als um 1840 die Polka den seit etwa 1825 auf den Bällen beliebten Schottisch ablöste, trennte man sich nur ungern von diesem Figurentanz und tanzte daher zunächst auch die Polka mit vielen Figuren (was zu der späteren Vielzahl von Polka-Versionen geführt hat), bevor aus ihr ein Nur-Rundtanz wurde.[61] Aufgrund seiner tschechischen Benennung (pulka = Hälfte, wegen des Halbschritts) wurde die Polka häufig als böhmischer Tanz gesehen. In der Tat soll sie in Böhmen Anfang der 30er Jahre in fortschrittlichen bürgerlichen Kreisen, die sich besonders der Pflege ihres nationalen Kulturguts widmeten, aufgekommen sein. Um 1835 fand sie in Prag Eingang, 1839 in Wien und 1840 in Paris, wo bald eine Polka-Manie ausbrach und von wo sie ihren Siegeszug über ganz Europa und darüber hinaus antrat. Im Gegensatz zu Frankreich und anderen europäischen Ländern brachte man allerdings in Deutschland der Polka anfangs nicht die gleiche Begeisterung entgegen. Man sah in ihr keinen wirklich neuen Gesellschaftstanz, sondern eigentlich nur eine Neuauflage des Schottisch.[62] In München war die Polka spätestens seit 1842 »gesellschaftsfähig«, wozu Herzog Max in Bayern maßgeblich beitrug, denn in diesem Jahr erschien seine erste Polka-Komposition (opus 8). Es war die »Amalienpolka«, die seine bekannteste, wenn nicht gar seine beliebteste Komposition überhaupt, werden sollte.[63] Noch im selben Jahr folgte eine ganze »Polka-Guirlande« (opus 9) mit einer Gesellschafts-, Katharinen-, Wilhelminen-, Fidelitas-, Leopoldinen- und Zinneberger-Polka, was doch auf eine große Popularität dieses Tanzes in München schließen läßt. Während uns also Herzog Max in Bayern eine Vielzahl Polkas hinterlassen hat, finden wir nur wenige Schottische in seinem Werkverzeichnis.[64]

Die Mazurka stammt aus der Woiwodschaft Masowien in Polen und verbreitete sich als Gesellschaftstanz schon unter August III., König von Polen und Kurfürst von Sachsen (reg. 1733–63), von Dresden aus in Europa. Dann aber geriet sie eine zeitlang in Vergessenheit. Ein Jahrhundert später fand die Mazurka erneut Eingang in die Tanzrepertoires, diesmal von Paris aus, wo die zahlreichen polnischen Emigranten eine große Begeisterung für alles Polnische entfachten[65]. So kam die Mazurka nach 1840 auch nach München, aber es sollte bis 1854 dauern, bis der sonst gesellschaftlichen Neuerungen stets auf den Fersen befindliche Herzog Max in Bayern seine erste »Polka-Mazurka« (opus 52) komponierte, eine weiterentwickelte Form, deren Tanzbewegung an beide Tänze erinnert, aber nach einer Musik im mäßigen 3/4 Takt getanzt wird[66]. Zur großen Popularität der Mazurka haben vor allem die Kompositionen von Frédéric Chopin (1810–49), der ebenfalls als polnischer Flüchtling seit 1830 in Paris lebte, und von Johann Strauß beigetragen.

Wiederaufleben und neue Hochblüte der Redouten

Nach dem Deutsch-Französischen Krieg bürgerte es sich wieder zunehmend ein, in den Sälen der größeren Gasthöfe in München »karnevalistische« Veranstaltungen abzuhalten. Und bis gegen Ende des 19. Jahrhunderts gewann der Münchner Fasching jene Originalität, die ihn von nun an weltberühmt machte. »*Die Kultur verbürgerlicht. Und die Entwicklung geht noch einen Schritt weiter. Ganz anders als früher tritt der Mann des ›vierten Standes‹, der in den Münchner Dokumenten bis zum Schluß des 2. Drittels des Jahrhunderts nur als Staffage öffentlicher Aufzüge und höfischer Feste erschienen war, hervor als werdende Macht.*«[67] So fröhlich und prächtig sich aber der Fasching in den Ballsälen entwickelte, so wenig merkte man davon bis in die 80er Jahre hinein in der Öffentlichkeit. »*Wie alljährlich herrschte am Fasnachtssonntag ein außergewöhnlich reger Verkehr in den Straßen, der jedoch nicht dem Treiben bunter Masken, sondern leider der vergeblichen Jagd nach solchen Masken zugeschrieben werden muß*«, berichteten die Münchner Neuesten Nachrichten am Rosenmontag 1885. »*Die ganze karnevalistische Ausgelassenheit beschränkte sich darauf, daß einige Halbwüchsige, die sich als Haderlumpen angezogen hatten, Arm in Arm auf den Trottoirs dahinmarschierten und die Passanten belästigten.«* Dagegen war der Andrang zu den Tanzlokalen so stark, daß vielerorts kein Einlaß mehr gewährt werden konnte. Und besonders beliebt waren dabei vor allem die Redouten in den Zentralsälen und etlichen kleineren Sälen, die allwöchentlich wiederholt wurden.

Das Wiederaufleben der Redouten ist sehr eng mit Carl Hünn verbunden, der von 1860 bis 1865 Musikmeister beim 2. Infanterie-Regiment in München war und selbst zahlreiche Märsche und Tanzmusikstücke komponierte. Hünn trat insoweit (vor allem auch bald hinsichtlich seiner Popularität) die Nachfolge des Militär-Obermusikmeisters Peter Streck an, zumal er später sogar Kgl. Bay. Musikdirektor wurde, was Streck zwar immer anstrebte, aber nie erreichte.[68] Hünn dirigierte das Musikkorps des 2. Infanterie-Regiments Anfang der 60er Jahre z.B. auf Redouten in der Westendhalle. Im langen Fasching von 1886 waren es allein 37 Redouten, die meisten in Kils Kolosseum, wo die kgl. Hoftänzer Reithmayer senior und junior die Ballordnung leiteten. Kapellmeister Högg im Franziskaner-Keller stand seinem Kollegen Hünn an Beliebtheit kaum nach.

Bald füllten die Redouten und Kostümbälle die neuen riesigen Säle bei den Bierkellern der Münchner Brauereien an den Uferhängen beiderseits der Stadt, als da waren neben dem eben erwähnten Franziskaner-Keller (Hochstraße 7, 1886 erbaut) vor allem der Arzberger-Keller (Nymphenburger Straße 10, 1881/82), der Löwenbräu-Keller (Nymphenburger Straße 2, errichtet 1883, erweitert 1894) und der Münchner Kindl-Keller (Rosenheimer Straße 18–32, entstanden 1899 mit dem angeblich größten Festsaal Europas für 5 000 Personen). Außerdem die ebenfalls schon erwähnten Zentralsäle (Neuturmstraße 1, erbaut 1878, heute Hotel Rafael), das Elysium (Sophienstraße 1, 1879 als »Deutsches Haus« anstelle des Gasthauses »Zum großen Löwengarten« entstanden), das gleichfalls bereits erwähnte Kolosseum von Franz Kil (Kolosseumstraße 4, eröffnet 1873 anstelle des Schweigerschen Volkstheaters, Saalanbau 1880), die Schwabinger Brauerei (Leopoldstraße 82, Kleiner Saal an der Leopoldstraße 1887, Großer Saal an der Feilitzschstraße 1892/93 erbaut), die Blumensäle (ehem. Gasthaus zum Glasgarten, Blumenstraße 29, kleiner Saalanbau 1850, neues Hauptgebäude 1889, großer Saalanbau 1892), das Hotel Trefler (Sonnenstraße 21, 1889 eröffnet, 1893 erweitert, ab 1903 Hotel Wagner, dessen Kabarett Wien-München eine berühmte Volkssängerbühne wurde), die Westendhalle (Josephspitalstraße), die Nordendhalle, das Orpheum und wie die damals beliebten und heute zum großen Teil vergessenen Lokale alle hießen. Dabei muß offen bleiben, ob der neue Aufschwung der Münchner Faschingsbälle und die Renaissance der Redouten auf das Vorhandensein dieser Säle zurückzuführen ist oder die zahlreichen Saalneubauten auf den plötzlichen Bedarf.

Das öffentliche Faschingstreiben lag dagegen weiterhin im Argen. *»Der Münchner Fasching auf der Straße bietet dem Auge, der Phantasie nur wenig«*, leiteten die Münchner Neuesten Nachrichten einen halbseitigen Bericht über den Fasching 1888 ein. *»Um so dankbarer ist es zu begrüßen, daß es heuer eine Anzahl Künstler und Offiziere unternahm, die Lücke auszufüllen, welche in unserem Karnevalstreiben entschieden klafft!«*

Mit echten Gewändern und den besten Pferden der Garnison hatten Unternehmungslustige eine »Kaukasische Karawane« zusammengestellt und am Faschingssonntag alle Hauptstraßen durchzogen. Drei Jahre später war der Tiefpunkt des öffentlichen Faschingstreibens erreicht. Am 10. Februar 1891 beklagte der Stadtchronist, dies widerspreche dem Ruf, München sei eine *»genußsüchtige, lebenslustige Stadt«*. Und in den Münchner Neuesten Nachrichten stand zu lesen: *»Wer etwa behaupten wollte, die Münchner seien nicht genügsam, der wurde in den drei Fastnachtstagen eines besseren belehrt. Trotz strenger Kälte sah man bereits am Sonntag zahlreiche junge Leute, welche ihre Röcke verkehrt anhatten; waren sie bisweilen mit Spielkarten benäht, so galt dies bereits als köstlicher Einfall. Am Montag steigerte sich der Humor ungemein durch das Erscheinen von Handwerksburschen mit Felleisen, die gegen Abend geradezu überhand nahmen. Am Dienstag kam es zu einem Zug der ›G'moa Nasse Pappenberger‹, der auf 4 Wagen das Leben in einer Dorfgemeinde – Dreschen, Raufen, Spinnen, Saufen – sehr anschaulich zur Geltung brachte.«* 1893 waren dann immerhin die ersten Bestrebungen im Gang, einen einheitlichen, großen Faschingszug zusammenzubringen, doch scheiterte der Plan an der geringen Zeit, die zur Verfügung stand. Immerhin konnten sich 20 Gruppen zu einem Zug vereinigen, an dem u.a. römische Festwagen, eine fahrbare Almhütte sowie eine satirische Darstellung des *»geräuschlosen Holzpflasters«* teilnahmen.

Die Wende trat 1894 ein, als die im Jahr zuvor gegründete »Münchner Carnevals-Gesellschaft«, die 1908 in der »Narhalla« ihre Fortsetzung fand, die Gestaltung eines großen Faschingszuges in die Hand nahm. Mit einem Schlag erhielten die drei letzten Faschingstage in München ein anderes Gesicht: Zum ersten Mal gab es Konfetti, Luftschlagen, Faschingsorden und eine Faschingszeitung der Münchner Neuesten Nachrichten. Die Narrengarde des ersten richtigen Faschingsprinzen, Gustl I. (der Kunsthändler August Humplmayer), warf sie unter das Publikum (im Jahr zuvor residierte in den Zentralsälen bereits ein »Prinz Karneval pro 1893«). 1902 resümierte Ferdinand Kronegg[69]: *»Im Uebrigen aber kann München mit seinen zahllosen Bällen, Redouten und Faschingsveranstaltungen seiner vielen lustigen Vereinigungen noch immer als eine Karnevalsstadt ersten Ranges gelten.«*

Am 9. Januar 1897 veranstaltete die »Münchner Carnevals-Gesellschaft« ihre erste Redoute im »Deutschen Theater«: *»Das mit Glühlichtern festlich beleuchtete Haus strahlte nur so von herrlichen Masken und Dominos.«*[70] Dieses »Deutsche Theater« war inzwischen als weitere, in den nächsten Jahrzehnten für das Münchner Gesellschaftsleben bedeutsame Vergnügungsstätte hinzugekommen. Schon 1892 hatte der Architekt Alexander Bluhm die ersten Planskizzen für einen großen Vergnügungs- und Kulturpalast auf einem abgeräumten Fabrikgelände zwischen Schwanthaler- und Landwehrstraße gefertigt. Wagemutige Unternehmer und fortschrittliche Bürger wollten aus dem Halbmillionendorf München eine Weltstadt machen. Mit großer Euphorie und in heute unvorstellbarem Tempo wurde 1894 mit dem Bau begonnen. Frank Wedekind (1864–1918) hat den Rausch der schwindelhaft raschen Planung, die finanziellen Klimmzüge und Abstürze in seinem Schauspiel »Der Marquis von Keith« (1901) wirklichkeitsgetreu porträtiert. Das Allzweckhaus mit allen Schikanen, gleichermaßen für

Fasching und Theaterbetrieb geeignet, mit einem Ensemble, wie es sich eigentlich nur ein staatliches Theater leisten könnte, wurde schließlich am 26. September 1896 eröffnet[71]. *»Im deitschen Theeader hamms obn weniger an und aber im Kindlkeller is fon unt auf mehr zum sehgn«*, läßt Ludwig Thoma den Abgeordneten »Jozef Filser« an seinen Freund »Gorbinian Bechler, Boshalder in Mingharting« schreiben.

Die Rückkehr zur klassischen Redoute: der »Bal paré«

Im selben Jahr, als die »Münchner Carnevals-Gesellschaft« ihre erste Redoute im »Deutschen Theater« abhielt, veranstaltete der allen Münchnern damals vom Café Luitpold her bestens bekannte Restaurateur Ludwig Hitzelsberger (der am 25. Dezember 1896 die Bewirtschaftung des »Deutschen Theaters« übernommen hatte) am 13. Januar 1897 den nachmals so berühmten »Bal paré«. Erfunden – wie man häufig lesen kann – hat aber Hitzelsberger diesen wörtlich übersetzt »herausgeputzten Ball« keineswegs. Auch Karl Assen (Ass'n) nicht, der Verwalter der Spatenbrauerei war und den die Brauerfamilie Sedlmayr erst nach der Pleite des »Deutschen Theaters« und dessen Umwandlung in eine GmbH 1900 als Geschäftsführer einsetzte[72], dem aber dennoch die Idee zu den Bals parés zugeschrieben wird. Aber bereits unterm 7. Januar 1828 lesen wir in der Münchner Stadtchronik[73]: *»Die Eröffnungsfeier des kgl. Odeons geschah durch einen großartigen Ball (bal paré) ... Der Ball wurde mit einer Polonaise eröffnet, ... Nach der Polonaise begab man sich über die Hauptstiege durch alle Säle und Nebenzimmer ... Glanz und Pracht und dabei noch Ungezwungenheit und Frohsinn war auf das schönste hier vereint, wozu der König in seiner äußerst heiteren Laune als Beispiel vorausging.«* Zu diesem »bal paré« hatten *»die Herren in Uniform und, wenn sie zur Tragung derselben nicht berechtigt sind, in vollständiger Civil-Kleidung mit seidenen Strümpfen und Schuhen zu erscheinen; auch wird zu seidenen Strümpfen und Schuhen das Tragen von Pantalons gestattet«*[74], worunter die nach der Französischen Revolution aufgekommenen langen Hosen (»Ohnekniehosen«) zu verstehen sind. Auch für die Bals parés im »Deutschen Theater« sieben Jahrzehnte später gab es ähnlich strenge Vorschriften: *»Herren erscheinen im Frack, Venetianermäntel an der Garderobe erhältlich. Damen in Domino. Masken sind ausgeschlossen. Entrée Herrenkarte 4 Mark. Damenkarte 3 Mark. Im Vorverkauf 1 Mark Ermäßigung pro Karte.«* Das war den guten Münchnern viel zu teuer: Unter Frack und Domino schmuggelten sie Essen und Getränke in die Nobelveranstaltungen[75]. In der Illustrierten Zeitung vom 16.2.1899 können wir lesen: *»Die Maskenbälle im Deutschen Theater theilen sich in gewöhnliche Redouten und Bals parés. Bei letzteren sind für die Herren Frack und weiße Halsbinde, für die Damenwelt Domino oder Balltoilette obligatorisch. Die vornehmen, durch Eleganz und Chic ausgezeichneten Veranstaltungen sind unter der feineren Jugend außerordentlich beliebt. Man behauptet sogar, daß öfter abenteuerlustige Frauen aus höheren Ständen unter dem Schutz der Maske an diesen Vergnügungen theilnehmen.«*

Frack, Venetianermäntel, Domino, Maske ... mit diesem Bal paré war also eine Ballform erreicht, die den Redouten des 18. Jahrhunderts – zumindest äußerlich – gleicht, womit sich der Kreis hier zum Ende des 19. Jahrhunderts wieder geschlossen hat. Die Bals parés blieben bis nach dem I. Weltkrieg beliebt. Noch im Ballkalender 1925 des »Deutschen Theaters« können wir lesen[76]: »*Für sämtliche Bälle gilt ausnahmslos Frack, hoher Hut und Gesellschafts-Toilette oder Kostüm. Maskenzeichen ist zu lösen (obligatorisch). Visier ist Bedingung bis 12 Uhr. Geschmacklose Toiletten oder anstößige Kostüme werden zurückgewiesen.*« Diese Maskenzeichen waren allerdings unbeliebt, wie uns Ernst Hoferichter (1895–1966) bestätigt[77]: »*Der ganze Münchner Fasching war auf lustige Verkleidungen eingestellt. Ungern gesehen war das ›Maskenzeichen‹, das erstmals in Erscheinung trat. Es wurde nur von den ganz ›Faden‹ getragen, die vor lauter Wahl nach einer Maskierung nur die Qual hatten. Aber wer im Beruf Kaminkehrer war, der ging als ›Konditor‹, kleine Rentner kamen verkleidet als Maharadschas und Kommerzienräte kostümierten sich als asiatische ›Bettelmönche‹. Nur auf dem ›Bal paré‹, der alle Mittwoche und Samstage im Deutschen Theater zum größten Ereignis wurde, da herrschte der Zwang zum ›Visier‹. Augen und Nase wurden dabei bis zur Unkenntlichkeit durch eine schwarze Larve verdeckt. Bis zum Morgengrauen tanzte der Herr Graf Sowieso mit einer visierten feschen Dame, bis sich am Ende diese Schöne an der Garderobe als – die eigene Frau entpuppte … Um diesen Mittelpunkt des verrückten Treibens reihten sich die berühmten Münchner ›Redouten‹, die besonders orgiastisch im damaligen ›Kils Colosseum‹ und in den ›Blumensälen‹ stattfanden …*« Und Hoferichter fügte hinzu: »*Visiere, Masken und Schminken verwischen alle Grenzen und Ordnungen.*«

Daß die Redoute und der Bal paré im Prinzip eine Ballgattung waren, können wir auch dem Buch »Schwabylon« von Alexander Roda-Roda (eigentl. Sándor Friedrich Rosenfeld, 1872–1945) entnehmen, der auch die Anziehungskraft gerade der Bals parés auf Einheimische wie Fremde zu ergründen versuchte[78]: »*Es gibt sie nur im Deutschen Theater jeden Mittwoch und Samstag. Mittwochs Nobelredoute, Samstag ist's gemischter. Der katholische Hochadel fehlt, soweit er weiblich ist. Das Matschakerl ist, Gott sei Dank, immer da – in Wollsammet, in Halbseide, mit Straußenfeder im Haar, mit blitzenden Augen. Die Herren erscheinen im Frack und bluten 40 Mark. Die Damen lassen sich mitnehmen … Es ist die Atmosphäre einer stark von Künstlern durchsetzten, leichtlebigen Stadt. – Ein verdammt reizvolles, ein himmlisches Bild: Der Riesendom des Deutschen Theaters, angefüllt mit Dimensionen, Farbe, Licht und Trubel … die Logen bis zum Dach voll von gleißenden Dominos, auf dem Parkett der quirlende Lärm des Vergnügens.*«

Die Modetänze um die Jahrhundertwende

Wenn auch mit dem Bal paré ein Rückgriff auf die alte Form der Redoute aus dem 18. Jahrhundert vorliegt, so ist das – wie bereits erwähnt – wirklich nur äußerlich zu verstehen, keineswegs aber, was die Musik und die Tänze betrifft. Die alten Redouten waren nämlich in dieser Hinsicht form- und beispielgebend[79]. Das gilt schon für die Bälle zur Jahrhundertmitte und erst recht für die Redouten und Bals parés um 1900, auf denen sich keine wirklich absolut neuen Tänze mehr entwickelten. Im Gegenteil: Zur Jahrhundertwende erfreuten sich Walzer und Française einer derartigen Beliebtheit, daß sie auf allen Bällen immer und immer wieder gespielt und getanzt wurden, die doch immerhin ziemlich lange und komplizierte Française an einem Abend gleich mehrmals. Wir können uns heute schon gar nicht mehr vorstellen, mit welcher Begeisterung, ja Ekstase damals Française getanzt wurde, und deshalb lassen wir am besten mit dem Schriftsteller Josef Ruederer (1861–1915) wieder einen Zeitzeugen zu Wort kommen, der uns 1906 in seiner Erzählung »Der Fasching« berichtet[80]: »*Aber schon ruft's zum nächsten Tanz, zur Française. Und da stürzt es wieder aus allen Ecken mit jener Hast, die fürchtet, zu spät zu kommen. Man hebt kreischende Weiber über die Brüstung der Logen, man pufft nach allen Seiten, man drängt und schiebt ohne Rücksicht, ohne Pardon. Mit Not und Mühe stellen Tanzordner die einzelnen Schlachtreihen auf. Tönen aber die ersten Klänge, dann löst sich's in Vor- und Zurücktreten, in Komplimente und Kußhände, in Balancieren und Drehen. Immer lauter tönt der Jubel, immer kecker fliegen die Röcke – da, bei der vorletzten Tour hebt sich im rasenden Ringelreih das wiehernde Lachen zum bacchantischen Gebrüll. Als ob der Hörselberg[81] losbräche mit Faunen und Nymphen. Alle die hochgehobenen Weiber mit fuchtelnden Armen und strampelnden Beinen erscheinen in diesem Augenblick wie ein ungeheures Ganzes, ein Riesenpolyp, der mit den Männern erst Fangball spielt, ehe er sie gänzlich verschlingt. Das ist der Höhepunkt, die eigentliche Sensation des Karnevalfestes ... Ist der letzte Française getanzt, der Kehraus gespielt, dann verschwindet man langsam. Der eine ins Bett, wenn dies nützliche Möbel noch nicht ins Leihhaus gewandert ist, der andere zu Weißwurst und Bockbier, der dritte ins Café Luitpold. Viele schleichen in Frack und Lackschuhen durch Matsch und Schnee direkt wieder zum Ladentisch, um Rosinen oder Heringe zu verkaufen, andere sinnen auf neue Vergnügungen ...*« Was muß das für eine Faschingsbegeisterung gewesen sein!

Es gibt wohl kaum noch einen Tanz, dessen Geschichte und Entwicklung so kompliziert und dessen Formen im Lauf der Jahrzehnte so vielfältig sind wie die der Française. Nach München kam dieser der Anglaise und der Ecossaise ähnliche und diesen Tänzen nachgebildete[82] französische Gesellschaftstanz um 1800. Alle drei genannten Tänze gehören zu den Kontratänzen, wobei Anglaise und Ecossaise eindeutig zu den Reihentänzen zu zählen sind. Schon im 18. Jahrhundert gab es insbesondere in Frankreich eine ungeheuer große Fülle an verschiedenen Contredanses, die sich in Aufstellung, Raumwegen und Schrittkombinationen unterschieden. Erst zu Beginn des 19. Jahrhunderts schälte sich eine Standardform heraus, die in immer gleicher Reihenfolge fünf bzw. sechs verschiedene Tänze zusammenfaßte. Diese standardisierte Form wurde dann bei uns unter dem Namen »Quadrille« bekannt, manchmal auch als »Cotillon« bezeichnet, wobei man wieder zwei verschiedene Tanzarten unterscheiden muß: Der »Cotillon« ging auf das Kontratanzrepertoire des 18. Jahrhunderts zurück, während ein gänzlich anderer Tanz, besser ein sehr umfangreiches Gesellschaftsspiel des 19. Jahrhunderts, ebenfalls den Namen »Cotillon« erhielt. Auch hier zeigt sich die Unklarheit der Terminologie, mit der die ganze Gattung von Kontratänzen behaftet ist[83]. Verkompliziert wird die Sache schließlich auch noch dadurch, daß die Française in

München in der zweiten Hälfte des 19. Jahrhunderts in der Beliebtheit die Quadrille ablöste und dabei – wie in solchen Fällen öfters zu beobachten – bestimmte Formen aus der Quadrille in die Française übernommen wurden.

Die Française wird von zwei sich gegenüberstehenden Paaren getanzt, die auch alle Touren gemeinsam tanzen, die einzelnen Paare bewegen sich also nicht eine Gasse hinunter, sondern behalten während des ganzen Tanzes ihr Kontrapaar. Andernseits gibt es auch Aussagen, wonach die Quadrille durchaus nicht immer von vier Paaren in der Viereckaufstellung getanzt wurde, sondern auch von zwei Paaren, die sich gegenüberstanden. Da sich zu guter Letzt auch noch die Tourenbezeichnungen von Quadrille und Française sehr ähneln, müssen die beiden Tänze wenigstens im späten 19. Jahrhundert eng verwandt gewesen sein[84]. Vergleicht man außerdem die Figuren und den Aufbau der Quadrille mit denen der Française, so lassen sich weitere Übereinstimmungen finden[85].

Über die Tänze am Münchner Hof um die Jahrhundertwende informiert uns Adalbert Prinz von Bayern (1886–1970), der nach dem Abitur 1904 zwar zuerst eine militärische Ausbildung absolvierte, später dann aber als Historiker promovierte. Er macht eigentlich keinen Unterschied zwischen Quadrille und Française[86]: »*Es war genau bestimmt, wer mit wem Polonaise und Contre-Tänze zu tanzen hatte. Maßgebend war der Hofrang. Prinzessinnen wählten ihre Tänzer und durften nicht engagiert werden. Es gab eine Ehrenquadrille oder Française. Komplizierter waren die* ›Lanciers‹ *mit ihren verschiedenen Figuren, von vier Paaren im Quadrat getanzt. Von Rundtänzen waren nur Zweischritt-Walzer, Polka und Galopp hoffähig. Der Wiener Sechsschritt-Walzer galt als zu intim und als er endlich erlaubt wurde, durfte man nur rechtsherum tanzen. Warum links herum unanständig war, bleibt ein Geheimnis. Wenn einer trotzdem Wiener Walzer tanzte, klopfte der Zeremonienmeister sofort mit dem Stock.*«

Der von Adalbert von Bayern hier erwähnte »Lancier« ist ein Kontratanz in 5 Touren, eine »Quadrille à la Cour« mit 4 Paaren, der zwar schon um 1810 in Tanzbüchern zu finden ist, aber erst gegen die Jahrhundertmitte zu über England nach Deutschland bis in den Alpenraum vordrang. Er war als Gesellschaftstanz bald weit verbreitet und erreichte seine größte Blütezeit in der 2. Hälfte des 19. Jahrhunderts Der »Lancier« hat sich allerdings nicht lang halten können, da er etwas kompliziert ist.

Ausklang

Doch in den Faschingssälen vollzog sich schon wieder ein Wandel: Die Redouten und Bals parés erhielten durch ein neues humoristisches Element Konkurrenz: die Persiflage. Das hatte 1895 mit der ersten »Schwabinger Bauernkirchweih« in der Schwabinger Brauerei begonnen und setzte sich mit ähnlichen Festen (wie z.B. dem »Pippinger Veteranenfest«) fort. Man kostümierte sich in Trachten aus aller Welt, die Dachauer oder die Miesbacher nicht ausgenommen. Aber die Redouten waren damit keineswegs verdrängt, da gab es doch schon noch bedeutende Feste, wie beispielsweise am 9. Februar 1909 die Schlaraffenland Künstler-Redoute im Deutschen Theater.

Überhaupt scheinen die Redouten erst noch einer ganz besonderen Hochblüte entgegenzusehen. Allein schon die Auffahrt zu den großen Redouten im Löwenbräu-Keller, im Deutschen Theater, im Hotel Wagner (dem früheren Treffler) oder im Kolosseum waren für die Münchner sehenswert. Schwärme von Neugierigen drängten sich um das jeweilige festlich beleuchtetem Portal, vor dem livrierte Diener die Ballbesucher in Empfang nahmen. Mit den Zaungästen stellt sich auch regelmäßig eine Anzahl Dienstbeflissener ein, die nach bescheidenen Gelegenheitsverdiensten Ausschau hielten. Da waren die Wagenaufschlagmacher, die Hausierer mit Nasen, Konfettis und Luftschlangen und die Agenten der Maskenverleiher mit einigen Probedominos auf dem Arm. Zu den Hilfskräften, die hinter den Kulissen einer Redoute wirkten, gehörte vor allem die Toilettenfrau. Bei ihr waren Haarnadeln, Sicherheitsnadeln und Ansteckkämme erhältlich, sie nähte Risse im Ballkleid und vertrieb Parfüms und Transpirationspuder. Im Fasching 1911 rief die Mode der Goldkäferstiefelchen einen neuen Berufszweig ins Leben: den Redoutenschuster, der die schmalen, hohen Absätze, die leicht abbrachen, rasch wieder befestigen mußte. Und auf keiner Redoute durfte natürlich ein Photograph fehlen.

Aber diese Idylle wurde 1914 durch den Ausbruch des I. Weltkrieges abrupt beendet. Nach dem Krieg und der Revolution lebte der alte Fasching und mit ihm die Redouten nicht sofort wieder auf. Das früher so liberale, trotz aller Grantelei aufgeschlossene München verschanzte sich nach der traumatischen Erfahrung der Räte-Republik hinter einem Bollwerk äußersten Konservatismus und strikter Ablehnung. Auch folgte zuerst wieder einmal eine Zeit der Verbote:

»Der Ernst der Zeit und der Mangel an Rohstoffen und anderen Erzeugnissen zwingen für den 14., 15., 16. und 17. Februar 1920 folgende Anordnungen zu erlassen: Verboten ist:

1. Das Erscheinen mit Maske auf öffentlichen Straßen.

2. Das Werfen von Konfetti, Knallerbsen, Obst und Gegenständen, durch die Personen verletzt werden können.

3. Holz- und Papierbritschen zu tragen, die Zuschauer mit Schweinsblasen, Pfauenfedern, Federwedeln, Juck- und Nießpulver zu belästigen oder mit Flüssigkeiten anzuspritzen ...«

So lesen wir in einer Verordnung der damals noch selbständigen Münchner Nachbarstadt Pasing[87]. Und weiter heißt es da: *»Ferner wird auf die Bekanntmachung der Staatskommissäre vom 28. 11. 1919 aufmerksam gemacht, wonach Umzüge auf öffentlichen Straßen und Plätzen, also auch Schaufahrten (Korsos) und Maskenzüge verboten sind.«*

Die Inflation ließ dann ebenfalls keine richtige Faschingsfreude aufkommen. So wurde denn auch der erste Nachkriegsfasching 1921 nur ein halber, weil die Behörden bald alle Feste verboten[88]. Erst ab 1925 lebte der Münchner Fasching (und mit ihm auch die Redouten und Bals parés), zuerst schüchtern, dann doch wieder glanzvoller auf. Aber es war nicht mehr so wie früher. Tadelnd schrieb ein Münchner Blatt 1929[89]: *»Früher brachte das Publikum Geist und Witz zum Bal paré, heute geht es dorthin, um ihn zu finden!«*

365

Aber kaum war der Münchner Fasching Ende der 20er Jahre nach einem mühevollen Anlauf wieder zu einigermaßen Glanz emporgestiegen, ließen die wirtschaftliche Depression und die hohe Arbeitslosigkeit um 1930 diese neue Blüte schon wieder welken. Und im organisierten Vergnügen der NS-Kulturbürokraten nach 1933 verging sowieso vielen der Humor. Erst in den 80er Jahren kamen wieder Bemühungen zu einer Renaissance der Redoute in Gang, ja sogar im Alten Rathaus, das nicht nur im 15. Jahrhundert als Tanzhaus in die Geschichte trat, sondern zu Beginn des 18. Jahrhunderts auch den Anfang der Redouten in München gesehen hat.

Um 6 Uhr früh zum Tanzen?
Die biedermeierliche Lust der Münchner, im Freien zu tanzen

Schon 1782 berichtet uns Lorenz Westenrieder in seiner »Beschreibung der Haupt- und Residenzstadt München«[1]: »*Der Tanz, die Französischen, Englischen, der deutsche Waltztanz, die sieben Sprünge. Die Gelegenheiten dazu sind die Redouten und Bälle, den Winter hindurch; der Faux Hall im Sommer; und die Gesellschaften in den verschiedenen schönen Lustgärten um die Stadt, wo fast täglich getanzt wird.*« [1796 bestätigt uns Adrian von Riedl[2]: »*An Kaffeehäusern, Billards, Wirthshäusern, Tanzplätzen ec., ist Ueberfluß in allen Strassen, und vor allen Thoren.*«] Einige Jahrzehnte später zählten die Tanzplätze im Freien in und um München zu den typisch biedermeierlichen Vergnügungsplätzen. In der Regel handelte es sich dabei um ein Tanzpodium unter einem runden Holzbau, manchmal umgeben von einer Balustrade, das Schindeldach getragen von Holzsäulen. Da die Seiten offen waren, konnte einerseits die warme Sommerluft durch das Gebäude ziehen, andernseits war man vor Regen geschützt.[3]

1843 notierte Felix von Schiller in seinem Reiseführer[4]: »*An allen Vergnügungsorten sind Tanzplätze errichtet, wo die unteren Klassen sich an Sonntagen vergnügen. Aber auch in den höheren Gesellschaften kann man die Beobachtung zur Genüge machen, wie gern und leidenschaftlich die Münchner Damen tanzen; es scheint diese Vorliebe ihnen schon angeboren zu seyn.*«

Föhring lag im Ausland

Zu den ältesten Orten, die von den Münchnern solchermaßen aufgesucht wurden, gehörte Oberföhring, vor allem vor der Mediatisierung des Fürstbistums Freising 1802, da man dort die in Kurbaiern verbotenen Zeitungen ungestört lesen konnte. »*Vehringen auf dem rechten Isarufer gelegen, ist nur Stunden von der Stadt entfernt, und mehr als ein Drittel des Weges führt durch den englischen garten, ist also sehr bequem auf einem mäßigen Spaziergang zu erreichen. Der Ort, wo sich die schöne Welt Sonntags, Montags und Donnerstags – die Vehringer Tage – versammelt, ist ein durch Bäume und einige Lauben beschatteter Rasenplatz, der die Aussicht über den Strom, nach dem englischen Garten und der Stadt, und links, als Grenzhüter der Landschaft, auf die baierischen Hochgebirge gewährt, die in der goldenen Sonnenglut des Abends sich sehr reizend darstellen. Zu diesem Reiz der Aussicht kommt noch für das junge Leben der einer ziemlich geräumigen, recht hübschen Rotunde zum Tanz. Da die Rotunde dem Boden gleich, und auf schlanken Säulen ruhend, nach allen Seiten offen ist, so überschauen die sizzenden Gruppen den lustigen Schauplaz, was sehr angenehm und unterhaltend.*«[5]

Der »Schloßwirt« mit dem Tanzpavillon im ausgedehnten Wirtsgarten am Rand des Isarhochufers mußte erst 1972 Hotel- und Wohnneubauten weichen.[6]

Der Tanz-Pavillon in Oberföhring (Kol. Radierung von Carl Gottfried Eichler um 1815)

Großhesselohe im Süden

Am anderen Ende der heutigen Münchner Stadt, dort, wo das Isartal im Süden enger wird, und die Uferhänge beginnen hoch und steil aufzusteigen, steht am linken Ufer die »Waldwirtschaft Großhesselohe« (heute Gemeinde Pullach), zu der auch heute noch ein kleiner Vergnügungspark gehört. Hier befand sich die Schwaige Hesselohe. Erst als beim Parkwächterhaus im Englischen Garten ab 1792 ein Tanzplatz entstand und man nun vergleichend von einem »kleinen Hesellohe« sprach (der See wurde erst ab 1800 angelegt), kam für das alte Hesselohe die Bezeichnung »Großhesselohe« auf. Die Schwaige gehörte seit 1208 dem Heilig-Geist-Spital in München, das schon in frühester Zeit eine Bierschankgerechtigkeit für das vom Spital selbst gebraute Bier erhalten hatte. Die idyllische Lage und das Bier hatten für die Münchner stets eine besondere Anziehungskraft. 1779 allerdings mußte das Spital wohl aus Geldnöten den Kurfürsten Karl Theodor um die Bewilligung eines Jahrmarkts bitten. Die erhielt es auch, und die Popularität Hesselohes erhielt neuen Auftrieb.[7]

»*In beziehung auf gesellige Freuden finden wir hier die getreueste Wiedergabe von Vöhring. Kaffee, etwas Wein, Bier, Brod und Tabak in Menge, Tanz und Minnespiel. Letzterem ist das Wäldchen in der Nähe des Wirtshauses viel günstiger, als die offene Gartenfläche zu Vöhring.*«[8]

»*Dieser älteste und sehr stark besuchte Lustort der Münchner war bis zum Jahre 1808 Eigenthum des heiligen Geistspitals zu München, wurde in diesem Jahr an den Bürger und Caffetier Franz Schröffel verkauft, der es mit einem Tanzsaale im Freien, an dem Platze, wo ehemals eine Klause, Einsiedelei, stand, deren Bewohner Bier schenken durf-*

Der Tanz-Pavillon in Großhesselohe (Kol. Radierung von Carl Gottfried Eichler um 1815)

ten, und welches Recht nach der Aufhebung der Einsiedelei dem jeweiligen Besitzer blieb ... Großhesselohe selbst liegt in einem schattenreichen angenehmen Wäldchen; es hat dem erwähnten Tanzsaale gegenüber am hohen Isarufer viele aneinander gereihte Gastlogen, die mitunter ungemein possirlich mit Carrikaturen u. dgl. ausgeschmückt, zur Sommerzeit gewöhnlich an Privaten verpachtet sind ...«[9]

Dieses Tanzpodium bestand – wie eine Abbildung beweist – jedenfalls noch 1830. Allerdings beklagte J. N. Ingerle 1872[10]: »*Ist Heselohe auch jetzt noch ein vielbesuchter Vergnügungsort, so sind jene Zeiten vorrüber, in welcher selbst die höchsten Herrschaften im traulichen Wäldchen ein Tänzchen machten.*«

Betteltanz im Neudecker Garten

Wieder isarabwärts kommen wir zu der erst 1854 eingemeindeten Vorstadt Au. 1799 hatten die Paulaner ihr dortiges Kloster aufgelöst und den dazugehörigen Neudecker Garten an Kaspar Mareis verkauft. Dieser betrieb dann hier eine Gastwirtschaft, die von den Münchnern ebenfalls gern besucht wurde. »*Nur am Dienstag nach dem Kirchweihsonntag mußte man den Neudeckergarten meiden, denn an diesem Tag wurde der Betteltanz abgehalten, bei welchem sich alle Teilnehmer als Bettler maskierten, die Tänzerinnen den Herrn freihielt und sich alle toll und voll besoffen.*«[11]

Unterhalb der Ludwigsbrücke liegt die Praterinsel in dem damals noch ungebändigten Fluß. 1810 wurde dort ein Wirtshaus als stadtnahes Vergnügungsunternehmen von dem Wirt Anton Gruber gegründet. Auch dabei befand sich ein »*offener hölzerner*

Tanzsalon, der erste [?] in München, wozu die kgl. Polizeidirektion sehr gerne an Sonntagen, sowie auch an Dienstagen und Donnerstagen, die Abhaltung von Tanzmusiken bewilligte«. 1834 wurden die Praterlokalitäten um einen großen Tanzsaal erweitert[12]. Von 1866 bis 1987 befand sich an dieser Stelle die 1835 gegründete Riemerschmiedsche Likörfabrik.

[Am linken Ufer, an der 1898 danach benannten Paradiesstraße zwischen der Isar und dem Hirschanger, verfügte auch die am Ostrand des Englischen Gartens gelegene lauschig biedermeierliche Ausflugsgaststätte »Paradiesgarten« über einen jener seinerzeits so beliebten Tanzpavillons, wo die sonntäglichen Musiken die Münchner ebenfalls in Scharen anlockten. Auch der »Paradiesgarten« mußte noch vor der Jahrhundertwende den Bodenspekulanten weichen.]

Noch ein Stückerl isarabwärts hatten unweit des linken Ufers der jüdische Hofagent und Bankier Raphael Kaula und seine Gattin Josephine, geborene Pappenheimer, einen Spielgarten für die Kinder. Ihre Tochter Nanette wurde 1829 von Joseph Stieler im Auftrag von König Ludwig I. für die Schönheitengalerie gemalt[13]. Zu diesem Zeitpunkt aber war der Kaula-Garten schon aufgegeben worden und an seiner Stelle die Gaststätte »Tivoli« entstanden – natürlich mit einem runden Tanzpavillon.[14]

Vier Musikkapellen gleichzeitig

Um die Jahrhundertwende wurden in vielen Wirtssälen und Biergärten in und um München auch Maitänze abgehalten. Besonders bekannt und beliebt war dabei die 1903 Am Priel 1 (heute Flemingstraße 1) unterhalb von Bogenhausen gebaute Ausflugsgaststätte »Herzogpark«. Hunderte von festmontierten Bänken und Tischen, unzählige Klapptische und -stühle standen dem andrängenden Publikum zur Verfügung. Bei den berühmten Maifesten waren bis zu 12 Schänken geöffnet, manchmal musizierten vier Musikkapellen gleichzeitig. Nach dem Maitanz konnten sich die Gäste an prächtigen Feuerwerken erfreuen[15].

Zu dieser Zeit gab es auch oben auf dem Isarhochufer im Dorf Bogenhausen selbst noch *»ein Wirtshaus, welches sehr zahlreich besucht wird. Im Garten desselben ist ein Caroussel und ein bedeckter Tanzplatz aufgestellt, wo alle Sonn- und Feiertage noch getanzt wird«,* wie uns C.A. Baumann schon 1832 berichtet[16]. Es handelt sich dabei um die spätere Betzsche Gastwirtschaft an der Ismaninger Straße. Das Karussell und der Tanzplatz wurden erst 1912 abgerissen. Heute steht an dieser Stelle eine pharmazeutische Fabrik.[17] Ebenfalls in Bogenhausen, ganz in der Nähe *»der k. Sternwarte gerade gegenüber der Isar liegt das ehemalige Törring- und nunmehrige Hompeschschlößchen, genannt Neuburghausen (auch Neuberghausen), mit einem schönen Garten, und einem sehr besuchten Wirtshause. Dieses ebenfalls auf der Höhe liegende Schlößchen war seither einer der von der noblen Münchner Welt am meisten frequentierte Vergnügungsorte, besonders an den Tagen, an welchen Streck, Musikmeister des k. Infanterie-Regiments Kronprinz mit seinen Musikern und den Trompetern der Artillerie grosse pompöse Produktionen im Wiener-Straußschen Geschmack gab.«*[18]

Einen eigenen Tanzplatz hatte auch die 1791 eingerichtete Gartenwirtschaft im landesherrlichen Hirschgarten zwischen Neuhausen, Nymphenburg und Laim.[19]

Der Englische Garten

So ist es wohl kein Wunder, daß die Münchner auch den vor […] 200 Jahren begonnenen Englischen Garten auf ihre Art und Weise annahmen – nein, selbstverständlich nicht zum Promenieren, denn: *»Der Münchner geht in der Regel nicht spazieren, er geht nur nach irgend einem Wirthshause, wie man dieß sonst nur in kleineren deutschen Städten findet. Daher ist der köstliche englische Garten, in der nächsten Nähe der königlichen Residenz, so einsam, so ausgestorben … Will man den englischen Garten auf eine passirende Weise belebt sehen, so besuche man ihn Sonntags Nachmittags. Dann wird er nach allen Richtungen durchzogen, aber wiederum nicht, um seiner selbst willen, sondern um das beliebteste Wirthshaus zu erreichen, und man wählt den Weg durch den Park, weil er Schatten bietet und kürzer ist …«* [20]

Die Idee der Landschaftsgärten kam im 18. Jahrhundert in England auf, daher die Bezeichnung »Englischer Garten« im Gegensatz zu den geometrisch abgezirkelten barocken »Französischen Gärten«. Der heute mit ca. 3,7 km² Fläche 5 km lange und bis zu 1 km breite Englische Garten in München ist nicht nur einer der frühesten und bedeutendsten Landschaftsgärten in Deutschland, sondern die heute größte geschlossene Grünanlage einer deutschen Großstadt.

Aufgrund seiner Denkschrift wurde der 1753 bei Boston geborene britische Dragoneroberst und ab 1783 Oberst im Regiment d'Alsace des Prinzen Max Joseph von Zweibrücken-Birkenfeld (ab 1799 Kurfürst Max IV. Joseph von Bayern) Benjamin Thompson am 13. August 1789 von Kurfürst Karl Theodor mit der Ausführung seiner Pläne für einen Ausbildungs- und Erholungsgarten für die Münchner Garnison beauftragt. Schon zur ersten Beratung über die Anlage dieses bald zum Volksgarten ausgeweiteten Projekts hatte man aus Schwetzingen den Hofgartendirektor Friedrich von Sckell herbeigeholt, der dann von 1797 bis 1803 mit Reinhard von Werneck als Nachfolger von Thompson (seit 1792 Graf von Rumford) Leiter des kurfürstlichen Gartenwesens wurde. Charakteristisch für den damaligen gesellschaftlichen Umbruch ist, daß dieser »Theodorpark« für die Öffentlichkeit *»zwecks Bewegung und Geschäfts-Erholung, geselligen Umgangs und Annäherung aller Stände«* angelegt wurde und *»nicht bloß einem Stande, sondern dem ganzen Volk zugute kommen«* sollte.[21]

Es war noch Graf Rumford selbst, der vielleicht schon 1792, spätestens aber 1793 – in diesem Jahr finden wir ihn bereits in einem Plan eingezeichnet[22] – beim Haus des Parkwächters Josef Tax, der bei seinen immer zahlreicher werdenden Tischen und Bänken Bier, Milch und kalte Speisen reichte, von dem Münchner Hofzimmermeister Martin Heilmayr einen runden Tanzplatz anlegen ließ. Das zwang bald schon den erwähnten Vergleich mit dem beliebten Ausflugs- und Vergnügungsplatz Hesselohe auf. Der erste Führer durch den neuen Park aus dem Jahr 1793 schildert daher auch mit sichtlichem Entzücken dieses freie Waldwirtschaftsidyll des *»kleinen Hesellohe«* mit den Worten[23]:

»Kocherlball« am Chinesischen Turm am 17. Juli 1994

»Unter den schönsten Bäumen, die durch ihre mannichfaltige Gruppirung eine meisterhafte Landschaft darstellen, sind Tische und auch ein runder Tanzplatz angebracht. Der Hüter des Parks treibt hier seine Wirtschaft. Die ganze Gegend ist durch die Schönheit der Bäume sehr anziehend.«

»Kocherlball« am Chinesischen Turm

Schon in den Jahren 1789/90 war nach den Plänen von Joseph Frey im Englischen Garten nach dem Vorbild der von William Chambers 1757–62 im Schloßgarten von Kew bei London errichteten Pagode der Chinesische Turm[24] als Aussichts- und Musikpagode gebaut worden. Daneben durfte selbstverständlich ein ebenfalls deutlich chinesische Anklänge zeigendes Wirtshaus nicht fehlen. Und wieder gab es einen *»runden offenen Tanzboden, aus dessen Mittelpunkt ein Baum emporsteigt«*[25]. Wie lang dieser Tanzboden bestand, ist nicht festzustellen, aber Theodor Dombart läßt in seinen »Brieflichen Plaudereien« über Schwabing[26] Carl August Lebschée zu Felix Joseph von Lipowsky sagen: *» ...und außerdem konzertiert hier doch vielfach in aller Sommerfrische oder am Abend die Militärblechmusik und das Publikum tanzt dazu so gern, so im-*

pulsiv, wie man sich gerade trifft. Seit der alte Tanzplatz, der mitten von dem Baum durchwachsen war, verschwunden ist, tanzen sie einfach auf dem runden Rasenplatz neben dem vielgeliebten Chinesischen Turm.«

In aller Sommerfrühe tanzt das Publikum? Es hat! Und aus Anlaß des Jubiläums »200 Jahre Englischer Garten München« [ließ] das Kulturreferat der Landeshauptstadt München [...] diese Münchner Rarität wieder aufleben, die am Ende des 19. Jahrhunderts ihresgleichen suchte. Bei schönem Wetter kamen nämlich in den letzten Jahrzehnten des vorigen Jahrhunderts an jedem sommerlichen Sonntagmorgen zwischen 5 und 8 Uhr am Chinesischen Turm an die 5 000 Leute zusammen. Es waren Dienstleute, beurlaubte Soldaten, Zimmermadl, Köchinnen, Zofen und Kindermadl, denen eine Blaskapelle zum Tanz aufspielte. Deshalb hieß dieses morgendliche Tanzvergnügen auch »Kocherlball« oder – weniger charmant – »Dotschentanz«. Der frühe Termin ergab sich aus der Tatsache, daß die jungen Leute ja rechtzeitig wieder zur Arbeit oder zur Sonntagsmesse zu Hause sein mußten. Am Sonntagnachmittag tanzte dann an gleicher Stelle die etwas elegantere bürgerliche Gesellschaft Münchens.[27]

[Der unerwartet große Erfolg des ersten neuen »Kocherlballs« am 16. Juli 1989 mit bereits rund 4 000 tanzfreudigen Frühaufstehern ließen das Kulturreferat und die Wirtsleute Haberl den Versuch wagen, künftig wenigstens ein Mal im Jahr am dritten Sonntag im Juli einen »Kocherlball« am frühen Morgen zu veranstalten. Die Zahl der begeisterten Teilnehmer stieg seither über 9 000 1992 und 11 000 1995 auf über 15 000 1996 an.]

Von den alten runden Tanzplätzen hat sich keiner erhalten. Zu Beginn des 20. Jahrhunderts existierten noch die in Oberföhring (der bis 1972 wohl am längsten von allen überlebte), in Bogenhausen, in Neuberghausen und in Großhesselohe[28]. Aber die Lust der Münchner, im Freien zu tanzen, ist geblieben.

Trachten

Trachten in einer Millionenstadt

Als mit dem Anbruch der Neuzeit die sozialen Abstufungen von Adel, Bürger und Bauern immer deutlicher wurden, versuchten sich die einzelnen Schichten auch durch ihre Kleidung voneinander abzusetzen. Damit begann sich – vor allem in der Stadt – die »Tracht« als Standeskleidung zu entwickeln. Ursprünglich verstand man unter »Tracht« allgemein das »Tragen« und das »Getragene«[1], wenn man die Kleidung meinte. Der Münchner sagte im Volksmund nur »Gwand«. Der Begriff »Volkstracht« stammte aus der Zeit der Romantik, ging aber viele Jahrzehnte mit einer Einengung auf die »*dem Landvolk ureigene und von ihm selbstgeschaffene Kleidung*«[2] im Gegensatz zur städtischen Kleidung einher. Erst später erkannte man, daß die bäuerlichen Trachten wie die städtische Kleidung dem allgemeinen Modewandel unterworfen waren. So kann man zusammenfassend sagen: Tracht ist die aus Wirtschaft und Sitte zu landschaftlicher (örtlicher) und ständischer (beruflicher) Eigenart erwachsene Kleidung des Volkes.

Die Kleiderordnungen

Ein übriges zur Differenzierung der Gesellschaft in Stadt und Land taten vom 15. bis zum 18. Jahrhundert die landesherrlichen Kleiderordnungen.[3] Dabei gelang es immer wieder den ansonsten dem Landadel gleichrangigen Münchner Patrizier-Geschlechtern bestimmte Vorrechte zu erlangen. Die Bürger mit Sitz im Rat oder bei Gericht wurden in der Regel den Kauf- und Gewerbeleuten zugezählt, die Krämer und Handwerker samt Gesellen und Lehrbuben sowie das Gesinde und die Dienerschaft (außer die des Adels) zählten zum »geringen Bürgerstand« und die Arbeiter und Taglöhner schließlich waren den Bauern gleichgestellt.

Die Kleiderordnungen konnten nur wirksam durchgeführt werden, wenn sie entsprechend überwacht wurden. So wird z.B. aus dem Jahr 1750 berichtet[4]: »*Am hl. Neuenjahrstag in der Frühe sind folgende Exekutionen geschehen: Zwischen 6 und 7 Uhr wurden verschiedentlichen Weibsbilden und, wie man sagt, bei 60 Personen, ihre schönen bordierten Hauben von den Stadt=Amtleuten vom Kopf weggerissen und abgenommen ... Einem Bräuknecht sind die seidenen Strümpfe von den Füßen abgezogen, dann mehreren anderen Bräu= und Metzger=Knechten ihre auf dem Hut gehabten Borten, weiter einigen Bürgers=, auch Bauern=Menschern die Bruststück herausgerissen und die daran gewesenen Borten abgetrennt worden usw. Im übrigen haben die*

Weiber sich alle mit schwarzen Hauben und die meisten in schwarzen Kleidern getragen, man hat deswegen den hl. Neujahrs= für den Armen=Seelentag ansehen können.«

Die Quellen

Zu den bildlichen Quellen über die Kleidung in und um München aus dem Mittelalter gehören Altarbilder und Kirchenfenster sowie Porträts. Informative Bilder aus frühester Zeit sind auch die Randvignetten im Stifterbuch des Franziskanerklosters von 1424 und der kolorierte Holzschnitt von Hans Sebald Beham von der hinterm Gasteig veranstalteten »Beschießung einer Veste« beim Einzug Kaiser Karls V. 1530 in München. Interessant ist auch das Freskofragment von Gabriel Mäleßkircher an der Salvatorkirche: dargestellt sind zahlreiche Mitglieder der einflußreichen Patrizierfamilie Ridler in zeitgenössischer Kleidung. Die nach 1500 einsetzende Quellengattung der Grabsteine und Epitaphien ist fast nur im alten Münchner Stadtbereich, kaum in den umliegenden Dörfern nutzbar.

Die mit der Zunahme der Wallfahrten im Barock häufiger werdenden Votivtafeln finden wir im Raum München vor allem in Maria Eich bei Planegg, Maria Thalkirchen, Maria Ramersdorf und St. Leonhard in Siegertsbrunn. Für die Münchner Vororte sind die Votivtafeln mangels anderer alter Abbildungen sogar die bedeutendsten Bildquellen. Die wichtigsten schriftlichen Quellen sind die nach dem Ableben eines Bürgers oder Bauern erstellten Inventarien, die leider noch zu wenig erforscht sind.

Aus der zweiten Hälfte des 18. Jahrhunderts liegen uns die ersten zuverlässigen Beschreibungen der Kleidung der Münchner vor.[5] Die Französische Revolution 1789 brachte dann gerade in der Stadt im Kleidungsverhalten tiefgreifende Veränderungen. Die ständischen Unterschiede verwischten endgültig. Aber die Tracht der Münchnerin erreichte sowohl als Spenzergwand und noch mehr mit silbergeschnürtem Mieder, Kropfkette und Riegelhäuberl in der ersten Hälfte des 19. Jahrhunderts erst ihre schönste Ausprägung[6]. Daneben gab es auch noch die Trachten der einzelnen Handwerkerzünfte, von denen sich bis heute lediglich die der Schäffler gehalten hat.

Ab der Mitte des 19. Jahrhunderts wurde die Tracht schließlich nicht nur in der Stadt, sondern zunehmend auch in den Umland-Gemeinden verdrängt. Neue Siedlungen mit gemischter Bevölkerungsstruktur entstanden, zur Jahrhundertwende beispielsweise schon Milbertshofen (1799) und Ludwigsfeld und Karlsfeld (1802), die keine einheitliche Tracht mehr kannten. Der Arbeitskräftebedarf, die Liberalisierung und die Freizügigkeit führten zu einem Bevölkerungszuwachs in den aufstrebenden Dörfern rund um das seinerseits rasch wachsende München und durch die nahe Lage zur Stadt ging man hier früher als weiter draußen auf dem Land von der Tracht ab. Billige Konfektionsware, durch die neue Eisenbahn bald überall leicht verfügbar, erleichterte den Trend zur gleichmachenden bürgerlichen Kleidung.

Trachten in einer Millionenstadt

Trachten in der Hauptstadt des Isar-Kreises (seit 1837 Oberbayern): Eine Dachauer Bäuerin, ein Isartaler Paar und eine Münchner Bürgerin (Kolorierte Lithographie, 1836)

Gebirgstracht und Alpenfolklorismus

Im 19. Jahrhundert war außerdem eine Volkskultur entstanden, die heute über die Heimatpflege und die Trachtenvereine allzusehr in den Vordergrund drängt oder gedrängt wird: die folklorisierte Volkskultur, die gezähmte, schon in der Jahrhundertmitte subventionierte Trachtenwelt (berühmtes Münchner Beispiel: die Trachtenzüge 1810 zur Hochzeit und 1835 zur Silbernen Hochzeit von König Ludwig I. sowie zur Hochzeit des Kronprinzen Maximilian 1842)[7]. In der gleichen Zeit hatte das Gesicht Münchens durch die Entdeckung der Volkskultur des bayerischen Oberlands und des Gebirgs einen neuen Zug erhalten, die auch mit den vielen Zuzüglern aus diesen Regionen in die Stadt eindrang. Damit wuchs in München das Interesse nicht nur an der Gebirgslandschaft und an alpenländischen Liedern, sondern auch an der oberlandlerischen Tracht, die eigentlich von den Jägern ausging. Das hing mit dem Wandel der Jagd zusammen. Die Parforcejagd war längst abgeschafft (1778), durch die Säkularisation (1803) waren riesige Klosterwälder im Oberland an den Staat gefallen, neue Hofjagdgebiete wurden eingerichtet und da das Rotwild wegen der zunehmend extensiven wie intensiven Landwirtschaft und dem Wachstum der Städte und Dörfer in die Alpen abwanderte, war die Hochwildjagd in den Bergen gefragt. Der König und der Adel nahmen dabei bald das praktische Lodengwand der Jäger als »Tracht« an. Sie machten dabei auch die kurze Lederhose populär, auch wenn das Erzbischöfliche Ordinariat in München noch 1913 die »Kurzhosenvereine« unter den damals immer zahlreicher werdenden »Gebirgstrachten-Erhaltungsvereinen« als »sittenwidrig« erklärte[8]. Nach der Gründung des ersten Trachtenvereins 1883 verbreitete sich dieses bald »Miesbacher Tracht« genannte Gewand nicht nur in ganz Bayern. Und es verdrängte allenthalben die bodenständige Tracht – auch in München, wo sogar die Konfektionsgeschäfte alpenländische Kleidung in großem Stil und mit viel Werbeaufwand verkauften. Um 1900 blühte der Alpen-Folklorismus in München in heute kaum mehr vorstellbarem Ausmaß. So gab es z.B. in dem 1890 in Nymphenburg eröffneten Volksgarten eine »Alm«, vor der ständig Schuhplattler auftraten. Münchner Tanzschulen und sogar Turnvereine lehrten den Schuhplattler!

Erfolgreiche Wiederbelebung der Trachten

Zu den schwierigsten Problemen der Heimatpflege in München in den letzten Jahrzehnten zählte die Erneuerung der bodenständigen Trachten. Ende der 70er Jahre trug von den insgesamt 51 Trachtenvereinen in München nur ein einziger Münchner Bürgertracht; nicht weniger als 30 Vereine hatten Miesbacher, 9 Werdenfelser, 3 Inntaler, je einer Berchtesgadener, Chiemgauer, Jachenauer oder Ruhpoldinger Tracht, ebenso je einer verschiedene Badische, Donauschwäbische, Egerländer oder Riesengebirgs-Trachten. Hauptaufgabe war deshalb die Information über und die Bewußtseinsweckung für die alten bodenständigen Trachten in und um München, da das Aussterben der Trachten bereits drei Generationen zurückliegt. Trachten waren um die Jahrhundertwende nur

Zitherspielerin in Münchner Tracht in einem Gasthaus (Gemälde von Jakob Munk 1845)

mehr auf Künstlerfesten und Faschingsveranstaltungen beliebt. 1928 hatte immerhin der Münchner »Gebirgstrachtenerhaltungsverein D'Schlieracher« die Bürgertracht der Jahre 1830–60 aufleben lassen[9]. Von bleibendem Erfolg war aber erst die Gründung der Trachtengruppe »Alt-München« 1947.

Die Versuche zur Erneuerung der Dachauer Tracht von Hermann Stockmann in den 1920er Jahren (der damit nicht einmal in Dachau selbst Erfolg hatte) und Barbara Brückner Anfang der 1950er Jahre (die in Dachau immerhin bis heute nachwirken[10]) hatten in dem einst zum Dachauer Landgericht gehörigen Münchner Norden und Westen keinerlei Nachhall. Auch für München hatte Barbara Brückner 1957 Entwürfe für eine erneuerte Tracht vorgelegt, die jedoch auf wenig Gegenliebe stießen.[11]

Erst in den 1970er Jahren setzte mit dem geänderten Verständnis für die gesamte Volkskultur, nicht zuletzt gefördert durch eine »Nostalgie-Welle« in weiten Teilen unserer Alltagskultur, auch ein neues Interesse für die bodenständigen Trachten und ihre Vielfalt ein. Hierzu kommt, daß die zuletzt eingemeindeten, heute teilweise noch stark bäuerlich geprägten Dörfer meist gegen ihren Willen im Dritten Reich von München einverleibt wurden. In diesen Stadtvierteln, wie z.B. Feldmoching, Allach oder Aubing, hat sich über die Jahrzehnte hinweg ein besonderer Selbständigkeits- und Beharrungswille erhalten. Nicht zuletzt deshalb setzte die private Trachtenerneuerung auch im Münchner Nordwesten ein.

Für den Ansatz zur Trachtenerneuerung im Raum München bietet sich nur die Zeit um 1850 an, in der wir in den einzelnen Trachtenlandschaften noch weitgehend unverfälschte Formen antreffen. Danach drangen z.B. Münchner Mieder und Riegelhäuberl in die Frauentracht der umliegenden Dörfer ein. Andernseits erfuhr die Dachauer Tracht mit dem »Bollenkittel« bei den Frauen sowie den langen Lederhosen und den »Zischben« genannten Stiefeln bei den Männern eine Wandlung zur Üppigkeit, die in den einst zum Dachauer Gericht gehörigen Gemeinden im Münchner Nordwesten nicht mehr nachvollzogen wurde. So hatte schon 1866 der Komponist der Bayernhymne, Konrad Max Kunz, gespottet[12]: *»Aber in der alten Dachauer Tracht wollen wir sie sehen, o h n e die Kittel-Verunstaltung, welche eine frömmelnd-policistische Zeit erzwungen und den ganzen weiblichen Gau krummbucklig gemacht hat!«* Die Trachtenerneuerung also in der zweiten Hälfte des 19. Jahrhunderts anzusetzen, hätte bedeutet, eine Tracht einzuführen, die in diesem Bereich nie getragen wurde. Andernseits war auch zu überdenken, welchen Wandlungen die Trachten (wie früher auch) unterworfen gewesen wären, wenn sie weitergelebt hätten.

1977 erschien in der neuen Reihe »Feldmochinger Hefte« ein Aufsatz über die »Dachauer Tracht im Münchner Norden«.[13] Bei der Präsentation dieses Heftes stellten Mitglieder des Dachauer Trachtenvereins »D'Ampertaler« die alte Dachauer Tracht vor. Danach wurde ein von Bezirksheimatpfleger Paul Ernst Rattelmüller entworfenes erneuertes Dachauer Frauengwand vorgeführt (ein erneuertes Männergwand gab es noch nicht). Die Resonanz war so groß, daß der Heimatforscher Robert Böck eingeladen wurde, 1978 in Feldmoching einen Diavortrag über »Die Entwicklung der Dachauer Tracht« zu halten. Weitere Aufsätze über die Dachauer Tracht im Münchner Norden und Westen in Münchner Publikationsorganen folgten.[14]

Bereits nach dem Vortrag von Böck erkundigte sich der Vorsitzende des Feldmochinger Volkstheaters konkret nach Möglichkeiten und Kosten für die erneuerte Dachauer Tracht für seinen Verein. Nach der Lösung einer Reihe von Problemen konnten sich die Mitglieder des Feldmochinger Volkstheaters anläßlich des 20jährigen Vereinsjubiläums 1980 erstmals in der erneuerten Tracht des Münchner Nordens vorstellen. Dem Feldmochinger Beispiel sind inzwischen zahlreiche weitere Trachtenerneuerungen gefolgt, nicht nur im Bereich des einstigen Dachauer Landgerichts, sondern ebenso mit der Münchner Bürgertracht und dann auch mit der Tracht des Münchner Ostens. Volkstanzkreise, Blaskapellen, Gesangvereine, Volksmusikgruppen und viele Einzelpersonen kleiden sich mittlerweile in München wieder bodenständig. Ja sogar neue Trachtenvereine mit der erneuerten Tracht entstanden: in Neuperlach (1980), in Trudering (1984), im Lehel (1990), in Obermenzing (1991) und der Verein »Die schöne Münchnerin« (1987). Letzterer ist von Teilnehmerinnen der Trachtenschneiderkurse des Kulturreferats gegründet worden.

Diese Kurse sind aus dem Gedanken heraus entstanden, daß die Anschaffung einer Frauentracht einerseits doch recht teuer ist und andernseits viele Frauen bei Handarbeiten zwar sehr geschickt sind und sich somit ein Gwand durchaus selbst schneidern oder eine Riegelhaube anfertigen könnten, aber nicht über die speziellen Kenntnisse dazu verfügen. Deshalb ging das Kulturreferat ab 1983 auf die Suche nach geeigneten Kursleiterinnen. Zwei Jahre später konnte dann endlich der erste Riegelhaubenkurs ausgeschrieben werden: Für 15 mögliche Kursplätze kamen über hundert Anfragen, weshalb sofort ein Parallelkurs eingeschoben werden mußte. Noch im selben Jahr folgten die getrennten Kurse für das Gwand und das Mieder der Münchnerin. Im Jahr darauf konnten jeweils eine zweite Kursleiterin für die Riegelhauben und das Gwand bzw. das Mieder der Münchnerin gewonnen werden. Ab 1987 kamen dann auch Kurse für die erneuerte Frauentracht im Münchner Norden und Westen hinzu. 1992 übernahm die Münchner Volkshochschule dieses Kursangebot bei weiterer trachtenkundlicher Betreuung durch das Kulturreferat.

Sehr wesentlich für die Trachtenerneuerung in München war die optische Präsentation der bodenständigen Trachten. Diesem Zweck diente als erstes die große Ausstellung »Trachten in und um München« des Kulturreferats 1983 in der Rathaushalle mit fast 500 Exponaten zu den Themen »Trachten in und um München«, »Die Münchner

Mitglieder des Trachtenvereins »Die schöne Münchnerin« in der erneuerten Münchner Bürgertracht um 1830/40 beim Spaziergang im Nymphenburger Schloßpark (1994)

Bürgertracht«, »Die Tracht im Münchner Osten«, »Die Starnberger Tracht«, »Die Dachauer Tracht«, »Der Trachtenschmuck der Frauen und der Männer«, »Vereinstrachten in München« und »Tracht zwischen Karikatur, Kommerz und Kitsch«[15]. Dazu gab es ein Begleitheft mit neun Aufsätzen, zwei ständige Dia-Schauen und vier Dia-Vorträge. Diese Vortragsreihe wurde (um weitere Themen erweitert und durch Trachtenvorführungen ergänzt) 1987 und 1991 erfolgreich wiederholt[16]. 1985 fanden einen ganzen Tag lang jeweils halbstündige Trachten-Vorführungen in der Stadtinformation im Stachus-Untergeschoß statt. Merkblätter über »Geschichte – Entwicklung – Erscheinungsbild der Münchner Bürgertracht«, für das erneuerte Münchner Miedergwand und über die einschlägigen Bezugsquellen ergänzten das Informationsangebot.

Leider ist es bisher noch nicht gelungen, entsprechende Trachten-Versionen in der Alltagskleidung zu popularisieren. Zwar gehört es zu den bestaunten Besonderheiten Münchens, daß man in Tracht sogar in die Oper oder zu einem Empfang gehen kann (wobei auf der Einladung häufig ausdrücklich »Abendkleidung oder Tracht« vorgeschrieben wird). Während aber bei den Frauen beispielsweise ein vereinfachtes Münchner Spenzergewand durchaus als Werktags-»Dirndlgwand« verbreitet ist, gibt es für die Männer in allen Münchner Trachtenlandschaften noch nichts vergleichbares, was den beliebten lodenen Miesbacher, Tegernseer oder Tölzer Ausgehanzug verdrängen könnte.

VOLKSTHEATER

Fünf Jahrhunderte Laientheater in München

Das Manigfalt'ge vorzutragen ist uns Pflicht,
Damit ein jeder finden möge, was behagt,
Was einfach, rein natürlich und gefällig wirkt,
Was allgemein zu jedem frohen Herzen spricht;
Doch auch das Possenhafte werde nicht verschmäht:
Der Haufe fordert, was der ernste Mann verzeiht.
Und diesen zu vergnügen, sind wir auch bedacht.
Johann Wolfgang von Goethe, 1811

Die Anfänge des Theaters

Der Mensch besitzt seit jeher in seinem Innersten einen Spieltrieb. Kultische Feiern mit Umzügen und Tänzen sind die frühesten Beispiele für den Versuch, aus sich herauszutreten, sich mitzuteilen. Glaubte sich doch andernseits der primitive Mensch überall von irgendwelchen geheimnisvollen Mächten umgeben, die er durch Tänze, Opfer, Gesänge und Prozessionen für sich gewinnen oder zumindest friedlich stimmen wollte. Die Theaterkulturen der verschiedenen Völker entwickelten sich also gewissermaßen aus der Parallelität von Kultus und Mimus, etwas pauschal als »Brauchtumsspiele« bezeichnet. Es dauerte dann noch Jahrhunderte, bis sich das Schauspiel vom Brauchtum des jeweiligen Volkes lösen konnte.

Die Durchdringung des Kultus mit rein mimischen Elementen brachte schon im alten Griechenland die Entstehung der neuen selbständigen Kulturform »Theater«. Die dramatische Dichtung der Griechen übte bald Einfluß auf das römische Geistesleben aus. Als der römische Dichter Publius Terentius Afer, genannt Terenz, wie sein griechisches Vorbild Menander den Tod in den Wellen fand, war auch eine der letzten großen Verbindungen zur Welt des griechischen Theaters verloren, aber auch die verfeinerte Komödie, die sich vorübergehend über den vulgären Mimus erhoben hatte, war dahin.

Während der zunehmenden Christianisierung des Abendlandes war es die Kirche, die eine Wiedergeburt des Schauspiels verhinderte, obwohl vereinzelte Versuche, ein christliches Drama zu schaffen, erkennbar sind. Erst als fast ein halbes Jahrtausend später die Kirche mit zunehmender Verbreitung zur alleinigen Trägerin und Gestalterin der Kultur geworden war, änderte sich die Auffassung gegenüber den Schauspielen, wenn auch die Entwicklung sehr langsam vor sich ging. Ähnlich wie in der Antike hatte das frühmittelalterliche Spiel seinen Ursprung im Gottesdienst. Bald wurde bei den

Kirchenfeiern an den hohen Festtagen das Evangelium nicht mehr nur vorgelesen bzw. gesungen, sondern durch verdeutlichende Gesten untermalt und schließlich sogar vom Klerus, später auch von Laien, szenisch dargestellt. Im 10. Jahrhundert kamen in den Advents- und Osterspielen[1] bereits Dialoge vor.

Ein Dokument jener Zeit ist beispielsweise das geistliche Schauspiel vom »Tegernseer Antichrist«, das den Kampf um die Macht zwischen christlicher und antichristlicher Herrschaft darstellt, zwischen dem Glauben an Gott, an Götter und Gottlosigkeit, zwischen frommer Bewahrung und luziferischem Umsturz[2]. Der unbekannte Dichter verläßt mit seinem lateinisch verfaßten Werk den Bereich der in den Klöstern gepflegten Advent- und Osterspiele, die die Heilsgeschichte nach der (lateinischen!) Verkündigung lediglich dem Volk bildhaft erklärten, und entwickelte ein selbständiges Schauspiel. Der Entstehungszeitpunkt ist leider nicht bekannt, da das Werk nur in einer Abschrift existiert, die in der Klosterschreibschule Tegernsee noch vor 1200 angefertigt wurde.

Allenthalben entstanden so komplette Schauspiele, in die nun manchmal sogar auch weltliche Gestalten eingeführt wurden, die als Gaukler und Spaßmacher (sog. Joculatoren) durch komische Zwischenszenen die Handlung auflockerten. Die solchermaßen schon wieder zu Volksspielen gewordenen Schauspiele erregten in der dogmatischen Geistlichkeit Anstoß und wurden im 12. Jahrhundert aus dem Kirchenraum verwiesen, was im Prinzip dem »Theater« nur förderlich war. Bald entstand im bairisch-österreichischen Raum jene bis heute nicht abebben wollende Begeisterung für das »Komödispielen«, die seinerzeit schon Propst Gerhoh von Reichersberg »Dramomanie« nannte.

Der Einflußnahme der Kirche mehr oder weniger entzogen, wurde im Lauf des 13. Jahrhunderts die bisher vorherrschende lateinische Sprache von der jeweiligen Volkssprache verdrängt, wie auch die rein geistlichen Spiele nach und nach durch weltliche, vor allem volkstümliche Aufführungen ersetzt wurden. Wenn im nachfolgenden allerdings die Rede von einer »Comedia« oder einer »Tragedia« ist, so hatten diese Stückbezeichnungen damals noch nicht die Bedeutung wie heute. Auch der Terminus Passionsspiel, an dem bis heute aus praktischen Gründen festgehalten wird, meint nicht unbedingt nur ein Spiel über die Passion Jesu, sondern ein Spiel über die durch das Leiden und Sterben des Herrn verwirklichte Erlösung, dem seit dem Jesuitentheater im 17. Jahrhundert ein manchmal ziemlich langes Vorspiel, häufig mit Themen aus dem Alten Testament und/oder allerlei Allegorien und Moralitäten, vorangestellt wurde.

Die Meistersinger

Im Lauf des 12. Jahrhunderts verbreitete sich ausgehend von den provençalischen Trouvères und den französischen Troubadours der ritterlich-höfische Minnegesang in Süddeutschland. Er währte etwa zwei Jahrhunderte lang, dann kam die Volksdichtung in die Städte des südlichen Deutschland, wobei der Gesang nun von den Herren und Rittern auf die Meister und Zünftler überging. Die Ursache war, daß in der Gesellschaft durch das Aufblühen von Handel und Gewerbe das Handwerkertum, in den Städten auch das machtvoll entstehende Bürgertum vorherrschend wurde. In dieser Zeit des 14. Jahrhunderts pflegten die Handwerker den sogenannten Meistergesang, der mancherorts bis ins 17. Jahrhundert in Blüte stand, so auch in München, teilweise in zunftmäßig geschlossenen Singschulen.

Seine größte Blütezeit erlebte der Meistergesang in unserer Stadt im 16. Jahrhundert. Am Stephanstag 1513 kam ein Handwerksbursch nach München, der für das geistige Leben der Stadt von größter Bedeutung geworden wäre – hätte ihn nicht eine unglückliche Liebe wieder vertrieben! Es war der 19jährige Schustergeselle Hans Sachs aus Nürnberg. In seinem poetischen Lebensrückblick schrieb Sachs über seine Münchner Zeit u.a.[3]:

>»Und als ich meines Alters war
>fast eben im zwanzigsten Jahr,
>thet ich erstlich mich unterstan
>mit Gottes Hilf zu dichten an.
>Mein erst Bar im langen Marner
>Gloria patri Lob und Ehr
>zu Münichen, als man zelt zwar
>fünfzehnhundert vierzehn Jahr.
>Half auch daselb die Schul verwalten ...«

Um welche »Schul« es sich da handelt, ist nicht ganz klar. Jedenfalls bestanden in München bei St. Peter (schon vor 1239) und Unserer Lieben Frau (ab 1271) Pfarrschulen. Zu Beginn des 14. Jahrhunderts, als auch der Einfluß der Kirche auf das Schauspiel sank, wurde gleichzeitig das bisher ausschließliche Schulrecht der Kirche durchbrochen. Fortan mußte der Rat der Stadt für die Bau- und Unterhaltskosten der Schulgebäude, das Inventar, die Lehrer und die Schulbücher, ja sogar für die Musikalien für den von den Schülern gebildeten mehrstimmigen, instrumental begleiteten Kirchenchor aufkommen. An diesen Stadtschulen wurde das für jedermann unentbehrliche Wissen, Schreiben und Rechnen beigebracht, aber auch die sogenannten sieben freien Künste gelehrt.

Mitte des 16. Jahrhunderts ergab sich unter den Meistersingern eine Abspaltung. Jüngere spielbegabte Handwerksmeister wandten sich berufsmäßig dem Theaterspielen zu und schlossen sich mit Scholaren und Gauklern zu Wandertruppen zusammen. Der Inhalt auch ihrer Stücke war noch traditionsgebunden der Bibel oder der Heiligenlegende entnommen. Durch Daniel Holzmann aus Augsburg (ab 1574 mehrmals in München), vor allem aber durch Hieronymus Ziegler und Martinus Balticus wurde diese Hinwendung zum Berufsschauspielertum in der 2. Hälfte des 16. Jahrhunderts besonders gefördert. Noch 1607 erschien als Spätling der meistersingerlichen Schauspielkunst in München das Humanistendrama »Zerstörung Trojas« von dem »Lederschneider und Liebhaber Teutscher Poeterey« Johann Mayer. Ansonsten bestand das Repertoire zu dieser Zeit aus Römerdramen und Heldenstoffen aus der deutschen Sage, meist doch sehr auf den Geschmack des Volkes ausgerichtet und mit allerlei Einlagen und lustigen Personen, Musik-, Tanz- und akrobatischen Darbietungen garniert.

»Die Poetenschule und der 'Baustadel', einstmaliges Schulhaus am Frauen-Freithof...«
(Zeichnung von Gabriel Seidl 1865)

Das Comedispiel der städtischen »Poeterei«

Schon 1478 hatte der Rat der Stadt München eine eigene städtische Lateinschule gegründet, zuerst untergebracht im Haus des Hans Schluder, ab 1489 im Krümelshaus, ab 1521 in einem Haus gegenüber dem Ostchor der Frauenkirche. Im Wettstreit mit Ingolstadt und seiner 1472 eröffneten Universität nannte man sie offiziell »Hohe Schul«, doch erhielt sie bald den volkstümlichen Namen »Poetenschule« oder kurz »Poeterei«, nach der Gepflogenheit der Schüler, poetische Spiele aufzuführen, wenngleich es nicht Aufgabe dieser Schule sein sollte, Poeten auszubilden. Mancher Lehrer schrieb dennoch hin und wieder ein neues Spiel, vorwiegend religiöse Probleme behandelnd, aber auch in den Lustspielen von Titus Maccius Plautus und Terenz agierten die jungen Schüler. Hauptzweck der Theateraufführungen war, beim Publikum und bei den Schülern selbst den Gebrauch der erlernten lateinischen Sprache zu vertiefen, doch wurde auch deutsch gespielt.

Der Leiter der städtischen »Poetenschule« ab 1525, Felix Simon Schaidenreisser aus Bautzen, genannt Minervius, ging als erster deutscher Übersetzer von Homers »Odyssee« von 1537 aus lateinischen Unterlagen in die deutsche Literaturgeschichte ein. Ab 1534 amtierte Schaidenreisser als Stadtschreiber und ab 1537 als Stadtunterrichter in München.

1579 wurde Hieronymus Ziegler aus Rothenburg ob der Tauber Schulleiter, bevor er 1553 als Professor für Dichtkunst nach Ingolstadt ging. Sein Nachfolger wurde 1556 Magister Martinus Balticus, der erste in München geborene wirkliche Dichter, ein feinsinniger Lyriker und gewandter Dramatiker. In seiner Münchner Zeit entstanden 1556 das Josefsdrama »Adelphopolae« und 1558 das Drama »Daniel«. Wegen seiner Hinneigung zum Protestantismus mußte er allerdings München 1559 verlassen und nach Ulm ziehen.

Hatte der »Stadtpoet«, wie der Rektor des städtischen Gymnasiums oft genannt wurde, mit seinen Schülern eine »Comedi« einstudiert, so durfte er sie ab und zu sogar in der Neuen Veste im (alten) Herkulessaal oder im St. Georgi-Saal vor dem Herzog, dem gesamten Hof und den Adeligen zu Gehör bringen. Die üblichen sonstigen öffentlichen Veranstaltungen der Jugendlichen fanden in der Regel in der Fastenzeit im städtischen Tanzhaus (Altes Rathaus) oder in der Ratstrinkstube statt, mitunter auch im Freien. Vielleicht schon 1527, spätestens aber seit 1551 gaben die Schüler der »Poeterei« und seit 1590 auch die Lateinschüler von St. Peter und U. L. Frau ihre Vorstellungen im Rathaus. *»Als deren Spiel durch das in München zu besonders großartiger Entfaltung gelangte Jesuitentheater verdrängt wurde und auch der Hof in der Pflege des Theaters mehr und mehr seine eigenen Wege ging und eine Hofbühne schuf, was im Bau des Opernhauses am heutigen Salvatorplatz sichtbaren Ausdruck fand, blieb der große Rathaussaal das eigentliche Volkstheater in München, ...«* So gaben die jungen Laienspieler ihre Fastnachtskomödien auf dem Rathaus vor großem öffentlichem Publikum deutsch und vor dem gebildeteren Rat und geladenen Gästen in der Ratstrinkstube lateinisch z.B. »Abraham opfert Isaak« (1551) und »Herodes und die Heiligen Drei Könige« (1554), beide verfaßt von Hieronymus Ziegler, von dem auch das Werk »Heli« (1543) und die Sammlung »Dramata Sacra« (1547) stammen. Auch die übrigen Stücke waren häufig von den Lehrern an der »Poetenschule«. Dafür gab es auch schon Autoren- und Spielerhonorar: *»Wegen einer commedj, ist gewest von den zehn Jungkfrauen, fünf weyß und fünf thoret, lateinisch und deutsch gehalten, zwölf Thaler, die zehen ihme gehörig, und die zween seiner diszipeln ehrung.«* Die jungen Akteure erhielten vom Rat ebenfalls regelmäßig zwei Taler als Ehrengeschenk. Gelegentlich gab es auch einen Abendtrunk auf Kosten der Stadt.

1556 gab man »Daniel in der Löwengrube«, 1558 und 1590 »Tobias«, 1561 »Die Enthauptung Johannes des Täufers«, 1563 »Das Urteil König Salomons«, 1570 und 1571 »Die Comedi des heiligen, geduldigen Hiob«, 1571 und 1572 »Die Geschichte von dem reichen Mann und dem armen Lazarus«, 1577 »Rebecca« und 1595 *»Ain Comoedia von dem Samaritan«*.

Dazwischen gab es auch immer wieder einmal moralische Erbauungsstücke, wie 1567 »Die Comedi vom Geistlichen Ritter«, 1593 »Die Comedi von den 5 Tugenden« und 1597 *»Ain Tragedi von der Wollust und Tugent«*. Wenn allerdings die neue bayerische Schulordnung des Jahres 1548 besorgt war, die antiken Dichter, diese *»heidnischen Schwätzer und Fabelhansen«*, könnten mit ihrer *»heidnischen Phantasey, Götzendienst und Prahlwerk«* die Jugend verderben, auf ihr Latein wollte man dagegen nicht verzichten. So passierten 1557 und 1565 einige Stücke von Titus Maccius Plautus die moralische Zensur jener Tage. Beliebt war vor allem seine Komödie »Menaechmi«; als *»Spil der zwayer Zwyndling [Zwillinge]«* wurde sie neben seiner Komödie »Trinummus« damals wiederholt auf dem Rathaus aufgeführt.

Der Höhepunkt der Schauspielaufführungen der »Poetenschule« war unter dem Schulmeister Gabriel Castner um etwa 1560 erreicht, also gerade zu dem Zeitpunkt, als das Jesuiten-Gymnasium eröffnet wurde. Doch ließ der Rat der Stadt auch die Pfarrschulen von St. Peter und U. L. Frau nicht leer ausgehen, denn »*die Kirchendiener beeder Pfarren*« (1638) brachten schon seit vielen Jahren ebenfalls ähnliche Schüleraufführungen. So am 18. 7. 1638 »Alexius« im Rathaus und später die »Enthauptung des hl. Johannes« von Georg Viktorianus, Schulmeister bei St. Peter.

Kurz vor 1600 verliert sich nach den Feststellungen von Michael Schattenhofer in der Überlieferung die jährliche Fastnachtskommödie der städtischen Poetenschule auf dem Rathaus. Dafür versuchten von 1590 bis 1618 die beiden Pfarrschulen von St. Peter und U. L. Frau der mächtigen Konkurrenz der Jesuiten zu trotzen und die Theatertradition der Poetenschule auf dem Rathaus fortzusetzen. Der Spielplan der Pfarrschulen unterschied sich wenig von dem der »Poeten«: »Die Comedi von St. Catharina« (1593), »Die Tragedia von der Susanna« und »Joseph in Ägypten« (1595), »Die Tragedia von den sechs römischen Kämpfern« und »Die Auferstehung Christi« (1597), »David und Saul« (1598), »Die Geburt Christi und die heiligen Dreikinig« (1599), »*Ain Comedia de recte institutione et econtra corruptela iuventutis*« (1602), »Die bösen und die guten Engel« (1604), »*Die Teutsche Comoedia de S. Eugenia*« (1613), 1615 wieder über »Die Geburt Christi« und 1616 eine Komödie nach Äsop.

Vor einem kleineren Kreis spielten die Pfarrschüler gelegentlich in der »Ratswartstube«, worunter die große, vordere oder äußere Ratsstube von 1392 im Obergeschoß des »Kleinen Rathauses« südlich des Ratsturms am Petersbergl gemeint war. So z.B. 1600 die »Comedi von St. Barbara«, 1608 »Die Comedi vom reichen Mann« und 1610 »Die Geschichte des Heiligen Stephanus«. 1599 verbot der Rat andererseits alle »*Teutsche Intermedia und Paurnspil*«, also alle deutschen Zwischen- und Bauernspiele, die man anscheinend gern mit den Schulkomödien an Fastnacht verband, und verlangte von dem Schulmeister von St. Peter, Oswald Stadler, »*hinfüro kein Teutsche Comoedi*«, sondern nur lateinische zu halten, damit die Jugend Nutzen davon habe.

Auch die geistlichen Orden, z.B. die Augustiner in München, brachten Schüleraufführungen auf die Bühne. Selbst die weiblichen Orden wollten nicht zurückstehen und so spielten die »*Engelländischen Freylein*« »*auf öffentlicher Schaubinne*« 1685 zur Vermählung von Kurfürst Max Emanuel und zu den Feierlichkeiten vom 4. bis 13. 2. 1690, als Max Emanuels Schwiegereltern mit ihrem soeben in Augsburg zum römischen König gewählten Sohn Joseph, auf der Rückreise nach Wien München passierten: »*8. Februar begaben sich sämtliche Majestäten gegen Abend zu den Englischen Fräulein bei Unserer Lieben Frauen Gruft, woselbst eine artige Komödie durch lauter Jungfrauen präsentiert wurde.*«[4] Ebenso pflegte die Marianische Kongregation in München die Jugendbühne[5].

Das Schultheater erreichte jedoch in München nicht die Blüte wie vor allem in der Nachbarstadt Augsburg und in Straßburg. Festzustellen bleibt, daß es keinen festen »Typus« für das humanistische Schultheater überhaupt gab. Es ist lokal zu sehr an die gestaltenden Persönlichkeiten gebunden gewesen, wobei stets das Ausgleichen zwischen der mittelalterlichen Theatertradition und dem Suchen nach neuer Form das

Hauptproblem für jeden Leiter der Schulkomödie war. Augsburg hatte in Sixt Birck (1501–54)[6] und in Straßburg in Johannes Sturm[7] diese Persönlichkeit, München fehlte sie. Erst das Jesuitentheater in München, eine Weiterentwicklung des Schultheaters, sollte zu besonderer Bedeutung für die deutsche Theatergeschichte werden.

Das Prunktheater der Jesuiten

Am 21. 11. 1559 kamen die ersten vier Jesuitenpatres, von Herzog Albrecht V. gerufen, nach München und gründeten hier noch im selben Jahr ein Gymnasium. Es wurde im März 1560 eröffnet und bald zu einem zentralen bayerischen Bildungsinstitut. Wie bereits an anderen Orten[8], führten die Jesuiten auch in München mit ihren Schülern Spiele vor. Diese Dramenaufführungen knüpften natürlich an das lateinische Schuldrama der Humanisten an. Schließlich hatte der Stadtpoet Hieronymus Ziegler in der Vorrede zu seinem »Abel der Gerechte« (1559)[9] geäußert, *»es werde niemals einen Jugenderzieher geben, welcher derartige Vorstellungen nicht veranstalte«*. Aber in den Händen der Jesuiten gewann dieses Laienspiel eine veränderte, eine neue, lebensfähigere Form. Das schulhafte Bestreben, klassische Latinität im engsten Sinn, oder gar nur Plautus, Seneca und vornehmlich Terenz, und sei es auch in einer christianisierten Form, zu spielen, trat allmählich in den Hintergrund. Die moralische Seite gewann die Oberhand, das Leben der Heiligen, die Verkörperung christlicher Ideen, verdrängten mehr und mehr die antiken Gestalten. Und aus den Stücken der Alten, die bereits durch die Bestrebungen der Humanisten weiter von ihrer ersten Form abgekommen waren, entstanden die Jesuitendramen, Schauspiele im Dienste der katholischen Kirche und ihrer Anschauungen, natürlich der Gegenreformation, oft erhebend durch die ihnen innewohnende Kraft der Poesie, oft auch nur lebhafte, ergreifende Handlungen, die sich bloß durch die szenische Gestalt von einfachen Predigten unterschieden. Über dem praktischen Zweck aber stand stets der pädagogische Grundgedanke der Heranbildung der Jugend zu diszipliniertem Gesamtverhalten im Sprechen und Auftreten.

Die städtische »Poetenschule« erhielt durch die Jesuiten eine bedeutende Konkurrenz, der sie im Lauf der immer größeren Entwicklung des neuen Gymnasiums nicht mehr gewachsen war. Doch gab man hier das Schuldrama nicht auf, denn es war zu tief in den Elementen des Unterrichts begründet. Aber schließlich sanken die bisherigen drei Lateinschulen in München (bei St. Peter und U. L. Frau sowie die »Poetenschule«) in ihrer Bedeutung immer mehr herab, bis sie im 17. Jahrhundert nur noch Vorschulen für das Jesuitengymnasium waren. Mit der Zeit büßten die drei Schulen sogar ihre Selbständigkeit ein und wurden organisatorisch dem Jesuitengymnasium angegliedert, so die städtische »Poetenschule« 1579.

Für zwei Jahrhunderte wurde nun die Societas Jesu zur bestimmenden geistigen Macht im Leben der Stadt München, als Erneuerer der religiösen Zucht und durch die überlegene Regie seiner Erziehungs- und Theaterkunst. Für das Jesuitentheater lassen sich die gleichen Perioden wie für den Orden selbst feststellen: Entstehung und Aufbau (bis 1600), Blütezeit (um 1650), Zeit des Kampfes (um 1700), Stillstand (um 1750) und Untergang (1773). Dank der handschriftlichen Aufzeichnungen der Jesuiten, dem Diarum[10], sind wir über die Schauspiele ziemlich genau unterrichtet. Diese Notizen zeigen, wie ununterbrochen das Laienspiel gepflegt wurde, wie der Hof und die Bevölkerung an den Aufführungen teilnahmen. Wir lesen von den umfangreichen Vorbereitungen und gewaltigen Proben und finden bei fast jeder Vorstellung riesigen Beifall verzeichnet. Oft mußten städtische Trabanten die eindringende Menge zurückhalten. Nicht selten kam es zu Unglücksfällen. Häufig mußten beliebte Stücke mehrmals, mitunter für bestimmte Volksklassen an bestimmten Tagen gespielt werden.

Die Themen schöpften die Jesuiten hauptsächlich natürlich aus dem Alten und dem Neuen Testament, aber auch aus den Büchern der griechischen und römischen Historiker, aus den Werken der Kirchenschriftsteller, aus Legenden und Enzyklopädien. Unter den vielfältigen Stoffen, die die Jesuiten bewahrt und anderen Dichtern Europas zugänglich gemacht haben, sind nicht nur die Heiligenlegenden vertreten, sie behandeln auch oft die Zeit- und die Landesgeschichte oder die bayerische Kirchengeschichte. Natürlich blieb die Bühne auch der heiteren Muse nicht verschlossen. Schon sehr früh gab es die in Mysterien und Tragödien eingeschalteten komischen Zwischenspiele, sogenannte Intermedien, und die Fasnachtspossen, »ludi saturnalis« genannt. Zahlreich waren auch die Schülerspiele, mit denen in poetischer Weise meist sehr launig die Preisverteilung eingeleitet wurde und die man daher auch »Eselskomödien« nannte. Das Dramenspiel der Jesuiten gewann schließlich festen Fuß, als Herzog Wilhelm V. am 2.4.1590 befahl, künftig das Studienjahr mit einer Aufführung zu beginnen.

In allen Klassen des Gymnasiums wurde periodisch gespielt und jeder Professor der Rhetorik hatte alljährlich sein Drama zu schreiben. Jahraus, jahrein ließen sie die dramatische Übung nicht außer Acht, stets hatten sie für die Schlußkommödie oder jegliches anfallende Fest eine verfügbare Schauspielergesellschaft. Schon 1579 hatte man dem gerade in München anwesenden Erzherzog Karl von Österreich eine Schulkomödie vorgeführt. 1597 war der päpstliche Legat bei seinem Besuch des Kollegs sogar entzückt über die dramatischen Leistungen. Auch die Hochzeiten der Landesfürsten verschönerte ein Spiel der Jesuitenschüler.

Als allgemeiner Spielort diente zuerst ab 1561 die große Gymnasiumsaula im Augustinerkloster. Am Sonntag nach Ostern 1567 spielten die Jesuitenschüler ausnahmsweise das Stück »Esther« auch einmal im Rathaus. Nach wenigen Jahren des Bestehens des Jesuitengymnasiums war die Schülerzahl derartig angestiegen, daß man im Augustinerkloster in Raumnot kam. Herzog Wilhelm V., der große Förderer der Jesuiten, ließ deshalb an der Neuhausergasse neben den Augustinern Haus für Haus aufkaufen und dort 1585–90 ein neues Jesuitenkolleg (heute »Alte Akademie«) samt der repräsentativen St. Michael-Kirche erbauen. Die Einweihung der Kirche, die am 6.7. 1597 stattfand, wurde natürlich tags darauf mit dem prunkvollen Weihefestspiel »Triumphus Divi Michaelis Archangeli« [Der Triumph des Erzengels Michael] begangen. Am Schluß des Stückes stürzte der Drache der Ketzerei mit gleich 300 Teufeln in den lodernden Höllenschlund. Die Chöre zu dieser Superschau hatte der spätere Kantor von St. Peter, Georg Victorin, komponiert. Dieses Drama wird vielfach als das größte

Schauspiel des 16. Jahrhunderts bezeichnet. Über 900 Schüler wirkten als Schauspieler in der acht Stunden dauernden Aufführung mit.

Die fünfstündige Aufführung im Jahr darauf, am 14.10.1598, mit einem Stück aus der unmittelbaren Münchner Kirchengeschichte, nämlich über den hl. Benno (dessen Gebeine 1576 von Meißen nach München gebracht worden waren), fand dann schon in einem Saal im neuen Kollegium statt. Ab 1624 spielte man ab und zu auch im großen Innenhof zwischen dem Kollegium und dem Gymnasium als Freilichtbühne. Das 1658 in das Seminarium Gregorianum an der Neuhausergasse eingebaute Haustheater erwies sich sehr bald als zu klein, wurde abgebrochen und 1679 größer wieder eingerichtet. Die großen öffentlichen Hauptvorstellungen zur Blütezeit des Jesuitentheaters fanden ebenfalls im Kollegium statt (im Rekreationssaal oder im Hof) und die ganz großen Festaufführungen auf dem Markt (heute Marienplatz). Die Aufführungstermine lagen meist im September, bevor damals das Schuljahr zu Ende ging. Die Vorstellungen begannen in der Regel mittags und dauerten mitunter bis zu acht Stunden. Brach die Dunkelheit an, dann wurde die Bühne mit Fackeln erleuchtet.

Auch über die Bühne selbst wissen wir Bescheid. Es war eine Art erweiterte Simultanbühne. Im frühen Mittelalter spielte man auf den Marktbühnen reihum im Nebeneinander. Das Jesuitentheater brachte nun eine rechteckige Bühne, bei der die Nebenräume an der Hinterfront der Bühne gebaut waren. In den Innenräumen agierten immer nur wenige Personen, während man auf der Hauptbühne den »Garten« (hortus) darstellte, in dem man sich erging und wo man bis zu hundert Darsteller einsetzen konnte. Zu Beginn des 17. Jahrhunderts »erfand« Giovanni Battista Aleotti die Theaterkulisse: Er ließ als erster bemalte und auf Rahmen gespannte Leinwände in Gleitschienen auf die Bühne schieben. In den folgenden Jahren wurde die Bühnentechnik in Italien stark entwickelt, was allenthalben – vor allem bei den Jesuiten – Nachahmung fand.

Die Ausstattung der Schüleraufführungen war, besonders wenn es galt, herausragende Feste zu begehen, von seltener Pracht, standen den Jesuiten doch am Hof der Wittelsbacher des 16. Jahrhunderts die bedeutendsten Künstler zur Seite. Für die üppigen Tafelszenen stellte sogar der Hof das Geschirr zur Verfügung und wo es nötig war auch Juwelen und sonstige Wertsachen. Auch als Feuerwerker besaßen die Jesuiten Berühmtheit. Es gab außerdem Schwebe- und Flugmaschinen, eine einfache Windmaschine, man brachte lebende Tiere auf die Bühne und ließ Säulen und Götzenbilder zusammenstürzen. Auch Versenkungen waren schon bekannt und Joseph Furtenbach (1591–1667) hat überliefert, wie man damals mit Hilfe von Kolophonium Blitze aufleuchten ließ.

Bis in die letzten Zeiten des Ordens erklingen, selbst von Rom her, Klagen über den großen Aufwand, der bei diesen äußerst kostspieligen Vorstellungen gepflogen wurde, aber auch über den Zeitverlust, den das Einstudieren der Stücke zum Schaden der Studien herbeiführte. Die drei bis fünf Wochen Probenarbeit brachten den Lehrern wie den agierenden Schülern viel Mühe und Zeitverlust. Bei der Aufführung des Dramas »Konstantin« 1575 nahmen um die 1 000 Darsteller, darunter 400 Reiter in römischen Rüstungen, aktiv auf der Bühne am Geschehen teil. Ein Jahr später, bei der »Esther«, einer

Das Jesuitenkolleg und die St. Michaelskirche um 1700 (Stich von Michael Wening)

»comedia sacra ex biblis historys de sumpta«, muß die ganze Stadt auf den Beinen gewesen sein. 1700 Personen wirkten mit, die sich in 170 Gruppen zu Fuß, beritten oder im Wagen in prunkvollem Aufzug durch die Straßen zum Marktplatz bewegten, wo ein weitläufiges Bühnenpodium errichtet war. Aus der heute in der Bayer. Staatsbibliothek aufbewahrten »Dirigierrolle« (dem Regiebuch) geht die präzise Aufstellung der Mitwirkenden hervor.

Hatte das Laienspiel der Jesuitenschüler dank seiner Anpassungsfähigkeit allmählich den Weg vom religiösen Mysterienspiel zum modernen Schauspiel gefunden, so hat es andernseits auch sehr wesentlich zur Entwicklung der Opernkunst beigetragen. Immer häufiger wurden in die Aufführungen lyrische Gesänge, Jubel-, Trauer- oder Trostchöre aufgenommen, aus denen im Lauf der Zeit durch Gliederung in Strophen und Antistrophen mehr und mehr opernmäßige Chorhandlungen hervorgingen. Von allen Jesuitenkollegien überhaupt waren die Münchner Jesuiten als erste auf diesem Weg vorangeschritten, wobei sie sich die Chöre zu dem von Andreas Fabricius verfaßten und im Februar 1568 zur Hochzeit des späteren Herzogs Wilhelm V. mit der Herzogin Renata von Lothringen aufgeführten Drama »Samson« von keinem geringeren als Orlando di Lasso hatten komponieren lassen. Am 10. 4. 1658 spielte die Jugend am Münchner Kolleg ein regelrechtes geistliches Musikdrama in fünf Akten von Johannes

Paulinus unter dem schönen langen Titel: »*Philothea das ist die Wunderliche Liebe Gottes gegen die Seel des Menschen aus göttlicher Hl. Schrift gezogen und in liebliche Melodey eingeführt*« Von 17 Sängern dargeboten und von 15 Instrumenten begleitet, fand dieses vermutlich 1643 uraufgeführte Werk so großen Anklang, daß es gleich zehnmal aufgeführt werden mußte, darunter auch einmal auf besonderen Wunsch des Kurfürsten Ferdinand Maria, »*da sein erlauchter Vater dies Stück immer so sehr gelobt hat*«, und am 30. 8. 1658 vor Kaiser Leopold. Die zahlreichen Wiederholungen der »Philothea« waren übrigens Veranlassung, daß der Text 1669 bei Johannes Jäcklin in München gedruckt wurde und dadurch als einziges Jesuitendrama aus dieser Frühzeit erhalten blieb. 1687 kam eine Neubearbeitung der »Philothea« heraus, von Johann Mourat ins Deutsche übertragen und von dem Hofmusiker Ignatius Mayr vertont. Ansonsten handelte es sich bei den Aufführungen mit Musik in der Regel um Kompositionen von Jesuitenpatres und selten von anderen deutschen Tonsetzern.

Ebenso war das Ballett am Anfang auf der Schulbühne nur in Zwischenspielen geduldet, wurde aber gleichfalls bald mehr und mehr als alleinige Darstellungsmöglichkeit ausgebaut. Später gewann das Ballett gerade durch die Jesuiten jenen Charakter des prunkvollen Ausstattungsstücks, den es mitunter bis heute beibehalten hat. Seine größte Blüte erlebte das Jesuitenballett allerdings in Frankreich. In den deutschen Ländern wurde es meist weiterhin nur als Einlage oder Zwischenspiel in großen Schauspielen verwendet, nahm aber hierfür um so breiteren Raum ein. In dem am 21. 10. 1596 in München aufgeführten sechsaktigen Drama »Gottfried von Bouillon« spielte eine Szene auf einem Friedhof, wobei sich die Gräber öffneten und ein großer Reigentanz der Toten anhob. Solche Totenerweckungsszenen nannte man »satatio dramatica«.

Die Blütezeit des Jesuitentheaters unter Bidermann und Balde

Von 1606 bis 1616 war Jacob Bidermann (1578–1639) Professor für Rhetorik am Jesuitengymnasium in München und damit für das Schultheater verantwortlich. Bidermann gilt als der wohl größte Dramatiker, den der Jesuitenorden hervorbrachte, wenn auch bis heute fast unbekannt ist, daß Deutschland hier im Frühbarock einen Dramatiker besaß, der sich mit seinem Zeitgenossen William Shakespeare (1564–1616) ohne weiteres messen kann. Daß Bidermanns Werke so wenig bekannt sind, liegt vor allem daran, daß dieser ungemein phantasiereiche Mann und hohe Lebenskenner durchwegs in lateinischer Sprache geschrieben hat. Ab 1616 war Bidermann dann in München Professor für Theologie und Philosophie, bis er 1624 als Assistent des Ordensgenerals nach Rom berufen wurde.

Unter Jacob Bidermann erreichte das Jesuitentheater in Deutschland und insbesondere in München die höchste, vorher und nachher nie erreichte Blütezeit, zumal die Mehrzahl der Werke Bidermanns während seiner Münchner Lehrtätigkeit entstanden. Sein größtes Meisterwerk ist das Schauspiel »Cenodoxus, der Doktor von Paris«, das er schon im Alter von 22 Jahren verfaßte und das oft als das größte Drama des Frühbarock überhaupt bezeichnet wird. Es knüpfte mit seinen zahlreichen allegorischen Figuren an den Geist der Moralitätendichtung an. Im Spätmittelalter hatten sich neben den Mysterienspielen, in denen nur bestimmte Abschnitte aus der Heilsgeschichte zur szenischen Darstellung gelangten, die sogenannten Moralitäten herausgebildet, in denen allegorische Figuren auftraten. Die Moralitätenspiele erhielten sich über die Schulkomödie und das Jesuitentheater, wie das Beispiel »Cenoduxus« beweist, bis ins 17. Jahrhundert hinein und hinterließen im europäischen Theater die manigfachsten Spuren. Zum Beweis für das Fortleben dieser aus dem Mittelalter erwachsenen eigentümlichen Form des Schauspiels sei auf Hugo von Hofmannsthals 1911 uraufgeführten »Jedermann« hingewiesen. Wie der von Ruhmgier verführte hochgelehrte Cenodoxus der ewigen Verdammnis anheimfällt, wurde bei der Aufführung durch die Schüler 1609 in München mit solch mahnender Eindringlichkeit dargestellt, daß als Folge 14 vornehme Zuschauer Aufnahme in das Kolleg der Jesuiten begehrten.

Die Jesuiten taten auch weiterhin das ihre, den Glanz festlicher Tage zu erhöhen. Als am 12.11.1613 Herzog Wolfgang Wilhelm (1578–1653) seine Hochzeit mit der Pfalzgräfin Magdalena (1587–1628) feierte, gaben die Schüler am 15.11.1613 die Tragödie »Mauritius« von Jakob Keller. 1634, mitten im 30jährigen Krieg, begrüßte Andreas Brunners »Nabukodonosor« Kurfürst Maximilian I. neuvermählte Gattin Maria Anna. Auch das Aufstellen der Mariensäule 1638 wurde von den Jesuitenschülern mit einem Festspiel gefeiert. Ein Feststück über die Ferdinandischen Inseln begrüßte am 22.6.1652 Henriette Adelheid von Savoyen, die Gattin von Kurfürst Ferdinand Maria, bei ihrem Einzug in München. Und Kurfürst Max Emanuels erste Hochzeit mit der österreichischen Kaisertochter Maria Antonia wurde am 15.7.1685 mit der Aufführung von »Konstantin der Große« festlich begangen.

Einen weiteren Höhepunkt der Dichtkunst der Jesuiten in Bayern kam dann noch einmal mit Jakob Balde, der 1626–28 Lehrer am Münchner Gymnasium und anschließend bis 1630 Gymnasialprofessor für Rhetorik in Innsbruck war. Nach dem Theologiestudium und der Priesterweihe (1633) lehrte Balde ab 1635 Rhetorik an der Universität Ingolstadt. 1637 rief Kurfürst Maximilian I. Balde als Professor für Rhetorik an das Gymnasium München zurück. 1638–48 war er Hofprediger, ab 1640 auch Hofhistoriograph, doch seine Bayerische Geschichte blieb unvollendet. Balde hat sein Schaffen weitgehend in den Dienst geistlicher Erneuerungsbestrebungen innerhalb der Gegenreformation gestellt und dabei seine nationale Gesinnung und sein Mitgefühl für das durch den 30jährigen Krieg heraufbeschworene Leid des Volkes zum Ausdruck gebracht. Seine überwiegend religiöse lateinische Lyrik, die aber auch der Naturdichtung und dem politischen Gedicht Raum gewährte, überragt neben Bidermann die übrige Jesuitenlyrik bei weitem.

Niedergang und Ende des Jesuitentheaters

So ging es mit wechselnden Erfolgen durch das 17. Jahrhundert. Aber der Glanz und die Begeisterung der alten Tage war verblaßt und die Anteilnahme des Herrscherhauses nicht mehr die gleiche wie früher. Inzwischen mußte der Kurfürst vom Rektor formell zu den Vorstellungen geladen werden, jedoch zog er nicht selten das Vergnügen der Jagd dem steifen Schulfest vor oder ließ sich durch seine Kinder vertreten. Der Chronist des Diariums freute sich jedesmal, wenn der Hof aus Höflichkeit überhaupt anwesend zu sein geruhte. Die berufsmäßigen deutschen Schauspieltruppen, die nun immer häufiger in München auftraten, stellten die Leistungen der studentischen Amateure bald in den Schatten.

Auch sehnte sich der Kurfürst sicherlich nicht mehr nach Schauspielen, in denen immer noch Knaben die Frauenrollen übernahmen. Denn ganz selten, und dann nur durch besonderen Dispens, spielten auch Frauen mit. In der »Ratio atque Studiorum Societas Jesu« von 1599 heißt es u.a.: *»Der Gegenstand der Tragödien und der Komödien, die in lateinischer Sprache und nur selten aufgeführt werden sollen, hat heilig und fromm zu sein; niemals darf eine Frau oder ein Frauenkleid auf der Bühne erscheinen.«* Allerdings wurde diese Vorschrift schon recht bald, sowohl was die Häufigkeit und die lateinische Sprache betrifft, als auch hinsichtlich der Frauenkleidung, durchbrochen. Wenn nun die Buben in weiblichen Kostümen steckten, gab das stets Anlaß für Späße, denen man vorbeugte, indem wiederum Verkleidungen für die »Frauen« gewählt wurden, so daß sich eine »Hosenrolle« rechtfertigte. Immerhin war auch bei den deutschen Schauspieltruppen, die sich ursprünglich nach dem Vorbild der ohne Frauen spielenden »*Engellender*« gebildet hatten, das Mitwirken »*rechter Weibsbilder*« erst ziemlich spät, etwa um 1650, aufgekommen. Noch 1661 wurden in München in der »*welschen*« Oper »*L'Erinto*« die fünf Damenpartien von Kastraten gesungen.

Im 18. Jahrhundert sank die Schaubühne der Jesuiten schließlich ganz zu einem reinen Übungsfeld der Schüler herab. Die dramatischen Darstellungen der letzten 70 Jahre des Bestehens der Laienspielbühne waren nur noch ein Schulereignis. Die Bürger drängten nicht mehr mit der Begeisterung wie früher herbei. So sahen bald nur noch Eltern und Angehörige der Schüler zu und die Rollen wurden nicht immer und nicht unbedingt nach den schauspielerischen Fähigkeiten, sondern allen denkbaren anderen Rücksichten verteilt. Am Niedergang des Jesuitentheaters ab etwa 1700 waren aber nicht zuletzt auch die politischen Ereignisse und kulturellen Umwälzungen schuld, vor allem die mehrfachen Besetzungen Münchens durch die Österreicher im Spanischen Erbfolgekrieg (1702–14) und im Österreichischen Erbfolgekrieg (1741–48). War das Jesuitentheater einst uneingeschränkt das Hof- und Volkstheater in München, so änderte sich das, als die aus Savoyen stammende Kurfürstin Henriette Adelheid in der 2. Hälfte des 17. Jahrhunderts die italienische Oper in München einführte. Ihr Sohn Kurfürst Max Emmanuel förderte dann ab etwa 1700 das französische Schauspiel besonders, das bis 1769 vorherrschte.

Während sich das Schultheater anderswo von selbst totlief, starb es in München mit der Aufhebung des Jesuitenordens durch Papst Clemens XIV. (reg. 1769–74) am 21. 7. 1773 schlagartig. Die Laienspieltradition verlagerte sich in den häuslichen Kreis, dies aber auch nur vereinzelt, und ist natürlich nur schwer nachweisbar. 1778 gründete Kurfürst Karl Theodor in München eine »Nationalschaubühne« ausschließlich für deutsche Stücke, doch erst 1787 wurde die überlebte italienische Prunkoper endgültig beseitigt[11].

Die Entwicklung eines Berufsschauspielertums

Die erste Theateraufführung in München war wohl jene des Jahres 1510 auf dem Marktplatz. Es handelte sich um zwei geistliche Stücke, ein Spiel vom sterbenden Menschen (ein Moralitätenspiel nach »Jedermann«-Art) und ein Spiel vom Jüngsten Gericht. Aber wir wissen nicht, wer damals spielte. Die nächsten Theateraufführungen, von denen wir hören, 1527 vor den Herren des Rats, 1535 während der Jacobidult, wo die Bühne wieder »*aufm marckht*« aufgeschlagen war, und 1549 eine »*gereimte Comedi*« aus dem Evangelium von Matthäus von Hieronymus Ziegler, die dem Rat auch gedruckt überreicht wurde, wurden bereits von der städtischen »Poetenschule« bestritten, jedenfalls also von Laienspielern.

Ein erstes Auftreten von berufsmäßigen Schauspielern in München ist in den Vorführungen zu vermuten, die etwa um 1540 im Alten Hof stattgefunden haben. Zur Aufführung gelangte eine Passion Christi, sowie ein Spiel »*von dem Berner und dem wilden Mann*«, letzteres vermutlich mit Puppen. Den ersten Berufsschauspieler in München will Michael Schattenhofer in dem 1569 auftretenden Jacopo di Venezia ausgemacht haben. Auch Martinus Balticus förderte Ende des 16. Jahrhunderts – wie bereits erwähnt – den Übergang von den Meistersingern zum Berufsschauspielertum. Gegen Ende des 16. und zu Beginn des 17. Jahrhunderts kamen immer häufiger Schauspieltruppen nach München, meist englische Komödianten; Kurfürst Maximilian I. hatte verboten, Berufsschauspieler deutscher Herkunft in die Truppen aufzunehmen. Die Engländer waren außerdem damals wegen ihrer Mischung aus Akrobatik und Schauspielkunst in Deutschland sehr beliebt. Sie trugen viel zur Ausbildung eines eigenen Schauspielerstandes bei, wie wir überhaupt in den Wandertruppen des 17. Jahrhunderts zunehmend Berufsschauspieler vorfinden, also nicht mehr Laiendarsteller, die nur nebenbei zu besonderen Anlässen spielten, sondern die nur noch Schauspieler sein und sich damit ihren Lebensunterhalt verdienen wollten. Eine mehr oder minder geregelte Berufsausbildung kam allerdings erst wesentlich später auf. In die anfänglich rein englischen Truppen traten im Lauf der Zeit dann doch auch Deutsche ein, bis die Engländer schließlich in der Minderzahl waren.

Die weitere Entwicklung führte zu zwei großen Gruppen: Die Wandertruppen und die Volksschauspieler. Die Wandertruppen gastierten meist nur kurze Zeit in der Stadt. Die Volksschauspieler dagegen waren einheimisch und ansässig. Sie stammten in der Regel aus dem Münchner Volk, betrieben ihre Bühnen aber bald gleichfalls professionell. Nicht weniger zahlreich als die großen Wandertruppen fanden sich zu den Münchner Dulten die Hütten- und die Marionettenspieler ein. Eine Hüttenspielertruppe bestand nur aus vier oder fünf Personen, meist eine Familie, mit einem oder zwei Gehilfen. Sie zogen durch die Dörfer und die kleineren Städte und überschritten selten die Landesgrenze. Nach München kamen sie regelmäßig nur zu den Dulten, während die großen Wandertruppen die Stadt den Winter über aufsuchten, weil nur in einem größeren Ort eine solche Truppe mehrere Monate hindurch genügend Publikum fand. Während die Hüttenspieler ihre »Hütte«, die oft nur aus einigen Stangen und Stoffteilen bestand, meist nur auf den Dultplätzen aufstellten, bezogen die größeren

Wandertruppen mit Vorliebe den Rathaussaal oder die Bühnen in Wirtssälen oder Bräuhaustennen beim »Wieserbräu«, beim »Bögner« im Tal, im »Kreuzgießergarten«, beim »Radlwirt« jenseits der Isar in der Au, im »Buttermelchergarten« oder vor allem beim »Faberbräu«. Der »Faberbräu« wurde 1593 gegründet und befand sich im Haus Nr. 33 in der Sendlingergasse (später Sendlinger Straße 76, rechts neben dem Alten Hackerhaus). Der spätere Besitzer Johann Paul Reiz ließ die Malztenne im Hintergebäude zu einem »Komödienstadl« umbauen, der in der zweiten Hälfte des 18. Jahrhunderts zu Münchens wichtigstem »Volkstheater« wurde. 1882 ging der »Faberbräu« im ebenfalls 1593 gegründeten »Eberlbräu«, Sendlinger Straße 79, auf.

Weihnachts- und Jüngst-Gerichts-Spiele

Die Zeit des 30jährigen Krieges war dem Theaterspiel in München nicht günstig gestimmt. 1638 erhielt der aus Moosach bei München stammende Dichter-Komponist und Benefiziat bei St. Peter, Johannes Khuen[12], die Erlaubnis, seine »Comedi oder Action« auf dem Rathaus aufzuführen. Nikolausspiele, wie sie seit dem 16. Jahrhundert in Österreich verbreitet sind, gab es offensichtlich in München nicht. In Bayern fand Hans Schuhladen nur zwei Spieltexte aus Neufahrn und Humbach, beide östlich von Wolfratshausen.

Die Weihnachtsspiele unterlagen ab 10.12.1749 ebenfalls einem kurfürstlichen Verbot, aber schon 1750 bat Felix von Scharffstedt »Comoediant und Mahler ob der Au« um Spielerlaubnis mit dem Hinweis, daß die »alhiesige Comedianten ob der Au in alhiesiger Haubt-statt München in denen Wein-Wirthsheußern und Herrschaftsheusern in der heilligen Advents- und Fastenzeit schon yber die 80 Jahr die Erlaubnis gehabt, mit allerhand geistlichen Comedien bedient zu machen«[13]. Schattenhofer verweist dabei auf eine noch ältere Quelle aus dem Jahr 1625: »Georgius Pobinger, Theologiae studiosus et cons. bitten, man wolle ihnen vergunnen, das sie zur H. Weynachtzeit ein Comediolam de Christo nato in den heusern halten mögen: ist ihnen vergunt worden.«

Das von dem Münchner Volksliedsammler August Hartmann erwähnte[14] »Ansingen« in den Münchner Vorstädten Au, Giesing und Haidhausen und die sogenannten Herbergen in Giesing und der Au sind wohl mehr dem Lied-Brauchtum zuzuzählen, denn dem Laienspiel. Lorenz Westenrieder beklagte allerdings 1782 (285): »Die sogenannten Weyhnachtsspiele, welche zuletzt in die Zechstuben wanderten, gehen billig dahin.«

Frühe Jüngst-Gerichts-Spiele, die im 16. Jahrhundert erblühten und in Tirol bis etwa 1800 gepflegt wurden, sind auch aus München bekannt. Des einen Titel lautet: »Got zu lob, dem menschen zu besserung sind dise figur vnd Exempel vom aygen gericht vnd sterbenen menschen zu munichen gehalten worden 1510.«[15]

Die Passionsspiele der Stadtmusikanten

In der wechselvollen Geschichte des Alten Rathauses als Theater begann ein neues Kapitel 1761 mit dem Einbau einer neuen Bühne in den großen Saal. Das geschah in erster Linie für »*die alhiesig Albertische Statt-Musikanten-Compagnie zu Exhybirung der Passions Tragedien*«. Bei dem Passionsspiel der Münchner Stadtmusikanten, einer vom 14. Jahrhundert bis 1827 bestehenden und zuletzt in sechs »Compagnien« eingeteilten städtischen Bläsermusik (1993 als privater Verein wiedergegründet), handelt es sich um eine der nach dem 30jährigen Krieg in München selten gewordenen Nachweise eines nicht berufsmäßigen Schauspielertums, wenn man einmal vom Jesuitentheater absieht.

Ob es sich bei den Spielleuten, die 1589 »*der jungen Herrschaft*« bei Hof die Passion vorspielten, schon um Stadtmusikanten handelte, wird bezweifelt. Auch ist nicht bekannt, wo die Stadtmusikanten zunächst die Passion aufführten. Fest steht, daß 1701 der Stadtgeiger Kaspar Albert im Namen seiner Genossen den Rat um die Erlaubnis bat, die Passion im »Probstbräu«, Unterer Anger 27, aufführen zu dürfen, was allerdings abgelehnt wurde. Am 2. 3. 1716 baten Caspar Albrecht, »*burger und Stadtgeiger alhier et 7 Consortes, umb das Sye dise Fastenzeit hindurch, gleich wie andere Jahre beschechen, den heiligen Passion spillen dörffen*«. Das Gesuch wurde »*wie ehevorige mahlen mit erforderlichen bescheit verwilliget*«.

Die Einnahmen aus den Passionsspielen brauchten die Stadtmusikanten auch dringend. Denn abgesehen davon, daß es zwischen Aschermittwoch und Ostern sowieso kaum Gelegenheiten für musikalische Auftritte gab, machten sich bei den städtischen Musikcompagnien Not- und Krisenzeiten besonders negativ bemerkbar. Starb z. B. der Landesherr, hatte das dann gleich ein Spielverbot für ein ganzes Jahr zur Folge. Zu Zeiten, in denen der allgemeine Lebensstandard beispielsweise durch Seuchen oder Mißernten und Hungersnöte sank, verzichteten viele Bürger auf Hochzeits- und Familienfeste mit großem Gepräge und Musik. Auch Kriege hatten Spielverbote zur Folge.

1731 gestattete deshalb auch ein Hofratsbefehl, daß die »*hiesigen teutschen Komödianten*« geistliche Komödien, die »*verbürgerten Stadtgeiger und Stadttambouren*« dagegen im Wechsel und in gegenseitigem Einvernehmen während der Fastenzeit die Passion spielen sollten. Im Februar 1743 baten die Stadtmusikanten wieder um die Genehmigung, in der Fastenzeit das Passionsspiel aufführen zu dürfen, »*wie das eine verburgerte Banda der allhiesigen Statt-Musicanten schon vor mehr dann 90 Jahren her die allergnädigste Licenz erhalten*« habe. Am 7. 1. 1753 wurde die Bitte wiederholt mit dem Hinweis, daß die »*Passions exhibitiones mit einer geistlichen Voraction in der Fasten vor mehr dan hundert Jahrn zu sondern Nuzen und guett exempl des Publici durch einiche der alhiesig Burgerlichen Stattmusicanten ... exhibirt worden*« waren. 1755 bat der Stadtmusikant Franz Albert, der Sohn des schon erwähnten Caspar Albrecht, als Sprecher der »Passionsagenten« den Rat wiederholt um Zuweisung eines geeigneten Platzes, einmal auch um einen Platz auf dem Anger zum Aufschlagen einer großen Hütte.

Maria Hildebrandt berichtet aber auch von ganz anderen Problemen: »*Mit der Zeit erwuchsen den Stadtmusikanten Schwierigkeiten durch die Konkurrenz ehemaliger*

Kollegen. Der in der Specification [im Antrag v. 2.3.1716] angeführte Stephan Mayr blieb nicht lange bei den Stadtmusikanten, sondern entwickelte sich allmählich zum Berufsschauspieler und trat als Prinzipal einer eigenen Wandertruppe auf. Als er neben weltlichen Stücken auch die Passion aufführen wollte, reichten Hieronimus Staindl ›et 11 Consortes hiesige Statt Musicanten und burgerliche Tampour, welche all Jährlich die Passions Tragedi in der heyl. fasten gespillt haben‹, Beschwerde gegen Mayr und seine Truppe ein, ›weillen Wür in solch eigefallner heyl. Zeit für Weib und Kindt keinen heller zugewinnen wissen, mithin [das Passionsspiel] nahe Bey 100 Jahren allzeit von hiesigen Musicanten und Stadt Tampours ohne iemandts anstoß oder einigen eingriffs von Comoedianten Verrichtet worden.‹ Mayr wolle nun mit seiner Kompanie nicht nur die Passion, sondern auch andere geistliche Stücke aufführen und die Stadtmusikanten ›alle davon ausschließen, und keinen von uns zukommen lassen ..., so wider alle billichkeit were‹. Da die Schauspieler kein Bürgerrecht besäßen, das ganze Jahr ›in auswendtigen Landtereyen herumbziehen, und einen Hochlobl. Stadt Magistrat Keinen heller werths nutzen, gleichwie wür uns in Vorfallenheiten gebrauchen lassen, und die burgerliche onera Beytragen, wür auch in zway Jahren hero solche Miserablitet wegen eingefallenen Churfürstlichen Trauerzeiten Außgestanden‹, möge der Magistrat dem Komödianten Mayr nahelegen, ›daß er sich oder die seinige Passions Tragedi ohne Unsern oder der unrigen, so allzeit darbey gewesen, zu agiern nit undernemmen solle‹. Mayr erklärte daraufhin, daß er künftig auf das Passionsspiel, nicht aber auf andere geistliche Stücke verzichten wolle, ›underdessen damit disen staindlischen Consorten nit gar zu hart gescheche, will er sich offeriert haben, nur bis auf Laetare [4. Sonntag in d. Fastenzeit = 3. Sonntag vor Ostern] zuspillen, als dann sich genzlich enthalten‹.«

Anderen Ärger handelten sich die Stadtmusikanten ein, als sie 1758–60 ihre »Moral- und Passionstragödien« während der Fastenzeit im ehemaligen städtischen Salzstadel am Anger (heute St.-Jakobs-Platz) vor dem Angerkloster aufführten. Dieser Stadel diente früher zur Salzlagerung, damals waren jedoch nur noch Wagen und Bretter untergebracht. Es kam zu einem Streit mit der Äbtissin des Angerklosters, Maria Bonaventura de Kotolinsk, die durch die Aufführungen eine Störung ihrer Andacht befürchtete. Sie empfand es als Zumutung, »einem Kloster, darin das Heiligste verehrt wird, ein comoedianten Haus gleichsamb auf den Halß oder wenigist vor die Thür zu setzen«. Auch gegen die geräuschvollen Dulten und die Hüttenspieler protestierte die streitbare Äbtissin ebenso erfolglos. Der Rat der Stadt hielt jedenfalls seine schützende Hand über seine Stadtmusikanten und widersprach der Äbtissin, »zumal es bei den Heil. Passions gspillen ohne mindesten Geräusch oder lauten Gelächter zugehen pflege«. Die Stadtmusikanten spielten ihre Passion fortan unbehelligt gegen eine jährliche Gebühr von 35 Gulden im Salzstadel. 1760 wurde der Stadel auf dem Anger dann ohnehin abgebrochen.

Die Stadtmusikanten, wieder einmal »heimatlos«, gaben in einer flehentlichen Eingabe an den Rat zu bedenken, daß die Obrigkeit überall dafür sorge, daß die Passionsspieler mit ihrem frommen Beginnen ein Fortkommen fänden, »wie denn heuer in Ammergau dises so lobliche alß christliche Werk mit seinen großen Unkösten bey einem Zulauff von mehr dann 14 000 Menschen haben miessen aufgeführet werden«. Diese

Berufung auf das große Vorbild Oberammergau unterstrich zwar das sittliche Wollen, den Stadtmusikanten ging es aber in der tanzlosen Fastenzeit viel mehr ums Überleben. Die einzige brauchbare Bühne bestand in der umgebauten Malztenne hinter dem »Faberbräu« in der Sendlingergasse und war von dem Wanderkomödianten Franz Gerwald Wallerotti belegt.

Die Stadtmusikanten waren bereit, ein eigenes Theater zu bauen oder in einem Saal zu spielen, den die Stadt für alle Wandertruppen errichten sollte. Deshalb entschloß sich der Rat der Stadt im Januar 1761 dann auch, den Stadtmusikanten den großen Rathaussaal zur Aufführung ihrer Passionstragödien zur Verfügung zu stellen und dort ein neues Theater einzurichten. Zum Einbau dieses Theaters mußten die Stadtmusikanten 100 Gulden beitragen und die Kosten für die Feuerbeschau übernehmen. Die Taxe an die Stadt für die Auffführungen an den Sonn- und Feiertagen während der ganzen Fastenzeit betrug ebenfalls 100 Gulden. Sie wurde auch nicht ermäßigt, als 1762 Franz Albert namens der Passionsagenten darum bat.

Da sich einige Theaterzettel über die Passionsspiele auf dem großen Rathaussaal erhalten haben, sind wir über ihren Ablauf gut unterrichtet.

Michael Schattenhofer (182) berichtet: »*Zuvorderst gaben die Passionsagenten bekannt, daß sie mit gnädigster Bewilligung ihren Schauplatz auf dem großen Rathaussaal und in dem darin ganz neu erbauten ›Theatro‹ eröffnen und die mit neukomponierter Musik wohlversehene und in vielen Stücken verbesserte Passionstragödie ›auf das anmuethigste‹ aufführen werden, wie üblich, auch diesmal mit einer neuen Voraktion respective Prologus unter dem Titel: ›Quis ut Deus oder: Gloreichister Eyferer der goettlichen Ehre. In der grossen Himmels-Fürsten dem heiligen Ertzengel Michael oder Die sich wider Gott aufleinende, und aus dem Himmel in den tiefftigsten Angrund der Hoellen gestürzte – rebellische Himmels-Geister und Die aus dem Paradeyß verstossene, und im Elend ihren Fall beweinende Groß-Eltern Adam und Eva‹. Besonders vermerkt wird, daß diese mit großen Unkosten und noch nie aufgeführte Voraktion mit so vielen Auszierungen und Szenenwechseln versehen sei, daß sie im einzelnen auf dem Theaterzettel nicht aufgezählt werden könnte. Weiter hieß es, daß zum letztenmal die Fußwaschung Christi vorgeführt werde. Als besondere ›Ausziehrungen‹, Szenenbilder der Passionstragödie, wurden angeführt:*

1. *Ein ganz neuer jüdischer Tempel, in dem die Juden verschiedene Anschläge gegen Christus machen, eine ›Ausziehrung‹, die mit den größten Unkosten gemacht und noch niemals gezeigt worden sei.*
2. *Zwei Berge, die sich von selbst öffnen und von denen der eine Adam und Eva, der andere einen Apfelbaum zeigt, der sich überraschend in ein Kreuz verwandelt.*
3. *Der Engel am Ölberg kommt mit einer ganz neu illuminierten ›Machina‹ [Maschine] hervor.*
4. *Judas' Verzweiflung und dessen öffentliche ›Erhenckung‹ an einem Baum.*
5. *Des Judas Marter in der Hölle wird präsentiert.*
6. *Annaglung Christi an das Kreuz und dessen öffentliche Erhebung.*
7. *Das Grab Christi auf das herrlichste illuminiert.*
8. *Die vier Weltteile bedauern den Tod Christi.*«

1765 räumte Kurfürst Max III. Joseph den Stadtmusikanten das Recht ein, außer an den Sonn- und Feiertagen auch einmal in der Woche zu spielen, mit Ausnahme der Tage, an denen der Hof eine französische Komödie angesetzte.

Im selben Jahr kam es jedoch zu einer Spaltung, als Franz Albert ein Exklusivrecht zur Aufführung des Passionspiels erwarb und es auch für seine Person in Anspruch nahm, obwohl es der ganzen Zunft der Stadtmusikanten zustand. Mit zwei weiteren Stadtmusikanten zog er auf die Bühne des »Faberbräu«, wo er sich als Prinzipal einer eigenen Truppe aufspielte. Kurfürst Max III. Joseph wandte sich in einem Schreiben an die Stadt, Albert solle es unterlassen, beim »Faberbräu« zu spielen, da *»man von Magistrats wegen nimmermehr gestatten kan, das in der bevorstehenten fastenzeit der Passion von 2 Banden auf 2 zerschiedenen Theatris aufgefiehret werde«*. Der Kurfürst bestimmte, *»daß die Passions Tragoedien allhier nicht an zwey Orten, sondern nur auf dem Rathaus, und von der nemblichen Banda, welche in vorigen Jahren alda gespielet haben, Exhibiert werden«*. Der Magistrat wurde beauftragt, Franz Albert davon in Kenntnis zu setzen. Nach einem langen Streit um die Kostüme und die Dekoration kam am 21. 1. 1767 ein Vergleich zustande, wonach Franz Albert alle *»Theatral-kleider, und zugehörr ... nebst dem auf dem Rath-Hauß-Saal vorhandenen Theatro Scenen, und gesamten Auszierungen, wie auch das bey dem Faberbräu errichtete Neue Grab Christi«* für 800 Gulden der Zunft der Stadtmusikanten überließ. Die Leitung der Passionsspiele der Stadtmusikanten übernahm Franz Albrechts Bruder Caspar zusammen mit Paul Kogler.

1768 traf die Münchner Stadtmusikanten ein schwerer Schlag: sie verloren das Rathaus als Spielort. In einem zwischen dem Inneren und dem Äußeren Rat der Stadt 1767/68 ausgefochtenen Streit wurde u.a. auch die Beseitigung des Theaters auf dem Rathaus gefordert wegen der beständigen Feuergefahr für Registratur, Archiv, Grundbücher und dergleichen, hauptsächlich aber, weil das Theater es den Bürgern unmöglich mache, sich bei *»Rat und Gemein«* auf dem Rathaus zu versammeln. Das Theater mußte noch 1768 aus dem Rathaussaal entfernt werden und die Stadtmusikanten suchten nach einem anderen Spielort für ihre Passionstragödien. Die Stadt zeigte sich aber immerhin geneigt, den Stadthauskasten am Anger (den Getreidestadel beim Stadthaus, dem heutigen Satdtmuseum), in ein städtisches Komödienhaus umzuwandeln. Das unterblieb jedoch, weil eine zu diesem Zweck eingesetzte Ratsdeputation den Stadthauskasten als Komödienhaus ungeeignet hielt. Bräu- und Wirtshäuser oder Hütten auf dem Anger waren in den folgenden Jahren die Spielorte der Stadtmusikanten.

Das Verbot der Passionsspiele

Schon geraume Zeit waren die von der Bevölkerung hochgeschätzten Passionsaufführungen, in denen sich Spielfreude mit tiefem religiösem Empfinden verband, der geistlichen und weltlichen Obrigkeit ein Dorn im Auge. Seit Beginn des 18. Jahrhunderts ging man systematisch gegen das geistliche Volksschauspiel vor. Als Argumente dagegen wurden die Herabsetzung der Religion durch abgeschmackte und unwürdige

Darstellung von Glaubensinhalten, Sittenverfall und Aberglauben ins Feld geführt. Am 10.12.1749 hatte man ja schon einmal die Weihnachtsspiele verboten. Daß sich derbe Szenen mit erbaulichen mischten (Judas beispielsweise kam aus der Kneipe und klopfte üble Sprüche, bevor er sich im Angesicht des Publikums erhängte, heute dagegen würde man Judas eher als tragische Gestalt darstellen), bewog die Geistlichkeit zum Einschreiten.

1762 gab der Geistliche Rat ein Gutachten ab, wonach »*das größte Geheimnis unserer geheiligten Religion nun einmal nicht auf die Schaubühne gehöre*«. Kommentierte Legband (103): »*Naive Frömmigkeit, feierlicher Sinn hatten in äußerlichem Aufwand, in albernen Unanständigkeiten einen schlechten Ersatz gefunden. Die Prozessionen waren bunte Maskenzüge, in denen die Hanswurste umhertollten mit dem offiziellen Namen Teufel, in denen Allegorien, das Erbe Jesuitischer Kunst, umherschwankten, alles in möglichster Plattheit und Äußerlichkeit.*«

Auf Drängen der Ordinariate (Regensburg war bereits 1721 und 1723, Passau und Augsburg 1762 gegen die Passionsspiele vorgegangen, Regensburg folgte 1764 und Salzburg 1768) versuchte Kurfürst Max III. Joseph am 21.3.1763 Ordnung in die Passionsaufführungen zu bringen, ließ sie aber noch nicht generell verbieten.

Aufgrund der Proteste aus vielen der rund 100 bayerischen Passionsspielorte kam es nur zu folgender Bestimmung in dem von Staatskanzler Wiguläus Freiherr von Kreittmayr eigenhändig entworfenen Mandat: »*Ihre Churfürstl. Durchl. wollen die passions Tragödien an Orthen, wo sie vorhin üblich gewesen, noch ferner, jedoch dergestalt gestatten, daß sie entweder Vor- oder Nachmittags so frühzeitig gehalten werden, damit das Baurs- und anderes zulaufendes Volks noch vor der Nacht wiederum zu Haus seyn, folglich aller excess und unordnung desto leichter verhütet werden kan, welches der Churfürstl. Hof Rath den suplicanten auf anschlüssige Vorstellungen zu rescribieren hat.*«

Trotz dieses Zugeständnisses kam es zu häufigen Überschreitungen des Verbots. Nicht ganz ohne Zutun von Joseph Anton Graf von Seeau, der 1753–99, also fast ein halbes Jahrhundert lang, als »*Intendant der sammentlichen Churfstl: Hofmusic und dennen Spectacln*« die Entwicklung des Münchner Theaterwesens fördernd und hemmend zugleich beherrschte, auf Einwirken des 1769 berufenen »Münchner Bücherzensurkollegiums« und aufgrund eines Berichts des kurfürstlichen Geistlichen Rats-Kollegiums vom 10.3.1770 erging nun ein kurfürstliches Generalverbot aller Passionsspiele in Bayern:

»*Max : Jos : Chf : etc.*

L:G: Nachdem Wir Uns gdigst entschlossen haben in unsern sammentl: Churlanden in Stadt= und Märkten sowohl, als durchgehents auch auf dem Land die Passionstragoedien gänzlich abzuschaffen, und in anbetracht, das die gröste geheimnis unserer geheiligten Religion keineswegs auf die bühne gehört, weder in der fasten, am mindesten aber in der heil: Charwochen mehr zu gedulten, also habt ihr gleich heuer, was die Charwoch belangt auf diesen unsern ernst gemesnen, und unabänderlichen befehl nach aller strenge zu halten und die hierfür sich deßwegen meldende Supplicanten gleich auf

der Stelle abzuweisen, was die Charfreytags Processionen betrifft, so sollen Sie in Zukunft nur mit einem andächtigen Umgang ohne Sprüch, herumreissungen, und dergleichen unformblichkeiten gehalten werden, worauf ihr eben hierfür aufs genaueste zu sehen habt, wie euch dann auch unverhalten bleibt, das die besorgung dieser, und dergleichen geistl: Pollicey-sachen von höchster Stelle unserm geistl: rath gdigst auferlegt worden, sind auch anbey mit gnaden.
 Ex C:S:D.D.Ducis & Electoris etc.   *München den 31ten Mertz ao 1770«*

Die Münchner Stadtmusikanten traf der Verlust ihrer wichtigsten Einnahmequelle in der Fastenzeit umso empfindlicher, als sie erst kurz vorher 1200 Gulden für die Anschaffung neuer Kleider und Dekorationen aufgenommen hatten. Kurfürst Max III. Joseph erlaubte ihnen daher 1771, daß sie »*andere geistliche Historien vorstellen mögen*«. Aber trotz dieser Ausnahmeregelung, scheinen die Stadtmusikanten in der Folge dem üblichen Genehmigungsverfahren unterworfen gewesen zu sein.

Inzwischen hatte Hoftheaterintendant Joseph Anton Graf von Seeau beim Kurfürsten intrigiert, um auch ein Verbot aller Hütten- und Marionettenspiele zu erreichen. Am 12. 6. 1772 schrieb er ausführlich an Max III. Joseph: »*Euer chfl. Durchl. sind diejenigen Kleine so genannte Hüttenspiele bekannt, die gemeinlich in hiesiger Jacobi-Dult auf dem sogenannten Anger einzufinden pflegen. Diese Spüle bestehen in nichts als Zotten und Possen. Sie geben dem Publikum das größte Aergernis. Sie dauern bis Nachts um 11 Uhr fort. Auch nach schon geendigter Dultzeit werden sie geraume Zeit von 14 Tagen und 3 Wochen fortgespielet ... Einer wachsamen Polizei liegt schon ob, derley ärgerliche und auf dem Lande höchst verderbliche Spille abzuschaffen ... Der gemeine Mann, der sich nebst der unvorsichtigen Jugend nur an nichts würdige Kleinigkeiten, ja zum theil ärgerlichen Zotten und Possen selbst ergötzet, laufet ihnen ohne Unterschied nach ... Und in diesem Betracht ist es nicht nur billig, sondern auch nothwendig, derley Hüttenspiele in Zukunft ohne Ausnahme zu verbieten.*«

Das Generalverbot kam dann am 28. 7. 1772 und hatte für ganz Bayern Gültigkeit. Es kostete den Hoftheaterintendanten Graf Seeau allerdings ganze 104 Gulden, denn er hatte sich vorher bereit erklärt, der Münchner Stadtkammer, die von den Hüttenspielern jährliche Abgaben für die erteilten Marktgerechtigkeiten erhielt, den erwachsenen Schaden zu ersetzen. »*Nachdem wir misfalligst vernehmen müssen, daß die einige Zeit hero eingeschlichene Hütten und anderley Spiele meistentheils nur in ärgerlichen, und daher unduldsamen Vorstellungen bestehen, wodurch die gute Sitte verderbt, und die Posse dagegen befordert wird, so wollen Wir sowohl in- als ausser denen Dulten und Markt Zeiten alle Hütten, schlechten Comödien, und Arztenspiele mit Marionetten und Personen nach Ausfluss gegenwärtigen Jahres für allzeit hindurch angeschafft haben, und nur allein mechanische Stücke, oder andere Künste, auch Schattenspiel und dergleichen auf eine anständig- und erlaubte Art zu präsentieren gestatten. Welches ihr Unserm Gerichtsbeamten, dann Stadt und Märkten in Eurem Regiments Distrikt der genauen Darobhaltungswillen zu bedeuten, und selbe dahin anzuweisen hat, daß sie derley Leuthen also gleich den Auftrag machen, sich um andere Mannsnahrung umzusehen ...*«

1777 übernahm Karl Theodor, der seit 1742 schon Kurfürst von der Pfalz war, auch die Regentschaft in Bayern. Durch seinen Einsatz für die Künste und die Wissenschaften, insbesondere für die Entwicklung des deutschen Theaters[16], gehört er zu den profilierten Persönlichkeiten der deutschen Kulturgeschichte des 18. Jahrhunderts. Als er 1778 mit seinem Hof von Mannheim nach München übersiedelte, folgten ihm auch das Personal der Hofoper, das Hoforchester und das deutsche Schauspielensemble des Mannheimer Hof- und Nationaltheaters. Wie in Mannheim förderte Karl Theodor, übrigens selbst hochmusikalisch, fortan auch in München nicht nur das deutsche Schauspiel, sondern besonders Wolfgang Amadeus Mozarts deutsche Oper. Dennoch wurde erst 1787 die überlebte italienische Prunkoper in München endgültig abgeschafft.

1778 wurde das Verbot unter der Bedingung, daß sowohl das Passions- als auch das Vorspiel der Zensur vorgelegt werden, zwar etwas gelockert, doch brachten das Zensurkollegium und der Geistliche Rat dem Kurfürsten bald das Generalverbot von 1770 in Erinnerung: *»Die Ursachen, die uns dortzumahl bewogen haben, auf dieses Verboth zu dringen, waren vorzüglich, misbräuchen zu steuern, die bei einem so sinlich-fanatischen Publicum auf dise Vorstellung antstanden sind.«* Durch die Aufführung solcher Stücke würde das *»grosse tiefe und anbetungswürdige geheimniß mehr profaniert (wir möchten sagen verhunzt) als geheiligt«*.

Nun versuchten sich die Stadtmusikanten, wie uns Maria Hildebrandt weiter berichtet, mit der Aufführung geistlicher Dramen über Wasser zu halten. Karl Spengler nennt uns einige: *»Genovefa oder die unauslöschliche Tugend ehelicher Treue«* heißt es da, oder: *»Der Sündfluth oder das in dem Wasser erstickte Lasterfeuer der damals sündigen Welt«*, *»Margaritha oder das verlorne, doch wieder aufgefundene Schaf«*, *»Johannes von Nepomuck oder die hellglänzende Sonne der Beichtiger«* und *»Joseph oder der von seinen Brüdern erkannte Vizekönig von Ägypten«*. Ein halbes Stück allein ist schon der wortreiche Titel *»Eunstachius oder die durch unvermuthetes Geschicke verlohren, auf dem Pfad des christlichen Glaubens aber unverhofft wiedergefunden, und durch die Marterkrone mit dem Vater zugleich siegende Söhne«*.

Der Geistliche Rat erreichte aber 1780 auch ein Verbot für *»alle anderen Theatralische Vorstellungen eines zur Religion gehörigen Stoffes«*. Obwohl dieses Verbot 1781 erneuert wurde, gelang es den Stadtmusikanten, sich mit Hilfe des Magistrats dennoch wieder eine Spielerlaubnis zu verschaffen. 1780 hatten die Münchner Stadtmusikanten beim Zensurkollegium sieben geistliche Schauspiele eingereicht, die für unbedenklich befunden wurden:

»1. Geistliche Schaubühne
2. Beruf des h. Aloys Gonzaga
3. Thecla
4. Bernard, ein geistl. Vater
5. Rebecka
6. Brigita
7. Die dem Herzog und Churfürst zu Sachsen schimmende Freudensonne.«

1781 legten die Stadtmusikanten drei weitere Stücke vor, von denen die »*2 Stücke von Klopfstock, Salomo und Der Tod Abels*« genehmigt wurden, »*über das andere Stück aber: Genovefa Pfalzgräfin zu Trier wird das nachgesuchte Imprimatur um so mehr für allzeit abgeschlagen, als zu viele Bedenklichkeiten hierin angetroffen worden sind*«.

Lorenz Westenrieder bestätigt uns 1782 in seiner »Beschreibung der Haupt- und Residenzstadt München«: »*In der Fastenzeit werden bey dem Faberbräu von den Stadtmusikanten geistliche Stücke gegeben.*« Westenrieder, 1771 zum Priester geweiht, war ab 1773 Professor für Rhetorik und Poetik an den Realschulen in Landshut und München. 1785 wurde er Mitgleid des Geistlichen Rats und im Jahr darauf des Zensurkollegiums, nahm also auch Einfluß auf die Theaterereignisse jener Jahre.

Auch 1783 reichten die Stadtmusikanten unter ihrem Leiter Paul Kogler ein Bittgesuch um die Bewilligung zur Aufführung der Passion ein. Dem Gesuch wurde stattgegeben. Die Aufführung am 25. 3. 1783 ermöglichte Hoftheaterintendant Joseph Anton Graf von Seeau selbst, der inzwischen das Verfügungsrecht auch über die Bühne im »Faberbräu« hatte. Er gab aber zu bedenken, ob die Stadtmusikanten »*bei der schlechten Anlage zur Schauspielkunst, und – zu vermuten – noch schlechteren Einnahmen auf die bereits habende Schulden nicht noch grössere häuffen*«. Er wies auf die Gefahr hin, »*daß sie ihre Kinder, die lauter Mädchen bei reifem Verstande, jedoch zum Dienen untauglich sind, einem so undankbaren Geschäft widmen, sie ihrer Bestimmung entziehen und ihnen vor ihre Lebenstage die traurigsten Aussichten bereiten*«.

1784 folgte ein neuerlicher Erlaß des Kurfürsten, der sicherlich auch wieder nur auf Drängen des Geistlichen Rats zustande kam, denn Karl Theodor war nicht mehr so streng gegen die geistlichen Spiele eingestellt wie sein Vorgänger. Erneut wurde »*die aufführung samtl: sowohl geistl: als auch weltlicher Trauer-, Schau und Singspieller allem Volk in Städt und Märkten und auf dem Lande*« untersagt, damit das Volk nicht »*von der arbeith, Gebett, und andern Geschäften abgehalten, und zum müssiggehen verwöhnt werde*«, aber gleichzeitig die Pflege der »*ehrbar und gutgeheißene Spiele der Schulkinder ausgenohmen*«. Da es ihre zünftische Ordnung nicht zuließ, anderem Gewerbe nachzugehen, war mit diesem Verbot 1784 dem Theaterspiel der Stadtmusikanten endgültig ein Ende gesetzt. Gleichzeitig brachen damit aber auch die Streitigkeiten und Prügeleien mit den »wilden« Musikanten aus dem Lehel, der Au und aus Haidhausen ab, die ebenfalls Passions- und andere geistliche Spiele gezeigt hatten.

1791 zog sich das Zensurkollegium allerdings den Unmut des Kurfürsten zu, als es Mozarts »Don Giovanni« verbot, was Karl Theodor wieder aufhob. Am 2. 4. 1799, unter Kurfürst Max IV. Joseph, wurde das »Münchner Bücherzensurkollegium« schließlich aufgelöst. Die Chancen unserer Münchner Stadtmusikanten, jemals wieder Passionstragödien aufführen zu dürfen, wurden mittlerweile immer schlechter, wie z.B. auch die Verordnung vom 27. 3. 1792 beweist: »*Nachdem eines Theils die Geschichte des Leidens Christi kein theatralischer Gegenstand, andern Theils aber hierunter mehr die Gewinnsucht einiger Bürger, als die wesentliche Andacht verborgen, auch das Gesuch, gedachte Vorstellung aufführen zu dürfen, beweis der Acten sowohl von der höchsten Stelle, als von der Churf. Oberlandsregierung schon zu verschiedenen Malen abgeschlagen worden ist; so haben S. Churf. Durchl. gnädigst zu beschließen geruht, daß der um erwähnte Passions-Vorstellung supplicirende Magistrat und Bürgerschaft zu Aibling nach unzielsetzlichem Antrage gedacht Höchstdero Oberlandsregierung mit ihrem wiederholten muthwilligen Begehren ein für allemal ab- und zur genauesten Beobachtung der Generalverordnung vom 31ten März 1770 mit dem Anhange angewiesen werden solle, daß, wenn sie mit ihrem edictswidrigen und schon oft abgeschlagenen Gesuche nochmals auftreten sollten, die Theilhaber hievon empfindlich würden bestraft werden.«*

In einer Verordnung vom 20.7.1793 steht zu lesen: »*Seine Churfürstliche Durchlaucht haben schon in mehreren höchsten Verordnungen die Aufführung der Passionstragödien sowohl als andere geistliche Trauer-, Schau- und Singspiele auf dem Lande verboten und hiernach mehrere Städte und Märkte mit ihren diesfalls gestellten Bitten abgewiesen. Die Ursachen, welche Seine Churfürstliche Durchlaucht zu diesen höchsten Verfügungen bewogen haben, waren, daß die großen Geheimnisse Unserer Religion kein Gegenstand für die Bühne sind, daß durch die Aufführung dergleichen Spiele das Volk von der wahren Andacht und Anbetung abgehalten, von seinen Berufsgeschäften entfernt, sofort zum Müßiggang, nur zu oft auch zu andern Ausschweifungen verleitet wird, und weil überhaupt der zeitliche Gewinn, welchen man bei dergleichen Vorstellungen stillschweigend zur Hauptabsicht hat, gegen die hieraus entspringenden schädlichen Folgen in gar keine Betrachtung genommen werden. Alle diese Gründe stehen noch unverändert...*« Seufzte Karl Spengler: »*War bisher die Armut ständiger Begleiter, so erhob nun das Hungergespenst sein Haupt. Jahr um Jahr häufen sich die Bittschriften um Brennholz und Almosen. Arme Stadtmusikanten*«. 1827 erlosch schließlich dann die Zunft der Münchner Stadtmusikanten sowieso.

Das erfolglose Gesuch der Allacher um eine Spielerlaubnis

Die ständigen Verbote schienen offensichtlich kaum jemand davor zurückzuhalten, es doch immer wieder mit einem Gesuch um die Spielbewilligung zu probieren. So auch nicht die Allacher. Am 2.9.1815 suchten sie nach, »*die Leidens- und Todesgeschichte Jesu /:oder die Gottes-Versöhnung:/ in Allach aufführen zu dürfen*«:

»*In Gegenwart des k. Landrichters Lic. Steyrer erschienen Jakob Blum, Schullehrer in Ludwigsfeld, Michael Rauscher, Bauer und Johann Krägler, Schneider, beide in Allach beim Landgericht München und stellen nachstehende gehorsamste Bitte zu Protokoll: Angefeuert und aufgemuntert durch die Beyspiele Ammergaus und Walls u.a., welche die Paßionsgeschichte Jesu zu großer Zufriedenheit des Volkes scon einige Jahre aufführten, faßten die gehorsamst Unterzeichneten auch den Muth, eine ähnliche Veranstaltung in Allach zu treffen. Zur Realisierung dieses ihres Vorhabens seyen bereits die notwendigen Verabredungen getroffen worden und diese verstanden sich dazu, gemeinschaftlich die Kosten zur Errichtung des Theaters und der nöthigen Kleidungsstücke vorzuschießen, welches die beiden anwesenden Gemeinde Männer von Allach feyerlich bestätigten. Zur Leitung und Einrichtung des Schauspieles finden sie in dem k. Hofschauspieler H. Urban in München einen ebenso geschulten als uneigennützigen Directeur, welcher sich bereits der Gemeinde verpflichtete, nicht nur mit dem Vor-*

schuße des nöthigen Geldes das ganze Theater geschmackvoll mit allen Decorationen und Kleidern herzustellen, sondern die Aufführung des Stückes selbst zu leiten, dabey aus den ihm vorschwebenden Persohnen aus dem Dorfe oder den umliegenden Ortschaften, welche sich gerne dazu verstehen werden, die nöthigen Acteure auszuwählen, unterselbe die Rollen zu vertheilen, und deren Vortrag hier zu lehren. Zur Besorgung der Musik machte sich Hochw. Benefiziat Fleischmann von Bluthenburg anheischig.

Da nun der Zweck dieses Schauspiels so edel, als das Betreben der Gemeinde große ist den Beyfall aller derjenigen, die uns mit ihrem Besuche beehren werden, zu verdienen, so wagen die Unterzeichneten an k. Landgericht die Unterthänigste Bitte dasselbe geruhe der Gemeinde Allach die gnädigste Erlaubniß, die Gottes-Versöhnung oder die Leidens- und Todesgeschichte Jesu in einem Schauspiel im kommenden Jahr 1816, in den Monaten May oder Juny aufführen zu dürfen, gnädigst zu erwirken …«

Landrichter Steyrer befürwortete das Gesuch der Allacher wärmstens, leitete es am 18.11.1815 »an das Koenigl. General-Commißariat des Isar-Kreises« (was etwa der heutigen Regierung von Oberbayern entspricht) weiter und empfahl mit reichlich umständlichen Worten die Genehmigung: »Welch einen mächtigen Einfluß die Darstellungen auf der Bühne auf das Gemüth des Menschen haben, lehrt die Geschichte des Tages; und daß das Schauspiel, wenn es dem Zwecke seiner Darstellung rein entspricht von den wohltäthigsten Folgen für die volksthümliche Bildung ist wer möchte diese Wahrheit bestreiten? denn das mächtige Wort und das anziehende Beyspiel vereinigen sich schwesterlich hier, die Gefühle des Menschen höher zu stimmen, seine Seele zur Nachahmung der dargestellten edlen Handlungen zu rühren, und sein Herz unwillkührlich auf die Bahn der Tugend und Moralität zu leiten. Nur das Streben, welches in jedes Menschen Seele wurzelt, die Beyspiele des Edelmuthes, der Biederkeit und Tapferkeit, welche ihm die Geschichte zeigt, durch wirkliche Handlungen sich zu vergegenwärtigen, ist es, was ein jedes Volk auf dem Gedanken zur Darstellung auf der Bühne bringen kann. Jedes nur etwas erwachte Gemüth wünscht, was ihm anziehend vorschwebt, nachzufühlen oder nachzuhandeln. Hingewiesen von diesem gewaltigen Triebe wagte es die Gemeinde Allach d.G. [dies Gerichts], durch Abgeordnete die gehorsamste Bitte: – daß ihr gnädigst erlaubt werden möchte, in Allach als Schauspiel die Gottesversöhnung, oder die Leidens- und Todesgeschichte Jesu in den folgenden Sommer Monaten May oder Juny aufführen zu dürfen; – zum Protokoll bey dem gehorsamst unterzeichnenden Landgericht zu geben, welches um dieselbe der hohen Stelle zur gnädigsten Erhörung gehorsamst in der Anlage zu übersenden keinen Anstand nehmen zu dürfen glaubt …«

Wie eigentlich zu erwarten, wurde das Gesuch am 19.1.1816 abgelehnt, »mit dem Bemerken, daß sogar den hiesigen [Münchner] Volkstheatern die Aufführung von Vorstellungen aus dem Leben und Leiden Christi nicht mehr gestattet werden darf«. Doch die Allacher gaben nicht auf und bemühten sogar den Advokaten Dr. Pichlmayer, der in einem mehrseitigen Schriftsatz über die Vorteile solcher Aufführungen referierte, erstmals am 26.2.1816 und dann noch einmal am 26.3.1816. Am 6.4.1816 antwortete »auf Befehl Seiner Majestät des Koenigs, der Staatsminister Graf von Montgelas an das k. General-Commißariat des Isar-Kreises: Die Gemeinde zu Allach ist auf ihr hieneben mitfolgendes Gesuch, in den kommenden Monaten Mai oder Juni in ihrem Dorfe die

Leidens- und Todesgeschichte Jesu aufführen zu dürfen, abschlägig zu bescheiden.« Doch Dr. Pichlmayer ließ nicht locker, aber auf seine letzte Eingabe vom 24.4.1816 folgte nur noch die lakonische Antwort: *»Nach allerhöchster Verordnung vom 16. Januar 1816 ist auch Volkstheatern die Aufführung von Vorstellungen aus dem Leben und Leiden Christi nicht mehr gestattet.«*

Die ersten privaten Theateraufführungen

So wie fast jeder Berufsstand sein Privattheater hatte, spielten auch die Kinder zu festlichen Anlässen nicht nur im Familienkreis, sondern häufig auch öffentlich. An den Fürstenhöfen führten die erlauchten Herrschaften französische und deutsche Komödien auf, wie z.B. in Dresden, Wien und München. So berichtet einmal der Baron von Malknecht in einem Brief aus München an den bayerischen Gesandten in Wien, Herrn von Mörmann[17]): *»1724, 29. August. Bei Hof wurde dann öffentlich im Kaisersaal diniert und um 5 Uhr nach Nymphenburg gefahren, wo die französische Tragödie Mithridates aufgeführt wurde, in welcher der Kurprinz und Herzog Ferdinand die Rollen der zwei Söhne des Mithridates vorzüglich spielten. Nach dem Theaterstück war Souper zu fünfzig Gedecken, dann Feuerwerk, Beleuchtung und Ball. Ich muß berichten, daß der Kurprinz die Rolle des Mithridates und Herzog Ferdinand die des einen Sohnes desselben spielte; ich habe das Stück selbst nicht gesehen; es scheint, wir Alten werden zu solchen Unterhaltungen nicht mehr eingeladen.«* Auch später noch war das Theaterspiel neben Reiten, Jagen und Musizieren eine beliebte und häufig gepflegte Unterhaltung der geselligen Jeunesse dorée ebenso wie der hochgeborenen Jugend. Vor allem Prinz Carl (1795–1875), der jüngere Bruder des späteren König Ludwig I., gab sich oft als jugendlicher Held in Stücken historischen Inhalts.

»Hat auch ein mißverstandener Aufklärungseifer in den ersten Jahren unseres Jahrhunderts«, beklagen Joseph Friedrich Lentner und Felix Dahn in ihrem Aufsatz über die »Volkssitte« in der »Bavaria. Landes- und Volkskunde des Königreichs Bayern« 1860, *»gerade dieser Art von Volksbelustigung heftige polizeiliche Hindernisse in den Weg gelegt, so konnte sie doch dem unwiderstehlichen Drang und der niemals müden Lust des Volkes nur in so weit Abbruch thun, daß es einen Theil der üblich gewordenen Bühnenstoffe aufgab, nämlich die sogenannten Heiligenkomödien, d. h. der Legende entnommene Dichtungen. Das weltliche Schauspiel ward eifrig fortgesetzt und zuletzt selbst von der Polizei nicht nur geduldet, sondern in Schutz genommen.«*

Das in der Zeit der Aufklärung wieder allgemein erwachende pädagogische Interesse brachte es mit sich, daß die ab und zu stattfindenden Aufführungen von Schulen und Waisenhäusern Aufmerksamkeit fanden, die im Publikum teilweise schon durch die modische Begeisterung an den professionellen Kindertheatern vorbereitet worden war.

Der schon erwähnte Lorenz Westenrieder berichtet uns 1782: *»Zuweilen spielen auch Privatpersonen in ihren Häusern.«* Aber nur wenige Seiten vorher beklagte der selbe Westenrieder: *»Von dem uralten Volksspiel, und dem Bild des Tespis, der auf zween Schragen Breter legte, und sein Gesicht mit Hefen beschmierte, von jener un-*

veränderten Neigung, die uns allen eigen ist, alles nachzuahmen, und darzustellen, erlöschen eben noch vor unsern Augen gerade die letzten Linien, indem diese Erfindungen der menschlichen Einbildungskraft, und des Geschmacks eine Vollkommenheit erreicht hat, welche einer wohlgeordneten Policey nicht zulassen, jene erstere zu dulden. Ein Spiel für die Bauern wanderte ebenfalls am lezten Faschingstag, einen Tag nämlich vor dem künftigen Roßmarkt herum. Es hieß der Blassel.«

Die Liebhabertheater im 19. Jahrhundert

1802/03 enstanden als erste gesellige Vereine in München das »Museum« (1829 509 Mitglieder) und die »Harmonie« (1812 510 Mitgl.). Im November 1813 folgte als dritte die Gesellschaft »Frohsinn«, die aber nur bis 1846 bestand. »*Bei ihr lag das Schwergewicht ganz auf den geselligen Vergnügungen; die Bälle des Frohsinns galten als die unterhaltsamsten. Besonders trat dieser Verein aber durch die Veranstaltung von Konzerten, Pantomimen und Theateraufführungen hervor, deren Programm fast ausschließlich von Mitgliedern bestritten wurden und nach Meinung der Zeitgenossen ein erstaunlich hohes Niveau besonders bei Musikveranstaltungen erreichten*« (Tornow, 99). »*Die zahlreichste Gesellschaft ist gegenwärtig [1835] der Frohsinn mit etwa 600 Mitgliedern, welche ein herrliches Gebäude in der Karlstraße inne haben. Die Gesellschaft hat ein eigenes niedliches Theater, giebt Lustspiele, Opretten, Conzerte, Bälle u. dgl. m.*«[18]

Vom gleichen Typ wie die drei genannten, am ähnlichsten dem »Frohsinn« (im Mittelpunkt standen auch hier Konzerte und Theateraufführungen), wurde 1818 ein weiterer geselliger Verein gegründet, der sich zunächst nach seinem Versammlungsort, dem »Hubergartensaal«, benannte, 1825 aber dann den Namen »Ressource« annahm. Er scheint jedoch nicht die gleiche Bedeutung wie seine drei großen Vorgänger erreicht zu haben, zumal er recht exklusiv war und Handwerker und Angestellte von der Mitgliedschaft ausschloß. Die Mitgliederhöchstzahl war 100, ab 1822 auf 150 festgelegt. Sie brachten allerdings, soweit aus den wenigen erhaltenen Programmen ersichtlich, selten Werke von auch nur zweit- oder drittklassigen Dichtern, ganz zu schweigen, daß der populäre Geschmack, wie in den Wiener Vorstadttheatern, einen Nestroy oder Raimund gefördert hätte. Von der Ausnahme Wiens abgesehen, dürfte das Niveau des Münchner Theaterlebens allerdings, auch auf Vereinsebene, nicht unter dem vergleichbarer Städte gelegen haben.

Dem »Frohsinn« sehr ähnlich war schließlich auch der 1819 gegründete »Bürgerverein«, der sich ausschließlich aus gewerbetreibenden Bürgern zusammensetzte und seine Glanzzeit in den 1840er Jahren gehabt zu haben scheint. Aus dieser Zeit erfahren wir von Hans Schuhladen, der uns mit seinem Aufsatz »Zur Geschichte des Münchner Amateurtheaters« in dem Begleitband zur Ausstellung »So ein Theater?! Zum gegenwärtigen Spiel von Amateurbühnen in München« 1986 die erste umfassende Darstellung dieses von der Münchner Theatergeschichte bislang vernachlässigten Themas geliefert hat, auch von regelmäßigen Theateraktivitäten des »Bürgervereins«: *Gemäß seiner Theatersatzungen, die uns in einer Niederschrift von 1841 überkommen sind, versteht er sich als ein ›auf gegenseitige Gefälligkeit gegründetes Institut‹. In einem Protokollband sind uns die vom September 1841 bis zum Juni 1843 geplanten und tatsächlich aufgeführten Stücke, sowie weitere zehn Titel aus einem Nachtrag von 1854 bekannt. Für die Saison 1841/42 waren neun jeweils einmal gegebene Theaterabende angesetzt. Einer mußte ausfallen, da eine Hauptdarstellerin verreiste. Als erstes ist das Lustspiel ›Der Strich durch die Rechnung‹ von Jünger genannt. Es folgen ›Die deutschen Kleinstädter‹ von A. Kotzebue. Nachdem die ›Günstlinge‹ von Ch. Birch-Pfeiffer abgesetzt werden mußten, haben wir u.a. Lustspiele von A. Bäuerle, J. Gleich, I.F. Castelli und E. v. Bauernfeld genannt, daneben ein ›ländliches Sittengemälde‹, ›Die Jäger‹ von A.W. Iffland, und Melodramen. 1842 heißt es einmal: ›obiges Stück unterblieb, da von der kgl. Regierung das Reskript eintraf, das (!) alle Bewilligungen von Privattheatern aufgehoben seyen.‹ Drei Monate später werden die Aufführungen jedoch fortgesetzt, so daß sich ebenfalls neun Produktionen für die Saison 1842/43 ergeben. Nach drei weiteren Stücken brechen die Eintragungen ab.«*

Der Saal im Rathaus hatte nach der dortigen Vertreibung der Stadtmusikanten 1768 nicht aufgehört, auch als Theatersaal zu dienen. So berichtete der »Bayerische Volksfreund« am 22.3.1827 über den Plan der neugebildeten »Dramatischen Gesellschaft höherer Stände zur geselligen Unterhaltung« im Rathaussaal französische Komödien aufzuführen. Näheres über diese »Dramatische Gesellschaft« konnte noch nicht in Erfahrung gebracht werden.

Um 1840 wurde in München ein eigener »Liebhabertheaterverein« gegründet, von dem leider auch nicht viel mehr als die bloße Existenz bekannt ist. Interessant ist aber in diesem Zusammenhang der Begriff »Liebhaber«, denn darunter versteht man heute in der Regel etwas ganz anderes. Er leitet sich von der Übersetzung des Anfang des 19. Jahrhunderts wie viele andere französische Wörter in die bayerische Sprache eingewanderten »Amateur« ab, der soviel wie eben »Liebhaber«, jedoch im Sinn von »Kunstfreund« bzw. »Dilettant« bedeutet, aber heute vor allem in Kultur und Sport für Nicht-Profi, also Laie, eingesetzt wird. Wenn der französische »amateur« auch seine Wortverwandtschaft zu »aimer«, also »lieben«, nicht verleugnen kann, so ist dies doch eher im Sinn von »gern haben« oder »mögen« zu verstehen.

Hans Schuhladen berichtet uns als nächstes vom »Harbni-Orden«: »*Versucht man im Bürgerverein Literaturtheater, wohl unter Ausklammerung von Klassikern, zu bieten, legt man es bei den Aufführungen des Harbni-Ordens auf kritische Auseinandersetung mit volkstümlichen Stücken an. Dieser Orden wurde 1850 gegründet. Er setzte sich ›frohe Geselligkeit ohne alles Herbe‹ zum Zweck. In ihm waren hohe Verwaltungsbeamte, (ehemalige) Militärs, Wissenschaftler und Künstler zu einer Ritterrunde zusammengeschlossen. Ihre Stammburg war die Menterschwaige. Die Eröffnung des Harbni-Theaters 1853 brachte u.a. eine Parodie auf das ›Zauberstück‹ mit ›das letzte Gericht. Eine Scene aus der Geisterwelt mit Gesang‹. Auch im weiteren wird das Unterhaltungsspiel mit Eigenproduktionen fortgesetzt. Diese glossieren Zeiterscheinungen. Als Satire auf die Alpenschwärmerei dürfte wohl folgende Nummer des am ›22. des Knospenmonats 1861‹ in der Trinkstube aufgeführten Programms anzusehen sein: ›Der*

Publikumsandrang am Schweigertheater vor dem Karlstor (Kol. Lithographie von Ferdinand Schiesl 1809)

Bräutigam wider Willen, oder: Wer Andern eine Grube gräbt, hat Gold im Munde. Culturhistorische Szene mit Alpenwirtschaft, Kuhplätz (Couplets) und einer neuerfundenen Ordensdekoration‹ … Vermutlich eine ähnliche Tendenz, vielleicht auch eine Parodie des maßkrugstemmenden Bayern, verfolgt: ›Maaß für Maaß. Nach Shakespeare vom Verfasser der Schlierseer Spaziergänge‹. Dieses Stück spielt beim ›Fischerwirt zu Greanbichl‹, es wurde am 24. März 1876 gegeben. Nach 1880 scheint das Theaterspielen in diesem Ritterorden zurückgetreten zu sein. Allerdings sind bis in die 1930er Jahre durch Chroniken zahlreiche ›Lätitzel‹ belegt. Auch Ludwig Thoma war zeitweise Mitglied, schrieb sogar ein Stück für den Harbni-Orden, das bisher unpubliziert blieb. Bei den Ordensfesten haben wir weiterhin mit pompös inszeniertem Rollenspiel zu rechnen. Dies belegen die erhaltenen gedruckten Programme.«

Am 20.2.1862 tritt der erst im Vorjahr gegründete »Akademische Gesangsverein« mit der Aufführung des Stücks »Die Kreizfahrer oder Der Schutzgeist um Mütternacht« (Text: Friedrich von Ziegler, später Kabinettsekretär von König Ludwig II.; Musik: Georg Krempelsetzer/1827–71, später Kapellmeister am Aktien-Volkstheater) an die Öffentlichkeit. Als Gesangverein widmete man sich natürlich bevorzugt Chorwerken, gab aber auch (beispielsweise bei »Kneipen«) Pantomimen oder komische Oratorien. 1890 bezog der Verein in der »Scholastika«, Ledererstraße 5, ein eigenes Haus und gab fortan mehr Schauspiele. Mit Texten von Anton Herzog kamen auch

»Bauernstücke« auf die Bühne des Akademischen Gesangvereins, z.B. »Der schlaue Thomas« (1904, 1912, 1923, 1929). In den 1920er Jahren führte man mehrfach Weihnachtsspiele auf, u.a. im Alten Rathaus, 1937 gab man mit dem »Großarler Herodesspiel« auch einmal ein Volksschauspiel. Nach einer zwangsweisen Unterbrechung in den Kriegs- und Nachkriegsjahren nahm der Gesangverein 1950 das Theaterspiel wieder auf, jedoch erst ab 1958 festigte sich der Spielbetrieb wieder.

»*In der Thalia (im Haslauersaale) hat schon manches Individium eine Art dramatischer Ausbildung erhalten.*«[19] Carl Fernau (= Sebastian Franz Daxenberger) meint,[20] der Theaterverein »Thalia« sei 1840 schon wieder aufgelöst worden. Ingo Tornow ist sich deshalb sicher, daß er »*nicht mit dem erst 1848 gegründeten [!] geselligen Verein ›Thalia‹ identisch*« ist. Hans Schuhladen dagegen schreibt: »*Die 1834–1848 bestehende [!] Privat-Gesellschaft Thalia war ein geselliger Verein. Zu ihren Unterhaltungsangeboten zählten auch ›musikalisch-deklamatorische Unterhaltungen‹. Theateraufführungen sind nicht erwähnt.*« Vermutlich handelt es sich bei den unter dem Namen »Thalia« in den 30er und 40er Jahren des vorigen Jahrhunderts erwähnten Vereinen doch um ein und die selbe Gesellschaft.

Jedenfalls konstituierte sich 1867 eine neue Vereinigung unter dem Namen der Muse der Komödie, insbesondere um laut § 1 der Statuten »*Kunstjüngern, welche sich dem Theater oder der Musik widmen, Gelegenheit zu geben, sich praktisch ausbilden zu können*«. Das Gesellschaftslokal wechselte häufig: 1867 »Odeon«, 1868 »Museumsgaststätte«, 1869 »Goldener Stern« und »Drei Rosen«, Rindermarkt 8. Für eine Aufführung von »Der Sonnenwirth oder der Räuber aus verlorener Ehre« am 21. 6. 1869 im »Elysium«, Sophienstraße 1, hielt die Polizeidirektion München eine Gendarmerieassistenz »*z.Z. durchaus nicht nothwendig, da der Zuspruch der Leute, die größtenteils den besseren Ständen angehören, ein geringer genannt werden kann, u. das Ertragniß der Vorstellung nicht selten so unbedeutend ist, daß Schießl* [der Besitzer des »Elysiums«] *für Saal u. Theater gar keine Entschädigung erhält*«.

Schuhladen berichtet uns weiter: »*Die Bühne im ›Elysium‹ wurde offenbar von mehreren Vereinen genutzt, denn auch die ›Euterpe‹ tagte dort, ebenso dann der 1871 gegründete ›Theatralische Centralverein‹. Dieser war bemüht, gesellige Unterhaltung aufzunehmen und Theaterliebhabern Gelegenheit zu bieten, ihr Talent auszubilden ... Nachdem bei der Sedanfeier des Vereins am 11. 2. 1871 die ›Führer der Gesellschaft Ex-Hilaritas, P. Riesch und Consorten‹ gesehen wurden, vermutet die Polizeidirektion im ›Elysium‹ solle ein ständiges Theater eingerichtet werden, da sich ›hinter dem neuen Vereins-Namen die bekannten Leiter von Liebhabertheatern und die Gesellschaften Exhilaritas und Erato‹ verbergen. Sie wendet sich gegen eine neue Spielstätte ... Die Polizei bleibt hart, ›da zur Zeit ein Bedürfnis nach öffentlichen Theatervorstellungen neben den bereits bestehenden Theatern nicht besteht‹.*«

Die Münchner Volkstheater und ihr Einfluß auf das Laienspiel

Diese Feststellungen der Polizeidirektion München 1871 beziehen sich wohl auf die Existenz mehrerer (professioneller) »Volkstheater« in den Vorstädten, die durchaus auch Einfluß auf die Entwicklung des Amateurtheaters in München hatten. Während man in Wien nach der von Kaiser Joseph II. 1775 dekretierten Spielfreiheit in den Vorstädten gleich eine ganze Reihe neuer Theater erbaute, spielte man in München noch in Wirtshaussälen und Dulthütten. Die Hofoper öffnete Kurfürst Karl Theodor erst am 23. 2. 1795 dem allgemeinen Publikum. Das deutsche Schau- und Singspiel war immer noch in das Hintergebäude beim »Faberbräu« in der Sendlingerstraße verbannt. Hier gingen auch »Miß Sara Simpson« (1772) und »Emilia Galotti« (1773) von Gotthold Ephraim Lessing (1729–81) und »Die Räuber« (1784), »Kabale und Liebe« (1788) und »Don Carlos« (1789) von Friedrich Schiller über die Bretter.

Nach 1800 verdrängten schließlich auch in München wie in Wien die Zensur und die konkurrenzbedrohten Hoftheater die Volkstheater in die Vorstädte, wo sich diese aber bald ein Stammpublikum eroberten[21], besonders die berühmte Münchner Schauspielerfamilie Schweiger mit ihrem 1804 eröffneten Theater vor dem Karlstor (das 1830 für den Bau der ersten Mätthäuskirche in der Sonnenstraße abgebrochen wurde), dem Schwaigertheater vor dem Maxtor (1807–09), Josef Schweigers Volkstheater in der Au (1817–47), Lilienstraße 87, Max Schweigers Isarvorstadttheater (1847–65) und Johann Schweigers Neues Volkstheater in der Au (1850–65). Hausdichter in den Volkstheatern in der Au und in der Isarvorstadt waren Franz Prüller (1805–79)[22] und Martin Schleich (1827–81), der nicht nur erfolgreiche Lustspiele und Volksstücke schrieb, sondern – zusammen mit Johannes Schrott (1824–1900) – auch Jakob Balde übersetzte und 1848–71 die politisch-humoristisch-satirische Zeitschrift »Punsch« herausgab. Bauernkomödien und Wilderergeschichten, Lipperlstücke und Ritterdramen wurden an den Volkstheatern gespielt, das Feld der Wiener Autoren beherrschten vor allem Emanuel Schikaneder (1751–1812), Joseph Alois Gleich (1772–1841), Ferdinand Raimund und Johann Nestroy.[23] *»Zur Zeit haben es sich die hölzernen Buden der Vorstadttheater zur Aufgabe gesetzt, nicht mehr Ritter und Helden, sondern die Männer des Volkes – ächte Münchener Gestalten männlichen und weiblichen Geschlechtes auf die Bretter zu bringen, und es findet sich hierfür kein geringeres Publikum. Diese volksthümlichen Dichtungen, in welchen der Dialekt eine bedeutende Rolle spielt, sind zwar nicht von großem poetischen Werth aber in ihren Wirkungen doch zuverläßig sittlicher, als die Hanswurstiaden und Staberliaten, für die in früheren Jahrzehnten der Münchner ausschließlich schwärmte.«*[24] Michael Doeberl (1861–1928) schreibt[25]: *»Ein Einblick in das Repertoire zeigt die Vielseitigkeit der hier gebotenen Genüsse, wo zwischen der ›Jungfrau von Orleans‹ und dem in die Au verirrten ›Hamlet‹ Lipperl und Staberl, die Nachfolger des Hanswursten ihre Späße trieben, oder Goethes ›Götz‹ und Offenbachs ›Orpheus in der Unterwelt‹ in der Nähe des ›Schinderhannes‹ oder der ›frommen Genoveva‹ auftauchen. Der begabte Franz Prüller und Ferdinand Fränkel waren die Autoren der beliebten Lokalstücke mit den seltsamen Titeln, die die Zugkraft erhöhten, wie ›Die Geheimnisse von München oder die Dame mit dem Eberkopf‹, ›Die Beterin an der Mariensäule‹,*

Eine Aufführung von Johann Nestroys »Der böse Geist Lumpazivagabundus oder Das liederliche Kleeblatt« 1840 in Josef Schweigers Volkstheater in der Au (Gemälde v. Carl F.M. Müller)

das ›Gregorifest oder die dicke Lenzelterin vom Radlsteg‹. Recht originell wirkt auch ein Stück zur Geburtstagsfeier Ludwigs I.: ›Er ist halt doch ein guter Kerl‹.«

Durch die Eröffnung des »Aktienvolkstheaters« in der Isarvorstadt am 4.11.1865 mußten das »Isarvorstadttheater« von Max Schweiger und das »Neue Volkstheater in der Au« von dessen Onkel Johann Schweiger schließen. Aber auch das neue Theater hatte keine lange Lebensdauer. Die preußischen Direktoren hatten trotz einiger Wiener Possen eine zu große Vorliebe für Berliner Schwänke (die meist auf »münchnerisch« umgeschrieben wurden) und so kam das Theater im Januar 1870 auf die Gant. Am 1. 10. 1870 eröffnete es neu unter dem Namen »Münchner Volkstheater« und war in den folgenden Jahren von Bedeutung für die Förderung des bayerischen Bauernstücks. Eugen Weigl meint: »*Das Laientheater erhielt durch das bayerische Bauernstück einen neuen Auftrieb. Die Theaterleidenschaft der Landbevölkerung, die ja trotz aller Verbote nie ganz geruht hatte, wurde vom Vorbild der ›Münchner‹ neu entfacht. Die Bauerntheater schenkten den Gestalten der Bauernstücke erst echtes, nicht nur nachempfundenes Leben. Ohne sie ist der Münchner Volksschauspielerstamm des 20. Jahrhunderts gar nicht denkbar.*« Josef Maria Lutz (1893–1972) setzt den Ursprung dessen, was heute landes- und literaturüblich als »Volksstück« bezeichnet wird, ungefähr auf das Jahr 1870 fest und verweist dabei auf die Uraufführung von Ludwig Anzengrubers (1839–89) »Pfarrer von Kirchfeld« Ende 1870 am »Münchner Volkstheater«, das den Ruhm des Dichters und auch des neuen »Volksstücks« begründete. Die Uraufführung machte Anzengruber auch mit Peter Rosegger (1843–1918) bekannt, der von der epischen Seite her das Bauern- bzw. Alpenvolk in den deutschen literarischen Gesichtskreis rückte.[26] Allerdings wird nicht selten auf die Verlogenheit der Stücke Anzengrubers und seiner Epigonen hingewiesen[27]: »*Anzengruber war ein Stadtmensch, war Wiener; er hat die Bauern, die er geschildert hat, nicht gekannt, er hat sie nie selber gesehen, nie erlebt, nie reden gehört.*« Er »*schuf – wie es einer seiner Kritiker einmal genannt hat – ›Anzengruberseelen in Lederhosen‹.*«

Die Gunst des Publikums errang das heutige Theater am Gärtnerplatz[28] jedoch erst mit den Operetten von Jacques Offenbach, denn nun gingen auch jene Münchner hinein, die sich in den Vorstadttheatern wohler gefühlt hatten, weil man dort ohne weiteres einen vollen Maßkrug unter den Sitz stellen konnte. Das hatte zur Folge, daß der Operettenanteil unter der Direktion von Georg Lang zwischen 1879 und 1898 entscheidend anstieg[29].

Eduard Binders und Franz Hilperts Volkstheater (1872–1901) war zunächst in dem schon des öfteren erwähnten »Elysium«, Sophienstraße 1, ab 30. 10. 1890 unter Hilpert, der nach Binders Tod 1886 das Theater übernommen hatte, dann als »Neues Volkstheater« in der »Westendhalle« an der Sonnenstraße beheimatet[30]. Zu Beginn der 80er Jahre zeigte es sich jedoch, daß sich das Volkstheater in der alten Form überlebt hatte. Studenten benützten das Volkstheater als Kneiplokal und randalierten während der Vorstellung. Deshalb tendierte Hilpert zur reformierten anspruchsvolleren Volksbühne, spielte aber auch Rührstücke und Lokalpossen. 1901 wurde die ehemalige »Westendhalle« aus Feuersicherheitsgründen abgerissen.[31]

Die Bauerntheater in den Städten und auf dem Land (das erste bayerische Bauerntheater entstand 1889 in Garmisch) erlebten ihre große Zeit nach 1918, als beispielsweise auch das 1892 von Xaver Terofal (1862–1940) und Konrad Dreher (1859–1944) gegründete »Schlierseer Bauerntheater«[32] große Erfolge weit über Bayern hinaus verzeichnete, »*während in neuester Zeit das bodenständige Volksschauspiel vielfach durch*

413

dialektgefärbtes Theater bis hin zum plumpen Schwank verdrängt wurde«[33]. Auch das am 10.11.1903 an der Josephspitalstraße 10a eröffnete »Münchner Volkstheater« war in seiner Zeit als Privattheater in den 20er Jahren und während der NS-Zeit immer wieder in Gefahr, aus wirtschaftlichen Gründen auf die allzu »leichte« Seite abzurutschen[34], konnte folglich für das Amateurtheater keine Vorbildfunktion haben. Und Josef Maria Lutz bestätigt 1948[35], »*daß es um das Volksstück nach einem gewissen Aufschwung, der etwa um das Jahr 1930 herum fühlbar wurde, wieder still geworden ist. Schuld daran mag vor allen Dingen die sogenannte ›Blut-und-Boden‹-Propaganda sein, die mit der Machtergreifung des Nationalsozialismus einsetzte und manchen Autor mit Recht abschreckte.*«

Das »Münchner Volkstheater« wurde am 27.6.1938 von den »Münchner Kammerspielen« und diese am 23.1.1939 von der »Hauptstadt der Bewegung« übernommen[36]. Am 13.7.1944 bei einem Luftangriff zerstört, gastierte das städtische »Münchner Volkstheater« ab 1945 in verschiedenen Sälen, bis es am 31.3.1950 den Betrieb einstellte[37]. Eine Privatinitiative zu seiner Fortführung hatte auch nur Atem für ein Jahr. 1959–72 betrieb dann Eduard Loibner ein »Volkstheater im Sonnenhof«. Seit 1983 existiert nun ein neues »Münchner Volkstheater« als städtisch subventionierte GmbH im Theater im ehemaligen »Haus des Sports«, Brienner Straße 50.

Die Blütezeit des Liebhabertheaters um und nach 1900

Um die Jahrhundertwende müssen die Gründungen, aber auch die Auflösungen, Neubegründungen, Umbenennungen von Theatervereinen und dramatischen Clubs zahlreich gewesen sein. Hans Schuhladen berichtet uns 1880 von einem, um 1900 von mindestens 25, 1910 von etwa 35 und 1922 wieder von etwa 25 Vereinen.

Da war z.B. der 1894 gegründete Dramatische Club »Die Münchner«, der zuerst (ohne polizeiliche Erlaubnis) im »Wittelsbacherhof«, Westermühlstraße 18, spielte, dann (mit Erlaubnis) im selben Jahr beim »Loherwirt«, also in der »Singspielhalle« am Giesinger Berg, ab März 1895 im »Alabama«, ab August 1895 im »Volkskeller«, Orleansplatz 2. 1900 finden wir »Die Münchner« wieder beim »Loherwirt«, 1902 erneut im »Volkskeller« und 1903 im »Sommerhof«. Damit zeigt sich hier bereits ein typisches Problem für die Amateutheatergruppen in München, das auch heute noch große Sorgen bereitet: der Mangel an geeigneten Spielstätten, was oft einen ständigen Wechsel des Aufführungsorts zur Folge hat, mit dem Nachteil, daß sich dann nur sehr schwer ein verläßliches Stammpublikum bilden kann. So brachte es auch der »Münchner theatralische Club« bzw. »Theater-Club Freya« 1899/1900 auf vier verschiedene Clublokale. Andernseits hat Hans Schuhladen in den Akten der »Münchner« auch nachahmenswerte Formen der Zusammenarbeit zwischen Amateurtheatergruppen gefunden: 1894 liehen »Die Münchner« Textbücher beim Gesellenverein in der Au aus und 1897 vertrat der Club »Lyra« »Die Münchner« zeitweise im »Volkskeller«. 1893–1900 gab es dann da noch den Dilettantenklub »Union« und 1902–07 den Dramatischen Club »Fidelio«. 1897 gründete der Zahnarzt und Schriftsteller Dr. Falk Schupp den »Münchner Volksbühnen-Verein«, mit dem vor allem die »*Handwerker, Arbeiter, Bediensteten und Unterbeamten*« angesprochen werden sollten. Allerdings hatte Schupp bereits am 26. 10. 1898 wieder die Auflösung seines Vereins angezeigt. Doch hätten eigentlich die in der Arbeiterbewegung Engagierten bei Ziel und Namensgebung von Schupps Verein hellhörig werden müssen. Der dann 1899 nach Berliner Vorbild gegründete »Münchner Volksbühnenverein« war jedoch eine Besucherorganisation, kein Amateurtheater, und kann folglich für uns außer Betracht bleiben.

Die Münchner Amateurtheater im 20. Jahrhundert

1987 erschien zu der Ausstellung »Arbeitersänger und Arbeitersportler in München vor 1933« in der Münchner Rathaushalle ein interessanter Begleitband.[38] Gerald Enggasser befaßt sich darin zwar mit der Geschichte der Arbeitergesangvereine, der Arbeiterorchester und der Arbeitersportvereine in München, leider aber nicht mit den Arbeitertheatervereinen. Auch Hans Schuhladen war 1986 nur auf Vermutungen angewiesen[39]: »*Man spielte aber zu dieser Zeit sicher in Münchner Arbeitervereinen nicht selten Theater. Über die frühen Aufführungen in dramatischen Sektionen von Arbeiterbildungsvereinen wissen wir nichts. Ebensowenig können wir Aussagen treffen, inwieweit in den späteren Arbeiterlesevereinen, deren es 1891 in München acht gab, gespielt wurde. Zumindest 1892 ist ein ›Dramatischer Klub des Arbeiterbildungsvereins‹, 1898–1900 eine Arbeiter-Wohlfahrtsbühne ›Vorwärts‹ gesichert … Es gab auch der Arbeiterbewegung nahestehende Vereine, z.B. ›Orpheus I‹ (gegründet 1882), die traditionelle Volksstücke spielten …*«

Dann gab es da auch noch den sozialdemokratischen Theaterverein »Immergrün« (gegr. 1893) und den links von der SPD stehenden Theaterverein »Concordia« (gegr. 1895). In diese Reihe gehören außerdem der »Dramatische Club des Bayerischen Eisenbahner-Verbandes der vereinigten Obmannschaft München (1899–1907?) und der »Dramatische Klub des Bau- und Sparvereins München-Laim« (1903–08), später »Dramatischer Klub der Eisenbahnerkolonie München-Laim« und »Dramatische Vereinigung Alpenröserl« genannt.

Auch einige der katholischen Kirche nahestehende Gruppen entfalteten eine rege Laienspieltätigkeit, wie z.B. die »Dramatische Vereinigung des kath. Zentral-Gesellenvereins in München« (1901–1935), dessen Spielplan zum Großteil Volksstücke prägten, wie sie von den Bauerntheatern gepflegt wurden, oder in den 20er Jahren die »Münchner Caritas Bühne«.

Noch wenig erforscht ist das Laienspiel im Dritten Reich. Am 22. 9. 1933 wurde die »Reichskulturkammer« eingerichtet. Ihre Aufgabe war die Überwachung aller im Kulturleben beschäftigten Personen und eine strenge staatliche Lenkung der Kulturpolitik und aller kulturellen Aktivitäten in Sinn der NS-Ideologie. Präsident der »Reichskulturkammer« war der Reichsminister für Volksaufklärung und Propaganda Joseph Göbbels. Die »Reichskulturkammer« gliederte sich in sieben Einzelkammern, darunter die »Reichstheaterkammer«. Die Laienbühnen standen unter der Fuchtel des »Reichs-

Erinnerungsfoto der Mitwirkenden der Inszenierung »Der bayerische Hiasl« 1922 in Feldmoching

bunds der deutschen Freilicht- und Volksschauspiele« als »*umfassende deutsche Organisation zur Pflege der Heimat- und Freilichtspiele, der Fest- und Volksbühnenspiele*« bzw. des »*Reichsbunds für Volksbühnenspiel*«. »*Der Reichsbund der deutschen Freilicht- und Volksschauspiele hat die Aufgabe, die Spielgestaltung auf dem Boden der guten heimatlichen und landschaftlichen Überlieferungen zu fördern und im Sinne einer neuen kulturpolitischen Haltung fortzuentwickeln. Die beratende Einflußnahme des Reichsbundes auf die Spielpläne erfolgt in Übereinkunft mit dem Reichsdramaturgen.*« – »*Reichsdramaturg, Ministerialrat Dr. Rainer Schlösser, ist die oberste Instanz für die Bearbeitung sämtlicher Spielplanfragen. Das Büro des Reichsdramaturgen befindet sich im Reichsministerium für Volksaufklärung und Propaganda, Berlin, …*« (Volksspiel u. Feier, 99f.).

Vor allem gegen die klassischen Theatervereine wurde heftig polemisiert und ihnen das Leben schwer gemacht. »*Dilettantentheater ist heute die Bezeichnung für das Theaterspielen von Liebhabervereinen, die entweder als ›Theatervereine‹ aufgezogen sind oder neben einer beliebigen anderen Vereinstätigkeit von Zeit zu Zeit bühnenmäßige Aufführungen veranstalten, meist zu dem Zwecke, die Vereinskassen aufzufüllen. Ein großer Teil dieser theaterspielenden Vereine kann den Vereinshaushalt ohne die Eintrittsgelder der Aufführungen überhaupt nicht bestreiten … Das Dilettantentheater wird daher seit den Anfängen des artbewußten Laien- und Volksspiels als eine unerfreuliche Verwischung der klar getrennten und keineswegs in irgendeinem Vergleich oder Wettbewerb stehenden Spielarten des Volksspiels und des Berufstheaters (…) empfunden. Vom Standpunkt des Volksspielers ist das Dilettantentheater abzulehnen, weil es die berufene Aufgabe des Bühnenkünstlers mit unfähigen Mitteln laienhaft herabwürdigt und von der selbstlosen Haltung des echten Volksspielers weit entfernt ist. Das Dilettantentheater spielt entweder bekannte Erfolgswerke des Berufstheaters oder jene zahllosen, häufig gänzlich unkünstlerischen Erzeugnisse der Vereinstheaterproduktion. Das Volksspiel steht dem Spielplan des Berufstheaters, geschweige dem des Dilettantentheaters fern. Es widmet sich der Pflege einer eigenen Spielform, die sich aus völkischen Feiersitten, aus bewegtem Brauchtum, aus Reigen und Tanz, natürlichem Gemeinschaftsspiel u. dgl. entwickelt hat ... Diese Art des Spiels ist eine der natürlichen Ausdrucksformen der Gemeinschaft, während das Dilettantentheater eine nachgeahmte Form künstlerischer Menschendarstellung mit meist ungenügendem Handwerk ist.. Es ist falsch, Dilettantentheater und Volksspiel in Vergleich zueinander zu setzen oder gar beide als ›Laienspiel‹ zu bezeichnen ... In jüngster Zeit sind Bestrebungen im Gange, die Auswüchse des Dilettantentheaters zu beseitigen und die Dilettantenspieler auf den Weg des artreinen Volksspiels zu lenken«* (Volksspiel u. Feier, 32. f.). Hier wird der Begriff »Dilettant« ausschließlich abwertend eingesetzt. Er stammt jedoch von dem italienischen »dilettare«, was wesentlich positiver mit erfreuen bzw. ergötzen zu übersetzen ist. Daß das Wort »Dilettant« bei den ansonsten doch recht fremdwörterfeindlichen Nazis überleben konnte, ist erstaunlich.

Allerdings hatte sich in München schon 1920 um Rudolf Mirbt ein Kreis gebildet, der das Laienspiel gegen das »Dilettanten-Theater« absetzen wollte. Seiner Programmatik nach suche der »*Laie*« die »*eigene Gebärde, nicht die Geste des Schauspielers*«, er bringe sich in die Gemeinschaft der Mitspielenden und der Zuschauenden ein und erfahre sich selbst neu. Unter Vermeidung von »Theaterhaftigkeit« schuf Mirbt bis 1925 Mysterienspiele, chorische und Dialogspiele in Kirchen, Wirtshäusern und Vereinszimmern, aber auch Aktionen im Englischen Garten und vor der Feldherrnhalle[!]. Schwärmerisches Einfühlen in »Gemeinschaften« machte diesen Kreis empfänglich für die Überhöhung des »Volkhaften«. Die Tätigkeit Mirbts für das Laienspiel verbindet sich für die 20er und 30er Jahre besonders mit seinem »Münchner Laienspielführer« und seinen »Münchner Laienspielheften«. Er war auch nach dem II. Weltkrieg Leitfigur der »Bundesarbeitsgemeinschaft für Laienspiel und Laientheater« und wirkte bis in die 60er Jahre an führender Stelle als Autor, Herausgeber und Vortragender für das Laienspiel.

Nach der »Machtübernahme« (in Bayern übrigens erst am 9.3.33!) wurden alle Vereine und Verbände gleichgeschaltet. Auch der »Verband der deutschen Volksbühnen« (dem sich einige Jahre vorher der 1923 gegründete »Bayer. Verband Volksspielkunst« angeschlossen hatte) ging im »Reichsbund für Volksbühnenspiele« auf. Offizielle Handhabe boten die sehr schnell erlassenen Gesetze und Verordnungen, wie die nach dem Reichstagsbrand vom 27.2.1933 verkündete Verordnung »zum Schutz von Volk und Staat«, mit der sich nahezu alles rechtfertigen ließ, und schließlich das »Ermächtigungsgesetz« vom 23.3.1933, oder wie es offiziell hieß »Gesetz zur Behebung der Not von Volk und Reich«.

Alles was irgendwie kommunistisch, marxistisch oder sozialdemokratisch angehaucht war, wurde allerdings gar nicht erst gleichgeschaltet, sondern schlicht verboten. Später ereilte die konfessionell gebundenen Vereine das gleiche Schicksal.

Kein Wunder also, wenn die Aktivitäten der als »Dilettantentheater« herabgewürdigten und politisch gegängelten Theatervereine in den 30er Jahren drastisch zurückgingen. Dennoch bestand das »Volksbühnenspiel« weiter, wie man das Spiel der Vereine nannte, wenn es sich von der »Dilettantenspielerei« lossagte. Die Volksbühnenspieler waren in dem erwähnten »Reichsbund für Volksbühnenspiele« organisiert. Im gesamten Deutschen Reich gingen ungefähr 850 Vereine im »Reichsbund für Volksbühnenspiele« auf, wieviele es in München waren, ist nicht bekannt. Sie sind auch nur sehr schwer zu verfolgen, da die Aufführungen entsprechend den Vorschriften meist nur im geschlossenen Kreis stattfanden, somit in den Akten und in der Presse keinen Niederschlag fanden.

Nach dem Reichstheatergesetz vom 15.5.1934 und verschiedener Verordnungen und Anweisungen des Reichspropagandaministers waren nämlich alle Theaterveranstaltungen, die vor einem geschlossenen Kreis stattfanden, ohne weiteres erlaubt und nicht anmeldepflichtig. Bei geschlossenen Aufführungen hatten jedoch nur Mitglieder des Vereins, deren Angehörige und geladene Gäste Zutritt, die sich durch eine auf ihren Namen ausgeschriebene Einladung ausweisen konnten. *»Jeder öffentliche Kartenverkauf, jede Propaganda, jede nicht auf die geschlossene Veranstaltung hinweisende Reklameankündigung sowie die Abhaltung einer Abendkasse hat zu unterbleiben.«* Öffentliche Aufführungen aller Art durch gelegentliche Theaterveranstalter, die nicht mehr als sechs Aufführungen im Jahr anboten, waren dagegen anmeldepflichtig. Wer mehr Aufführungen veranstalten wollte, galt bereits als »ständiger Theaterveranstalter« und bedurfte einer Zulassung von der »Reichstheaterkammer«, wofür er eine Reihe von Voraussetzungen erfüllen und verschiedene Auflagen einhalten mußte. *»Wenn von seiten einer Volksspielgruppe ein Werk gespielt werden soll, das auch für den Spielplan der Berufstheaters (...) in Frage kommt, so ist von der am Ort spielenden Bühne oder Wanderbühne die Erklärung einzuholen, daß die betreffende Bühne das gleiche Werk ihrerseits nicht aufzuführen beabsichtigt«* (Volksspiel u. Feier, 15). Damit konnte jeder Intendant die lästige Laienkonkurrenz kurz halten bzw. die Aufführung gehobener Bühnenwerke verhindern. Deshalb schränkte man damals schon ein: *»Diese Unbedenklichkeitserklärung wird aber selten vonnöten sein, da die Volksspielgruppen in der Regel andere Spiele zur Darstellung bringen als das Berufstheater.«*

Mit Beginn des II. Weltkriegs kamen die Aktivitäten der Laienkulturgruppen infolge der Einberufungen zur Wehrmacht zum Erliegen. Ab 1942 machten dann auch noch die Luftangriffe und das allgemeine Kriegselend Proben und Aufführungen unmöglich. Am 1.9.1944 wurden sämtliche Theater, Varietés, Kabaretts und Schauspielschulen geschlossen, die kulturelle Truppenbetreuung eingestellt, die 60-Wochenstunden-Arbeitszeit und eine allgemeine Urlaubssperre eingeführt. Das gesamte schöngeistige Unterhaltungs- und verwandtes Schrifttum wurde stillgelegt, die Tagespresse weiter eingeschränkt[40].

Die Amateurtheater in München heute

Das Überleben als Theaterverein aus den 20er Jahren bis in die Gegenwart gelang in München offenbar allein dem »Dramatischen Club Alpenröserl«. Er wurde 1922 als dramatische Unterabteilung des »Mandolinen-Klubs Alpenröserl« gegründet. Das war in jener Zeit in München kein Einzelfall, denn auch andere Musikvereinigungen hatten theaterspielende Unterabteilungen[41]. In den ersten Jahren war man ständig auf der Suche nach einem festen Lokal, das schließlich 1931 im »Rupertusheim«, Tulbeckstraße 27, gefunden wurde (wo übrigens auch der »Dramatische Club München-West« und die »Münchner Caritas Bühne« zuhause waren[42]). Es diente bis zum Umzug 1982 in den Festsaal des »Hofbräukellers«, Innere Wiener Straße 19, als Spielstätte. Der Name allerdings wurde häufiger gewechselt: 1931 »Musik-dramatischer Klub«, 1938 »Volksspielgemeinschaft Alpenröserl« und mit dem Wiederbeginn 1950 »Dramatischer Club Alpenröserl«. Mehr Kontinuität bewies man bei der Vereinsführung: Bis zu seinem Tod 1970 war Georg Dick 49 Jahre Spielleiter und 40 Jahre Vorstand. Aus der Vereinschronik erfahren wir anläßlich eines Wettbewerbs 1937 (bei dem übrigens »Alpenröserl« den ersten Platz belegte) von drei weiteren damaligen Volksbühnen: der »Volksspiel-Vereinigung Bavaria«, der »Spielschar München-Sendling« und dem »Bühnenclub München-West«.[43]

Der Name »Alpenröserl« taucht noch einmal auf: 1920 gründete sich in der damals noch selbständigen Gemeinde Allach (nach München einverleibt 1.12.1938) der »Gebirgstrachten-Erhaltungsverein Alpenröserl Allach«. Er bildete bereits 1924 eine eigene Theatergruppe, die Volksstücke und ländliche Lustspiele präsentierte. Bis zum II. Weltkrieg spielte man im »Nassl-Saal« (»Alter Wirt«) an der Eversbuschstraße in Allach, 1947–74 im »Trinkl-Saal« (»Alter Wirt«), Willstätterstraße 9, im benachbarten Untermenzing und nach einer Pause ohne Saal seit 1981 in dem mit maßgeblicher Unterstützung des Trachtenvereins-Vorstands Rupert Straßhofer und vieler Vereinsmitglieder an der Eversbuschstraße 161 entstandenen Allacher Vereinsheim.

Die Betreuung und Förderung des Laienspiels in München ist eine der wichtigsten Aufgaben der Volkskulturpflege im Kulturreferat der Landeshaupstadt München. Voraussetzung dafür war eine fundierte Bestandsaufnahme, die Mitte der 80er Jahre auf vorbildliche Weise Hans Schuhladen mit einer Arbeitsgruppe am Institut für deutsche und vergleichende Volkskunde der Ludwig-Maximilian-Universität München besorgte und die dann in Zusammenarbeit mit dem Kulturreferat in einer Ausstellung »So ein Theater?! Zum gegenwärtigen Spiel von Amateurbühnen in München« vom 14. bis 24.4.1986 in der Rathaushalle gezeigt wurde, zu der unter dem gleichen Titel ein ausführlicher Begleitband erschien. Man ging davon aus, daß 1985/86 114 Amateurtheater in München bestanden. Die Themen des Begleitbands sind »Die Münchner Spielgruppen und ihre Spielstätten«, »Typen des Amateurtheaters in München«, »Von der Idee zum Spiel«, »Aufgaben und Leistungen in Selbstdarstellungen«, »Zu den Aufgaben des Amateutheaters allgemein«, »Zur Geschichte des Münchner Amateurtheaters«, »Spielen, mein Leben – Erinnerungen von Laienspielern« und »Zur Förderung des Amateurtheaters«.

»Die Raubritter vor München« von Karl Valentin *(Bearbeitung:* Hannes König*), gespielt 1983 von der Münchner Volkssänger-Bühne in der Max-Emanuel-Brauerei in Schwabing*

1989 legte das Kulturreferat ein erstes Adressenverzeichnis mit 119 Münchner Amateurtheatern, Laienspielgruppen, Liebhaberbühnen, Volkstheatern, usw. vor, heute [1997] existieren [knapp 150] entsprechende Bühnen. Sie gliedern sich nach ihrem Entstehungsjahr wie folgt auf:

    vor 1900 – 1
    1900–1918 – 1
    1919–1944 – 2
    1945–1960 – 13
    1961–1970 – 5
    1971–1980 – 24
    1981–1990 – 64

Die übrigen wurden seit 1991 gegründet.

Die Münchner Amateurtheater haben sich wie nirgends anderswo im Land nahezu aller Arten und Sparten der dramatischen Darstellungskunst angenommen: Theater mit und/oder für Kinder, Figuren- und Puppentheater, religiöse Stücke, klassische Stücke und Dramen, Musiktheater, Krimis, fremdsprachige Stücke und Ausländer-Theatergruppen, kritische Stücke, Komödien und Lustspiele, bayerisches Bauerntheater, Tanz und Pantomime, Kabarett und Kleinkunst und natürlich auch der Münchner Volkssängerbühne. Prozentual aufgeteilt und grafisch dargestellt kann das allerdings leider nicht werden, denn die meisten Bühnen nehmen sich mehrerer Sparten an.

Hinweise und Quellen

Die Aufsätze von Volker D. Laturell in diesem Band sind im Lauf der letzten Jahre in höchst unterschiedlichen Publikationen erschienen. Das geht von einfachen Anzeigenblättern bis zu heimatkundlichen Periodica. Mit Blick auf die jeweilige unterschiedliche Leserschaft wurden in den einen Fällen viele (für Fachleute selbstverständliche) Dinge ausführlich erklärt, aber Quellenhinweise weggelassen, in den anderen Fällen die Aufsätze von vorherein mit Anmerkungen versehen. Vorträge haben naturgemäß sowieso keine Quellenangaben. Grund für die meisten in diesem Band enthaltenen Veröffentlichungen war in der Regel die gezielte Information über ein einschlägiges Thema für ein möglichst breites Publikum und nicht eine hochwissenschaftliche Auslassung in einer wenig gelesenen Fachzeitschrift für einen meist recht kleinen Kreis von Fachleuten.

Die Aufsätze sind mittlerweile fast alle vergriffen. Aufgrund der anhaltenden Nachfrage nach ihnen und des erfreulich anhaltenden allgemeinen Interesses an der Volkskultur in München haben sich das Kulturreferat der Landeshauptstadt München und der Buchendorfer Verlag entschlossen, sie in diesem Band zusammenzufassen und teils unverändert, teils überarbeitet und ergänzt, neu zu veröffentlichen. Dabei sind Wiederholungen nicht zu vermeiden, deren Kürzung oder Streichung in den meisten Fällen zu große Eingriffe in den Textablauf bedeutet hätte, wofür wir um Verständnis bitten.

Wir bedanken uns bei den Herausgebern der jeweiligen Erstveröffentlichung für die freundlicherweise gewährte Zustimmung zum Nachdruck.

München ist nicht nur München
Aus: Schönere Heimat, 83. Jg. (1994), Sonderheft 10 (Heimatpflege in der Großstadt), 14 ff.

Der Maibaum
Zusammengest. aus: Brauchtum und Volksfeste im alten Perlach. In: Festring Perlach e.V. (Hg.): 1200 Jahre Perlach 790–1990. Bd. I, München 1990, 521 ff.; und: Brauchtum und Feste. In: Volker D. Laturell/Georg Mooseder: Moosach. Bd. II, München 1985, 305 ff.

Vom Muttertag bis zur Gangwoch'
Aus: Lokal-Anzeiger für den 33. Stadtbezirk v. 16. 5. 1986.

Pfingstl und Santrigl
Aus: Volker D. Laturell/Georg Mooseder: Moosach. Bd. II, München 1985, 311 ff. (mit Ergänzungen).

Brauchtum in und um München im Sommer
Zusammengestellt aus: Volker D. Laturell/Georg Mooseder: Moosach. Bd. II, München 1985, 317 ff., ergänzt um: Wieviele Kräuter braucht man zum Kräuterbuschen? Aus: Münchner Wochenblatt v. 10. 8. 1989, und: Zwetschgenbavesen zum »Frauendreißiger« Aus: Münchner Wochenblatt (Ausg. Ost) v. 14. 9. 1989.

Vom hl. Stephan, Stephaniumritten, Stephanibrot und Stephansminne
Aus: Lokal-Anzeiger für den 33. Stadtbezirk v. 25. 12. 1987

Die »Gscheerten« im Couplet
Aus: Amperland, 29. Jg. (1993), 204 ff.

Das große Halleluja
Aus: Lokal-Anzeiger für den 24. Stadtbezirk v. 15. 12. 1995.

Volkstanz in München
Aus: Münchner Stadtanzeiger v. 6. 6. 1986, 15/17, und: Sänger- und Musikantenzeitung, 30. Jg. (1987), H. 2, 67 ff.

Hinweise und Quellen

Um 6 Uhr früh zum Tanzen?
Aus: Sänger- und Musikantenzeitung, 32. Jg. (1989), H. 4, 253 ff.
Trachten in einer Millionenstadt
Aus: Schönere Heimat, 83. Jg. (1994), Sonderheft 10 (Heimatpflege in der Großstadt), 19 ff.
Zur Krippe her kommet ...
Aus: Münchner Stadtanzeiger v. 23. 12. 1982, 13 (m. Erg.)

Die eingerahmten Texte stammen aus der Kolumne »Frage der Woche an Volker D. Laturell« im Münchner Wochenblatt:

Was ist ein Gstanzl? (21. 9. 1989), *Was ist ein Hackbrett?* (15. 6. 1989), *Warum ist der Leberkäs kein Käse?* (13. 4. 1989), *Was ist eigentlich »Brauch«?* (8. 6. 1989), *Wieso gibt es zwei Oktoberfestzüge?* (14. 9. 1989).

Als Vorträge entstanden:

»Nun sehet das Kreuz«
Der Text entstand für das Passionssingen des Kulturreferats in Zusammenarbeit mit dem Chor der Münchner Sängerrunde am 6. 4. 1990 in der Peters-Kirche in München und erschien gedruckt in: Lokal-Anzeiger für den 33. Stadtbezirk v. 12. 4. 1990.
Der Advent
Bisher ungedruckter Text für das Adventsingen der Bäcker-Fachvereins München am 9. 12. 1995 in der alten St. Martinskirche in München-Moosach.
Münchner Marienlieder aus vier Jahrhunderten
Dieser für eine Veranstaltung des Kulturreferats zum Marienjahr 1987 am 10. 7. 1987 im Alten Rathaussaal entstandene Text wurde bereits v. 27. 12. 87–14. 2. 88 im Münchner Kirchenanzeiger veröffentlicht und für Heft 16 der Reihe »Volksmusik in München« (München 1992, 55 ff.) überarbeitet und mit Noten, Anhängen und Literaturhinweisen versehen.

Veröffentlichungen des Kulturreferats der Landeshauptstadt München wurden entnommen:

Johann Khuen
Aus: Münchner Marienlieder aus vier Jahrhunderten. Volksmusik in München, H. 16, München 1992, 39 ff.
Der Münchner Militär-Obermusikmeister Peter Streck. Sein Einfluß auf die Tanz- und Unterhaltungsmusik sowie das Blasmusikwesen in Oberbayern im 19. Jahrhundert
Der 1. Teil des Textes entstand für die Veranstaltung des Kulturreferats und des Volksmusikarchivs des Bezirks Oberbayern »Tanzmusik um 1850 in Oberbayern – Der Einfluß des Militärmusikmeisters Peter Streck auf die Tanz- und Unterhaltungsmusik in Oberbayern Mitte des 19. Jahrhunderts« am 7. 10. 92 im Alten Rathaussaal; der 2. Teil wurde veröffentlicht in: »Er ist uns so teuer, wie Johann Strauß seinen Wienern ...« Zum 125. Todestag von Obermusikmeister Peter Streck (1797–1864). Volksmusik in München, H. 12, München 1989, 5 ff.
August Hartmann
Aus: Münchner Marienlieder aus vier Jahrhunderten. Volksmusik in München, H. 16, München 1992, 68 ff.
»Solang der alte Peter ...« – ein Wiener Couplet!
Aus: Was ist und woher kommt eigentlich das Couplet? Eine Zusammenstellung der Geschichte des Couplets. In: Alte und neue Münchner Couplets. Volksmusik in München, H. 13, München 1990, 14 ff.
»Heut geh'n ma hoagart'ln«
Aus: »Heut geh'n ma hoagart'ln« Zum 100. Boarischen Hoagart'n des Kulturreferats. Volksmusik in München, H. 14, München Juli 1990, S. 3 ff.

Redouten, Maskierte Akademien und Bals parés
 Aus: Die Münchner Redouten. Volksmusik in München, H. 15, München 1991, 33 ff.

Fünf Jahrhunderte Laientheater in München
 Aus: Amateurtheater, Laienspielgruppen, Volkstheater in München. München 1995, 140 ff.

Die übrigen Texte wurden für diese Veröffentlichung neu geschrieben. Basis der Aufsätze über das Brauchtum in und um München ist eine Serie, die 1983 monatlich in der Münchner Palette erschien.

Änderungen und Ergänzungen in bereits veröffentlichten Aufsätzen sind teilweise durch eckige Klammern [ ] kenntlich gemacht.

Nachweis der Abbildungen:

Anton Baumgartner: Polizey=Uebersicht von München vom Monat Dezember 1804 bis zum Monat April 1805. München 1805 (Zeichnungen von Ferdinand Bollinger): 55, 108, 110
Bayer. Hauptstaatsarchiv München, Plansammlung: 186/187
Bayer. Staatsbibliothek München, Musikabteilung: 273
Bayer. Verwaltung der staatl. Schlösser, Gärten und Seen, München: 334 (Foto: Volker D. Laturell)
Dennerlein Verlag, Gräfelfing (jetzt: edition effel musik Egon L. Frauenberger, Haar): 298, 301-305, 310/311
Deutsches Brotmuseum, Ulm: 194
Historischer Verein von Oberbayern, München: 330
Kath. Stadtpfarrei St. Peter München: 216
Kulturhistorischer Verein Feldmoching auf dem Gfild, München: 286, 416
Kulturreferat/Volkskulturpflege, München: Umschlag, 42, 43, 45, 47, 61, 181, 213, 217, 240, 315, 372, 380
Volker D. Laturell, München: 118, 231 unten, 254
Marstallmusem, München: 98
Andreas Masel: Das große ober- und niederbayerische Blasmusikbuch. München 1989: 275
Metropolitan-Bibliothek München: 268/269
Münchner Stadtmuseum – Graph. Sammlung: 74, 78, 83, 84, 86, 113, 114, 116, 123, 136, 173, 201, 231, 251, 258, 332, 344, 378, 384, 390, 410
Münchner Stadtmuseum – Gemäldesammlung: 11, 133, 207, 221, 412
Münchner Stadtmuseum – Kostümbibliothek von Parish: 376
Münchner Volkssängerbühne e.V.: 420
Erich Rammelsberger, München: 320, 339
Stadtarchiv München: 95, 140, 193, 238, 283, 284, 285
Hans Vilsmeier, München: 254
Volksmusikarchiv des Bezirks Oberbayern, Bruckmühl: 121, 289

Wir bedanken uns herzlich bei allen Leihgebern der Abbildungen.

Literaturhinweise und Anmerkungen

Volkskultur in München

1 Wilhelm Schepping: Die Musikalische Volkskultur der Stadt als Problemfeld volkskundlicher Forschung. In: Günther Noll/Wilhelm Schepping (Hg.): Musikalische Volkskultur in der Stadt der Gegenwart. Hannover 1992, 9.
2 Walter Hartinger: Was ist Volkskultur? Vortr. auf d. Tagung »Volkskultur in den Regionen Europas« d. Verb. d. bayer. Bez. am 16.10.1992 in Ingolstadt; Hartinger verweist dabei auf: Alfred L. Kroeber und Clyde Kluckhohn: Culture. A critical Review of Concepts and Definitions. New York 21963, 308; und: Clyde Kluckhohn und William Kelley: Das Konzept der Kultur. In: Alphons Silbermann (Hg.): Kulturanthropologie. Düsseldorf 1972, 69–90, hier 72.
3 Norbert Schindler: Spuren in die Geschichte der »anderen« Zivilisation/Probleme und Perspektiven einer einer historischen Volkskulturforschung. In: Richard von Dülmen/Norbert Schindler (Hg.): Volkskultur – Zur Wiederentdeckung des vergessenen Alltags (16.–20. Jahrhundert). Frankfurt am Main 1984, 8.
4 Dülmen/Schindler, 17.
5 Karl Bosl: Arbeiterkultur/Unterschichten – die Kleinen Leute. In: Empor zum Licht – Arbeitersänger und Arbeitersportler in München vor 1933. Beiträge zur Kulturgeschichte der Münchner Arbeiterbewegung, München 1987, 21.
6 Wolfgang Kaschuba: Geschichte, Tradition, Alltagskultur/Zugangsweisen zum Begriff Volkskultur. In: Münchner Streigespräche zur Volkskultur/Dokumentation zu einer Tagung d. KultRef d. LHM 23.-30.11.1986, München 1990, 23.
7 Über »Hans Mosers Bedeutung für die Volkskunde« s. d. gleichnam. Vorwort v. Wolfgang Brückner in: Hans Moser: Volksbräuche im geschichtlichen Wandel – Ergebnisse aus fünfzig Jahren volkskundlicher Quellenforschung. München 1985, X f; außerdem: Günther Kapfhammer: Die Leistungen Hans Mosers und der Münchner Schule. In: Bayer. Blätter f. Volkskunde, Jg. 17, 1/ 1990, 38 ff; Torsten Gebhard: Hans Moser zum sechzigsten Geburtstag. In: Schönere Heimat, 52. Jg. (1963), 43 f.
8 Hans Moser: Gedanken zur heutigen Volkskunde – Ihre Situation, ihre Problematik, ihre Aufgabe. In: Bayer. Jahrb. f. Volkskunde, Regensburg 1954, 215.
9 Walter Hartinger: Was ist Volkskultur? Vortr. auf d. Tagg. »Volkskultur in der Regionen Europas« d. Verb. d. bay. Bez. am 16.10.1992 in Ingolstadt.
10 Dülmen/Schindler, 14.
11 Dülmen/Schindler, 13.
12 H. Moser: Gedanken, 213
13 H. Moser: Gedanken, 208
14 H. Moser: Gedanken, 212.
15 Alfred Weitnauer: Heimatkultur gestern und heute. Kempten (Allgäu) 1955, 8.
16 Walter Hartinger: Volkskultur = Provinzkultur in engen Grenzen? In: Schönere Heimat, 80. Jg. (1991).
17 Kerstin Hederer/Felix Lackner/Oswald Reiche (Red.): Die Landschaft als ein Spiegelbild der Volkskultur. Ausgewählte Aufsätze von Kurt Conrad. Salzburg 1990.
18 s. hierzu Sigrid Metken (Hg.): Die letzte Reise/Sterben, Tod und Trauersitten in Oberbayern. Ausst. Kat. MStM, München 1984; Paul Ernst Rattelmüller: Pomp funèbre im alten Bayern und seiner Landeshauptstadt München. München 1974; Fred Fabich: Amtlich festgelegte Trauerklei-

dung. Trauerbräuche und Trauerordnungen im Laufe der Jahrhunderte. In: Altbayerische Heimatpost Nr. 44/1987; Albert Bichler: Wenn die Krähen über's Haus ziehen. Volksglaube im Totenbrauch. In: Schönere Heimat, 75. Jg. (1986), 507 ff.; Christine Rädlinger: Der verwaltete Tod. Eine Entwicklungsgeschichte des Münchner Bestattungswesens. München 1996..

19 s. hierzu u. a.: Paul Werner: »*...er soll ein feiner Ort sein...*« Zur Kulturgeschichte des Friedhofs in Bayern. In: Charivari.. 12. Jg. (1986), H. 8, 36 ff.
20 s. hierzu: Josef Huber: Das Brauchtum der Totenbretter. O. Ort 1956, hier insbes. 45 f.
21 Carl-Wilhelm Macke: »Alles hier ist auf den Schein angelegt« München in den Briefen des Aufklärers Johann Kaspar Riesbeck (1754–1786). In: Münchner Stadtanzeiger v. 25. 7. 1991.
22 Friedrich Nicolai: Unter Bayern und Schwaben – Meine Reise in den deutschen Süden 1781. Stuttgart 1989.
23 Ulrich Schlemmer als Hg. im Vorwort zu: Friedrich Nicolai: Unter Bayern und Schwaben – Meine Reise im deutschen Süden 1781. Stuttgart 1989, 24 f.
24 Lorenz Westenrieder: Beschreibung der Haupt- und Residenzstadt München (im gegenwärtigen Zustande). München 1782, Reprint München 1984.
25 Hans Moser: Münchener Volkstum zwischen Dichtung und Wahrheit. In: Bay. Jahrb. d. Volkskunde, München 1958, 8.
26 Anton Baumgartner: Polizey-Uebersicht von München vom Monat Dezember 1804 bis zum April 1805. München 1805, Reprint Braunschweig 1991 (Teil 1) u. 1992 (Teil 2).
27 Josef Hazzi: Statistische Aufschlüsse über das Herzogtum Baiern. München 1801–06.
28 Felix Joseph Lipowsky: National-Costüme des Königreiches Bayern. München 1822–26, Reprint München 1971.
29 München Archiv. Braunschweig, Bl. ME 1809 (1991) u. 1798 (1992).
30 H. Moser: Münchner Volkstum, 9.
31 Karl Trautmann: Hans Sachs bei den Münchner Meistersingern. In: Jahrb. f. Mü. Gesch. Bd. I. Bamberg 1887, 202 ff.;
32 Paul Legband: Münchner Bühne und Literatur im 18. Jahrhundert. Obb. Archiv f. vaterländ. Gesch. München 1901–04.
33 Ida Grassl: Münchens Brauchtum und Leben im 18. Jahrhundert. Diss. München 1940.
34 Fridolin Solleder: München im Mittelalter. München 1938, Reprint Aalen 1962.
35 Georg Jacob Wolf (Hg.): Das kurfürstliche München 1620–1800. Zeitgenössische Dokumente und Bilder. München 1930, Reprint Würzburg 1985.
36 Georg Jacob Wolf (Hg.): Ein Jahrhundert München 1800–1900. München 11919, 21921, 31935, 4(Reprint v. 1935) 1980.
37 H. Moser: Münchner Volkstum, 10 f.
38 H. Moser: Münchner Volkstum, 11.
39 zit. n. Moser: Münchner Volkstum, 12 f.
40 s. hierzu Walter Hartinger: König Max II. und die bayerische Volkskultur. In: Zeitschr. f. bayer. Landesgeschichte, Bd. 52 H. 2, München 1989, 353 ff.
41 Das Oktoberfest – 175 Jahre bayerischer National-Rausch. Ausst. Kat. MStM, München 1985, 34 ff.; Gerda Möhler: Das Münchner Oktoberfest – Brauchformen des Volksfestes zwischen Aufklärung und Gegenwart. MBM 100, München 1980, 27.
42 s. hierzu: Peter Jakob Horemans. Ausst. Kat. Bay. Staatsgemälde-Slg., München 1974, 15 ff.
43 Werner Loibl: Schloß Fürstenried – Festplatz Max Emanuels. In: Münchner Stadtanzeiger v. 13. 10. 81.
44 Österreich zur Zeit Kaiser Josephs II. Ausst. Kat. Niederösterr. Landesmus., Wien 1980, 352 ff.
45 MStM Graph. Slg. Inv.Nr. 178.
46 Horemans-Kat., 17 f.
47 Horemans-Kat., 19 f.
48 Horemans-Kat., 16.
49 P. E. Rattelmüller: Dirndl, Janker, Lederhosen. München o. J., 10 ff.

50 P. E. Rattelmüller, 25 (Abb. 12 u. 13).
51 Michael Schattenhofer: Die Kultur Münchens im 17. und 18. Jahrhundert. In: Beiträge zur Geschichte der Stadt München. Obb. Archiv 109. Bd. 1. H., München 1984, 157.
52 s. hierzu ausf.: Veronika Baur: Kleiderordnungen in Bayern vom 14. bis zum 19. Jahrhundert. MBM 62, München 1975.
53 zit. n.: Sigrid v. Moisy/Reinhard Horn (Mitarb.): Von der Aufklärung zur Romantik. Geistige Strömungen in München. Ausst. Kat. BayStBibl. München 1984, 171 f. # 217.
54 G. Döllinger: Sammlung der im Gebiet der Staatsverwaltung des Königreichs Bayern bestehenden Verordnungen. Bd. IX Teil 3, 1406 f.
55 S.v. Moisy/R. Horn, 171, # 216.
56 Wolfgang Christlieb: »Ich bin die Kunst in München« Die Leistung König Ludwigs für seine Stadt. In: Südd.Ztg. v. 23.8.1986; zur Geschichte d. Maibaums s.: Hans Moser: Maibaum und Maienbrauch. Beiträge und Erörterungen zur Brauchforschung. In: Bay. Jahrb. f. Volksk., München 1961, 115 ff. u.in: Volksbräuche im geschichtlichen Wandel. München 1985, 199ff.; Paul Ernst Rattelmüller: Rund um den Maibaum. In: Freundeskreisblätter (Freilichtmuseum Südbayern) Nr. 4 (Mai 1976), 7 ff.; zum Vergleich ganz interessant: Gottfried Korff: *»Heraus zum 1. Mai«* Maibrauch zwischen Volkskultur, bürgerlicher Folklore und Arbeiterbewegung. In: Dülmen/Schindler (Hg.), 246 ff.
57 Joseph Lipp: Die Vorstadt Neuhausen. München 1909, 27; zum Santrigl-Brauch s.: Hans Moser: Der Santrigl – ein alter Pfingstbrauch in der Umgebung Münchens. In: Bay. Jahrb. f. Volksk., München 1952, 95 ff.; außerdem: Volker D. Laturell/ Georg Mooseder: Moosach. Bd. II München 1985, 312 ff.
58 s. hierzu: Michael Dirrigl: Das Kulturkönigtum. Bd. I München 1980; dazu: Werner Ross: Kulturkönigtum in Bayern. In: Süddeutsche Zeitung v. 23.1.1982.
59 Gerda Möhler: Volkskunde in Bayern. Eine Skizze zur Wissenschaftsgeschichte. In: Edgar Harvolk (Hg.): Wege der Volkskunde in Bayern. München 1987, 37.
60 Bavaria. Landes- und Volkskunde des Königreichs Bayern. I. Bd Ober- und Niederbayern, München 1860, II. Bd. Oberpfalz und Regensburg. Schwaben und Neuburg, München 1863, III. Bd. Oberfranken. Mittelfranken., München 1865, IV. Bd. Unterfranken und Aschaffenburg, München 1866.
61 Johann Andreas Schmeller: Bayerisches Wörterbuch. ¹München 1827–37, ²München 1872–77, ³Leipzig 1939, ⁴Aalen 1973
62 Eduard Fentsch: Bavaria Land und Leute im 19. Jahrhundert. Die kgl. Haupt- und Residenzstadt. München 1989.
63 s. hierzu auch: Heidi Müller: Dienstbare Geister. Leben und Arbeitswelt städtischer Dienstboten. Ausst. Kat. Mus. f. Dt. Volksk., Berlin 1985.
64 Michael Dirrigl: Maximilian II. König von Bayern 1848–1864. Bd. I München 1984, 504 ff.
65 Eberhard Weiß: Bayerns Beitrag zur Wissenschaftsentwicklung im 19. und 20. Jahrhundert. In: Max Spindler (Hg.): Bayerische Geschichte im 19. und 20. Jahrhundert 1800–1970. Bd. II München 1978, 1049 (m. Anm. 4).
66 Walter Hartinger: König Max II. und die bayerische Volkskultur. In: Zeitschr. f. bayer. Landesgesch. Bd. 52 Heft 2, München 1989, 363 ff.
67 s. hierzu: Albert Hiller: Das Posthorn der Königlich Bayerischen Post des 19. Jahrhunderts im Dienste der Volksmusik. In: Brass Bulletin 50, Bulle (Schweiz) 1985.
68 Robert Münster (Red.): Volksmusik in Bayern. Ausst. Kat. BayStBibl. München 1985, 132.
69 W. Hartinger: König Max II., 367.
70 Anm. im Orig.Text: *»Er ließ sich bereits als Kronprinz wiederholt über Sozialismus und Kommunismus unterrichten und startete unmittelbar nach Regierungsantritt ein großes Preisausschreiben zur Behebung der Not des Proletariats, zu welchem 656 Schriften eingingen, welche der weiteren Sozialpolitik zugrundegelegt wurden; vgl. Günther Müller, König Max II. und die soziale Frage, München 1964; Leonhard Lenk, Maximilian II. Kein Märchenkönig – Bürger auf dem Thron (Bayerland 84) 1982, 3–10.«*

71 W. Hartinger: König Max II., 371 f.
72 Anm. im Orig.Text: »*Walter Hartinger, Das Haus Wittelsbach und die Pflege der Volkskultur in Bayern (Bayerisches Jahrbuch für Volkskunde 1982) 6–18; Wolfgang A. Mayer, Volksmusikforschung (Lied, Instrumentalmusik, Tanz) in: Edgar Harvolk, Hg. Wege der Volkskunde in Bayern. Ein Handbuch, München 1987, 365–402; W. Mayer weist hin auf adelig/bürgerliche Zirkel, die schon vor 1825 die Musik des Landvolkes für sich entdeckten.*«
73 Karl Pörnbacher: Der »Zithermaxl« und das Volkslied. In: Unser Bayern/Heimatbeilage d. Bayer. Staatszeitung, Nov. 1988, 85.
74 Ernst Schusser: Herzog Max in Bayern und die Volksmusik. In: Die Wittelsbacher im Aichacher Land. Festschr., Aichach 1980, 319.
75 Oberbayerische Volkslieder mit ihren Singweisen Gesammelt und herausgegeben von H. M. München 1846; Reprint München 1987.
76 Ulrich Halbreiter: Sammlung auserlesener Gebirgslieder. Heft I – III, München 1839; Reprint München 1983.
77 s. hierzu Wolfi Scheck u. Ernst Schusser (Bearb.): Kiem Pauli (1882–1960) – Leben und Sammelwerk. München 1987; 2. Teil: Leben im Kreuther Tal. München 1992.
78 Das Kulturref. d. LHM München gedachte m. einer v. Bayer. Rundfunk aufgez. Sonderveranst. z. Wittelsbacher-Jahr 1980 im Antiquarium d. Mü. Residenz »*Die Wittelsbacher und die Volksmusik*« am 21. 6. 1980 dieses ausgewöhnlichen Engagements d. Wittelsbacher in Anwesenheit fast aller Familienmitglieder; Mitwirkende waren: Spielmannszug d. Antlaß-Schützenkompanie Lenggries, Kreuther Klarinettenmusi, Wechs-Buebe, Wegscheider Musikanten, Starnberger Volksmusikgruppe, Fischbachauer Sängerinnen, Giesinger Viergesang, Sendlinger Musikanten, Meilenhofener Zweigesang, Geschwister Estner, Trio Eibl/Seitz/Ziemann; Sprecher: Paul Ernst Rattelmüller, Programm u. Gesamtleitung: Volker D. Laturell.
79 z. Jagdgesch. s.: Franz v. Kobell: Wildanger. Stuttgart 1859 (Reprint München 1977); Berndt E. Ergert/Werner Loibl: Wittelsbacher Jagd. Ausst. Kat. Dt. Jagdmus., München 1980; Bernd Ergert: Die Jagd in Bayern. Rosenheim 1984.
80 Paul Ernst Rattelmüller: Die Wittelsbacher und die bayerische Volkstracht. In: Oktoberfest-Programm, München 1980, 7 ff.
81 Grieshofer, 7.
82 Norbert Götz/Clementine Schack-Simitzis (Hg.), Gabriele Schickel (Mitarb.): Die Prinzregentenzeit. Ausst. Kat. MStM, München 1988, 23 f.; dazu: Bernd E. Ergert: Der Landesherr und Jäger, 21 f.
83 Sigfrid Hofmann (Hg.): Aus den nachgelassenen Tagebuchaufzeichnungen Rudolf Hoferers. Schongau 1954, 10.
84 Dülmen/Schindler, 381 (Anm. 6).
85 s. hierzu Peter von Rüden (Hg.): Beiträge zur Kulturgeschichte der deutschen Arbeiterbewegung 1848–1918. Frankfurt am Main 1981; Peter von Rüden/Kurt Koszyk (Hg.): Dokumente und Materialien zur Kulturgeschichte der deutschen Arbeiterbewegung 1848–1918. Frankfurt am Main 1981; Wilfried van der Will/Rob Burns: Arbeiterkulturbewegung in der Weimarer Republik, Frankfurt am Main 1982.
86 K. Bosl: Arbeiterkultur, 17 f.
87 Wittelsbach und Bayern. Ausst. Katalog München 1980, Bd. 2, 456
88 Christian Müller: München unter König Maximilian I. Joseph. Bd. I Mainz 1816, Bd. II Mainz 1817; hier zit. n.: Georg Jacob Wolf (Hg.): Ein Jahrhundert München 1800–1900. Leipzig 1935, 60 f. (Industrie im alten München).
89 zit. n. H. Moser: Gedanken, 18.
90 Als Lektüre über die Au sei empfohlen: August Kühn: Die Vorstadt. Roman. München 1987; zur Geschichte: Josef Freudenberger: Aus der Geschichte der Au (München). Die alte Au. München 1927.
91 Thea Braatz: Das Kleinbürgertum in München und seine Öffentlichkeit von 1830–1870. Ein Beitrag zur Mentalitätsforschung. MBM 68, München 1977, 18 f., 63 u. 105.

92 Christian Lankes: München als Garnison im 19. Jahrhundert. Die Haupt- und Residenzstadt als Standort der Bayerischen Armee von Kurfürst Max VI. Joseph bis zur Jahrhundertwende. Militärgesch. u. Wehrwiss. Bd. 2, Berlin 1993.
93 T. Braatz: Kleinbürgertum, 38.
94 T. Braatz: Kleinbürgertum, 25 u. 76.
95 T. Braatz: Kleinbürgertum, 25 f.
96 Michael Schattenhofer: Beiträge zur Geschichte der Stadt München. Obb. Archiv 109. Bd. 1.H., München 1984, 185.
97 Benedikt Weyerer: Arbeit kostet das ganze Leben – Die brutalen Produktionsbedingungen im Rüstungsbetrieb an der Dachauer Straße. In: Münchner Stadtanzeiger v. 26.3.1992.
98 Alois Auer (Hg.)/Gerald Engasser: Krauss-Maffei. Lebenslauf einer Münchner Fabrik und ihrer Belegschaft. Kösching 1988, 44 f.
99 München Landeshauptstadt Bayerns eine Millionenstadt. Mnüchen 1958, 42.
100 K. Bosl: Arbeiterkultur, 21.
101 s. hierzu ausführl.: Claudia Brunner: die Arbeitslosigkeit in München 1927 bis 1933. MBM 162, München 1992.
102 Norbert Götz u. Clementine Schack-Simitzis (Hg.), Gabriele Schickel (Mitarb.): Die Prinzregentenzeit. Ausst. Kat. MStM, München 1988, 412.
103 Gerald Enggasser: Wir wollen frei und einig sein – die Geschichte der Münchner Arbeitergesangvereine. In: Empor zum Licht. Arbeitersänger und Arbeitersportler in München vor 1933. Begl.Buch z. Ausst. d. Kult.Ref., München 1987, 51 ff.
104 Michael Brandlmeier u. Volker D. Laturell: Die Geschichte der Zither in München nach 1918. In: »Die Zither is a Zauberin…« Zwei Jahrhunderte Zither in München. Volksmusik in München, H. 18, München 1995, 36 ff.; Volker D. Laturell u. Josef Focht: Die Zithervereine und -gruppen in München. In: wie vor, 69 ff.
105 Ernst Klusen: Volkslied – Fund und Erfindung. Köln 1969, 174.
106 Erziehung und Unterricht in bayerischen Volksschulen, München 1940, 77.
107 Maria Bruckbauer. … und sei es gegen eine Welt von Feinden!« Kurt Hubers Volksliedsammlung und -pflege in Bayern. München 1991.
108 Hermann Unterstöger: Bayerisches Liedgut in der Nazi-Zeit. Blut- und bodenschwerer Zungenschlag. Ein neues Buch über den Widerstandskämpfer Kurt Huber offenbart die fatale Verstrickung der Volkstumsforscher. In: Süddeutsche Zeitung v. 18.5.1991.
109 Leserbriefe in: Süddeutsche Zeitung. v. 15.6. u. 29.6.1991; Buchbespr. v. Maximilian Seefelder in: Sänger- und Musikantenzeitung, 34. Jg. (1991), 434 ff.; Stellungen. v. Robert Münster in: Sänger- und Musikantenzeitung, 35 Jg. (1992), 181 f.; Buchbespr. v. Walter Hartinger in: Volksmusik in Bayern, 8. Jg. (1991), 46 f.; Buchbespr. v. Armin Greibel in: Bayer. Blätter f. Volksk., 18. Jg. (1991), 188 ff.

München ist nicht nur München

1 s. hierzu: Walter Hartinger: Was ist Volkskultur. Ref. anl. d. Tagg. »Die Volkskultur in den Regionen Europas« d. Verb. d. bay. Bezirke 16.10.92 Ingolstadt; gedr. München 1992, 33 ff.; ders.: Volkskultur = Provinzkultur in engen Grenzen? In: Schönere Heimat. 80.Jg.(1991) H. 1, 3 ff.; Konrad Köstlin: Der Begriff Volkskultur und seine vielfältige Verwendung. In: Münchner Streitgespräche zur Volkskultur. Dokumentation zu einer Tagg. d. KultRef. d. LHM 23.-30.11.1986, München 1990, 12 ff., und: Wolfgang Kaschuba: Geschichte, Tradition, Alltagskultur. Zugangsweisen zum Begriff Volkskultur. In: wie vor, 22 ff.
2 Gislind Ritz: Volkskultur. In: Bayern – Kunst und Kultur. Ausst. Kat. München 1972, 226.
3 s. hierzu: Landeshauptstadt München – Ref. f. Stadtforschung u. Stadtentwicklung (Hrsg.): Dörfliche Bereiche mit Mittelpunktfunktion im Stadtgebiet München. Studie, München 1979 (Arbeitsberichte zur Stadtentwicklungsplanung, Nr. 12, München 1981).
4 s. hierzu: Münchner Stadtpfeifer und Stadtmusikanten. ViM 17, München 1993.

5 s. hierzu: Die Münchner Redouten. Münchner Carnevals-Musiken des frühen 19. Jahrhunderts. ViM 15, München 1991.

6 s. hierzu: Ernst Schusser: Herzog Maximilian in Bayern (1808–88). Versuch einer historisch-volkskundlichen Darstellung des kulturellen und gesellschaftlichen Wirkens Herzog Maximilians in Bayern mit besonderer Berücksichtigung auch der musikalischen Komponente im Beziehungsfeld zwischen Volksmusik und Gesellschaftsmusik und deren Auswirkungen auf die bayerische Volksmusikbewegung. München 1987; ders. (Hrsg.): Die im Druck erschienenen Kompositionen von Herzog Maximilian in Bayern. München 1992.

7 s. hierzu: Josef Focht: Das Münchner Zitherspiel im 19. Jahrhundert. ViM 18, München 1995.

8 Bereits 1827 wurde ein »Bock-Walzer« gedr., komp. v. Carl Leibl (1784–1870), d. Vater d. Malers Wilh. Leibl; s. Ernst Schusser: Musik in Münchner Bierkellern und Oktoberhallen. In: Günther Noll/Wilh. Schepping (Hrsg.): Musikalische Volkskultur in der Stadt der Gegenwart. Hannover 1992, 187 ff. (m. Noten u. Text).

9 E. Schusser: Musik in Mü. Bierkellern …, 190.

10 Gerda Möhler: Das Münchner Oktoberfest. Vom bayerischen Landwirtschaftsfest zum größten Volksfest der Welt. München 1981, 157; Sabine Sünwoldt: Prosit und Gemütlichkeit. In: Das Oktoberfest. Ausst. Katalog MStM, München 1985, 314 ff.

11 s. hierzu: Volker D. Laturell: Redouten, Maskierte Akademien und Bals parés. Blütezeit, Niedergang und Wiederaufleben Münchner Ballformen im Fasching des 19. Jahrhunderts. In: Die Münchner Redouten. ViM 15, München 1991, 43 ff.

12 s. hierzu: Volker D. Laturell: Was ist und woher kommt eigentlich das Couplet? In: Alte und neue Münchner Couplets. ViM 13, München 1990; ders.: Herkunft und Geschichte des Münchner Couplets. Zur Renaissance einer kritischen Liedform. In: Sänger- u. Musikantenzeitung, 34. Jg.(1991), H. 5, 301 ff.; ders.: Die »Gscheerten« im Couplet. Das Bild des Dachauer Bauern bei den Münchner Volkssängern. In: Amperland, 29. Jg.(1993), H. 4, 204 ff.

13 s. hierzu: Rüdiger Dilloo: Stubenmusiken in München. Historische Aspekte, Bestandsaufnahme und Wertung eines neueren Phänomens der Volksmusik. Zul.Arb. LMU München 1975; Sabine Schmidt: Stubenmusiken in München. Versuch einer Bestandsaufnahme im Jahre 1991. Zul.Arb. LMU München 1992.

14 s. hierzu: »Heut geh'n ma hoagart'ln« Zum 100. Boarischen Hoagart'n des Kulturreferats. ViM 14, München 1990.

15 Münchner Marienlieder aus vier Jahrhunderten. ViM 16, München 1992.

16 Das Weihnachtslied in Oberbayern. Ein Hörbild aus 500 Jahren. Begleith. f. Veranst., H. 1, München 1987; außerdem: Münchner Advents- und Weihnachtslieder aus der Sammlung Hartmann/Abele. ViM 4, München 1985.

17 Der musikalische Herzog. Herzog Maximilian in Bayern (1808–1888). Begleith. f. Veranst., H.2, München 1988.

18 300 Jahre Pantaleon 1689–1989 – Hackbrettmusik vom Barock bis heute. ViM 11, München 1989.

19 »Er ist uns so teuer, wie Johann Strauß seinen Wienern …« Zum 125. Todestag von Obermusikmeister Peter Streck (1797–1864). ViM 12, München 1989; Tanzmusik um 1850 in Oberbayern. Musikmeister Peter Streck (1797–1864). Begleith. f. Veranst., H. 3, München 1992; außerdem: Auf den Spuren von Peter Streck in der Rhön und in Unterfranken. »Auf den Spuren von …« H. 8, München 1993.

20 Bez. Obb./Volksmusikarchiv: Begleitheft f. Veranst., H. 3, München 1993; außerdem: Die Münchner Stadtpfeifer und Stadtmusikanten. ViM 17, München 1993.

21 s. hierzu: Bez. Obb./Volksmusikarchiv: Begleitheft f. Ausst., H. 2, München 1993.

22 Münchner Musikantenmesse zu Ehren der hl. Cäcilie. ViM 10, München 1988; 1991 auch auf MC u. CD erschienen.

LITERATURHINWEISE UND ANMERKUNGEN

Die Münchner Bier- und Wirtshauskultur

Häufig benutzte Literatur:

Richard Bauer (Hg.)/Eva Maria Graf u.Erwin Münz (Bearb.): Zu Gast im alten München. München 1982.
Wolfgang Behringer: Löwenbräu. Von den Anfängen des Münchner Brauwesens bis zur Gegenwart. München 1991.
Paul Brandt: Das Münchner Hofbräuhaus. München 1997.
Joseph Freudenberger: Aus der Geschichte der Au (München). Die alte Au. München 1927.
Hanns Glöckle: Das waren Zeiten. München und Oberbayern, Bier und Brauchtum 1848–1900. Ausst.Kat., München 1983.
Hanns Glöckle: Das waren Zeiten. München im Spiegel der Bildreportagen von einst 1848–1900. Dachau ²1986.
Hanns Glöckle: München Bier Oktoberfest. Acht Jahrhunderte Bier- und Stadtgeschichte. Dachau 1985.
Hanns Glöckle: Seinerzeit. Die Münchner erleben ihre Stadt und entdecken das bayerische Oberland 1840–1900. Dachau 1990.
Evelin Heckhorn/Hartmut Wiehr: München und sein Bier. Vom Brauhandwerk zur Bierindustrie. München 1989, insbes.: Richard Bauer: Zur Situation des Münchner Brauwesens vor dem 19. Jahrhundert, 8 ff.
Walter Heerde: Haidhausen. Obb.Archiv 98.Bd., München 1974.
Max Megele: Baugeschichtlicher Atlas der Landeshauptstadt München. München 1951.
Max Megele: Baugeschichtlicher Atlas der Landeshauptstadt München. Die Stadt im Jubiläumsjahr 1958. München 1960.
Ludwig Schrott: Münchner Alltag in acht Jahrhunderten. Lebensgeschichte einer Stadt. München o. J.
Fritz Sedlmayr: Die Geschichte der Spatenbrauerei unter Gabriel Sedlmayr dem Älteren und dem Jüngeren 1807–1874, sowie Beiträge zur bayerischen Brauereigeschichte dieser Zeit. 2 Bde. München 1934.
Fritz Sedlmayr (Hg.): Beiträge zur Geschichte der Münchner Brauerfamilie Sedlmayr. München 1962.
Helmut Stahleder: Bierbrauer und ihre Braustätten. Ein Beitrag zur Gewerbetopographie Münchens im Mittelalter. Obb. Archiv 107.Bd., München 1982, 1 ff.
Helmut Stahleder: Haus- und Straßennamen der Münchner Altstadt. München 1992, insbes. 461 ff. u. 483 ff.
Peter Vielwerth: 350 Jahre Staatl. Hofbräuhaus München. München 1939.
Franz Paul Zauner: München in Kunst und Geschichte. München 1914.
München Archiv. Loseblatt-Sammlung, Braunschweig o.J.
Stadtpläne 1807, 1812, 1826, 1837, Wenng 1849/50, 1852, 1855, 1871 u. 1911.

1 Spaziergang durch München aus Adrian von Riedl's »Reiseatlas von Baiern« 1796, Faksimile-Druck, München o.J., 16.
2 Hanns Glöckle: Bier in München. Die besondere Rolle des Gerstensaftes in der Landeshauptstadt der Bayern. In: Münchner Stadtanzeiger v. 5.7.1985.
3 Jules Huret: Bayern und die Sachsen (In Deutschland, 3. Teil). München o.J., zit. aus: Reinhard Bauer: München. Eine Stadt vor 100 Jahren. München 1995, 47.
4 Ernst Penzoldt: Die geliebte Stadt (München von Norden gesehen), zit. aus: Hanns Arens (Hg.): Einladung nach München. München 1968, 42.
5 Felix von Schiller: München, dessen Kunstschätze, Umgebungen und öffentliches Leben. München ²1845, zit. aus: Ludwig Schrott: Biedermeier in München. Dokumente einer schöpferischen Zeit. München 1987, 223.
6 Wolfgang Koeppen: München oder Die bürgerlichen Saturnalien, zit. aus: H. Arens: Einladung, 61.

7 Fridolin Solleder: München im Mittelalter. München 1938 (Reprint Aalen 1938), 383; Hubert Vogel: Vom Heiliggeist-Brau- und Schankrecht (1286) zur Münchner Brauersatzung (1425). In: Obb. Archiv 120.Bd., München 1996, 205.
8 F. Solleder: Mittelalter, 67.
9 Wilhelm Abel: Stufen der Ernährung. Eine historische Skizze. Göttingen 1981, 24.
10 Lorenz Westenrieder: Beschreibung der Haupt- und Residenzstadt München (im gegenwärtigen Zustande). München 1782 (Reprint 1984), 298.
11 L. Westenrieder: Beschreibung, 100 ff. u. 228 f.
12 Ludwig Börne: Sämtliche Schriften, Bd. IV, o.O. 1977, 403 f., zit. aus: Behringer: Löwenbräu, 290.
13 Ignaz von Rudhart: Über den Zustand des Königreiches Bayern. Bd. 2, Erlangen 1827, 88.
14 Adolph von Schaden: Neuester Wegweiser durch die Haupt- und Residenzstadt München und deren Umgebungen. München 1835, 5.
15 J. Kahn: Münchens Großindustrie und Großhandel. München 1891, 63.
16 Über Eisgewinnung u. Eisfahren s.: Volker D. Laturell/Georg Mooseder: Moosach. Bd. II, München 1985, 256 ff.
17 Ludwig Wolf: Carl von Linde, Professor, Erfinder, Unternehmer. Mit ihm kamen die eisigen Zeiten. In: Münchner Stadtanzeiger v. 17.6.1992.
18 R. Bauer: Münchner Brauwesen, 14.
19 W. Heerde: Haidhausen, 106 f.
20 Eduard Fentsch: Bavaria. Land und Leute im 19. Jahrhundert. Die kgl. Haupt- und Residenzstadt München. München 1989, 164.
21 zit. aus: Ludwig Hollweck: Im Schatten der Kastanienbäume. In: Münchner Stadtanzeiger v. 17.8.1989.
22 s. hierzu ausführl.: Alfons Jehle: Joseph Pschorr. In: Der Zwiebelturm. H. 2 1951, 44 ff.
23 G. Schmidt-Zesewitz, MM v. 2.2.1981.
24 Amüsant zu lesen: Rudolf Reiser: Als das erste Helle im Maßkrug schäumte. Spatens Vorstoß mit der kühlen Blonden führte in der Landeshauptstadt fast zu einem Bierkrrieg mit den anderen Brauereien. In: Süddeutsche Zeitung v. 20.6.1995.
25 R. Bauer: Zu Gast, 196.
26 Rudolf Reiser: Der Hofbräukeller ist ein Jahrhundert alt. Münchner Gemütlichkeit am Wiener Platz. In: Süddeutsche Zeitung v. 8.4.1987
27 L. Westenrieder: Beschreibung, 293.
28 Ferdinand Kronegg: Illustrirte Geschichte der Stadt München. München 1903, 331 ff.; Stephan Pflicht: Kurfürst Carl Theodor von der Pfalz und seine Bedeutung für die Entwicklung des deutschen Theaters. Reichling 1976, 149 ff.; Michael Schattenhofer: Die Kultur Münchens im 17. und 18. Jahrhundert. In: ders.: Beiträge zur Geschichte der Stadt München. Obb. Archiv 109. Bd., 1.H., München 1984, 169.
29 L. Westenrieder: Beschreibung, 127.
30 F. Trefz: Das Wirtsgewerbe in München. Eine wirtschaftliche und soziale Studie. Stuttgart 1899, 71, zit. aus: W. Behringer: Löwenbräu, 313.
31 H. Glöckle: Seinerzeit., 65.
32 F. Trefz: Das Wirtsgewerbe, 70 f., zit. aus: E.Heckhorn/H.Wiehr: München und sein Bier, 50.
33 Hans-Enno Korn/Christa Schmeißer (Mitarb.): Otto Hupp. Meister der Wappenkunst 1859-1949. Ausst.Kat. BayHStA, München 1984.
34 zit. aus R. Bauer: Zu Gast, 234.
35 zit. aus R. Bauer: Zu Gast, 126.
36 Volker D.Laturell/Josef Focht: Die Zithervereine und -gruppen in München. In: Volker D. Laturell (Hg.): »Die Zither is a Zauberin...« Zwei Jahrhunderte Zither in München. ViM H. 18, München 1995, 71.
37 Kerl Spengler: Zwischen Versailles und Ismaning. München 1974, 194 f.

38 Walter Fürstweger: Löwenbräu trennt sich von der Mathäser-Bierstadt. In: Süddeutsche Zeitung v. 5.8.1993.
39 Ludwig Steub: Kleinere Schriften. IV.Bd. Altbayer. Miszellen, Stuttgart 1875, zit. aus: G.J.Wolf: Ein Jahrhundert, 148.
40 E. Fentsch: Bavaria, 164.
41 J. Huret: Bayern und Sachsen, zit. aus: R. Bauer: München, 47
42 J. Huret: Bayern und Sachsen, zit. aus: R. Bauer: München, 53 u. 56.
43 Gsell Fels: München und Umgebung. München 191911, II f.
44 Georg Jacob Wolf: Bayerische Volksfeste. In: Das Land Bayern. Seine kulturelle und wirtschaftliche Bedeutung für das Reich. München 1927, 58.
45 Marianne Bernhard: Das Biedermeier. Kultur zwischen Wiener Kongreß und Märzrevolution. Düsseldorf 1983, 259.
46 T. Braatz: Kleinbürgertum, 99.
47 Eimer war ein altes bayerisches Hohlmaß für Flüssigkeiten; bei der Ablösung der alten Maße ab 1869 standen 68,4177 Liter für 1 bayer. Eimer (= 64 Maß, 1 Maß = 1,06903 Liter).
48 Hanns Glöckle: Münchner Bock-Blatt. München Archiv Blatt ME 1839, Braunschweig 1993.
49 Das Land Bayern. Seine kulturelle und wirtschaftliche Bedeutung für das Reich. München 1927, 287; Manfred Pielmeier: Vom Weißbier zum Schneiderweißen. In: Münchner Palette, H. 7/8/1993, 4 ff.
50 Manfred Pielmeier: Das Hofbräuhaus München. In: Münchner Palette, H. 6/1993, 4 f.
51 M. Pielmeier: Hofbräuhaus, 5 f.
52 Herbert Riehl-Heyse: Im Maßkrug nach dem Mythos tauchen. In: Süddeutsche Zeitung v. 5.9.1995.
53 zit. aus: H. Glöckle: Zeiten /Ausst.Kat., 15 (# 102).
54 aus: Der berühmte Bockkeller in der Stadt München, beschrieben von Anton Baumgartner, Königlich bairischer Bau Rath. München 1843.
55 zit. aus: G. J. Wolf: Ein Jahrhundert München, 176.
56 Volksmusik in Bayern. Ausst.Kat. Bay. Staatsbibl., München 1985, 152.
57 R.u.H. Marggraf: München mit seinen Kunstschätzen und Merkwürdigkeiten nebst Ausflügen in die Umgegend,… München 1846, 555.
58 Kurt Wilhelm (Hg.): Luise von Kobell und die Könige von Bayern. München 1980, 193.
59 Ludwig Thoma: Ausgewählte Werke in einem Band. München 1966, 114 f.
60 Münchner Merkur v. 27.4.1994.
61 J. Freudenberger: Au, 131 f.
62 München Archiv, Bl. M 03064, Braunschweig o.J.
63 J. Freudenberger: Au, 132.
64 J. Freudenberger: Au, 136, Anm. 243.
65 Lorenz Westenrieder: Beiträge zur vaterländischen Historie. Bd. 6, München 1800; Joseph von Hazzi: Statistische Aufschlüsse über das Herzogtum Baiern. Bd. 3, München 1803; Lorenz Hübner: Beschreibung der kurbairischen Haupt- und Residenzstadt München. 1. Bd., München 1803, 417.
66 BayHStA M Inn 46 448.
67 J. Freudenberger: Au, 136, Anm. 243.
68 zit. aus: München Archiv, Bl. M 03064, Braunschweig o.J.
69 zit. aus: J. Freudenberger: Au, 151 f.
70 M. Siebert: Das Königreich Bayern, topographisch-statistisch in lexicographischer und tabellarischer Form dargestellt. München 1840, 500 f., zit. aus: W. Behringer: Löwenbräu, 147.
71 Ferdinand Kronegg: Illustrirte Geschichte der Stadt München. München 1903, 468.
72 Walter Fürstweger: Als flüssiges Brot noch Fastenspeise war… In: Süddeutsche Zeitung vom 12.3.1982.
73 Der Roider Jackl. Rosenheim 1980, 31 ff.

74 Hannes Burger: Walter Sedlmayr Salvator-Reden. München 1988.
75 Z. Gesch. d. Oktoberfests s. vor allem: Ernst Hoferichter u. Heinz Strobl: 150 Jahre Oktoberfest 1810–1960. München 1960; Gerda Möhler: Das Münchner Oktoberfest. Brauchformen des Volksfestes zwischen Aufklärung und Gegenwart. MBM 100, München 1980; Gerda Möhler: Das Münchner Oktoberfest. Vom bayerischen Landwirtschaftsfest zum größten Volksfest der Welt. München 1981; Das Oktoberfest. Einhundertfünfundsiebzig Jahre Bayerischer National-Rausch. Ausst.Kat. MStM, München 1985.
76 Anton Baumgartner: Die Oktober-Feste auf der Theresien-Wiese bey München von 1810 bis 1820. München 1820, 15.
77 T. Braatz: Kleinbürgertum, 115.
78 A. Baumgartner: Oktober-Feste, 28.
79 Zu d. Themen »Das Bier auf dem Oktoberfest«, »Die Wirtsbude und ihre Geselligkeit« und »Die Festhalle der Brauerei« s. ausführl.: G. Möhler: Oktoberfest 1980, 201 ff.
80 Quelle lt. G. Möhler: StA Obb. [jetzt StaatsA Mü.] RA 58066.
81 zit. aus: Elyane Werner: Bayerisches Leben – bayerischer Brauch. Bilder und Berichte aus dem 19. Jahrhundert. Pfaffenhofen 1990, 45.
82 Volker D. Laturell: Volksfeste. In: Festring Perlach e.V: Perlach. Entstehungs- und Entwicklungsgeschichte eines Münchner Stadtteils... Bd. I, München 1990, 526 ff.
83 W. Abel: Ernährung, 24.
84 Friedrich Pecht: Aus meiner Zeit. Lebenserinnerungen. 2 Bände, München 1894, zit. aus: Georg Jacob Wolf: Ein Jahrhundert München 1800–1900. Zeitgenössische Bilder und Dokumente. München ^{2}1921, 180.
85 L. Schrott: Biedermeier, 336 ff.
86 L. Schrott: Biedermeier, 341.
87 zit. aus: R. Bauer: Zu Gast, 60.
88 L. Schrott: Biedermeier, 343.
89 L. Schrott: Biedermeier, 343 f.
90 H. Glöckle: Das waren Zeiten 1983, 5; ders.: 1986, 44.
91 T. Braatz: Kleinbürgertum, 99 f., insbes. Anm. 3 (Chronik d. Stadt München 1860, Anh. 228 f.
92 zit. aus: Benedikt Weyerer: Seit 400 Jahren im Dienst am Durst: In München steht ein Hofbräuhaus... In: Münchner Stadtanzeiger v. 1.6.1989.
93 Ludwig Hollweck: »Da saßen trunkene Saufbolde« In: Münchner Stadtanzeiger v. 19.3.1985.
94 H. Glöckle: Seinerzeit, 66.
95 Felix von Schiller: München, dessen Kunstschätze, Umgebungen und öffentliches Leben. München ^{2}1843, zit. aus: G.J. Wolf: Ein Jahrhundert, 145.
96 F. Nicolai: Unter Bayern, 59.
97 F. Nicolai: Unter Bayern, 61.
98 zit. aus: Hedi Heres: Kellnerin, schenk ein... In: Münchner Stadtanzeiger v. 2.10.1987.
99 s. hierzu ausführl.: E. Fentsch: Bavaria, Abschn. »Dienstbotenverhältnisse« 154 ff.; Die weiblichen Dienstboten in München. Eine Untersuchung ihrer wirtschaftlichen und sozialen Lage nach den amtlichen Erhebungen vom Jahre 1909. München 1912; Heidi Müller: Dienstbare Geister. Leben und Arbeitswelt städtischer Dienstboten. Ausst.Kat. Mus. f. Dt. Volksk., Berlin 1985.
100 s. hierzu: Käthe Mende: Münchener jugendliche Ladnerinnen zu Hause und im Beruf. Stuttgart/Berlin 1912.
101 E. Fentsch: Bavaria, 155.
102 H. Heres: Kellnerin, wie vor.
103 R. Bauer: Zu Gast, 19 f.
104 H. Heres: Kellnerin, wie vor.
105 Eva Maria Volland u. Reinhard Bauer (Hg.): München – Stadt der Frauen. Kampf für Frieden und Gleichberechtigung 1800-1945. München 1991, 46 f.
106 Quelle bei R. Bauer: Zu Gast, 18 bzw. 31: BayHStA MH 2095.

Literaturhinweise und Anmerkungen

107 A. Lewald: Panorama, zit. aus: L. Schrott: Biedermeier, 223 f.
108 Anton Baumgartner: Münchner Polizey=Uebersicht. XVI. Samstag den 11ten May 1805. München 1805, Reprint Braunschweig 1991.
109 L. Westenrieder: Beschreibung, 127.
110 abgedr. in: Volksmusik in München, H. 1, München 1984, 44 f.
111 Ernst Schusser: Kapellmeister Sulzbeck. In: Sänger- und Musikantenzeitung. 31.Jg. (1988), H. 4, 210 f.
112 Volksmusik in Bayern, 148.
113 Hans Ottomeyer (Hg.)/Ulrike Laufer (Mitarb.): Biedermeiers Glück und Ende ...die gestörte Idylle 1815-18148. Ausst.Kat. MStM, München 1987, 365 f. (Kat.Nr. 4.5.4).
114 Biedermeier-Kat., 358 (Kat.Nr. 4.4.29).
115 Volksmusik in Bayern, 152.
116 R.u.H. Marggraf: München, 554.
117 Volksmusik in Bayern, 151 f.
118 T. Braatz: Kleinbürgertum, 102.
119 Volksmusik in Bayern, 152.
120 E. Fentsch: Bavaria, 165.
121 F. Trefz: Das Wirtsgewerbe, 74 f., zit. aus.E.Heckhorn/H.Wiehr: München und sein Bier, 51.
122 s. hierzu: Josef Focht: Die Münchner Redouten. Münchner Carnevals-Musiken des frühen 19. Jahrhunderts. In: Volksmusik in München, H. 15, München 1991, 5 ff.
123 Ernst Schusser: Musik in Münchner Bierkellern und Oktoberhallen. In: Günther Noll/Wilhelm Schepping (Hg.): Musikalische Volkskultur in der Stadt der Gegenwart. Hannover 1992, 186.
124 zit. aus: G. Möhler: Oktoberfest 1980, 220.
125 Georg Friedrich Blaul: Bilder aus München. Heidelberg 1834. 133, zit. aus: G. Möhler: Oktoberfest 1980, 220.
126 G. Möhler: Oktoberfest 1980, 221.
127 E. Schusser: Musik in Bierkellern., 190.
128 G. Möhler: Oktoberfest 1980, 223.
129 G. Möhler: Oktoberfest 1981, 116 f.
130 H. Glöckle: Seinerzeit, 62.
131 Im Löwenbräukeller. Extra-Nummer des 'Reise-Onkel'. o.O. o.J., zit. aus: W. Behringer: Löwenbräu, 316.
132 Karl Spengler: Zwischen Versailles und Ismaning. Bayerische Lebensbilder. München 1974, 189.
133 T. Braatz: Kleinbürgertum, 101f.
134 Hanns Glöckle: Münchner Bierchronik. München Archiv, Bl. ME 1888, Braunschweig o.J. (1994).
135 s. hierzu ausführl.: Ludwig Hollweck: »Da saßen trunkene Saufbolde« In: Münchner Stadtanzeiger v. 19.3.1985.
136 Neu veröffentl. in: Münchner Liederbogen Nr. 10. Kult.Ref. München 1994, Nr. 63.
137 Volksmusik in Bayern, 152 f.
138 T. Braatz: Kleinbürgertum, 105.
139 R. Bauer: Zu Gast, 20f.
140 Marianne Bernhard: Das Biedermeier. Kultur zwischen Wiener Kongreß und Märzrevolution. Düsseldorf 1983, 71.
141 Joseph Burgholzer: Beschreibung der Stadt München. München 1796, zit. aus: Georg Jacob Wolf: Das Kurfürstliche München 1620-1800. München 1930 (Reprint Würzburg 1985), 332 f.
142 G. J. Wolf: Kurfürstl. München, 335 f.
143 zit. aus: R. Bauer: Zu Gast, 229.
144 L. Westenrieder: Beschreibung, 38 ff.
145 R. Bauer: Zu Gast, 9 (Quelle: StaatsA Mü., RA 19613).
146 F. v. Schiller: München, zit. aus: G.J. Wolf: Ein Jahrhundert, 144.

147 Georg Jacob Wolf: Die Isar in München. In: Bayerland, 39. Jg.(1928), 466 f.; Marie-Louise Plessen (Hg.): Die Isar. Ein Lebenslauf. Ausst.Kat. MStM, München 1983, 242 ff. u. 295; R. Bauer: Zu Gast, 183 u. 186; Die Anständige Lust. Von Esskultur und Tafelsitten. Ausst.Kat. MStM München 1993, 338 f.
148 F. v. Schiller: München, zit. aus: G.J. Wolf: Ein Jahrhundert, 144.
149 Carl August Lebschée: Malerische Topographie des Königreichs Bayern in einer Reihe von Darstellungen... München 1830 (Reprint Leipzig 1976), o.S.
150 R. Bauer: Zu Gast, 181.
151 vgl. Johann Andreas Schmeller: Bayerisches Wörterbuch. Reprint Aalen 1973, Sp. 428.
152 Franz Peter: »Königlich bayerisches Landgericht« Ein Rechtsstreit anno 1842/43. In: Thomas Guttmann: Giesing. Vom Dorf zum Stadtteil. München 1990, 236 ff.
153 T. Guttmann : Giesing, 256.
154 E. Fentsch: Bavaria, 176.
155 R. Bauer: Zu Gast, 265.
156 R. Bauer: Zu Gast, 211.
157 J. Freudenberger: Au, 76 ff.
158 Peter Jakob Horemans (1700–1776) Kurbayerischer Hofmaler. Ausst.Kat. Alte Pinakoth., München 1974, # 20, 26; Die anständige Lust, # 6.3.4, 173 f.
159 K. Spengler: Zwischen Versailles, 190 f.
160 R. Bauer: Zu Gast, 260 f.
161 R. Bauer: Zu Gast, 224; Alois J. Weichslgartner: Der Steyrer Hans erfand den Einzug der Wies'nwirte zur Oktoberfesteröffnung. In: Münchner Palette, H. 9/1988, 4 ff.; Manfred Pielmeier: Der starke Hans aus Allach. In: Münchner Palette, H. 3/1995, 4 ff.
162 Th.v.d. Ammer: Münchner Bilderbogen... München 1878, 167, zit. aus: T. Braatz: Kleinbürgertum, 82.
163 August Lewald: Panorama von München. Bd. 1, Stuttgart 1835, 56, zit. aus: Hans Ottomeyer (Hg.)/Ulrike Laufer (Mitarb.): Biedermeiers Glück und Ende ...die gestörte Idylle 1815–1848. Ausst.Kat. MStM, München 1987, 356.
164 Felix von Schiller: München, dessen Kunstschätze, Umgebungen und öffentliches Leben. München ²1843, zit. aus: Georg Jacob Wolf: Ein Jahrhundert München. München 21921, 158.
165 Gsell Fels: München und Umgebung. München 191911, III.
166 E. Fentsch: Bavaria, 174.
167 R. Bauer: Zu Gast, 192; Volker Duvigneau: Münchner Stadtbilderbuch. Ansichten aus drei Jahrhunderten. München 1994, 131 (# 112).
168 zit. aus: Theodor Dombart: Der Englische Garten zu München. München 1972, 106.
169 s. hierzu ausführl.: München Archiv, Bl. ME 09112, Braunschweig o.J.
170 Josef Bogner: Aus der Vergangenheit zweier Münchener Volksgaststätten. In: Schönere Heimat, 55. Jg. (1966), H.4, 571.
171 J. Bogner: Aus der Vergangenheit, 572.
172 J. Bogner: Aus der Vergangenheit, 573.
173 StaatsA Mü. Briefprot. Fasz. 1367/284 u. frdl. Hinw. v. Georg Mooseder aus dessen Familienforschg.
174 K. Spengler: Zwischen Versailles, 196 f.
175 Zu d. Fasanerien s. ausführl.: Volker D. Laturell/Georg Mooseder: Moosach. Bd. I, München 1980, 296 ff.
176 Friedrich Nicolai: Unter Bayern und Schwaben. Meine Reise im deutschen Süden 1781. Suttgart 1989, 40.
177 Hanns Glöckle: Die Gaststätte Hirschau. In: Pankraz von Freyberg (Red.): 200 Jahre Englischer Garten München 1789-1989. Festschr. München 1989, 120 f.
178 Festring Perlach e.V. (Hg.): Perlach im 20. Jahrhundert. Geschichte und Geschichten (1). Brosch., München 1996, 4.

179 C.A. Lebschèe: Malerische Topographie, o.S.
180 Helmut Bachmaier/Klaus Gronenborn (Hg.): Karl Valentin. Sämtliche Werke, Band 8, Filme und Filmprojekte. München 1995, 209 ff.
181 Jugend, Nr. 29/1939, zit. aus: Bachmaier/Gronenborn: Valentin, 510 f.
182 «Der Sonntag in der Rosenau» von K. Valentin wurde am 5.5.1926 noch in den alten Kammerspielen in der Augustenstraße uraufgeführt (Wolfgang Petzet: Theater. Die Münchner Kammerspiele 1911–1972. München 1973, 155).
183 K.Spengler: Zwischen Versailles, 190.
184 Das Bild hängt heute im Festsaal der »Kgl. privilegierten Hauptschützengesellschaft«, Zielstattstr. 6, in Obersendling.
185 Die Prinzregentenzeit. Ausst.Kat. MStM München 1988, 282 (4.4.5) u. 303 (4.7.1); Die Anständige Lust, 333 (23.2.5).
186 H. Glöckle: München, Bier, Oktoberfest, 145.
187 Georg Mooseder u. Volker D. Laturell: Die rechtliche und allgemeine Entwicklung der Tafernwirtschaften. In: Amperland, 22.Jg. (1986) H. 1, 229 ff.
188 R. Bauer: Zu Gast, 14.
189 F. Nicolai: Unter Bayern, 60 f.
190 Marianne Bernhard: Das Biedermeier. Kultur zwischen Wiener Kongreß und Märzrevolution. Düsseldorf 1983, 81.
191 A. Lewald: Panorama, 56, zit. aus: Biedermeiers-Kat., 356.
192 E. Fentsch: Bavaria, 147.
193 M. Bernhard: Biedermeier, 177.
194 F.v. Schiller: München, zit. aus: L. Schrott: Biedermeier, 223.
195 Felix Philippi: Münchner Bilderbogen. Berlin 21912, zit. aus: G.J.Wolf: Ein Jahrhundert, 337 f.
196 F. Trefz, 72 f./ W. Behringer: Löwenbräu, 314.
197 Richard Bauer: Prinzregentenzeit. München und die Münchner in Fotografien. München 1988, 259.
198 s. hierzu: Volker D. Laturell: 75 Jahre Wohnungsgenossenschaft München-West. München 1986, insbes. 11 ff.
199 T. Braatz: Kleinbürgertum, 40 ff., 56 f., 63, 65 u. 67.
200 München. Ein Führer und Ratgeber zur dauernden Andiedlung. I.Teil, München 1911, 19, zit. aus: R. Bauer: Prinzregentenzeit, 259.
201 Franz Freisleder: Hüter des Münchner Bieres in aller Welt. In: Süddeutsche Zeitung v. 17.9.1996.
202 Bayer. Handelszeitung v. 20.2.1897, zit. aus: R. Bauer: Zu Gast, 16 (> 31, Anm. 42).
203 E. Heckhorn/H. Wiehr: München und sein Bier, 56.
204 Ingolf Bauer: Glas zum Gebrauch. Hohlglas im 19. und 20. Jahrhundert. Rede z. Öffng. d. Ausst. im Bay.Nat.Mus. am 27.9.1996, abgedr. in: Bay. Blätter f. Volksk., 23. Jg.(1996) H. 4, 195.
205 Quelle lt. R. Bauer: StaatsA Mü., RA 61800.
206 R. Bauer: Zu Gast, 17; als Quelle nennt er: StadtA Mü., GA 102/47 (Statistik 1921).
207 Christoph Stölzl (Hg.): Die Zwanziger Jahre in München. Ausst.Kat. MStM, München 1979, 688.
208 R. Bauer: Zu Gast, 16 f.; Quelle: StadtA Mü., GA 102/47 (Statistik 1911).
209 L. Hollweck: München, 201.
210 Kurt Preis: München unterm Hakenkreuz. Die Hauptstadt der Bewegung: Zwischen Pracht und Trümmern. München 1980, 93.
211 Zusammengest. aus: Wolfram Selig (Bearb.), Ludwig Morenz u. Helmuth Stahleder (Mitarb.): Chronik der Stadt München 1945-1948. München 1980.
212 Werner Leibbrand: Wenn nicht Paris, dann München! Zit. aus: H. Arens: Einladung, 115.
213 Franz Dröge u. Thomas Krämer-Badoni: Die Kneipe. Zur Soziologie einer Kulturform oder »Zwei Halbe auf mich!« Frankfurt am Main 1987, 13 f.
214 H. Glöckle: München, Bier, Oktoberfest, 114.

215 Ludwig Hollweck: München. Stadtgeschichte in Jahresporträts. München 1968, 168.
216 Abendzeitung u. tz v. 10.4.1984; Münchner Stadtanzeiger v. 27.4.1984.
217 Statistisches Handbuch München 1995, 43.
218 tz v. 21.11.1979.
219 Münchner Merkur v. 20.5.1980.
220 Wolfgang Johannes Bekh: Richtiges Bayerisch. Ein Handbuch der bayerischen Hochsprache. Eine Streitschrift gegen Sprachverderber. München ²1974, 81 ff.
221 Über d. Mü. Küchentradition s. u.a.: Ulrike Zischka: Kochkunst in Bayern. In: Ausst.Kat. Die anständige Lust, 499 ff.; E. Fentsch: Bavaria, 126 ff.
222 Gemütlich genießen in Bayern. Brosch. d. Landw.Min. z. Wettbewerb Bayer. Küche 1994–1997, München 1994, 5.
223 Süddeutsche Zeitung, Münchner Merkur, Abendzeitung u. tz v. 15.11.1977; Münchner Stadtanzeiger v. 2.12.1977.
224 Beschl. d. Stadtrats-Aussch. f. Stadtplanung u. Bauordnung v. 4.12.1985 (SB/öffentl.).
225 Beschl. d. Stadtrats-Aussch. f. Stadtplanung u. Bauordnung v. 5.4.1989 (SB/öffentl.).
226 Zur Standardliteratur d. Autors gehören: Erna Horn: Das altbayerische Küchenjahr. Ein kulinarischer Kalender. München ¹1974, ²1976; Erna Horn: Bayerische Kuchl. Alte bayrische Originalrezepte. München ¹1977, ²1982; Erna Horn: Bayern tafelt. Vom Essen und Trinken in Altbayern, Franken und Schwaben. Eine kulinarische Kulturgeschichte. München 1980; Frank Gerhard: Kulinarische Streifzüge durch Bayern. Künzelsau 1981; Trudl Kirchdorfer: Münchner Schmankerl. Das Spezialitäten-Kochbuch der echten Münchner Küche, ... München ¹1967, ¹⁰1978, ¹⁶1991.

Der Maibaum

1 frdl. Mittlg. v. Franz Rieger, München-Moosach, 5.5.1978.
2 s. hierzu: Lauber/Rothstein: Der 1. Mai unter dem Hakenkreuz. Gerlingen 1983.
3 s. hierzu: Hans Moser: Maibaum- und Maienbrauch. In: Bay. Jahrb. f. Volksk., München 1961, 115–159, u. in: Hans Moser: Volksbräuche im geschichtlichen Wandel. München 1985, 199–268; Paul Ernst Rattelmüller: Rund um den Maibaum. In: Freundeskreisblätter (d. Freundeskr. Freilichtmus. Südbay. e. V.), H. 4/1976, 7–24, u. in: Heimat- und Trachtenbote v. 1.5.1978; Günther Kapfhammer: Brauch- und Rechtsprechung. Zum Mai- und Hochzeitsbaumdiebstahl in Südbayern. In: Schönere Heimat, H. 2/1976, 221–227; Günther Kapfhammer: Die Mode des Maibaums. In: Münchner Stadtanzeiger v. 29.4.1982; Günther Kapfhammer: Wandlungen eines bekannten Symbols. Aus der Geschichte des bayerischen Maibaums. In: Unser Bayern, Nr. 4/1984, 25 f.; Hans Meinl/Alfons Schweiggert: Der Maibaum. Dachau 1991; Adolf Hackenberg und Georg Mooseder: Der Perlacher Maibaum 1992. Brosch. München 1992.
4 Moser/Maibaum, 231 f.
5 StaatsA Landshut (heute im StaatsA München) Ämterrechnungen (R 28), Landger. Wolfratshausen
6 Gerhard Hanke: Volks- und heimatkundliche Findlinge aus dem Amperland. In: Amperland, H. 2/1981, 167 f.
7 StaatsA München Briefprot. Landger. Dachau Amt Neuhausen Fasz. 1380/470 Bl. 96
8 Kapfhammer/Mode.
9 Privatarchiv Paul Ballauf, München-Perlach.
10 Notizen v. Anton Bauer, München-Moosach.
11 StadtA München, Best. Perlach Nr. 214.
12 RGBl. I S. 75.
13 RGBl. I S. 1145.
14 s. hierzu: Streiflichter in eine dunkle Zeit. Der Landkreis München unter dem Nationalsozialismus in Spiegel der Dokumente. München 1979; Lauber/Rothstein: Der 1. Mai unter dem Hakenkreuz. Gerlingen 1983.

15 Bericht v. Pfarrer Johann Boegl.
16 frdl. Mittlg. v. Otto Rampf v. d. ehem. Maibaumfreunden; s. auch: Maibaum-Vereinigung München-Moosach. München 1984.
17 wie Anm. 16.
18 wie Anm. 16.

Vom Muttertag bis zur Gangwoch'

1 s. hierzu: Wallfahrt kennt keine Grenzen. Ausst. Kat. Bay. Nat. Mus., München 1984, dazu: Lenz Kriss-Rettenbeck u. Gerda Möhler: Wallfahrt kennt keine Grenzen. Aufs. Bd., München 1984; Irmgard Gierl: Bauernleben und Bauernwallfahrt in Altbayern. Beitr. z. altbay. Kirchengesch. 21. Bd. 2. H., München 1960; Helmut Sperber: Unsere Liebe Frau/800 Jahre Madonnenbild und Marienverehrung zwischen Lech und Salzach. Regensburg 1980; Dietrich Höllhuber/Wolfgang Kaul: Wallfahrt und Volksfrömmigkeit in Bayern. Nürnberg 1987; Peter Steiner: Altmünchner Gnadenstätten/Wallfahrt und Volksfrömmigkeit im kurfürstlichen München. München 1977; Josef Rosenegger/Edith Bartl: Wallfahrten in und um München. Freilassing 1980; Josef Brückl: Wallfahrten und Kreuzgänge im alten Perlach. In: 800 Jahre Pfarrei St. Michael Perlach. Festschr., München 1980, 56–62.
2 z. Ramersdorfer Wallfahrt s.: Georg Kifinger: Zur Geschichte der Pfarrei Ramerdorf. In: Hanns Vogel (Red.): Ramersdorf 100 Jahre bei München. Festschr., München 1964, 33–49; Johannes Waxenberger: Pfarr- und Wallfahrtskirche Maria Ramersdorf. München 1971; Peter Steiner: Altmünchner Gnadenstätten. München 1977, 68 f.; Johannes Goldner/Wilfried Bahnmüller: Maria Ramersdorf. Freilassing 1981; Peter Pfister u. Hans Ramisch (Hg.): Marienwallfahrten im Erzbistum München und Freising. Regensburg 1989, 118–126.
3 Volker D. Laturell/Georg Mooseder: Moosach. Entstehungs- und Entwicklungsgeschichte eines Münchner Stadtteils. Bd. II (Von 1800 bis zur Gegenwart). München 1985, 310 ff.
4 Münchner Stadtanzeiger v. 29. 7. 1983.

Pfingstl und Santrigl

1 Notiz d. Moosacher Lehrers Georg Benl 1887.
2 frdl. Mittlg. d. Moosachers Franz Rieger 5. 5. 1978.
3 Joseph Schmidhuber: Blätter zur Geschichte der Pfarrei und Gemeinde Feldmoching. Ungedr. Manuskr., Bd. III, München 1938, 451.
4 Johann Andreas Schmeller: Bayerisches Wörterbuch. 3. Neudruck, Aalen 1973, Sp. 658.
5 Schmeller, Sp. 277.
6 BayStaatsbibl Mü. Cgm 2086, hier zit. n. Hans Moser: Der Santrigl – Ein alter Pfingstbrauch in der Umgebung Münchens. In: Bay. Jahrb. f. Volksk. 1952, 95.
7 StadtA Mü. Best. Hl. Geist-Spital, Nr. 96.
8 Schmeller, Sp. 657.
9 Moser/Santrigl, 96.
10 Moser/Santrigl, 96/97 u. 98.
11 Hans Moser: Bildquellenfunde – Der Santrigl und das Schleifrad mit Hansel und Gretel. In: Bay. Jahrb. f. Volksk., München 1961, 172.
12 Alois Mitterwieser: Frühe Pfingstbräuche. In: Klerusblatt (Organ d. Diözesan-Priestervereine Bayerns u. ihres großwirtschaftl. Verbandes EGmbH) Eichstätt 1930, 311 ff., zit. n. Moser/Santrigl, 99.
13 StaatsA Mü. GR 1206 Nr. 1, zit. n. Moser/Santrigl, 100.
14 Peter Jakob Horemans (1700–1776) Kurbayerischer Hofmaler. Ausst. Kat. Bay. Staatsgemäldeslg., München 1974, 16.
15 Horemans-Kat., 16.
16 Moser/Bildquellenfunde, 172.

17 Lorenz Westenrieder: Beschreibung der Haupt- und Residenzstadt München (im gegenwärtigen Zustande). München 1782, 289.
18 Lorenz Hübner: Beschreibung der kurbairschen Haupt- und Residenzstadt München. München 1805, 565.
19 Joseph Lipp: Die Vorstadt Neuhausen. München 1909, 27.
20 Friedrich Panzer: Bayerische Sagen und Bräuche. II. Bd., München 1855, 81 f., zit. n. Moser/Santrigl, 101.
21 Moser weist darauf hin, daß sich d. Stelle v. d. 3 schadhaften Pferden auch in einem Pfingstritt-Spiel aus d. Rottweiler Gegend findet. Dort tritt ein »armer Bauer« auf, d. sich über sein saures Leben u. seinen heruntergekommenen Besitz beklagt: »*Ich hab' drei Pferd, 's ist kein's was wert./ Das erste hinkt heuer und fernd./ Das zweite ist blind und faul,/ Das dritte hat kein'n Zahn im Maul.*«
22 Wilhelm Heinrich Riehl u. Felix Dahn (Hg.): Bavaria. Landes- und Volkskunde des Königreichs Bayern. München u. Cotta 1860, Bd. I (Oberbayern) 376 f.; s. a. Josef Baumgartner: Alt-Moosach und der Pfingstlümmel. In: Moosacher Wochenblatt. v. 4. 6. 1922.
23 Bavaria, 892.
24 Alois Mitterwieser: Geschichte der Fronleichnamsprozession in Bayern. München 1948, 66 ff.
25 Rosel Termolen: Wie die Heiligen alle nach München kamen. In: Süddeutsche Zeitung v. 31. 10. 1979.
26 z. Bennowallfahrt s. Robert Böck: Die Verehrung des hl. Benno in München. In: Bay. Jahrb. f. Volksk., München 1958, 53–73.
27 Ludwig Hollweck: Der Münchner Stadtpatron. In: Münchner Stadtanzeiger v. 11. 6. 1976; Gerhard Skrabal: St. Benno – Schutzpatron der Stadt. In: Münchner Stadtanzeiger v. 15. 6. 1978; Joseph Maß: Der Stadtpatron München: der hl. Benno. In: Münchener Kirchenanzeiger v. 18. 6. 1978; Franz Xaver Eder: Wer ist eigentlich der hl. Benno? In: Münchner Katholische Kirchenzeitung v. 17. 6. 1979; Ludwig Hollweck: Der heilige Benno. Seit 400 Jahren Münchens Stadtpatron. In: Münchner Stadtanzeiger v. 10. 6. 1980.
28 R. Böck, 60.

Brauchtum in und um München im Herbst

1 z. Oktoberfest s. ausf.: Gerda Möhler: Das Münchner Oktoberfest. Brauchformen des Volksfestes zwischen Aufklärung und Gegenwart. MBM 100, München 1980; Gerda Möhler: Das Münchner Oktoberfest. Vom bayerischen Landwirtschaftsfest zum größten Volksfest der Welt. München 1981; Das Oktoberfest – Einhundertfünfundsiebzig Jahre bayerischer National-Rausch. Ausst. Kat. MStM, München 1985.
2 Michael Hartig: Die Heiligen, Seligen und Gottseligen aus München. In: Der Mönch im Wappen. München 1960, 186.
3 Norbert Knopp: Die Frauenkirche zu München und St. Peter. Stuttgart 1970, 44.
4 Fritz Woock: Erste Feier für heilige Munditia. In: Münchner Merkur v. 16. 11. 1990.
5 Peter Stürz: Die hl. Cäcilia in Legende, Darstellung und Brauchtum. Ein volkskundlicher Beitrag über die Patronin der Musiker und Sänger. In: Manfred Schneider (Hg.): Volksmusik im Alpenland. Bd. II, Thaur 1980, 173 ff., nachgedr. in: Volksmusik in München, H. 10, München 1988, 27 ff.
6 vgl.: Die Legenda aurea des Jacobus de Voragine. Aus d. Latein. übersetzt v. Richard Benz. Heidelberg [10]1984, 896.

Musikalische Volkskultur in München

1 Christoph Henzel: Musikstädte der Welt. München. Laaber 1990, 19 f.
2 Otto Ursprung: Münchens musikalische Vergangenheit von der Frühzeit bis zu Richard Wagner. München 1927, 10.

3 O. Ursprung, 11.
4 O. Ursprung, 12.
5 O. Ursprung, 12.
6 O. Ursprung, 17.
7 O. Ursprung, 13 f.
8 O. Ursprung, 13.
9 C. Henzel, 21.
10 O. Ursprung, 23 f.
11 O. Ursprung, 26.
12 Leo Söhner: Die Musik im Münchner Dom Unserer Lieben Frau in Vergangenheit und Gegenwart. München 1934, 23 f.
13 Andreas Masel: Türmer, Stadtpfeifer und Stadtspielleute. In: Das große ober- und niederbayerische Blasmusikbuch. München 1989, 54.
14 Maria Hildebrandt: »Sie spielten gar nicht so übel zusammen ...« Die Geschichte der Stadtpfeifer und Stadtmusikanten in München. In: Münchner Stadtpfeifer und Stadtmusikanten. Volksmusik in München (ViM), H. 17, München 1993, 16.
15 O. Ursprung, 24.
16 C. Henzel, 37.
17 O. Ursprung, 55 ff.
18 O. Ursprung, 56.
19 s. hierzu ausführl. d. bereits zit. Aufs. v. M. Hildebrandt in: ViM H. 17, 3 ff.
20 Carl Albert Regnet: München in guter alter Zeit. München 1879, 105.
21 »Münchnerische Stadtpfeiffer in Ihrer khlaidung« in: Beschreibung des großen Festschießens von 1577 durch den Augsburger Pritschenmeister Lienhart Lutz und seinen Sohn Valentin, 1580 (Orig. im Stadtarchiv München), abgebildet in: ViM H. 17, 11.
22 Michael Schattenhofer: Das Alte Rathaus in München. München 1972, 181 ff.
23 s. hierzu: Ludwig Wolf: Franz Joseph Albert (1726–1789) Weinwirt, Wohltäter und Mozarts Freund in München. In: Amperland 26. Jg.(1990), H. 2, 448 ff.; ders.: Der ehrlichste Mann und Menschenfreund. In: Charivari, 17. Jg.(1991), H. 1/2, 8 ff.; ders.: Er handelte mit Wein und liebte die Musik. Das Beispiel eines frühen »Musikwirts« in der Haupt- und Residenzstadt des 18. Jahrhunderts. In: Münchner Stadtanzeiger v. 19.12.1991; außerd.: Die Anständige Lust. Ausst.Kat. MStM, München 1993, 330 f.
24 zit. n. Robert Münster: Augustin Holler aus Rothenstadt. Ein wiederentdeckter oberpfälzischer Komponist. In: Oberpfälzer Heimat. 14. Bd. Weiden 1970, 102.
25 M. Hildebrandt, 24 ff.
26 Der Text entstand als Gemeinschaftsarb. v. Volker D. Laturell u. Klaus-Dieter Engel für: Klaus-Dieter Engel: Die Münchner Stadtmusikanten – ihre Instrumente und ihre Musik. In: ViM H. 17, 29 ff., hier 38 ff.
27 s. hierzu ausführl.: Die Zeit des Müllner-Peter von Sachrang *1766 +1843. Rosenheim 1993; außerdem: Renata Wagner: Peter Hueber (1766–1843) und seine Sachranger Musikaliensammlung. München 1972.
28 Robert Münster: Serenade, »Avertissement« und Parthia mit Einbeziehung der Polonaise in der Münchner Stadtmusik des ausgehenden 18. Jahrhunderts. In: Gesellschaftsgebundene instrumentale Unterhaltungsmusik des 18. Jahrhunderts. Fachkonf. Eichstätt 13.-15.10.1988, Tutzing 1992, 139.
29 Stefan Breit: Das Leben des Müllner-Peter. In: Die Zeit des Müllner-Peter von Sachrang *1766 +1843. Rosenheim 1993, 39; ders.: Der Müllner-Peter von Sachrang. In: Sänger- u. Musikantenzeitung, 36. Jg.(1993), H. 3, 150.
30 Robert Münster: Peter Huber als Musiker. In: Die Zeit des Müllner-Peter von Sachrang *1766 +1843. Rosenheim 1993, 53.
31 R. Münster: Serenade, 140.

32 A.J. von Schönhueb: Geschichte des königlich bayerischen Cadetten-Corps. Bd. 2, München 1958, 26.
33 Robert Münster: Augustin Holler aus Rothenstadt. In: Oberpfälzer Heimat. 14. Bd., Weiden 1970, 108.
34 R. Münster: Serenade, 141.
35 R. Münster: Serenade, 151.
36 Adolf Sandberger: Zur Geschichte des Haydnschen Streichquartetts. In: Altbayerische Monatsschrift, 2. Jg.(1900), 43.
37 R. Münster: A. Holler aus Rothenstadt, 109; Fundorte: BayStaatsBibl., DomA Mü., Benediktinerinnenabtei Frauenwörth, Benedikterabtei Metten, Pfarrk. Benediktbeuern, Pfarrk. Weyarn (jetzt Dombibl. Freising), Bibl. d. Ges. d. Musikfreunde Wien, Schwäb. LandesmusikA. Tübingen, Pierpont Morgan Library New York.
38 BayStaatsBibl. Mus.ms. 287/18; abgedr. in: ViM H. 17, 55 ff.
39 s. ViM H. 17, 43 (Anm. 57).
40 Das Original d. autograph. Partitur v. Holler bef. sich in d. Pierport Morgan Library New York.
41 s. ViM H. 17, 43 (Anm. 59).
42 R. Münster: Serenade, 149.
43 s. hierzu: Walter Deutsch: Der Deutsche. Ein stilkundlicher Deutungsversuch über Gestalt und Form eines populären Tanzes der zweiten Hälfte des 18. Jahrhunderts anhand einer bayerischen Sammlung aus den Jahren um 1800. In: Tanzmelodien aus München um 1800. ViM H. 8, München 1988, 22 ff.
44 Josef Focht: Die Münchner Redouten. Münchner Carnevals-Musiken des frühen 19. Jahrhunderts. In: ViM H. 15, München 1991, 14 ff.
45 Lorenz Westenrieder: Beschreibung der Haupt- und Residenzstadt München (in ihrem gegenwärtigen Zustande). München 1782 (Reprint München 1984), 331.
46 L. Westenrieder, 286.
47 Christian Müller: München unter König Maximilian Joseph I. Teil 1, Mainz 1816.
48 J. Focht, 5 ff.
49 Reinhard Bauer u. Ursula Münchhoff (Hg.): »Lauter gemähte Wiesen für die Reaktion« Die erste Hälfte des 19. Jahrhunderts in den Tagebüchern von Johann Andreas Schmeller. München 1990, 145.
50 Ingo Tornow: Das Münchner Vereinswesen in der ersten Hälfte des 19. Jahrhunderts, mit einem Ausblick auf die zweite Hälfte. MBM 75, München 1977, 123.
51 C. A. Regnet, 105.
52 Gerald Enggasser: Wir wollen frei und einig sein – die Geschichte der Münchner Arbeitergesangvereine. In: Empor zum Licht. Arbeiter und Arbeitersportler in München vor 1933. Begleith. z. Ausst. d. KultRef., München 1987, 30.
53 I. Tornow, 121; z. Allg. Gesch. s. a.: Ernst von Destouches: Geschichte der Sangespflege und Sängervereine in München. München 1874.
54 I. Tornow, 268.
55 s. hierzu ausführl.: Volker D. Laturell (Hg.): »Die Zither is a Zauberin...« Zwei Jahrhunderte Zither in München. ViM H. 18, München 1994.
56 Josef Focht: Das Münchner Zitherspiel im 19. Jahrhundert. In: ViM H. 18, 29.
57 Herbert Kroiß: 150 Jahre Bürger-Sänger-Zunft München e. V. 1840–1990. München 1990.
58 Thea Braatz: Das Kleinbürgertum in München und seine Öffentlichkeit von 1830–1870. Ein Beitrag zur Mentalitätsforschung. MBM 68, München 1977, 28.
59 G. Enggasser, 40.
60 G. Enggasser, 47.
61 G. Enggasser, 55.
62 G. Enggasser, 56.

LITERATURHINWEISE UND ANMERKUNGEN

Münchner Marienlieder aus vier Jahrhunderten

Literatur
Anton Bauer: Das alte München und die Wallfahrt Tuntenhausen. In: Adolf Wilhelm Ziegler (Hg.): Monachium. Beiträge zur Kirchen- und Kulturgeschichte Münchens und Südbayerns. München 1958, 119 ff.
Robert Bauer (Hg.): Altöttinger Marienlob. Altötting o. J. (vor 1960)
Wolfgang Beinert: Maria heute ehren. Eine theologisch-pastorale Handreichung. Freiburg 1977.
Richard u. Klaus Beitl (Bearb.): Wörterbuch der deutschen Volkskunde. Stuttgart 1974.
Michael Buchberger (Hg.) / Konrad Hofmann (Bearb.): Lexikon für Theologie und Kirche. Freiburg 1930.
Bruno Fink: Pfarr- und Wallfahrtskirche Maria Ramersdorf. In: Axel Jost (Red.): 125 Jahre Ramersdorf bei München. München 1989, 127 ff.
Irmgard Gierl: Bauernleben und Bauernwallfahrt in Altbayern. München 1960.
Torsten Gebhard: Überlegungen zur Geschichte des Rosenkranzes und seiner Verwendung im volksfrommen Brauch. In: Jahrbuch des Vereins für christliche Kunst, Band XVI, München 1987, 23 ff.
Johannes Goldner / Wilfried Bahnmüller: Maria Ramersdorf. Freilassing 1981.
Dietrich Höllhuber / Wolfgang Kaul: Wallfahrt und Volksfrömmigkeit in Bayern. Nürnberg 1987.
Hans Hümmeler: Helden und Heilige. Die Geschichte ihres wahren Lebens. Dargestellt für jeden Tag des Jahres. Kempen 1976.
Christl Karnehm: Die Münchner Frauenkirche. Erstausstattung und barocke Umgestaltung. München 1984.
Edgar Krausen: Votivbilder und Weihegaben in Münchner Kirchen. In: Bayer. Jahrbuch für Volkskunde, München 1958, 74 ff.
Sepp Landmann: Unsere Liebe Frau im Jahr. Marienlob in Lied und Legende. Rosenheim 1983.
Fritz Markmiller (Hg.): Marienlob. Ursprung – Quellen – Tradition – Interpretation. Dingolfing 1983.
Erna u. Hans Melchers (Hg.)/Carlo Melchers (Bearb.): Das große Buch der Heiligen. Geschichte und Legende im Jahreslauf. München 1978.
Hildegard Merzenich: Rosenkränze. In: Charivari, August 1977, 39 ff.
Georg Mooseder: Maria Ramersdorf – Filialkirche der Pfarrei Perlach. In: Axel Jost (Red.): 125 Jahre Ramersdorf bei München. München 1989, 31 ff.
Peter Pfister / Hans Ramisch: Die Frauenkirche in München. Geschichte, Baugeschichte und Ausstattung. München 1983.
– Der Dom zu Unserer Lieben Frau in München. Geschichte – Beschreibung. München 1987.
– (Hg.): Marienwallfahrten im Erzbistum München und Freising. Regensburg 1989.
Thomas Raff (Red.): Wallfahrt kennt keine Grenzen. Ausst.Katalog Bayer. Nationalmuseum, München 1984.
Hans Ramisch / Peter B.Steiner (Hg.): Katholische Kirchen in München. München 1984.
Paul Ernst Rattelmüller: Patrona Bavariae. Geschichte, Geschichten, Lieder und Musik zur bayerischen Marienverehrung. Ungedrucktes Manuskript zu einer Veranstaltung des Kulturreferats der Landeshauptstadt München am 6. 7. 1984 im Alten Rathaussaal im Rahmen des Kulturprogramms zum 88. Deutschen Katholikentag.
Carl Albert Regnet: München in guter alter Zeit. München 1879.
Emmeram H. Ritter: Patrona Bavariae! »Unter Deinem Schutz und Schirm ...«. Regensburg 1987, insbes. 16–43.
Josef Rosenegger/Edith Bartl: Wallfahrten in und um München. Freilassing 1980.
Michael Schattenhofer: Die Mariensäule in München. München 1970.
Ernst Schusser: Das geistliche Volkslied im Jahreslauf. München 1987.
Helmut Sperber: Unsere Liebe Frau. 800 Jahre Madonnenbild und Marienverehrung zwischen Lech und Salzach. Regensburg 1980.

Peter Steiner: St. Maria Thalkirchen München. München 1973.
- Altmünchner Gnadenstätten.Ausst.Katalog, München 1977 (mit guten Literaturhinweisen zu den Münchner Gnadenstätten v. Rudolf George, S. 73 ff.!).
- Gottseliges München. In: Charivari, März 1977, 19 ff.

Erich Stümmer: Bürgersaal-Kirche München. München 1988.
Johannes Waxenberger: Pfarr- und Wallfahrtskirche Maria Ramersdorf in München. Ottobeuren 1971.
Dieter J. Weiß: Die Maria-Hilf-Bruderschaft bei St. Peter. Ein Beitrag zur altbayerischen Kirchen- und Frömmigkeitsgeschichte. München 1991.
Lorenz Westenrieder: Beschreibung der Haupt- und Residenzstadt München. München 1782 (Reprint München 1984).
Das geistliche Volkslied das Jahr hindurch. Bunte Hefte, hg. v. Volksmusikarchiv des Bezirks Oberbayern u. dem Bildungswerk Rosenheim: Nr. 2/ Dezember 1985 »Gegrüßet seist du Maria« und Nr. 7/ Januar 1986 »Heut ist unser lieben Frauen ihr Tag«.
Der Mönch im Wappen. Aus Geschichte und Gegenwart des katholischen München. München 1960.
Gottesdienst des Erzbistums München und Freising. München 1950 u. 1957.
Gotteslob. Kath.Gebet- und Gesangbuch / Ausgabe für das Erzbistum München und Freising. München 1975.
Marienlob. Lieder- und Gebetbuch für das pilgernde Gottesvolk. Regensburg 1978.
Wallfahrt kennt keine Grenzen. Ausst.Katalog, München 1984

Zeitungsberichte:
Sabine John: Frauendreißiger in Thalkirchen: Unser lieben Frauen Kirche im Talgrund. In: Münchner Stadtanzeiger vom 10.8.1989.
- »Maria, Maienkönigin ...« Die erste Maiandacht auf deutschem Boden wurde in München gefeiert. In: Münchner Stadtanzeiger vom 7.5.1992

Kurt Küppers: Blumen, Lichter, Abendstimmung gehören dazu. Im Kloster ›Zum guten Hirten‹ in München wurde die erste Maiandacht in Deutschland gefeiert. In: Münchner Merkur vom 15.5.1987.
kw: Mariens Bild prägt unser Land. In: Münchner Katholische Kirchenzeitung vom 11.5.1980.
Hubert Schöne: Marienverehrung noch fest verankert. In: Süddeutsche Zeitung vom 14.8.1975.
Gerhard Skrabal: Der Münchner Frauendreißiger. In: Münchner Stadtanzeiger vom 12.8.1977.
Peter Steiner: München, das bayerische Rom. Zwei Wallfahrtsstätten pflegen den Frauendreißiger. In: Münchner Kirchenanzeiger vom 7.8.1977.
Rosel Termolen: Marienwallfahrt und Frauendreißiger. In: Münchner Stadtanzeiger vom 20.8.1976.
- Die Gottesmutter vom Harlachinger Isarhang. In: Süddeutsche Zeitung vom 14.8.1987.
- Marienverehrung in München – einst und heute: Die marianische Stadt war voller Gnadenbilder. In: Süddeutsche Zeitung vom 14.8.1990.

Johann Khuen

1 Berta Antonia Wallner: Altes Marienlied. In: Bayerisches Frauenland, 17. Jg. (1935), Nr. 3.
2 s. hierzu: Moosacher Häuserbuch. In: Volker D. Laturell/Georg Mooseder: Moosach – Band II Von 1800 bis zur Gegenwart. München 1985, Anhang C (# C 14) 597.
3 wie Anm. 2, # C 6, 587.
4 wie Anm. 2, # C 25, 610.
5 wie Anm. 2, # C 41, 630.
6 Rupert Hirschmann/Hans Grassl: Johannes Khuen Ausgewählte Texte und Melodien. München 1961, 203.
7 Otto Ursprung: Münchens musikalische Vergangenheit. München 1927, 52 ff. u. 100 ff.
8 Anton Bauer: Söhne des alten Moosach im Priesterstande. In: Moosacher Wochenblatt, Nr. 15–19/1937 (Sonderdruck), 7.

Literaturhinweise und Anmerkungen

9 1583 hatte Herzog Wilhelm V. versucht, seinen Bruder Ferdinand mit der verwitweten Maria Stuart, Königin von Schottland (1542–87, reg. 1542–68), zu verheiraten, die allerdings bereits seit 15 Jahren von Königin Elisabeth I. von England (reg. 1558–1603) gefangen gehalten wurde und die sie dann am 8. 2. 1587 in Fotheringhay hinrichten ließ. 1588 heiratete Herzog Ferdinand daraufhin Maria Pettenbeck, die Tochter des herzoglichen Landrichters und Kastners in Haag, Georg Pettenbeck. Ihre Nachkommen (sie selbst hatten 16 Kinder) waren die 1736 mit Maximilian Emanuel im Mannesstamm aussterbenden Grafen von Wartenberg. Wiewohl nicht dem Fürstenstand, sondern nur dem niederen Adel zugehörig, sollten die Grafen von Wartenberg nach dem Erlöschen der katholischen bayerischen Linie der Wittelsbacher Erbrecht an Bayern haben.

10 s. hierzu: Volker D. Laturell: Die Poetenschule und das Jesuitentheater. In: ders.: Theater und Jugend in München. München 1970, 9 ff., hier insbes. 16 ff.

11 Siegfried Gmeinwieser: Johannes Khuen – Ein Münchner Komponist des 17. Jahrhunderts. In: Metronom, Nr. 7/1961, 3.

12 wie Anm. 1.

13 wie Anm. 7, 107.

14 Emil Naumann: Illustrierte Musikgeschichte. VIII: Die Monodie und die Entstehung und Entwicklung der Oper und des Oratoriums. Stuttgart 1908, 256 u. 264.

15 Gerhart von Westerman: Knaurs Opernführer. Eine Geschichte der Oper. München 1952, 10.

16 wie Anm. 14, 256.

17 wie Anm. 11, 4.

18 wie Anm. 11, 5.

19 Berta Anatonia Wallner: Johannes Khuen und die Altmünchner Monodisten. In: Zeitschr. f., Musikwissenschaft, 2. Jg. (1920), 445.

20 wie Anm. 7, 81.

21 August Hartmann: Weihnachtslied und Weihnachtspiel in Oberbayern. In: Obb.Archiv, 34. Bd., München 1874, Reprint München 1987. 21.

22 wie Anm. 6, XIII.

23 wie Anm. 7, 99.

24 Nr. 588: Sagt an, wer ist doch diese (1638); Nr. 855: O himmlische Frau Königin (1637).

25 wie Anm. 11, 4.

26 wie Anm. 7, 70.

27 wie Anm. 6, XIV.

Der Münchner Militär-Obermusikmeister Peter Streck

1 Volksmusik in Bayern. Ausst. Kat. Bay. Staatsbibl. München 1985, 196–198 u. Kat.Nr. 163, 175–177, 217, 218, 224.

2 Das Volksmusikarchiv des Bezirks Oberbayern unternahm auch seine alljährliche Volksmusik-Exkursion vom 23.–25. 4. 1993 »Auf den Spuren von Peter Streck in der Rhön und in Unterfranken«. In dem dazu erschienenen Begleitband (»Auf den Spuren von …« Heft 8, Bruckmühl 1993) sind auch die beiden Aufsätze von Volker D. Laturell und Hubert Unverricht aus »Volksmusik in München« Heft 12 wiedergegeben. Außerdem sind in der Reihe »Dokumente regionaler Musikkultur in Oberbayern« des Volksmusikarchivs bisher folgenden Quellenhefte nach Notendrucken von Peter Streck erschienen:
Heft 8: München, 1864: 14 Stücke für Blechterzett (Flügelhorn, Althorn, Bariton/Posaune).
Heft 9: München, 1857: 12 Stücke für kleine Harmoniemusik (Klarinette in Es u. B, Trompete in B u. Es, Althorn/Baßtrompete, Posaune/Bombardon; 2 Hörner in Es u. Flügelhorn in B ad libitum).
Heft 23: München um 1853: Kleine Harmonie-Blechmusik für Flügelhorn, Trompete, Posaune, 2 Hörner ad libitum.
Heft 24: München 1864: Kleine Harmonie- und türkische Musik ad libitum (Es- u. B-Klarinette, Flügelhorn, 2 Trompeten, Althorn, Bombardon, große und kleine Trommel).
Heft 29: München 1862: 12 Stücke für kleines Streichorchester (2 Violinen, 2 Klarinetten, Baß).

Heft 30: München um 1855: 12 Stücke für kleines Streichorchester (2 Violinen, Baß, 2 Klarinetten, 3 Trompeten, 2 Hörner ad libitum).
Heft 31: München um 1850: 12 Stücke für kleine Harmonie-Blechmusik (Flügelhorn, 3 Trompeten, Posaune/Bombardon, Althorn und 2 Hörner ad libitum).
Heft 32: München um 1860: 15 Stücke für Blechquartett (Flügelhorn, Althorn, Trompete, Bariton/Posaune/Bombardon).
Heft 33: München um 1860: 10 Stücke für kleine Harmonie-Blechmusik (Flügelhorn, Cornet, Althorn, 2 Trompeten, Posaune/Bombardon, große und kleine Trommel).
Heft 34: München 1854: 30 altbayerische Ländler für 2 Violin, 1 Clarinette, 3 Trompeten et Basso.
Heft 35: München um 1850: Walzer, Märsche, Galopp und Ländler für Pianoforte.
Heft 36: München um 1850: 16 Stücke f. kl. Tanzmusik (2 Violinen, Baß, Klarinette, Trompete).
Heft 37: München um 1850: 36 Musikstücke für 1 oder 2 Posthörner, 1. Heft.
Heft 38: München um 1850: 36 Musikstücke für 1 oder 2 Posthörner, 2. Heft.
Heft 39: München um 1850: 8 Trompeten-Aufzüge f. 5 Trompeten, Posaune, Pauken u. Hörner.
Heft 40: München um 1850: 8 vierstimmige Trompetenaufzüge mit Pauken.
1994 brachte das Volksmusikarchiv eine CD/MC »Tänze und Märsche von Peter Streck« mit dem Bayerischen Blechbläserquartett heraus (Bogner Records, Rottach-Egern), die Noten dazu erschienen im Spielheft Nr. 4 der Reihe »Dokumente regionaler Musikkultur in Oberbayern«.
3 Wolfgang Suppan: Lexikon des Blasmusikwesens. Freiburg 1976.
4 Willy Schneider: Handbuch der Blasmusik. Mainz 1954 u. 1986.
5 Andreas Masel: Das große ober- und niederbayerische Blasmusikbuch. Wien/München 1989, 16, 92, 94–97, 103–105 u. 194.
6 BayHStA München, Abt. IV Kriegsarchiv MKr 2711 Prod. 16.
7 s. hierzu: Josef Focht: Die Münchner Redouten. Münchner Carnevals-Musiken des frühen 19. Jahrhunderts. In: Volksmusik in München, H. 5, München 1991, 10.
8 Volksmusik in Bayern. Ausst. Kat., Nr. 166 u. Anm. 5, S. 187.
9 BayHStA München, Abt. IV Kriegsarchiv Mkr 2711 Prod. 16.
10 Lorenz Hübner: Beschreibung der kurbairischen Haupt- und Residenzstadt München. München 1803, Bd. I, 353.
11 Friedrich Mayer: Neue Beschreibung von München. Pforzheim 1840, 388.
12 W. Lindner: Münchens Umgebungen. München 1841, 19.
13 Florian Dering: Münchener Vergnügungsplätze. In: Biedermeiers Glück und Ende … die gestörte Idylle 1815–1848. Ausst. Kat. MStM, München 1987, 357.
14 G. Döllinger: Sammlung der im Gebiet der Staatsverwaltung des Königreichs Bayern bestehenden Verordnungen. Bd. IX Teil 3, 1406 f.
15 s. hierzu Paul Ernst Rattelmüller (Red.): Reise seiner Majestät des Königs von Lindau nach Berchtesgaden vom 20. Juny bis 27. July 1858. München 1960, insbes. 59 f.
16 BayHStA München, Abt. IV Kriegsarchiv MKr 2711 Prod. 24; s. a. Volksmusik in Bayern. Ausst. Kat., 137, Kat.Nr. 177.
17 BayHStA München, Abt. IV Kriegsarchiv MKr 2711, Prod. 28.
18 Richard Bauer: Zu Gast im alten München. München 1982, 246.
19 Gsell Fels: München und Umgebung. München 1911, VI.
20 Hanns Glöckle: Das waren Zeiten. Dachau 1986, 124 f.
21 Kiem Pauli erzählt. In: Schönere Heimat, 59. Jg.(1970), H. 3, 544.

August Hartmann

1 Volkslieder. In Bayern, Tirol und Land Salzburg gesammelt von August Hartmann. Mit vielen Melodien nach dem Volksmund aufgezeichnet von Hyazinth Abele. Erster Band: Volksthümliche Weihnachtslieder. Leipzig 1884.
2 August Hartmann: Weihnachtslied und Weihnachtsspiel in Oberbayern In: Oberbayer. Archiv, 34. Band, München 1874; Separatdruck München 1875; Reprint mit einem Beitrag von Ernst Schusser, München 1987.

3 August Hartmann und Hyazinth Abele: Volksschauspiele. In Bayern und Österreich gesammelt. Leipzig 1880.
4 Münchner Advents- und Weihnachtslieder aus der Sammlung Hartmann/Abele. ViM H. 4, München 1985.
5 wie Anm. 2, XVII ff. u. 62 ff., dazu 21 u. 48.
6 wie Anm. 2, 101 (s. a. Anm. 4, 6).
7 s. hierzu Max-Josef Liertz: Hyzinth Abele, Volksliedforscher und Schulmann. In: Volksmusik Forschung und Pflege in Bayern. München 1980, 58/59; ders.: Der Liedersammler Hyazinth Abele. In: Volksmusik in Bayern. 8. Jg. (1991), Heft 4, 49 – 51.
8 aus dem Vorwort von August Hartmann zu dem 1884 erschienen Weihnachtslieder-Band (s. Anm. 1).
9 Stephan Ankenbrand: Volksliedforschung in Bayern In: Bayer. Heimatschutz, 23. Jg.(1927), 194 ff. (hier 195).
10 Ernst Schusser: August Hartmann (1846–1917). In: Weihnachtslied und Weihnachtsspiel in Oberbayern von August Hartmann. Reprint München 1987, XV.
11 Institut für Volkskunde bei der Kommission für bayerische Landesgeschichte an der Bayer. Akademie der Wissenschaften, München.
12 zus. gestellt n. Ernst Schusser, wie Anm. 10, VIII ff.

Die »Gscheerten« im Couplet

1 Ausführl. z. Gesch. d. Couplets s.: Volker D. Laturell: Was ist und woher kommt eigentlich das Couplet? In: Alte und neue Münchner Couplets. Volksmusik in München, Heft 13, München 1990; ders.: Herkunft und Geschichte des Münchner Couplets. Zur Renaissance einer kritischen Liedform. In: Sänger- und Musikantenzeitung, 34. Jg. (1991), Heft 5, 301 ff.
2 Ausführl. z. Gesch. d. Chansons s.: Wilhelm Neef: Das Chanson. Leipzig 1972.
3 Über d. Couplet in der Instrumentalmusik d. 17. Jhdts. (insbes. im Rondeau u. im Rondo) s.: Hans Engel: Couplet. In: S. Blume (Hg.): Musik in Geschichte und Gegenwart. Allg. Enzyklopädie der Musik. Kassel 1949–68, Sp. 1738 ff.
4 Ludwig Wolf: Berühmt geworden als »Carl Karl«. Eine Karriere vom Münchner Hofschauspieler zum Wiener Theatermillionär. In: Münchner Stadtanzeiger v. 2. 10. 1991.
5 s. hierzu ausführl.: Eugen Weigl: Die Münchner Volkstheater im 19. Jahrhundert. München 1961.
6 s. hierzu ausführl.: Josef Koller: Das Volkssängertum in alter und neuer Zeit. Wien 1931; Leopold Schmidt: Volkslied im alten Wien. Wien 1947, 74 ff.; ders.: Volksgesang und Volkslied. Berlin 1970, 335 ff.; Hubert Kaut: Lied und Volksmusik in Wien. Ausst. Katalog Hist. Museum d. Stadt Wien, Wien 1968, 20 ff.
7 J. Koller: wie vor, 13.
8 Maria Walcher: Die Veränderungen der Wienerlied-Texte durch die Eingemeindung der Vororte Ende des 19. Jahrhunderts. In: Günther Noll/Wilhelm Schepping (Hrsg.): Musikalische Volkskultur in der Stadt der Gegenwart. Hannover 1992, 201.
9 s. hierzu ausführl.: Maximilian Seefelder: Die Münchner Volkssänger um die Jahrhundertwende. In: Sänger- und Musikantenzeitung, 28. Jg. (1985), Heft 4 (Juli/Aug.), 239 ff.
10 Susanne von Goessel: Münchner Volkssänger – Unterhaltung für alle. In: Karl Valentin. Volkssänger? Dadaist? Ausst. Katalog MStM, München 1982, 29 u. 39.
11 Sabine Sünwoldt: Weiß Ferdl. Eine weiß-blaue Karriere. München 1983, 109 ff.
12 Effi Horn: Ahnengalerie der Volkssänger. In: Rolf Flügel (Hg.): Lebendiges München. München 1958, 373.
13 Münch'ner Blut Nr. 80
14 Münch'ner Blut Nr. 41
15 Münch'ner Blut Nr. 37/38
17 J. M. Lutz: wie vor, 30 ff.
18 Gudrun Köhl: Liesl Karlstadt. Unsterbliche Partnerin Karl Valentins. München 1980, 7.

19 K. Pemsel: Volksverbunden, wie vor, 58.
20 K. Pemsel: wie vor, 60.
21 M. Seefelder: wie vor, 252.
22 Münch'ner Blut 119; Fassung Josef Eberwein in: Sänger- und Musikantenzeitung, 28. Jg. (1985), Heft 4 (Juli/Aug.), 252 f.; Fassung Fritz Ertl in: wie vor, 253 ff.; Fassung Heini Wiesner in: Volksmusik in München, Heft 13, 37.
23 S. v. Goessel: wie vor, 36 f. (Quelle dort genannt: »HStAM, M. H. 6275«).
24 J. M. Lutz: wie vor, 7.
25 Cornelius Wittmann: Dachauer Bauern. Der bayerische Unterlandler in Satire und Karikatur. Eine Untersuchung zum Bild des bayerischen Unterlandlers vom Ausgang des 18. Jahrhunderts bis ins erste Drittel des 20. Jahrhunderts. Dachau 1989, 86.
26 MStM Puppenth. Mus., Best. Volkssänger
27 Münch'ner Blut Nr. 108/109
28 Das Bild vom Bauern. Vorstellungen und Wirklichkeit vom 16. Jahrhundert bis zur Gegenwart. Ausst. Katalog MfDtVolksk, Berlin 1978, 126.
29 Wilhelm Heinrich Riehl: Die Naturgeschichte des Volkes als Grundlage einer deutschen Socialpolitik. Bd. I: Land und Leute. 11853, Stuttgart 101899, 240 f.
30 E. Horn: wie vor, 373.
31 vgl. z. B.: Zwoa G'scherte. In: Alfred Förg (Hg.): Heut geh'n ma zu de Komiker. Vom Papa Geis bis Karl Valentin Lieder, Szenen und Couplets Münchner und Wiener Volkssänger. Rosenheim 1976, 28.
32 zit. n. C. Wittmann: wie vor, 78 [Quelle müsste richtig lauten: Welsch: »Ein Dachauer Radler« MüVL, H. 19 (MStM, PuppenthMus, Nachlaß Lindermeier, AV Bibl. 7562)].
33 Münch'ner Blut Nr. 363; A. Förg: wie vor, 76 ff.
34 Münch'ner Blut Nr. 427; A. Förg: wie vor, 88 ff.
35 Münch'ner Blut Nr. 328; A. Förg: wie vor, 82 ff.
36 Volker D. Laturell: Feldmoching. München 1970, 213 (Quelle: StadtA München, Best. Feldm. 470)
37 Münch'ner Blut Nr. 217
38 Münch'ner Blut Nr. 52
39 Münch'ner Blut Nr. 49
40 Anekdoten über den Ruf Feldmochings in: V. Laturell: Feldmoching, wie vor, 158.
41 Münch'ner Blut Nr. 219
42 Münch'ner Blut Nr. 123/124.
43 Münch'ner Blut Nr. 276
44 Münch'ner Blut Nr. 286
45 gl. z. B. Josef Eberwein: Lieder und Zwiefache. Das Holledauer Liederbuch. Mainburg 21974, 52.
46 Die dem Autor vorliegende Schreibmaschinen-Originalfassung mußte sprachlich überarbeitet werden (gedruckt erschienen als Münch'ner Blut Nr. 319).
47 z. B.: Das letzte Mörtelweib (A. Förg: wie vor, 126 f.) und In Giasing steht mei Vaterhaus (A. Förg: wie vor, 129 f.)
48 zit. in: C. Wittmann: wie vor, 79 f.
49 75 Jahre Platzl, wie vor, 10.
50 C. Wittmann: wie vor, 83 f. [Quelle müsste richtig lauten: Textheft der Dachauer Bauernkapelle von Hans Pfisterer und Georg Metzner/MStM PuppenthMus, Bestand Volkssänger]
51 C. Wittmann: wie vor, 84 f. [Quelle müsste richtig lauten: Textheft der Dachauer Bauernkapelle von Adalbert Meier/MStM PuppenthMus, Nachlaß Lindermeier, AV Bibl. 7562]
52 75 Jahre Platzl, wie vor, 22.
53 75 Jahre Platzl, wie vor, 22 ff.
54 vgl. dazu: Nina Gockerell: Das Bayernbild in der literarischen und »wissenschaftlichen« Wertung durch fünf Jahrhunderte. Volkskundliche Überlegungen über die Konstanten und Varianten des

Auto- und Heterostereotyps eines deutschen Stammes. MBM 51, München 1974, insbes.: Die »Entdeckung« Oberbayerns im 19. Jahrhundert, 271 ff.
55 S. Sünwoldt: Weiß Ferdl, wie vor, 121 f.
56 Norbert Göttler: Die Sozialgeschichte des Bezirkes Dachau 1870 bis 1920. MBM 149, München 1988, 186.
57 N. Göttler: wie vor, 187.
58 Jugend. 18. Jg. (1914), 1170.
59 C. Wittmann: wie vor, 82 f.
60 C. Wittmann: wie vor, 83.
61 s. hierzu ausführl.: Rupert Sigl (Hg.): Dr. Sigl. Ein Leben für das Bayerische Vaterland. Rosenheim 1977.
62 C. Wittmann: wie vor, 88.
63 Max Spindler (Hg.): Bayerische Geschichte im 19. und 20. Jahrhundert 1870–1970. München 1978, 305; R. Sigl: wie vor, 297.
64 Münch'ner Blut Nr. 412; Fassung Leonhard Fischer in: Volksmusik in München, Heft 13, 41.
65 C. Wittmann: wie vor, 88.
66 Münchner Merkur v. 15. 3. 1988
67 Münch'ner Blut Nr. 308
68 Gerhard Hanke: Die Dachauer Marktmusikanten. In: Amperland. 29. Jg. (1993), Heft 3, 124.
69 Ludwig Thoma: Ausgewählte Werke in einem Band. München 1966, 49 f.
70 Münch'ner Blut Nr. 372

Volkstanz in München

Literatur
Richard Bauer (Hg.), Eva Maria Graf u. Erwin Münz (Bearb.): Zu Gast im alten München. München 1982.
Beni Eisenburg: Tanzen, des is mei Freid. In: Karl-Heinz Schickhaus: Über Volksmusik und Hackbrett in Bayern. München 1981.
Aenne Goldschmidt: Handbuch des deutschen Volkstanzes. Wilhelmshaven 1981.
Herbert Oetke: Der deutsche Volkstanz. Wilhelmshaven 1983.
Paul Ernst Rattelmüller: Bayerisches Brauchtum im Jahreslauf. München 1985.
Carl Albert Regnet: München in guter alter Zeit. München 1879.
Michael Schattenhofer: Das Alte Rathaus in München. München 1982.
– Beiträge zur Geschichte der Stadt München. München 1984.
Fridolin Solleder: München im Mittelalter. München 1938.
Lorenz Westenrieder: Beschreibung der Haupt- und Residenzstadt München (im gegenwärtigen Zustande). München 1782 (Reprint München 1984).

Redouten, Maskierte Akademien und Bals parés

1 Selbst Dietz-Rüdiger Moser differenziert hier nicht deutlich, vgl.: Die Fastnacht ist ein Spiel der Welt – Über den Sinnbildcharakter der Fasnachtsmasken und szenischen Allegorien. In: ders.: Fastnacht – Fasching – Karneval. Graz 1985, 232 ff.; s. außerdem: Claus Hausmann: Masken, Schemen, Larven. München 1959.
2 Hans Moser: Städtische Fasnacht des Mittelalters. In: ders.: Volksbräuche im geschichtlichen Wandel. München 1985, 98 ff., hier 112.
3 Ludwig Hollweck: Fasching im alten München. In: Münchner Stadtanzeiger v. 15. 2. 1977.
4 Michael Schattenhofer: München Archiv. Braunschweig o. J., Blatt M 04063.
5 Felix Joseph von Lipowsky: Lebens- und Regierungs-Geschichte des Churfürsten von Bayern Karl Albrecht nachmaligen Kaisers Karl VII. München 1830, 51 f.
6 Joseph Anton von Destouches: Wegweiser für Fremde und Einheimische. 1827, zit. n. L. Hollweck: wie Anm. 3; Christian Müller: München unter König Maximilian Joseph I. Teil 2, Mainz 1817, 365.

7 Lorenz Hübner: Beschreibung der kurbaierischen Haupt- und Residenzstadt München und ihrer Umgebung, verbunden mit ihrer Geschichte. 2. Abteilung, München 1805, zit. n. Wolfgang Brunnbauer: Münchner Fasching um 1812/13 – Entschieden wichtiger als Krieg und Politik. In: Münchner Stadtanzeiger v. 20. 1. 1989.
8 zit. n. Wilhelm Zentner (Hg.): Gastfreundliches München – Das Antlitz einer Stadt im Spiegel ihrer Gäste. München 1946, 38 f.
9 J. A. v. Destouches: wie Anm. 6.
10 Anton Baumgartner: Polizey-Uebersicht von München vom Monat Dezember 1804 bis zum Monat April 1805. München 1805.
11 L. Hübner: wie Anm. 7.
12 Carl Albert Regnet: München in guter alter Zeit. München 1879, 120.
13 W. Brunnbauer: wie Anm. 7.
14 Chr. Müller: wie Anm. 6, 366.
15 Kurpfalzbaierische Münchner Staatszeitung v. 8. 11. 1802.
16 Ingo Tornow: Das Münchner Vereinswesen in der ersten Hälfte des 19. Jahrhunderts. MBM 75, München 1977, 43.
17 Chr. Müller: wie Anm. 6.
18 Robert Münster: Das Musikleben in der Max-Joseph-Zeit. In: Krone und Verfassung – König Max I. Joseph und der neue Staat. Ausst. Kat. Wittelsbach und Bayern III/1, München 1980, 466.
19 Reinhard Bauer/Ursula Münchhoff (Hg.): Lauter gemähte Wiesen für die Reaktion – Die erste Hälfte des 19. Jahrhunderts in den Tagebüchern Johann Andreas Schmellers. München 1990, 143 u. 145.
20 I. Tornow: wie Anm. 16, 46 m. Anm. 2.
21 Karl Pörnbacher/Robert Münster: »Diese herzliche Gemeinschaft der Freude« Münchner Carneval in alten Zeiten. In: Unser Bayern, Februar 1979.
22 I. Tornow: wie Anm. 16, 47.
23 Biedermeiers Glück und Ende … die gestörte Idylle 1815–1848. Ausst. Kat. MStM, München 1987, 604 (7.6.1).
24 Norbert Götz: Maskenfeste. In: wie Anm. 23, 603.
25 Marianne Bernhard: Das Biedermeier – Kultur zwischen Wiener Kongreß und Märzrevolution. Düsseldorf 1983, 133.
26 M. Bernhard: wie Anm. 25.
27 M. Schattenhofer: wie Anm. 4, Blatt M 04061; Biedermeier-Kat.: wie Anm. 23, 606 (7.6.5).
28 Biedermeier-Kat., 608 u. 610 (7.6.11 u. 12).
29 Hermann von Witzleben/Ilka von Vignau: Die Herzöge in Bayern. München 1976, 255/256.
30 Witzleben/Vignau: wie Anm. 29, 256.
31 Biedermeier-Kat., 23, 610 (7.6.15).
32 M. Bernhard: wie Anm. 25, 9.
33 Biedermeier-Kat., 606 (7.6.7).
34 N. Götz: wie Anm. 24.
35 Hedi Heres: Als der Münchner Fasching noch ein Carneval war. In: Charivari, H. 1 1987, 10.
36 zit. n. L. Hollweck: wie Anm. 3.
37 August Lewald: Panorama von München. Stuttgart 1835 (zit. n. L. Hollweck: wie Anm. 3).
38 zit. n. H. Heres: wie Anm. 35.
39 Biedermeier-Kat., 607 (7.6.8)
40 Biedermeier-Kat., 607/608 (7.6. 9 u. 10).
41 H. Heres: wie Anm. 35.
42 Biedermeier-Kat., 610 (7.6.14).
43 Biedermeier-Kat., 610 (7.6.16).
44 H. Heres: wie Anm. 35.
45 zit. n. Georg Jacob Wolf: Die Münchnerin. München 1924, 111.

46 z. Geschichte d. »Allotria« s.: Ein halbes Jahrhundert Münchner Kulturgeschichte erlebt mit der Künstlergesellschaft Allotria. München 1959.
47 eine ausführl. Schilderung d. Festes bringt Karl Sälzle: Ein Leben im Fest. In: wie Anm. 46, 139 ff.
48 ausführl. Bericht v. Ludwig Ganghofer im »Buch der Freiheit« seines »Lebenslauf eines Optimisten« (Stuttgart ...), zit. in: Georg Jacob Wolf (Hg.): Ein Jahrhundert München 1800–1900. München 1921, 351 ff.
49 K. Sälzle: wie Anm. 47, 165 ff.
50 ebenf. beschrieben v. K. Sälzle: wie Anm. 47, 168–170.
51 K. Sälzle: wie Anm. 47, 171–179; M. Schattenhofer: wie Anm. 4, Blatt M 04098.
52 Thea Braatz: Das Kleinbürgertum in München und seine Öffentlichkeit von 1830–1870. MBM 68, München 1977, 124/125.
53 Ludwig Steub: Alt-Münchner Fasching. 1842, zit. in: Georg Jacob Wolf (Hg.): Ein Jahrhundert München 1800–1900. München 1919, 145–147; dieser Bericht Steubs findet sich nur in d. 1. Aufl. v. 1919, d. 2. u. 3. Aufl. v. 1921 bzw. 1935 (d. wiederum Vorlage f. d. Reprint v. 1980 war) enthalten diesen Text nicht mehr, vielleicht, weil ihn Wolf auch gekürzt in seinem Buch »Die Münchnerin«, München 1924, 134/135, zitiert.
54 zit. n. Hubert Unverricht: Peter Streck (1797–1864) Der Musikmeister und Volkskomponist. In: Volksmusik in München, H. 12, München 1989, 18.
55 Felix von Schiller: München, dessen Kunstschätze, Umgebungen und öffentliches Leben. München 1843, 249.
56 Eduard Fentsch: Bavaria Land und Leute im 19. Jahrhundert – Die kgl. Haupt- und Residenzstadt München. München 1989, 172/173.
57 C. A. Regnet: wie Anm. 12.
58 Ludwig Hollweck: München – Stadtgeschichte in Jahresporträts. München 1968, 110.
59 Herbert Oetke: Der deutsche Volkstanz. Wilhelmshaven 1983, Bd. 1, 262.
60 Franz M. Böhme: Geschichte des Tanzes in Deutschland. Hildesheim 1967, Bd. 1, 220/221.
61 H. Oetke: wie Anm. 59, 261.
62 F. M. Böhme: wie Anm. 60; Aenne Goldschmidt: Handbuch des deutschen Volkstanzes. Wilhelmshaven 1981, Textband, 229/230.
63 abgedr. in: Volksmusik in München, H. 3, 22; außerdem v. Herzog Max in Bayern die Stephanie-Polka ebenf. in H. 3, 28/29.
64 s. bei Ernst Schusser: Herzog Maximilian in Bayern (1808–1888). München 1987, 126–128; z. Geschichte d. Polka s. außerdem: Ludwig Kusche: Die bairische Polka und ihre Folgen. In: ders.: Musik und Musiker in Bayern. München 1963, 59–66; Rosi Eglhofer: Schottisch und Polka. In: Heimat- und Trachtenbote v. 1. 10. 1990.
65 A. Goldschmidt: wie Anm. 62, 202.
66 F. M. Böhme: wie Anm. 60, 223.
67 G. J. Wolf: wie Anm. 48, 377.
68 H. Unverricht: wie Anm. 54, 14.
69 Ferdinand Kronegg: Illustrierte Geschichte der Stadt München. München 1902, 495/496.
70 Maurus Pacher: »... ob der Bau des Feenpalastes für München ein Bedürfnis ist?« In: Festschr. z. Wiedereröffnung d. Deutschen Theaters, München 1982, 15.
71 M. Pacher: wie Anm. 70, 12.
72 M. Pacher: wie Anm. 70, 18.
73 zit. n. Ludwig Schrott: Biedermeier in München. München 1987, 139.
74 Münchner Politische Zeitung v. 5. 1. 1828, zit. n. L. Hollweck: wie Anm. 3.
75 M. Pacher: wie Anm. 70, 15.
76 M. Pacher: wie Anm. 70, 27.
77 Ernst Hoferichter: Vom Prinzregenten bis Karl Valentin – Altmünchner Erinnerungen. München 1966, 49–52.
78 zit. n. H. Heres: wie Anm. 35, 14.

79 s. hierzu: Josef Focht: Die Münchner Redouten. Münchner Carnevals-Musiken des frühen 19. Jahrhunderts. In: Volksmusik in München, H. 15, München 1991, 5–32.
80 Hans-Reinhard Müller (Hg.): Josef Ruederer ›München‹ Bierheim und Isar-Athen. Satiren und Erzählungen. München 1987, 9/10.
81 Nach d. Sage wohnte im Innern d. Hörselberges östl. v. Eisenach Wodans wütendes Heer, Freia, Frau Holle, d. Venus, zu d. Tannhäuser kommt (»Venusberg«); außerdem galt d. Hörselberg auch als Sitz d. Hölle u. d. Fegefeuers.
82 F. M. Böhme: wie Anm. 60, 226.
83 Marianne Bröcker: Anmerkungen zur Geschichte der Française. In: Volksmusik in Bayern, H. 1, München 1989, 2; M. Bröcker verweist z. Gesch. d. Contredanses auf: J.-M. Guilcher: Le Contredanse et les renouvellements de la danse française. Paris 1969.
84 M. Bröcker: wie Anm. 83, 3.
85 M. Bröcker: wie Anm. 83, 4, insbes. Anm 40 (S. 7); danach beschreibt u.a. C. Haselberger: Die Tanzkunst. München 1896, 88 ff., eine »Münch'ner Française«; eine weitere Beschreibung (»mit geringfügigen Änderungen genau so, wie sie von Münchner Tanzinstituten in den Zwanzigerjahren gelehrt wurde«) findet sich bei Ernst Schusser: Untersuchung zur Entwicklung des Volkstanzes im südlichen Altbayern. Mag. Arb. Bruckmühl 1977, 35–39.
86 Adalbert Prinz von Bayern: Als die Residenz noch Residenz war. München 1967, 332/333.
87 Andreas Hensler: Zwischen Kaiserreich und Diktatur – Pasing in der Weimarer Republik. In: Spuren – Beiträge zur Pasinger Geschichte. München 1989, 119.
88 M. Pacher: wie Anm. 70, 26.
89 H. Heres: wie Anm. 35, 17.

Um 6 Uhr früh zum Tanzen?

1 Lorenz Westenrieder: Beschreibung der Haupt- und Residenzstadt München (in ihrem gegenwärtigen Zustande). München 1782, 292.
2 Adrian von Riedl: Spaziergang durch München (1796). Faksimile-Sonderdr. aus: Reiseatlas von Baiern. München o. J., 16.]
3 Florian Dering: Münchner Vergnügungsplätze. In: Biedermeiers Glück und Ende ... die gestörte Idylle 1815–1848. Ausst. Kat. MStM, München 1987, 356.
4 Felix von Schiller: München, dessen Kunstschätze, Umgebungen und öffentlichens Leben. München 1843, 249.
5 Christian Müller: München unter König Maximilian Joseph I. Bd. I, Mainz 1816, 372.
6 F. Dering, 357.
7 Edith Prochazka: Ein Baron mit falschen Papieren übt Münchner Gastlichkeit mit französischem Charme. In: Charivari, Nov. 1983, 22 f.
8 Ch. Müller, wie Anm. 4, Bd. II, Mainz 1817 (zit. n. E. Prochazka, wie Anm. 6).
9 W. Lindner: Münchens Umgebungen. Ein Wegweiser für Einheimische und Fremde bei kleinen Ausflügen. München 1841, 19.
10 J. N. Ingerle: Bayerns Haupt- und Residenzstadt und ihre Umgebung. Ein Beitrag zur Heimatkunde für die Münchner Jugend. München 1872, 22.
11 Richard Bauer (Hg.): Zu Gast im alten München. München 1982, 208.
12 Georg Gruber: Die Memoiren des Gruberschen Stammes und die Entstehung des Praters in München. München 1857, 12, 13 u. 15 (zit. n. F. Dering, 356).
13 Gerhard Hojer: Die Schönheitengalerie König Ludwigs I. München 1979, 90.
14 Theodor Dombart: Der Englische Garten in München. München 1972, 195.
15 R. Bauer, 260.
16 C. A. Baumann: Die Haupt- und Residenzstadt München und ihre Umgebungen. Ein Taschenbuch für Fremde und Einheimische. München 1832, 187.
17 F. Dering, 357.
18 W. Lindner, 62.

19 R. Bauer, 268.
20 August Lewald: Panorama von München. Bd. I, Stuttgart 1836, 56.
21 Stefan Miedaner: Sir Benjamin Thompson, Graf von Rumford (1753–1814). In: Pankraz von Freyberg (Hg.): 200 Jahre Englischer Garten München 1789–1989. München 1989, 24; Josef Biller und Hans-Peter Rasp: München Kunst & Kultur Lexikon. München 1985, 84.
22 Bay. Hauptstaatsarchiv München, Plansammlung 5692.
23 Th. Dombart, 106.
24 1944 durch Brandbomben zerstört, 1951/52 originalgetreu rekonstruiert.
25 Th. Dombart, 115.
26 Theodor Dombart: Schwabing. München 1913, 80.
27 Hanns Glöckle: Das waren Zeiten. Ausst. Kat. München 1983, 16; ders.: Das waren Zeiten. Dachau 1986, 148.
28 Franz Zell: Volkstümliche Bauweise in der Au bei München. Altmünchner Tanzplätze. Frankfurt am Main 1908, 64.

Trachten in einer Millionenstadt

1 Wörterbuch der deutschen Volkskunde. Stuttgart 1974, 824.
2 Wörterbuch der deutschen Volkskunde. Stuttgart 1955, 766 f.; diese Definition ist in d. Ausg. v. 1981, 824 ff., nicht mehr enthalten.
3 s. hierzu: Veronika Baur: Kleiderordnungen in Bayern vom 14. bis 19. Jahrhundert. MBM 62, München 1975.
4 Georg Jacob Wolf (Hg.): Das Kurfürstliche München 1620–1800. Repr. Würzburg 1985, 212 f.
5 Friedrich Nicolai: Unter Bayern und Schwaben – Meine Reise im deutschen Süden 1781. Stuttgart 1989, 59 f.; Lorenz Westenrieder: Beschreibung der Haupt- und Residenzstadt München. München 1782, Repr. München 1984, 300 ff.
6 s. hierzu: Gislind Ritz: Riegelhaube und Kropfkette. Zum Erscheinungsbild der Münchner Bürgertracht um 1800. In: Wittelsbach und Bayern. Ausst. Kat. Bd. III/1, München 1980, 326 ff.; dies.: Die Münchener Bürgertracht im 18. und 19. Jahrhundert. In: Trachten in und um München. Begleitheft z. Ausst., München 1983, 24 ff.; dies.: Trachtenauszier im Münchner Raum. In: wie vor, 42 ff.; außerdem: Margarete Heinhold: Altmünchner Tracht. In: Der Zwiebelturm, H. 3/1950, 55 ff.; Barbara Brückner: Die Münchner Riegelhaube. In: Bay. Jb. f. Volksk., München 1958, 39 ff.
7 s. hierzu Walter Hartinger: König Max II. und die bayerische Volkskultur. In: Zeitschr.f.bay. Landesgesch., Bd. 52 H. 2, München 1989, 353 ff.
8 Franz J. Grieshofer u.a.: Die Lederhose. Kleine Kulturgeschichte des alpenländischen Beinkleids. Wien 1978, 7.
9 Heimat und Volkstracht v. 24. 10. 1930.
10 s. hierzu: Hedi Heres: Die Trachtenerneuerung in Dachau. Eigene Beobachtungen. In: Amperland, 19. Jg.(1983), 534 ff.
11 s. hierzu u.a.: Keine Eintracht über Trachten. In: Südd.Ztg. 5.7.1957; Das Fähnlein ist zu weiß und blau. In: Abendztg. 23.8.1957; Nix is mit der Münchner Festtracht. In: Abendztg. 17.9. 1957; Bei Betrachtung der Münchner Tracht. »Merkur«-Umfrage bei Frauen und Mädchen – Festgewand findet wenig Gegenliebe. In: Mü. Merkur 30.11.1957 (dabei äußerte sich übrigens die Faschingsprinzessin von 1958, Carolin Reiber, zurückhaltend: »Ich weiß nicht, ob das echt ist …« Derlei Skrupel hat sie allerdings später – wie laufend im Fernsehen zu besichtigen – gründlich verloren!).
12 Konrad Max Kunz: Die Stiftung der Moos-Gau-Sänger-Genossenschaft Moosgrillia. Persiflierende »Festschrift«, München 1866, 19.
13 Volker D. Laturell: Dachauer Tracht im Münchner Norden (m. Zeichnungen v. P. E. Rattelmüller). München 1977 (Feldmochinger Hefte Nr. 1).
14 Volker D. Laturell: »Bollenkittel« und pelzumsäumte Kappen. In: Mü. Stadtanz. v. 21.9.1979;

ders.: Dachauer Tracht im Münchner Norden und Westen. In: Moosacher Anz. v. 2.10.1980; ders.: Rückbesinnung auf die bodenständige Tracht: Dachauerisch gilt nicht mehr als g'schert. In: Münchner Palette, H. 4 u. 5/1982.
15 Weit. Trachtenausst. d. KultRef. in Zusarb. m. d. jew. Landsmannschaften: Sudetendeutsche Trachten (16.5.–3.6.84/Rathaushalle), Trachten und Brauchtum der Donauschwaben (30.12.85–17.1.86/Alt. Raths.), Die Banater Schwaben (20.10.–6.11.90/Alt. Raths.).
16 Die Vortragsreihe m. Trachtenvorführungen umfaßte 1991: 27.2./Volker D. Laturell: Trachten in u. um München (Einführg., histor. Überblick, d. versch. Trachten u. ihre Erneuerung); 12.3./Robert Böck: Geschichte u. Entwicklung d. Dachauer Tracht; 16.4./Rita Sülzenfuhs: Die Münchner Bürgertracht; 14.5./Gerhard Maier: Die Miesbacher Tracht; 11.6./Volker D. Laturell: Die Trachten im Münchner Osten u. Süden.

Die Tracht der Münchner Bürgerinnen und Bürger

1 s. hierzu: Ivo Striedinger: Altbayerische Nachlaß-Inventare. In: Altbayerische Monatsschrift, 1. Jg. (1899), H. 4/5, 101 ff., H. 6, 161 ff. u. 2. Jg. (1900), H. 4/5, 138 f.
2 Gislind Ritz: Volkskultur. In: Bayern – Kunst und Kultur. Ausst. Kat. MStM, München 1972, 232.
3 s. hierzu: Günther Kapfhammer/Corbinian J. Lachner/Friderica Derra de Moroda: Der Münchner Schäfflertanz. München 1976, insbes. 56 ff.
4 Friedrich Nicolai: Beschreibung einer Reise durch Deutschland und die Schweiz im Jahre 1781. Nebst Bemerkungen über Gelehrsamkeit, Industrie, Religion und Sitten. 6. Bd. Berlin/Stettin 1785; Neudruck: Unter Bayern und Schwaben – Meine Reise im deutschen Süden 1781. Stuttgart 1989, hier insbes. 59 f.
5 Lorenz Westenrieder: Beschreibung der Haupt- und Resiedenzstadt München (in ihrem gegenwärtigen Zustande). München 1782 (Reprint 1984).
6 Michael Schattenhofer: Die Kultur in München im 17. und 18. Jahrhundert. In: ders.: Beitr. z. Gesch. d. Stadt München, Obb. Archiv 109. Bd. 1. H., München 1984, 171.
7 s. hierzu: Gislind M. Ritz: Die Münchener Bürgertracht im 18. und 19. Jahrhundert. In: Trachten in und um München. Begleitheft z. gleichn. Ausst. d. Kult.Ref., München 1983, 24 ff.
8 s. hierzu: Gislind M. Ritz: Trachtenauszier im Münchner Raum. In: Trachten in und um München, 42 ff.
9 August Lewald: Panorama von München. 1. Theil, Stuttgart ^{2}1840; zit. n. Lisa Röcke (Hg.): Für die schöne Münchnerin. Ein literarisches Kompliment. München 1991, 18.
10 Westenrieder, 41 f.
11 Ludwig Wagner: Das Lehel. München 1960, 301 f.
12 Wagner, 259.
13 Wagner, 261.
14 Wagner, Tafel XXVII/Abb. 48 u. 49 (n. S. 224).
15 Wagner, 11.
16 Wugg Retzer: Bei den »Patschern« im Lehel. In: Münchner Stadtanzeiger v. 1.9.1961.

Fünf Jahrhunderte Laientheater in München

Literatur

Paul Alverdes: Begegnungen mit dem Theater. In: Lebendiges München. München 1958, 137, 140 u. 145.
Bavaria. Landes- und Volkskunde des Königreichs Bayern. I. Bd., München 1860, 414 u. 415.
René Fülöp-Miller: Macht und Geheimnis der Jesuiten. Berlin 1929, 502 f. u. 513.
M. Henker, E. Dünninger, E. Brockhoff (Hg.): Passionsspiele im alpenländischen Raum. München 1990, 61 u. 325 (# 201).

Maria Hildebrandt: Die Zunft der Münchner Stadtmusikanten. Hausarbeit zur Erlangung des Magister-Grades an der Ludwig-Maximilian-Universität, München 1988, 35–40, 71 f. u. 80 (hauptsächliche Quellen: BayHStA GL, GR u. HR 461, StadtA Gewerbeamt u. Ratsprotokolle).

Maria Hildebrandt: »Sie spielten gar nicht so übel zusammen ...« Die Geschichte der Stadtpfeifer und Stadtmusikanten in München. In: Münchner Stadtpfeifer und Stadtmusikanten. Volksmusik in München, Heft 17, München 1993.

Heinrich Huber: Der Kampf um die Passionsspiele in Bayern. In: Der Zwiebelturm, 3. Heft (März) 1947, 149–152.

Hans Knudsen: Deutsche Theatergeschichte. Stuttgart 1959, 124 f. u. 159 f.

Volker D. Laturell: Theater und Jugend in München. Eine Zusammenstellung aus 500 Jahren Münchner Theatergeschichte. München 1970, 9 ff., 12, 19, 21, 28 u. 199.

Paul Legband: Münchner Bühne und Literatur im achtzehnten Jahrhundert. Obb. Archiv, Bd. 51, München 1904, 34, 46, 53, 57, 58 f., 62 f., 103 u. 161.

Carl Albert Regnet: München in guter alter Zeit. München 1879, 12.

Karl von Reinhardstöttner: Zur Geschichte des Jesuitendramas in München. In: Jahrb. f. Mü. Gesch. Bd. II, Bamberg 1889, 56, 59, 63 u. 78.

Michael Schattenhofer: Das Alte Rathaus in München. Seine bauliche Entwicklung und seine stadtgeschichtliche Bedeutung. München 1972, 175–181, 184 u. 405 f. (hauptsächliche Quellen: StadtA Kammerrechnung 1527–1761 u. Ratsprotokolle 1599–1770).

Hans Schuhladen: Die Nikolausspiele des Alpenraumes. Ein Beitrag zur Volksschauspielforschung. Schlern-Schriften 271, Innsbruck 1984, 20, 118 f. u. 183 ff.

Hans Schuhladen (Red.): So ein Theater?! Zum gegenwärtigen Spiel von Amateurbühnen in München. Begleitband zur gleichnamigen Ausstellung des Instituts für deutsche und vergleichende Volkskunde, in Zusammenarbeit mit dem Kulturreferat der Landeshauptstadt München, Abt. Volkskulturpflege. Beiträge zur Volkstumsforschung hg. v. Institut für Volkskunde der Kommission für Bayerische Landesgeschichte bei der Bayer. Akademie der Wissenschaften Band XVI, München 1986, 80, 82–84, 86, 88–92, 94, 97 u. 99.

Fridolin Solleder: München im Mittelalter. München 1938 (Reprint 1962), 351 f.

Karl Spengler: Die Kummerjahre der Münchner Stadtmusikanten. In: ders.: Münchner Historien und Histörchen. München 1967, 77, 80–82; abgedr. auch in: Sänger- und Musikantenzeitung, H. 6/1969, 145 ff.

Ingo Tornow: Das Münchner Vereinswesen in der ersten Hälfte des 19. Jahrhunderts, mit einem Ausblick auf die zweite Jahrhunderthälfte. MBM 75, München 1977, 43 f., 46 f., 48 f. u. 125.

Otto Ursprung: Münchens musikalische Vergangenheit von der Frühzeit bis zu Richard Wagner. Kultur und Geschichte/Freie Schriftenreihe d. StadtA Mü., Bd. 2, München 1927, 82, 88, 108 u. 111.

Hans Wagner: Münchner Theaterchronik 1750–1950. München 1958.

Eugen Weigel: Die Münchner Volkstheater im 19. Jahrhundert 1817–1900. Neue Schriftenreihe d. StadtA Mü., Bd. 13, München 1961, 80 u. 89.

Lorenz Westenrieder: Beschreibung der Haupt- und Residenzstadt München (im gegenwärtigen Zustande). München 1782 (Reprint München 1984), 293 u. 285 f.

Volksspiel und Feier. Alphabetisches Sachbuch nebst Stoffsammlung für Brauch, Freizeit und Spiel. München 1936, 15, 32 f., 99, 100 u. 124.

Unterlagen d. Kulturref. d. Landeshauptstadt München, Abt. Volkskulturpflege

Anmerkungen

1 s. hierzu: Eduard Hartl: Das Osterspiel des Mittelalters. In: Der Zwiebelturm, 4./5. Heft 1947, 172 ff.

2 Toni Grad (Hg.): Der Tegernseer Antichrist. Ein geistliches Spiel des Mittelalters und seine Erneuerung. Weißenhorn 1984, hier: 11.

3 A. Dreyer: Hans Sachs in München. In: Das Bayerland, Heft XXI (1910), 235 ff.; A. Dreyer: Hans Sachs in München und die gleichzeitigen Münchner Meistersinger. In: Analecta germanica 1906,

223 ff.; Karl Trautmann: Hans Sachs bei den Münchner Meistersingern. In: Jahrb. f. Mü. Geschichte, Bd. I, Bamberg 1887, 202 ff.
4 Aus den Frankfurter Relationen, zit. n.: Georg Jakob Wolf: Das Kurfürstliche München 1620–1800. München 1930, 106.
5 s. hierzu: M. V. Sattler: Geschichte der Marianischen Kongregation in Bayern. München 1864.
6 Über das Schultheater in Augsburg siehe vor allem die vorbildliche Darstellung von Helene Levinger: Augsburger Schultheater. In: Theater und Drama. Bd. 2, Berlin 1931.
7 s. hierzu: Günter Skopnik: Das Straßburger Schultheater – Sein Spielplan und seine Bühne. Frankfurt a. M. 1935.
8 Zentrum d. ganzen jesuit. Schulwesens war d. 1550 gegr. »Collegium Romanum« in Rom. Jesuitenschulen gab es in fast allen Ländern d. Erde, auch in China, Japan, Indien, Nord- und Südamerika. Gleichzeitig m. d. in Europa verbreiteten Jesuitentheatern entstanden auch solche in Indien, Japan, Brasilien, Mexiko, Peru und Paraguay. S. ausführl.: René Fülöp-Miller: Macht und Geheimnis der Jesuiten. Berlin 1929, 504 ff.
9 Hieronymus Ziegler: Abel iustus – ganze Vorrede. In: Felix Joseph Lipowsky: Nazional Garde Jahrbuch für das Königreich Baiern. Bd. 7, München 1815, 63–67.
10 Band I: 1595–1648, Band II: 1648–94, Band III: 1694–1724, Band IV: 1724–72; auszugsweise abgedr. (insbes. im Hinbl. auf d. Schauspielaufführungen) bei Reinhardstöttner.
11 s. hierzu: Karl Trautmann: Italienische Schauspieler am bayerischen Hofe. ders.: Französische Schauspieler am bayerischen Hofe. ders.: Deutsche Schauspieler am bayerischen Hofe. In: Jahrb. f. Mü. Gesch., Bamberg Bd. I 1887, Bd. II 1888 u. Bd. III 1889.
12 Über Khuen s. ausführl.: Volker D. Laturell: Münchner Marienlieder aus vier Jahrhunderten. ViM H. 16, München 1992, 39–54.
13 StaatsA München, Akten über d. geistl. Schauspiele in München, 1726–97.
14 August Hartmann: Weihnachtslied und Weihnachtsspiel in Oberbayern. Obb. Archiv, 34. Bd., München 1874 (neu hg. München 1987), 101.
15 Hinw. v. Schuhladen 1984, 119 (Anm. 194): Das Spiel ist hrsg. von Johannes Bolte, in: Drei Schauspiele vom sterbenden Menschen, S. 1–62, Zitat S. 1.
16 s. hierzu: Stephan Pflicht: Kurfürst Carl Theodort von der Pfalz und seine Bedeutung für die Entwicklung des deutschen Theaters. Reichling/Obb. 1976.
17 Georg Jakob Wolf: Das Kurfürstliche München 1620–1800. München 1930, 138.
18 Adolph von Schaden (Hg.): Neuester Wegweiser durch die Haupt- und Residenzstadt München und deren Umgebungen. München 1835, 65.
19 A. v. Schaden, wie vor.
20 Carl Fernau (= Sebastian Daxenberger): München Hundert und Eins. Bd. 1, München 1840, 31.
21 Über das Vorstadttheater in der Au und seine Bedeutung für »Kleinbürgertum und öffentliche Gesellgkeit und Brauchtum« s. Thea Braatz: Das Kleinbürgertum in München und seine Öffentlichkeit von 1830–1870. Ein Beitrag zur Mentalitättsforschung. MBM 68, München 1977, 92 ff.
22 Max See: Der Volksdichter Franz Prüller (1805–1879) und die Münchner Vorstadtbühnen. Kultur und Geschichte/Freie Schriftenfolge d. StadtA Mü., München 1932.
23 Hans u. Karl Pörnbacher: Die Literatur bis 1885. In: Max Spindler (Hg.): Bayerische Geschichte im 19. und 20. Jahrhundert. 2. Teilbd., München 1974/ 75, 1115; Volker D. Laturell: Alte und neue Münchner Couplets. Volksmusik in München, H. 13, München 1990, 8.
24 Eduard Fentsch: Bavaria Land und Leute im 19. Jahrhundert. Die kgl. Haupt- und Residenzstadt München. Hg. v. P. E. Rattelmüller, München 1989, 203.
25 Michael Doeberl: Entwicklungsgeschichte Bayerns. Hg. v. Max Spindler, 3. Bd., München 1931, 64.
26 Josef Maria Lutz: Das Volksstück und seine Dramaturgie. In: Der Zwiebelturm, H. 8/1948, 161.
27 Nina Gockerell: Das bayerische Bauerntheater. Seine Entstehung, seine Autoren, seine »Helden«. In: Bayernspiegel, Nr. 9/10–1972, 1 f.

28 s. hierzu: Hermann Friess: Achzig Jahre Krisen und Erfolge. Aus der wechselvollen Geschichte des Theaters am Gärtnerplatz München 1865–1965. München 1965, 9 ff.
29 Rosel Schultze-Termolen: Vom Vorstadtschwank zur Opéra comique. In: Mü. Stadtanzeiger v. 12. 9. 1969.
30 Wilhelm Lukas Kristl: Der Proletarier wird bühnenreif. Das Volkstheater in der Westendhalle. In: Süddeutsche Zeitung v. 10. 8. 1982.
31 Ludwig Hollweck: Die wackligen Bretter des Volkstheaters. In: Münchner Stadtanzeiger v. 21. 3. 1969.
32 Anneliese C. Amman: Schliersee und sein Bauerntheater. Dachau 1992.
33 Eberhard Dünninger: Öffentliche Kulturpflege seit 1918. In: Max Spindler (Hg.): Bayerische Geschichte im 19. und 20. Jahrhundert. 2. Teilb., München 1974/75, 1243.
34 Marita Krauss: Nachkriegskultur in München. Münchner städtische Kulturpolitik 1945–1954. München 1985, 128.
35 Losef Maria Lutz: Das Volksstück und seine Dramaturgie. In: Der Zwiebelturm, H. 8/1948, 161.
36 Wolfgang Petzet: Theater. Die Münchner Kammerspiele. München 1973, 316; Hans Kurz: Der Kampf um die Bühne. Wie die Münchner Kammerspiele vor 50 Jahren städtisches Theater wurden. In: Südd. Zeitung v. 16. 12. 1989.
37 Marita Krauss: Nachkriegskultur in München. München 1985, 128 ff.
38 Arbeitersänger und Arbeitersportler in München vor 1933. Beiträge zur Kulturgeschichte der Münchner Arbeiterbewegung mit einer Einführung von Karl Bosl. Begl. Bd. z. Ausst. d. Kulturref. d. LHM, München 1987; vgl. hierzu auch: Dietmar Klenke/Peter Lilje/Franz Walter: Arbeitersänger und Volksbühnen in der Weimarer Republik. Bonn 1992.
39 Schuhladen (1986, 91 f.) verweist als Quelle auf: Rainer Hartl: Aufbruch zur Moderne. Naturalistisches Theater in München. 2 Teile (Mü. Beitr. z. Theaterwiss., Bd. 6), München 1979, 125–133.
40 Kurt Preis: München unterm Hakenkreuz. München 1980, 221.
41 s. hierzu: Volker D. Laturell und Josef Focht: Die Zithervereine und -gruppen in München. In: Volker D. Laturell (Hg.): »Die Zither is a Zauberin …« Zwei Jahrhunderte Zither in München. ViM H. 18, München 1995, 69 ff.
42 Volker D. Laturell: 75 Jahre Wohnungsgenossenschaft München-West. München 1986, 14.
43 Walther Diehl: Von der »Alpenblume« bis zum »Geliebten Lump«. 60 Jahre Theaterverein Dramatischer Club Alpenröserl. In: Mü. Stadtanz. v. 23. 4. 1982; Schuhladen 1986, 98; Festschrift zum 65jährigen Bestehen des Theatervereins Dramatischer Club Alpenröserl e. V., München 1987.

Personenregister

Abel, Karl von 101
Abele, Hyazinth 40, 288 ff., 326
Adalbert Prinz von Bayern 364
Adner, Anton 180
Aiblinger, Simon 181
Aiblinger, Johann Kaspar 245
Aichinger, Gregor 266
Albert, Franz 111, 396, 399
Albert, Franz Joseph 108, 239
Albert, Johann Caspar 239, 396
Albert, Karl 108
Albrecht, Erzherzog 99
Albrecht, Herzog 27
Albrecht III., Herzog 96, 206, 235, 250
Albrecht IV., Herzog 51, 76, 236, 339
Albrecht V., Herzog 88, 203, 222, 229, 237, 264, 387
Aleotti, Giovanni Battista 389
Andreas, hl. 219, 324 f.
Anna, hl. 207 f., 249 f.
Antonia Maria Walburga Kurfürstin von Sachsen 251
Antonius von Padua, hl. 202
Anzengruber, Ludwig 413
Anzinger, Peter 94
Apollinaire, Guillaume 103
Arndt, Ernst Moritz 104
Arnulf, Prinz 28
Aron, Toni 141
Asam, Ägid Quirin 250
Asam, Cosmas Damian 250
Assen, Karl 361
August III., König von Polen 358
Augusta Amalia Herzogin von Leuchtenberg 350
Augustinus, hl. 228
Austria, Juan d' 212, 260
Aventinus (Johann Thurmair) 13, 79

Baader, Franz Xaver 71
Baeck, Elias 198
Balde, Jacob 249, 265, 267, 392
Ballauf, Lorenz 187
Ballauf, Martin 194
Ballauf, Paul 188
Balticus, Martinus 383, 385, 394
Barbara, hl. 220
Barth, Familie 265
Bassano, Giovanni 266
Bauer, Anton 339
Bauer, Joseph 137
Bauer, Mathias 185
Bauer, Richard 72, 105, 107, 150
Baumann, C.A. 370
Baumgartner, Anton 14, 16, 82, 85, 97, 109, 145, 345 f.
Baumgartner, E. 110
Beauharnais, Eugène, Herzog von Leuchtenberg 349
Beham, Hans Sebald 375
Beheim, Michel 235
Beich, Franz Joachim 261
Bekh, Wolfgang Johannes 159
Benedikt XIV., Papst 263
Benedikt XV., Papst 191, 259
Benedix, Roderich 297
Benjamin, Walter 10
Benno, Bischof von Meißen, hl. 203
Berg, Adam 237
Bernhard, Marianne 144
Bettinger, Franz Kardinal von 260
Betz, Johann 125
Bidermann, Jacob 391
Billmoser, Witwe 64
Binder, Eduard 109, 413
Birck, Sixt 387
Blädel, Georg 311
Blädel, Hans 311
Blaul, Georg Friedrich 85, 116

Bleek, Stephan 35
Blomberg(er), Barbara 212, 260
Bodenstedt, Friedrich von 278
Böck, Robert 340, 379
Bögner, Georg Wilhelm 109
Böllmann, Carl 309
Börne, Ludwig 52
Bogner, Josef 134 f.
Bonaventura, hl. 221, 255
Bonifaz IX., Papst 221
Bornschlegl, Adelheid 137
Bornschlegl, Johann 137
Bosl, Karl 9, 30, 33 f.,
Braun, I. 12
Braunau, Theoderich von 261
Braatz, Thea 31, 33, 354
Brecht, Bertold 9
Brey, Ludwig 69, 93
Brieschenk, Engelbert 140
Bronner, Franz Joseph 224
Bruckbauer, Maria 36
Brückl, Hanns 309
Brünner, Barbara 378
Brunner, Andreas 392
Buchner, Franz Xaver 141
Bürklein, Friedrich 124
Burger, Hannes 96
Burgholzer, Joseph 122
Busch, Wilhelm 352
Bustelli, Franz Anton 342
Buttler-Haimhausen, Theobald Graf von 60

Caccini, Giulio 266
Cäcilie, hl. 216 f.
Caesar, Johann Martin 266 f.
Calixtus III., Papst 262
Canaletto (Bernardo Bellotto) 111
Candid, Peter 253
Carl, Carl (Karl Ferdinand von Bernbrunn) 292
Carl, Prinz von Bayern 406
Castner, Gabriel 386

457

PERSONENREGISTER

Chambers, William 372
Chopin, Frédéric 358
Clemens, XI., Papst 221, 255, 260
Clemens, XIV., Papst 393
Corner, Gregorius 267
Curtz, Albert Graf 270

Dahn, Felix 22, 177, 200, 230, 406
Darchinger, Josef 132
Daxenberger, Sebastian Franz von (Pseudonym: Carl Fernau) 14, 24, 409
Defregger, Franz 28
Deiglmayr, August 70
Derschmidt, Hermann 339
Destouches, Joseph Anton von 114, 345
Dick, Georg 419
Diez, Wilhelm 352 f.
Dingler, Max 159
Diokletian, Kaiser 224
Doeberl, Michael 411
Döpfner, Julius Kardinal 203
Doll, Franz Joseph 110
Donauer, Hans 185
Dreher, Konrad 94, 413

Eberwein, Josef 296
Ebner, Otto 188
Eder, Cafétier 135
Eder, Michael 312
Ehbauer, Michl 96
Eisenhofer, Barbara 137
Eleonore Stuart, Herzogin von Tirol 51
Elisabeth (Sissi), Kaiserin 26, 82
Elser, Georg 67
Engel, Klaus-Dieter 241
Eringer, Sepp 308
Escher, Hans 186 f.
Ett, Kaspar 245
Ettenhofer, Johann Georg 261
Eugen Prinz von Savoyen 260

Fanderl, Wastl 321
Feiler, Ruth 340
Fellerer, Johann Nepomuk 347

Fentsch, Eduard 22, 56, 74, 105, 114, 132, 144, 355 f.
Fernau, Carl s. Daxenberger, Sebastian Franz von
Ferdinand, Herzog 265
Ferdinand Maria, Kurfürst 17, 127, 175, 180, 253, 391
Fest, Alois 67
Flaucher, Georg 137
Flaucher, Lorenz 137
Flaucher, Rosina 137
Flemisch, Karl 296
Föderl, Anton 110
Föderl, Eustachuis 110
Franz Joseph I., Kaiser 26, 28
Franz II., Kaiser 28
Franziskus von Assisi, hl. 226
Frey, Joseph 372
Friedrich I. Barbarossa, Kaiser 202 f.
Fröhlich, Joseph 271
Frühwirth, Kardinal 259
Furtenbach, Joseph 389
Fux, Familie 70

Gabler, Christoph 185
Gailberger, Johann 265
Gaius Galerius Valerius Maximilianus, Kaiser 215
Gaßner, Johann 206
Gay, John 291
Geis, Jakob (Papa Geis) 62, 63, 94, 295, 297
Georg, hl. 176 f.
Georg der Reiche, Herzog 51
Gerhard, Hubert 254
Gerhoh, Propst von Reichersberg 382
Gierl, Franz 339
Gillmayr, Magdalena 135
Gillmayr, Martin 135
Gleich, Joseph Alois 411
Glöckle, Hanns 101, 104
Göbbels, Joseph 415
Goethe, Johann Wolfgang von 108, 111, 381
Gondrell, Adolf 96
Goth, Toni 340
Gotzkircher, Sigmund 236
Graf, Kurt 135
Graf, Oskar Maria 28

Grasser, Erasmus 226, 329
Graßl, Anni 42
Grassl, Ida 15
Gregor IV., Papst 214
Gregor XIII., Papst 260
Gregor XV., Papst 175
Grenzner, Karl 71
Grieser, Max 96
Grossi da Viadana, Ludovico 266
Gruber, Anton 125, 369
Grundner, Christian von 137
Günther, Ignaz 181
Gumpp, Anton 261
Gumppenberg, Karl von 24
Gunetzrhainer, Ignaz Anton 250
Gunetzrhainer, Johann Baptist 250
Gungl, Joseph 112 f., 245

Hacker, Maria Theresia 57
Hacker, Peter Paul 57
Hacker, Simon 57
Hadrian VI., Papst 203
Halbreiter, Ulrich 39
Haller, Gastwirt 64
Hallhuber, Erich 96
Hallmair, Familie 64
Hanfstaengl, Franz 28
Hanke, Gerhard 312
Hartig, Michael 215
Hartinger, Walter 10, 11, 23 f., 326 f., 395
Hartl, Georg 60
Hartmann, August 40, 288 ff., 326 f., 395
Hasenclever, Johann Peter 112
Hauser, Paul 186
Haydn, Joseph 245
Haydn, Michael 245
Hazzi, Josef 14, 91
Hebbel, Friedrich 224
Heckel, Max von 162
Heilmayr, Martin 371
Heinrich der Reiche, Herzog 330
Heinrich XII. der Löwe, Herzog 202 f.
Helmstädt, Carl Graf von 295
Henriette Adelheid, Kurfürstin 138, 180, 392 f.

458

Herrgott, Fritz 349
Herzog, Anton 409
Hester, Josef 126
Heyse, Paul 30 f., 87
Heiß, Maria Franziska 59
Hildebrandt, Maria 396, 402
Hildegard Luise Prinzessin von Bayern 99
Hilpert, Franz 413
Hirsch, Joseph von 60 f.
Hitler, Adolf 28, 67, 152
Hitzelsberger, Ludwig 125, 361
Höger, Franz Benedikt 215
Högg, Kapellmeister 359
Hönle, Alois 295 f., 298, 300 ff., 311
Hörl, Fr. 130
Hoferer, Rudolf 29
Hoferichter, Ernst 362
Hoffmann, Siegfried 159
Hoffmannsthal, Hugo von 392
Holler, Augustin 43, 241 ff.
Holzer, Baptist 110
Holzmann, Daniel 383
Holzner, Anton 266
Horak, Karl 339
Horak, Grete 339
Horemans, Peter Jacob 17 ff., 129, 186, 198, 333
Huber, Kurt 36, 40, 326
Huber, Michl 314
Huber, Theresia 125
Hueber, Peter 241
Hübner, Lorenz 91, 198, 277, 343, 345
Hünn, Carl 39, 359
Humpelmayer, August 360
Hupp, Otto 69
Huret, Jules 49, 74 f.
Hurler, Bert 315

Ilmberger, Josef 317
Ingerle, J.N. 369
Innozenz XI., Papst 256
Irlbeck, Hannes 103

Jäcklin, Johannes 391
Jakob, Heinrich 94
Jakobus, hl. 205 f.
Jan Sobiesky, König von Polen 256

Joachim, hl. 207, 249
Johann, Erzherzog 28
Johannes XIX., Papst 214
Johannes der Täufer, hl. 221
Johannes Paul II., Papst 263
Joseph, König 386
Joseph II., Kaiser 17, 292, 411
Junker, Gustl 295 f.
Justitian, Kaiser 255

Kalb, Albert 312
Kaiser, Friedrich 112
Kaiser, Gabriel 262
Karl der Große, Kaiser 232
Karl, Erzherzog 388
Karl der Kühne, Herzog von Burgund 350
Karl V., Kaiser 212, 260, 353
Karl VII., Kaiser 17, 190
Karl Albrecht, Kurfürst 18, 71, 190, 250, 252
Karl Theodor Herzog in Bayern 27
Karl Theodor, Kurfürst 27, 66, 91, 131, 186, 292, 368, 371, 393, 402 f., 411
Karlstadt, Liesl 295
Karoline, Königin 225, 348
Kaschuba, Wolfgang 10
Kaspar, Pächter 134
Katharina von Alexandria, hl. 218
Kaufmann, Georg von 40, 340
Kaula, Josephine 132, 370
Kaula, Nanette 132
Kaula, Raphael 132, 370
Kaulbach, Friedrich August (von) 141, 352 f.
Keller, Gottfried 352
Keller, Jakob 392
Kellerer, Franz 309
Ketterl, Balthasar 125
Khain, Anna 264
Khain, Hans 264
Khain, Leonhard 264
Khain, Thomas 264
Khuen, Johann 207, 249, 253, 255 ff., 264 ff., 395
Kiem Pauli 27, 40, 43, 286, 324, 326, 340
Kirner, Jürgen 43

Kiesl, Erich 166
Klemm, Gottfried 126
Klenze, Leo von 334
Klingenstein, Bernhard 266
Kluckhohn, Clyde 9
Knoller, Martin 261
Knorr, Georg 61
Kobell, Franz von 24, 36, 87, 265
Kobell, Luise von 87, 353
Koberwein, Simon Friedrich 65
König, Hannes 420
König, Thomas 265
Kogler, Paul 403
Kolbe, Jürgen 162
Koeppen, Wolfgang 50
Kopp, Georg 270
Kotolinsk, Maria Bonaventura de 397
Krabler, Johann 127
Kramer, Karl S. 340
Kregl, Franz Xaver 126
Kriss, Rudolf 317
Kreith, Marquart Graf von 127
Kreittmayr, Wiguläus von 48, 400
Krempelsetzer, Georg 409
Kretzer, Johann Jakob 57
Kronawitter, Georg 44
Kronegg, Ferdinand 360
Krumper, Hans 253
Krupskaja, Nadeschda 82
Kugler, Franz Xaver 142
Kunz, Konrad Max 39, 245 f., 378
Kurz, Johann Joseph Felix von 65
Kurz, Maximilian Graf von 127

Lachner, Franz 245
Lang, Georg 116, 413
Lankes, Christian 32
Lanner, Josef 333
Lanzhammer, Hans 326
Lasso, Orlando di (Roland de Lattre) 236, 266, 291, 390
Lattre, Rudolph de 266
Lebschée, Carl August 125 f., 140, 372
Legband, Paul 15

459

Legrand, Wilhelm 39, 276 f.
Leibl, Carl 113
Leibl, Wilhelm 113
Lenbach, Franz von 354
Lenin (Uljanow, Wladimir Iljitsch) 82
Lentner, Joseph Friedrich 22, 24, 56, 355, 406
Leo XIII., Papst 175, 221
Leonhard, hl. 214 f.
Leopold Prinz von Bayern 28
Leopold, Kaiser 391
Leoprechting, Karl August von 176 f., 214, 228, 317, 325
Lerchl, Bierbrauerswitwe 88
Lewald, August 108, 114, 131, 144, 351
Linde, Carl 54, 60
Lindermeier, Karl 306
Lingg, Hermann 24
Lipowsky, Felix Joseph von 14, 372
Lipp, Joseph 199
List, Karl 318
L'Oeillet, Pächter 135
Lochner, Joseph 132
Loibner, Eduard 414
Lorens, Carl 314
Lorenzoni, Lorenz 65
Lossow, Heinrich 353 f.
Ludwig der Bayer, Kaiser 143, 190, 202, 347
Ludwig der Gebartete, Herzog 328
Ludwig, Kronprinz (später Ludwig I.) 96, 211, 352
Ludwig Wilhelm Herzog in Bayern 27
Ludwig I., König 19 ff., 25, 79, 92, 99 ff., 125, 132, 186, 225, 258, 278, 348, 370, 377
Ludwig II., Herzog 50
Ludwig II., König 22, 28, 272
Ludwig III., König 28, 190 f.
Ludwig XI., König von Frankreich 350
Ludwig XVI., König von Frankreich 17
Lüder, Ludwig von 278
Luitpold, Prinzregent 28, 354

Lutz, Joseph Maria 297, 413 f.
Luzia, hl. 223 f.

Mader, Familie 77
Mäleßkircher, Gabriel 375
Maffei, Joseph Anton Ritter von 138
Magdalena, Pfalzgräfin 392
Maier, P.G. 110
Maler, H.B. 79 f.
Malknecht, Baron von 406
Manetstötter, Ludwig 95
Mareis, Kaspar 129, 337, 369
Marggraf, Hermann 57
Marggraf, Rudolph 57
Markgraf, Rudolf 352
Maria Amalia, Kurfürstin 18
Maria Anna, Kurfürstin 270, 392
Maria Magdalena, hl. 206
Maria Theresia, Kaiserin 259, 348
Marie, Königin 352
Marie Antoinette, Königin von Frankreich 17
Martin, hl. 215
Mathäser, Anna 60
Mathäser, Georg 60
Mauritius, Kaiser 208
Max Emanuel Herzog in Bayern 27 f.
Maximilian, Herzog in Bayern (Zithermaxl) 25, 39, 42, 82, 113, 335, 350, 358
Maximilian I., Herzog/ab 1623 Kurfürst 19, 88, 147, 190, 206, 237, 253 f., 259 f., 265, 331, 392, 394
Maximilian II. Emanuel, Kurfürst 17, 89, 138, 190, 206, 251 f., 256, 331, 343, 354, 386, 393
Maximilian II., König 22 ff., 28, 30, 56, 190, 277, 277 f., 353, 377
Maximilian III. Joseph, Kurfürst 17, 53, 66, 90, 170, 198, 353, 399
Maximilian IV. (I.) Joseph, Kurfürst/ab 1806 König 19 f.,

117, 225, 276 f., 347 f., 371, 403
Maxstadt, Karl 295
Mayer, Friedrich 276
Mayer, Johann 383
Mayer, Rupert 259
Mayer, Stephan 65
Mayr, Ignatius 391
Mayr, Johann Anton 191 f.
Megerle, Abraham 270
Meichel, Hans Georg 267
Meichel, Joachim 267
Meier, Adalbert 307
Menander 381
Mettenleiter, Michael 112
Metzner, Georg 306, 308
Meyer, Xaver 309
Meyr, Melchior 24
Michael, hl. 176 f.
Mihatsch, Wirtsleute 319
Millöcker, Karl 293
Mirbt, Rudof 417
Mittermüller, Karl 87
Mitterwieser, Alois 15
Möritz Coletta 141
Mörmann, von 406
Mohl, Robert von 85, 112
Montgelas, Maximilian Joseph Graf von 20, 190, 346
Moser, H. 296
Moser, Hans 10 f., 14, 184
Moser, Heinrich 314
Moser, Johann Baptist 294
Moser, Sepp 148
Mourat, Johann 391
Mozart, Leopold 343
Mozart, Nannerl 343
Mozart, Wolfgang Amadeus 108, 111, 239, 343, 402
Muelich, Mang 332
Müller, Christian 85, 244, 348
Müller, Johann Heinrich von 292
Müller, Karl Alexander von 64
Müller, Vinzenz 56
Müller-Tolk, Rudi 340
Münchner, Matthias 270
Münster, Robert 112, 241 ff.
Munditia, hl. 215 f.
Musard, Philippe 271

PERSONENREGISTER

Nachtmann, Franz Xaver 114
Nägeli, Hans Georg 246
Naßl, Nikolaus 69
Nestroy, Johann 292 f., 411 f.
Neureuther, Eugen Napoleon 39, 114, 352
Nicolai, Friedrich 13, 104, 138, 144
Niesser, Johann Baptist Joachim 65 f.
Nikolaus, hl. 222
Nockher, Jakob 127

Offenbach, Jaques 293, 413
Otto I., Bischof von Freising 203
Otto Prinz von Bayern 28, 352
Otto, König von Griechenland 53
Ottomeyer, Hans 148

Pailler, Wilhelm 327
Pamzer, Friedrich 199
Paola, Francesco de 88
Paracelus (Theophrastus Bombastus von Hohenheim) 155
Paulinus, Johannes 391
Paumann, Conrad 235
Pielmeier, Manfred 80
Pecht, Friedrich 99
Pemsel, Klaus 296
Penzolt, Ernst 49
Pepusch, Johann Christoph 291
Peri, Jacopo 266
Peter, Balthasar 127
Peter, Ilka 317
Pettenkofer, Max von 104
Petuel, Ludwig 71
Petuel, Ludwig jun. 72
Petzmayer, Johann 39
Peukert, Karl 96
Peuppus, Jakob 284
Pezzl, Johann Andreas 258
Pfisterer, Hans 306
Philippi, Felix 145
Pichlmayer, Advokat 405 f.
Piscator, Georg 267
Pius V., Papst 260
Pius VI., Papst 190, 263
Pius VII., Papst 256, 263

Pius IX., Papst 221, 255
Pius XI., Papst 260
Pius XII., Papst 208
Plautus, Titus Maccius 384 f.
Pocci, Franz Graf von 26, 39
Poibl, Johann Albert 270
Polack, Jan 329
Pollinger, Christoph 62
Possart, Ernst von 354
Preitenbach, Johann Georg 128
Preitenbach, Martin 128
Preysing, Max Graf von 71
Prinner, Jakob 270
Prüller, Franz 411
Prugger, Anton Mathias 128
Pschorr, Anna 58
Pschorr, Josephine 58
Pschorr, Georg 58 f., 211
Pschorr, Georg jun. 150
Pschorr, Joseph 57 f.
Pschorr, Matthias Michael 58

Queri, Georg 322

Raimund, Ferdinand 292 f., 411
Rappel, Theodor Joseph 347
Rattelmüller, Paul Ernst 28, 318, 379
Rauchenegger, B. 97
Regler, Balthasar 270
Regnet, Carl Albert 356
Reiser, Tobi 40, 324
Reiter, Anton 128
Reithmayer sen. 359
Reithmayer jun. 359
Reiz, Johann Paul 65, 395
Riedl, Adrian von 48
Riehl, Wilhelm Heinrich 22 f., 25, 278, 299
Riesbeck, Johann Kaspar 13
Renata Herzogin von Lothringen 330, 390
Roda-Roda, Alexander 362
Roider, Jakl 41, 96
Roider, Wastl 41
Rosegger, Peter 413
Roth, Hermann 95
Roussaeu, Jean-Jaques 16, 299
Rudhart, Ingnaz von 53
Rückert, Georg 306, 309
Ruederer, Josef 363

Rümann, Wilhelm von 69
Rumford, Benjamin Graf von (Benjamin Thompson) 371
Rupprecht, Kronprinz 27

Sachs, Hans 383
Sagerer, Hofkoch 135
Sailer, Joseph Benno 95
Sartori, Johann Gottfried 65
Schaden, Adolph von 53
Schäffer, Mathilde 129 f.
Schaidenreisser, Felix Simon (Minervius) 384
Scharffstedt, Felix von 395
Schattenhofer, Hans 211
Schattenhofer, Michael 386, 394, 398
Scheck, Wolfi 272
Schepping, Wilhelm 9
Schikaneder, Emanuel 411
Schickhaus, Karl-Heinz 44
Schiesl, Ferdinand 112
Schiller, Felix von 49, 104, 124, 131, 145, 355, 367
Schiller, Friedrich 66
Schilling, Max 354
Schlegel-Schelling, Karoline 344
Schleich, Martin 411
Schmederer, Heinrich 93
Schmederer, Ludwig 93
Schmeller, Johann Andreas 22, 196 f., 244, 316 f., 325, 347
Schmidhuber, Josef 230, 232
Schmidt, Leopold 314
Schmitt, L. 134
Schneider, Berta 79
Schneider, Georg 77, 79
Schneider, Georg jun. 77, 79
Schneider, Mathilde 79
Schniffis, Laurentius von 270
Schöner, Johann Georg 137
Schöner, Joseph 137
Schöner, Karolina 137
Schöner, Margarethe 137
Schönhueb, A.J. von 241
Schrettl, Hofprediger 261
Schrott, Johannes 411
Schrott, Ludwig 108
Schubert, Franz 245
Schuberth, Ottmar 163

461

Schuberth, Heiner 163
Schützenberger, Erna 40, 339 f.
Schuhladen, Hans 395, 408 ff., 414 f., 419
Schupp, Falk 414
Schusser, Ernst 289
Schwarz, Beppi 224
Schweiger, Johann 411, 413
Schweiger, Josef 411 f.
Schweiger, Max 295, 411
Schweiger, Sepp 296, 300, 303
Schweindl, Anthoni 109
Sckell, Ludwig 114, 371
Scott, Walter 350
Sedlmayr, Anton 60
Sedlmayr, Carl 60
Sedlmayr, Gabriel 59, 61, 69
Sedlmayr, Gabriel jun. 59, 60, 71, 109
Sedlmayr, Johann 60
Sedlmayr, Joseph 59, 70
Sedlmayr, Walter 96
Sedlmeier, Ludwig 72
Seeau, Joseph Anton Graf von 66, 244, 400 f., 403
Seibertz, Engelbert 351
Seidenbusch, Christian 294
Seidl, Gabriel von 69
Seidl, Emanuel 354
Seidl, Hans 318
Seiff, Jacob 276
Seinsheim, Karl Graf von 92
Senftl, Ludwig 236
Sergius, I., Papst 256
Shakespeare, William 391
Siebenkäs, Wilhelm 39, 281
Sigl, Johann B. 310
Sigmund, Graf von Tirol 51
Soler, Vincente Martin y 333
Solleder, Fridolin 15, 330
Spengler, Karl 72, 118, 129, 402
Sperr, Friedrich 139
Sperr, Helene 139
Stadler, Oswald 386
Standfuß, Johann Georg 292
Stanzl, Conny 309
Steigenberger 110
Steinacker, Karl 95
Steiner, Franz Xaver 39
Stenzer, Carl 347
Stemplinger, Josef 230

Stephan II., Herzog 51
Stephan III., Herzog 262, 328, 330
Stephani d.J., Gottlieb 65
Sternecker 62
Stetten, Markus von 145, 346
Steub, Ludwig 24, 73, 105, 271, 354, 357
Steyrer, Landrichter 405
Steyrer, Hans 129 f.
Stieler, Joseph 132, 370
Stieler, Karl 24
Still, Barnabas 91
Stockmann, Hermann 378
Strebl, Georg 157
Streck, Johann Georg 271
Streck, Peter 20, 24, 39, 43, 112, 271 ff., 355, 359
Straßhofer, Rupert 419
Straßmaier, Hans 306, 308
Strauß, Johann (Vater) 112, 271, 333, 357 f.
Strauß, Johann (Sohn) 113, 118, 293
Strauss, Franz 39, 58, 245
Strauss, Richard 39, 58, 121, 245, 315
Stuck, Franz von 354
Sturm, Johannes 387
Sulzbeck, Josef 111, 294
Suppé, Franz von 293, 334

Tafelmayer, Georg 137
Tax, Joseph 133 f., 371
Templin, Prokop von (Procopius) 270
Terenz (Publius Terentius Afer) 381, 384
Terofal, Xaver 413
Therese Kunigunde, Kurfürstin 252, 331
Therese von Sachsen-Hildburghausen 96, 211
Thoma, Ludwig 87, 175, 265, 312, 361
Thomas, hl. 324 f.
Thumb, Simon 111
Thurmair, Johann (Aventinus) 13, 79
Tornow, Ingo 409
Trefz, Friedrich 68, 114

Trisberger, Caspar 53, 64
Trappentreu, Johann Baptist 62
Truman, Harry S. 65

Uhrig, Sandra 156
Umlauf, Ignaz 292
Urban VI., Papst 221, 255

Valentin, Karl 141, 295, 420
Venezia, Jacopo di 394
Viadana, Ludorico Grossi da 266
Victorin, Georg 388
Victorinus, Petrus (Pietro Vettori) 266
Viktorianus, Georg 386
Viscardi, Antonio 261
Vischauer, Adam 90
Vötter, Romanus 270
Vogl, Josef 29
Volkmann, J.J. 342
Vollmar, Georg von 28

Wagner, Anton 61
Wagner, Richard 121, 272
Wagner, Therese 61
Waldkirch, Theodor von 71, 131
Wallerotti, Franz Gerwald von 65, 398
Wallner, Berta Antonia 264, 266
Weber, Carl Maria von 357
Wedekind, Frank 360
Weig, Artur 189
Weiler, Caspar 264
Weisse, Christian Felix 292
Weitnauer, Alfred 11
Weiß Ferdl (Ferdinand Weißheitinger) 95, 135, 294, 296, 308
Weiß, Christian Felix 66
Weiß, Dieter J. 261
Welsch, Anderl 295, 299
Wening, Michael 185
Werneck, Richard von 371
Westenrieder, Lorenz (von) 13, 15, 52, 66, 91, 111, 124, 198, 223, 244, 329, 333, 367, 395, 403, 406
Wichern, Johann Heinrich 220

Widder, Johann Baptist 276
Wiedenbauer, Joseph 59
Wiesner, Hans 43
Wiesner, Heini 43
Wiga, Gabriel 82
Wilhelm IV., Herzog 51, 88
Wilhelm V., Herzog 17, 76, 88, 138, 180, 203, 253, 265, 330, 388, 390
Will, Johann Martin 18 f.
Wimmer, Thomas 154
Wiora, Walter 11
Wolf, Georg Jacob 15, 76
Wolfe, Thomas 82
Wolfgang Wilhelm, Herzog 392
Wolkenstein, Oskar von 235
Wolzogen, Ernst von 121
Wörlein, Gabriel 134
Wörlein, Magdalena 134
Zacherl, Franz Xaver 92, 127 f.
Zasinger (Zagel), Martin 330
Zech, Uli 163
Zelter, Carl Friedrich 245
Ziegler, Friedrich von 409
Ziegler, Hieronymus 383, 384 f., 387, 394
Ziehrer, Carl Michael 118, 334
Zimmermann, Johann Baptist 212